JOSÉ LUIS LACRUZ BERDEJO

ELEMENTOS DE
DERECHO CIVIL
II
DERECHO DE OBLIGACIONES

José Luis Lacruz Berdejo
Francisco de Asís Sancho Rebullida
Agustín Luna Serrano
Jesús Delgado Echeverría
Francisco Rivero Hernández
Joaquín Rams Albesa
CATEDRÁTICOS DE DERECHO CIVIL

ELEMENTOS DE DERECHO CIVIL

II

DERECHO DE OBLIGACIONES

VOLUMEN SEGUNDO

CONTRATOS Y CUASICONTRATOS. DELITO Y CUASIDELITO

QUINTA EDICIÓN
revisada y puesta al día por
FRANCISCO RIVERO HERNÁNDEZ

DYKINSON, 2013

Primera edición en Dykinson: Octubre 2000
Segunda edición: Octubre 2002
Tercera edición: Octubre 2005
Cuarta edición: Septiembre 2009
Quinta edición: Septiembre 2013

Editorial DYKINSON, S.L. Meléndez Valdés, 61 - 28015 Madrid
Teléfono (91) 544 28 46 - (91) 544 28 69
e-mail: info@dykinson.com
http: // www. dykinson.es
http: // www. dykinson.com
Cosnejo Editorial: http://www.dykinson.com/quienessomos

ISBN: 84-8155-398-0 (Obra completa)
ISBN: 978-84-9031-611-5
Depósito Legal: M-23811-2013

Preimpresión por:
Besing Servicios Gráficos S.L.
e-mail: besingsg@gmail.com

Impreso por:
Safekat, S.L.
www.safekat.com

ABREVIATURAS EMPLEADAS

art., arts.	artículo, artículos
BOE.	Boletín Oficial del Estado
Cc.	Código civil
Ccom.	Código de Comercio
cfr.	*confer* (véase, compruébese)
Comp.	Compilación
Const.	Constitución
Cpen.	Código penal
D.	Decreto
DGRN	Dirección General de los Registros y el Notariado
disp. trans.	disposición transitoria
D. L.	Decreto Ley
E. de m.	Exposición de motivos
F.N.	Futuro Nuevo (Compilación navarra)
L., L.O.	Ley, Ley orgánica
L.A.	Ley de arbitraje
L.C.	Ley Concursal
Lec.	Ley de enjuiciamiento civil
Lecr.	Ley de enjuiciamiento criminal
Lh.	Ley hipotecaria
Lhmob.	Ley de hipoteca mobiliaria
LGPCU.	Ley General de Protección de Consumidores y Usuarios
LOCM.	Ley de ordenación del comercio minorista
LOE.	Ley de Ordenación de la Edificación
LOPJ.	Ley orgánica del poder judicial
LRJPAC.	Ley de régimen jurídico de las Administraciones Públicas y procedimiento administrativo común
LS	Ley del Contrato de Seguro
LSC	Ley de Sociedades de Capital (R.D.Legis. 1/2010, de 2 julio)
O., O.M.	Orden, Orden Ministerial
R.	Resolución, Reglamento
RD.	Real Decreto
RDLeg.	Real Decreto Legislativo
Rh.	Reglamento hipotecario
Rnot.	Reglamento notarial
RR.	Resoluciones
S., SS.	Sentencia, Sentencias
ss.	siguientes
T.C.	Tribunal Constitucional
T.S.	Tribunal Supremo

ÍNDICE

ÍNDICE

Pág.

SECCIÓN TERCERA: CONTRATOS Y CUASICONTRATOS

SECCIÓN TERCERA

CONTRATOS Y CUASICONTRATOS

I. COMPRAVENTA Y PERMUTA

§ 78. LA COMPRAVENTA. TEMAS GENERALES. ELEMENTOS

369. Concepto y caracteres.

El Cc. si no define la compraventa, sí da una idea de cómo la concibe cuando el art. 1.445 describe su contenido: *por el contrato de compra y venta uno de los contratantes se obliga a entregar una cosa determinada y el otro a pagar por ella un precio cierto, en dinero o signo que lo represente.* Precepto que la doctrina suele tachar de vago y confuso, pues no aclara si sólo pueden ser objeto de compraventa las cosas materiales o también los derechos; si es obligación del vendedor el transferir la propiedad de la cosa al comprador o meramente la posesión y tenencia de la misma; y aún se tacha a aquel artículo de que cabría en su esquema, según su expresión, incluso el arrendamiento de cosas.

Por nuestra parte, en lugar de dar una definición más de este contrato —que no procede hacer en abstracto, pues hay varias concepciones y sistemas de organización de la compraventa en Derecho comparado—preferimos enunciar como complemento del art. 1.445 (donde aparecen sus elementos estructurales: consentimiento, entrega, cosa y precio) las notas o *caracteres* que se deducen de su regulación conjunta:

a) Es un contrato *consensual,* en cuanto se perfecciona por el mero concurso de los consentimientos de comprador y vendedor referidos a la cosa y al precio (cfr. art. 1.450 Cc.), sin necesidad de forma especial alguna ni de *datio rei.*

b) Es un contrato bilateral, *sinalagmático,* no sólo en cuanto generador de obligaciones para los dos contratantes, sino por ser tales obligaciones recíprocamente interdependientes, tanto en su nacimiento (sinalagma genético), como durante la vida y consecuencias del contrato (sinalagma funcional).

c) Contrato *meramente obligatorio* (negocio obligacional, no dispositivo): sólo genera, para ambas partes, obligaciones en orden a un cambio real futuro: en el vendedor, la de entregar la cosa; en el comprador, la de pagar el precio. Pero no produce un cambio inmediato en la titularidad de la cosa vendida o del dinero del precio: para ello es preciso que tenga lugar la entrega de una y otro, ya que nuestro Ordenamiento sigue, en la adquisición de la propiedad, la teoría del título y modo (contrato y entrega): cfr. arts. 609-2º y 1.095 Cc.

d) Contrato *oneroso,* porque hay un intercambio de prestaciones (cosa por precio). Pero no es preciso que haya equivalencia (aun relativa) objetiva entre prestación y contraprestación, bastando que sea subjetiva. Así entendida, la compraventa, además de oneroso, y dentro de esta categoría, es, en principio, contrato *conmutativo,* si bien puede ser *aleatorio* en algún caso especial (venta de cosa futura y venta a riesgo del comprador).

Suele decirse también que es contrato *principal* (no accesorio, evidentemente) y típico (en cuanto regulado en las leyes). Más discutible resulta si es, y en qué medida, *traslativo de dominio,* según se verá.

370. Importancia, antecedentes y sistemas de organización de la compraventa.

La doctrina suele subrayar la importancia de este contrato: en el aspecto económico-social, en cuanto que es el principal medio de cambio de bienes, y en ese sentido puede decirse que es el contrato más importante, y el más frecuente en la vida diaria y en el orden práctico. Y también en el orden jurídico, donde es el prototipo de los contratos sinalagmáticos y onerosos, y al que más extensión dedica nuestro Cc. (y casi todos los ordenamientos), en cuya regulación se incluyen tópicos o materias que no son exclusivos suyos (como el régimen de la entrega de la cosa, o el del saneamiento por evicción o por vicios ocultos), que se aplica a otros contratos o instituciones. Por ser paradigma del contrato sinalagmático de adquisición de cosas o derechos, se aplican sus preceptos, en principio (y con las precisas adaptaciones) a cualquier supuesto de tal contrato. En cambio, sólo rige subsidiariamente para la compraventa mercantil.

Históricamente, aparece la compraventa como superación de la permuta —incómoda y poco práctica en una sociedad y economía medianamente diferenciadas— en cuanto surge un bien que sea medida de valor común a las cosas y que sirva como unidad de cuenta y medio de cambio. En Roma, así, se presenta primeramente en forma de *mancipatio,* institución del *ius civile* que realiza el cambio manual y actual de la propiedad de una cosa por dinero. Mas en cuanto contrato creador de obligaciones, la *emptio venditio,* contrato *iuris gentium* válido mediante el simple intercambio de consentimientos y ya con la entrega no formal (tradición), es de aparición mucho más tardía: antes, probablemente (y así lo sugiere su doble denominación), sus efectos se conseguían mediante sendas estipulaciones simultáneas.

En Derecho romano clásico la compraventa, además de consensual, se hace obligacional: por el mero consentimiento, que perfecciona el contrato, nacen las obligaciones a cargo de comprador y vendedor, pero no se transmite y adquiere la propiedad de la cosa sino con su entrega *(non nudis pactis sed traditionibus dominio transferuntur*: C., 2,3,20).

Partiendo de esos antecedentes se dibujan en la evolución posterior de la venta dos sistemas fundamentales: uno, según el esquema romano, en el que el contrato sólo genera obligaciones, siendo precisa ulteriormente la entrega de la cosa por el vendedor (real o ficticia) para transmitir su propiedad: es el sistema de nuestro Código civil. Y otro, en el que el contrato, siempre consensual, es al propio tiempo traslativo del dominio, de forma que perfeccionada la venta el comprador adquiere de forma inmediata la cosa o el derecho: es el sistema de los Códigos francés e italiano, entre tantos otros.

371. La cuestión de la transmisión de la propiedad en la compraventa.

Es éste uno de los problemas más debatidos en torno a dicho contrato. En este punto ha de distinguirse entre dos cuestiones distintas.

a) Si la compraventa es suficiente, ella sola, para adquirir el comprador la propiedad de la cosa vendida. En nuestro ordenamiento la contestación es negativa: el Cc. (que modificó el criterio del Proyecto de 1851, donde, siguiendo a su modelo francés, bastaba el contrato para la adquisición del dominio) exige ahora, para tal adquisición, adicionalmente, la entrega o tradición de la cosa. Sigue, pues, el esquema o sistema del *título y modo.*

b) Si es obligación esencial del vendedor la de transmitir la propiedad de la cosa vendida. Aquí el problema es más complejo, y en él se interfieren los antecedentes históricos (remotos y próximos), la influencia de otros sistemas jurídicos (francés e italiano, sobre todo), con su doctrina, y la poca claridad de nuestros textos.

En cuanto al Cc., nuestra doctrina se halla dividida. Los arts. 1.445 y 1.461 sólo obligan a entregar la cosa, y no a transmitir la propiedad, y los 1.474 y ss. únicamente conceden acción de saneamiento por evicción contra el vendedor cuando sea turbado en su posesión *legal* y *pacífica* (el Proyecto de 1851 omitía el término «legal», en el que se centran algunas interpretaciones), Es decir, que el art. 1.474 concede acción sólo en caso de producirse evicción (o temor de evicción: art. 1.502), mas no por el mero hecho de faltarle la propiedad al vendedor, si el comprador no es molestado en su tenencia. Por otra parte, nuestro Código admite la venta de cosa ajena, y el pacto de reserva de dominio.

Partiendo fundamentalmente de esos preceptos, y algún otro, un amplio sector doctrinal entiende que la transmisión del dominio no es esencial a la compraventa ni obligación taxativa del vendedor. Así, Roca Sastre entiende que el Cc. sigue sustancialmente el sistema romano, siendo en él la venta sólo generadora de obligaciones. Y Albaladejo dice que no hay en nuestro Derecho obligación de transmitir el dominio, basándose en los antecedentes del Cc. y en la no exigencia explícita en tal sentido (tampoco la jurisprudencia), y concluye que la transmisión de la propiedad no es esencial, ni siquiera natural, sino solamente normal en la compraventa del Cc.

Otros autores, sin embargo, creen encontrar en el propio Código argumentos legales a favor de la tesis contraria (art. 609 en relación con el 1.095, el 1.474 cuando obliga a entregar la posesión *legal*, el 1.258); alguno de tales autores, con todo, más como *desideratum* y necesidad de superar el viejo patrón romano, que hoy no encuentra ciertamente justificación.

En nuestra opinión, si, por ser la venta en su acepción vulgar un contrato traslativo de la propiedad, se deduce de las circunstancias que el comprador contemplaba la adquisición del dominio como finalidad del contrato por él celebrado —y casi siempre será así, porque no siendo propia la cosa adquirida no tendría igual valor en el mercado si se vende nuevamente—, no hay cuestión: ha quedado obligado el vendedor a transmitir la propiedad; idéntica solución si, como previene GARCÍA GOYENA, el vendedor es de mala fe, por aplicación del art. 1.257 Cc. Tampoco hay problema —en el extremo opuesto— si la venta era, sabiéndolo ambas partes, de cosa de dudosa titularidad o ajena (en curso de usucapión, por ejemplo): sólo nace obligación de entregar y garantizar la pacífica posesión, o sanear. En los restantes supuestos, que serán pocos, sí resulta cuestionable si rige el sistema romano o bien si la obligación de poner la cosa vendida *en poder* del comprador, impuesta por el art. 1.462, se ha de entender referida al dominio. Mas tal obligación figura literalmente en el Proyecto 1851, en el cual la compra transmitía la propiedad al vendedor, y quizá para estos casos-límite vale la solución que no obliga a transferir el dominio.

En las mismas dudas se ha movido la jurisprudencia, pues si en unas Ss. (26 junio 1924, 4 junio 1928, 8 marzo 1929) entendió que por la compraventa se obliga el vendedor a transferir el dominio de una cosa, en la de 10 febrero 1936 (ponencia CASTÁN), que citaba las anteriores como muestra de «una ampliación prudente del contenido de la obligación de entrega», se sostiene en cambio lo contrario argumentando *ex* arts. 1.461 y 1.474 Cc. en la forma antes expuesta. Con posterioridad, la S. 27 mayo 1959, citando ahora los arts. 1.445, 1.461, 1.462 y 348 Cc., concluye «como consecuencia lógica con el concepto y esencia del contrato de compraventa, que está integrado por la *transmisión de ese dominio* y posesión del objeto de transmisión» (cfr. también S. 1 diciembre 1986). Dirección jurisprudencial esta última, que, aún discutible, la doctrina aplaude como criterio progresivo.

372. Sujetos de la compraventa.

La compraventa, como negocio bilateral, requiere dos partes (contratantes) —que no dos personas, pues en cada parte puede haber una o varias personas—: *comprador* (que «se obliga a entregar una cosa determinada»: art. 1.445) y *vendedor* (que se obliga «a pagar por ella un precio cierto»). Y si bien para resultar comprador o vendedor basta tener capacidad jurídica, para realizar eficazmente una compraventa se requiere determinados *requisitos subjetivos:*

A. Capacidad. El art. 1.457 remite a las normas generales: *podrán celebrar el contrato de compra y venta todas las personas a quienes este Código autoriza para obligarse, salvo las modificaciones contenidas en los artículos siguientes.* En otros lugares hay alguna regla especial, como la del art. 323 Cc. relativa a las enajenaciones del menor emancipado relativas a inmuebles y establecimientos mercantiles o industriales u objetos de extraordinario valor.

B. Legitimación. En línea de principio, sólo está legitimado para vender el que sea dueño de la cosa o titular del derecho que pretende enajenar y tenga la libre disposición de una u otro. Cabe, sin embargo, la venta de cosa ajena; mas en este caso no se vende, en puridad, y eficazmente, la cosa de otro, sino que el vendedor se compromete a adquirir la cosa ajena «vendida» para entregarla, ya propia, al comprador; y si no logra adquirirla, como nuestra compraventa sólo es productora de obligaciones, habrá incumplido la que le compete de entregar la cosa vendida, y por tal incumplimiento tendrá que indemnizar.

373. Las prohibiciones de comprar.

El Cc. establece una serie de prohibiciones o incompatibilidades personales para comprar (sólo para comprar), en interés del vendedor, cuando es posible comprador quien, por razón de sus facultades unas veces, o de su cargo u oficio otras, toma la decisión de vender o cooperar sustancialmente a la venta. A esos motivos se unen, en ciertos supuestos (apartados 4º y 5º, art. 1.459), razones de moralidad social y orden público, como evitar cualquier duda sobre la honorabilidad de quienes intervienen en la función pública o administran justicia o coadyuvan a ella. No se trata de incapacidades (cfr. S. 27 mayo 1959), pues inciden sólo sobre la posibilidad de adquirir por compra los bienes (o algunos bienes concretos) de determinada persona, sino sencillamente que a esas personas les *está prohibido* comprar tales bienes.

Dice, así, el art. 1.459 que *no podrán adquirir por compra, aunque sea en subasta pública o judicial, por si ni por persona alguna intermedia:*

1º Los que desempeñan algún cargo tutelar, los bienes de la persona o personas que estén bajo su tutela. El art. 221-3º también prohíbe *a quien desempeña algún cargo tutelar...adquirir por título oneroso bienes del tutelado o transmitirle por su parte bienes por igual título.*

2º Los mandatarios, los bienes de cuya administración o enajenación estuviesen encargados. Esta prohibición no debe ser entendida en términos absolutos, sino interpretada en función de su *ratio legis* (protección de los intereses del mandante) y en relación con la voluntad del mandante (o poderdante) que es quien define el ámbito de legitimación del mandatario (o apoderado).

Por tanto, si se ve clara y justificada la prohibición cuando el mandatario venda esos bienes en el desempeño del mandato y comprándolos él directamente (autocontrato) o acaso por persona interpuesta, o hay riesgo de abuso por implicar conflicto de intereses (S. 3 septiembre 1996), no se halla justificada ni debe actuar la prohibición legal cuando es el propio mandante (poderdante) quien vende el mandatario (apoderado) —así, S. 3 junio 1949—, o la operación se hace con su autorización (RR. 29 abril 1993 y 15 julio

2004), o la ratifica luego aquél, dándola por buena. Tampoco, según ha dicho el T.S., cuando, habiendo dos mandatarios, uno de ellos, en nombre del mandante, vende al otro, que compra para sí (Ss. 17 junio 1920, 27 mayo 1959 y 30 septiembre 1968). Probablemente, cabe asimismo la compra en Bolsa de géneros o títulos de cotización corriente y fluida, es decir, cuando la decisión de vender o la determinación del precio no puede estar condicionada por el propio interés. Por otro lado, la prohibición comentada actúa sólo durante el tiempo en que dura el mandato.

3º Los albaceas, los bienes confiados a su cargo.

Vale aquí, con las precisas adaptaciones, lo dicho para los mandatarios. La jurisprudencia ha insistido en que esta prohibición sólo tiene vigencia durante el tiempo de desempeño del cargo, cesando cuando el albacea hace entrega formal de los bienes al heredero (S. 10 junio 1954) o cuando cesa de otra forma el albaceazgo (S. 29 enero 1962). Por otra parte, puede entenderse referido este precepto a cualquier administrador de bienes de una herencia, y siempre que la compra se realice ostentando la calidad de administrador.

4º Los empleados públicos, los bienes del Estado, de los Municipios, de los pueblos y de los establecimientos también públicos, de cuya administración estuvieren encargados. Esta disposición regirá para los Jueces y peritos que de cualquier modo intervinieren en la venta. Han de entenderse incluidos todos los funcionarios públicos, de cualquier tipo de Administración. Posiblemente, también a los que sin ser empleados públicos, funcionarios en sentido legal o técnico, intervienen en la Administración en calidad asimilada (consejeros, concejales), si su función alcanza a la gestión de bienes públicos.

5º Los Magistrados, Jueces, individuos del Ministerio Fiscal, Secretarios de Tribunales y Juzgados y Oficiales de Justicia, los bienes y derechos que estuviesen en litigio ante el Tribunal, en cuya jurisdicción o territorio ejercieran sus respectivas funciones, extendiéndose esta prohibición al acto de adquirir por cesión. La prohibición de comprar impuesta en este apartado, como en el anterior, tiene por objeto el salvaguardar el decoro y buena fama de los organismos y entes que citan, y del propio personal que en ellos ostenta cargo (ver S. 2 julio 1976). La referencia al «territorio» inclina a creer que la prohibición comprende a los Magistrados de la misma Audiencia pero de Sala distinta, y a los de los Juzgados del mismo partido (véase S. 2 julio 1976). Tanto la cualidad de bienes litigiosos como la intervención por razón de su profesión del comprador debería existir en el momento de celebrarse el contrato (S. 29 octubre 1964). Aunque referida la prohibición sólo a bienes y derechos litigiosos, cabe entenderla extensiva a la compra de bienes de procesados en causa penal (por ejemplo, los embargados y subastados para hacer frente a su responsabilidad civil).

Se exceptuará de esta regla el caso en que se trate de acciones hereditarias entre coherederos (o sea: cuando los funcionarios judiciales sean al propio tiempo coherederos de los litigantes, y se enajene una cuota o participación hereditaria); *o de cesión en pago de créditos* (supuesto éste poco probable, porque requeriría que un Juez o Magistrado acreedor de un litigante juzgue el pleito y sea cesionario del crédito litigioso), *o de garantía de los bienes que posean* (a relacionar con el art. 1536 Cc.).

La prohibición anterior comprenderá a los Abogados y Procuradores respecto a los bienes y derechos que fueron objeto de un litigio en que intervengan por su profesión u oficio. La S. 29 octubre 1964 exige, para este supuesto, que la actuación del letrado en el proceso no obedezca a la defensa de sus propios intereses, sino a la de alguno de los contendientes.

Como notas comunes a los mencionados supuestos y prohibiciones cabe mencionar:

a) Que la prohibición del art. 1.459 se extiende a las compras hechas *por medio de cualquier persona intermedia,* término más amplio que el de *persona interpuesta* que emplean otros Códigos y nuestro ordenamiento en otras ocasiones.

b) El T.S. ha afirmado reiteradamente que las prohibiciones del art. 1.459 son de interpretación estricta, y nunca de interpretación extensiva o aplicación analógica (SS. 27 mayo 1959, 9 mayo 1960, 8 noviembre 1989, etc.).

c) Que la cualidad personal (tutor, mandatario, albacea, empleado público, etc.), en función de la cual se hallan establecidas las prohibiciones, debe tenerse en el momento de la perfección de la compraventa, no en el de su consumación (S. 20 febrero 1967).

d) En cuanto a la sanción que merecen las compraventas realizadas contra la prohibición del art. 1.459, parece que hay acuerdo en que, tratándose de los apartados 4º y 5º, la sanción es la nulidad absoluta de la venta, en atención al ser de orden público dichas reglas. En los restantes casos, la mayoría, alegando los motivos de interés puramente privado, que parecen inspirar la ley (protección de los pupilos, los mandantes, los herederos) se inclina —con Pothier— por la anulabilidad; otros, acaso con mayor acierto, pronúncianse también para estos supuestos por la nulidad radical, ya por apreciar aquí igualmente la lesión de un interés general y de una norma fundada en razones de interés público; ya por incurrir en la sanción del art. 6.3 Cc. por tratarse de actos contrarios a norma prohibitiva que no establece efecto distinto para el caso de contravención; o bien por una falta de legitimación que no podría compararse con una incapacidad, por ser elemento sustancial del contrato. Esta ha sido la posición del Tribunal Supremo, en Ss. de 5 octubre 1962, 11 junio 1966 y 6 octubre 1987 (relativas a mandatarios) y la de 22 junio 1948 (declaró nula la venta efectuada por el heredero a favor del albacea).

374. Objeto de la compraventa. La cosa.

La compraventa tiene un doble objeto: la *cosa* a entregar por el vendedor, y el *precio* que pagar por el comprador. Estudiemos ahora la primera.

Tiene aquí la *cosa* a que alude el art. 1.445 el sentido amplio que se le da en su acepción jurídica; no sólo los objetos o cosas materiales, sino también los derechos (cfr. arts. 1.262-1º y 1.526 ss. Cc.), las energías y aun ciertos bienes inmateriales aptos para el tráfico jurídico (derechos de autor, marcas, patentes).

Las *cosas corporales* vendidas pueden ser específicas o genéricas, muebles o inmuebles, una sola cosa, o varias juntas (en el supuesto de venta conjunta de varias cosas, será cuestión de interpretación del contrato si hay una o varias ventas); puede también venderse una de varias cosas, alternativamente (es decir, como objeto de una obligación alternativa).

Tratándose de *derechos,* pueden ser objeto de enajenación tanto derechos reales como de crédito, incluso los de otra clase que sean enajenables y cumplan los demás requisitos. En cuanto al derecho real limitado, cabe su enajenación (para las servidumbres, cfr. art. 534 Cc.), unas veces cuando existe ya con anterioridad, y otras constituyéndolo *ex novo* precisamente para su enajenación.

Requisitos. La «cosa» objeto de contrato de compraventa debe reunir los requisitos que en general se exigen para el objeto del contrato (arts. 1.271 y ss. Cc.): existencia, licitud y determinación; requisitos que aquí tienen algunas connotaciones o plantean problemas especiales, que es preciso analizar.

A. Existencia real o posible de la cosa vendida. Por exigencia del art. 1.261-2º Cc., la compraventa, como cualquier otro contrato, necesita tener objeto, aquí, que cambiar por el precio. No es indispensable, sin embargo, que exista ya (cfr. art. 1.271), con tal que tenga posible existencia. La no existencia actual de la cosa vendida puede presentarse de tres formas: existió y ya no existe en el momento de ser vendida por haber perecido; no existió ni puede llegar a ser; o no existe en el momento de celebrarse el contrato pero se prevé su existencia futura y en tal concepto se vende y compra (venta de cosa futura, que se examinará en epígrafe aparte). Nuestro Código civil sólo contempla el primer caso.

a) *Venta de cosa perecida al tiempo de la venta.* Se refiere a este caso el art. 1.460 Cc., que distingue según que la cosa haya perecido totalmente, o sólo en parte. Para el primer supuesto, dice que *quedará sin efecto el contrato:* hay que entender que no produce los efectos típicos de la compraventa, pero puede producir otros efectos (indemnizatorios), según las circunstancias.

Aunque el Código no hace distinción alguna, suele distinguir la doctrina siguiendo a García Goyena, según se conociera, y por quién, el perecimiento anterior de la cosa: si lo conocía el vendedor sólo, debe indemnizar al comprador de los daños y perjuicios producidos por la ineficacia del contrato que él conocía (actuación dolosa: cfr. art. 1.101 Cc.); la misma solución cabe predicar cuando sea el comprador quien conoció la pérdida total anterior de la cosa (para García Goyena, deberá pagar todo el precio); si lo conocían los dos, habrá compensación de dolos. Cuando haya indemnización de perjuicios, alcanzará ésta (dice Rubino) a lo que la doctrina llama «interés contractual negativo» (gastos hechos, eventuales ocasiones perdidas por el comprador de estipular un contrato análogo con otras personas, etc.).

Si se trata de pérdida *sólo en parte, el comprador podrá optar entre desistir del contrato o reclamar la parte existente, abonando su precio en proporción al total convenido* (art. 1.460-2º). La opción concedida al comprador se funda en que quizá no le interesa quedarse sólo con una parte de la cosa, aunque sea pagando la parte proporcional del precio, si la compró pensando y precisamente en atención a su integridad indivisa.

b) *Inexistencia total (actual y futura) de la cosa.* Si la cosa no existe de forma absoluta al tiempo del contrato, es decir, no está en el patrimonio del vendedor ni en el de tercero, y tampoco es contemplada su existencia como posible y futura, la compraventa es nula (en el sentido de carecer de sus efectos típicos, de compraventa, y sin perjuicio de otros posibles), por falta de objeto. Creo, en todo caso, que cabe aplicar aquí, como en el supuesto anterior, el art. 1.101 Cc. y la doctrina de la culpa *in contrahendo,* y la distinción, a efectos indemnizatorios, según que conozca uno u otro, o los dos contratantes, la inexistencia de la cosa; si ambos la desconocen y actuaron de buena fe, no habrá otra consecuencia que la total invalidez del contrato.

Por lo que se refiere a la compraventa de derechos, y la exigencia de su existencia o efectos de su inexistencia, cfr. arts. 1.529 y 1.531 Cc.

B. Licitud. Aunque no lo dice el Código en sede de compraventa, por aplicación de las normas generales de los contratos (art. 1.271) es exigible que la cosa vendida sea de lícito tráfico; el precepto indicado requiere que esté en el comercio de los hombres. En términos más generales, con referencia a este requisito, se habla de *alienabilidad* de la cosa o derecho vendido. Por lo que aquí interesa cabe decir que en el propio Código se considera como inalienables ciertos derechos (cfr. arts. 525 y 534), la herencia futura (art. 1.271), los *ganados y animales que padezcan enfermedades contagiosas* (art. 1.494-1º: *cualquier contrato que se hiciere sobre ellos será nulo,* añade); leyes especiales prohiben o condicionan a otros requisitos el tráfico de armas, sustancias nocivas a la salud, metales preciosos, objetos de valor arqueológico, artístico e histórico, etc.

Si la cosa es inalienable, la compraventa es, por regla general, nula, por falta de objeto idóneo. Si, además, el vendedor actuó de mala fe (conocía esa condición de la cosa, y no advirtió al comprador), puede incurrir en responsabilidad por culpa *in contrahendo* y debe indemnizarle (interés contractual negativo).

C. Determinación o determinabilidad. En este punto el art. 1.445 ya habla de cosa *determinada,* precepto a relacionar con el art. 1.273 donde se exige que la cosa sea «determinada en cuanto a la especie», aunque haya indeterminación de la cantidad, siempre que sea posible determinarla sin necesidad de nuevo convenio entre los contratantes (cfr. S. 16 octubre 1982). Cabe, pues, no sólo la venta de cosa específica, sino incluso de cosa genérica (a la que parece aludir el art. 1.273, no obstante su confusa expresión).

Por ello, no tanto es requisito la determinación como la determinabilidad de la cosa (o derecho). Lo único que se exige es que hayan sido previstos y queden sentados con claridad en el contrato los criterios de determinación futura, sean de tipo objetivo (por referencia a una cosa o circunstancia) o subjetivos (encomendarla a una persona). En cuanto a este último, tiene particular importancia la determinación de la cosa por medio de arbitrador (que no árbitro; éste decide una controversia entre las partes, mientras que aquél colabora con su decisión a la concreción de un elemento de hecho del contrato). El Código no lo prevé para la determinación de la cosa, sino del precio (art. 1.447), y por ser la problemática parecida en ambos casos, me remito a lo que diré al respecto al estudiar éste.

375. En particular, la venta de cosa futura.

A tenor de las normas generales de los contratos, pueden ser objeto de los mismos todas las cosas *in commercio,* «aun las futuras» (art. 1.271 Cc.). Y cabe entender como cosa futura, en sentido amplio, aquellos bienes de que el vendedor no puede disponer al tiempo de la compraventa (idea de ROGEL); o, en sentido más estricto, aquellos que no teniendo existencia real (al menos en la forma en que son queridos por las partes y negociados) en el momento de la celebración del contrato, cabe esperar que puedan tenerla dentro del orden natural de las cosas. Se considera, así, como venta de cosa futura, la de una cosecha de naranjas de finca cuyos árboles están todavía en flor, o la pesca de un barco en un día o de una salida al mar, o la de pisos a construir en cierto solar, todavía en cimientos y según plano (cfr. Ss. 3 junio 1970, 18 octubre 1972 y 28 noviembre 1973). Aquí entiende la generalidad de la doctrina que ambas partes conocen, o deben conocer, la calidad de cosa futura del objeto de la compraventa.

Sin embargo, de dos formas diferentes se puede concebir la venta de cosa futura: en unas ocasiones se conviene que se pagará el precio si efectivamente llega a realidad, a tener existencia en los términos previstos o calidad pactada, la cosa o bienes objeto del contrato —y entonces se denomina, en términos ya clásicos, *emptio rei speratae*—; y otras veces se concibe la venta de manera que el comprador haya de pagar el precio pactado en todo caso, llegue o no a tener existencia real y jurídica la cosa vendida —*emptio spei*, venta de mera esperanza—. Cfr. S. 31 diciembre 1999.

Entre los varios problemas que plantea la venta de cosa futura, y esa distinción, está, en primer lugar, si se trata de una figura unitaria, o si son dos ventas distintas, y aun si la *emptio spei* es en realidad una compraventa, o es otra cosa (contrato atípico). Tres posicíones se dibujan a ese respecto en la doctrina: *a*) Para un sector doctrinal, sólo es verdadera venta (de cosa futura) la *emptio rei speratae*, en cuanto en ella hay intercambio de cosa (cuando deviene real) por precio; la *emptio spei*, donde el comprador puede verse obligado a pagar precio sin recibir nada a cambio, si se frustra la esperanza, no puede ser venta (ni siquiera venta de cosa futura con cláusula aleatoria, dice RUBINO), sino un contrato aleatorio atípico. Esta es la tesis del autor italiano citado, y en nuestro país, de CALONGE, BADENES y GULLÓN. *b)* Para otros autores (PERLINGIERI, la mayor parte de la doctrina francesa, y CASTÁN, PUIG BRUTAU Y ROGEL), en ambos casos se trata de compraventa, si bien es conmutativa la *emptio rei speratae* y aleatoria la *emptio spei*. *c*) PROVENZA, con referencia al vigente Código italiano, entiende que en ambos casos se trata de compraventa y que no es precisa la distinción tradicional entre *emptio rei speratae* y *emptio spei*, pudiendo construirse con ambas una figura unitaria de venta de cosa futura; la diferencia estará en cómo tomen las partes en consideración la cosa, en cuanto ha de tener existencia en el futuro: si no llegase a tener existencia, el contrato sólo será eficaz si las partes hubiesen querido concluir un contrato aleatorio.

Para RUBINO, la venta de cosa futura se caracteriza por dos notas: *a*) objetivamente, porque en el momento de la conclusión del contrato no existe lo que es objeto de la venta, ni en el patrimonio del vendedor ni en ningún otro: no existe jurídicamente; y *b)* subjetivamente, por el especial juego de las voluntades de las partes, que saben que la cosa no existe, pero calculan que nacerá, y estipulan anticipadamente el contrato en atención a su futuro nacimiento. No es —añade— un negocio condicionado, porque no puede someterse a condición un requisito esencial del negocio, como es su objeto; cuando llega la cosa a existencia, su adquisición por el comprador y además efectos se produce *ex nunc,* y no retroactivamente.

Por lo que respecta a los efectos de esta venta, distingue RUBINO unos efectos preliminares (desde que se forma el consentimiento hasta que nace la cosa), de los definitivos (cuando el contrato está completo). Los primeros son dos: la irrevocabilidad del negocio, y una obligación relativa al futuro nacimiento de la cosa o derecho vendido, con un doble contenido: no impedir el futuro nacimiento de la cosa, y actuar cooperando a ese nacimiento. A quién y cómo competen estas obligaciones será cuestión de interpretación del contrato; su incumplimiento podrá dar lugar a indemnización (sólo al llamado interés contractual negativo). Los efectos definitivos, propios de la venta, y según la naturaleza de la cosa, se producen con el nacimiento de ésta, con eficacia *ex nunc*.

La *emptio spei* es para este autor un contrato distinto a la venta de cosa futura, autónomo y de carácter aleatorio, cuya particularidad consiste en que el comprador se compromete a pagar un precio cualquiera que sea la consistencia futura de la cosa o derecho vendido, e incluso aunque no llegue a nacer. Por ello las normas de la compraventa sólo se aplicarán por analogía, en cuanto no sean incompatibles. Para distinguir entre *emptio spei* y *emptio rei speratae*, habrá que acudir en cada hipótesis a las circunstancias del caso y a la interpretación de la voluntad de las partes: en caso de duda debe presumirse *emptio rei speratae.*

En nuestro país destacan dos concepciones de la venta de cosa futura. Por un lado, GULLON, buscando una alternativa a la idea de RUBINO sobre la *emptio rei speratae,* entiende que el contrato es perfecto desde el momento en que hay consentimiento sobre la cosa y el precio. Aunque la cosa sea futura, la venta tiene un objeto actual (esa misma cosa futura) por disposición de la ley (art. 1.271). Si la cosa no llega a tener existencia, el vendedor no puede cumplir su obligación de entrega; pero hasta el momento de la entrega pesan sobre él aquellas obligaciones de que hablaba el autor italiano, de modo que si las incumple el comprador podrá accionar contra él por incumplimiento de contrato.

Más recientemente, ROGEL VIDE concibe esta venta en sus dos especies de *emptio rei speratae* y *emptio spei*, como una verdadera y propia compraventa con todos sus elementos esenciales; puede ser conmutativa (la primera) o aleatoria (la *emptio spei*). En ambos casos produce inmediatamente los efectos jurídicos obligatorios independientes de la venida a existencia de la cosa. No se producen, en cambio, aquellos efectos obligatorios que dependen del evento condicionante (venida a existencia de la cosa), ni el efecto real de la transmisión de la propiedad. Si la cosa nace en un momento posterior, la compraventa deviene plenamente eficaz: en caso contrario, las consecuencias serán distintas, según sea el contrato conmutativo o aleatorio: en la *emptio rei speratae,* deviene del todo ineficaz, pues la condición, requisito de eficacia del negocio, afecta a todo él; en la *emptio spei*, por el contrario, la condición, requisito de eficacia de la prestación del vendedor únicamente, afecta a ésta, pero no a la del comprador.

El T.S. ha contemplado ventas de cosas futuras en las Ss. de 3 junio 1970, 28 noviembre 1973 y 8 marzo 1995 (ventas de vivienda o local comercial que construir, en los tres casos; las dos primeras las distinguen del contrato de obra), sin aportar gran cosa a su delimitación; la S. 30 octubre 1981 distingue bien la «venta de esperanza», que parece concebir como contrato aleatorio, y la venta de cosa futura, «ya que en este segundo supuesto de no poder cumplirse la obligación de entrega por inexistencia del objeto queda sin causa la correspectiva del comprador en orden al pago del precio, según distinción ya advertida por el Derecho histórico» (igual distinción, en Ss. 30 octubre 1989 y 31 diciembre 1999). Y ha visto situaciones de venta de cosa futura también, sin llamarlos por este nombre, en las SS. 9 junio 1949, 23 abril 1970 y 18 octubre 1972.

376. En particular, la venta de cosa ajena.

Se habla de venta de cosa ajena, dice Rubino, cuando la cosa o derecho vendido no pertenece al vendedor, sino a un tercero, y aquél, además de no tener la titularidad ni poder de disposición respecto de ella, no ha concluido el contrato en nombre de ese tercero titular, ni se está ante alguno de los casos en que es válida y eficaz la adquisición *a non domino*. De otra parte, la venta de cosa ajena presupone que se quiera realmente vender y comprar una cierta cosa, aunque no se conozca su ajenidad: no hay, pues, aquella venta cuando, por error en la declaración de voluntad, se indica en el contrato una cosa distinta de la realmente querida, y perteneciente a otro. Por cosa ajena en sentido estricto hay que entender aquí, no las genéricas, sino la específica o individualmente determinada; también, a veces, la perteneciente a un género limitado.

No se halla regulada, ni siquiera prevista o aludida, en nuestro ordenamiento, y doctrina y jurisprudencia han ido evolucionando. Los primeros comentaristas del Código negaron validez a la venta de cosa ajena, sancionándola unos con nulidad absoluta y otros con anulabilidad (Scaevola, Manresa, De Diego). Pero enseguida fue abriéndose camino la tesis de la validez, basada fundamentalmente en la idea del alcance obligacional de la compraventa en nuestro Código; en la inexistencia para el vendedor de la obligación de transmitir la propiedad de la cosa vendida, y en la posibilidad de que surta aquella venta ciertos efectos jurídicos que satisfagan a los interesados en el posible conflicto: unas veces, si el vendedor llegó a adquirir la que era cosa ajena, y puede entregarla al comprador siendo ya propia en el momento del cumplimiento del contrato; otras, por vía del saneamiento por evicción si, entregada la cosa ajena vendida, es reclamada con éxito por su propietario; en alguna ocasión, sanando la usucapión el efecto de ineficacia de la venta por la ajenidad de la cosa... Este suele ser el razonamiento de la doctrina imperante (CASTÁN, ROCA SASTRE, GULLÓN, etc.), y de la última y mejor jurisprudencia.

En línea de principio, y sin perjuicio de alguna desviación, nos inclinamos también aquí por la validez: máxime cuando ningún precepto exige que el vendedor sea dueño de la cosa vendida, ni se sanciona la nulidad de dicha venta (como en otros ordenamientos afines). Mas esa validez de principio no quiere decir que la venta de cosa ajena deba o pueda producir, siempre, los efectos normales del contrato de compraventa. Al contrario, los efectos de aquélla, con el Código en la mano, varían según las hipótesis:

a) Si el vendedor, en cumplimiento de su deber de entregar la cosa al comprador, procura adquirirla precisamente para poder entregarla ya como propia, y lo consigue, las cosas se producirán conforme al esquema normal y típico de la compraventa.

b) Si el vendedor hace entrega al comprador de la cosa vendida antes de (o sin) haberla adquirido a tal efecto, realmente entrega cosa que es de otro, quien tiene derecho a reclamarla del comprador. Las consecuencias de esa reclamación varían según el momento en que se haga: *a'*) si tiene lugar tardíamente, el comprador puede invocar con éxito la usucapión de la cosa por haberla poseído durante el tiempo y con los requisitos legales, consolidando una adquisición que era ineficaz en el primer momento; *b')* no habiéndose completado la usucapión y recuperando la cosa judicialmente su dueño, el vendedor está obligado a sanear de evicción al comprador que fue privado de ella (art. 1.478 Cc.) (S. 7 junio 1996).

c) En el supuesto de que el vendedor no logre siquiera poner a disposición del comprador la cosa vendida, habrá incumplido completamente su principal obligación derivada de aquel contrato: las consecuencias serán las propias de tales casos, entre otras, la de indemnizar al comprador los perjuicios derivados de ese incumplimiento (que ya no se limitarán al interés contractual negativo, sino también al interés positivo). Cfr. SS. 1 marzo y 25 junio 1993 y 12 mayo 1994.

Hasta ahí, las reglas de principio, es decir, sin hacer distinción según la posición subjetiva de los contratantes en relación con la ajenidad de la cosa. Cabe, sin embargo, contemplar situaciones especiales, según la buena o mala fe de aquéllos (y la mala fe, en este caso, viene a ser el conocimiento de que la cosa es ajena), o cuando se haya contratado sobre la base, o con la exigencia del comprador, de que sea propia del vendedor y/o se le transmita inmediatamente la propiedad de la misma. En este último supuesto, la venta de cosa ajena es inválida o impugnable, por distintos mecanismos según cómo se hayan producido las partes en cada caso (nulidad, por inexistencia o inidoneidad del objeto; anulable, si hubo dolo por parte del vendedor; mera resolución, si la eficacia se vinculó a que la cosa fuera propia del vendedor, condicionando así la operación).

Si se toma en consideración la buena o mala fe de los contratantes, también ha de distinguirse. Cuando los dos actúan de buena fe vale la solución general a que hice alusión al principio. Si el comprador actuó de buena fe y el vendedor de mala, parece difícil pretender la anulabilidad de la venta fundada en el error de aquél, dados los términos del art. 1.266 Cc. y jurisprudencia que lo ha interpretado —se muestran contrarios a ello CASTÁN y ROCA SASTRE—. En cambio, parece más viable la anulabilidad por dolo (art.

1.269 y 1.270), pues engaño hay casi siempre que el vendedor, conociendo que vende cosa de otro, no lo advierta al comprador, como parece normal en una atmósfera de lealtad y buena fe que debe presidir la contratación. Si ambos actuaron de mala fe —actuación maliciosa, en que cada uno, conocedor de la real ajenidad de la cosa y creyendo que el otro la ignora, calla pretendiendo engañar—, el dolo recíproco se compensa, impide la anulación del contrario, y éste será válido, sin perjuicio de que sus efectos sean los que presenté como solución general y de principio, según casos.

Dudas parecidas a las de la doctrina española ha tenido nuestra jurisprudencia a la hora de calificar la venta de cosa ajena. Si la D.G.R. le reconoció pronto la validez (R. 6 diciembre 1898, que declaró no ser de esencia en la venta que el vendedor sea dueño de la cosa vendida; y la de 2 de septiembre 1902), el T.S. ha mantenido una línea mucho menos segura: las SS. 11 abril 1912, 26 junio 1924 y 19 diciembre 1946 hablaron de la nulidad de la venta por falta de elemento real del contrato (la cosa); las Ss. 20 noviembre 1925 y 8 marzo 1929 optaron por la anulabilidad, por error (creer cosa propia del vendedor la que era ajena). A partir de las Ss. 1 marzo 1954, 25 mayo 1957 y 5 julio 1958 queda firme la afirmación de la validez de esta clase de venta, ratificada luego por otras muchas (la de 5 mayo 1983 se basa en la naturaleza consensual y generadora de obligaciones de la compraventa y en la ausencia de precepto que exija que sea el vendedor propietario de la cosa, así como en los efectos previstos para caso de incumplimiento); cfr. también Ss. de 11 mayo 2004 y 11 octubre 2006.

La S. 20 marzo 2007 ha reiterado la validez de la venta de cosa ajena y precisado que es eficaz *inter partes* e ineficaz frente al verdadero propietario, que podrá ejercitar acción reclamando la declaración de su ineficacia o la declarativa o reivindicatoria sobre el objeto de aquella (S. 5 mayo 2008); en el mismo sentido, las Ss. 5 y 16 marzo 2007.

377. El precio.

A la obligación del comprador de entregar una cosa determinada, se opone la del vendedor de pagar por ella «un *precio cierto,* en dinero o signo que lo represente». El precio, contraprestación precisamente en dinero (o signo equivalente), es el *elemento* más característico de la compraventa (superación histórica de la permuta): elemento que si, por una parte, la caracteriza como contrato oneroso, por otro lado la distingue de otros de esta clase, en los que la contraprestación es distinta (de la permuta, en donde el cambio es de cosa por cosa, o del contrato en que se cambia cosa por una prestación de hacer, por ejemplo). La inexistencia de precio determina la ausencia de causa y ocasiona la nulidad absoluta del negocio (SS. 6 octubre 1994, 27 junio 1996 y 13 marzo 1997).

A su vez, el precio no es exclusivo de la compraventa, pues recibe también ese nombre en el Cc. como contraprestación en el arrendamiento de cosas (art. 1.543) o de obras o servicios (art. 1.544) (cfr. S. 18 septiembre 1985).

Hay precio (y aparece la compraventa) cuando un bien (el dinero) que juega el papel de intermediario en el cambio y es medida del valor de las cosas, es aceptado en el tráfico con esa función (RUBINO). Pues el precio desempeña en la compraventa esta función instrumental propia del dinero: es medio de cambio (cosa por precio), pero también medida de valor de la cosa vendida, aunque la ley no exija que el precio se corresponda exactamente con el valor de la cosa.

Requisitos. Es muy parco el Código en este punto: sólo alude el art. 1.445 a la *certeza* del precio y que consista en dinero o signo que lo represente. La doctrina estudia otros, como es que sea real o verdadero, y se plantea la pregunta de si ha de ser justo, o qué alcance puede tener hoy la correlación precio-valor de la cosa.

A. Precio real o verdadero. Significa este requisito que para que haya compraventa debe haber precio auténtico, no simulado: en este caso —al que algunos asimilan el del precio irrisorio—, la venta sería nula, como sanción de la simulación, o por ausencia o ilicitud de la causa (Ss. 26 abril 1956 y 16 octubre 1965). Cuando el precio, aun real, representa sólo una parte del valor de la cosa, y sea intención de los contratantes que en cuanto al resto sea tenido como donación, estaremos ante un *negotium mixtum cum donatione,* o una donación indirecta. En todo caso, es ésta cuestión distinta de la relativa al precio justo.

B. Precio determinado o determinable. El art. 1.445 habla de precio *cierto,* sin más distinción; equivale al requisito de determinación que en general se exige para toda prestación u objeto de un contrato (art. 1.273), y que se da tanto si queda determinado *ab initio,* o es determinable según criterios previstos en el contrato.

Es *determinado* el precio si su cuantía es fijada en el momento de la conclusión del contrato, o es conocida por las partes y se tiene por tal, aun no indicada *expressis verbis,* en ese instante (cuál sea su realidad será luego cuestión de prueba). Parece que también ha de tenerse por determinado cuando hallándose fijada la cuantía objetivamente, sea ignorada por (alguna de) las partes. De otro lado, si es conocido el precio, subjetivamente, por las partes, no es necesario, para tenerlo por determinado, que venga expresado en el contrato.

Es *determinable,* en cambio, el precio cuando, aun no concretada objetivamente su cuantía, o no conocida ésta por las partes, quedan precisados los criterios que permitan su futura concreción sin duda alguna (véase SS. 28 marzo 1981, 26 octubre 1984, 10 febrero 1992 y 15 noviembre 1993) y sin necesidad de nuevos acuerdos (SS. 9 enero y 19 junio 1995).

Estos criterios de *determinabilidad* del precio, o puntos de referencia, pueden ser subjetivos u objetivos. El Cc. sólo excluye que el señalamiento pueda dejarse a uno de los contratantes (art. 1.449), quien, en tal caso, sería juez en causa propia (SS. 1 junio 1992 y 23 marzo 1994). Hay aquí una aplicación de la regla general del art. 1.256, y su infracción determina la inexistencia de la venta en cuanto contrato obligacional, si bien nada impide que la otra parte acepte ese precio, y el contrato exista, mas sólo desde entonces.

a) *Criterio subjetivo: arbitrio de un tercero.* Según el art. 1.447 *para que el precio se tenga por cierto bastará... que se deje su señalamiento al arbitrio de persona determinada. Si ésta no pudiere o no quisiere determinarlo, quedará ineficaz el contrato.* El tercero que así colabora en la concreción del precio es un arbitrador (no árbitro: S. 10 marzo 1986). Distínguese en este punto el *arbitrium merum,* caso en que el tercero decide según su libre voluntad o todo lo más según su leal saber y entender, es decir, sin sujeción a regla o criterio objetivo alguno; y el *arbitrium boni viri,* o arbitrio de equidad (donde el arbitrador buscará y expresará como precio la justa o equitativa valoración de la cosa, según criterios de normalidad y datos objetivos: de mercado, o valor en cambio, etc.). Las partes, al designar el arbitrador, expresarán el tipo de arbitrio al que se remiten: en caso de silencio o duda, nuestra doctrina estima que habrá de entenderse designado el arbitrio de equidad, por aplicación analógica del art. 1.690 Cc.

El arbitrador puede ser designado directamente por los contratantes, o en forma indirecta, por su pertenencia a una profesión o colegio profesional (S. 28 marzo 1981). Puede haber más de un arbitrador; pero no puede ser ninguna de las partes (art. 1.449). Puede tratarse incluso de un organismo oficial (S. 26 octubre 1984: Instituto Nacional de Moneda Extranjera). Si son varios, deberán atenerse a las reglas de su designación; en otro caso deberán decidir por mayoría. No se requiere ninguna forma especial en cuanto al cumplimiento de su encargo, pero sí debe atenerse el tercero a las instrucciones dadas por los contratantes para la fijación del precio. Y la determinación de éste se hará referido al momento de la celebración del contrato, y no al de la emisión de la decisión, salvo pacto o indicación de los contratantes (cfr. S. 21 abril 1956).

Aun no prevista en el art. 1.447, no cabe duda de la impugnabilidad de la decisión del arbitrador; tanto en el arbitrio simple como en el de equidad (en cuanto a éste, por aplicación analógica del art. 1.690: S. 22 noviembre 1966). Causas de impugnación pueden ser el error, dolo u otro vicio del consentimiento en la formación o exteriorización de la decisión del arbitrador, o la mala fe en éste, o el incumplimiento de las instrucciones dadas por los contratantes. Cuando se trata de arbitrio de equidad, también por haberse faltado notoriamente a ésta (cfr. S. 10 marzo 1986). En cualquier caso, una decisión abiertamente irracional o disparatada parece que debe ser impugnable en cuanto incumplimiento del encargo recibido de las partes, quienes lo mínimo que pueden esperar es un pronunciamiento serio.

¿*Quid* si tiene éxito la impugnación de la decisión del tercero? En defecto de normas que permitan, en nuestro ordenamiento (como en el Código italiano o el alemán) suplir la actuación del arbitrador por la del Juez, todo parece conducir a la ineficacia de aquella decisión —ya por nulidad en caso de vicios del consentimiento, mala fe o incumplimiento del encargo, o por analogía con lo dispuesto en el art. 1.447, para el caso de que el arbitrador no quiera o no pueda determinar el precio—, y, en consecuencia, la de la compraventa por falta de precio cierto.

b) Criterio objetivo. En este orden hace alusión nuestro Código a dos referencias objetivas: la relación a *otra cosa cierta* (art. 1.447), y la remisión *al precio que los valores, granos, líquidos y demás cosas fungibles tuvieren en determinado día, bolsa o mercado, o se fije un tanto mayor o menor que el precio del día, bolsa o mercado, con tal que sea cierto* (art. 1.448). De este tipo es la determinación del llamado « precio a medida» (en relación con un tanto por unidad de cuenta), o el precio medio que resulte de una campaña o temporada (S. 13 julio 1984, relativa a venta de manzanas; cfr. también S. 11 octubre 1967). Más dudosa es la aceptación, en Derecho español, del «precio del vendedor» (el que señale éste a las cosas que venda habitualmente: regulado en el Código italiano), visto con desconfianza por la S. 14 abril 1982, por causa del art. 1.449. Según las Ss. 23 abril 1964 y 13 junio y 26 diciembre 1984, la certeza en el precio se cumple con la remisión de los contratantes a lo dispuesto en esa materia por organismos oficiales.

c) Precio legal y precio normado. Particular importancia ha adquirido en los últimos tiempos la contratación normada, en que, por la trascendencia social de la cosa vendida (viviendas protegidas, por ejemplo), se señala por la ley su precio (precio normado o legal). La legislación especial (Ley 24 julio 1963 y su Reglamento, de 1968, sobre viviendas de protección oficial) sanciona con nulidad por ilicitud todo pacto en que se fije precio que exceda del señalado en la calificación definitiva, y con sustitución del precio convenido por el legal (Ss. entre otras, 20 marzo y 12 julio 1979 y 2 febrero 1983), precisando alguna Sentencia (3 diciembre 1984) que la contravención de aquellas normas, si bien determina la nulidad de la cláusula contractual en que fueron infringidas, no implica la nulidad de la compraventa en que se contiene (en el mismo sentido de validez del contrato, Ss. 20 marzo 1979 y 7 julio 1981 y 5 noviembre 1985). Sin embargo, las Ss. 9 septiembre y 14 octubre 1992 (duramente criticadas por Gordillo Cañas) han declarado la validez de la compraventa con precio superior al legal argumentando que sustituir el precio pactado por el legal supondría dejar el cumplimiento del contrato al arbitrio de una de las partes. En el mismo sentido, las SS. 4 mayo 1994, 11 noviembre 1995, 15 marzo y 21 noviembre 1996 y 16 julio 2001.

C. Precio en dinero o signo que lo represente. Que la contraprestación del comprador sea en dinero o signo fiduciario que le equivalga o lo represente, es precisamente lo que distingue la compraventa de la permuta. Baste en este punto con hacer remisión al art. 1.170 y a las obligaciones pecuniarias, para evitar reiteraciones innecesarias. Cabe, por ello, que cuando el pago del precio quede aplazado en todo o en parte, pacten las partes cláusulas de estabilización para combatir los efectos perniciosos de la devaluación monetaria.

Es posible que el precio sea designado en moneda extranjera (para su lícita y autorizada conversión, dice la S. 13 octubre 1983), sin que ello lo invalide. Que su pago se haga o no en moneda extranjera es ya otra cuestión, que dependerá de la voluntad de las partes y en su caso de la disciplina económico-administrativa del tráfico de divisas.

No deja de haber compraventa ni precio cuando parte de éste consista en otra cosa, aunque la parte en dinero sea inferior al valor de la cosa (cfr. art. 1.446). También hay compraventa, y precio en dinero, aunque después de señalado éste las partes convengan o el vendedor acepte que en el momento del pago el comprador entregue cosa distinta: tal convenio supone una ulterior dación en pago, como subrogado del cumplimiento de la verdadera prestación convenida, en dinero.

La jurisprudencia ha entendido como «signo» representativo de dinero la entrega de letra de cambio, pagarés u otros títulos valores (S. 5 julio 1944); sobre el alcance y eficacia del pago convenido por letra de cambio, cfr. Ss. 11 noviembre y 30 noviembre 1956; sobre pago mediante crédito documentario, véase Ss. 8 abril 1932 y 5 enero 1942.

D. No se requiere que el precio sea justo. Nuestro Ordenamiento no requiere que el precio sea justo (Ss. 20 julio 1993, 20 marzo, 27 junio y 13 diciembre 1996), ni establece, por tanto, particulares efectos en otro caso. Obsérvese que la contraposición entre precio justo o injusto nada tiene que ver con el precio irrisorio (frente al real), ni con el precio simulado (con donación disimulada) o el *negotium mixtum cum donatione,* o aquel en el que se pacte un precio superior al legal. La cuestión que se plantea ahora es la de si el precio convenido ha de aproximarse objetivamente, más o menos, al valor de la cosa, y qué haya de ocurrir cuando aquél se aleje de éste en cantidad significativa y con perjuicio del vendedor.

El Código, siguiendo la línea del Proyecto de 1851, y de acuerdo con la filosofía económico liberal de su siglo (cfr. S. 22 junio 1979), no recogió la rescisión por lesión de origen romano (la *ultra dimidium*), y sí sólo la de los contratos celebrados por tutores o en representación de los ausentes, en los casos del art. 1.291-1º y 2º Cc.: con otra motivación y requisitos, evidentemente. En cambio, los Derechos territoriales más romanizados, como el catalán y el navarro, sí regulan la rescisión por lesión (cfr. arts. 323 a 325 Comp. catalana, y leyes 499 y ss. Comp. Navarra).

En el ámbito del Código civil, pues, se puede decir que no es requisito de la compraventa el que el precio sea justo (S. 1 octubre 1990). Aunque el pactado se aleje notablemente del valor objetivo de la cosa, es ello intrascendente y la venta no es impugnable por ese motivo: el equilibrio entre ambas prestaciones es relativo y basta que sea subjetivo. Sin perjuicio de la impugnabilidad del contrato por otros motivos, como, según se ha visto, por ausencia de precio (simulación) o vicios del consentimiento en su fijación. En la jurisprudencia, véanse, Ss. 29 abril 1956, 10 julio 1954, 29 mayo 1957, hasta la más reciente de 25 abril 1981.

INDICACIÓN BIBLIOGRÁFICA. Además de los Tratados y Manuales de Derecho Civil, cuyos tomos correspondientes a la compraventa no se mencionan aquí, la bibliografía relativa a dicho contrato es muy abundante. Por ello la que aquí se cita ha de ser limitada.

a) Monografías. Entre las *españolas,* destacan las de BADENES, *El contrato de compraventa* (dos vol.), 2ª ed. Barcelona, 1979; BORRELL Y SOLER, *El contrato de compraventa según el Código civil español*, Barcelona, 1952; GARCÍA CANTERO, *Comentarios a los arts. 1.445 a 1.541 Cc.* (tomo XIX de los "Comentarios al Código civil y Compilaciones forales", dir. ALBALADEJO), Madrid 1991; NAVARRO PÉREZ, *La compraventa civil,* Granada, 1993. Destacan, entre las *extranjeras,* ALLARA, *La vendita,* Turín, 1958; BIANCA, *La vendita e la permuta,* Turín, 1972; DEGNI, *La compravendita,* Padua, 1939 (trad. esp. de BONET RAMON, Madrid, 1957); GAZZARA, *La vendita obbligatoria,* Milán, 1957; GORLA, *La compravendita e la permuta,* Turín, 1937: FLUME, *Eigensachftsirrtum und Kauf,* Regensberg-Munster, 1948; GEORGIALES, *Die Eigemtumsanwartschaft beim Vorbehalts Kaufs,* Tubingen, 1969; GRECO-COTINO, *Della vendita* (Comm. arts. 1.470-1.547 Codice civile), Bolonia-Roma, 1970; HAMEL, *Vente* (t. X del «Traité pratique» de PLANIOL-RIPERT), París, 1956; LUZATO, *La compravendita secondo il nuovo Codice civile italiano,* Turín 1961; MIRABELLI, *Della vendita,* Turín, 1950; Salvatore Romano, *Vendita. Contratto estimatorio,* Milán, 1960; RUBINO, *La compravendita,* Milán 1862; SCHMITTHOF, *The sale of goods,* Londres, 1966.

b) Sobre caracteres y elementos de la compraventa, ALBALADEJO, *La obligación de transmitir la propiedad en la compraventa,* RGLJ., 1947, I, págs. 409 y ss.; CALONGE, *La compraventa civil de cosa futura,* Salamanca, 1963; DIEZ-PICAZO, *La prohibición de comprar impuesta a los mandatarios,* ADC., 1965, págs. 641 y ss.; *El arbitrio de un tercero en los negocios jurídicos*, Barcelona, 1957; GARCÍA VALDECASAS, A., *La prohibición de comprar a los encargados de vender y administrar y la jurisprudencia del T.S.*, RDP., 1960, págs. 499 y ss.; GIMÉNEZ ROIG, *Transmisión del derecho de propiedad por contrato de compraventa,* Madrid, 1991; GORDILLO CAÑAS, *La nulidad parcial del contrato con precio ilegal,* ADC., 1975, págs. 101 y ss.; ROCA SASTRE, *La venta de cosa ajena,* en «Estudios de Derecho Privado», t. I, págs. 363 y ss., Madrid, 1948; ROGEL VIDE, *La compraventa de cosa futura,* Bolonia, 1975; RODRIGUEZ MORATA, *Venta de cosa ajena y evicción,* Barcelona, 1990; RUBIO GARRIDO, *Contrato de compraventa y transmisión de la propiedad,* Bolonia, 1993; F. DE VILLAVICENCIO ALVAREZ-OSSORIO, *Compraventa de cosa ajena,* Barcelona, 1994.

§ 79. FORMA Y PERFECCIÓN DE LA COMPRAVENTA. LOS RIESGOS

378. Forma y perfección de la compraventa.

No hace excepción este contrato al principio general de libertad de forma que rige la contratación en nuestro Código civil. Por tanto, y a tenor de los arts. 1.258 y 1.278, no se requiere forma especial alguna para la validez y perfección de la compraventa, en defecto de precepto o exigencia concreta a ese respecto. Sin exigencia alguna de forma dice, así, el art. 1.450 que *la venta se perfeccionará entre comprador y vendedor, y será obligatoria para ambos, si hubieren convenido en la cosa objeto del contrato y en el precio, aunque ni la una ni el otro se hayan entregado:* precepto que señala (innecesariamente) la condición de contrato obligacional y no real de la venta (cfr. S. 9 julio 1981). Véase también SS. 12 mayo 1994 y 27 febrero 1997.

En el marco de esta regla general de libertad de forma que también alcanza al contrato de compraventa, ha de entenderse la exigencia de documento público del art. 1.280-1º, interpretado a la luz y por el conducto del art. 1.279 como posibilidad de compelerse recíprocamente los contratantes a llenar aquella formalidad como requisito previo a la efectiva consumación de las obligaciones de la compraventa (cfr. Ss. 9 mayo 1970 y 17 febrero 1975). Parecido alcance ha de darse a la exigencia pactada por las partes, en contrato privado, del otorgamiento de escritura pública para la eficacia total o parcial de la venta: hay contrato desde que concurren los requisitos esenciales del mismo, pero para su eficacia se requiere forma pública, y las partes pueden compelerse recíprocamente a otorgarla (S. 13 octubre 1983).

A las *arras*, que regula el art. 1.454, se ha dedicado el § 32, (vol. 1º de este tomo).

A. Consecuencias de la perfección. Además de la exigibilidad de los derechos y obligaciones típicos de este contrato, que enseguida examinaremos, la perfección de la venta lleva consigo la adquisición, por el comprador, del derecho a los frutos de la cosa (art. 1.468-2º y 1.095) desde el día en que era exigible la entrega; el paso de los riesgos de la cosa al comprador desde ese mismo día, y la obligación de éste de abonar al vendedor los gastos necesarios; en cuanto a los útiles, valdrá el patrón del poseedor de mala fe, salvo los relativos a la fructuación habitual de la cosa (cfr. art. 356 Cc.). Si se trata de compraventa bajo condición suspensiva o a término *a quo,* véase arts. 1.121 y 1.122 Cc.

B. Gastos. Dice el art. 1.455 —que sigue el Proyecto de 1851 y a la generalidad de los Códigos latinos— *que los gastos de otorgamiento de escritura serán de cuenta del vendedor, y los de primera copia y los demás posteriores a la venta serán de cuenta del comprador, salvo pacto en contrario.* Norma, pues, dispositiva, que la voluntad de las partes puede orillar (así, S. 22 mayo 1981, relativa al arbitrio de plusvalía, que la ley de Régimen local ponía a cargo del enajenante), salvo disposición en contrario. Cfr. SS. 20 junio y 9 julio 1994.

Entre los gastos que este precepto pone a cargo del comprador los más importantes suelen ser los impuestos, respecto de los cuales hay que atenerse a la legislación correspondiente. En la práctica, la norma del art. 1.455 se aplica al pago de aquellos impuestos y exacciones parafiscales que no tienen un sujeto pasivo determinado en la ley que los establece, lo cual supera, probablemente, la voluntad del legislador, según se deduce del comentario de GARCIA GOYENA, que alude como ejemplo de gastos a cargo del comprador a los de medición de la finca, y explica que «el objeto de estos gastos es procurar al comprador sus títulos de propiedad».

Si una de las partes deja de abonar los gastos o impuestos que le competen, y en su lugar lo hace la otra, el impago de aquélla sólo origina una pretensión de resarcimiento o de crédito a favor de ésta (ver Ss. 21 diciembre 1968 y 22 mayo 1981), mas no una acción resolutoria por incumplimiento de una obligación contractual, por no tratarse de obligación principal, sino instrumental o complementaria.

379. La promesa de vender o comprar.

En términos poco claros preceptúa el art. 1.451 Cc. que *la promesa de vender o comprar, habiendo conformidad en la cosa y en el precio, dará derecho a los contratantes para reclamar recíprocamente el cumplimiento del contrato.– Siempre que no pueda cumplirse la promesa de compra y venta, regirá para vendedor y comprador, según los casos, lo dispuesto acerca de las obligaciones y contratos en el presente libro.* Las SS. 28 septiembre y 3 octubre 1992 y 22 abril 1995 hablan de su interpretación restringida y cautelosa dado su carácter excepcional.

A. En una primera época, por influencia del art. 1.589 Cc. francés (antecedente próximo del nuestro), y sus comentaristas, diversos autores (Mucius Scaevola, Manresa, De Buen) negaron autonomía al art. 1.451, identificándolo con la compraventa. A esta doctrina se opuso la S. 11 noviembre 1943, que del examen histórico del precepto a través de sus antecedentes y su interpretación lógica y basada en la voluntad de las partes, deduce su alejamiento de los principios franceses y la distinción en él entre la compraventa y la promesa de venta. En el mismo sentido, SS. 24 mayo 1980, 10 marzo 1986 y 23 marzo 1995.

Quedaba abierta, con todo, la polémica entre quienes mantienen una concepción restringida de los efectos del precontrato (mera obligación de contratar, infungibilidad de las declaraciones de voluntad, indemnización en caso de negativa a concluir el contrato principal), y quienes entienden que el art. 1.451, aun sin equiparar venta y promesa, autoriza la formación coactiva del contrato por el Juez ante la negativa del vendedor (según Troplong, la pura ejecución del contrato): esta segunda tesis, mantenida por Tiraquelo y Pothier, frente a quienes, desde el Derecho común (Decio, Saliceto) resolvían aquella negativa del vendedor en mera obligación de indemnizar. En todo caso, opiniones aparte, esa cuestión queda sometida ahora a lo dispuesto en el art. 708 y ss. Lec., que distingue según estén predeterminados por las partes los elementos esenciales y no esenciales del negocio (en que el tribunal tendrá por emitida la declaración de voluntad del contratante renuente), o estén predeterminados los elementos esenciales pero no alguno de los no esenciales (el tribunal los determinará), o que no lo estén los esenciales (caso en que sólo procede la ejecución por daños y perjuicios).

El Cc. distingue entre los dos estadios: está claro cómo, en él, el contrato previo no equivale al subsiguiente, sino que da derecho a pedir su otorgamiento; y pese a haber conservado, impropiamente, el inicio del proyecto isabelino, que distingue entre promesa de vender y promesa de comprar, el art. 1.451, sobre el patrón y con expresiones del viejo Cc. portugués, se halla escrito pensando en un convenio de futura venta vinculando a ambas partes (por eso autoriza a ambas a reclamarse recíprocamente el cumplimiento), sin perjuicio de la validez evidente de las promesas unilaterales.

B. Supuestos. El art. 1.451, según se ve, comprende dos situaciones o supuestos: las promesas unilaterales (de vender o de comprar) y la promesa bilateral.

a) *Promesa unilateral de vender (o de comprar).* En la realidad social es mucho más frecuente la primera que la segunda, aunque la estructura y efectos de una y otra son semejantes: una parte se obliga frente a otra —que acepta la promesa sin obligarse ella misma—, por cierto tiempo, a vender o comprar una cosa. La parte promisaria, entonces, puede ejercitar, o no, a su discreción, la facultad de comprar (o vender): de ahí que, por ser facultativo el ejercicio de ese derecho, algunos autores identifiquen, en nombre y tratamiento jurídico, esta promesa con la opción (De Castro, Diez Picazo, García Cantero). En parecido sentido Ss. 14 abril 1956, 17 noviembre 1966 y 22 junio 1978.

Es mayoritaria la opinión según la cual en caso de incumplimiento de la promesa por parte del oferente, sólo ha lugar a indemnización de perjuicios, mas también aquí se ha de deducir con arreglo a la voluntad de las partes.

El ejercicio de la opción se hace mediante declaración de voluntad recepticia, dirigida dentro de plazo al promitente (SS. 29 marzo y 3 diciembre 1993, 25 abril 1994 y 14 febrero 1997), aunque llegue a éste fuera de plazo, si es por causa ajena al optante (SS. 28 mayo 1976, 29 septiembre 1981 y 10 diciembre 1982): con la declaración habrá de ponerse el precio a disposición del vendedor, y si éste no lo acepta, consignarlo judicialmente. Con el ejercicio de la opción se perfecciona la compraventa (S. 26 junio 1966).

b) *Promesa bilateral de compraventa.* En ella el compromiso es recíproco: cada parte tiene derecho a hacer cumplir a la adversa la venta o compra prometida. En la práctica se plantea con frecuencia el problema de distinguir cuándo se está ante una mera promesa bilateral de venta y cuándo ante una verdadera compraventa (cfr. Ss. 13 y 23 abril 1957, 18 diciembre 1962, 7 febrero y 10 marzo 1966, 24 y 28 mayo 1980), lo que depende de la voluntad de las partes, que a su vez resultará del fin o propósito práctico perseguido por ellas en el convenio.

Es también cuestión de interpretación determinar ulteriormente si las partes han querido dar a la promesa de compra y venta eficacia real (llegando al otorgamiento por el Juez de la escritura de venta, en sustitución del vendedor o comprador) u obligacional (indemnización pecuniaria caso de incumplimiento).

En la jurisprudencia, si son más numerosas las Ss. que se pronuncian en favor de la ejecución forzosa en caso de negativa de la parte obligada (Ss. 1º julio 1950, 27 febrero 1954, 2 febrero 1959, 26 marzo 1965, 28 junio 1974, entre tantas), no faltan otras en sentído contrario (Ss. 13 febrero 1953, 31 octubre 1955, 19 diciembre 1963, 16 octubre 1965).

380. Los riesgos en la compraventa. Idea general, y antecedentes.

A. Idea general. Es obligación principal del vendedor la de entregar la cosa objeto de la venta al comprador (art. 1.461), a cuya prestación se aplican las normas generales relativas a las obligaciones de dar: la de conservar la cosa desde la perfección del contrato hasta la entrega, con la diligencia propia de un buen padre de familia (art. 1.094); y la de responder ante el comprador de la pérdida y deterioro de la cosa por dolo, negligencia o mora (art. 1.101).

El problema se complica cuando tal pérdida o deterioro de la cosa se producen, estando la cosa todavía en poder del vendedor y pendiente de entrega, por causa ajena a la voluntad de dicho vendedor (cfr. Ss. 16 noviembre 1979 y 22 abril 2004), problema en el que interfieren normas generales previstas para obligaciones unilaterales (art. 1.096 y 1.182 y ss.), con otra particular en sede de ese contrato, generador, en cambio, de obligaciones sinalagmáticas (art. 1.452). Según dichas normas generales, perdida la cosa a entregar sin culpa del deudor (aquí, el vendedor), queda liberado éste de su obligación de entregar. Pero, ¿subsiste la obligación de pagar el precio a cargo del comprador, a la que no se refiere expresamente ninguno de aquellos artículos?

Esta es la cuestión más delicada, no sólo irresuelta de forma directa en el Código, sino particularmente por la interferencia de antecedentes históricos remotos (Derecho romano) y próximos (Proyecto de 1851) con un sistema de compraventa en el Código distinto al de aquéllos, cruce de principios que aquí resultan opuestos (*res perit domino* y *periculum est emptoris*), y de soluciones apuntadas en algunos preceptos aplicables (art. 1.096 y 1.182) que chocan con otras propias de las obligaciones sinalagmáticas (art. 1.124), como son las de la compraventa.

B. Derecho romano. Varios textos del *Corpus Iuris* aluden a esta cuestión, pero no referida sólo al riesgo de la pérdida de la cosa, sino resolviéndola junto con la del *commodum* (frutos, accesiones). Así, en el Digesto se dedica un título (el 6º del libro 18) a *De periculo et commodo rei venditae.* La Instituta (3, 23, 3º) habla de que *periculum rei venditae statim ad emptorem pertinet tametsi adhuc ea res tradita non sit;* pero también añade que *nam, et commodum, eius esse debet, cuius periculum est.* Y el *Codex* (4, 48, 1). Mas el principio *periculum est emptoris* —por lo que afecta al riesgo por pérdida—, resultaba demasiado duro en un sistema de compraventa,en el que la propiedad de la cosa no pasaba al comprador sino con la *traditio o* entrega, y resultaba así contrario a otro importante principio, el de *res perit domino* (pues el comprador, bajo ese sistema, sufría las consecuencias de la pérdida de la cosa sin ser todavía dueño de la misma, y se veía obligado, sin embargo, a pagar el precio). Esa aparente incongruencia ha pretendido ser explicada aduciendo que en la compraventa romana, por su especial concepción, las obligaciones de comprador y vendedor actuaban como obligaciones unilaterales autónomas, y si el vendedor quedaba relevado de su obligación al devenir imposible la entrega de la cosa, el comprador no se liberaba de la suya, independiente de la otra, por ser genérica, y *genus numquam perit.*

Por otra parte, la doctrina (SECKEL, LEVY, ARIAS RAMOS), apoyándose en el texto citado del *Codex,* limitó el juego del *periculum est emptoris* a la *emptio perfecta* (no a la *emptio contracta*) cuando, después de celebrada, se halla ya en condiciones de ser cumplida, y el vendedor tiene la cosa a disposición del comprador, siendo aquél poco más que depositario de la cosa. Hay, sin embargo, otras situaciones menos claras, y esa explicación no satisface a algunos autores (JÖRS-KUNKEL).

380 bis. Los riesgos, en el Código civil.

El Cc. dedica a esta cuestión el art. 1.452, que contempla dos regímenes diferentes: el de los dos primeros párrafos, por un lado, y el del párrafo tercero.

A) Los dos primeros párrafos del art. 1452 Cc. El daño o provecho de la cosa vendida, después de perfeccionado el contrato, se regulará por lo dispuesto en los arts. 1.096 y 1.182. Esta regla se aplicará a la venta de cosas fungibles hecha aisladamente y por un solo precio, o sin consideración a su peso, número o medida (párrafos 1° y 2°).

El supuesto de hecho para el que el art. 1.452 hace remisión al 1.096 y 1.182 es doble: venta de cosa específica por precio concreto, y venta de cosa genérica o fungible hecha aislada o unitariamente y por un solo precio (por ejemplo, de todo el aceite de un almacén por diez millones). Y para tales ventas, la solución no es directa, sino por remisión a preceptos generales previstos en principio para otros casos y obligaciones (las unilaterales), que además sólo resuelven parte del problema: aclaran que se extingue la obligación por pérdida de la cosa sin culpa ni mora del deudor, y que queda a cargo del obligado la pérdida de la cosa por caso fortuito si incurrió en mora o se comprometió a entregarla a dos o más personas; pero nada dicen de lo que realmente nos preocupa: si el comprador que no recibe la cosa tiene en cambio que pagar el precio.

a) Sin embargo, la doctrina dominante —y también la jurisprudencia: Ss. 29 abril 1947, 6 octubre 1965 y 21 marzo 1991— ha interpretado esos preceptos en el sentido romano de hacer soportar el riesgo al comprador *(periculum est emptoris),* que además de quedarse sin la cosa, cuando ésta se pierde, o soportar su deterioro, se verá obligado a pagar el precio o no podrá recuperarlo si lo tenía pagado ya. En apoyo de esa tesis se invocan (véase, por ejemplo, ROCA SASTRE) los siguientes argumentos: 1) los antecedentes históricos del art. 1.452, desde las Partidas al Proyecto de 1851 (cuyo art. 1.374 es casi idéntico a aquél), respecto del que GARCIA GOYENA cita profusamente el Digesto y la compilación alfonsina como precedentes; 2) el que si el vendedor se halla relevado de entregar la cosa por disposición del art. 1.182, el comprador no se halla liberado de su obligación por ningún precepto análogo o paralelo, y su obligación es genérica *(genus numquam perit);* 3) el art. 1.095 (que atribuye los frutos de la cosa desde que nace la obligación de entregarla: luego para quien es el *commodum* debe de gravar el *incommodum);* el art. 1.186 (que concede al acreedor todas las acciones que el deudor tuviere contra terceros por la pérdida de la cosa: con lo cual no queda desasistido el acreedor, que es aquí el comprador); el art. 1.478, interpretado «a contrario», y el propio párrafo 3° del 1.452, que, al imputar el riesgo al comprador sólo a partir de la individualización de la cosa fungible, y representando un régimen distinto o excepción respecto de los dos primeros, permite concluir que estos dictan una solución contraria, es decir, el riesgo a cargo del comprador desde el primer momento.

En pro de la misma solución aducía LACRUZ en la primera edición de esta obra que la expresión *daño o provecho de la cosa vendida* sólo puede referirse al comprador, porque el vendedor no recibe *provecho* alguno de la cosa vendida (de sus aumentos o accesiones, su plusvalía, o sus frutos), y no es de pensar que la ley haya atribuido a uno el daño y a otro el provecho. O sea: perdida la cosa en poder del deudor, el hecho de quedar liberado de entregarla y quedar extinguida la obligación (art. 1.182), si correlativamente no pudiera reclamar el precio, se resolvería en un *daño* para él, y no para el comprador, el cual, quedando exento de pagarlo, jurídicamente ni pierde ni gana: muchas veces, además, podrá adquirir otra cosa igual por el mismo precio. Luego para que daño y provecho vayan de consuno, necesariamente han de recaer ambos en el comprador, consistiendo el *daño* en el mantenimiento de la deuda del precio tras la pérdida de la cosa. «Daño o provecho» en el párrafo 1º equivale a «riesgo» en el 3º. Finalmente, a la concentración se equipara la constitución en mora del comprador que no coopera a aquélla, y si habiendo mora suya la extinción fortuita del objeto no exime al comprador de pagar el precio, tampoco si la cosa está ya individualizada. El art. 333 Ccom. concuerda con la precedente interpretación.

Modalizan la anterior solución, sin desvirtuarla, la observación —exacta— de ser el art. 1.452 norma de Derecho dispositivo, y como tal derogable por las partes, y la de que el momento a partir del cual soporta los riesgos el comprador debe ser, no el de la perfección del contrato, sino aquél en el que surge la obligación de entregar la cosa (piénsese en los contratos *sub conditione* o con entrega aplazada) —arg. *ex* art. 1.095—.

b) Frente a la doctrina dominante, señalan algunos la debilidad del argumento deducido del Proyecto de 1851, en el cual estaba justificado que el comprador pechara con los riesgos (menoscabos, pérdida) de la cosa desde la perfección del contrato, porque desde entonces —como en los Cc. francés e italiano— era él ya dueño de la cosa: argumento que no está ausente en el comentario de GARCÍA GOYENA.

El sistema del Código —se dice— es otro, y no se entiende bien que al cambiar el régimen de transmisión de la propiedad (del simple contrato, al título y modo) no haya cambiado también, paralelamente, el régimen de los riesgos que deben correr siempre a cargo de quien sea dueño de la cosa en el momento de su pérdida: no se entiende, en suma, que siendo el vendedor dueño de la cosa hasta la entrega, sufra el riesgo de pérdida el comprador. Si por el juego del art. 1.095 quedan a favor del comprador los frutos, compénsese en buena hora con los deterioros (daño frente a provecho), pero no parece justo que deba soportar él solo la total pérdida de la cosa. Obsérvese que no es ése el régimen de riesgos para el caso de pérdida de la cosa en otros contratos onerosos: así, en el contrato de obra (arts. 1.589 y 1.590), cuya proximidad con el de compraventa es notoria.

Por otro lado, el régimen de los arts. 1.096-3º y 1.182, a que se remite el 1.452, es propio de obligaciones unilaterales —y por eso era el de la compraventa romana—; es normal y lógico que si una obligación de tal clase deviene imposible, quede liberado el deudor. Mas las cosas se producen de otra forma en las obligaciones recíprocas —y las de comprador y vendedor son un caso típico y claro—, donde una y otra se hallan relacionadas e interdependientes (sinalagma), siendo cada una causa de la otra: desaparecida la una, queda injustificada la contraprestación. De ahí, el juego de la resolución por incumplimiento en el art. 1.124, cuya interpretación jurisprudencial, hoy bien consolidada, la hace viable cualquiera que sea la causa del incumplimiento, aun involuntario, con tal que haya una frustración del fin esencial del contrato. ¿Por qué negar al comprador la facultad de resolver la venta cuando el vendedor no puede entregarle la cosa? Ningún precepto —dicen— lo veda explícitamente, y es, sin embargo, la filosofía que late tras los arts. 1.502 y ss. La imposibilidad de cumplimiento del vendedor ya tiene para él el efecto negativo de quedarse sin la cosa comprada y la frustración de las expectativas que le llevaron al contrato: ¿por qué había de perder además el precio? Los arts. 1.096 y 1.182, a que remite el 1.452, no lo impiden drásticamente, ni la interpretación de todos ellos parece que deba ser unívoca.

Se hace notar, adicionalmente, que si el art. 1.452 habla de «daño» como opuesto a «provecho», y referido todo ello a la cosa, hay mejor equilibrio, tanto semántico como jurídico y económico, entre esos términos si entendemos la palabra daño como menoscabo o deterioro —como término opuesto a *prove*cho, o a los *frutos* del art. 1.095— que si lo hacemos comprensivo también de pérdida total (cfr. art. 1.122 Cc.). Esa distinción entre pérdida y menoscabos (limitando a éstos el principio *periculum est emptoris*, y aplicando a aquélla el régimen del art. 1.124) es la que preconiza también PINTO RUIZ, a cuya posición se adhiere ALBALADEJO.

No compartió, sin embargo, esta posición —expuesta como alternativa dialéctica a la anterior— el profesor LACRUZ, en anteriores ediciones de esta obra, quien defendió la tesis clásica con argumentos históricos, textuales y otros de la doctrina más reciente (ALONSO PEREZ, CAFARENA).

B) El tercer párrafo del art. 1452. Este párrafo tiene otra solución para una hipótesis específica: *Si las cosas fungibles* —dice— *se vendieren por un precio fijado con relación al peso, número o medida, no se imputará el riesgo al comprador hasta que se hayan pesado, contado o medido, a no ser que éste se haya constituido en mora.* Literalmente se refiere, pues, tanto a las ventas de cosa genérica típica, como a la de género limitado, o aquéllas en que, determinada ya la cosa, el precio se establece a tanto la unidad de peso, número o medida. «Lo cierto es —decía GARCÍA GOYENA— que hasta que se mida, pese o cuente la cosa vendida, ésta permanece indeterminada; que el comprador no se obligó a pagar sino lo que se midiese, pesase o contase, y que hasta ese momento no adquiere la propiedad» (así, en el Proyecto de 1851).

El «riesgo» de este párrafo equivale al «daño o provecho» del primero. El régimen, sin embargo, presenta diferencias en uno y otro, pues en la hipótesis que ahora examinamos sólo se transfiere el riesgo al comprador a partir de la concentración de la mercancía, salvo mora del comprador; antes de producirse, y desde la perfección del contrato, corre a cargo del vendedor. Aunque no está muy claro qué sentido tenga esa mora del deudor —si va referida a la recepción de la cosa, o a su no colaboración en la concentración—, por sus antecedentes históricos (Partidas, que contempla este supuesto) parece referirse a esta última acepción. DIEZ PICAZO y GULLON entienden que sólo si la concentración va seguida de entrega inmediata o puesta a disposición de la cosa en favor del comprador, se le imputan los riesgos cuando incurre en mora en la recepción. La S. 2 diciembre 1953 entendió que había mora del comprador por su retraso en retirar la mercancía comprada y puesta a su disposición por el vendedor, y puso a cargo de aquél el riesgo y pérdida sufridos por la cosa, por aplicación del art. 1.452-3º (aplicable a venta mercantil por el juego del art. 50 Ccom.).

INDICACIÓN BIBLIOGRÁFICA. Además de la mencionada en el § anterior, ALONSO PÉREZ, *El riesgo en el contrato de compraventa,* Madrid, 1972; ARIAS RAMOS, *La doctrina del riesgo en la compraventa romana,* en «Estudios sobre el contrato de compraventa», Barcelona, 1947; BÉRGAMO, *El riesgo en el contrato de compraventa,* en «Estudios sobre el contrato de compraventa», cit.; COSSIO, *Los riesgos en la compraventa civil y mercantil,* RDP., 1944, págs. 361 y ss., y *La transmisión de la propiedad y de los riesgos en la compraventa de cosas genéricas,* ADC., 1953, págs. 597 y ss.; ROCA SASTRE, *El riesgo en el contrato de compraventa,* en «Estudios de Derecho Privado», t. I, págs. 348 y ss. (Madrid, 1948); PINTO RUIZ, *Resolución del contrato y la regla «periculum est emptoris»,* RJC., 1975, págs. 693 y ss.; EISSER, *Desarrollo y extensión del concepto de riesgo en la compraventa, según el Derecho alemán,* RDP., 1955, págs. 520 y ss.

Sobre la promesa de venta en el Derecho español, BONET RAMÓN, *La promesa bilateral de compraventa en el Derecho español,* en RDP., 1944, págs. 49 y ss.; HERNÁNDEZ GIL, pág. 331; CALVILLO, *Promesa bilateral de comprar y vender y efectos que producen su incumplimiento,* en RGLJ., 1951, I, pág. 580; MONTON REDONDO, *La eficacia de la promesa de venta en la jurisprudencia del T.S.,* «La Ley», 1991-1, págs. 910 y ss.; RAMIREZ SUAREZ, *La promesa de comprar y vender (art. 1.451 Cc.) y el contrato de opción de compra,* Rev. del Foro Canario,1959.

§ 80. OBLIGACIONES DEL VENDEDOR: LA ENTREGA

381. Enumeración.

El art. 1.461, que encabeza el capítulo con esa rúbrica, dice que «el vendedor está obligado a la entrega y saneamiento de la cosa objeto de la venta». Esas dos son las obligaciones principales del vendedor; pero hay otras dispersas por el articulado o como obligaciones generales. Así, 1) la de conservar la cosa a entregar con la diligencia de un buen padre de familia (art. 1.094); 2) la de entregar todos los accesorios de la cosa, junto con ésta, aunque no hayan sido mencionados en el contrato (art. 1.097); 3) la de pagar los gastos de otorgamiento de la escritura matriz, salvo pacto en contrario (art. 1.455), y 4) la de entregar al comprador los títulos de pertenencia y los otros documentos y elementos precisos para garantizar a aquél el reconocimiento y defensa de la cosa (art. 1.258).

382. Concepto y función de la entrega.

Independientemente de la obligación que tenga el vendedor de transferir la propiedad de la cosa o derecho vendido, ha de entregar en todo caso, su posesión, como medio para atribuir pleno valor práctico a la transferencia de aquélla; y ello se hará, siendo posible, mediante la tradición, instituto que el Cc. regula precisamente en sede de compraventa (arts. 1.462-1.464).

A diferencia de aquellos sistemas jurídicos, como el francés y el italiano, en los que se transfiere la propiedad de la cosa o titularidad del derecho vendido por el mero consentimiento, con la perfección de la venta, en cambio en nuestro Cc, para la transmisión de la propiedad de la cosa es necesaria (arts. 609-2º y 1.095 Cc.) su entrega o tradición. Mas el requisito de la tradición sólo opera en la venta y transmisión de derechos reales (posedibles, además); no para la venta de derechos de crédito y otros no posedibles.

La entrega no es el momento único determinante del cambio de titular. Ciertamente perfecciona, en principio —y con excepciones y ficciones—, el paso de la propiedad (u otra titularidad) de la cosa vendida, mas el derecho del comprador a la cosa tiene antes cierta entidad, distinta según sea la cosa específica o genérica; y se haya o no operado, siendo genérica, la concentración. Por su parte, la adquisición de la propiedad es resoluble mientras no se paga el precio.

383. Venta con pacto de reserva de dominio.

Una de las excepciones a la transmisión de la propiedad de la cosa vendida y entregada es la que se produce en la venta con pacto de reserva de dominio, de particular trascendencia, que conviene ver antes de continuar.

A. Concepto. Es ésta una compraventa en que las partes estipulan que, frente a la regla general y al mecanismo transmisorio que acompaña a la entrega de la cosa, no pasará el dominio de ésta al comprador hasta que se realice el pago total del precio, «viniendo a constituir —dice la importante S. 10 junio 1958— simplemente una garantía del pago, pero sin que por ello se desnaturalice el concepto jurídico de la compraventa ni se prive a los contratantes, una vez perfecta aquélla por el libre consentimiento, del derecho a exigir recíprocamente el cumplimiento de las obligaciones esenciales de la misma». Es un pacto frecuente en el tráfico de ciertos bienes muebles comprados a plazos, como fórmula expedita para asegurar al vendedor el cobro del precio, o proveerle, en su defecto, de un fácil recurso para recuperar la cosa, porque sigue siendo suya.

Concebido en esos términos, este pacto cabe perfectamente en el marco de la autonomía de la voluntad y del art. 1.255 Cc., y ha sido declarado lícito y válido por antigua y reiterada jurisprudencia (S. 10 junio 1958 y allí cits.). Las dudas sobre su licitud derivan con frecuencia de otras cláusulas (leoninas) que acompañan a veces a la reserva de dominio, cuando el vendedor exige y obtiene condiciones muy duras para el comprador si éste deja de pagar una parte del precio.

B. Naturaleza. Cuestión discutida es la de la naturaleza de esta compraventa, y en qué forma le afecta el pacto de reserva de dominio. Para la mayor parte de la doctrina el pacto de reserva de dominio afecta a la compraventa condicionándola; para unos sería un contrato condicionado, pues no se adquiere la cosa hasta que no se pague íntegramente el precio; para otros, la condición no afecta al contrato o a su perfección, sino a la adquisición del dominio por el comprador. Esta parece la tesis correcta, al menos en nuestro ordenamiento: la venta con pacto de reserva de dominio es contrato perfecto en cuanto hay en él elementos esenciales, y por ello produce alguno de sus efectos (entrega de la cosa, saneamiento en su caso, pago del precio en la forma y con los aplazamientos previstos), pero otro, la transmisión de la propiedad, queda subordinado al total pago del precio, y sólo en ese ulterior momento se produce, sin requerir entonces nuevo consentimiento ni otra formalidad.

Así lo entiende también nuestra jurisprudencia ya desde la S. 15 enero 1934 y sobre todo la de 10 junio 1958, que en la misma línea y con cita de la primera repite que el pacto de reserva de dominio «no constituye condición suspensiva de su perfección (la de la venta), por cuanto de él no depende el nacimiento de las obligaciones propias de la compraventa, obligación de entregar la cosa y obligación de pagar el precio, sino que afecta a la consumación del discutido contrato». Para la S. 16 de julio 1993, se adquiere un dominio resoluble con restricciones dispositivas en tanto no se pague el precio totalmente; y según la de 23 de febrero 1995 el comprador adquiere sobre la cosa una legítima posesión efectiva y real a título de dueño (no como mero detentador). Por otro lado, la jurisprudencia ha destacado la función de garantía del pago del precio propia de este pacto (SS. 11 marzo 1991, 16 julio 1993). Cfr. también SS. 12 marzo 1993, 23 febrero 1995 y 3 julio 1996.

C. Efectos. Aparte del efecto natural de la venta, la adquisición de la propiedad de la cosa (aquí, al terminar de pagarse el precio, de modo automático), interesa examinar ahora algunos que tienen particular trascendencia.

a) *Entre comprador y vendedor.* Desde la perfección del contrato hasta el total pago del precio, el comprador, que no ha adquirido aún el dominio de la cosa, sólo obtiene, con su entrega, el uso y disfrute de la misma, con obligación de mantener su integridad, no pudiendo adquirirla por usucapión ni disponer de ella. Se prohibe al comprador la enajenación de la cosa a tercero sin autorización del vendedor o del financiador, según la ley de venta de bienes muebles a plazos de 13 julio 1998 (en cuyo marco puede y suele pactarse la reserva de dominio). Tampoco el vendedor, aun conservando la propiedad —para Peña Bernaldo de Quirós, sólo una titularidad preventiva con fines de garantía—, puede enajenarla. Con la terminación del pago del precio se produce el traspaso de la propiedad al comprador —dicen las Ss. 13 diciembre 1935, 10 junio 1958 y 4 junio 1981— *ipso iure.*

La ley mencionada regula el contenido y otros efectos del contrato, con preocupación por los consumidores (compradores) en términos que no procede entrar a estudiar aquí con mayor detenimiento.

b) *Entre acreedores del comprador y el vendedor.* El problema surge cuando los acreedores del comprador intentan hacer efectivo su crédito sobre los bienes de éste, incluida la cosa comprada con reserva de dominio y antes del total pago del precio, cosa de la que, como poseedor, se le presume propietario (art. 448 Ce.). Como sobre ella conserva el vendedor la propiedad, frente al embargo obtenido por tales acreedores puede él promover tercería de dominio (SS. 23 febrero y 7 octubre 1995 y 3 julio 1996). En principio, por cuanto el embargo recae sobre cosa que no es del deudor, y debería triunfar la pretensión del vendedor y —todavía— dueño de la misma. Mas para evitar confabulaciones entre comprador y vendedor en perjuicio de los acreedores, la jurisprudencia, haciendo responsable al vendedor de la apariencia de propiedad y de solvencia del comprador, da eficacia frente a aquéllos al pacto de reserva de dominio sólo cuando pueda acreditarse su autenticidad y la certeza de la fecha del contrato, anterior al embargo (véase S. 10 junio 1958 y otras allí citadas). En todo caso, la venta con pacto de reserva de dominio queda sujeta, cuando referida a inmuebles, al art. 1504 (Ss. 23 y 31 diciembre 1992)

c) *Entre el vendedor y terceros adquirentes de la cosa.* Hasta que el comprador no adquiere la propiedad de la cosa, por el pago total del precio, no puede disponer de ella (sin autorización del vendedor o del financiador, en las ventas sometidas a la ley especial). Pero, sin perjuicio de la calificación penal del acto dispositivo, en su caso,, ¿valdrá la venta hecha por el comprador a un tercero? ¿O podrá reivindicarla el vendedor, todavía dueño de ella?

Si el tercer adquirente actúa de mala fe y en connivencia con su *auctor,* la venta es impugnable, y el vendedor puede reivindicar la cosa. Más problemas plantea el caso en que dicho tercero, subadquirente del comprador, actúe de buena fe (ignorando que quien le vende no es todavía propietario) y haya adquirido a título oneroso. El régimen jurídico es distinto según se trate de bienes inmuebles inscritos en el Registro, a los que se aplica el art. 34 Lh., o de inmuebles no inscritos y bienes muebles. En este segundo supuesto, la protección de la apariencia jurídica (pues el enajenante es poseedor de la cosa, lo que normal y jurídicamente es apariencia de propiedad) y de la buena fe del subadquirente, conjugadas, y el juego del art. 464 Cc., va a conducir a la eficacia de esa enajenación y el fracaso de la reivindicación del vendedor con pacto de reserva de dominio por haberse producido una adquisición *a non domino* (todo lo cual se comprenderá mejor cuando se estudia este fenómeno y los aludidos arts. 34 Lh. y 464 Cc.). En cuanto a los contratos sometidos a la Ley 28/1998, de 13 de julio, de venta a plazos de bienes muebles, para la eficacia frente a terceros del pacto se exige la inscripción del contrato en el Registro de venta a plazos (art. 15 de dicha Ley).

384. Forma de la entrega o tradición.

Como el estudio detenido de la tradición corresponde y lo haremos en tema de adquisición de los derechos reales, hacemos referencia aquí a la entrega y sus formas únicamente en función y para mejor comprensión de esta obligación del vendedor.

Según el art. 1.462-1º Cc., *se entenderá entregada la cosa vendida cuando se ponga en poder y posesión del comprador.* Esta es la tradición real. Pero al lado de ella hay, ya desde el Derecho romano, otras formas de tradición que sin real traspaso de la tenencia material de la cosa vendida equivalen jurídicamente a la entrega: es la llamada *ficta traditio,* con varias modalidades.

A. La «tradición instrumental»: *cuando se haga la venta mediante escritura pública, el otorgamiento de ésta equivaldrá a la entrega de la cosa objeto del contrato, si de la misma escritura no resultase o se dedujere claramente lo contrario* (art. 1.462-2º). Cfr. SS. 1 julio 1995 y 31 mayo1996. El mero otorgamiento, pues, de la escritura pública equivale a la tradición, y es apta para transmitir el dominio (S. 7 febrero 1985; véase también S. 9 julio 1983). También cede la presunción de *ficta traditio* ante la realidad de posesión de lo vendido por persona que no sea el vendedor, a menos que se trate de situación jurídica que permita al vendedor conservar un tipo de posesión (mediata, o meramente jurídica), en cuyo caso es ésta la que se transmite por el otorgamiento de la escritura (cfr. Ss. 17 diciembre 1948 y 30 septiembre 1964).

B. «Tradición simbólica». *Fuera de los casos que expresa el artículo precedente, la entrega de los bienes muebles se efectuará: por entrega de las llaves del lugar o sitio donde se hallen almacenados o guardados; y por el solo acuerdo o conformidad de los contratantes, si la cosa vendida no pudiere trasladarse a poder del comprador en el instante de la venta* (art. 1.463) (SS. 6 mayo 1994 y 16 febrero 1995). Esta tradición simbólica, también de origen romano, tiene amplio juego, ya que las hipótesis de imposibilidad de traslado pueden ser muchas, no sólo por falta de posibilidad física, sino la jurídica, o aunque sólo sea «en el instante de la venta» (ha puesto de relieve DIEZ PICAZO).

C. Traditio brevi manu y *constitutum possessorium.* Son dos formas ficticias de entrega, al menos de entrega real, porque la cosa no cambia de manos, sino de concepto en que la tenían antes y la tienen después vendedor y/o comprador. En la tradición *brevi manu* el comprador ya tenía la cosa por otro título (era ya, p. e., arrendatario), y tras esa entrega fingida va a poseerla como dueño. En el *constituto posesorio* las cosas se producen a la inversa: el vendedor, que era propietario, continúa poseyendo la cosa en distinta calidad jurídica (arrendatario, usufructuario); no ha entregado nada materialmente (por eso es *ficta traditio),* sino sólo una posesión jurídica, mediata (porque sigue teniendo la inmediata). Estas dos formas de tradición o entrega fingida son subsumibles en las últimas palabras del art. 1.463: *la entrega de los bienes muebles se efectuará... por el solo acuerdo o conformidad de los contratantes... si éste* [el comprador] *la tenía ya en su poder* (la cosa) *por algún motivo.* Dígase lo mismo de los inmuebles.

D. Tradición simbólica de derechos. Puede hacerse de forma instrumental, mediante escritura pública; pero también, *en cualquier otro caso en que éste* (el art. 1.462) *no tenga aplicación se entenderá por entrega el hecho de poner en poder del comprador los títulos de pertenencia, o el uso que haga de su derecho el mismo comprador, consintiéndolo el vendedor* (art. 1.464).

385. Objeto de la entrega (qué se entrega). Defecto y exceso de cabida.

A tenor del art. 1.468-1º, *el vendedor deberá entregar la cosa vendida en el estado en que se hallaba al perfeccionarse el contrato.* (Cfr. S. 26 mayo 1994). Precisamente para que ello sea posible se exige al vendedor la diligencia de un buen padre de familia en la conservación de la cosa desde la perfección del contrato (art. 1.094). Y junto con la cosa vendida deben facilitarse sus accesorios (art. 1.097); entre ellos puede tener especial trascendencia la entrega de los títulos de pertenencia y medios jurídicos que permitan la inscripción de la adquisición en el Registro (S. 23 octubre 1934: también se deduce del art. 1.258, y aún, por analogía, de los 1.065 y 1.066), así como la comunicación de los informes necesarios para hacer valer el derecho transmitido o poder servirse de la cosa (por ejemplo, instrucciones de uso o de puesta en funcionamiento de una máquina). Cfr. S. 17 abril 1964.

También deben entregarse los frutos producidos por la cosa desde la perfección del contrato, desde cuyo momento pertenecen al comprador (art. 1.468-2º, coincidente sustancialmente con el 1.095) (S. 6 febrero 1990).

En particular, exceso y defecto de cabida. En cuanto a la cantidad, dice el art. 1.469-1º que *la obligación de entregar la cosa vendida comprende la de poner en poder del comprador todo lo que exprese el contrato, mediante las reglas siguientes.* Las reglas en cuestión —meramente supletorias de la voluntad de las partes, que se refieren sólo a la compraventa de inmuebles específicos, y versan sobre diferencias de cabida real respecto de la creída y pactada (S. 26 junio 1956)— atienden a los siguientes aspectos:

A. Disminución de cabida. Según el art. 1.469-2º, *si la venta de bienes inmuebles se hubiesen hecho con expresión de su cabida, a razón de un precio por unidad de medida o número, tendrá obligación el vendedor de entregar al comprador, si éste lo exige, todo cuanto se haya expresado en el contrato, pero si esto no fuere posible, podrá el comprador optar entre una rebaja proporcional del precio o la rescisión del contrato, siempre que, en este último caso, no baje de la décima parte de la cabida la disminución, de la que se le atribuyera al inmueble.* La «expresión de la medida» actúa en este artículo (y en el siguiente) como un regulador del precio en la venta de un cuerpo objetivamente cierto en cuanto a su individualidad y sustancia —por ejemplo, me venden la finca «Los almendros», de una superficie (creída) de 50 hectáreas, a cien mil duros la hectárea: es, indiferente que se exprese en el contrato el precio total, que es producto de esos dos datos fijos—, pero cuya extensión quizá no coincide con la expresada o no se conoce con certeza. En atención a la forma en que ha sido contemplada la cosa y concebida la operación, el vendedor tiene que entregar lo vendido, y con la superficie prometida. Si no puede hacerlo, el Código da aquí al comprador una doble opción: rebajar el precio que pagar en la misma proporción a la disminución de la cabida real, o la resolución del contrato si esa disminución supera a la décima parte de la que se le atribuye al inmueble.

Tratamiento distinto merece la venta de inmueble con destino determinado (explícito o implícito en el contexto relacional de las partes), de modo que únicamente puede alcanzarse, y verse satisfecho el interés del comprador, si la finca tiene la extensión prevista. En tal supuesto, tratándose de error sustancial (art. 1.266-1º Cc.), podrá el comprador impugnar la venta, aunque la diferencia en menos de la cabida no llegue a la décima parte.

B. Aumento de cabida. Es la hipótesis contraria a la anterior. *Si, en el caso del artículo precedente, resultare mayor cabida o número en el inmueble que los expresados en el contrato, el comprador tendrá la obligación de pagar el exceso de precio si la mayor cabida o número no pasa de la vigésima parte de los señalados en el mismo contrato; pero si excedieren de dicha vigésima parte, el comprador podrá optar entre satisfacer el mayor valor del inmueble, o desistir del contrato* (art. 1.470). Solución y regla, pues, paralela a la del caso anterior, aunque ahora el exceso de cabida relevante es la *vigésima* parte de la indicada en el contrato. El Código, con buen acuerdo, es más restrictivo cuando el comprador ha de pagar un precio superior al contratado, pues ello puede crear mayores problemas que su disminución.

C. Defecto de calidad de la cosa. El art. 1.469-3º y 4º dice que *lo mismo* (que en el párrafo anterior, o sea, hipótesis de disminución de cabida) *se hará, aunque resulte igual cabida, si alguna parte de ella no es de la calidad expresada en el contrato. La rescisión, en este caso, sólo tendrá lugar a voluntad del comprador, cuando el menor valor de la cosa vendida exceda de la décima parte del precio convenido.* Idéntica solución a la del apartado a que se remite: la disminución proporcional del precio, o rescisión en los términos que dice. Mas el defecto de calidad ha de ser en alguna parte de la finca (respecto de la expresada en el contrato). Y habida cuenta de la restricción con que debe interpretarse el art. 1.469 frente a las reglas generales del incumplimiento, cabe pensar aquí que el texto, al hablar de alguna parte, excluye la diferencia total de calidad aunque no disminuya el valor ultra del décimo, en cuyo caso se aplicarán dichas reglas generales (la S. 16 marzo 1979, interpreta restrictivamente aquella regla).

D. Venta de inmueble por precio alzado y como cuerpo cierto. El art. 1.471 tiene una norma distinta a las anteriores para el caso de venta de inmueble *hecha por precio alzado y no a razón de un tanto por unidad de medida o número:* es la venta llamada *de cuerpo cierto,* de finca individualizada por su entidad, y como tal vendida, y es esa entidad lo tenido en cuenta al fijar el precio, y no las secundarias menciones de cabida o número (S. 25 febrero 1997). *Si* —dice— *además de expresarse los linderos, indispensables en toda enajenación de inmuebles, se designaren en el contrato su cabida o número, el vendedor estará obligado a entregar todo lo que se comprenda dentro de los mismos linderos aun cuando exceda de la cabida o número expresados en el contrato.* Lo decisivo, pues, es el precio alzado, hasta el punto de determinar la expresión de dicho precio alzado en el contrato una presunción absoluta de venta de esta clase contra la que no cabe prueba en contrario (Ss. 4 abril 1979 y 30 abril 1999).

A este caso se asimila el de venta de dos o más fincas por un solo precio (art. 1.471-2º). El tratamiento legal es, en ambos casos, contrario al de los arts. 1.469 y 1.470: no tendrá lugar el aumento o disminución del precio, aunque resulten mayor o menor cabida o número de los expresados en el contrato.

La segunda parte del mismo precepto atiende al evento de no poder entregar el vendedor toda la cabida comprendida en los linderos, y no al caso opuesto de cabida superior: *si* —dice— *no pudiere, sufrirá una disminución en el precio, proporcional a la que falte de cabida o número, a no ser que el contrato quede anulado por no conformarse el comprador con que se deje de entregar lo que estipuló.* Calificada esta norma por la doctrina de contradictoria o poco clara, lo es sólo en apariencia: se refiere, sin duda, también a venta como cuerpo cierto (S. 26 junio 1956 y 22 septiembre 1994), en que no se puede entregar toda la cabida expresada, porque no la hay dentro de los linderos que definen la finca.

E. Un caso no previsto en el Código: venta a medida, o por determinación de cabida sin deslinde. Se trata del supuesto de venta de una finca, designada por un número de unidades de cuenta, sin designación de linderos, a separar o segregar de otra mayor. Suele ser considerada como productora de una obligación de género limitado (que lo constituye la finca matriz o mayor).

En este sentido, el vendedor está obligado a entregar la cantidad (número de unidades de medida) vendida, y el no hacerlo supone incumplimiento de contrato, que se rige por las normas generales. La dificultad surge cuando el propietario de la finca matriz haya vendido en aquella forma a distintos compradores toda la finca, de la que no salen, sin embargo, todas las parcelas vendidas a medida por ser la suma de las cantidades vendidas superior a la superficie total de la finca. Para tal supuesto no es fácil dar una solución lineal o unitaria, pues puede depender del tenor y contenido de los correspondientes contratos, y de la calificación que pueda merecer el derecho de cabida (como derecho real, o como derecho de crédito: más probable esta última en nuestro Derecho, antes de la entrega). En unos casos, hará efectivo su derecho el primero que reciba su parcela, y en otros habrá lugar a una reducción proporcional de cada parcela, sin perjuicio de otras consecuencias. Pero en todo caso la solución viene dictada por las normas generales aplicables al (o a cada) caso.

F. Plazo de duración de tales acciones. Dice el art. 1.472 que *las acciones que nacen de los tres artículos anteriores prescribirán a los seis meses, conta-*

dos desde el día de la entrega. Aunque el Código habla de «prescribir», la jurisprudencia ha considerado ese plazo desde hace tiempo como de caducidad (S. 11 mayo 1966; *contra*, la de 10 julio 1999), y ciertamente se adecúa mejor a esta categoría jurídica el tipo de actuación del interesado a ejercitar en tan breve tiempo (derechos potestativos, modificación de una situación jurídica).

No se aplica este artículo y plazo, sino el general de las acciones personales, cuando se ha entregado cosa diversa (*aliud pro alio*) que comporte incumplimiento por inidoneidad del objeto e insatisfacción del comprador (S. 15 julio 1987 y las allí citadas).

386. Lugar, tiempo y gastos de la entrega.

A. Lugar. A diferencia del precio, sobre cuyo lugar de pago se ocupa el art. 1.500, nada prevé el Código relativo al de entrega de la cosa en la compraventa. En su consecuencia, se aplicará la norma general del art. 1.171: deberá hacerse la entrega en el lugar pactado, expresa o tácitamente, y en su defecto, en el lugar donde se hallaba la cosa al perfeccionarse el contrato. Sólo si no existía la cosa en ese momento (venta de cosa futura), y a falta de pacto —expreso, o deducible del contexto del contrato en relación con los usos del tráfico y la buena fe—, podrá entrar en juego el párrafo 3° del art. 1.171, que indica como lugar de la entrega el domicilio del deudor.

B. Tiempo. Tampoco en cuanto a este extremo hay norma especial en sede de compraventa, por lo que de nuevo hay que hacer remisión a las reglas generales.

En dos supuestos puede el vendedor retrasar su entrega, por el juego de otras normas y principios: 1) en el supuesto del art. 1.467, que estudiaremos enseguida; 2) si el comprador no paga el precio (sin hallarse aplazada esa obligación) y exige, a su vez, que el vendedor le entregue la cosa: puede este último oponer la *exceptio non adimpleti contractus,* consecuencia del carácter sinalagmático e interdependiente de ambas obligaciones.

C. Gastos. El art. 1.465 dice que *los gastos para la entrega de la cosa vendida serán de cuenta del vendedor...,* en coherencia con el art. 1.168, que pone los del pago a cargo del deudor (y el vendedor lo es del cumplimiento de la entrega de la cosa); *y los de su transporte o traslación* —añade—, *a cargo del comprador.* Estos gastos de traslación son los de retirar la cosa después de su entrega; en cambio, cuando se haya establecido en el contrato que la entrega se haga en un lugar determinado (distinto del legal del artículo 1.171), los gastos de traslado de la cosa a ese lugar serán de cuenta del vendedor, porque son propios del cumplimiento de su obligación (art. 1.168, de nuevo). Ambas reglas comentadas son dispositivas, como indican las últimas palabras del propio art. 1.465.

387. Casos en que el vendedor puede suspender la entrega.

Se refieren a este extremo los arts. 1.466 y 1.467 Cc., expresión, referida a la compraventa, de otros principios generales del Derecho de obligaciones. Distinguen dos hipótesis, según cuándo deba pagarse el precio.

A. Venta con precio de presente (es decir, no aplazado). A tenor del art. 1.466, *el vendedor no estará obligado a entregar la cosa vendida, si el comprador no le ha pagado el precio o no se ha señalado en el contrato un plazo para el pago* (cfr. Ss. 31 diciembre 1996 y 30 noviembre 2004). Guarda relación esta norma con la regla del cumplimiento simultáneo de las obligaciones sinalagmáticas: si un obligado no cumple lo que le compete, no puede exigirse que lo haga el otro (S. 11 julio 1994). Mas como podría dar lugar a un círculo vicioso, nuestro legislador parece exigir que cumpla (u ofrezca cumplir) en primer lugar el comprador. Mientras, puede suspender el vendedor la entrega de la cosa. Cfr. art. 1. 100, *in fine.*

B. Venta con precio aplazado. En este caso, y en términos generales, sí está obligado el vendedor a entregar la cosa sin esperar a que venza el pago del precio; pero el art. 1.467 establece que tampoco tendrá obligación el vendedor de entregar la cosa vendida cuando se haya convenido un término para el pago, si después de la venta se descubre que el comprador es insolvente, de tal suerte que el vendedor corre inminente riesgo de perder el precio. Constituye esta norma una consecuencia del art. 1.129-1º, por cuya virtud pierde el deudor el beneficio del plazo cuando, después de contraída la obligación, resulta insolvente (a menos que garantice la deuda). Tal regla tiene aquí un juego especial: si el comprador, deudor del precio aplazado, deviene insolvente, con riesgo para el acreedor de perder el precio, vence su obligación, y funciona a partir de ese momento como normal, no aplazada, y mientras el comprador no pague o garantice el pago, no tiene que entregar la cosa el vendedor. Por lo demás, no es preciso que la insolvencia sea sobrevenida, ni que esté declarada judicialmente (S. 13 julio 1994).

El último párrafo del art. 1.467 contiene una excepción paralela a la del 1.129-1º: *se exceptúa de esta regla el caso en que el comprador afiance pagar en el plazo convenido.* Aunque el precepto habla de afianzar, es válido cualquier medio de garantía, aunque sea real, y de su suficiencia decidirá, a falta de acuerdo, el Juez.

388. Venta de una misma cosa a diferentes personas.

A. Planteamiento. El art. 1.473, con antecedentes en nuestro Derecho que se remontan a las Partidas, se ocupa de este supuesto, y lo regula distinguiendo la venta de bienes muebles y de inmuebles, y dentro de éstos, según haya habido, o no, inscripción en el Registro.

a) Bienes muebles. *Si una misma cosa se hubiese vendido a diferentes compradores, la propiedad se transferirá a la persona que primero haya tomado posesión de ella con buena fe, si fuere mueble* (art. 1.473-1º).

b) Bienes inmuebles. *Si fuere inmueble, la propiedad pertenecerá al adquirente que antes la haya inscrito en el Registro. Cuando no haya inscripción, pertenecerá la propiedad a quien de buena fe sea el primero en la posesión; y, faltando ésta, a quien presente título de fecha más antigua, siempre que haya buena fe* (art. 1.473-2º y 3º).

Ante la posible calificación de este supuesto (de doble venta) como de venta de cosa ajena —la segunda, inicialmente, lo es—, para delimitarlos algunas sentencias exigieron para la aplicación del art. 1473 el requisito de "una cierta coetaneidad cronológica" entre las dos ventas (Ss. 8 marzo 1993, 6 mayo y 24 junio 2004, 30 diciembre 2005). Pero a partir de la S. del Pleno de la Sala 1ª TS de 5 marzo 2007 (para unificar el criterio interpretatito de los arts. 1473 Cc y 34 LH), seguida por las de 20 marzo 2007 y 5 mayo 2008, no se exige una proximidad cronológica en la doble venta y se insiste en que la segunda no es nula, si inscrita, pues el art. 34 LH compara la adquisición *a non domino.*

He aquí algunos problemas próximos y más directamente relacionados con la compraventa y sus efectos.

B. El requisito de la buena fe. Aunque sólo exigen su concurrencia los párrafos 1º y 3º, numerosa jurisprudencia (desde la S. 13 mayo 1908 hasta las de 30 enero 1960, 18 febrero 1974, 16 febrero 1981... 27 septiembre y 25 noviembre 1996) y con unanimidad la doctrina entienden que debe concurrir en todos los supuestos que distingue el precepto. La buena fe a que se alude aquí es la subjetiva (desconocimiento por el segundo comprador de la venta anterior de la misma cosa a persona distinta: SS. 17 diciembre 1984, 12 julio y 27 septiembre 1996) y no en sentido ético u objetivo, como suele operar en obligaciones y contratos (S. 16 diciembre 1981). Por otro lado, la buena fe del segundo debe darse en el momento de la adquisición, por él, de la cosa.

C. La posesión. ¿De qué tipo de posesión se trata? La referencia a «toma de posesión» del primer párrafo parece indicar que debe tratarse de la real o material, y, así lo entiende y exige algún autor (Castán, Puig Brutau). Sin embargo, no es menos cierto que esa posesión es la tradición o entrega que consuma la compraventa y transfiere el dominio, y que al lado de la tradición real hay varias formas de *ficta traditio* equivalentes a efectos jurídicos: en tal inteligencia, otro sector doctrinal (Gullon, Albaladejo) deduce que cualquier forma de tradición (también la instrumental, que es la que suele entrar en conflicto con la real), previa a otra, es suficiente a estos efectos. Esta parece ser la posición de la jurisprudencia, aunque no siempre con plena claridad (cfr. Ss. 17 diciembre 1984 y 4 abril 2002).

D. Inscripción. ¿Basta ésta, y suple a la tradición? Parece que no, pues en nuestro Ordenamiento, salvo casos excepcionales (hipoteca), es meramente declarativa, no constitutiva, y se limita a publicar el fenómeno adquisitivo ya producido antes y al margen de la inscripción. La alusión al «adquirente» en el párrafo 2º (y únicamente lo es tras la entrega; antes, sólo hay contrato y obligaciones, no adquisición) parece confirmar esa tesis (GULLON), al margen de otros razonamientos que sólo son propios del Derecho inmobiliario registral.

E. Título. En defecto de inscripción y de posesión, pertenecerá la propiedad *a quien presente título de fecha más antigua* (pfo. 3º). Se refiere no al documento (título formal) de fecha anterior, sino al contrato (título en sentido material, *causa iuris)* más antiguo, aunque no se halle documentado y se pruebe su realidad por cualquier medio.

INDICACIÓN BIBLIOGRÁFICA. Con nueva remisión a la de los dos § anteriores, puede apuntarse: ALBALADEJO, *Pluralidad de ventas de una misma cosa,* en «Estudios Batlle Vázquez», Madrid, 1978, págs. 19 y ss.; AMOROS GUARDIOLA, *El pacto de reserva de dominio en la compraventa de inmuebles,* RCDI., 1972, págs. 9 y ss.; BERCOVITZ, R., *La cláusula de reserva de dominio,* Madrid, 1971; CANO TELLO, *El art. 1.473 del Código civil y la inscripción registral,* RGD., 1965, págs. 274 y ss.; CUENA CASAS, Coment. SsTS 5 marzo 2007 y 7 sept. 2007, *Comentarios a las sentencias de unificación de doctrina (Civil y Mercantil)* (Dir. YZQUIERDO TOLSADA), vol. 1º, Madrid (Dykinson), 2008, p. 333 y ss. y p. 493 y ss., respectivamente; DIEZ PICAZO, *La tradición y los acuerdos traslativos en el Derecho espa*ñol, ADC., 1966, págs. 666 y ss.; GONZÁLEZ MARTÍNEZ, *La tradición de fincas en los instrumentos públicos,* AAMN., 1943, t. I,págs. 7 y ss.; MADRID PARRA, *La cabida en la compraventa de bienes inmuebles,* RCDI, 1983, págs. 57 y ss.; MEDINA DE LEMUS, *Cabida y calidad en la compraventa de inmuebles,* Madrid, 1989; MOLINA GARCÍA, *La doble venta a través de la jurisprudencia,* Madrid, 1975; PUENTE MUÑOZ, *El lugar de cumplimiento de la obligación, en especial en la esfera de la compraventa civil y mercantil,* RCAJ., 1968, págs. 905 y ss.; PETIT SEGURA, *La doble venta y la doble disposición de una misma cosa,* Barcelona, 1990; RUBIO GARRIDO, *La doble venta y la doble disposición*, Barcelona, 1994.

§ 81. EL SANEAMIENTO

389. Ideas generales.

Obligación complementaria de la de entrega de la cosa vendida es ésta, aludida por el art. 1.461 y desarrollada en el 1.474: *en virtud del saneamiento a que se refiere el art. 1.461, el vendedor responderá al comprador: 1º De la posesión legal y pacífica de la cosa vendida. 2º De los vicios o defectos ocultos que tuviere.* El vendedor, pues, debe entregar la cosa en el estado físico y jurídico que las partes presuponían al contratar. En consecuencia, en cualquier caso —aun procediendo de buena fe—, ha de garantizar al comprador frente a las perturbaciones de la titularidad adquirida y a los defectos con los que no se hubiera contado ni se pudiera razonablemente contar: *saneamiento,* hacer la cosa sana. Todo lo cual viene a ser una prolongación del deber de entrega, la garantía de su efectividad jurídica y económica.

Si dejar de entregar la cosa es el más claro incumplimiento contractual, entregarla con vicios o defectos ocultos, o a falta de titularidad (de modo que luego le sea reclamada judicialmente la cosa y la pierda el comprador), es, sin duda, cumplimiento defectuoso; es decir, también incumplimiento contractual. El que nuestro Código le dé un tratamiento distinto —no así en otros, como el BGB— es cuestión de pura técnica jurídica (PUIG BRUTAU) y obedece eminentemente a razones históricas, no más. La jurisprudencia, sin embargo, va aproximando este tratamiento al del incumplimiento contractual (prestación diversa de la pactada): Ss. 20 febrero 1984, 6 marzo 1985, 6 abril 1989, 7 abril y 7 mayo 1993.

Dice RUBINO, con referencia al Cc. italiano (no muy distinto del nuestro en este punto), que las características de la obligación de saneamiento son: el hecho objetivo del incumplimiento (evicción, vicios ocultos); el título por el que se responde de ese hecho, que prescinde de la culpa; y la limitación de las sanciones en que se concreta tal responsabilidad, si no hay culpa del vendedor.

En efecto: también en Derecho español el saneamiento es un remedio y una responsabilidad que prescinde de la culpa del vendedor, y se relaciona con el sinalagma funcional del contrato; la existencia de culpa sólo agrava la responsabilidad de aquél (cfr. art. 1.478-5º Cc.). Y funciona como una sanción al incumplimiento que es su causa, aunque sea sanción específica por la irregularidad en la atribución patrimonial.

El saneamiento, por lo demás, no sólo procede en la compraventa, sino en cualquier contrato oneroso con obligación de dar (permuta, arrendamiento, donación onerosa, enfiteusis, aportación a sociedad civil o mercantil, partición de herencia, etc.), pues siendo la dación jurídica y económicamente ineficaz o insatisfactoria, falla el cumplimiento. A los diversos contratos traslativos se aplicará la normativa del saneamiento en la compraventa, con las adaptaciones oportunas.

390. Saneamiento por evicción.

A. Concepto. Si nuestro ordenamiento no exige al vendedor transmitir la propiedad de la cosa, y consiente la venta de cosa ajena, impone a aquél la obligación de garantizar al comprador *la posesión legal y pacífica de la cosa vendida* (art. 1.474-1º), es decir, frente a cualquier perturbación jurídica actual o previsible de la titularidad adquirida: no respecto de los hechos ajenos contrarios a la mera tenencia de la cosa, que el vendedor no podría evitar y de los cuales no responde.

En ese orden, la responsabilidad del vendedor alcanza, en particular, al supuesto de que, reclamando un tercero judicialmente la propiedad u otro derecho sobre la cosa, la pierde el comprador si prospera esa demanda (evicción, de *evincere* = vencer en juicio), por lo que quedará entonces el vendedor obligado a indemnizar al comprador por la pérdida sufrida: *tendrá lugar la evicción cuando se prive al comprador, por sentencia firme y en virtud de un derecho anterior a la compra, de todo o parte de la cosa comprada* (art. 1.475-1º); o sea, si otro reivindicara la cosa (y gana el pleito), o el usufructo, o una servidumbre, o una parte alícuota de la cosa como copropietario, etc.

El saneamiento por evicción no entra en juego en caso de venta simulada (en general, de venta inexistente o nula: cfr. S. 22 junio 1965, aunque *obiter dictum),* sino sólo en caso de venta ineficaz respecto del efecto traslativo que el contrato pretende, es decir, al perder el comprador la cosa, reclamada con éxito por otro; ni comprende el caso de pérdida de la posesión en virtud de interdicto, porque permite dilucidar el derecho de propiedad (Ss. 4 marzo 1996 y 8 abril 1998).

La obligación de sanear tiene lugar no sólo en las ordinarias o voluntarias sino también en las ventas forzosas, pues el Código no hace excepción. Y según la jurisprudencia (Ss. 16 marzo 1893 y 20 octubre 1931), incluso en las ventas judiciales, pero en este caso la obligación no sería a cargo del deudor, involuntario vendedor (que además no percibe el precio), sino de los acreedores que se lucraron con el precio obtenido con la venta de la cosa ajena.

B. Carácter y pactos relativos al saneamiento por evicción. En nuestro Cc., por influencia de los antecedentes históricos, el saneamiento por evicción es un efecto o consecuencia natural de la compraventa, que le acompaña normalmente, si nada se ha dicho y no se ha excluido; pero no es esencial a la misma, pues puede pactarse, en las condiciones y límites que veremos, otra cosa. Así lo expresan los párrafos 2º y 3º del art. 1.475: *el vendedor responderá de la evicción aunque nada se haya expresado en el contrato. Los contratantes, sin embargo, podrán aumentar, disminuir o suprimir esta obligación legal del vendedor.* La renuncia total o parcial a ese saneamiento es compatible con el art. 6.2 Cc., y probablemente no se entenderá implícita por el mero conocimiento de la posibilidad de evicción de la cosa, aun cuando sí —parece— habiendo plena conciencia común a ambas partes de su alienidad o de la existencia de una carga no mencionada en el contrato.

Veamos, sucesivamente, los pactos relativos a la renuncia o reducción de responsabilidad, y a su aumento.

a) Respecto de la reducción, el art. 1.476 declara *nulo todo pacto que exima al vendedor de responder de la evicción, siempre que hubiere mala fe de su parte.* Esta norma es coherente con la general del art. 1.102 y consecuencia de ella: ambas están basadas en razones de moralidad. Por *mala fe* del vendedor puede entenderse el conocer él solo la causa de la evicción que ocultó al comprador.

Los efectos de la renuncia son limitados. En la renuncia simple, *cuando el comprador hubiere renunciado el derecho al saneamiento para el caso de evicción, llegado que sea ésta, deberá el vendedor entregar únicamente el precio de tuviere la cosa vendida al tiempo de la evicción...* (art. 1.477). La renuncia es de esta clase cuando se hace sin más, sin añadir nada que revele el conocimiento del riesgo concreto de evicción. La consecuencia es que el comprador no queda totalmente desasistido de todo derecho, y el resarcimiento queda limitado al valor de la cosa al tiempo de su pérdida (y no se extiende al precio que él pagó).

A la *renuncia cualificada* se refiere el art. 1.477 a continuación del párrafo anterior: [...] *a no ser que el comprador hubiese hecho la renuncia con conocimiento de los riesgos de la evicción y sometiéndose a sus consecuencias.* En este caso habrá de ser expresa; no es indispensable que se mencionen las causas previsibles de la evicción, pero éstas han de existir. Y el efecto de esa renuncia será la pérdida, por el comprador, de todo derecho a cualquier resarcimiento.

b) En cuanto a las cláusulas que aumentan la garantía, para la doctrina francesa es preciso que se especifique en qué consiste la mayor responsabilidad del vendedor, o se deduzca ello del contexto del contrato: las cláusulas genéricas serían insuficientes para agravar esa responsabilidad. En algún caso (por ejemplo, saneamiento por expropiación) se requerirá un límite temporal a ese aumento de garantía.

C. Requisitos para que haya lugar a saneamiento. Dos requisitos fundamentales: que se produzca la evicción (o pérdida de la cosa por el comprador en juicio), y notificación al vendedor de la reclamación judicial por tercero.

a) Evicción. Dice el art. 1.475-1° que tiene lugar *cuando se prive al comprador* [de la cosa] *por sentencia firme y en virtud de un derecho* [del tercero] *anterior a la compra.* Y aunque el presupuesto de «privar» de la cosa sugiere la idea de pérdida de posesión, caben aquí también casos en que la privación no comporte desposesión: es decir, también por pérdida de derechos no posedibles (como los de crédito). En todo caso el comprador ha de perder, de forma efectiva, material o jurídica, lo que ya había recibido: debe haber tradición.

a') *Por sentencia firme.* No basta una mera perturbación de hecho, ni siquiera el ejercicio por tercero de una acción posesoria; es preciso que se trate de un proceso en que se reclame de forma efectiva la titularidad plena de la cosa o derecho vendido. Es preciso que la acción sea de condena (cfr. art. 1.480). Además de firme la sentencia, debe haberse ejecutado (cfr. S. 13 mayo 1992). En la contienda judicial, el vendedor ha debido tener ocasión de intervenir: por ello la S. 26 junio 1913 consideró no concurrir el requisito que comentamos en el supuesto en que el comprador demandado se allanó a la reclamación del tercero. En cambio en otras ocasiones el T.S. se ha mostrado más liberal y ha equiparado a la sentencia judicial ciertas resoluciones administrativas por las que el comprador se vió privado de la cosa (Ss. 5 diciembre 1925 y 27 mayo 1957).

b') *Derecho (del tercero) anterior a la compra.* Parece tan normal que el motivo de la evicción sea anterior a la compra, como que el vendedor no tenga que responder por hechos posteriores a ella de los que pueda derivarse la pérdida de la cosa por el comprador. Mas esto, sólo en línea de principio, pues en algún supuesto especial la obligación de saneamiento puede derivar de hechos ulteriores a la venta, quedando el vendedor (aparte su posible responsabilidad criminal) obligado por evicción frente al primer comprador (SS. 27 junio 1983 y 22 diciembre 1986).

b) Notificación al vendedor de la reclamación judicial. Según el art. 1.481, *el vendedor estará obligado al saneamiento que corresponda, siempre que resulte probado que se le notificó la demanda de evicción a instancia del comprador. Faltando la notificación, el vendedor no estará obligado al saneamiento* (cfr. S. 17 julio 2007). La razón de esta exigencia se halla en la necesidad de dar ocasión al vendedor de aportar sus defensas y pruebas contra la reclamación del tercero; si no puede hacerlas valer, no puede pedírsele el saneamiento. Mas aun en este caso podría quedar obligado a indemnizar conforme a las reglas ordinarias de la responsabilidad si demuestra el comprador que la pérdida era en cualquier caso inevitable. El vendedor, a quien la ley le da la oportunidad de intervenir en el proceso, no se halla obligado, sin embargo, a hacerlo (S. 13 enero 1998): en otro caso, habrá de atenerse a las consecuencias; tiene, pues, el derecho, pero también la carga, de intervenir en ese proceso.

El vendedor actúa como un coadyuvante del demandado (cfr. S. 11 octubre 1993). Véase arts. 1482 C.c. y 14.2 Lec. (formalidades para convocarle al proceso).

Así como el comprador demandado no puede allanarse a la demanda antes de dar opción al vendedor de intervenir en el proceso, es más dudoso si, una vez notificado éste y no comparecido, está obligado el primero a continuar el pleito por todos sus trámites hasta sentencia. El Código así parece exigirlo, y la evitación de confabulaciones en perjuicio del vendedor que deba responder de evicción lo sugiere. Puede resultar injusto, sin embargo, obligar a gastos inútiles y molestias propias de un pleito a quien además de no tener culpa alguna y perder la cosa, tiene que hacer frente sin convicción y sin medios a un juicio que ve perdido inexorablemente.

D. Efectos del saneamiento por evicción. Hay que distinguir la regla general del art. 1.478 para la evicción total, de la evicción parcial.

a) *Evicción total.* Para este supuesto, con arreglo al art. 1.478, *tendrá el comprador derecho a exigir del vendedor:*

1º La restitución del precio que tuviere la cosa vendida al tiempo de la evicción, ya sea mayor o menor que el de la venta. En su pretensión de que el comprador quede indemne, nuestro Código, siguiendo al Proyecto de 1851 y apartándose de otros ordenamientos, concede a aquél el valor de la cosa cuando la pierde; *ya sea mayor o menor que el de la venta,* sin discernir según cuál sea la causa del incremento o demérito (cfr. S. 12 febrero 2004).

2º, Los frutos o rendimientos si se le hubiera condenado a entregarlos al que le haya vencido en juicio: por ser de mala fe desde su adquisición o después. Esa norma rige en cuanto a las relaciones entre vendedor y comprador. Pero las relaciones entre comprador y tercero reivindicante, relativas a frutos, se rigen por el art. 451 Cc.

3º, Las costas del pleito que haya motivado la evicción y, en su caso, las del seguido con el vendedor para el saneamiento (cfr. S. 5 diciembre 1985).

4º, Los gastos del contrato, si los hubiere pagado el comprador. Hay que entender que los correctos y debidamente satisfechos (Badenes).

5º, Los daños e intereses y los gastos voluntarios o de puro recreo u ornato, si se vendió de mala fe (y de buena fe el comprador). Cfr. S. 10 octubre 1980.

b) *Evicción parcial.* Regulada en el art. 1.479, distingue este precepto dos supuestos: 1º, *si el comprador perdiere, por efecto de la evicción, una parte de la cosa vendida de tal importancia con relación al todo que sin dicha parte no la hubiera comprado, podrá exigir la rescisión del contrato; pero con la obligación de devolver la cosa sin más gravámenes que los que tuviere al adquirirla;* y 2º, *esto mismo se observará cuando se vendiesen dos o más cosas conjuntamente por un precio alzado, o particular para cada una de ellas, si constase claramente que el comprador no habría comprado la una sin la otra.* La pérdida parcial, por evicción, de la cosa comprada, faculta además en cualquier caso al comprador para pedir el saneamiento (parcial).

Si sólo el vendedor actúa de mala fe, el comprador tiene siempre el derecho de resolución contractual que se desprende de los arts. 1.124 y 1.169-1º Cc.

391. Saneamiento por gravámenes ocultos.

Al final del articulado dedicado al saneamiento por evicción aparece un curioso artículo, el 1.483, relativo a la venta de finca afecta de gravámenes ocultos, que concede ciertos derechos al comprador que los ignoraba y los descubre luego. No es fácil la clasificación de tal situación y su encuadre sistemático. Si por un lado se parece a la evicción parcial (el gravamen limita la propiedad de la cosa vendida), y de ahí su colocación, no es menos cierto que no se requiere sentencia judicial (propia de la evicción) para el saneamiento correspondiente, y que las acciones que concede al comprador se parecen más a las del art. 1.486 (saneamiento por vicios o defectos ocultos) que a los remedios y soluciones de los arts. 1.478 y 1.479.

A. Supuesto de hecho. Si la finca vendida —comienza el art. 1.483— *estuviese gravada sin mencionarlo la escritura, con alguna carga o servidumbre no aparente, de tal naturaleza que deberá presumirse no la habría adquirido el comprador si la hubiera conocido, podrá pedir la rescisión del contrato, a no ser que prefiera la indemnización correspondiente.* Ha de tratarse, pues, de *gravámenes reales* (no de naturaleza personal, de exclusiva eficacia *inter partes:* cfr. Ss. 19 mayor 1958 y 25 abril 1983, relativa ésta a condición resolutoria); *ocultos* objetivamente (carga o servidumbres no aparentes: S. 8 junio 1994) y *desconocidos* (subjetivamente) por el comprador, amén de *no mencionados* por el vendedor en el documento (a cuyo término equivale la expresión legal «escritura») de venta; y además, que sean tales que presumiblemente hubieran impedido la decisión de comprar (pues no impidiéndola, sólo cabrá pedir indemnización, pero no usar las otras acciones que ofrece ese artículo) (cfr. Ss. 25 abril 1983 y 26 diciembre 2002).

La cuestión más problemática es la referente a la ocultación y al desconocimiento de las cargas en función del Registro de la Propiedad —por tratarse de fincas— y de las servidumbres legales.

a) Respecto de las fincas inmatriculadas en el Registro, frente a la tesis antigua de que es indiferente que las cargas se hallen inscritas o no, la mayor parte de la doctrina actual —a partir de un trabajo de OSSORIO MORALES, criticando aquella tesis— entiende aplicable el art. 1.483 (y, por tanto, que ha lugar a responsabilidad del vendedor):

— cuando ni la carga que afecta a la finca ni la compra de ésta se hallen inscritas en el Registro, pues si aquélla lo está, no podrá el comprador alegar desconocimiento, en virtud de la publicidad registral; y si se ha inscrito la compra de la finca como libre (al no constar la carga), el adquirente de buena fe, en virtud del art. 34 Lh., recibe la finca como libre, y el titular de la carga no podrá exigirla ni imponerla;

— cuando, aun inscrita la carga o servidumbre no aparente, demuestre el comprador el dolo del vendedor al ocultarle su existencia y su ánimo de defraudar, procede la indemnización al comprador de todos los daños, sin resolución.

b) En cuanto a las limitaciones y servidumbres legales, por legales deben ser conocidas por el comprador, y no podrá decirse que estén ocultas, aunque no sean aparentes (cfr. S. 27 enero 1906): afectarán al comprador, quien no puede exigir garantías al vendedor, aún no especificadas en el contrato: es la tesis de GARCÍA GOYENA y el Proyecto de 1851. Mas quizá proceda distinguir: a') Si se trata de meras limitaciones o servidumbres legales que en puridad son verdaderos límites (naturales, intrínsecos) del dominio, no ha lugar a la garantía del art. 1.483. b') En cambio responde el vendedor tratándose de aquellas limitaciones o servidumbres legales que requieren declaración judicial, o administrativa si ésta recayó antes de la venta (no, si después), pues el vendedor debió advertir de ellas. Y asimismo en las servidumbres legales, si estaban constituidas ya antes de la venta, o surgen después por elementos de hecho anteriores (GULLON).

B. Efectos. El comprador afectado por la situación descrita dispone de dos acciones, a su elección: la de rescisión del contrato, y la dc resarcimiento (por el importe de la minoración del valor de la finca por causa del gravamen; en cuanto a otros daños y perjuicios, sólo en caso de mala fe del vendedor: arg. *ex* art. 1.478-5º). Con unos plazos de ejercicio que establece el art. 1.483-2º: *durante un año, a contar desde el otorgamiento de la escritura, podrá el comprador ejercitar la acción rescisoria, o solicitar la indemnización. Transcurrido el año sólo podrá reclamar la indemnización dentro de un período igual, a constar desde el día en que haya descubierto la carga o servidumbre.*

Una interpretación racional de este precepto, teniendo presente además su antecedente en el Proyecto de 1851, permite entender que el plazo de un año para ejercitar la acción rescisoria se inicia, en principio, a contar el otorgamiento de la escritura o del documento correspondiente —si no se otorga, por tratarse de bienes muebles, rige el Derecho común—, pero además una vez descubierta la carga: así, S. 8 enero 1985. El plazo es de caducidad (S. 11 mayo 1966). Pasado tal plazo anual, ya sólo le queda al comprador la acción indemnizatoria, para cuyo ejercicio dispone también de un año, que no es —así se deduce del Proyecto isabelino— a partir de la terminación del otro, sino a partir del descubrimiento de la carga (claramente en art. 1.483-3° *in fine).* Los plazos, pues, no tienen que ser sucesivos —como pudiera parecer a primera lectura del artículo comentado— sino que las más de las veces coincidirán, en todo o en parte: ello dependerá del juego de las fechas de la escritura y del descubrimiento de la carga.

392. Saneamiento por vicios o defectos ocultos.

A. Idea general. La presencia oculta, en la cosa vendida, de defectos desconocidos por el comprador, comporta una suerte de incumplimiento (o cumplimiento defectuoso) que debe enmendarse, incluso resolviendo el contrato: conclusión a la que cabe llegar por aplicación de las normas generales (art. 1.124 Cc.); y aún cabe pensar en la anulabilidad de la venta por error, o dolo, cuando se den los requisitos pertinentes. Mas, adicionalmente, nuestro ordenamiento, como otros latinos, impone al vendedor una obligación específica de saneamiento para estos casos con régimen jurídico independiente de la entrega. Los precedentes romanos justifican ese tratamiento, cuya nota más acusada está en constituir una responsabilidad ajena a la culpa del vendedor, siquiera con efectos más limitados (cfr. arts. 1.485-1° y 1.486-2°), y derivada del sinalagma funcional del contrato.

El saneamiento por vicios o defectos ocultos es aplicable a cualquier clase de cosa vendida; y a toda clase de ventas, incluidas las judiciales, aunque en éstas los efectos sean un tanto distintos (art. 1.489).

Igual que en materia de evicción, ésta es una obligación normal o natural que acompaña a toda compraventa, aun no pactada; pero las partes pueden modificar ese régimen en ciertas condiciones: *el vendedor* —dice el art. 1.485— *responde al comprador de saneamiento por los vicios o defectos ocultos de la cosa vendida, aunque los ignorase. Esta disposición no regirá cuando se haya estipulado lo contrario y el vendedor ignorara los vicios o defectos ocultos de lo vendido.* Cabe, pues, pactar cualquier atenuación o agravación de la responsabilidad, excepto la irresponsabilidad del vendedor consciente del vicio. Si éste conocía su existencia y el comprador la ignoraba, el pacto es ineficaz. La ignorancia del vendedor se presume, pero fácilmente se admitirá, como prueba en contrario, la condición de experto o profesional del mismo.

B. Requisitos para el saneamiento. Dice el art. 1.484 que *el vendedor estará obligado al saneamiento por los defectos ocultos que tuviere la cosa vendida, si la hacen impropia para el uso a que se la destina, o si disminuyen de tal modo éste uso que, de haberlos conocido el comprador, no la habría adquirido o habría dado menos precio por ella; pero no será responsable de los defectos manifiestos o que estuvieren a la vista, ni tampoco de los que no lo estén, si el comprador es un perito que, por razón de su oficio o profesión, debía fácilmente conocerlos.* Del mismo se desprende la exigencia de los siguientes requisitos.

a) Que se trate de vicios o *defectos* de la cosa, explicando el T.S. que *vicio*, a estos efectos, es una anomalía por la cual se distingue la cosa que lo padece de las de su misma especie y calidad (S. 31 enero 1970; de *anomalía* habla también la de 12 marzo 1982). La S. 10 septiembre 1996 se refiere al "carácter funcional" de aquéllos. Este saneamiento y los arts. 1.484 y ss. se aplican sólo a los vicios o defectos de la cosa, pero no a aquellos supuestos de inhabilidad del objeto suministrado, de imposible aprovechamiento por el comprador (S. 6 marzo 1985, que cita en su misma línea las de 23 febrero 1982 y 20 octubre 1984), o por insatisfacción total del comprador (S. 23 sept. 1982), o por ineptitud del objeto para el desempeño de la función que motivó su compra (S. 20 abril 1984), situaciones que el T.S. considera progresivamente (Ss. 6 marzo 1985, 6 abril 1989, 7 abril y 7 mayo 1993, relativa esta última a maquina inhábil para el destino previsto) como de prestación diferente *(aliud pro alio,* y no la cosa prometida, aunque defectuosa), a las que han de aplicarse las normas del incumplimiento total o el cumplimiento inexacto (cfr. S. 15 noviembre 2005).

b) Que el defecto sea *oculto,* en el sentido de ser (objetivamente) desconocido —en el momento de la conclusión del contrato— por el comprador y no reconocible (que racionalmente no pueda ser reconocido, con una diligencia media) (cfr. Ss. 8 julio 1994 y 24 febrero 2006).

c) Que el vicio sea *grave.* El Código hace dos concreciones de la gravedad relevante para el saneamiento: 1) que el vicio haga la cosa impropia para el uso a la que se destina, entendiendo como tal el uso normal y objetivamente propio de la cosa (S. 3 marzo 2000); y 2) que disminuya de tal modo ese uso que, de haber conocido el defecto el comprador, no habría adquirido la cosa o habría dado menos precio por ella. No es preciso, en cambio, que el vicio o defecto sea definitivo y no eliminable, con o sin reparación (RUBINO).

d) Preexistencia de los vicios a la conclusión de contrato, al menos en su origen: basta, que sea anterior a la venta la causa de que derive el defecto de la cosa.

C. Efectos de este saneamiento. Nuestro ordenamiento conserva las dos clásicas acciones edilicias romanas. *En los casos de los dos artículos anteriores* —dice el 1.486-1º—, *el comprador podrá optar entre desistir del contrato, abonándosele los gastos que pagó, o rebajar una cantidad proporcional del precio a juicio de peritos*. Se trata, pues, de la acción *redhibitoria* (que es resolutoria, y no rescisoria como dice el apartado 2º y cierta jurisprudencia antigua), y la acción *quanti minoris* o estimatoria (sobre ésta, cfr. S. 14 junio 1996). Dos acciones distintas puestas a disposición del comprador, entre las que puede optar, pero ejercitada una, excluye la otra (e incluso, rechazada una, no se puede ejercitar la otra, a menos que sea por otro vicio distinto). Además, elegida una de aquéllas, tal opción es irrevocable, en el sentido de que comunicada la elección al vendedor, no podrá ser revocada por aquél sino en los términos del art. 1.124-2º, aplicable aquí por analogía (cfr. Ss. 10 febrero 1956 y 4 febrero 1959).

a) La llamada —desde el Derecho romano— *acción redhibitoria* lleva consigo las consecuencias propias de la resolución, y por tanto, el vendedor debe devolver el precio, si ya se había pagado, más los gastos que pagó el comprador, y el comprador debe restituir la cosa (sin más deterioro que los propios de ella), con los frutos percibidos antes de la demanda o resolución (salvo que se compensen con los intereses del precio).

b) La reducción del precio (en virtud de la acción *estimatoria)* debe hacerse en la medida que corresponda a la diferencia del valor determinado por el vicio oculto; pero no comparando el precio de la cosa viciada con el que tendría objetivamente estando sana, sino con el contractual o pagado. Mas si en el contrato se previó un destino especial (no normal) de la cosa, la disminución del valor se calculará (para ese solo caso) respecto del que tenga en función de ese uso, y no del normal (RUBINO).

c) La regulación del saneamiento por vicios o defectos ocultos es especial y adicional, y no elimina otras acciones a favor del comprador, fundadas en vicios del consentimiento, según las reglas generales del contrato. Así, en particular, cuando el vendedor manifiesta al celebrar el contrato que la cosa reúne ciertos caracteres o cualidades de que en realidad carece, lo que en la práctica es equivalente a defecto oculto, que sólo en algún caso puede encontrar solución a través del art. 1.486-2º. También sigue viva la acción indemnizatoria *ex* art. 1.101 Cc. (S. 5 junio 1992 y allí citadas) y, en su caso, la acción resolutoria del art. 1.124, con la importante diferencia, y ventaja para el actor, de que el plazo de prescripción de ésta es de quince años (art. 1.964) y no el breve, de caducidad, de seis meses del art. 1.490: cfr. S. 29 febrero 1984. El T.S. tiene dicho con reiteración que no son incompatibles esta última y las acciones edilicias —SS. 22 marzo 1984, 6 marzo 1985 y 15 julio 1987—, y que se trata de un concurso alternativo de acciones.

Cabe preguntarse si el comprador podrá reclamar el cumplimiento (correcto) de la obligación de éntregar cosa sin vicios, exigiendo al vendedor que sustituya la defectuosa por otra perfecta (más fácil cuando se trate de venta de cosa genérica). No parece ello posible en el marco de los arts. 1.481 y ss. Cc. —sí, en cambio, para la compraventa mercantil, al amparo del art. 336-3º Ccom—; y sólo excepcionalmente, cuando se opte y sea posible, por la vía del art. 1.124-2º.

D. Casos especiales. Además de esos efectos generales, aparecen en el articulado del Código otros para *casos especiales:*

a) *Mala fe del vendedor.* Según el art. 1.486-2º, *si el vendedor conocía los vicios o defectos ocultos de la cosa vendida y no los manifestó al comprador, tendrá éste la misma opción y además se le indemnizará de los daños y perjuicios si optase por la rescisión.* Con independencia de los casos en que efectivamente conozca el vendedor y oculte maliciosamente al comprador los defectos de la cosa, entiende MORALES MORENO que deben de aplicarse a aquél los mismos módulos de diligencia y presunción de conocimiento de tales defectos que el art. 1.484 *in fine* emplea para el comprador (cuando sea perito y deba conocerlos por razón de su profesión u oficio). Es éste un supuesto de agravación de la responsabilidad del vendedor, paralelo al supuesto del art. 1.478-5º para la evicción, y congruente con el art. 1.107-2º Cc.

b) *Pérdida de la cosa.* La particularidad de este supuesto reside en que el comprador no puede restituir la cosa. El Código distingue según la causa de la pérdida:

— *Si la causa vendida se perdiese por efecto de los vicios ocultos, conociéndolos el vendedor, sufrirá éste la pérdida, y deberá restituir el precio y abonar los gastos del contrato, con los daños y perjuicios. Si no los conocía, debe sólo restituir el precio y abonar los gastos del contrato que hubiese pagado el comprador* (art. 1.487). Una vez más distínguese en función de la buena fe (desconocimiento de los vicios) y la mala fe del vendedor, con agravación de su responsabilidad en este caso.

— *Si la cosa vendida tenía algún vicio oculto al tiempo de la venta, y se pierde después por caso fortuito o por culpa del comprador, podrá éste reclamar del vendedor el precio que pagó, con la rebaja del valor que la cosa tenía al tiempo de perderse. Si el vendedor obró de mala fe, deberá abonar al comprador los daños e intereses* (art. 1.488). En este caso debe pechar el comprador con la pérdida de la cosa, debida a su culpa o por caso fortuito (pues ya era suya). Pero como en todo caso pagó por ella, creyéndola sana, más de su valor objetivo (por tener defectos), debe ser resarcido en esa medida precisamente. Si además hubo mala fe en el vendedor, ampliado el resarcimiento a los prejuicios pertinentes (una vez más, la agravación por dolo).

c) *Venta judicial.* La novedad de este supuesto radica en que en él, *nunca habrá lugar a la responsabilidad por daños y perjuicios* (ar. 1.489): al no tomar parte activa en la venta el dueño de la cosa, se excluye su mala fe, y la responsabilidad agravada típica de ese caso. Pero, salvo esa exención, sí ha lugar, añade el art. 1.489, *a todo lo demás dispuesto en los artículos anteriores:* a los restantes efectos y acciones ya expuestos (así, S. 12 febrero 1985).

d) *Venta de varios animales u otras cosas conjuntamente.* El art. 1.491 establece que *vendiéndose dos o más animales juntamente, sea en un precio alzado, sea señalándolo a cada uno de ellos, el vicio redhibitorio de cada uno dará lugar sólo a su redhibición y no a la de los otros, salvo que aparezca que el comprador no habría comprado el sano o sanos sin el vicioso.* Presumiéndose *esto último cuando se compra un tiro, yunta, pareja o juego, aunque se haya señalado un precio separado a cada uno de los animales que lo componen* (cfr. art. 1.479-2º Cc.). El art. 1.492 aplica la misma regla a la venta *de otras cosas.*

E. Plazo de ejercicio de las acciones edilicias. Según el art. 1.490 *las acciones que emanen de lo dispuesto en los cinco artículos precedentes se extinguirán a los seis meses, contados desde la entrega de la cosa vendida.* A pesar de que el plazo se inicia, según el texto, *desde la entrega de la cosa*, ha entendido diversamente la jurisprudencia (Ss. 8 noviembre 1958 y 26 septiembre 1984) que el plazo empieza a contar cuando han cesado las reclamaciones del comprador o las discusiones entre los contratantes a causa del vicio oculto, o desde el conocimiento de los vicios (S. 23 julio 1994). Y tras una etapa en que las decisiones oscilaron entre considerar el plazo como de prescripción (S. 27 mayo 1957, entre otros) o de caducidad, desde la S. 22 mayo 1965 se inclina el T.S., sin excepción, por esta segunda tesis (Ss. 12 marzo 1982, 26 septiembre 1984, 11 marzo 1987 y 16 noviembre 1992).

393. Saneamiento por vicios ocultos de animales y ganados.

Además de la norma del art. 1.491, que hemos visto, trata nuestro Código, separadamente, de los vicios o defectos ocultos de los ganados y animales, cuya regulación es distinta de las cosas inanimadas, aunque próxima. Pero ha de tratarse de *animales:* no lo son, y por tanto no es vicio redhibitorio sujeto al régimen propio de éstos, los huevos incubables (S. 21 marzo 1976).

A. Vicios que anulan la venta. A este caso se refiere el art. 1.494: *no serán objeto del contrato de venta los ganados y animales que padezcan enfermedades contagiosas. Cualquier contrato que se hiciese respecto de ellos será nulo. También será nulo el contrato de venta de los ganados y animales, si, expresándose en el mismo contrato el servicio o uso para que se adquieren, resultaren inútiles para prestarlo.* Hay, pues, aquí dos clases de ineficacia de la venta. El comienzo del precepto (animales que padecen enfermedades contagiosas), dada la ilicitud del objeto, prohibe su venta, y por ello mismo, se sanciona la infracción con nulidad absoluta: cfr. Ss. 13 abril 1978 y 9 abril 1984. El otro caso contemplado (venta de animales que resultan inútiles para el uso o servicio precisamente previsto por los contratantes), es de vicio del consentimiento (error, dolo), el cual determinará la anulabilidad del contrato a menos que se estime como un supuesto de incumplimiento (objetivo) del mismo que pueda dar lugar a su resolución, sujeta a las reglas generales (incluído el plazo de ejercicio de las acciones).

B. Vicios redhibitorios. Varios preceptos regulan este extremo en relación a los animales: el art. 1.493 habla de «saneamiento por los vicios ocultos de los animales y ganados»; el 1.495, de «el vicio oculto de los animales», y el 1.496, de «la acción redhibitoria que se funde en los vicios o defectos de los animales». Sin embargo, si relacionamos esos y otros preceptos, cabe deducir que para el ejercicio de tal acción redhibitoria se requieren los siguientes *requisitos:*

a) Que el vicio sea grave (de cierta importancia, en el sentido y con el alcance que vimos para el art. 1.484) y *oculto* (idéntica remisión). Se reputará que el vicio reúne estos caracteres y es redhibitorio cuando, aun practicando reconocimiento facultativo, sea de tal naturaleza que no basten los conocimientos periciales para su descubrimiento. Pero si el profesor, por ignorancia o mala fe, dejara de descubrirlo o manifestarlo, será responsable de los daños y perjuicios (art. 1.495). El vicio deberá existir ya al tiempo del contrato, es decir, ser anterior a él (véase también art. 1.497).

b) Que los vicios o defectos de los mismos (los animales) *estén determinados por la ley o los usos locales* (art. 1.496-2º). Habrán de aplicarse a la determinación de los vicios los principios de los arts. 1.484 y 1.495-1º y sobre todo los en otro tiempo abundantes usos y prácticas locales.

c) Según el art. 1.493, *el saneamiento por los vicios ocultos de los animales no tendrá lugar en las ventas hechas en feria o en pública subasta,* ni en la de *caballerías enajenadas como de deshecho* (art. 1.493).

C. Efectos de este saneamiento. El art. 1.496-1º habla de la *acción redhibitoria que se funda en los vicios o defectos de los animales,* y el 1.499 establece que *en las ventas de animales y ganados con vicios redhibitorios, gozará también el comprador de la facultad expresada en el art. 1.486,* es decir, de la acción estimatoria o *quanti minoris.* Puede optar, pues, el comprador, entre esas dos acciones, cuyo contenido y mecánica conocemos, por lo que es innecesario reiterarlo. Sin embargo, además de la diferencia en el plazo de su ejercicio respecto del art. 1.490, hay aquí las notas particulares a que aluden los arts. 1.497 y 1.498 Cc. (véase).

D. Plazo de ejercicio de estas acciones. La acción redhibitoria que se funde en los vicios o defectos de los animales deberá interponerse dentro de cuarenta días, contados desde el de su entrega al comprador, salvo que, por el uso, en cada localidad se hallen establecidos mayores o menores plazos (art. 1.496-1º). El mismo plazo (y cómputo), para el ejercicio de la acción estimatoria (art. 1.499, segunda parte). Este plazo es de caducidad (S. 17 febrero 1979).

INDICACIÓN BIBLIOGRÁFICA. *a)* Sobre la evicción: CALONGE, *Evicción (Historia del concepto y análisis de su contenido en el Derecho romano clásico),* Salamanca, 1968; DE ANGEL YAGÜEZ, *Algunas consideraciones en torno al art. 1.483 Cc.,* RCDI, 1971, págs. 1.345 y ss.; ESPIN CANOVAS, *La garantía por evicción a causa de actos del vendedor posteriores a la venta,* RDP., 1965, págs. 469 y ss.; *Fundamento de la garantía del vendedor en el caso de evicción,* RDP., 1966, págs. 7 y ss.; OSSORIO MORALES, *Sobre una interpretación del art. 1.483 Cc.*, RDP., 1929, págs. 150 y ss.; RICCA-BARBERIS, *La evicción por hecho personal o propio de quien ha donado o vendido,* RDP., 1957, págs. 485 y ss.; *Trattato della garanzia per evizione,* Turín, 1958; RODRIGUEZ MORATA, *Venta de cosa ajena y evicción,* Barcelona, 1990; RUSSO, *Evizione e garanzia,* Milán, 1965.

b) Sobre el saneamiento por defectos ocultos: BERCOVITZ, R., *Saneamiento por vicios ocultos en la compraventa. Valor del plazo de seis meses concedido en el art. 1.490 para el ejercicio de las acciones edilicias,* ADC., 1973, págs. 356 y ss.; *Naturaleza de las acciones redhibitoria y estimatoria en la compraventa,* ADC., 1969, págs. 777 y ss.; GOMEZ CALERO, *Sobre la «nulidad» del art. 1.494 Cc.,* RDP., 1968, págs. 955 y ss; GONZÁLEZ CARRASCO, *Acerca del saneamiento por los vicios ocultos de la cosa vendida en el Código civil,* Foro Manchego, 1959, págs. 3 y ss.; LLACER MATACAS, *El saneamiento por vicios ocultos en el Código civil: su naturaleza jurídica,* Barcelona, 1992; MORALES MORENO, *El alcance pro-*

tector de las acciones edilicias, ADC., 1980, págs. 585 y ss.; *El dolo como criterio de imputación de responsabilidad al vendedor po los defectos de la cosa,* ADC., 1982, págs, 591 y ss.; SANCHEZ CALERO, *Los vicios ocultos y el ejercicio de las acciones que de ellos derivan en la compraventa mercantil,* RDMerc., 1956, págs. 447 y ss.

§ 82. OBLIGACIONES DEL COMPRADOR

394. Idea general.

La principal obligación del comprador se halla aludida ya en el art. 1.445 cuando frente a la de entregar la cosa se opone la de *pagar por ella un precio cierto,* reiterando luego el artículo 1.500: *el comprador está obligado a pagar el precio de la cosa vendida.*

Mas no es ésa la única prestación de aquél, pues además de ella le competen:

a) Pagar intereses del precio en los supuestos del art. 1.501.

b) Recibir la cosa vendida, como deber de colaboración al cumplimiento de la correlativa obligación del vendedor (en rigor, no se trata de verdadera obligación, sino de una carga). En otro caso, incurre en *mora accipiendi*, y puede el vendedor consignar la cosa judicialmente, sin perjuicio de la resolución de la venta en la hipótesis del art. 1.505.

c) Satisfacer ciertos gastos, según se ha visto: los de primera copia de la escritura y demás posteriores a la venta (art. 1.455), los de transporte (retirada) de la cosa, (art. 1.465), los de producción y conservación de los frutos desde la perfección del contrato hasta la entrega de la cosa (art. 1.468-2º), y el impuesto que grava las transmisiones patrimoniales (obligación fiscal, pero con efectos civiles *inter partes* que pasan a primer término cuando, no pagando al Fisco el comprador, ha de hacerlo el vendedor).

Al lado de aquella obligación principal aparecen, relacionadas también con el pago del precio, ciertas garantías especiales protectoras de los derechos de los contratantes: un derecho o facultad del comprador de suspender o retrasar el pago del precio en algunos casos, y el del vendedor a pedir la resolución de la venta en condiciones especiales y por causas determinadas (arts. 1.503-1.505).

395. Obligación de pagar el precio.

Es ésta, no sólo la obligación principal del comprador, sino esencial a la compraventa: si no la hay, o se sustituye por otra prestación, el contrato deja de ser venta para convertirse en donación, permuta, etc. Es la contraprestación correlativa a la de entrega de la cosa, vinculadas ambas recíprocamente por el sinalagma genético y funcional, con las consecuencias propias de las obligaciones de esa clase, y con alguna particularidad propia de este contrato (cfr. arts. 1.466, 1,467, 1.502 y ss.).

Se trata de una verdadera obligación de dar (cosa genérica); obligación pecuniaria además, con las notas propias de ésta. El comprador está obligado a transmitir la propiedad del precio, cuya adquisición por el acreedor viene facilitada por el art. 464 Cc. y por la fácil pérdida de identidad del dinero.

Cuando el pago no se haga en moneda de curso legal, sino en otros signos representativos (cheque, pagaré o letra de cambio), habrá de estarse a lo dispuesto en el art. 1.170-2º Cc.

A. Tiempo del pago. El comprador *está obligado a pagar el precio... en el tiempo... fijado por el contrato. Si no se hubiere fijado, deberá hacerse el pago en el tiempo y lugar en que se haga la entrega de la cosa vendida* (art. 1.500). Por pacto, pues, puede anticiparse o diferirse ese pago respecto del momento de la entrega de la cosa, lo cual puede afectar a veces a la naturaleza del contrato (por ejemplo, en el caso en que el tiempo que media desde la entrega de un piso hasta el pago del precio abone el comprador una renta determinada: S. 26 abril 1976). A falta de pacto, entra en juego la regla del cumplimiento simultáneo de las obligaciones recíprocas (Ss. 21 y 31 diciembre 1996 y 4 marzo 2005).

En el caso de que la entrega de la cosa se haga fraccionada (por su naturaleza, o por voluntad de las partes), se plantea la pregunta de si también podrá fraccionarse el pago del precio, y hacerlo paralelamente a aquella entrega. Nuestra doctrina entiende que esta última solución parece razonable y justa, a menos que otra conclusión se deduzca de la voluntad de las partes en relación con la naturaleza de la cosa o de su entrega.

Por lo demás, el plazo para el cumplimiento de esta obligación en defecto de pacto, es el de su prescripción: quince años (art. 1.964), salvo que pueda aplicarse el art. 1.967-2º y 4º (plazo de tres años).

B. Lugar del pago. Rige aquí la misma regla que para el tiempo: se hará el pago *en el lugar fijado por el contrato* o, en su defecto, se pagará el precio en *el lugar en que se haga entrega de la cosa* (art. 1.500) (Ss. 18 mayo, 19 octubre 1996 y 16 septiembre 2000). En este punto, se aparta el Cc. de la regla general del art. 1.171-2º y 3º para el cumplimiento de otras obligaciones. Quizá la especialidad del art. 1.500 (que por especial, se impone a la norma general) se justifica por el juego de la reciprocidad de obligaciones que caracteriza a la compraventa, frente al criterio del art. 1.171, que parece pensado para las unilaterales.

Es jurisprudencia reiterada y uniforme, recaída casi siempre con referencia a la compraventa mercantil, que la cosa se entiende entregada (en cuanto queda a disposición del comprador) desde que el vendedor la factura y remite a aquél, con lo que el lugar del pago del precio será el domicilio del vendedor, tenido así como lugar de la entrega, y por tanto del pago de la contraprestación (S. 18 febrero 1998).

C. Garantías del pago del precio. La trascendencia económica del cumplimiento de esta obligación, y el riesgo de no cobrar que corre el vendedor, ha dado lugar de antiguo y en la práctica a la adopción de ciertas medidas, a iniciativa y por pacto de las partes unas veces, previstas en la ley otras, que garanticen su efectividad. Son: a) *convencionales:* pacto de reserva de dominio, pacto comisorio (previsto en los arts. 1.504 y 1.505 Cc.), o hipoteca sobre la finca vendida en garantía del precio aplazado; y b) *legales:* facultad del vendedor de retener la entrega de la cosa (arts. 1.466 y 1.467), o la de promover la resolución de la venta, si la cosa ya estaba entregada (arts. 1.503 y ss.).

396. Obligación de pagar intereses.

Según el art. 1.501, *el comprador deberá intereses por el tiempo que medie entre la entrega de la cosa y el pago del precio, en los tres casos siguientes: 1º Si así se hubiere convenido. 2º Si la cosa vendida y entregada produce fruto o renta. 3º Si se hubiese constituido en mora, con arreglo al art. 1.100.* Precepto que no ha lugar a aplicar, evidentemente, cuando la entrega de cosa y precio son simultáneas, y que sólo entra en juego en los casos que menciona: luego la regla general es la de no pago de intereses del precio, aunque éste sea diferido respecto de la obligación correspectiva.

En orden a la cuantía y devengo de estos intereses del precio, si son pactados (núm. 1º), se regirán por el convenio correspondiente; y los legales (núms. 2º y 3º) se atendrán a la cuantía del art. 1.108 y normas complementarias, y serán exigibles al final de cada período de devengo, con prescripción quinquenal (art. 1.966-3º).

Los frutos de la cosa entregada (del número 2º) deberán entenderse en su acepción más amplia, y sean naturales, industriales o civiles; parece, por el término empleado, que no habrá lugar a intereses (compensatorios de aquéllos) si, siendo la cosa fructífera no los produce en el caso concreto. Cfr. S. 26 abril 1994.

397. Suspensión del pago del precio por el comprador.

Guardando cierto paralelismo con el art. 1.467 Cc., que permite al vendedor retrasar la entrega de la cosa en caso de riesgo de perder el precio aplazado (la diferencia estaría en que en este caso no se ha entregado ni cosa ni precio), establece el art. 1.502 que *si el comprador fuere perturbado en la posesión o dominio de la cosa adquirida, o tuviere fundado temor de serlo por una acción reivindicatoria o hipotecaria, podrá suspender el pago del precio hasta que el vendedor haya hecho cesar la perturbación o el peligro, a no ser que afiance la devolución del precio en su caso o se haya estipulado que, no obstante cualquiera contingencia de aquella clase, el comprador estará obligado a verificar el pago.* Su justificación reside, una vez más, en la recíproca interrelación que guardan las dos prestaciones propias de la compraventa (cfr. Ss. 5 noviembre 1959 y 9 octubre 2007), y en el sinalagma funcional, del que deriva la excepción de contrato no cumplido, a cuyo mecanismo y efectos se acomoda esta facultad del comprador de suspender (que no negar definitivamente) el pago del precio (S. 25 junio 1964).

A. Requisitos. Son presupuestos de aplicación de esta norma: 1) Que la venta sea perfecta, de cualquier clase que sea (y se aplica tanto a la del muebles como inmuebles); 2) que el precio sea aplazado, en todo o en parte (aunque el artículo habla sólo de *precio,* sin más); y 3) que se haya entregado la cosa vendida. Cfr. Ss. 24 octubre 1995, 10 julio 2000 y 26 septiembre 2004.

a) *Perturbación en la posesión o dominio de la cosa.* Desde luego, no es preciso que esa perturbación comporte privación (total o parcial) de la cosa, pues en tal caso el remedio ha de ser más grave que el del art. 1.502, y procederá el saneamiento por evicción. Quizá tampoco sea suficiente que se trate de perturbación de mero hecho, sino que deba tener un alcance jurídico, además de ser efectiva y real (GARCIA CANTERO). Y frente a una dirección doctrinal, e incluso jurisdiccional (Ss. 13 junio 1962 y 29 septiembre 1978), que interpretan restrictivamente este precepto y requisito, reduciendo las acciones perturbadoras a la reivindicatoria y a la hipotecaria, el autor citado incluye entre las perturbaciones eficientes a este efecto la acción declarativa de dominio, la revocación de donaciones, el ejercicio del retracto y los interdictos, y, con menos seguridad, la acción real de servidumbre.

b) *Temor de perturbación.* Este temor debe ser racional y fundado, no siendo suficiente el puramente hipotético (S. 8 mayo 1965) o la mera suspicacia de un comprador desconfiado (Ss. 25 junio 1964 y 24 marzo 1994). Y la causa de la perturbación temida, anterior a la venta y desconocida por el comprador (Ss. 8 mayo 1965 y 22 octubre 1984). Ha de acreditarse los hechos en que se funde aquel temor (Ss. 23 marzo 1993 y 31 diciembre 1996).

B. Efectos. El más directo y típico es el de permitir al comprador suspender el pago del precio. Funciona tal facultad al modo de la *exceptio non adimpleti contractus* (de la que es, en realidad, una aplicación, dice la S. 25 junio 1964), con idéntico alcance de paralización provisional o temporal de la pretensión adversa o del cumplimiento de la obligación propia. La suspensión del pago del precio dura únicamente «hasta que el vendedor haya hecho cesar la perturbación o el peligro», y cesa si este último garantiza la devolución del precio.

398. Garantías del vendedor por el precio aplazado. A. Riesgo de pérdida.

Además de la de los arts. 1.466 y 1.467, los arts. 1.503 a 1.505 contemplan una especial, consistente en la posibilidad de resolver el contrato al margen o en forma un tanto particular respecto de la prevista en el art. 1.124 Cc. Tienen en común estos preceptos y la garantía en cuestión el que en todos los supuestos de aplicación se halla aplazado el pago del precio. Cabe, luego, distinguir las tres hipótesis contempladas, respectivamente, en cada uno de esos tres preceptos.

Veamos primero la del art. 1.503. Según dice, *si el vendedor tuviere fundado motivo para temer la pérdida de la cosa inmueble vendida y el precio, podrá promover inmediatamente la resolución de la venta.* Otra vez podemos observar el paralelismo entre la garantía que concede este precepto al vendedor y la que el 1.502 otorga al comprador; mas si los presupuestos de aplicación son muy próximos, el mecanismo protector en uno y otro caso es diferente.

A. Son requisitos para el ejercicio de la facultad resolutoria del art. 1.503: 1) que se trate de venta de bienes inmuebles (para los muebles sólo cabe una aplicación analógica, en su caso); 2) que se haya hecho entrega de la cosa por el vendedor (pues en otro supuesto el precepto aplicable sería el art. 1.467); y 3) que se trate de venta con precio aplazado, pues de otra forma la resolución puede pedirse inmediatamente, con arreglo al art. 1.124 y sobre la base del incumplimiento actual, mientras aquí el Tribunal pronunciará la resolución si se demuestra la verosimilitud de un futurible. Y la causa eficiente de la resolución es el que haya «fundado motivo para temer» la pérdida de la cosa (juntamente con el impago del precio). Es preciso, desde luego, que el temor sea fundado y racional (no basta el protesto de varias letras de cambio si el comprador es solvente: S. 15 noviembre 1978).

B. El efecto, concurriendo tales requisitos, es la facultad del vendedor (sólo de él) de pedir inmediatamente la resolución de la venta; es decir, sin la posibilidad de concesión de nuevo plazo al amparo del art. 1.124-3°. Resolución judicial o extrajudicial (sin perjuicio, en cuanto a ésta, de que luego puedan pronunciarse los tribunales acerca de si se hizo correctamente o no). Dejará el vendedor de tener esa facultad resolutoria si el comprador afianza o garantiza pagar el precio en el plazo convenido (argumento *ex* art. 1.467-2°).

Según el párrafo 2° del art. 1.503, *si no existiere este motivo* (de pérdida de cosa y precio), *se observará lo dispuesto en el art. 1.124.* En el fondo, el párrafo 1° constituye una excepción a la doctrina del art. 1.124, por cuanto concede la resolución antes del incumplimiento contractual, con el solo temor de que lo haya.

399. B. Resolución de venta de inmuebles por falta del pago del precio.

Sin perjuicio de la resolución por incumplimiento del art. 1.124 a que acabo de aludir, concede el 1.504 al vendedor una posibilidad de resolución sujeta a un régimen distinto del de aquél.

En la venta de bienes inmuebles —dice—, *aun cuando se hubiere estipulado que por falta de pago del precio en el tiempo convenido tendrá lugar de pleno derecho la resolución del contrato, el comprador podrá pagar, aun después de expirar el término, interin no haya sido requerido judicialmente o por acta notarial. Hecho el requerimiento, el Juez no podrá concederle nuevo término.*

A. Condición resolutoria explícita e implícita. Analizando la relación entre el art. 1.504 y el 1.124, cierta jurisprudencia ha considerado que el primero, en cuanto norma especial (que no excepcional), es de aplicación preferente respecto del segundo (norma general): Ss. 7 junio 1963 y otras hasta las de 7 marzo y 5 mayo 1983 y 7 febrero 1984. Otras sentencias dicen que ambos preceptos no constituyen compartimentos estancos, siendo el 1.504 la especie concreta para la venta de inmuebles, de la facultad genérica que para toda clase de obligaciones establece el 1.124, funcionando el requerimiento de aquél como un plus para garantía del comprador sobreañadido al supuesto de la regla general de éste (Ss. 21 julio 1991, 4 marzo y 7 julio 1992). Las SS. 9 julio 1993, 18 marzo 1994 y 6 febrero 1996 dicen que son preceptos complementarios y que para el éxito de la resolución *ex* art. 1.504 deben concurrir los requisitos del 1.124.

Según las SS. 30 marzo 1992, 15 julio 1993 y 17 febrero 1996, esta acción se puede ejercitar no sólo en vía judicial sino en la extrajudicial (declaración no sujeta a forma, dirigida a la otra parte), aunque a reserva de que los tribunales juzguen su oportunidad.

El art. 1.504 se aplica sólo a las ventas *perfectas* (no a la promesa de venta: S. 19 junio 1979; ni a la opción: S. 13 abril 1970) de bienes *inmuebles:* para los muebles vale el art. 1.505. Y según jurisprudencia reciente, se aplica tanto si se ha pactado expresamente la resolución de la venta por falta de pago del precio (pacto comisorio: cfr. S. 10 noviembre 1982), como en defecto de tal pacto (Ss. 26 enero 1987 y 22 enero 1991).

Sin embargo, el precepto es claro en el sentido de contemplar un supuesto concreto: el de *pactarse* una resolución que es, entonces, en su caso, producto de la voluntad de las partes, y no de la ley; y que, en la medida limitada que luego veremos, se halla dotada de cierto automatismo. El art. 1.504 no es, según su letra, complementario del 1.124, pues éste concede a todo contratante una facultad legal de resolver de la que podrá hacer uso a partir del incumplimiento, y, por tanto a lo largo de un período de tiempo, mientras que el art. 1.504 supone un pacto, un acuerdo de las partes al celebrar el contrato, sobre el hecho de que el incumplimiento operará, en el mismo instante de producirse, como una condición resolutoria *en favor del vendedor.* Condición que, al precisar de la voluntad del vendedor en cuestión, no produce la resolución en el momento mismo del incumplimiento, pero en cambio sí la produce *con efecto retroactivo* a ese momento, y, sobre todo, una vez inscrita la cláusula en el Registro, la produce frente a terceros, lo que representa una diferencia esencial con el modo de operar y la virtualidad del art. 1.124.

B. La cuestión registral. En el plano hipotecario, la comparación entre la eficacia de la supuesta «condición resolutoria implícita» del art. 1.124 y la explícita del art. 1.504 es muy aleccionadora en orden a la diferencia entre una y otra «condición».

Del art. 10 Lh. resulta de obligada constancia registral el aplazamiento del pago del precio, total o parcial, cuando lo haya. La doctrina discute las consecuencias de esa constancia, con diversas alternativas que no cabría considerar aquí. La Lh. vigente es muy clara al respecto: en el art. 11 dispone que «la expresión del aplazamiento del pago, conforme al artículo anterior, no surtirá efectos en perjuicio de tercero»; advirtiendo además que «el simple conocimiento de haberse aplazado el pago del precio no implicará, por sí sólo, complicidad en el fraude».

Muy distinto es el tratamiento hipotecario de la condición resolutoria explícita, es decir, la que tiene como evento la falta de pago. Esta condición, dice expresamente el art. 11 que «surtirá efectos en perjuicio de tercero» si se inscribe en el Registro, es decir, que resuelve la propiedad, no sólo del comprador, sino también la de cualquier subadquirente, si el precio no se paga a tiempo. Sobre ejecución de la resolución, véase art. 59 Rh.

C. Adicionalmente, son *requisitos o presupuestos* para la producción del efecto resolutorio (cfr. Ss. 16 noviembre 1998 y 18 abril 2002):

1) Que se trate de venta con precio aplazado (total o parcialmente).

2) Que haya «falta de pago del precio en el tiempo convenido» (también total, o en parte). El vendedor no puede resolver la venta con base en el art. 1504 si ha rehusado recibir el precio sin causa justificada (S. 15 julio 1999).

3) Haber cumplido el vendedor puntualmente las obligaciones de su cargo, tal como se exige para la resolución *ex* art. 1.124, «por ser el 1.504 una particular aplicación de éste» (SS. 4 febrero 1984, que cita muchas, 4 julio 1994, 26 marzo y 9 mayo 1996, 31 octubre 2002, entre otras).

4) Frente a la exigencia de una voluntad deliberadamente rebelde al cumplimiento por parte del comprador, de la jurisprudencia hasta hace unos quince años (Ss. 10 marzo y 3 abril 1981, 7 marzo y 1 diciembre 1983, 6 noviembre 1984), se ha impuesto el criterio objetivo de la sola exigencia (y suficiencia) del incumplimiento efectivo e inequívoco, la existencia de un hecho obstativo que de manera absoluta y definitiva impide el cumplimiento y frustre el fin del contrato, fundado en el sinalagma funcional y en la reciprocidad de las prestaciones (Ss. 18 y 28 noviembre 1985, 26 abril 1988,..., 7 febrero, 16 mayo y 7 junio 1991, 3 marzo 1993, 23 marzo y 8 febrero 1996, 2 febrero 2005). Ese incumplimiento ha de ser grave (S. 10 marzo 1992, entre muchas), de obligación principal (el precio en la compraventa, no de prestación accesoria: Ss. 21 septiembre 1993 y 26 noviembre 2007) e injustificado. El TS ha considerado justificado el incumplimiento del comprador si el vendedor incumplió, a su vez, las obligaciones que le imponía el contrato (SS. 29 abril 1994, 7 junio 1995, 1 junio 1996, 24 sept. 1997; la de 5 diciembre 1997 exigió que el incumplimiento del vendedor tenga carácter esencial).

5) Un requerimiento, judicial o notarial, del vendedor al comprador (el requisito más típico y específico de esta resolución: Ss. 30 marzo 1981 y 29 noviembre 1982); las SS. 30 abril 1991, 18 octubre 1995 y 10 junio 1996 justifican la exigencia de ese requerimiento en que la resolución no se produce de forma automática. Por ser el art. 1.504 de Derecho necesario, no cabría, por acuerdo de las partes, eliminar la exigencia del mismo.

La S. 29 noviembre 1982 describe el requerimiento como «un acto jurídico complejo integrado, en su fin principal, por una declaración unilateral de voluntad a la que la ley anuda un efecto resolutorio contractual condicionado; es decir, en la que la finalidad última, que es el ejercicio de la resolución, se condicione o se subordine al cumplimiento de un acto (el pago por el comprador)» (cfr. también SS. 17 julio 1995 y 26 diciembre 1996); puede hacerse por acto de conciliación (S. 26 enero 1988) y es válido incluso practicado por Juez incompetente, pues «lo que sí es decisivo —interpretación finalista— es que la voluntad requisitoria del vendedor, de naturaleza recepticia, llegue al comprador» (S. 26 febrero 1985). El art. 1.504 Cc. exige *requerimiento* para comunicar la decisión resolutoria al vendedor, pero el art. 59 Lh. habla, acaso con mayor propiedad, de *notificación* —porque no es una intimación para que pague el comprador, ni es ese "requerimiento" el que produce la resolución, sino el requerimiento a que el comprador se allane a la resolución (Ss. 25 enero 1985 y 30 diciembre 1997)—.

Si bien el vendedor, cuando ha quedado expedita la resolución, no está obligado a dar nuevo plazo, ni podrán obligarle los tribunales, sin embargo bien puede hacerlo, en favor del comprador y acaso de sus propios intereses, conminando con la resolución en un día fijo, posterior, en lugar de darla por hecha ya. Llegado,el día que se señaló, la resolución se produce automáticamente y sin necesidad de nuevo requerimiento.

D. Declaración del vendedor de resolver el contrato. Es la manifestación de su opción, que la ley le reserva (art. 1.124-2º), de exigir el cumplimiento o la resolución; y en este caso opta por la resolución. Se trata de una declaración recepticia (S. 30 diciembre 1993), dirigida al comprador, e imprescindible aunque se hubiera pactado que la falta de pago del precio en el tiempo convenido opere automáticamente la resolución. Ha de ejercitarse de buena fe (S. 7 junio 1995) y en tiempo hábil (terminado el plazo de pago: S. 26 enero 1996). Puede ejercitarse, como dije, judicial o extrajudicialmente, y normalmente coincide con (o queda absorbida por) el requerimiento a que acabo de aludir.

E. El *efecto* principal de la cláusula es el resolutorio: sólo tras el requerimiento, no siendo posible antes o sin él (Ss. 21 junio y 7 noviembre 1996). Hecho el requerimiento, ya no puede obtener el comprador nueva prórroga que el art. 1.124 permite conceder al Juez (cfr. R. 17 noviembre 1978, y Ss. 7 y 14 junio 1991), ni pagar el precio, pues el pago ya no evita la resolución (Ss. 7 febrero 1996, 18 abril 2001 y 11 marzo 2002). Tampoco puede el vendedor, una vez pronunciada la resolución, arrepentirse, cambiar su voluntad y exigir el cobro del precio mediante la acción de cumplimiento contractual.

El comprador habrá de restituir la cosa o parte de cosa que ya hubiera recibido, aplicándose a las impensas que haya realizado sobre ella las normas de la posesión de mala fe. También habrá de restituir los frutos percibidos, en virtud de la retroacción de la condición cumplida (S. 11 octubre 1995). El vendedor habrá de restituir la parte de precio que acaso hubiere recibido, con deducción de aquellas cantidades que, por pacto o por sentencia, pueda retener en concepto de indemnización de daños.

Por el efecto retroactivo de la resolución, se resuelven también los derechos constituídos sobre la cosa que traigan causa del dominio resuelto (arrendamientos, usufructos, hipotecas), sin que el subadquiriente se halle protegido, dada la publicidad de la inscripción de la condición resolutoria.

400. C. Resolución de la compraventa de bienes muebles.

Según el art. 1.505, *respecto de los bienes muebles, la resolución de la venta tendrá lugar de pleno derecho, en interés del vendedor, cuando el comprador, antes de vencer el término fijado para la entrega de la cosa, no se haya presentado a recibirla, o, presentándose, no haya ofrecido al mismo tiempo el precio, salvo que para el pago de éste se hubiese pactado mayor dilación.* También este precepto guarda relación con el art. 1.124, al que no excluye (S. 14 junio 1988). La resolución que regula el precepto es sólo la «en interés del vendedor».

A. Para la aplicación del art. 1.505 se requiere (según GARCÍA CANTERO), 1) que se trate de venta de bienes *muebles* (en sentido amplio); 2) que no se haya hecho entrega de la cosa ni del precio (en otro caso, procederá recurrir al art. 1.124); 3) que se haya señalado un plazo para la entrega de la cosa (aludido en el propio precepto), sea convencional o judicial *(ex* art. 1.128-1º); 4) que el comprador haya incurrido en mora, la cual puede tener dos manifestaciones: por no presentarse a recibir la cosa *dentro* de (más que antes de vencer) el término señalado, o por no pagar el precio, siendo indiferente la causa (culpable o no) de la mora del comprador.

B. El efecto es la resolución de la venta *en interés del vendedor:* luego puede éste ejercitarla o no; es derecho potestativo suyo. Puede, incluso, declinando ese derecho, pedir el cumplimiento del contrato (S. 24 abril 1956), como preveía ya GARCIA GOYENA. La resolución se produce, en su caso, de forma automática: no es preciso haberla pactado; y no precisa tampoco de previo requerimiento (a diferencia del art. 1.504). Habrá lugar a indemnización de perjuicios si se hubieren producido y probaren, por aplicación del art. 1.124 (cfr. S. 24 abril 1956: no la concedió por falta de prueba de perjuicios).

INDICACIÓN BIBLIOGRÁFICA. AVILA NAVARRO, *Extensión de la "condición resolutoria explícita",* RCDI., núm. especial com. 50 años, pág. 411 y ss.; BISCARDI, *La «lex commissoria» del sistema delle garanzie reali*, en Studi Betti, t. II, págs. 576 y ss. (Milán, 1962); BORRACHERO, *Algunos problemas de la compraventa con precio aplazado*, RDP., 1959, págs. 936 y ss.; IRURZUN, *La cláusula resolutoria y el pacto comisorio*, Rev. Intern. Notariado, 1961, págs. 43 y ss.; JORDANO FRAGA, *La resolución por incumplimiento en la compraventa inmobiliaria. Estudio jurisprudencial del art. 1.504 Cc.*, Madrid, 1992; MAGARIÑOS BLANCO, *Eficacia y alcance de la cláusula resolutoria en garantía del precio aplazado en la compraventa de bienes muebles*, RCDI., 1992, págs. 74 y ss.; MARTÍNEZ SANCHIZ, *El incumplimiento resolutorio en la reciente doctrina del T.S.*, RDN., 1994, pág. 19 y ss.; MOLINA GARCÍA, *La resolución de la compraventa de inmuebles*, Madrid, 1981; MULLERAT BALMAÑA, *El pacto comisorio en las compraventas de inmuebles*, ADC., 1971, págs. 481 y ss.; RODRÍGUEZ ADRADOS, *Algunos aspectos de la Lex comissoria*, RCDI.,

1968, págs. 49 y ss.. Comentarios de las Ss. 2 febrero 1984, de R. Bercovitz, y de 9 marzo 1993, de J. Ruiz-Rico Ruiz-Moron, en CCJC.

§ 83. COMPRAVENTAS ESPECIALES Y CON (ALGUNOS) PACTOS ADICIONALES

401. Venta en calidad de ensayo.

Regula el Cc., entre los artículos referentes o relacionados con la perfección de la compraventa, esta venta especial, a la que dedica el art. 1.453, del siguiente tenor: *la venta hecha a calidad de ensayo o prueba de la cosa vendida, y la venta de las cosas que es costumbre gustar o probar antes de recibirlas, se presumirán hechas siempre bajo condición suspensiva.* De su lectura se deduce que se refiere este precepto a dos tipos diferentes de venta: la hecha a calidad de ensayo o prueba, y la llamada venta *ad gustum;* diferentes, necesitadas de distinto régimen por serlo en la realidad y en el tráfico, no obstante su tratamiento unitario (en sentido contrario, Albaladejo, para quien el art. 1.453 contempla una sola figura, la venta a prueba). Por otro lado, cabe construir jurídicamente dichas ventas según otros esquemas distintos del legal presumido (S. 15 noviembre 1983).

A. Venta a calidad de ensayo o prueba. Dentro de la concepción abierta y libertad de pacto que acabo de sugerir, y no obstante la frase del art. 1.453 «se presumirán hechas siempre bajo condición suspensiva», la S. 15 noviembre 1983 dice que esta venta es configurable por los contratantes bajo condición resolutoria o bien suspensiva «en lícito ejercicio de la autonomía negocial», presumiéndose siempre hecha bajo la segunda modalidad de no constar voluntad en contrario de los intervinientes. Por otra parte, el pacto correspondiente puede ser expreso o tácito, a inferir del contexto en que se produzca, y en algún caso deducible de los usos del tráfico y la buena fe.

En la discutida cuestión de cómo afecta la condición a la venta, la referida S. dice que «la operación se perfecciona cuando, una vez comprobadas las cualidades de la cosa y su utilidad para el destino previsto, es aceptada por el comprador, asumiendo las obligaciones que le incumben y por lo tanto la del pago del precio».

Ante el silencio del art. 1.453 acerca del modo de llevarse a cabo el ensayo o prueba, habrá que atenerse a lo pactado (quién, cuándo, cómo: cfr. S. 14 junio 1993), y en defecto de pacto, atendiendo a las circunstancias de la cosa y su entrega, más los usos del tráfico en su caso. En lo que hay cierta unanimidad doctrinal —entre las muchas dudas que plantea ese artículo— es en considerar que la determinación de la calidad suficiente de la cosa y el resultado de la prueba no puede quedar al arbitrio del comprador, sino obedecer a criterios objetivos (S. 15 noviembre 1983).

B. Venta «ad gustum». Más problemática es ésta, sobre todo su naturaleza: si se trata de venta condicional (ya que también para ella, a diferencia de otros ordenamientos, presume el art. 1.453 ser «hecha siempre bajo condición suspensiva»); cómo se perfecciona, y el módulo subjetivo de aprobación o satisfacción de la cosa.

La doctrina foránea, en presencia de otros textos legales, suele negar que sea ésta una venta condicional. Parecida posición es la de un amplio sector doctrinal español, que reserva al comprador la facultad de aprobar o reprobar la cosa, y con ello queda al arbitrio de éste la aceptación de la oferta y la celebración del contrato.

Frente a esa interpretación que gravita alrededor de la idea del subjetivo y discrecional criterio del comprador para la aprobación o reprobación de la cosa y la perfección del contrato —en el que se centra por algunos precisamente la diferencia con la venta a calidad de ensayo, regida por el criterio objetivo e independiente del arbitrio del comprador—, otro sector doctrinal (De Castro, Badenes) defiende la tesis de que el «gustar» o «probar» del art. 1.453 no es más que experimentar o sentir el sabor de la cosa (casi siempre comestible o líquidos: vino y aceite en el Código francés), como trámite previo para un juicio objetivo de comparación, contrastable judicialmente en caso de desacuerdo. Posición esta todavía minoritaria, no obstante ciertas matizaciones.

En cuanto a quién haga la prueba (parece que normalmente sea el comprador, pero cabría dejarla a un tercero), cuándo y cómo, habrá de estarse a lo pactado y a los usos del tráfico y buena fe. Por ello, habrá que entender que deba hacerse en el plazo señalado en el contrato o en el que se señale (el racionalmente necesario y suficiente para la comprobación oportuna, según la naturaleza de la cosa, que no tiene que ser necesariamente comestible). Si dejara el comprador de hacerla en el tiempo señalado, o no compareciere al lugar indicado, puede estimarse extinguido el contrato, salvo que de la interpretación de la voluntad de las partes puede inferirse que el silencio o la inactividad de aquél signifique su conformidad con la calidad de la cosa. Si fuera el vendedor quien hurta su cooperación para la *degustatio*, al imposibilitar la perfección del contrato incurrirá en responsabilidad por incumplimiento (¿interés contractual negativo?).

402. Compraventa por suministro.

A. Concepto y caracteres. La define Castán como aquel contrato por el que una de las partes se obliga a proporcionar a otra, a cambio de un precio, determinadas cosas que han de ser objeto de entregas sucesivas en períodos determinados o determinables *a posteriori*.

El primer problema que plantea este contrato es el de su naturaleza: si se trata realmente de una verdadera compraventa, o es un contrato autónomo y diferenciado de ésta. Ambas tesis se han sostenido, y si en otro tiempo predominaba la que lo concebía como una venta especial, son frecuentes hoy las opiniones que lo califican como contrato distinto de la compraventa, añadiéndose luego que es contrato atípico y autónomo, caracterizado por ser obligación del suministrador el realizar varias prestaciones que, aun conexas, son autónomas y constitutiva cada una de objeto de una obligación (así, De Marino).

Novoa lo considera como una compraventa especial (habla de «compraventa por suministro»), y lo caracteriza por estas notas: unidad de vínculo (unidad de contrato con pluralidad de prestaciones de ejecución independiente), tracto sucesivo, intermitente, en el cumplimiento por ambas partes; y fraccionamiento del objeto total de la prestación en partes independientes, constitutivas cada una de objeto de una obligación. Nuestra jurisprudencia parecía aceptar esta tesis (Ss. 17 diciembre 1928 y 28 abril 1961). En cambio, para la S. 30 noviembre 1984, el contrato de suministro, aunque afín al de compraventa, no se identifica con ella, y se caracteriza por ser contrato de prestaciones periódicas o continuas, de ejecución sucesiva, con entrega de cosas que satisfagan el interés y finalidad perseguida. En términos semejantes, la S. 2 diciembre 1996. Y la S. 13 octubre 1981 vuelve a considerar como elemento esencial del contrato de suministro la periodicidad de las entregas. Con ese mismo enfoque, Fernández Del Moral concluye que la causa de este contrato (de la que es elemento esencial la duración) es distinta de la de la compraventa, con la que no se debe confundir, y lo considera como un contrato atípico.

Parece evidente que la especificidad del suministro viene determinada por razones económicas (periodicidad de aprovisionamiento y aseguramiento de prestaciones futuras), lo que trasciende a la causa del contrato (que es, así, de duración). Mas es, como la compraventa, contrato de cambio de cosa por precio y traslativo de dominio, coincidiendo con ella en su estructura y función y, sustancialmente, en su contenido y efectos, por lo que no veo inconveniente insalvable en que el suministro siga siendo compraventa —aunque especial, evidentemente—, pues la periodicidad y autonomía de las prestaciones parciales no desnaturaliza la compraventa, a menos que al objeto normal y contenido típico de ésta se añadan otros. En última instancia, la calificación que proceda (compraventa especial o contrato autónomo y atípico) dependerá de la voluntad de las partes que lo configuran como contrato distinto de la venta.

La principal diferencia del suministro con la compraventa normal reside en la esencialidad, en aquél, del tracto sucesivo y cumplimiento fraccionado (cfr. S. 13 octubre 1981), y en que la prestación es única en la compraventa (aunque la entrega de la cosa se haga por partes, cada una de las cuales es un hecho material), mientras hay, en cambio, varias prestaciones (como hecho jurídico), aunque ligadas entre sí, en el suministro: pluralidad de obligaciones y de prestaciones dentro de un solo contrato.

B. En cuanto a su *régimen jurídico,* habrá que estar en primer lugar a la voluntad de las partes. En su defecto, o cuando resulte insuficiente, parece indicado aplicar al suministro el régimen de la compraventa, tanto si lo consideramos como tal —siempre con las debidas adaptaciones en función de su objeto y especialidad— cuanto si es calificado como contrato autónomo y atípico (y en este caso por analogía, a falta de otra normativa más próxima o adecuada).

Algunas observaciones o particularidades sugiere, de todas formas, este contrato.

a) El precio, salvo que otra cosa se haya pactado, deberá pagarse en forma periódica, paralelamente a las prestaciones parciales del suministrador y en proporción a éstas (afectando cada prestación parcial a su respectiva contraprestación).

b) Las prestaciones periódicas deberán cumplirse en el tiempo o plazos designados en el contrato, presumiéndose establecido el (o cada) plazo en beneficio de ambos contratantes, salvo que del tenor del contrato o de otras circunstancias resulte haberse puesto en favor de uno u otro (art. 1.127 Cc.). El retraso en el cumplimiento de una prestación parcial periódica da lugar a mora parcial, y justifica la retención por la otra parte contratante del precio parcial correspondiente y la oposición de la *exceptio non adimpleti contractus*, y en algún caso, y para Von Thur, el poder rechazar las prestaciones subsiguientes y la reparación de perjuicios.

c) Cada prestación parcial, y su precio proporcional correspondiente, son prestaciones de carácter principal, independientes y de ejecución autónoma, en relación sinalagmática recíproca con el precio, y con valor y entidad propia y principal a efectos de resolución del contrato por incumplimiento, particularmente cuando el dejarse de cumplir alguna prestacion suponga una frustración del fin del contrato para su acreedor. Caso de resolución, en principio ésta alcanzará sólo a las prestaciones pendientes (dada la autonomía de las anteriores), estimándose eficaz y cumplido el contrato en cuanto a las ya ejecutadas.

403. Venta con pacto de exclusiva: consideración general.

A. Concepto y caracteres. Puede definirse, de acuerdo con la S. 29 octubre 1955, cómo aquella compraventa en que, por virtud del pacto especial añadido, contraen los contratantes la obligación, ya de no comprar a terceros una determinada cosa, ya la de no vender a tercero la misma cosa que al comprador, o bien ambas obligaciones, conjunta y recíprocamente. El pacto de exclusiva puede agregarse también a otros contratos distintos de la compraventa, y en todos ellos se busca, y comporta dicho pacto, una limitación de la concurrencia (S. 18 marzo 1966) o de la competencia; tiene, por ello, una finalidad eminentemente económica y de mercado, además de propiciar una seguridad en la adquisición de bienes o servicios para unos, o la colocación, con cierta seguridad también, de bienes o servicios para otros (lo cual se reflejará en la mayor contraprestación, que equilibre esa prestación suplementaria: S. 29 octubre 1955). Ha adquirido gran aceptación y frecuencia en el tráfico jurídico y económico, por constituir una importante modalidad de colaboración económica entre los contratantes —que permite la planificación de su producción por medio de la organización de la distribución de bienes y servicios—, lo que ha motivado su especial regulación en algunos países (Cc. italiano de 1942).

La primera cuestión que plantea el pacto de exclusiva es el de su propia licitud, habida cuenta de que es propósito primero y natural que le acompaña el de limitar la competencia, lo que puede suponer infracción de la Ley de Defensa de la competencia de 17 julio 1989, defensora, precisamente, de la libertad del mercado. La S.18 marzo 1966 fundamenta este pacto en el art. 1.255 Cc. y estima que no entra dentro de las limitaciones de este precepto, y luego, tras considerarlo como instrumento eficaz para la expansión de las operaciones mercantiles, acepta en términos absolutos su validez. Aseveración ésta quizá demasiado contundente sin otras matizaciones. Precisamente en sus límites encuentra ese pacto la mejor justificación de su licitud y validez, y la no infracción del orden público económico que aquella ley (y también la Constitución, art. 38: libertad de empresa y economía de mercado) pretende proteger.

Ninguna de las decenas de sentencias dictadas por nuestro T.S. cuestiona la validez general del pacto de exclusiva (la S. 19 septiembre 1989 habla directamente de su licitud) ni su adecuación, también en la línea de principio, al orden público económico acorde con la Constitución y la libertad de mercado. Lo único que se discute, y exige esa jurisprudencia, es la cuestión de los límites de la exclusiva.

B. Naturaleza del pacto, y forma en que afecta al contrato. Como dice la mencionada S. 29 octubre 1955, el pacto de exclusiva «supone una obligación de no hacer respecto del tipo de prestación objeto del contrato ... ». En el mismo sentido la S. 22 julio 1994. Se trata, pues, de una obligación negativa, de prestación continuada: no vender a otro que no sea el comprador cocontratante, y/o no comprar a vendedor distinto de aquél con quien se contrata lo prohibido por el pacto es, en principio, el celebrar contratos semejantes con terceros.

La doctrina mayoritaria entiende que la cláusula de exclusiva se incorpora al contrato de compraventa o suministro como un pacto accesorio, con una función económica complementaria de la relación fundamental, de cuya naturaleza participa. El pacto de exclusiva, en dependencia estructural y funcional respecto del negocio principal (compraventa, aquí), viene a calificarlo en aquel sentido, económico y de restricción de la competencia, pues junto a la finalidad genérica de la venta añade la específica de la exclusiva (T. PUENTE). Así lo ha entendido también nuestro T.S.: la cláusula de exclusiva no hace perder al contrato principal su naturaleza propia (SS. 29 octubre 1955, 18 marzo y 28 mayo 1966 y 3 abril 1968: «la exclusiva —dice esta última— no altera la naturaleza del contrato fundamental»). Sin embargo, la presencia de otros pactos y obligaciones accesorios que las más de las veces acompañan al de exclusiva, ha llevado a calificarlo de contrato mixto (sobre la diferencia entre la venta en exclusiva y otros contratos próximos, cfr. Ss. 28 febrero 1970 y 14 junio 1984).

La accesoriedad formal y funcional del pacto de exclusiva no impide que el mismo forme parte de la causa del negocio en que se integra y quede contemplado en la mente de los contratantes y en el consentimiento contractual, en el que se subordina a la vigencia de la exclusiva la vinculación y efectos del contrato. La S. 30 junio 1987 ha afirmado que el pacto de exclusiva configura en los contratos en que se incluye "la motivación causalizada determinante del negocio, que origina una obligación de cumplimiento, que al ser soslayada por una de las partes crea una situación de incumplimiento". Queda, así, causalizado aquel pacto en el esquema estructural del contrato e integrado en su contenido efectual.

C. Otros pactos y obligaciones accesorias del de exclusiva. En la práctica acompañan al de exclusiva otros pactos generadores de obligaciones accesorias; así, la de adquisición necesaria de una cantidad mínima de mercaderías del vendedor (a veces, la de adquirir toda la producción de éste); o la de no vender otras mercaderías en la zona de exclusiva que las del vendedor; o la del vendedor de impedir que los terceros que adquieren de él bienes los vendan luego, a su vez, en la zona de exclusiva; y las de representación jurídica o económica del concedente, o de colaboración, de propaganda o publicidad, de promoción de ventas o similares.

La frecuencia, pues, de aquellos pactos y obligaciones accesorios hace que pocas veces se presente la venta en exclusiva como tal y pura, para derivar en contrato mixto; en algunos casos, y por la concurrencia de notas, pactos y obligaciones muy particulares, en el llamado *contrato de concesión,* que aún no tipificado legalmente (la S. 11 febrero 1984 habla de «contrato atípico de concesión o venta en exclusiva»), sí tiene una perfecta tipificación social y en el tráfico mercantil.

404. El régimen de la exclusiva.

Ninguna novedad ofrece este régimen en cuando a los elementos personales, objetivos o formales de la compraventa (que casi siempre será mercantil), ni en cuanto a su contenido esencial (obligaciones propias o típicas de vendedor y comprador). El pacto de exclusiva aporta, sin embargo, algunas particularidades a la compraventa, cuyo régimen jurídico normal queda afectado en varios aspectos. Voy a referirme sólo a sus principales problemas:

A. Límites del pacto de exclusiva. Un pacto de esta clase concebido como ilimitado supone una vinculación y una restricción de la libertad de contratar contraria a ciertos principios generales de nuestro Derecho de obligaciones, y corre el riesgo, además, de infringir la ya mencionada legislación protectora de la libertad del mercado y la concurrencia. Por ello, una exclusiva concebida en términos absolutos puede sobrepasar el marco del art. 1.255 y anular la cláusula pertinente (y quizá al contrato en que se inserta). La S. 18 marzo 1966 dice que el pacto de exclusiva tiene, efectos vinculantes «siempre que no sea ilimitado en el tiempo o en el espacio»; y la de 28 mayo 1966 lo caracteriza con «limitación que voluntariamente se imponen a sí mismos los contratantes respecto a la libertad de comprar o de vender objetos... bien en cuanto a una determinada especie, o bien en cuanto a una zona o a ciertos clientes o a cierto tiempo». (Véase también SS. 22 marzo 1988 y 25 enero 1996).

a) *Límites objetivos.* Parece evidente que la exclusiva no puede abarcar todas las cosas o servicios susceptibles de tráfico (sería atentatorio a la libertad individual o contractual) y que debe concretarse a un tipo o forma de aquéllos. Cuando acompañe a un contrato determinado, hará referencia a lo que sea objeto del mismo; a veces, y en la práctica, se amplía a otros semejantes o concurrente con aquél en el mercado (cfr. S 4 junio 1984).

b) *Límites en el espacio.* Compete a las partes, en principio, fijar los límites de la zona de la exclusiva; en su defecto, será cuestión de interpretación de la voluntad de las partes, a deducir de los términos del contrato. Si otra cosa no se infiere de éste, en lugar de deducir de tal indeterminación la nulidad del pacto o del contrato, parece preferible, por el principio de conservación del contrato, apelar a su concreción indirecta; y en ese orden, el criterio de determinación más racional es el de circunscribir dicha zona a la de la efectiva actividad económica o de tráfico jurídico del comprador. Delimitada inicialmente la zona de exclusiva, puede ser modificada más tarde.

c) *Límites en el tiempo.* A falta en nuestro ordenamiento de una norma como la italiana que señala el plazo de cinco años como duración máxima de la exclusiva (art. 1.566 Cc.), queda esta delimitación temporal a discreción de las partes, con lo que su duración será la prevista en el contrato, explícita o implícitamente. En defecto de pacto, será válido el contrato que no tenga señalada duración determinada, pero con el derecho de los contratantes de denunciarlo, con tal de que se haga de buena fe y no abusivamente (cfr. Ss. 17 diciembre 1973 y 11 febrero 1984).

B. Eficacia del pacto de exclusiva. Impone, a uno o a los dos contratantes, una obligación de no hacer a que ya me referí, que se traduce en una limitación de la libertad de contratar con terceros, y por su conducto, en una limitación de la competencia (cfr. S. 18 marzo 1966). El concedente de la exclusiva se obliga a no perturbar, por sí ni por persona interpuesta, el goce de la exclusiva por la otra parte: es decir, a no vender a persona diferente, o a no comprar a quien no sea el vendedor con quien se ha contratado. Mas si violando el pacto de exclusiva uno de los contratantes lleva a cabo un contrato con tercero, es válido este último y la adquisición o enajenación del tercero (respecto del contratante que infringió la obligación de exclusiva); sin perjuicio, obviamente, de otras consecuencias que veremos.

a) *Efectos de la exclusiva en favor del vendedor.* Impone al comprador la obligación de adquirir las cosas objeto de la venta únicamente del vendedor. A ese pacto suelen acompañarle otros, que obligan al comprador a promover la venta de aquellos productos, y aún a darles publicidad; a veces, incluso, a representar al vendedor en la zona de la exclusiva. Frecuente es también la obligación asumible paralelamente por el comprador de no vender otras mercancías en la zona que las del vendedor en exclusiva (cfr. S. 29 octubre 1.955): no son obligaciones propias de esta venta especial, sino derivadas de esos otros pactos, y a veces conducen a contratos mixtos o atípicos, como el de concesión en exclusiva.

b) *Efecto de la exclusiva en favor del comprador.* Comporta para el vendedor la obligación de no vender a terceros los bienes o mercancías objeto de la exclusiva en la zona a que se refiere ésta. Entre las particularidades de esta exclusiva se halla la de la necesidad de determinación de la zona asignada al comprador; cuando hay varios concesionarios con respectivas zonas, darlo a conocer a todos ellos con expresión de la correspondiente a cada uno. Aunque no es consustancial a la exclusiva, sí es frecuente el señalar en estos contratos la adquisición necesaria y mínima de cierto volumen de bienes (cfr. S. 29 octubre 1955), como son también pactos habituales los que asignan al comprador obligaciones suplementarias de representación (económica, más que jurídica), o de propaganda y promoción de ventas de los productos del vendedor, y otras.

c) *Efectos en relación con terceros.* La compraventa con pacto de exclusiva, como los demás contratos, vincula sólo a los contratantes (lo subraya la S. 29 octubre 1955). Tienen los terceros aquí, sin embargo, un papel destacado: unas veces, porque con infracción del pacto de exclusiva contrata con ellos uno de los contratantes principales;

otras, porque los terceros (otro concesionario distinto, por ejemplo) invaden la zona de exclusiva de una de las partes contratantes.

En el caso en que una de las partes infrinja directamente el pacto de exclusiva (vendiendo a quien no puede hacerlo, o comprando a personas diferentes del cocontratante), la consecuencia se limita a las obligaciones de indemnizar al contratante perjudicado, con la validez de la operación que viola el pacto. El problema es quién debe indemnizar al perjudicado: si deben ser el cocontratante incumplidor y el tercero, como determinó la S. 23 marzo 1921, o si es deudor único de esa indemnización el contratante infractor de la exclusiva, como se deduce de la S. 29 octubre 1955, tesis esta última que parece más correcta y es la seguida por la jurisprudencia ulterior.

En el caso en que sin conculcar en forma directa el pacto de exclusiva, el contratante obligado por ella celebra contratos con terceros, que invaden luego la zona de exclusiva en perjuicio del favorecido por ella, este último, al igual que el concedente, pueden exigir al promitente el cumplimiento del pacto de no invadir la zona de exclusiva; su violación supone incumplimiento contractual por el tercero, con las consecuencias inherentes y responsabilidad suya frente al concesionario perjudicado, pero quedando liberado el concedente (y obligado principal) de la exclusiva.

En el caso de haberse puesto en conocimiento del tercero la existencia de la exclusiva, ¿basta ello para exonerar de responsabilidad al concedente de la exclusiva, y trasladarla al tercero infractor? Para la S. 29 octubre 1955, es suficiente aquella notificación para trasladar la responsabilidad al tercero infractor con conocimiento de la exclusiva; el único fundamento de tal responsabilidad (contractual) de este segundo comprador frente al primero, beneficiario de la exclusiva, podría y debería estar en una implícita estipulación a favor de tercero; mas no hay tal, y aquella mera notificación parece insuficiente para tan grave efecto (Diez Picazo). Otra justificación de la referida responsabilidad pudiera estar en el principio genérico *neminem laedere* y la culpa extracontractual (el infractor, aquí, es tercero respecto del primer contrato de exclusiva), así como en la mala fe que revela el segundo comprador que invade conscientemente la zona de exclusiva. Sin embargo, la S. 21 marzo 1962 mantuvo la tesis contraria.

C. Extinción del contrato. En línea de principio, no difiere en este punto la compraventa en exclusiva de la normal o tipificada legalmente. Dos novedades cabe destacar:

a) *Resolución del contrato por incumplimiento de la obligación de exclusiva.* Por ser obligación principal la derivada del pacto de exclusiva, al mismo nivel que la de entregar la cosa o pagar el precio (cfr. S. 18 marzo 1966), su infracción es causa suficiente de resolución del contrato (cuestión pacífica en la doctrina italiana), y dará lugar además al resarcimiento de daños y perjuicios por el incumplimiento (art. 1.124 Cc.), incluido el lucro cesante. Así, también, jurisprudencia: Ss. 30 junio 1987, 19 septiembre 1989 (que dice aplicable el art 1124 Cc. para caso de incumplimiento del pacto de exclusiva) y 22 julio 1994.

b) *Denuncia del contrato al que no se ha señalado tiempo determinado de duración.* Como nadie puede vincularse contractualmente de por vida (principio general de nuestro Derecho: cfr. art. 1.583 Cc. y S. 17 diciembre 1973), en defecto de pacto sobre su duración ha de concederse a las partes el derecho a pedir la terminación, siempre que se haga de buena fe y no con abuso de este derecho (aplicación analógica de los arts. 1.700-4º y 1.705 Cc.). En la doctrina italiana se requiere preaviso, como manifestación de la buena fe, y en atención al carácter de confianza que con frecuencia le acompaña, se admite la denuncia del contrato por justa causa incluso cuando se hubiera pactado duración determinada (FERRI, GORLA, RUBINO); ideas y soluciones aceptables para nuestro Derecho. En la jurisprudencia, las Ss. 17 noviembre 1998 y 10 marzo 2000 admiten la resolución unilateral sin que haya lugar a indemnización de perjuicios cuando concurra justa causa. Cfr. también la S. 11 febrero 1984.

405. Compraventas especiales de la Ley de ordenación del comercio minorista.

Esta Ley, la 7/1996, de 15 enero —que, aún pretendidamente mercantil (Exp. Mot.), no modifica los criterios generales de distinción entre compraventas civiles y mercantiles— , regula en su tít. II unas «actividades de promoción de ventas», con normas eminentemente administrativas (para prohibir ciertas actividades, o para limitarlas), y en algún caso imponiendo alguna obligación al vendedor; en su tít. III regula las que llama «ventas especiales».

a) *Ventas a distancia*: son las celebradas sin la presencia física simultánea del comprador y del vendedor, transmitiéndose la oferta de uno y la aceptación del otro por medio de comunicación a distancia de cualquier naturaleza (art. 38). Regula esta ley el contenido mínimo que debe reunir toda oferta de venta a distancia, la necesidad de consentimiento expreso del comprador (su silencio no puede considerarse como aceptación) y la prohibición al vendedor de enviar mercaderías no solicitadas. Establece un derecho de desistimiento del comprador dentro del plazo de siete días, sin penalidad alguna.

b) *Venta automática.* Consiste en la puesta a disposición del producto o servicio para que el consumidor lo adquiera mediante el accionamiento de cualquier tipo de mecanismo y pago de su importe (art. 49). La Ley impone la obligación de que las máquinas empleadas para estas ventas dispongan de un sistema de recuperación del precio o importe pagado en el caso de que no hayan facilitado el producto o servicio; y la responsabilidad solidaria del titular de la máquina y el del local en que esté instalada para el cumplimiento de las obligaciones derivadas de la venta automática.

c) *Venta ambulante o no sedentaria:* es la realizada por comerciantes fuera de un establecimiento comercial permanente, en lugares autorizados, por medio de instalaciones desmontables o transportables (incluidos los camiones-tienda) (art. 53). La Ley regula sólo la autorización (administrativa) y la identificación del vendedor.

d) *Venta en pública subasta.* Consiste en la oferta, pública e irrevocable, de la venta de un bien a favor de quien ofrezca, mediante el sistema de pujas y dentro del plazo concedido al efecto, el precio más alto por encima de un mínimo, ya se fije éste inicialmente o mediante ofertas descendentes realizadas en el curso del propio acto (art. 56). Regula luego el «contrato de subasta», entre la empresa que realizará la subasta y el propietario de los bienes subastados, contrato siempre escrito y con el contenido mínimo que expresa el art. 57; también el específico deber de información, y la responsabilidad (solidaria, de la empresa subastadora y el propietario del objeto vendido) para el caso de incumplimiento de ese deber; y las fianzas exigibles a los licitadores de la subasta. La venta así realizada debe formalizarse por escrito.

405 bis. Venta de productos de consumo.

El Texto refundido de la Ley General para la Defensa de los consumidores y usuarios (R.D.-Legisl. 1/2007, de 16 noviembre) regula la *venta de los productos de consumo* desde la perspectiva protectora de los consumidores, que la informa. Como principio general establece (art. 114) que el vendedor está obligado a entregar al consumidor productos que sean *conformes con el contrato*, respondiendo frente a él de cualquier falta de conformidad que exista en el momento de la entrega del producto. Y, salvo prueba en contrario, se entenderá que los productos son conformes con el contrato siempre que se cumplan ciertos requisitos, que concreta el art. 116: que se ajusten a la descripción realizada por el vendedor, que sean aptos para los usos a que ordinariamente se destinen los de su tipo o para el especial requerido por el consumidor si lo ha puesto en conocimiento del vendedor al celebrar el contrato, y que presenten la calidad y prestaciones habituales de un producto del mismo tipo (art. 116).

El ejercicio de las acciones que correspondan al consumidor relacionadas con este contrato será incompatible con el de las acciones derivadas del saneamiento por vicios ocultos de la compraventa ordinaria; y en todo caso el consumidor y usuario tendrá derecho, de acuerdo con la legislación civil y mercantil, a ser indemnizado por los daños y perjuicios derivados de la falta de conformidad del producto (art. 117).

El consumidor tiene derecho a la reparación del producto, a su sustitución, a la rebaja del precio o a la resolución del contrato; extremos que regulan con detenimiento los arts. 119 a 122 de la Ley. El vendedor responde de las faltas de conformidad que se manifiesten en el plazo de dos años desde la entrega, plazo que podrá ser menor (pero no inferior a un año) para los productos de segunda mano. La acción para reclamar por responsabilidad del vendedor prescribe a los tres años desde la entrega del producto (art. 123). Cuando al consumidor le resulte imposible o le suponga una carga excesiva dirigirse contra el vendedor por la falta de conformidad de los productos con el contrato, podrá reclamar directamente al productor con el fin de obtener la sustitución o reparación del producto. Quien haya respondido frente al consumidor dispondrá del plazo de un año para repetir frente al responsable de la falta de conformidad; plazo que se computa a partir del momento en que se conpletó el saneamiento.

INDICACIÓN BIBLIOGRÁFICA. a) Sobre la *compraventa a prueba o ensayo*, ARAGÜES y RIERA, *Naturaleza jurídica de la venta «ad gustum"*, Rev. Universidad (Zaragoza), 1933, págs. 513 y, ss.; DEMOGUE, *Contratos celebrados en calidad de ensayo,* RDP., 1941, págs. 49 y ss.; CALVO ANTON, *La venta a prueba*, Barcelona, 1995.

b) En relación con la *venta por suministro*, CORRADO, *La somministrazione,* Turín, 1954; DE MARINO Y BORREGO, *El suministro*, Salamanca, 1959; NOVOA, E., *Contrato de compraventa por suministro,* RGLJ., 1947, págs, 609 y ss.; FERNÁNDEZ DEL MORAL DOMINGUEZ, *El contrato de suministro. El incumplimiento,* Madrid,1992.

c) Sobre la *venta en exclusiva,* FERRI, *La vendita con esclusiva,* Foro ital., 1933, I, 227 y ss.; D'AVACK, *Studi sulla natura giuridica della compravendita con esclusiva,* Studi G. Dettore, Firenze, 1941, págs. 499 y ss.; FRANCESCHELLI, *Natura giuridica della compravendita con esclusiva,* Riv. Dir. Comm., 1939, I, págs. 247 y, ss.; PUENTE MUÑOZ, *El pacto de exclusiva en la compraventa y el suministro*, R.D.Merc., 1967, págs. 75 y ss.; *El pacto de exclusiva en la jurisprudencia del Tribunal Supremo,* R.D.Merc., 1971, págs. 443 y ss.

§ 84. EN PARTICULAR, EL PACTO DE RETRACTO Y EL LLAMADO «RETRACTO CONVENCIONAL»

406. Cuestiones generales. Constitución.

A. Concepto y función. El único pacto especial, entre los muchos posibles y manejados en la práctica, que regula el Código civil en sede de compraventa y como aponible a ésta, es el pacto de retroventa, o sencillamente de retro, o «retracto convencional», que describe el art. 1.507 explicando que *tendrá lugar cuando el vendedor se reserve el derecho de recuperar la cosa vendida, con obligación de cumplir lo expresado el el artículo 1.518 y lo demás que se hubiese pactado,* y que CASTÁN define relacionando ambos preceptos, como «el que tiene lugar cuando el vendedor se reserva el derecho de recuperar la cosa vendida mediante la entrega del precio, gastos del contrato, gastos necesarios y útiles hechos en la cosa y cumplimiento de lo que se hubiese especialmente pactado» (cfr. ley 576 Comp. navarra, en términos casi idénticos).

B. Naturaleza. Hay que distinguir en este punto dos cuestiones: la naturaleza de la venta afectada por el pacto de retro (accesorio éste de aquélla), y la del retracto convencional en cuanto derecho a favor de una persona.

a) El pacto de retro constituye una condición resolutoria de la venta: así, el art. 1.506 (según el cual *la venta se resuelve por las mismas causas que todas las obligaciones y además por las expresadas en los capítulos anteriores y por el retracto convencional o por el legal)* y la jurisprudencia (Ss. 26 mayo 1951, 28 mayo 1957, 14 diciembre 1961, y R. 27 mayo 1926). O sea: bajo la condición resolutoria del retracto el comprador adquiere el derecho a la cosa y, una vez hecha tradición, el mismo derecho sobre la cosa que tuviera el *tradens:* como dice el art. 1.511 *sustituye al vendedor en todos sus derechos y acciones;* puede, p. ej., completar la usucapión iniciada por éste. Cuando la condición se cumple, la venta se resuelve, con devolución de las prestaciones recíprocas (no de los frutos).

b) Discutida en otro tiempo su *naturaleza personal o real*, y aun con jurisprudencia antigua contradictoria, hoy el derecho de retracto convencional (el de recuperar la cosa vendida devolviendo el precio) es, en principio, de *carácter real:* como dice el art. 1.510, *el vendedor podrá ejercitar su acción contra todo poseedor que traiga su derecho del comprador, aunque en el segundo contrato no se haya hecho mención del retracto convencional; salvo lo dispuesto en la Ley Hipotecaria respecto de terceros* (cfr. art. 1.520 Cc., y para Cataluña, 326.2 Comp.). Es decir, que el vendedor podrá recuperar la cosa de cualquier persona que la tenga o la haya adquirido del comprador, mas tratándose de inmuebles inmatriculados, y no inscrito el pacto de retro en el Registro, no puede resultar perjudicado por él el tercer adquirente protegido por la fe pública registral.

El derecho del retrayente es transmisible a título oneroso y gratuito, y, consecuentemente, hipotecable (art. 107-8º Lh.). En términos más explícitos, ley 579 Comp. navarra y art. 326-4º Comp. catalana.

El retracto puede ser convenido también como derecho simplemente personal, en cuyo supuesto el subadquirente (adquirente del comprador) puede desconocer el pacto de alcance personal, y el titular del retracto sólo tiene una acción personal frente al propietario (ARECHEDERRA). En cualquier caso, no es personalísimo, y puede pasar, no sólo al heredero (cfr. art. 1.514-2º), sino a un causababiente en las mismas condiciones que su antiguo titular.

C. Constitución del retracto convencional. Es muy parco el Código en esta cuestión —como prolijo, en cambio, en otros aspectos—. Entiende la doctrina que como pacto accesorio de la venta, y en atención a la expresión legal «cuando el vendedor *se reserve* el derecho» del art. 1.507, debe acordarse en el momento mismo de la compraventa cuya posible resolución prevé, ya que si fuera de otro modo no se trataría de retracto convencional sino de una promesa de venta en sentido contrario al anterior, regida por el art. 1.451 Cc. (cfr. Ss. 23 mayo 1944 y 6 mayo 1947); sin embargo, la S. 28 junio 1961, relativa a venta judicial en ejecución de sentencia, admitió la posibilidad de pactarlo al margen y paralelamente a la venta judicial.

Tampoco hay norma alguna sobre la forma, por lo que serán de aplicación las reglas generales. Para que produzca efectos frente a terceros será precisa su inscripción en el Registro, y para el acceso de éste, su constancia en escritura pública.

También se rige por las normas generales de la compraventa, en cuanto a sujetos, perfección y contenido, la afectada por el pacto de retroventa. Y pueden quedar sujetos a retracto convencional los bienes de cualquier clase (muebles o inmuebles, derechos, energías,...), susceptibles de transmisión por compraventa (cfr. ley 460 Comp. nav.).

407. Legitimación activa.

El titular típico de este derecho es el vendedor de la cosa. Fallecido él, será nuevo titular su heredero; y, en cuanto derecho transmisible, y si es transmitido, su adquirente. Cuando el titular sea uno solo, no habrá problemas.

A. Pluralidad de legitimados para el ejercicio del retracto. Puede darse tanto en el supuesto de venta conjunta y en un solo contrato de cosa indivisa por todos los cotitulares de ésta, como cuando siendo único el vendedor que se reservó el derecho de retraer le sucedan varios coherederos; y aún se ocupa el art. 1.516 de la venta separada de una o varias cuotas indivisas de cosa común.

a) Venta conjunta de finca indivisa. Dice el art. 1.514-1º Cc. que *cuando varios, conjuntamente y en un solo contrato, vendan una finca indivisa con pacto de retro, ninguno de ellos podrá ejercitar este derecho más que por su parte respectiva.* El núcleo de este precepto es el dato de la venta conjunta y por un solo contrato (una sola venta, por el todo), situación que no se da cuando, por razones circunstanciales, se instrumenta en un solo contrato la venta de una pluralidad de objetos, con pacto de retro, asignando a cada uno un precio concreto (GARCIA CANTERO). Para tal supuesto, y en interés del comprador, para que no se vea éste en una comunidad no deseada, establece el art. 1.515 que *en los casos del artículo anterior, el comprador podrá exigir de todos los vendedores o coherederos que se pongan de acuerdo sobre la redención de la totalidad de la cosa vendida; y, si así no lo hicieren, no se podrá obligar al comprador al retracto parcial.*

b) Vendedor único al que suceden varios coherederos. Para este supuesto dispone el art. 1.514-2º, que lo *mismo* [que en la hipótesis anterior] *se observará si el que ha vendido por sí solo una finca ha dejado varios herederos, en cuyo caso cada uno de éstos sólo podrá redimir la parte que hubiese adquirido.* Pero persistiendo la comunidad hereditaria (o la indivisión) puede el grupo, por unanimidad, redimir toda la finca. Es aplicable aquí también el art. 1.515, y todo lo dicho referente a él, según se deduce de sus primeras palabras.

c) Venta separada de partes indivisas. Según el art. 1.516, *cada uno de los copropietarios de una finca indivisa, que hubiese vendido separadamente su parte, podrá ejercitar, con la misma separación, el derecho de retracto por su porción respectiva, y el comprador no podrá obligarle a redimir la totalidad de la finca.* Desde luego, tampoco podrá alegar, ante la inercia de sus cotitulares, derecho suyo a redimir el todo. Es esencial en este caso que cada derecho de retracto haya nacido de ventas separadas, independientes entre sí.

B. Legitimación excepcional de los acreedores del vendedor. Como un caso especial de acción subrogatoria, o aplicación del art. 1.111 al retracto convencional, dispone el art. 1.512 que los *acreedores del vendedor no podrán hacer uso del retracto convencional contra el comprador, sino después de haber hecho excusión en los bienes del vendedor* (cfr. ley 581 Comp. navarra).

Se requiere que el acreedor así legitimado haya hecho *excusión en los bienes del deudor,* expresión que ha de entenderse en el sentido de que haya intentado cobrarse en otros bienes sin éxito, según requiere el art. 1.111 para la acción subrogatoria («después de haber perseguido los bienes de que estén en posesión el deudor para realizar cuanto se le debe»), más que en el sentido en que el art. 1.830 habla de la «excusión de todos los bienes del deudor» para la fianza.

Otro acreedor legitimado excepcionalmente para el ejercicio del retracto convencional, siquiera en forma diferente del anterior, es el acreedor hipotecario cuando el objeto de la hipoteca sea precisamente el derecho de retracto convencional (art. 107-8º de la Lh.).

408. Sujeto pasivo especial de la acción de retracto.

Además del sujeto pasivo general (obligado a respetar el derecho y su ejercicio) propio de los derechos reales, hay en éste, como en otros limitados o en cosa ajena, un sujeto pasivo especial, o gravado, al que algunos llaman «retraído» (frente a «retrayente», titular activo). Normalmente lo es el comprador, o su derechohabiente (heredero, cesionario). Si es único, no plantea problema especial en este orden. El Código se ocupa, en cambio, de un supuesto en que sean varios: *si el comprador dejare varios herederos, la acción de retracto no podrá ejercitarse contra cada uno sino por su parte respectiva, ora se halle indivisa, ora se haya distribuido entre ellos. Pero si se ha dividido la herencia, y la cosa vendida se ha adjudicado a uno de los herederos, la acción de retracto podrá intentarse contra él por el todo* (art. 1.517). Se refiere este precepto sólo al caso en que varios herederos sucedan al comprador, pero debe comprender también aquellos otros en que la sucesión sea a título particular (venta o donación a varias personas), y aun la hipótesis en que sean varios los compradores con pacto de retro de una sola cosa y en venta única.

409. Ejercicio del retracto convencional.

Este retracto se actúa mediante una declaración unilateral de voluntad de su titular, recepticia (dirigida al sujeto pasivo especial), sin necesidad de forma solemne; puede hacerse judicial o extrajudicialmente, y dentro del plazo que veremos. El retrayente tiene la *obligación de cumplir lo expresado en el art. 1.518 y demás que se hubiere pactado* (art. 1.507); el retraído, (casi siempre el comprador) tiene también ciertos derechos y obligaciones. Veamos las principales cuestiones:

A. Reembolsos y cargas del retrayente. Dice el art. 1.518 que *el vendedor no podrá hacer uso del derecho de retracto sin reembolsar al comprador el precio de la venta, y además: 1º Los gastos del contrato, y cualquier otro pago legítimo hecho para la venta. 2º Los gastos necesarios y útiles hechos en la cosa vendida* (véase ley 578 Comp. navarra, sobre el precio, y art. 328 Comp. Cataluña).

a) *Precio.* Será, salvo pacto en contrario, el de la venta, no el valor de la cosa al tiempo del retracto; pero la cantidad a reembolsar podrá ser distinta de la entregada, si se conviene por las partes una mayor o menor (véase, en sentido semejante, art. 1.513 Cc.). Debe ser el precio real (S. 4 diciembre 1991, y allí citadas).

b) *El pago.* El reembolso o consignación del precio (no de los otros gastos) han de hacerse antes de vencer el plazo. De lo contrario, como dice el art. 1.509, *si el vendedor no cumple lo prescrito en el artículo 1.518, el comprador adquirirá irrevocablemente el dominio de la cosa vendida.* Aun cuando parece negarlo la jurisprudencia (Ss. 10 julio 1987 y 30 mayo 1995), la oferta real de pago vale para cumplir el requisito del art. 1.518, sin consignación (véase S. 17 noviembre 1967 y las allí citadas).

c) *Gastos del contrato y otros pagos legítimos* (cfr. SS. 14 abril 1989 y 3 marzo 1992). Debe tratarse de gastos efectivamente realizados (impuestos, escritura notarial y primera copia, certificación del Registro para acreditar cargas, gastos de traslado de la cosa vendida hasta el punto de entrega, etc.). Es contradictoria la jurisprudencia sobre la necesidad o no de consignar estos gastos, como requisito previo al curso de la demanda.

d) *Gastos necesarios y útiles hechos en la cosa.* A pesar de la expresión del art. 1.518-2º, que pone a cargo del retrayente todos los gastos necesarios, la doctrina, apoyándose en García Goyena (que no incluía «los ordinarios o hechos para la simple conservación de la cosa») distingue entre gastos ordinarios, a cargo del comprador retraído, sin derecho a reintegro, y los extraordinarios, que debe abonar el retrayente.

Los gastos útiles se abonarán en la medida del art. 453-2º, y siempre que no hayan sido realizados precisamente con la intención de dificultar el rescate al crecer la cantidad a restituir (cfr. S. 5 diciembre 1959, que estimó no reembolsables los gastos de reconstrucción de un chalet edificado de mala fe por el comprador). No tiene derecho el comprador al importe de las mejoras de lujo o mero recreo, si bien tendrá derecho a retirarlas (*ius tollendi*) sin menoscabo de la cosa. Algún autor estima que el comprador tendrá derecho de retención de la cosa hasta tanto le abone el retrayente los gastos mencionados, en cuanto poseedor de buena fe, pero García Cantero cree innecesaria esa garantía dado que el art. 1.518 considera su reembolso como presupuesto para el válido ejercicio del retracto convencional.

B. Obligaciones a cargo del comprador retraído. Debe cooperar a la readquisición de la cosa por el retrayente; por tanto, debe restituirla con su accesiones, pero forzosamente sólo las que acompañaban a la cosa al ser entregada por efecto de la venta; más dudoso es que salvo que se hallen unidos inseparablemente— deban devolverse los incrementos o accesiones y tesoros descubiertos entre el momento de la venta y el del retracto (García Cantero cree que no). El comprador retraído responderá ante el retrayente de los daños causados en al cosa por su dolo o culpa lata; si fueron producidos por tercero, se subrogará el vendedor en las acciones que competan al retraído.

C. Plazo de ejercicio del retracto. Dispone a este respecto el artículo 1.508 que *durará, a falta de pacto expreso, cuatro años contados desde la fecha del contrato. En caso de estipulación, el plazo no podrá exceder de diez años.* Por tanto, y en cuanto convencional que es, durará el tiempo pactado, con un plazo máximo (diez años) que las partes no pueden sobrepasar (cfr. S. 3 abril 1981).

Cabe prórroga (o prórrogas) del plazo inicialmente convenido, si se conviene antes de expirar el estipulado, y sumados el plazo inicial y la prórroga no se rebase el máximo legal. Si se sobrepasa, en lugar de ser nulo el pacto entiende la doctrina que la nulidad afectará sólo al exceso respecto del límite legal (S. 8 marzo 1951), ya se infrinja la norma inicialmente, o mediante la prórroga.

A falta de pacto, la duración será de cuatro años. Y tanto para la doctrina, casi unánime, como para la jurisprudencia (Ss. 26 enero 1952 y 28 junio 1961, entre muchas), esos plazos son de *caducidad,* y no de prescripción, con todas las consecuencias sustantivas y procesales.

410. Efectos del ejercicio del retracto.

El efecto fundamental del ejercicio del retracto convencional es «no tanto una readquisición como una integración de la cosa al patrimonio, de donde no salió de manera definitiva e irrevocable» (Hernández Gil). Ello exige y comporta otras consecuencias jurídicas.

A. Efectos en cuanto a frutos de la cosa retraída. Dispone el artículo 1.519 que *cuando al celebrarse la venta hubiese en la finca frutos manifiestos o nacidos, no se hará abono ni prorrateo de los que haya al tiempo del retracto. Si no los hubo al tiempo de la venta, y los hay al del retracto, se prorratearán entre el retrayente y el comprador, dando a éste la parte correspondiente al tiempo que poseyó la finca en el último año, a contar desde la venta.* Como puede observarse, establece esta norma el modo de hacer el reparto de los frutos pendientes al tiempo del retracto, lo que presupone, o de la que se induce, que el comprador con pacto de retro hace suyos los frutos producidos por la cosa en el tiempo que media entre la venta y el ejercicio del retracto. Y aunque el artículo transcrito alude sólo a los frutos naturales e industriales (de cosa inmueble, pero también válido para bien mueble fructífero: una vaca, por ej.), es aplicable también a los civiles (teniendo en cuenta el art. 451-3º Cc.).

B. Liberación de gravámenes impuestos por el comprador. El reintegro de la cosa al retrayente debe hacerse en el estado jurídico que tenía al tiempo de la venta. Por ello dice el art. 1.520 que *el vendedor que recobre la cosa vendida, la recibirá libre de toda carga o hipoteca impuesta por el comprador, pero estará obligado a pasar por los arriendos que éste haya hecho de buena fe, y según costumbre del lugar en que radique.*

Aunque el precepto se refiere al vendedor, hay que referirlo al retrayente (que puede ser sucesor a título universal o particular de aquél). Y no se trata de que nadie haya de liberar la finca de las cargas impuestas, sino que ello se produce *ope legis* automáticamente al recuperar el retrayente la cosa (por tanto, podrán cancelarse, a instancia de éste y sin el concurso de terceros ínteresados, los gravámenes impuestos por el comprador, una vez se haga nueva inscripción en el Registro a favor del vendedor). Por otro lado, tratándose de inmuebles inmatriculados, y no inscrito el pacto de retro en el Registro, no puede resultar perjudicado por él el tercer adquirente protegido por la fe pública registral.

C. El caso particular del art. 1.513 Cc. Dice este precepto que *el comprador con pacto de retroventa de una parte de finca indivisa que adquiera la totalidad de la misma en el caso del art. 404, podrá obligar al vendedor a redimir el todo, si éste quiere hacer uso del retracto.*

D. Efecto del no ejercicio del retracto. Aunque no era preciso decirlo —algunos lo tachan de inútil— dice el art. 1.509 que si *el vendedor no cumple lo previsto en el artículo 1.518* (o no ejercita el retracto nunca, o lo intenta fuera de plazo), *el comprador adquirirá irrevocablemente la propiedad adquirida por la cosa vendida;* es decir, consolida definitivamente la propiedad adquirida por la compra (que se convierte en definitiva e irrevocable) al ser inviable, ya, la retroventa.

INDICACIÓN BIBLIOGRÁFICA. Sobre *venta con pacto de retro,* además de amplio tratamiento en BADENES y GARCÍA CANTERO, obras citadas en § 78, pueden verse ARECHEDERRA, *Compraventa con pacto de retro. Equilibrio de prestaciones,* ADC., 1978, págs. 441 y ss.; DE DIEGO, *De la naturaleza jurídica del retracto convencional; cuándo debe entenderse válidamente enajenado y procede inscribirlo,* RDP., 1916, págs. 137 y ss.; GARCÍA AMIGO, *Derechos reales de adquisición (Notas para una teoría general),* RDP., 1976, págs. 99 y ss.; LALAGUNA, *El contrato de promesa y el retracto convencional,* Madrid, 1978; RUBIO TORRANO, *El pacto de retroventa,* Madrid, 1990; SAPENA, *Actualidad de la «fiducia cum creditore»,* RDN., 1957, 3, pág. 125. En la doctrina italiana, BRUNETTI, *Del riscatto convenzionale nella compravendita,* Turín, 1902; MARDI, *Diritto di riscatto in caso de vendita congiuntiva,* Riv. Dir. Civ., 1942, págs. 52 y ss.; RASI, *Il patto di riscatto nella compravendita,* Nápoles, 1959.

§ 85. LA PERMUTA

411. Conceptos generales.

Da una idea bastante exacta y poco comprometida de este contrato el art. 1.538 Cc. cuando dice que la permuta *es un contrato por el cual cada uno de los contratantes se obliga a dar una cosa para recibir otra.*

Es el prototipo del cambio *in natura,* mas no sólo de cosa por cosa en sentido material, sino en sentido jurídico, con lo que es incluible en ese concepto el intercambio entre cosas y derechos (sean éstos reales o de créditos, plenos o limitados). En última instancia, se trata de cambio directo, sin intermediación de precio (diferencia esencial respecto de la compraventa, para la S. 19 diciembre 1956) —aunque se haga referencia al valor de lo intercambiado (cfr. S. 28 diciembre 1942)— de titularidades jurídicas sobre tales bienes y derechos. Sólo están excluidas de este cambio las prestaciones de servicios; si se dieran, el contrato, que desde luego es válido y eficaz, será atípico, mas no permuta.

Cabe suponer que el trueque de cosa por cosa, o es el contrato más antiguo de la historia, o al menos contemporáneo del trueque de cosa por servicios. Mas en el Derecho romano, en cuanto contrato creador de obligaciones, no adquiere carácter jurídico hasta una época muy avanzada y con posterioridad a la compraventa. La permuta, en Roma, fue un contrato innominado que, como todos ellos, comenzó valiendo como causa justificativa de una atribución ya realizada y fundamento para pedir la restitución de ésta cuando la otra parte no prestaba, a su vez, lo que había prometido.

Caracteres. Del precepto transcrito y de otros dedicados por el Código a la permuta, pueden deducirse los siguientes:

a) Contrato *consensual:* así aparece de la expresión *se obliga,* del art. 1.538, y lo entiende la jurisprudencia (Ss. 11 mayo 1964 y 17 enero 1974).

b) *Sinalagmático,* porque se da una cosa *para recibir otra,* según dice el mismo precepto.

c) *Oneroso,* por el relativo equilibrio y equivalencia de las prestaciones, que no total igualdad (cfr. S. 20 febrero 1978).

d) Meramente *obligatorio,* pues no produce cambio inmediato de la titularidad de las cosas permutadas, sino que genera sólo obligaciones en los contratantes para un cambio futuro, con la entrega (S. 11 mayo 1964): es pues *título,* que requiere modo o tradición para adquirir el dominio (art. 609-2º Cc.), y *traslativo de dominio* en ese contexto.

412. Venta y permuta.

A. La aplicación del régimen de la venta como supletorio. El Código dedica en realidad sólo tres arts. (1.538 a 1.540, pues el 1.541 es norma de remisión) a este contrato, notoriamente insuficientes para resolver no ya todos, sino sus principales problemas. Por ello, y siendo en el Cc. la compraventa el paradigma del contrato oneroso de intercambio de cosas, sus reglas habrían de valer para la permuta, y así lo establece el art. 1.541, según el cual *en todo lo que no se halle especialmente determinado en este titulo, la permuta se regirá por las disposiciones concernientes a la venta* (la ley navarra 587: «en lo que sea compatible»).

La permuta, en efecto, al ser combinación económica más primitiva, de la cual nace la compraventa cuando se inventa el dinero, presenta afinidades con ésta, de la que le separa el hecho de materializarse en ella ambas prestaciones en cosas distintas de la moneda nacional. En realidad sólo las normas relativas a la prestación de la cosa vendida tendrán aplicación a la permuta, no teniéndola, o sólo por analogía, las relacionadas con el precio.

En términos generales, hay que entender que la aplicación a la permuta de las normas de la compraventa se hará con las adaptaciones precisas, y sólo y en tanto uno y otro contratos sean semejantes: "en cuanto resulten compatibles con la naturaleza de la permuta" (S. 31 julio 1995).

B. El precio consistente parte en dinero y parte en cosas. Las diferencias entre venta y permuta son claras cuando se trata de sus variedades puras: así resulta también de la simple comparación entre los arts. 1.445 y 1.538 Cc. La dificultad se presenta, sin embargo, cuando se trata de venta en que como parte y complemento del precio se entrega una cosa, y en la permuta en que ante la desigualdad de valor entre las cosas permutables, se completa el de una con dinero. Para tales supuestos, dice el art. 1.446 que *si el precio de la venta consistiera parte en dinero y parte en otra cosa* (cfr. S. 30 septiembre 1993), *se calificará el contrato por la intención manifiesta de los contratantes. No constando ésta, se tendrá por permuta si el valor de la cosa dada en parte del precio exceda al del dinero o su equivalente, y por venta en el caso contrario.* La regla se dirigía en otros ordenamientos a discernir la aplicación o no del remedio rescisorio por lesión *ultra dimidium:* se suponía que en la permuta las partes no tenían en cuenta el valor real de las cosas, sino una estimación subjetiva que en todo caso hacía más ventajosa para cada una la que él iba a recibir. Hoy, desaparecida la rescisión como remedio general, la calificación del contrato tiene eficacia sobre todo en relación al retracto.

El art. 1.446 parece abandonar la cuestión de la calificación del contrato a «la intención manifiesta de los contratantes» como criterio o regla primaria (cfr. SS. 19 diciembre 1956 y 24 enero 1958); pero en ningún caso creemos que la voluntad de las partes pueda llegar a calificar como permuta el cambio de cosa por una cantidad (quizá mínima) de dinero: lo trascendente es, no el *nomen* que las partes hayan atribuido al contrato, sino si quien recibe el numerario sustancialmente perseguía el bien concreto o la cantidad, y ésta es la intención que debe averiguarse en los contratantes, es decir, si en una apreciación objetiva de lo que pudieron ellos querer, lo accesorio es el numerario o la cosa. Cuando, en el supuesto de cambio de un bien muy valioso por otro de pequeño valor y un importante suplemento en dinero, la intención subjetiva de las partes sea manifiestamente contraria a la realidad económica, acaso cabría resolver el contrato en dos: compra de una parte indivisa de la cosa con suplemento en dinero, y permuta de la otra parte por el objeto que se entrega en cambio. O quizá el contrato no sea entonces ni venta —que no quieren las partes— ni permuta —pues lo impide la preponderancia del dinero en la contraprestación—, sino uno distinto, innominado. Obsérvese que el art. 1.446 no dice que el contrato haya de calificarse necesariamente de pertmuta o de venta.

Como criterio subsidiario del de la voluntad de las partes aparece el del valor de la cosa respecto de la aportación en dinero del párrafo 2º, que pocas veces entrará en juego (como no sea para ayudar a interpretar la voluntad de las partes cuando ésta no aparezca muy clara, y aun entonces con valor indicativo y no absoluto, dice MERINO).

Deja el art. 1.446-2º, sin embargo, algunas cuestiones sin resolver, y ante las que no es fácil tomar partido: una, la del criterio de valoración de la cosa, a cuyo respecto cierta doctrina extranjera se remite a la tasación pericial, visión objetiva que no se acuerda bien con el peso que en el citado precepto se da a la intención y valor subjetivamente dado por los interesados a las cosas intercambiables. Y otra, como calificar el contrato cuando el valor de la cosa es idéntico al del sobreprecio en dinero: para GULLON sería una compraventa (por entender que en el art. 1.446 se estima como permuta el supuesto en que el valor de la cosa *sea mayor* que el dinero), criterio que no comparten MERINO y GARCIA CANTERO (éste se remite a la solución que den los Tribunales en cada caso).

413. Régimen positivo.

En el Tít. V dedicado a la permuta, sólo dos artículos, el 1.539 y el 1.540, regulan problemas específicos de este contrato con soluciones diferentes a las de la compraventa. Hay, con todo, otros problemas y cuestiones.

A. Elementos de la permuta. En cuanto a los *personales,* estima la doctrina en general de aplicación a este contrato los arts. 1.457, sobre capacidad para vender, y 1459, relativo a prohibiciones. La diferencia puede estar en la necesidad, aquí para las dos partes, de la doble facultad de adquirir y disponer a título oneroso (MERINO).

Según se explicó, pueden ser *objeto* de permuta no sólo las cosas materiales (incluso las futuras) sino los derechos reales o personales. No pueden serlo, en cambio, las prestaciones de servicios.

Por ser contrato consensual, y remitirse el art. 1.451 a las normas de la compraventa, tampoco la permuta requiere forma especial —salvo casos o permutas especiales, como el de la permuta forzosa de la Ley de Reforma y Desarrollo Agrario, que requiere escritura pública—.

B. Gastos. Algunos autores piensan que los gastos de entrega de la cosa y otorgamiento de escritura pública deben abonarse por mitad por los contratantes, puesto que aquí ambos son vendedores, pero de la relación de los arts. 1.455 y 1.465 con la situación real resulta que cada permutante debe abonar, en cuanto transferente de determinado objeto, los gastos de otorgamiento de escritura correspondientes al mismo, y en cuanto *accipiens,* los gastos de primera copia y posteriores al contrato respecto de la cosa que adquiere; y lo mismo vale para las expensas de entrega y transporte.

C. Entrega de la cosa. Desempeña en este contrato la misma función (modo, tras el título) que en la compraventa. Son de aplicación a la permuta los arts. 1.461 y ss. Cc., incluida la tradición instrumental (R. 16 mayo 1996).

D. Garantía de las prestaciones. Cabe en la permuta el pacto de reserva de dominio impuesto por uno de los contratantes (o por los dos) referido a la cosa entregada por él hasta que se le transfiera la propiedad de la otra; su funcionamiento será similar al de la compraventa. MERINO encuentra de dudosa aplicación al art. 1.500 (cree que no su párrafo 2º); sí, en cambio, considera aplicable el art. 1.501 para el supuesto de permuta con compensación en dinero. Creemos, con el mismo autor, aplicable el art. 1.504 —en nuestra opinión, por identidad de razón—; aplicabilidad que no acepta GARCIA CANTERO, quien piensa que cabe, sin embargo, que los permutantes pacten expresamente la resolución para el caso de que cualquiera de ellos no cumpla lo que le compete.

E. Retracto. A primera vista, la transmisión de bienes mediante permuta no puede dar lugar a retracto convencional ni legal, por cuanto el posible retrayente no puede proporcionar al transferente una contraprestación igual a la que adquiere el permutante (cfr. Ss. 19 diciembre 1956 y 23 mayo 1960).

Mas, con todo, puede darse el retracto en la permuta: *a)* cuando lo ordene la ley, como en el caso de los arrendamientos rústicos (art. 89) (cfr. ley navarra 445); *b)* cuando la contraprestación es fungible y puede ser suministrada lo mismo por el retrayente (he permutado mi coche por un lingote de oro o mil kilos de papel de tal calidad); *c*) verosímilmente, cuando se demuestre que la permuta tiene como finalidad eludir el retracto.

F. Permuta de cosa ajena. A la permuta son aplicables los artículos 1.504 y 1.505 en sus respectivos supuestos. Además, dispone el art. 1.539 que *si uno de los contratantes hubiese recibido la cosa que se le prometió en permuta, y acreditase que no era propia del que la dio, no podrá ser obligado a entregar la que él ofreció en cambio, y cumplirá con devolver la que recibió;* o bien, si ya la había entregado, podrá reclamar la resolución del contrato y consiguiente restitución (cfr. S. 30 abril 1999). La norma debe ser la misma si la alienidad de la cosa ajena permutada se descubre antes de ser entregada ésta.

A diferencia del Derecho romano (en el cual, por tratarse de un contrato real, la permuta de cosa ajena era nula), en el régimen del Cc. el contrato solamente se resuelve, a petición del permutante que cumple, cuando éste no opta por exigir el cumplimiento por equivalente o la indemnización. En todo caso, y a diferencia de la venta, la facultad de resolver es aquí independiente del riesgo de evicción, fundada como está en la mera alienidad de la cosa, aunque se sepa que su verdadero dueño no va a reivindicarla. Por lo demás, tal facultad de resolver sólo se da en favor del permutante de buena fe, es decir, que ignora la alienidad de la cosa: no si la conocía (así, la S. 16 mayo 1974).

En lo no previsto por el art. 1.539 Cc. se aplica a la permuta el 1.502.

G. Evicción. Según el art. 1540, *el que pierda por evicción la cosa recibida en permuta, podrá optar entre recuperar la que dio en cambio, o reclamar la indemnización de daños y perjuicios; pero sólo podrá usar el derecho a recuperar la cosa que él entregó mientras ésta subsista en poder del otro permutante, y sin perjuicio de los derechos adquiridos entretanto sobre ella con buena fe por un tercero.* GARCÍA GOYENA exigía que este tercero fuera además adquirente a título oneroso, de donde cabría pensar que la omisión de nuestro legislador es consciente y presupone la firmeza de la transmisión a título gratuito.

La acción que concede este precepto, común a ambos contratantes, es semejante a la de los arts. 1.475 y ss. para el comprador en caso de evicción, siendo aplicables aquí tales preceptos con las debidas adaptaciones. Con ellas se aplicarán igualmente los arts. 1.483 y 1.484 y ss.; y así la «rebaja del precio» del art. 1.486 no podrá entenderse como una disminución correlativa de la cosa cierta dada en contraprestación, sino como una indemnización en dinero.

414. Permutas especiales. La permuta de solar por locales o pisos a construir.

Algunas leyes especiales contemplan y hasta regulan ciertos tipos de permuta, como la *forzosa* ya aludida de la Ley de Reforma y Desarrollo Agrario de 1973; o la *permuta de fincas de reemplazo* resultantes de la concentración parcelaria, de la misma Ley. Pero quizá el caso más interesante tanto desde el punto de vista dogmático como práctico, por su frecuencia en el tráfico moderno, es la *permuta de solar por locales o pisos que construir* en la que uno de los permutantes transmite ya al otro (salvo pacto de reserva de dominio) o se obliga a transmitir en el futuro a él o a un tercero, designados por el adquirente, la propiedad del solar edificable de que es dueño, mientras que el segundo, constructor o empresario de la construcción, asume la obligación de entregar a aquél locales o pisos del edificio que se compromete a construir sobre el solar de referencia.

Algunos autores, extranjeros sobre todo, han negado al contrato esa calificación como permuta por la necesidad, en la permuta, de transmitir el dominio, y no poder hacerlo de cosa inexistente (locales o pisos a construir) en el momento de su celebración. La doctrina española lo califica en general como permuta (así, MERINO y GARCIA CANTERO), no obstante su proximidad con el contrato de obra. El T.S. considera ese contrato como permuta en la S. 9 noviembre 1972, y la de 24 octubre 1983 hace referencia a la concepción por la doctrina mayoritaria «como permuta con prestación subordinada de obra» (cfr. también Ss. 5 julio 1989 y 30 diciembre 1991). Pero en la de 22 mayo 1974 dice que es «un contrato atípico que no encaja en su conjunto en ninguna de las figuras contractuales que define y regula específicamente el Cc., si bien puede tener rasgos y peculiaridades que, no en su totalidad, sino en parte, pueden resultar comunes o afines con alguna de aquellas figuras contractuales (permuta y arrendamiento de obra), con las que no se identifica» (en idénticos términos en Ss. 2 enero 1976 y 7 julio 1982). Para las SS. 7 junio 1990 y 30 septiembre 1993, tiene "naturaleza propiamente atípica, do ut des, al tratarse de prestación de cosa futura que se corresponde con otra presente".

Entre las particularidades más notables de esta permuta, cabe apuntar:

a) La necesidad de individualizar suficientemente en el contrato los pisos o locales a permutar por el solar, con indicación de su situación, extensión y demás elementos fácticos que los definen. Cabe dejar esa determinación al arbitrio de tercero o a concreción ulterior por los mismos permutantes —en cuyo caso, y a falta de acuerdo, decidirá el juez—, pero nunca puede quedar, en cuanto a la cantidad de obra a percibir por el aportante, al arbitrio de una sola de las partes (art. 1.256 Cc.); sí es lícito conceder a aquél la elección entre locales individualizados.

b) Al constituirse el régimen de propiedad horizontal entre los adquirentes de pisos y locales, el permutante que transmite el solar puede, salvo pacto en contrario, participar en dicha constitución, y por tanto en la elaboración de los estatutos de la comunidad y fijación de cuotas de los comuneros.

c) La DGRN tiene dicho —y es práctica registral habitual— que, celebrado contrato de cesión de solar por pisos o locales del edificio a construir, pueden inscribirse en el Registro de la Propiedad éstos últimos a favor del originario dueño del solar, por considerar que ha habido tradición instrumental y adquisición con el otorgamiento de la escritura de permuta (RR. de 16 de mayo de 1996 y 5 de enero de 1999).

d) Si el cumplimiento del contrato no plantea problemas singulares, sí pueden aparecer en caso de incumplimiento, y alguno de difícil solución. En caso de cumplimiento defectuoso (en la cantidad, caracteres del piso o local, o tiempo) cabe exigir la reparación o reposición en especie y/o la indemnización pertinente. Cabe también la acción resolutoria del art. 1.504, si se pactó, y en su caso la general del 1.124 Cc. Pero es aquí donde pueden surgir en la práctica las principales dificultades, porque la verdadera resolución (reposición de las cosas al *statu quo ante)* sólo será posible si el constructor no ha construido y puede devolver el solar; mas si ya ha edificado, ¿cómo va a devolver el solar? La jurisprudencia italiana recurre a las normas de la accesión industrial en este caso (construcción en suelo ajeno). También Merino cree aplicable en nuestro Derecho a ese supuesto el art. 361 Cc.

Indicación Bibliográfica. En Derecho español, destacan las monografías de De La Rosa Diaz, *La permuta (Desde Roma al Derecho español actual),* Madrid, 1976; Merino Hernández, *El contrato de permuta,* Madrid, 1978; Martra Fontas, *Venta de solares en la modalidad de permuta,* Barcelona, 1979; Melon Infante, *El contrato de permuta en el Código civil,* RDP., 1969, págs. 707 y ss; Ruda González, *El contrato de cesión de suelo por obra*, Valencia, 2002.

Entre las más importantes obras foráneas se encuentran las de Bianca, *La vendita e la permuta,* Turín, 1972; Giannattasio, *La permuta. El contratto estimatorio. La somministrazione,* Milán, 1960; Rigga, *Contratti e rapporto nella permuta atipica,* Milán, 1974; Venot, *Les échanges des locaux d'habitation,* París, 1960.

II. LA DONACIÓN

§ 86. LA DONACIÓN

415. Cuestiones generales.

A. Concepto. Según el art. 618 Cc., la donación *es un acto de liberalidad por el cual una persona dispone gratuitamente de una cosa en favor de otra, que la acepta.*

La donación es, a la vez, un acto de liberalidad y un acto gratuito, conceptos que no se identifican. Obsérvese que en el art. 618 el legislador, siguiendo el modelo francés e italiano, califica a la donación de acto y no de *contrato.*

Históricamente se justifica esta calificación porque NAPOLEON, pensando que sólo podía llamarse *contrato* al sinalagmático, hizo cambiar en el proyecto de su Código la palabra *contrato* por *acto;* pero es de creer que el legislador español mantuvo dicho término, no como una negativa del carácter contractual de la donación, sino para subrayar la concomitancia de modo de adquirir en la clase de donación más específicamente contemplada en los arts. 618 y ss.: la de cosa cierta, cuyo dominio transfiere el donante al donatario mediante contrato y sin ayuda de la tradición.

Con mayor precisión que el Cc. podemos definir la donación como un contrato en virtud del cual una de las partes, procediendo con espíritu de liberalidad, sin esperar correspectivo y empobreciendo su patrimonio, proporciona a la otra parte un correlativo enriquecimiento o ventaja patrimonial, sea transfiriéndole un derecho propio o asumiendo frente a ella una obligación.

B. Naturaleza. En la pandectística, una corriente en la que descuella SAVIGNY contempla la donación, de acuerdo con el Derecho clásico, como causa genérica (causa gratuita) de relaciones diversas; pero los autores modernos acentúan el aspecto de contrato que aquélla tiene. La discusión influye sobre la colocación de la materia en los diversos tratados y asimismo en los Códigos: hasta en el nuestro, la donación se incluye entre los «modos de adquirir», alejada del Derecho de obligaciones.

Que, en el régimen de nuestro Cc., la donación es actualmente un contrato, lo demuestran, ya que los arts. 618 y 629 exijan, para su perfección, la aceptación del donatario; ya que el art. 621 reenvíe, para suplir lagunas, a las disposiciones generales de los contratos y obligaciones. En la jurisprudencia diversas sentencias lo admiten así.

La naturaleza contractual de la donación se acepta por las Partidas (3,18,67) y la suele afirmar nuestra doctrina, desde García Goyena. El hecho de ubicarse la donación en un lugar distinto del destinado a los contratos en particular no puede suprimir la realidad de que en ella hay un acuerdo de consentimientos sobre una prestación, o bien, vistas las cosas desde el otro extremo, la realidad de que un acuerdo de consentimientos sobre una prestación, siquiera sin correspectivo, no puede dejar de ser un contrato (cfr. S. 31 julio 1999).

C. Donación «inter vivos» y «mortis causa». La donación es, en principio, como los demás contratos, un acto *inter vivos,* y no un negocio *mortis causa.* Es lo que viene a explicar el art. 621 al establecer que *las donaciones que hayan de producir sus efectos entre vivos se regirán por las disposiciones generales de los contratos y obligaciones en todo lo que no se halle determinado en este título.* Por consiguiente, el régimen de las donaciones *mortis causa* y su delimitación se expondrá en el Derecho de sucesiones.

416. Donación, tradición y contrato.

La tradición histórica nos ha legado un concepto de la donación que se aparta de un simple contrato, y así lo pone de manifiesto el art. 609, cuando enumera sepadamente, entre los modos de adquirir la propiedad, de una parte la *donación,* y de otra parte *ciertos contratos, mediante la tradición.* Con la consecuencia de que la donación se sitúa en un lugar autónomo entre los modos de adquirir.

A. La controversia sobre la donación obligacional. Algunos autores y cierta jurisprudencia han llegado a deducir de aquí que no cabe la donación obligatoria; es decir, aquélla por la que el donante no transfiere nada en el momento de pactar, y simplemente se obliga a dar en el futuro.

Que un tal contrato es lícito y vinculante parece obligado admitirlo al amparo de la libertad de contratación proclamada por el art. 1.255, interpretado a la luz del 1.254, el 1.258, el 1.262, y tantos otros: singularmente, el 1.274, que no puede dejar de referirse a la donación cuando habla de contratos «de pura beneficencia».

Vale siempre la donación meramente creadora de deudas, es decir, vinculando a la transferencia de la cosa donada, pero sin efectuar ella misma la transmisión. En apoyo de este punto de vista véase, en la jurisprudencia, la S. 7 diciembre 1948, según la cual «son compatibles los términos obligación y donación, pues ésta puede revestir formas diversas, y entre ellas la creación de un crédito a favor del donatario». Asimismo la S. 13 noviembre 1962 considera eficaz una promesa de donación aceptada cuyo objeto era una cierta cantidad de dinero.

Hay una cierta confusión en la jurisprudencia que llega hasta la actualidad. La S. 6 junio 1908 dice literalmente que constituyendo la donación «un acto de liberalidad no basta la simple promesa de disponer de una cosa en favor de otra persona, aunque fuese aquélla aceptada porque siendo la mera voluntad ambulatoria la que determina la naturaleza de estos actos, es indispensable para su efectividad la acción o realización del acto por el donante y la aceptación probada de parte del donatario». Y la S. 22 junio 1982 afirma de modo explícito la falta de efectos de la donación promisoria, posición que han confirmado las SS. 23 diciembre 1995 y 16 febrero 1996; y más recientemente, las Ss. 25 noviembre 2004 y 24 enero 2008: ésta califica la promesa de donación como "una donación incompleta, carente de los efectos jurídicos de aquella en la que concurren todos los requisitos legales".

B. Eficacia traditoria de la donación. Se pregunta la doctrina si, dada su situación en el Código, el instituto de la donación, sin necesidad de tradición, tiene eficacia traslativa del dominio, como si yo dono a Juan un campo en escritura pública o un ordenador en documento privado, sin entregarle la posesión de tales bienes: ¿por el mero otorgamiento del documento se ha hecho Juan dueño de uno u otro objetos?

La virtualidad transmisiva de la donación misma sin necesidad de entrega, no es cuestión pacífica. Por de pronto, hemos de notar que no estamos tratando de la función traditoria que pudiese tener *la forma* de la donación, como la tiene la escritura pública de venta (art. 1.462-2º Cc.), sino del efecto transmisivo de la propiedad —no necesariamente de la posesión— del propio contrato de donación.

Los antecedentes hispanos (Partidas, Fuero Real, Ordenamiento de Alcalá) no son positivos. Mas luego, al imponerse en el Cc. francés la regla de la transmisión de la propiedad por el simple contrato, se propagó a la donación y de ahí la tomó nuestro Proyecto de 1851, en el cual la donación era un contrato traslativo más y como todos ellos, transfiriendo el dominio por sí, sin necesidad de tradición.

El Cc., a diferencia del proyecto isabelino, incluye la donación entre los modos de adquirir, en el libro tercero, con separación de las obligaciones; la antepone a la sucesión, colocándola a seguida de la ocupación; y en el art. 609-2º especifica que los derechos sobre bienes se adquieren y transmiten «por donación... y por consecuencia de ciertos contratos mediante la tradición». La exigencia de tradición se refiere a los otros contratos, y no a la donación. Esta es, a la vez, título y modo de adquirir, y no porque la tradición acompañe a la prestación de los consentimientos, como en el supuesto de la donación llamada *manual,* sino *per se:* como una consecuencia de la *causa donandi: una connotación del tipo contractual.*La intención del legislador me parece clara en el sentido de conferir a la donación, por sí misma, valor traslativo, conclusión que refuerza el tenor del art. 618: ésa parece ser la tesis de la S. 17 julio 1995.

La virtualidad transmisiva de la donación es efecto natural de ella y no de la utilización de la escritura pública que, en materia de bienes inmuebles, es preceptiva (art. 633).

C. Conclusión. La donación puede presentarse, ya transmitiendo al perfeccionarse ella misma la titularidad de las cosas donadas, ya creando un derecho de crédito en el donatario y la correspondiente deuda en el donante, y por tanto sirviendo de título a la ulterior transferencia. En ambos casos es contrato, título que justifica la adquisición del donatario y estatuto que gobierna la suerte ulterior de lo adquirido, pero en el primero es, además, *modo de adquirir*, concepto que no debe oponerse al de *contrato*, pues no es contradictorio con él, y se refiere a un orden distinto de ideas: el de las transferencia de cosas y derechos, frente al de la creación de vínculos justificativos y regulativos de una prestación no exigible, todavía o sólo desde la fecha del contrato.

417. Acto gratuito y donación.

A consecuencia de la donación el patrimonio del donante disminuye, tal acto puede tener efectos perniciosos, sea para quien desconsideradamente se priva de sus propios recursos; sea para los familiares con derecho de legítima; sea para los acreedores que veían la garantía del cobro de sus créditos en los bienes donados. Por eso el régimen de la donación es, en ciertos aspectos, más severo que el de los otros contratos, ya imponiendo formalidades que contribuyen a dar algún tiempo al donante para reflexionar, ya estableciendo causas de revocación, rescisión y resolución de la liberalidad, específicas de ella y destinadas a salvaguardar entre otros los intereses de legitimarios y acreedores.

De ahí la trascendencia de distinguir entre *la donación,* sometida a ese régimen restrictivo, y los restantes *negocios a título gratuito,* a los cuales, eventualmente, se les aplicarán las normas de la donación en cada caso singular y, por analogía, una vez demostrada la *eadem ratio.*

De estos negocios, los contratos gratuitos de servicios (incluso mandato, depósito o transporte) se diferencian de la donación por el hecho de que la actividad del prestador de los servicios desempeñada sin correspectivo no determina ni un enriquecimiento del patrimonio del favorecido, ni un empobrecimiento del prestador (LARENZ).

El mutuo sin interés o el comodato se caracterizan por la circunstancia de que el prestatario, si bien consume o usa la cosa del mutuante o comodante puesto que queda obligado a restituirla, en equivalente o *in natura,* no se lucra a costa de la sustancia del patrimonio de aquéllos. Donación, no es cualquier acto gratuito de transferencia, sino precisamente el de transferencia de sustancia patrimonial (cfr. S. 17 julio 1995).

Por la misma razón se excluye asimismo del concepto de *donación* los casos de concesión gratuita de garantía real (hipoteca) o personal (fianza) en favor del sujeto que sea deudor de un tercero.Tales negocios no implican un empobrecimiento actual y cierto de quien presta la garantía, y nunca un enriquecimiento del garantizado, sino del tercero acreedor.

Sin embargo, al menos por lo que se refiere a los servicios gratuitos, en muchos casos, si el beneficiario los hubiera adquirido en el mercado, ello le hubiera supuesto un desembolso, y el prestador hubiera podido obtener, a su vez, una retribución por la actividad que han dedicado al servicio del beneficiario.

En realidad, la distinción entre donación y estos otros contratos desde el punto de vista del binomio enriquecimiento-empobrecimiento, no puede plantearse en un plano económico, sino en un plano distinto, a la vez más realista y más jurídico. La donación es un contrato de atribución de cosas o derechos representando un valor cognoscible que se desplaza del patrimonio del donante al del donatario. En las otras operaciones la medida del enriquecimiento, o del empobrecimiento, o ambas, son más dudosas. Esta incertidumbre, característica de los restantes contratos gratuitos, frente a la certeza del valor de las cosas donadas, contribuye a explicar por qué aquéllos son objeto de una disciplina peculiar y diferente. Pero tal explicación ha de completarse, para llegar al fondo del problema, con otro orden de consideraciones, a saber, la facilidad que brinda la donación, y no los otros contratos gratuitos, para despojarse el donante de sus propios bienes, arruinándose él y los suyos y dejando impagados a sus acreedores. En atención a este riesgo creado por la donación típica, y que en otros contratos gratuitos se produce en menor medida, se dictan diversas normas que en principio se refieren sólo a aquélla, y que podrán afectar a los otros contratos en tanto en cuanto la *ratio* del precepto concreto sea idéntica en el caso contemplado.

La intención liberal que caracteriza al acto a título gratuito no basta, pues, para definir la donación, siendo preciso añadir que ésta se refiere exclusivamente a cosas y derechos. Así: a) No hay donación de servicios. El depositario, el mandatario, el prestamista, el profesional o el operario, pueden prestar un servicio gratuito, pero no donar su actividad, el valor de su trabajo, incluso cuando tal valor pudiera ser fácilmente calculado por el precio de las jornadas laborales o las tarifas profesionales. El gasto de actividad no entraña donación; y b) No hay donación de crédito. Quien se vincula (él o un bien suyo) por deuda ajena, realiza un acto desinteresado, mas no una donación: incluso si el garante viene luego obligado a pagar, tampoco dona entonces, pues le compete un recurso contra el deudor.

La donación supone, dentro del género de los actos a título gratuito, la prestación de una cosa, de la que se despoja o que promete el donante, con el consiguiente empobrecimiento de su patrimonio, en beneficio del donatario, que se enriquece correlativamente.

418. Causa e intención liberal.

A. La donación supone, subjetivamente, una especial actitud anímica del donante: el *animus donandi* o intención específica de gratificar. Sin ella no hay donación. Ella permite distinguir las liberalidades de todos los otros actos a título gratuito. «Sólo son actos gratuitos, y no liberalidades —dice CASULLI—, los regalos hechos en onomásticos o bodas, una invitación a comer, la hospitalidad en la propia casa, las propinas al personal de servicio, porque en todos estos casos la ventaja económica atribuida no viene determinada por el espíritu de liberalidad sino por la exigencia de adaptarse a los usos y reglas de buena convivencia social».

La intención liberal es compatible con cualesquiera motivos que hayan inspirado el acto gratuito, motivos personales y contingentes que no siempre son altruistas; por ejemplo, cabe que el donante haga una liberalidad por ostentación, o por odio a su propia familia cuya expectativa de heredarle quiere disminuir, o bien pretendiendo perjudicar al donatario, haciéndole un regalo dañoso para su salud o sus intereses (regala estupefacientes o un objeto cuya conservación es muy onerosa). No por eso dejará de haber intención liberal, porque el disponente quiere gratificar al donatario. Pero si el motivo es ilícito puede ser anulada la donación (véase S. 11 diciembre 1986). No lo fue, para la S. 18 noviembre 1996, el que la donación se hiciera a la persona con quien el donante convivía *more uxorio.*

El negocio no deja de ser a título gratuito cuando el que presta o da sin correspectivo lo hace movido por interés personal, para obtener por parte del gratificado una ventaja que no recibiría sin su prestación. Lo decisivo es que tal ventaja no se haya pactado, con lo cual el ánimo de conseguirla queda entre los motivos, sin fuerza para desvirtuar la gratuidad del acto (S. 16 febrero 1899).

Por falta de intención liberal, y, en definitiva, de *animus donandi,* la S. 7 julio 1978 anula la supuesta donación en la cual la donante, de setenta años, se reservaba durante cuarenta el disfrute, administración y disposición de los bienes donados (en realidad, en el caso, la donación más parece una suerte de sucesión contractual). Lo que censura aquí el T.S. es la falta de voluntad de dar, y el mismo sentido tiene la S. 6 julio 1959 cuando considera requisito esencial del contrato de donación el *animus donandi.*

B. Elemento objetivo de la donación es la gratuidad: la ausencia de correspectivo, y por tanto el enriquecimiento del donatario. A él se dirige la voluntad del donante: a prestar sin recibir nada a cambio, sea del donatario, sea de un tercero, como podría suceder en la atribución realizada sin contraprestación del *accipiens* pero por orden de alguien, *conditionis implendae causa.*

C. El art. 1.274 Cc. dice que en los contratos «de pura beneficencia» es causa «la mera liberalidad del bienhechor» (S. 25 febrero 1999), definición más pensada para la donación típica que para los otros contratos gratuitos pero que se adapta a todos ellos.

TORRENTE y MESSINEO, entre tantos otros, explican que la causa de la donación es el enriquecimiento del donatario sin correspectivo: causa uniforme para todos los negocios del mismo tipo y que, por tanto, nunca podría ser ilícita: nunca lo es en sí misma «la mera liberalidad» (art. 1.274), sin otra cualificación.

La causa es un elemento típico incorporado al contrato y que se identifica con sus requisitos constitutivos: gratuidad y voluntad de las partes. A su vez se distingue de los motivos internos que pueden ser muy variados y que asumen relevancia jurídica y determinan la invalidez del acto por error o ilicitud sólo cuando resultan del acto mismo y han sido causa impulsiva de la liberalidad.

D. Finalmente: en la donación, el elemento intencional supone, no meramente el ánimo liberal del donante, sino que ambas partes estén de acuerdo en que la atribución se realice gratuitamente. Lo exige inequívocamente la S. de 7 diciembre 1948, que al referirse a la causa de la donación dice que dicha causa está constituida por la mera liberalidad, pero se añade que al elemento objetivo de la gratuidad ha de unirse el elemento subjetivo constituido por el acuerdo sobre la causa. En el mismo sentido, S. 17 julio 1995.

419. Normas sobre capacidad.

A. Capacidad para donar. Según el art. 624 Cc. *podrán hacer donación todos los que puedan contratar y disponer de sus bienes.* Al exigirse cumulativamente aptitud para contratar y para disponer parece que el primer término apunta a la capacidad negocial (cfr. S. 21 diciembre 1982), y el segundo, prescindiendo de cuestiones de capacidad, al poder de disposición, en sentido amplio. Obsérvese que el menor no emancipado no puede hacer donaciones, y que su representante legal tampoco puede hacer otros regalos que los de uso. La invalidez de las donaciones hechas indebidamente por este representante legal no se funda, entonces, en la incapacidad del sujeto en cuyo nombre dona, sino en una regla genérica de indisponibilidad por título gratuito de los bienes del menor.

Es harto improbable que quepa otorgar a un representante un poder general para donar, teniendo en cuenta el carácter *intuitu personae* de la donación (la «mera liberalidad del bienhechor» del art. 1.274) y la necesidad de que sea en cada caso el titular del patrimonio quien estime los merecimientos o necesidades del donatario o el afecto que le profesa, y la propia capacidad de sacrificio en relación con su situación familiar y patrimonial. Se trata de unas apreciaciones que, por su naturaleza, no cabe delegar: es el propio donante, y no otra persona, quien se halla en situación de realizarlas.

Opuestamente, cabe confiar a un representante la realización de donaciones singulares cuyas circunstancias se hallen bien determinadas, y tal parece ser el criterio de la R. 5 agosto 1907.

Es nula la donación de bienes gananciales hecha por uno de los cónyuges sin asentimiento o concurrencia del otro (arts. 1.378 y 1.322 Cc.).

Algún autor niega que tengan capacidad para donar las personas jurídicas; otros piensan que sólo tienen esa capacidad las personas cuyo fin institucional es la beneficencia. Mas lo cierto es que no hay ninguna regla de incapacidad de la persona jurídica para hacer donaciones, dependiendo ello de que lo permitan sus estatutos. Así la R. 2 febrero 1966 que admite, en las sociedades mercantiles, la validez de actos aislados de gratuidad, como los regalos propagandísticos (que benefician indirectamente a la Sociedad), y otros.

B. Capacidad para ser donatario y aceptar. Según el art. 625, *podrán aceptar donaciones todos los que no estén especialmnente incapacitados por la ley para ello* (cfr. R. 3 marzo 1989). Y el art. 626 añade que *las personas que no puedan contratar no podrán aceptar donaciones condicionales u onerosas sin la intervención de sus legítimos representantes.*

Por ende, pueden aceptar donaciones los menores de edad, según resulta del art. 625 y se deduce igualmente, *a contrario*, del art. 626: los menores son personas que «no pueden contratar» pero que «no están especialmente incapacitados» para aceptar donaciones. Habrán de tener, por supuesto, capacidad natural: entendimiento suficiente de lo que significa su aceptación (cfr. R. 3 marzo 1989).

Ahora bien: la posibilidad de aceptar donaciones del menor no excluye la de su representante legal, quien podrá consentir la liberalidad por su parte con plena eficacia en nombre de su hijo o pupilo (S. 5 noviembre 1956: aceptación por el padre en nombre de sus hijos menores).

Según el art. 627, *las donaciones hechas a los concebidos y no nacidos podrán ser aceptadas por las personas que legítimamente los representarían, si se hubiera verificado ya su nacimiento.* El conocimiento de la aceptación compromete al donante, pero la donación no es efectiva hasta el nacimiento: entre tanto, queda en situación de pendencia al modo de los bienes reservados.

Art. 628. *Las donaciones hechas a personas inhábiles son nulas, aunque lo hayan sido simuladamente, bajo apariencia de otro contrato, por persona interpuesta.* Debe entenderse: «bajo apariencia de otro contrato o por persona interpuesta».

420. Bienes que pueden ser objeto de donación.

Sin duda, pueden serlo cualesquiera bienes que puedan ser enajenados: derechos reales o de credito, incorporales, derechos sobre una herencia ya abierta, etc.

A. Reglas generales. Según el art. 634, *la donación podrá comprender todos los bienes presentes del donante, o parte de ellos, con tal que éste se reserve, en plena propiedad o en usufructo, lo necesario para vivir en un estado, correspondiente a sus circunstancias.* No haciéndolo así el donante, la donación sigue siendo válida (S. 26 abril 1995), pero aquél puede recuperar (o negarse a entregar) lo necesario para vivir. Y si habiendo hecho la precisa reserva viene a peor fortuna, ya no puede pedir la restitución de lo entregado, pero sí alimentos (arts. 648-2º).

La reserva (cfr. S. 3 noviembre 1992) puede consistir en cualquier derecho o fuente de ingresos que garantice al donante el mínimo requerido por el art. 634, durante el resto de sus días.

B. Bienes futuros. A tenor del art. 635, *la donación no podrá comprender los bienes futuros. Por bienes futuros se entienden aquéllos de que el donante no puede disponer al tiempo de la donación.* En mi opinión, esto no impide la donación obligacional de bienes que no tiene el donante, pero puede adquirir: la prohibición pretende cerrar el paso a los pactos sucesorios y, adicionalmente, a la enajenación de un activo patrimonial que todavía no se ha adquirido: como dice García Goyena, «los bienes que el donador tendrá en tal época o dejará al morir».

Con el mismo criterio se habrán de juzgar la validez y efectos de la donación de cosa ajena.

C. Límites. Con arreglo al art. 636, *no obstante lo dispuesto en el artículo 634, ninguno podrá dar ni recibir, por vía de donación, más de lo que pueda dar o recibir por testamento. La donación será inoficiosa en todo lo que exceda de esta medida.* Trata este precepto de salvaguardar los intereses de los legitimarios, y se estudia, junto con los arts. 654 a 656, en el Derecho de sucesiones. Véase, mientras tanto, las Ss. 29 julio 2005 y 20 junio 2007.

421. Forma de la donación.

La donación, al ser un despojo del propio patrimonio, una pérdida sin compensación, exige, cuando tiene alguna importancia económica, mayor reflexión que los actos onerosos, y la constitución de una prueba más perfecta.

Desde siempre la donación ha sido sometida a formas rigurosas con la finalidad de hacer consciente al donante de la trascendencia del acto que realiza y salvaguardar los derechos de acreedores y legitimarios. En el Derecho romano, mientras no tuvo *nomen iuris* peculiar y fue considerada como una atribución gratuita, en cuanto modo de adquirir no bastaba para ella la *stipulatio,* siendo necesaria la *mancipatio* o la *traditio* de la cosa donada. Y cuando adquiere figura de contrato, a partir de cierto valor de la cosa requería la *insinuatio* y el documento público, formalidades que se reciben en nuestro ordenamiento.

El sistema del Código requiere, para la validez de la donación, que ésta sea aceptada y se realice en forma legal, distinta según las circunstancias.

A. Aceptación. Según el art. 630, *el donatario debe, so pena de nulidad, aceptar la donación por sí, o por medio de persona autorizada con poder especial para el caso, o con poder general y bastante.* Aunque el precepto habla de *nulidad*, propiamente hay aquí un contrato que no llega a perfeccionarse por falta de un requisito esencial: el consentimiento del donatario y, en general, de la otra parte contratante.

Además, salvo el caso de que la cosa donada se entregue en el mismo acto, la aceptación *debe constar por escrito* (art. 632), según vamos a ver seguidamente.

B. Forma. La ley distingue entre la donación de bienes muebles y de inmuebles.

a) A tenor del art. 632, *la donación de cosa mueble podrá hacerse verbalmente o por escrito. La verbal requiere la entrega simultánea de la cosa donada. Faltando este requisito, no surtirá efecto si no se hace por escrito y consta en la misma forma la aceptación* (cfr. S. 23 diciembre 1995). Es donación de cosa mueble, y no inmueble, la de los materiales y trabajo para hacer un chalet en terreno del donatario (S. 31 mayo 1975), y lo mismo la del dinero preciso para el pago del precio de una finca (S. 29 marzo 1954).

a') La donación llamada *verbal* no precisa palabras, y se perfecciona precisamente por la entrega y la intención concorde de las partes sobre la liberalidad. Para ser válida, debe versar sobre una cosa cuyo dominio se transfiera por tradición real: los muebles corporales, y aun así se exceptúan los que son objeto de registro administrativo (navíos, aeronaves, automóviles), cuya propiedad no se puede transferir por la sola tradición. En la donación verbal la entrega es una forma sin la cual no hay donación (Ss. 5 octubre 1987 y 23 diciembre 1995).

b') No siendo manual la donación, acentúa el Cc. la trascendencia de la escritura, que entonces se requiere para la validez del acto, y ello también con referencia a la aceptación, que podrá constar en el mismo documento que la manifestación del donante o en otro, pero siempre por escrito.

La jurisprudencia interpreta con rigor este requisito. Tras la S. 6 junio 1908, la de 27 junio 1914 acentúa la necesidad de que se acepte la donación «por escrito del propio favorecido en el cual en forma explícita consigne su propósito, no bastando que éste se deduzca de actos del donatario»: «sin que —añade la S. 21 noviembre 1935— la aceptación por escrito pueda ser sustituida por actos del donatario que impliquen su aceptación». La S. 6 abril 1979 considera como aceptación escrita de la donación de un millón de pesetas hecha en documento privado en 1959, la «solicitud del donatario dirigida al juez para que, en su presencia, reconozca el donante su firma al pie del escrito de donación; tendente naturalmente a una exigencia de cumplimiento, pero sobre todo mostrándose como tal donatario al poner así de manifiesto y por escrito su voluntad indudable de aceptar la donación».

c') La citada S. 23 diciembre 1995 dice que es aplicable a esta clase de donación el art. 633-1º en cuanto exige la descripción de los bienes donados «como elemento determinador de aquello que se dona, pues en otro caso no valdría la donación por indeterminación del objeto, y esto aunque no existiera el citado párrafo del art. 633».

b) Según el art. 633, *para que sea válida la donación de cosa inmueble ha de hacerse en escritura pública, expresándose en ella individualmente los bienes donados y el valor de las cargas que deba satisfacer el donatario.* Esta última expresión alude acaso a la necesidad de valorar cualquier gravamen que se imponga personalmente al donatario. *La aceptación podrá hacerse en la misma escritura de donación o en otra separada; pero no surtirá efecto si no se hiciese en vida del donante. Hecha en escritura separada, deberá notificarse la aceptación en forma auténtica al donante, y se anotará esta diligencia en ambas escrituras.*

A su vez, según el art. 631, *las personas que acepten una donación en representación de otras que no puedan hacerlo por sí, estarán obligadas a procurar la notificación y anotación de que habla el artículo 633.*

No rige el art. 1.279 en relación a la forma de las donaciones, que se entiende requerida *ad solemnitatem.* En particular, el T.S. interpreta el art. 633 con el máximo rigor: a falta de escritura pública la donación es inexistente (SS. 10 noviembre 1994, 3 marzo y 23 octubre 1995, entre muchas). Por ende, una forma distinta de la escritura pública no puede servir de título para la usucapión ordinaria, y en algunas sentencias el T.S., con manifiesta exageración, llega a entender que ni aun es posible la usucapión treintenal, por cuanto el donatario no posee a título de dueño: manifestación, esta última, que no parece exacta (cfr. Ss. 13 mayo 1963 y 25 junio 1966).

También en otro aspecto es restrictiva la jurisprudencia, a saber, en relación a las compraventas de inmuebles que disimulan una donación, documentadas en escritura pública. Por ejemplo: «poner los bienes a nombre» de los hijos o sobrinos, simulando una compraventa: ni se paga precio realmente, ni acaso el titular de los bienes tiene intención de transmitirlos hasta que fallezca. A primera vista parece que se debería aplicar al caso el art. 1.276 (en su interpretación jurisprudencial): el contrato de transmisión de bienes a los hijos o sobrinos está fundado en una causa verdadera y lícita, cual es la intención del tío de regalarles tales bienes, entonces o a su fallecimiento, o bien de regalárselos entonces pero reservándose el usufructo. Por otra parte, se cumple el requisito de la escritura pública, exigido por el art. 633 para la donación de inmuebles. Sin embargo, en una serie de sentencias (aunque hay otras contradictorias) ha sostenido el Tribunal Supremo, sobre todo a partir del último cuarto de siglo, que para que se cumpla en la donación de inmuebles el requisito de la escritura pública del art. 633 es necesario que la escritura sea precisamente de donación: que lo que el citado precepto quiere es, no una escritura pública cualquiera, sino precisamente una de donación sin disfraz alguno (Ss. 6 octubre 1977, 3 marzo 1980, 5 noviembre 1981). Véase SS. 23 septiembre 1989 y 22 enero 1991, que resumen la doctrina jurisprudencial y sus soluciones.

La anterior doctrina jurisprudencial presenta una excepción, a saber, la de las donaciones remuneratorias, que se consideran válidas aun teniendo como objeto bienes inmuebles y disimuladas bajo un contrato de compraventa.

En otro tiempo la jurisprudencia —dijo la S. 31 mayo 1982, con cita de otras anteriores—, «atenuando el rigor con que la propia doctrina legal se produce en los negocios de exclusiva causa liberal, estima que, en los casos de donación remuneratoria, encubierta bajo la forma de contrato de compraventa documentado en escritura pública ni la invalidez del negocio simulado ni la ausencia de literal expresión de voluntad de donar y aceptar la donación, deben ser obstáculo para la eficacia del contrato disimulado —donación— si en éste realmente concurre, además de los requisitos generales de todo contrato los que corresponden a su naturaleza especial..." —idéntica posición en las SS. 21 enero 1993 (que la reproduce) y 28 mayo 1996—.

Más recientemente, la S. del Pleno Sala 1ª T.S. de 11 enero 2007 —para unificar el criterio interpretativo—, tras exponer varias direcciones jurisprudenciales, concluye en sentido contrario al antes expuesto. Dice esa sentencia: "Esta Sala considera que la nulidad de la escritura pública de compraventa impide que se considere válida la donación de inmuebles que se dice encubría. Aunque se probase que hubo *animus donandi* del donante y aceptación por el donatario del desplazamiento patrimonial, lo evidente es que esos dos consentimientos no constan en la escritura pública sino en los autos del pleito seguido sobre la simulación. El art. 633 Cc., cuando hace forma sustancial de la donación de inmuebles la escritura pública no se refiere a cualquier escritura, sino a una específica en la que deben expresarse aquellos consentimientos, y ello es totalmente diferente de que se extraigan de los restos de una nulidad de la escritura de compraventa como resultado de una valoración de la prueba efectuada por el órgano judicial. En consecuencia, una escritura pública de compraventa totalmente simulada no cumple los requisitos del art. 633, pues el negocio disimulado de donación que se descubra no reúne para su validez y eficacia aquéllos. Esta tesis no puede ser sustituida por la de la validez cuando la donación se califica como remuneratoria. El art. 633 no hace ninguna excepción de lo que preceptúa para ninguna donación, además de que la remuneratoria no tiene ningún régimen especial, es el móvil remuneratorio el que guía el *animus donandi* del donante nada más; móvil indiferente jurídicamente para el Derecho, que no causa, del negocio jurídico".

No sería, en cambio, inválida la constitución de una renta vitalicia en favor del titular de los bienes que los cede a sus familiares a cambio de esta prestación, aunque la renta fijada no guarde proporción con el capital entregado: se trataría entonces de un *negotium mixtum cum donatione.*

422. Perfección de la donación.

Según el art. 623, *la donación se perfecciona desde que el donante conoce la aceptación del donatario.* Y según el 629, *la donación no obliga al donante, ni produce efecto, sino desde la aceptación.*

Como se ve, hay cierta contradicción entre ambos preceptos, exigiendo el primero, para la perfección de la liberalidad, que la aceptación prestada por el donatario haya llegado a conocimiento del donante, mientras el segundo se contenta con que tal aceptación se produzca, momento en el cual declara obligatoria y eficaz a la donación, sin aguardar a que el donante se entere de la manifestación del favorecido.

Son diversos los intentos de resolver esta aparente contradicción. En opinión de GULLON «el art. 629 contempla el supuesto en que la donación se hace mediante entrega simultánea de la cosa (donación manual) y aquélla de bienes inmuebles en que en la escritura comparecen donante y donatario manifestando sus voluntades. Pero cuando se trata de una donación de cosa mueble que se hace por escrito, o cuando se trata de cosa inmueble cuya aceptación no se hace en la misma escritura de donación, sino que el donatario la acepta con posterioridad, tanto en un caso como en otro, hasta que el donante no conoce la aceptación del donatario, la donación no es perfecta y puede ser revocada de acuerdo con el 623». Para ALBALADEJO debe preponderar el art. 629 porque recoge una excepción a la regla general de perfeccionamiento de los contratos por conocimiento de la aceptación; excepción que se demuestra porque también el art. 633-2º presupone la misma regla: en último término esta solución, que es la del Ccom., es la más favorable al donatario. LALAGUNA, por su parte, propone una conciliación entre ambos preceptos que parece la solución más ajustada. Hace notar este autor que en la primera edición del Cc. el art. 623 decía que la donación *queda irrevocable* desde que el donatario la acepta y se pone la aceptación en conocimiento del donante», igual que en los proyectos 1886-88 y 1851. En este último, donde falta un artículo equivalente al 629, es claro que la donación existe y es *irrevocable* desde el momento en que el donante tiene noticia de la aceptación del donatario (cfr. su art. 945). Ahora bien: al introducir el legislador el art. 629, separa los momentos de *existencia* de la donación y de *irrevocabilidad:* «se abre en el Código la posibilidad de que se produzcan sucesivamente la *perfección genética* del acto de donación y esa otra *perfección definitiva* que —al igual que en la romana *donatio perfecta*— hace a la donación irrevocable. Desde el momento en que la donación es aceptada existe jurídicamente (art. 639) y produce efecto (art. 629); desde el momento en que la aceptación es conocida por el donante, la transmisión es irrevocable (art. 623)». Esa tesis asumen la S. 17 abril 1998 y la R. 1 julio 2003 (perfección de la donación por la aceptación, con posibilidad de revocación hasta tanto el donante conozca la aceptación del donatario).

Una vez existente y eficaz la donación, aun revocable, produce sus efectos normales, y por tanto, en su caso, la transferencia de la propiedad de la cosa donada: el donatario podrá oponer su titularidad a cualesquiera posteriores adquirentes por tradición, aunque su título tenga fecha anterior (salvo la protección a los negocios onerosos frente a los lucrativos), y la fecha de la aceptación es la que cuenta a efectos de la reducción de donaciones (arts. 654, 656), colación (art. 1.045), estimación de qué deudas son anteriores a la donación (arts. 642, 643) o del valor de los bienes enajenados por el donatario (arts. 645, 649, 650), adquisición de frutos, etc.

En particular, con la interpretación de LALAGUNA, la muerte del donante ignorando la aceptación de la liberalidad no invalida a ésta, sino que, al contrario, desaparece la posibilidad de revocarla, mientras que según la interpretación dominante del art. 623 es ineficaz la donación aceptada antes de la muerte del donante que ignoraba el hecho de la aceptación.

423. Eficacia y límites de la donación.

A. La limitada obligación de garantía. La donación traslativa atribuye la titularidad del objeto de la misma, pero no proporciona frente al atribuyente una posición tan ventajosa como la del adquirente a título oneroso: como aquél se ha despojado de sus bienes sin recibir nada a cambio, el legislador considera que, dando lo que tiene, ya no cabe pedirle más, y así sus deberes frente al donatario son más reducidos; es el donatario quien debe defenderse frente a la evicción sin ninguna responsabilidad del donante, salvo en el caso de dolo.

Tal es el sentido del art. 638: *el donatario se subroga en todos los derechos y acciones que en caso de evicción corresponderían al donante. Este, en cambio, no queda obligado al saneamiento de las cosas donadas, salvo si la donación fuere onerosa, en cuyo caso responderá el donante de la evicción hasta la concurrencia del gravamen.* Si entregó la cosa con conocimiento de ser ajena (o debiendo tenerlo) a un donatario de buena fe, habrá de indemnizar a éste los daños, y asimismo, en su caso, de los vicios ocultos, por los cuales fuera de este evento no hay lugar a saneamiento. Según la S. 24 septiembre 1991, el art. 638 no impide que la obligación de saneamiento pueda acompañar a donación distinta de la onerosa.

B. Las deudas del donante. Según el art. 642, *si la donación se hubiese hecho imponiendo al donatario la obligación de pagar las deudas del donante, como la cláusula no contenga otra declaración, sólo se entenderá aquél obligado a pagar las que apareciesen contraídas antes.* Obligándose a pagar las que asuma después, la doctrina francesa exige que tales deudas futuras se enumeren en el contrato, pues de lo contrario el donante podría destruir la liberalidad.

La donación de que aquí se trata es, al menos, una donación modal, y en general la promesa de pago del donante se habrá de considerar, en cuanto a las deudas anteriores, como una asunción cumulativa de las mismas.

Con arreglo al art. 643-1º, *no mediando estipulación respecto al pago de deudas, sólo responderá de ellas el donatario cuando la donación se haya hecho en fraude de los acreedores.* Responderá sólo con los bienes que haya recibido y que conserve, o con los que los hayan sustituido si se puede demostrar la sustitución: salvo si fue cómplice en el fraude, pues entonces responde por todo lo adquirido del donante, lo conserve o no. En este segundo caso, y por cuanto el Cc. no distingue, cabe pensar que la responsabilidad es principal, es decir, que el donatario cómplice no puede objetar la falta de reclamación al deudor principal. Obsérvese que se trata de una medida más dura que la rescisión, cual es la posibilidad del acreedor de dirigirse contra el donatario para hacer efectivo su crédito sobre todo los bienes de éste. Ello hace innecesaria, en principio, la rescisión por fraude.

Según el art. 643-2º, se presumirá siempre hecha la donación en fraude de los acreedores, cuando al hacerla no se haya reservado el donante bienes bastantes para pagar las deudas anteriores a ella (cfr. S. 9 noviembre 1966).

C. Donación conjunta. Con arreglo al art. 637, *cuando la donación hubiere sido hecha a varias personas conjuntamente, se entenderá por partes iguales; y no se dará entre ellas al derecho de acrecer, si el donante no hubiese dispuesto otra cosa. Se exceptúan de esta disposición las donaciones hechas conjuntamente a marido y mujer, entre los cuales tendrá lugar aquel derecho, si el donante no hubiese dispuesto lo contrario.* El legislador entiende referida tal «disposición», que habrá de hacerse en el propio contrato u oferta de donación, al caso de no aceptar algún donatario, y no a la orden de que la porción de uno de los donatarios que fallece revierta a otro, tema del que se ocupa el art. 641.

424. Revocación de donaciones.

La donación no sólo es un contrato gratuito, sino que acarrea el empobrecimiento de una parte y el correlativo enriquecimiento de la otra. En ella el donante se despoja de una porción de su patrimonio sin compensación alguna, en pura pérdida, mientras el donatario obtiene una ganancia limpia.

Entonces, por cuanto el donante se priva de unos medios económicos que pueden serle precisos a él o a los suyos (cosa que no ignora), es razonable que se faculte a aquél a retirar los bienes cuando se producen ciertos eventos en los que la ley supone que, de conocerlos, no hubiera realizado la liberalidad: causas reguladas en los arts. 644 y ss.

Las causas de revocación constituyen un *numerus clausus* y son de interpretación restrictiva. Así, la S. 21 mayo 1984 no admite la revocación que intenta en 1980 el que hizo donación de un inmueble hacia 1972 al partido político oficial y único, revocación fundada en el cambio de las circunstancias y considerando la liberalidad como una donación modal de las contempladas en el art. 647: se aplica el principio general de irrevocabilidad por no ajustarse el caso a la fórmula legal de «incumplimiento de condiciones», aunque se interprete ésta como «incumplimiento de cargas».

A. Revocación por superveniencia o supervivencia de hijos:

Toda donación entre vivos —dice el art. 644: cfr. S. 6 febrero 1997—, *hecha por persona que no tenga hijos ni descendientes, será revocable por el mero hecho de ocurrir cualquiera de los casos siguientes:*

1º *Que el donante tenga, después de la donación, hijos, aunque sean póstumos.* No importa que haya otros hijos anteriores, pues la ley no distingue.

Es probable que la presencia, conocida en el momento de la donación, de un hijo meramente concebido haga irrevocable la donación, mas no por virtud del art. 29 (pues la irrevocablidad no es efecto favorable), sino por fallar entonces la motivación de la norma. Por lo demás, obsérvese que la revocación no se funda en la aparición de nuevos hijos, sino en llegar a tener algún hijo el que no tenía ninguno. A este respecto es indiferente que la filiación sea matrimonial o extramatrimonial (S. 22 junio 1989).

2º *Que resulte vivo el hijo del donante, que éste reputaba como muerto cuando hizo la donación.*

El precepto, en cuanto abre camino a la alteración de situaciones consolidadas por el Derecho y creadas por el donante, es de interpretación estricta, y por tanto que no tiene virtualidad para revocar el reconocimiento de hijos habidos antes, salvo, seguramente, si el padre no conocía su existencia.

Mayor problema plantean los hijos que han sido adoptados después de la donación. De una parte, la filiación adoptiva produce los mismos efectos que la biológica (arts. 108 y 176 Cc.) De otra, los arts. 644 y ss. están redactados pensando en los hijos por naturaleza, y si la reforma de 1981 suprimió en tales preceptos alusiones al origen biológico de la filiación, fue con el propósito de equiparar a los hijos extramatrimoniales. He aquí un problema que debiera ser resuelto por el legislador, y que la S. 6 febrero 1997 ha resuelto incluyendo también a los hijos adoptivos, de cualquier clase. El precepto es, desde luego, aplicable a los supuestos de determinación legal de la paternidad (DIAZ ALABART).

Art. 645. *Rescindida la donación por la superveniencia* [o supervivencia, aunque no lo diga el Cc.] *de hijos, se restituirán al donante los bienes donados, o su valor si el donatario los hubiere vendido. Si se hallaren hipotecados, podrá el donante liberar la hipoteca, pagando la cantidad que garantice, con derecho a reclamarla del donatario. Cuando los bienes no pudieren ser restituidos, se apreciarán por lo que valían al tiempo de hacer la donación.* La rescisión, pues, no tiene eficacia frente a las enajenaciones anteriores, que conservan su validez, así lo entiende la mayor parte de la doctrina y la jurisprudencia (Ss. 8 marzo 1972 y 22 junio 1989).

La acción de revocación por superveniencia o supervivencia de hijos prescribe por el transcurso de cinco años contados desde que se tuvo noticia del nacimiento del último hijo, o de la existencia del que se creía muerto (art. 646). El plazo, por tratarse de una acción rescisoria, más parece de caducidad, como los demás plazos en esta materia (HUALDE). Esta acción es irrenunciable, y se transmite, por muerte del donante, a los hijos y sus descendientes.

La superveniencia de hijos no supone la revocación automática de las donaciones: así se deduce de la expresión "será revocable" del art. 644 (incluida en la reforma de 1981). La jurisprudencia considera que la revocación no puede hacerse por declaración privada dirigida al donatario, siendo indispensable el juicio de los Tribunales (S. 8 marzo 1972).

B. Revocación por incumplimiento de cargas. Conforme al art. 647, *la donación será revocada a instancia del donante, cuando el donatario haya dejado de cumplir alguna de las condiciones que aquél impuso. En este caso, los bienes donados volverán al donante, quedando nulas las enajenaciones que el donatario hubiese hecho y las hipotecas que sobre ellos hubiese impuesto, con la limitación establecida, en cuanto a terceros, por la Ley Hipotecaria.*

La expresión *condiciones* no se emplea aquí en sentido técnico (S. 3 noviembre 1931). El legislador se refiere aquí, no a las condiciones, sino a las cargas, obligaciones o gravámenes modales (SS. 25 junio 1990 y 11 febrero 1995), cuyo incumplimiento provoca un juego semejante al del art. 1.124 Cc.(SS. 11 marzo y 26 mayo 1988 y 31 enero 1995); por tanto y siguiendo la tradición de las Partidas (5, 4, 6), y la analogía con el art., 797-2º Cc., el donatario no puede liberarse a su voluntad abandonando los bienes recibidos y el donante puede preferir el cumplimiento *in natura* al por equivalente, o bien pretender la revocación de la liberalidad. La S. 6 abril 1999 dice que la acción de revocación no es la única facultad derivada de la donación modal, y que el cumplimiento del modo, que es exigible, concede acción de esa clase al donante. Con todo, del empleo de la palabra *condición* en el texto legal acaso cabría concluir que el modo, para dar lugar a la rescisión, ha de tener alguna entidad, como lo exige también la interpretación jurisprudencial del art. 1.124 para que el incumplimiento del contrato dé lugar a su resolución.

La S. 16 diciembre 1992 considera renunciable esta acción de revocación por no prohibida, a diferencia de los otros casos y causas.

C. Revocación por ingratitud. Esta causa de revocación parece extenderse, dado su fundamento, incluso a las donaciones remuneratorias.

La disciplina de la revocacion por ingratitud, en el Cc., es la siguiente:

También podrá ser revocada la donación –dice el art. 648–, *a instancia del donante, por causa de ingratitud en los casos siguientes:*

1º *Si el donatario cometiere algún delito contra la persona, la honra o los bienes del donante.* El precepto, en cuanto sancionador, no puede ser objeto de una interpretación amplia, pero ni la doctrina ni la jurisprudencia se atienen a su sentido literal: no es indispensable que el delito sea declarado y castigado por la jurisdicción criminal (SS. 13 diciembre 1993 y 27 febrero 1995).

2º Si el donatario imputare al donante alguno de los delitos que dan lugar a procedimiento de oficio o acusación pública, aunque lo pruebe; a menos que el delito se hubiese cometido contra el mismo donatario, su mujer o los hijos constituidos bajo su autoridad. Véase Ss. 13 diciembre 1993 y 5 diciembre 2006.

3º Si le niega indebidamente los alimentos. No se refiere esta última causa de revocación a los alimentos debidos entre parientes en virtud de los arts. 142 y ss. Cc., pero tampoco cabe entender que por aplicación del art. 648-3º exista una verdadera obligación de todo donatario de suministrar los alimentos: nunca se los podría exigir judicialmente el donante. Proporcionarlos es, entonces, una carga que incumbe a cualquier favorecido con donación no usual ni nupcial, no haciéndolo así se abre al donante la posibilidad de revocar.

Revocada la donación por causa de ingratitud, quedarán, sin embargo, subsistentes las enajenaciones e hipotecas anteriores a la anotación de la demanda de revocación en el Registro de la Propiedad. Las posteriores serán nulas (art. 649). Para justificar esta regulación se alega que la ingratitud no puede constar en el Registro de la Propiedad, pero la protección se extiende también al que conoce la existencia de la demanda no anotada: sólo la anotación permite salvaguardar el objeto donado frente a las enajenaciones del donatario anteriores a la sentencia firme.

En el caso a que se refiere el primer párrafo del artículo anterior, tendrá derecho el donante para exigir del donatario el valor de los bienes enajenados que no pueda reclamar de los terceros, o la cantidad en que hubiesen sido hipotecados. Se atenderá al tiempo de la donación para regular el valor de dichos bienes (art. 650).

Según el art. 652, *la acción concedida al donante por causa de ingratitud no podrá renunciarse anticipadamente. Esta acción prescribe en el término de un año, contado desde que el donante tuvo conocimiento del hecho y posibilidad de ejercitar la acción.* Como en el caso del art. 641-1º, el término es de caducidad y no de prescripción (HUALDE). Y *no se transmitirá esta acción a los herederos del donante, si éste, pudiendo, no la hubiese ejercitado* (art. 653). La S. 29 noviembre 1969 interpreta que no pudo interponer la acción una donante si habiendo declarado antes extrajudicialmente su voluntad de revocar, falleció cuando preparaba la acción judicial correspondiente. Véase también S. 20 julio 2007. Sin duda basta cualquier dificultad razonable, de cualquier clase, para autorizar la transmisión a los herederos del donante.

Tampoco se podrá ejercitar contra el heredero del donatario, a no ser que a la muerte de éste se hallase interpuesta la demanda (art. 653-2º).

D. Efectos de la revocación. La doctrina discute sobre si la revocación se produce por el mero hecho de producirse el acontecimiento que da lugar a ella, o es preciso demandar en juicio al donatario, opinión, esta segunda, que parece más acorde con el planteamiento legal.

A primera vista la llamada *revocación* no sería tal, sino resolución automática, en el supuesto de superveniencia o supervivencia de hijos, en el cual la donación —dice el art. 644— «queda revocada por el mero hecho de ocurrir» alguno de los indicados eventos. Mientras en los de incumplimiento de cargas o ingratitud dicen los arts. 647 y 648 que «la donación *será revocada* a instancia del donante» (*«podrá ser»,* art. 648).

Sin embargo, el hecho de que la acción de revocación por superveniencia de hijos prescriba a los cinco años no resulta muy compatible con la resolución automática al producirse el evento, que, siendo realmente automática, debería causar la reversión inmediata al donante de las titularidades donadas, quedando sólo al donatario reintegrar la posesión de lo que ya no era suyo desde el nacimiento o (en su caso) noticia de la supervivencia del hijo. Y además, conforme al art. 651, el donatario no ha de devolver los frutos *sino desde la interposición de la demanda,* como si la revocación sólo fuera efectiva a partir de ese momento y mediante pronunciamiento judicial. Así lo acepta la S. 8 marzo 1972.

En cuanto a la restitución de frutos, a tenor del art. 651, *cuando se revocare la donación por alguna de las causas expresadas en el artículo 644, o por ingratitud, y cuando se redujese por inoficiosa, el donatario no devolverá los frutos sino desde la interposición de la demanda. Si la revocación se fundare en haber dejado de cumplirse alguna de las condiciones impuestas en la donación, el donatario devolverá, además de los bienes, los frutos que hubiere percibido después de cumplir la condición.*

Es discutible si restituirá también los frutos debidos percibir: quizá cabría distinguir según sea o no aplicable al caso del art. 455, pero asimismo cabe inclinarse por la aplicación estricta del art. 651-2º, como regla especial para este concreto supuesto.

INDICACIÓN BIBLIOGRÁFICA. Entre las obras generales extranjeras tienen mayor utilidad para nosotros las italianas: TORRENTE, *La donazione,* Milán, 1956; BIONDI, *La donazione,* Turín, 1960; CASULLI, voz *Donazione* (Diritto civile), «Enciclopedia del Diritto», Milán, 1962. En España, la de FERRANDIS, en el Tratado de ENNECCERUS, II, vol. 2º, págs. 202 y ss.; VALLET DE GOYTISOLO, *Estudios sobre donaciones,* Madrid, 1978.

También DE LOS MOZOS, *La donación en el Código civil y el problema de su naturaleza jurídica,* en RDP., 1971, pág. 503; CALVO SORIANO, *Tradición y donación,* en AAMN., 1946, pág. 444; SÁNCHEZ BLANCO, *Sobre la naturaleza y forma de la donación,* en «Información Jurídica», 1952, pág. 807; FERRANDIS, *Donación traslativa y contrato de donación,* en «Revista de la Facultad de Derecho de Madrid», 1960, pág. 329; LALAGUNA, *Los artículos 623 y 629 del Código civil y la naturaleza de la donación,* en RDP., 1964, pág. 275; y *De nuevo sobre la naturaleza de la donación,* en «Estudios de Derecho civil», Madrid, 1978, pág. 225; RUBIO TORRANO, *Los arts. 623 y 629 del Código civil. Apuntes para otra explicación,* en RCDI, 1981, pág. 358.

Sobre forma: ALBALADEJO, *La nulidad de la donación con cláusula de reversión a favor del donante, si ésta no guarda la debida forma,* Hom. Roca Juan, Murcia 1989, págs. 1 y ss.; DE CASTRO, *La simulación y el requisito de forma en la donación de cosa inmueble* (comentario a la S. 23 junio 1953), en ADC., 1953, pág. 1003; DIAZ ALABART, *La nulidad de las donaciones de inmuebles simuladas bajo compraventa...,* en RDP., 1980, pág. 1101; DURÁN RIVACOBA, *Donación de inmuebles. Forma y simulación*, Pamplona, 1995.

Sobre revocación: CRISTOBAL MONTES, *El principio de la irrevocabilidad de las donaciones,* en RGLJ., 1969, pág. 699; DIAZ ALABART, *La revocación de donaciones por supervenencia o supervivencia de hijos o descendientes*, A.C., 1986, pág. 513; DOMINGUEZ RODRIGO, *La revocación de la donación modal,* en ADC., 1983, pág. 65; FUENMAYOR, *La deuda alimenticia del donatario,* en RDP., 1952, pág. 154; GIL RODRIGUEZ, Comentario a la S. 17 nov. 1984, en CCJC, 1985, pág. 2.159; HUALDE, Coment. S. 23 octubre 1983, en CCJC, 1983, pág. 1.011; DE LA VALGOMA, M., *Revocación de las donaciones por ingratitud. Análisis del artículo 648-2 Cc.,* en RGLJ, oct. 1981, pág. 387.

§ 87. DE ALGUNAS DONACIONES, EN PARTICULAR

425. Liberalidades de uso.

Se consideran liberalidades usuales aquéllas que el donante realiza en obediencia a imperativos sociales o constreñido por normas no jurídicas que regulan fuera del campo del Derecho la convivencia en sociedad. Por ejemplo, los regalos en ocasión de festividades, bodas o conmemoraciones y las limosnas que igualmente vienen impuestas muchas veces por los usos sociales.

La donación usual suele ser de módica cuantía, pues el uso no llega a exigir una esplendidez tal que suponga una seria disminución de la propia fortuna; el Cc. alude a ella en el art. 1.041, al eximir de colación los «regalos de costumbre».

Parte de la doctrina subraya en la donación de uso su falta de espontaneidad: quien hace la liberalidad entiende, más que otra cosa, obedecer a una costumbre, y no dar algo por propia iniciativa. Sin embargo, la costumbre o uso que mueve a gratificar es meramente social, y por eso las liberalidades en cuestión siguen siendo donaciones, realizadas sin coacción jurídica, y no puede decirse que falte en ellas el ánimo de enriquecer a otro, propio de la donación. Lo característico de estas donaciones es su exigencia social y el concepto de la gente de que se hacen cumpliendo tal imperativo, por lo cual, y teniendo en cuenta asimismo la modicidad que imponen los propios usos, no se sujetan a muchas reglas restrictivas antes expuestas: no son revocables; no están sujetas a reducción; pueden hacerse por el representante legal del incapaz o incapacitado o a veces por éste mismo; escapan a las reglas sobre rescisión por fraude, a la exigencia de reservar bienes suficientes para subsistir o para pagar las propias deudas, etc.

426. El problema de la disciplina de la donación remuneratoria y la modal u onerosa (el art. 622).

A. Se entiende en lenguaje jurídico por donación *remuneratoria* la que se hace con el designio de premiar al donatario por sus especiales merecimientos.

El caso extremo, único que mereció mención en el Derecho romano clásico, es el de la donación a quien ha salvado al gratificante la vida o la libertad (D. 34, 5, 34). El Derecho común distinguió entre la donación pura y las que se hacen *ob causam praecedens,* entre las cuales está la remuneratoria, que no requería insinuación y no era revocable por ingratitud o por supervivencia de hijos.

B. Es donación *onerosa,* o *con carga,* llamada también *modal,* aquella en la que se impone al gratificado una obligación positiva o negativa conexa con la liberalidad; en forma de *modo* (cfr. S. 20 julio 2007) y no de *condición.*

C. A estas clases de donación se refiere expresamente el art. 619 Cc., a cuyo tenor, *es también donación la que se hace a una persona por sus méritos o por los servicios prestados al donante, siempre que no constituyan deudas exigibles, o aquélla en que se impone al donatario un gravamen inferior al valor de lo donado.* Las donaciones aludidas en primer lugar son las *remuneratorias,* y las otras, las que el Cc. llama *onerosas* o con *causa onerosa* (S. 23 octubre 1995). Sobre diferencias entre ambas, cfr. S. 6 abril 1999.

Ambas, según el art. 619, siguen siendo donaciones pese a sus peculiaridades, pero donaciones sometidas en cierta medida a reglas propias y singulares. En efecto, mientras, según explica el art. 621, las donaciones simples se rigen en principio por el título relativo a la donación, y sólo en lo no previsto por él obedecerán a las reglas generales de los contratos, en cambio, al régimen distinto —en parte— de la donación remuneratoria y la onerosa dedica el Cc. el art. 622, el cual pretende explicar la especialidad de la disciplina de la una y la otra, siquiera con redacción tan defectuosa que sólo tras una labor de reconstitución e interpretación del texto podemos discernir cuál sea la disciplina de ambos tipos de liberalidad. El citado art. 622 dice así: *las donaciones con causa onerosa se regirán por las reglas de los contratos y las remuneratorias por las disposiciones del presente título en la parte que excedan del valor del gravamen impuesto.*

427. En particular, la donación remuneratoria.

A. Planteamiento. El art. 622 al someter la donación remuneratoria a un régimen especial, distinto del común de las donaciones en la parte que no excedan del valor del gravamen impuesto, contiene un pensamiento que hemos de descifrar. La única explicación posible del texto del actual art. 622 es que hay en él una confusión a consecuencia de la cual el significado aparente no se corresponde con la intención del autor.

El inicio de la confusión sobrevendría al redactarse el proyecto de 1882-88 y sustituir en él el requisito del proyecto isabelino de la causa específica de la donación remuneratoria, por la referencia al *gravamen impuesto* en ella. Como esto segundo no tiene sentido en cualquier interpretación literal o lógica, hemos de buscar en el texto, antes de condenarlo, el mensaje subliminal que pueda contener, y que parece ser el de que las donaciones remuneratorias, ya no son gratuitas en todo, pues se rigen por las disposiciones relativas a la donación *sólo en parte.*

En mi opinión, el art. 622 *in fine*, al carecer de sentido si se le interpreta según su letra, admite una versión más libre, según la cual la donación, remuneratoria es una verdadera donación, si bien sometida a reglas especiales en atención a que su causa excede de la mera liberalidad y, por tanto, en cuanto la exceda: una «causa remuneratoria» que es la descrita en el art. 1.274 como «el servicio o beneficio que se remunera», si bien el art. 619 incluye también en el concepto a los méritos del donatario, lo que hace pensar que se trata de méritos relativos, en alguna manera, al autor, de la liberalidad: que le han proporcionado algún beneficio material o espiritual, directamente a él o a los suyos.

En otras palabras: la disciplina aplicable raramente podrá ser el juego de las reglas de la donación «en la parte que exceda del valor del gravamen impuesto», dados, de una parte, la práctica imposibilidad de valorar en términos pecuniarios los méritos del donatario, o, en muchos casos, «el servicio o beneficio que se remunera»; y, de otra, el aspecto de toda la atribución patrimonial, indivisiblemente, de correspondencia con los méritos o servicios premiados con ella.

B. El criterio. «Méritos» y «servicios». ¿Cuál es, entonces, este régimen peculiar de la donación remuneratoria frente a la simple?

En el Cc. no encontramos otro que el de los arts. 622 y 887-1º, este último referente al legado remuneratorio, que declara preferente a todos. En cambio, hallamos en el Ccom. un dato importante: el art. 889-5º, que considera fraudulentas «las donaciones entre vivos que no tengan conocidamente el carácter de remuneratorias, otorgadas después del balance anterior a la quiebra», etc.

Mas estas concretas reglas no son la única disciplina propia de la donación remuneratoria: de la *ratio* que las inspira cabe concluir que el matiz de onerosidad de esta suerte de liberalidades ha de manifestarse en cualquier problema o conflicto de intereses en el que tenga peso específico. Ahora bien: esta disciplina especial habrá de establecerse en muchas ocasiones para una situación concreta, dado que las donaciones llamadas remuneratorias cubren una zona extensa y variada de atribuciones gratuitas, en las cuales el matiz de onerosidad es muy variable en su intensidad y su concreción.

a) Los *méritos* del donatario, o sea los merecimientos que le hacen acreedor al reconocimiento, ya —ello es más dudoso y sin duda de límites muy estrictos— por sus prestaciones a la sociedad (donativo al descubridor de la penicilina, por el beneficio hecho a la humanidad), o al propio donante (hago el mismo donativo porque gracias a la penicilina curé de una enfermedad antes mortal). No es mérito el aprecio puramente subjetivo que por el donatario tiene el donante. Dudo de que puedan constituir méritos a tales efectos las cualidades eminentes, en sí mismas, sin consideración a su valor para la sociedad: hacer un regalo al vencedor de los juegos olímpicos, o del concurso de arte declamatorio, o de bolos. Cosa distinta sería instituir un premio para un concurso, lo cual no constituye donación remuneratoria.

En la doctrina española es corriente excluir los méritos como causa caracterizante de la donación remuneratoria, alegando la falta de mención de éstos en el art. 1.274. Pero la palabra mérito está en la ley, concuerda con la concepción de una parte de la doctrina contemporánea al Código civil, y el legislador la incluyó en él intencionadamexte, por lo que hay que respetar el texto legal interpretado con razonables restricciones.

b) Los *servicios*. Una donación supone la ausencia de toda coacción jurídica: la entrega de algo que el *accipiens* no podría reclamar. Por tanto, no será donación lo entregado en correspondencia a unos servicios que podría cobrar quien los prestó y de los que quedó deudor el beneficiario. Sólo si el prestador había renunciado expresamente a cobrarlos, o carecía de acción, habrá liberalidad. A esto alude el art. 622 cuando requiere que los servicios «no constituyan deuda exigible» (cfr. S. 21 enero 1993). "El agradecimiento del donante es la causa" que motiva la donación (S. 9 marzo 1995).

En estas donaciones prepondera unas veces el elemento *remuneración*: servicios que el prestador ha renunciado a cobrar, o regalos que constituyen un complemento del precio del servicio cuando el prestador señaló unos honorarios simbólicos, etc, Otras, es más patente el elemento *reconocimiento*: si los servicios son invaluables, bien por no constituir materia de profesión, arte u oficio (salvar la vida a una persona alguien que no se dedica mediante retribución al salvamento, o extinguir un incendio no siendo bombero, etc.) o porque el beneficio ocasionado por tales servicios es desproporcionado al pequeño esfuerzo que han costado (S. 31 mayo 1986), etc.

La presencia de alguno de estos elementos como motivación del donante hace a la liberalidad remuneratoria. Desde luego, es preciso que el mérito o servicio existan realmente, puesto que constituyen la causa de la remuneración. Sigue estando sometida a reglas especiales que hemos de descubrir con criterios proporcionados por los arts. 619, 622 y 887 Cc. y 880 Ccom.

Tales reglas podrían ser éstas:

a') La donación remuneratoria, en tanto en cuanto es proporcionada al servicio o beneficio que se remunera, no está sujeta a colación, reunión ficticia o reducción.

b') Tampoco a la presunción de fraude de los artículos 1.297-1º y 643-2º.

c') No es revocable por superveniencia o supervivencia de hijos. ROCA SASTRE opina que tampoco por ingratitud, pues no abre una situación de agradecimiento, sino que la cierra.

d') Más discutible es si el donante queda obligado a sanear en caso de evicción o vicios ocultos —lo probable es la solución negativa—, pero es indiscutible que si el saneamiento se prestase voluntariamente tal prestación no sería una atribución gratuita.

428. La propina.

Especie mixta de donación remuneratoria y liberalidad de uso es la propina, cantidad o cosa que se entrega a quien presta un servicio personalmente, se supone que como estímulo o agradecimiento, si bien, en realidad, obedeciendo a una costumbre.

Lo más corriente es que con la propina se premien servicios prestados por un empleado de la empresa con quien tales servicios se contrataron. Aunque la propina constituye muchas veces, desde el punto de vista económico, un suplemento del precio para quien la entrega y una parte del salario de quien la recibe, desde el punto de vista jurídico es una liberalidad.

Se distingue la propina del llamado «servicio», constituido por un tanto por ciento sobre la cuenta que se obtiene a título oneroso, como específico correspectivo obligatorio de una actividad prestada por el personal. Tampoco es propina lo pagado por servicios cuya tarifa no está fijada, pero que se prestan con intención de cobrarlos.

429. En particular, la donación onerosa o modal.

Volvamos al art. 622, cuando dice que *las donaciones con causa onerosa se regirán por las reglas de los contratos.* Adelanto que, para mí, la lectura correcta de la norma consiste en adicionar aquí la última frase del propio concepto: *y ... por las disposiciones del presente título en la parte que excedan del gravamen impuesto.*

La donación onerosa aparece en esta interpretación como un contrato mixto, sometido hasta la concurrencia del gravamen a las reglas de los contratos, y en cuanto al exceso a las de la donación. Tal es el criterio que se desprende asimismo del art. 638, cuya historia confirma la hipótesis que he avanzado; contra el texto de los proyectos, que simplemente eximían al donante de la obligación de sanear, ahora el citado precepto impone el saneamiento, siendo la donación onerosa, en cuanto al exceso sobre el gravamen. Con lo cual se ha introducido el *tertium genus* que las versiones anteriores —las de los proyectos— pretendían negar. En los proyectos sólo había, o donación, sin derecho a saneamiento, o contrato oneroso, con él; dentro del contrato oneroso se contaba la donación con carga, a la cual no había que atribuir específicamente el derecho a saneamiento, porque lo tenía en cuanto contrato íntegramente oneroso, que sólo recibía el nombre de donación impropiamente. En el Código las cosas cambian: se reconoce un tipo de donación en el cual hay un matiz de onerosidad, y al que, correlativamente, le son aplicables las reglas de los contratos onerosos, pero no totalmente, sino a la parte correspondiente al valor del gravamen impuesto: esto, cuando no se opongan insuperables dificultades nacidas de la variable naturaleza del gravamen modal, que muchas veces se hace inevaluable, aplicándose únicamente las reglas de la donación.

Por supuesto, y preferentemente, le son aplicables las normas predispuestas expresamente por el Cc. para la donación onerosa (cfr. S. 7 mayo 1993, relativa a la aplicación de los arts. 632 y 633 Cc.).

A. Naturaleza. A la donación con carga, la gratuidad o ausencia de correspectivo la distingue de aquellas atribuciones a cambio de las cuales se recibe algo, aunque ese algo no sea venal, si en la mente de las partes y en una apreciación económica de las cosas representa una compensación del empobrecimiento, de modo que el patrimonio del cedente no pierde valor. Es el caso contemplado en la S. 4 diciembre 1969: cesión de terrenos para la formación de una calle a cambio de que se reduzca su anchura y se concedan al cedente por el municipio algunos permisos y licencias de construcción: el T.S. entendió, en consecuencia, que no era precisa escritura pública.

B. El gravamen. La donación con carga reviste muy distintos aspectos según la naturaleza y finalidad del gravamen. Puede éste ser un límite impuesto a la propia atribución, o expresión del objeto de la liberalidad o del destino que ha de darse a los bienes (art. 797), sin disminución de su cuantía y acaso en beneficio del propio favorecido (por ejemplo, una prohibición de disponer, o la donación del dinero preciso para hacer un viaje, cursar los estudios de medicina); o bien consistir en una obligación del gratificado, sin posible valoración patrimonial (llevar corbata negra los cinco próximos años), o también en el deber de realizar donaciones que tienen una precisa equivalencia pecuniaria. En los últimos casos el gravamen puede ser en beneficio del propio favorecido, del donante (S. 22 marzo 1993: obligación de alimentarlo) o sus herederos, o de un tercero.

C. Régimen. El gravamen valuable en favor del donante o de tercero permite el tratamiento como negocio oneroso, en algunos aspectos, de la atribución gratuita, «hasta la concurrencia del gravamen» (art. 638). Sólo se considera donación aquella parte de la atribución «que excede del valor del gravamen impuesto» (art. 622); cfr. S. 29 julio 2005.

Mas esta consideración como atribución onerosa de una parte de la liberalidad, habitualmente sólo podrá tener lugar en la relación entre donante y donatario, y no frente a tercero, porque el hecho de que una parte de lo donado haya de ir a parar en definitiva a persona distinta del donatario no impide que esta ulterior persona reciba también a título gratuito.

No dándose esa onerosidad en la relación donante-favorecido perceptor del gravamen, ¿deberán los terceros que impugnen la donación reclamar frente a dicho perceptor el valor de cuanto éste ha recibido, y al donatario sólo el *emolumentum* que le quedó una vez cumplida la carga? ¿O se considerará al donatario como responsable de todo, en cuanto accedió a colaborar con el donante en la atribución gratuita de sus bienes? En este segundo caso, sin duda podría repetir (por lo que ha tenido que restituir a los terceros que impugnan la donación) frente al perceptor del gravamen cuando la atribución que le ha hecho constituya una donación ordinaria.

En cuanto a las cargas cuyo cumplimiento no constituye donación (por ejemplo, servicios realizados por el donatario a un tercero), sería injusto que el donatario no pudiera deducir de los bienes a devolver el importe de tales servicios.

El matiz de onerosidad de la donación con carga —pero que es *también donación*— no le dispensa de las reglas de forma y capacidad de los arts. 624 y ss. (SS. 7 mayo 1993 y 27 julio 1994) salvo en lo relativo a la capacidad para aceptar donaciones, caso expresamente previsto en el art. 626.

El donante está obligado a sanear en caso de evicción, en los términos del art. 638, obligación que sin duda se extiende a los gravámenes y vicios ocultos.

430. Donaciones con cláusula de reversión.

Según el art. 641, *podrá establecerse válidamente la reversión en favor de sólo el donador para cualquier caso y circunstancias, pero no en favor de otras personas sino en los mismos casos y con iguales limitaciones que determina este Código para las sustituciones testamentarias. La reversión estipulada por el donante en favor de tercero contra lo dispuesto en el párrafo anterior, es nula; pero no producirá la nulidad de la donación.* La S. 11 marzo 1988 la considera como donación condicional, y para la de 13 julio 1989 se trata de donación con condición resolutoria.

La *reversión* significa que el objeto donado pasa, por voluntad del donante, de nuevo al patrimonio de éste o al de una tercera persona. Se trata de dos casos que tienen en común el mecanismo recuperatorio: el evento reversional, que suele ser el fallecimiento del favorecido, determina automáticamente la readquisición por parte del donante o la adquisición del segundo favorecido.

Finalmente, la misma preocupación que el art. 638 por limitar el número de personas a las que puede extenderse la reversión muestra el art. 640, a cuyo tenor también *se podrá donar la propiedad a una persona y el usufructo a otra u otras, con la limitación establecida en el art. 781 de este Código.* Cfr. S. 11 marzo 1988 y RR. 21 enero 1991 y 25 febrero 1992.

431. Donación con facultad de disponer.

Entre las estipulaciones de la donación es frecuente la reserva de la facultad de disponer el donante de los bienes donados, que quedan entonces en poder del donatario en una situación claudicante, puesto que el ejercicio de dicha facultad resuelve la titularidad del donatario (cfr. S. 22 marzo 1993) o la del tercer adquirente, salvo la protección de la buena fe. En relación a esta estipulación dispone el art. 639 Cc. que podrá *reservarse el donante la facultad de disponer de algunos de los bienes donados, o de alguna cantidad con cargo a ellos; pero si muriere sin haber hecho uso de este derecho, pertenecerán al donatario los bienes o la cantidad que se hubiese reservado.* Aunque el precepto no contempla la reserva relativa a todos los bienes donados, cabe defender su posibilidad al amparo del artículo 1.255 Cc.: en todo caso el contrato es útil al donatario, quien retiene las cosas con sus frutos hasta que se resuelve. Contrariamente, para Gullon, quien se funda en el tenor literal del precepto («*alguno* de los bienes... *alguna* cantidad»), «la reserva es siempre parcial y recaerá sobre bienes determinados».

La reserva de disponer de alguna cantidad con cargo a los bienes donados representa un modo puesto a la donación, consistente en la entrega de tal cantidad, llegado el caso, el donante o persona que designe.

432. Donación indirecta.

Se considera donación indirecta la atribución realizada con ánimo liberal y efectivo enriquecimiento del *accipiens* mediante un negocio típicamente oneroso, o, al menos, ajeno a la *causa donandi.* Es preciso, pues, que el aumento patrimonial sin correspectivo real tenga una causa (negocial o no) de atribución distinta de la «mera liberalidad del bienhechor» (art. 1.274), coexistiendo con ánimo liberal.

Son actos típicamente reconocidos por la ley, cada uno con su propia disciplina y efectos, pero idóneos para determinar un enriquecimiento gratuito por espíritu de liberalidad. Se actúa *animo donandi;* la liberalidad no es efecto indirecto del acto, como ocurre con los negocios indirectos, sino la causa que está en su base.

Es discutible si constituye donación indirecta el cumplimiento de deuda ajena (que puede no ser donación si se paga con ánimo de recuperar lo abonado al acreedor) o la renuncia a la herencia en favor de un sucesor determinado y no de otros (art. 1.000-2º Cc., que supone aceptación y consiguiente donación de la cuota del repudiante). En estos casos no se da la función empobrecimiento-enriquecimiento, constante de cualquier donación.

Yo veo dos tipos de donación indirecta. En ambos el acto oneroso lleva a cabo o hace exigible un aumento patrimonial sin correspectivo y sin tener figura de donación, pero en uno de los tipos la intención liberal del atribuyente queda sin respuesta, de modo que el aumento se produce simplemente por no rechazarlo el favorecido, que acaso no puede rehusar; mientras en otros supuestos los partícipes del negocio con causa onerosa se hallan de acuerdo sobre el carácter liberal del aumento que recibe uno de ellos, y tal aumento se produce mediante la aceptación del contratante sujeto de la liberalidad. Ejemplo del primero puede ser la renuncia unilateral al cobro de una deuda o la renuncia a una herencia o a la cuota en la cosa común realizadas con intención de favorecer a los coherederos y cotitulares. El segundo tipo presupone la aceptación de la atribución en cuanto procedente del atribuyente pero no a título gratuito, como en el *negotium mixtum cum donatione.*

La donación indirecta, así, no constituye una categoría unitaria objeto de una regulación específica en todo su régimen. No hay una figura general y abstracta de donación indirecta que pueda encarnarse en un tipo propio de acto o negocio, teniendo por sí mismo causa onerosa, sino las singulares figuras de negocios onerosos con su causa y régimen propios y constituyendo, en vía secundaria, un supuesto de donación indirecta.

En todo caso, al persistir y operar una causa distinta de la *causa donandi,* la donación indirecta excede del marco trazado por los arts. 618 y 619: en primer término, opera la atribución una causa no liberal, y sólo los resultados económicos de la operación —de una parte— en unión de la intención del atribuyente —de otra— justifican la aplicación de ciertas normas de los negocios a título lucrativo. Tales normas son las que afectan al fondo; no a la forma. Es decir, que pese a cualquier conveniencia de política jurídica, a falta de contrato de donación no rigen las correspondientes exigencias formales, siendo preciso examinar, por tanto, si en cada caso hay o no convenio de las partes sobre la *causa donandi.* En cambio las normas que atienden a la tutela de terceros tienden a operar frente a cualquier desplazamiento sin un correspectivo que en la intención de las partes sea equivalente: las relativas a revocación por superveniencia o supervivencia de hijos, reducción por inoficiosidad, impugnación por fraude de acreedores.

433. En particular, el negocio mixto con donación.

Se pregunta la doctrina cuál será el régimen aplicable a aquellos negocios onerosos en los cuales por acuerdo y con conocimiento de ambas partes una de ellas se contenta con recibir una prestación de valor notoriamente inferior al de la que ella hace. Por ejemplo: Pedro me vende su finca que vale cien (precio al que se la compraría cualquiera) por el importe de treinta, con el deseo de favorecerme. O le permuto a Pedro su finca por la mía que vale doscientas, no para vencer su resistencia a enajenarla y por serme precisa, sino con ánimo de regalarle ese supervalor.

Las configuraciones que se atribuyen al negocio mixto con donación son varias.

a) Muchos autores estiman que se trata de un caso de donación indirecta, consistiendo la liberalidad en el exceso sobre la contraprestación. Pero esta explicación es insuficiente, dado que las donaciones indirectas no constituyen una categoría unitaria.

b) Otros ven aquí un solo contrato mixto resultante de la fusión entre causa onerosa y *causa donandi*, lo cual es posible al amparo de la libertad contractual.

c) Para algunos, nos hallamos ante un caso de combinación entre negocios y más precisamente de concurrencia de dos causas y dos negocios que, aun coligados, quedan distintos y coexistentes, excluyéndose la presencia de un negocio único.

d) GULLON, siguiendo a RUBINO, aprecia la existencia de un contrato de venta, siquiera con un intento ulterior de liberalidad, al cual es necesario dar una relevancia jurídica, porque es determinante del consentimiento y común a ambas partes.

En nuestra doctrina y jurisprudencia hay cierta inclinación a identificar el negocio mixto con la donación onerosa, lo cual sólo puede aceptarse con reservas, pues la carga o gravamen del acto gratuito nunca se entiende como contraprestación, mientras aquí hay *sinalagma* hasta la concurrencia del valor de la menor de ambas prestaciones, de modo que no cumpliendo el acto las normas de la donación, la falta afectaría a una parte de él, pero no necesariamente al resto.

Ahora bien: como dice FERRANDIS, no cabe una aplicación rigurosa de la teoría de la separación o desarticulación del negocio ni de la teoría de la unidad. Dicho autor considera «más aceptable la aplicación prudencial de una y otra; basta pensar en la imposibilidad de aplicar a un mismo acto doble régimen en orden a las reglas de capacidad o forma, mientras que ello es posible en orden a determinados efectos (revocación, evicción). Dígase lo mismo de los vicios ocultos. Y, por supuesto, de los efectos de la liberalidad frente a terceros: impugnación por fraude de acreedores y reducción».

La compraventa amistosa no da lugar al ejercicio de los derechos reales de adquisición.

INDICACION BIBLIOGRÁFICA. LOPEZ PALOP, *La donación remuneratoria y el artículo 622 de nuestro Cc.,* en AAMN., III, 1946, pág. 9; ROCA SASTRE, *La donación remuneratoria,* «Estudios», I, pág. 521; AMOROS GOSALBEZ, *La donación remuneratoria y la con carga en nuestro Derecho,* en Curso de conferencias Colegio Notarial de Valencia, 1945; ALONSO PÉREZ, *La colación de las donaciones remuneratarias,* en RCDI, 1967, pág. 1017. RIERA AISA, *Las liberalidades de uso,* en RJC., 1953, pág. 211.

CRISTOBAL MONTES, *La donación con reserva de disponer,* Caracas, 1971; MENÉNDEZ, *Las donaciones con pactos especiales,* en RDP., 1972, pág. 1055, IRURZUN GOICOA, *La donación con reserva de la facultad de disponer,* Valencia, 1967; CASTILLO TAMARIT, *Donaciones con reserva de la facultad de disponer ... .* en ADC., 1982, pág. 357; RODRIGUEZ ADRADOS, *La donación con cláusula de reserva de la facultad de disponer,* AAMN, XVI, pg. 419: BARRAL VIÑAS, *La reserva de la facultad de disponer en la donación,* Barcelona, 1996; SIRVENT GARCÍA, *La donación como cláusula de reversión,* Valencia, 2000.

LACRUZ BERDEJO, *Donaciones con cláusula de reversión,* en Estudios, pág. 242; NART, *Donación y reversión a personas futuras,* en ADC., 1952, pág. 579; PONS, *Reversión de donaciones en el Cc.,* en RDP., 1957, pág. 1181; SOTO BISQUIERT, *La donación con cláusula de reversión en el Cc.,* en RCDI, 1967, pág. 359. ORTEGA PARDO, *Donaciones indirectas,* en ADC., 1945, pág, 918.

III. EL ARRENDAMIENTO DE COSAS

§ 88. NORMATIVA GENERAL DEL CÓDIGO CIVIL

434. La concepción unitaria del arrendamiento.

El Cc. presenta del contrato de arrendamiento, en el título VI del libro IV, un concepto muy genérico: el del cambio, por precio, de cualesquiera prestaciones de trabajo o utilización: lo mismo las de una cosa, que los servicios de una persona, o bien algo hecho por ella según encargo de un comitente. Así, después de especificar en el art. 1.542 que *el arrendamiento puede ser de cosas, o de obras o servicios*, define el de cosas como aquél en el cual *una de las partes se obliga a dar a la otra el goce o uso de una cosa por tiempo determinado y precio cierto* (art. 1.543), mientras *en el arrendamiento de obras o servicios una de las partes se obliga a ejecutar una obra o a prestar a la otra un servicio por precio cierto* (art. 1.544). En ambos casos *se llama arrendador al que se obliga a ceder el uso de la cosa, ejecutar la obra o prestar el servicio; y arrendatario al que adquiere el uso de la cosa o el derecho a la obra o servicio que se obliga a pagar* (art. 1.546).

El Derecho romano admitió entre los contratos consensuales el cambio del uso de una cosa por una retribución en dinero: el arrendamiento o *locatio conductio*. «Modelado sobre la compraventa —dice Costa— alcanza también reconocimiento jurídico el negocio que tiene por objeto la prestación temporal de una cosa en uso y goce (*locatio conductio rei*) que encuentra sus primeras y principales aplicaciones sobre ciertas porciones de terreno resultantes del reparto del suelo sometido en su origen a *possessio*»; más tarde se extiende a otros inmuebles y varias cosas. De la *locatio conductio rei* se separó y desarrolló una segunda figura de *locatio* que tenía por objeto la actividad humana en sí misma considerada: no ya, pues, los esclavos (en su condición de *cosa*), sino que luego se contrata también el trabajo de las personas libres, a quienes se retribuye personalmente. El arrendamiento de trabajo se subdivide, a su vez, en *locatio operarum* y *locatio operis faciendis*, según el contrato tenga por objeto la actividad, con abstracción de su resultado (tantas jornadas de labor de un obrero), o bien el resultado mismo: por ejemplo, la construcción de una casa. Esta concepción unitaria, englobando las cosas y el trabajo, es la que pasa a través del Derecho intermedio a las codificaciones latinas.

La concepción del arrendamiento que agrupa conjuntamente el cambio de cosa (uso de ella), trabajo u obra hecha, por precio, nació en Roma por motivos muy circunstanciales: el hecho de que el trabajo era inicialmente suministrado por los esclavos, y éstos eran cosas, y recibían el trato correspondiente a ellas. Ulteriormente la inercia ha hecho continuar esta equiparación entre magnitudes incomparables: el uso de una cosa y el trabajo humano. Tales prestaciones, radicalmente diversas, no podrían recibir tratamiento unitario, ni de hecho lo reciben del Cc., que dicta preceptos diferentes e intransferibles para uno y otro contrato.

435. El arrendamiento de cosa, en general.

La materia del presente § se limita al arrendamiento de cosas y derechos: al cambio del uso de la cosa (o el ejercicio del derecho, en su caso, menos frecuente) por un precio.

Se transfiere, pues, el uso (en su caso, el disfrute) con retención del dominio del concedente: en términos del art. 1.543, «el goce o uso de una cosa por tiempo determinado» se cambia por «precio cierto». De donde, mientras la función económica de los contratos traslativos es el desplazamiento pleno de la cosa, con todas sus utilidades, en cambio, aquí, el arrendador conserva el poder de disposición que tuviera sobre aquélla y atribuye al adquirente sólo las facultades de goce. Tal atribución constituye el elemento básico del contrato, el cual se dirige a proporcionar al arrendatario el uso de la cosa, y por cierto, generalmente, sólo el uso para una finalidad determinada, lo cual acentúa la distinción entre el arrendamiento de fincas rústicas (uso y disfrute) y el de casas y pisos (uso); así como entre el alquiler de bienes muebles y el de inmuebles.

A. Distinción de institutos afines. El contrato de arriendo de cosas es un negocio bien diferenciado de los otros que proporcionan una prestación en uso: del comodato, porque éste se refiere exclusivamente a bienes muebles; del precario, por ser contrato sobre inmuebles; y de ambos por no mediar, en estos últimos, precio. Mayor similitud económica podría tener con la constitución de un usufructo por precio (acaso a pagar periódicamente), instrumento que a veces se ha utilizado como medio de eludir el rigor de las leyes arrendaticias especiales: las diferencias conceptuales son notables (el usufructo supone una transmisión, y crea un derecho real), pero aun las prácticas, en el terreno de la eficacia, lo son también: el usufructuario, dotado de un poder directo sobre la cosa, dispone como quiere de su derecho, lo dona o vende libremente desentendiéndose de él, todo lo cual está sometido en el arriendo a un régimen restrictivo y distinto.

En la práctica, surgen dudas en ciertos casos de depósito, pese a la clara diferencia teórica entre este contrato y el de arriendo, teniendo el uno como finalidad la custodia (en beneficio del deponente), y el otro el goce o uso de la cosa ajena por quien la recibe. Sobre todo, en relación al alquiler de cajas de seguridad, y al contrato de garaje.

En el primer caso, como dice Fubini, hay arrendamiento siempre que el abonado no hace una entrega real al Banco del contenido de la caja, y contrato de depósito, en aquellos otros casos en los que se entregan paquetes u objetos de valor a empleados determinados, quienes sólo después de haber examinado el contenido lo depositan en cajas fuertes, de las que sólo el Banco tiene las llaves, sin que el cliente pueda tener acceso a las mismas. Del segundo se trata más adelante.

B. La disciplina del Cc. y los bienes muebles. El Cc.no regula el arrendamiento en general, ni el de cosas muebles, respecto del cual se limita a explicar que *los bienes fungibles que se consumen con el uso, no pueden ser materia de este contrato* (art. 1.545). Tras este precepto viene un capítulo segundo bajo el título *de los arrendamientos de fincas rústicas y urbanas* que contiene el resto de la normativa del arrendamiento de cosas, pues el capítulo tercero trata del de obras y servicios. No obstante son aplicables a los bienes muebles muchas reglas del capítulo segundo a las que cabe dar alcance general.

C. Los inmuebles. El régimen de los arrendamientos urbanos y los rústicos es muy distinto, correspondiendo a su diversa naturaleza: el uno es arrendamiento *de uso,* puesto que los inmuebles urbanos no son capaces de producir frutos naturales: el otro, *de uso y disfrute,* al ser la tierra naturalmente fructífera. Para discernir cuándo se aplica uno u otro régimen es decisivo el destino que las partes han querido dar al bien cuyo arriendo pactan: si el conjunto debe ser objeto de una explotación agrícola, su arrendamiento lo es también; y en cualquier otro caso se trata de un arrendamiento urbano.

D. Caracteres. El arrendamiento es un contrato oneroso, o, dicho de otra manera, la onerosidad presta al contrato en cuestión figura autónoma. A la cesión del uso de una cosa mediante precio los romanos la tipificaron y le dieron fuerza vinculante sin necesidad de formalidades y en virtud de su propio contenido. Ciertamente, también la cesión gratuita del uso de una cosa alcanzó en Roma fuerza jurídica, pero sólo a partir de la entrega (contrato real), y con distinta eficacia y consecuencia la cesión de bienes muebles (comodato) y la de inmuebles (precario).

Es el arrendamiento de cosas, asimismo, un contrato de ejecución continuada (por lo que atañe al goce de la cosa) y habitualmente sucesiva (pago del precio, por lo común en períodos de tiempo, aunque a veces éste se abone de una vez, como si se alquila un vehículo sin conductor para un viaje o una jornada). Por ser de ejecución continuada, la resolución del contrato ha de tener en cuenta el período ya cumplido y sólo se produce para el futuro.

E. En particular, el carácter personal del derecho del arrendatario. La doctrina dominante considera que el poder del arrendatario (en particular, el inquilino o el colono) sigue siendo de naturaleza personal, es decir, que aquéllos no tienen ningún derecho de naturaleza real sobre la cosa, aunque sí la posesión de la misma y la defensa provisional *erga omnes* que tal posesión puede proporcionarles.

a) La discusión en la doctrina española, se mantuvo primero en relación con el arrendamiento inscrito en el Registro de la propiedad, al que le reconocen los autores y la propia Exposición de Motivos de la Lh. de 1861 el carácter de *realidad,* dada su oponibilidad *erga omnes* que le permite persistir cuando la cosa arrendada cambia de dueño: ello, frente a la regla general del Cc. según la cual el arriendo no obliga al ulterior adquirente de la finca por acto *inter vivos,* de modo que en caso de enajenación de ésta el contrato queda roto, sin perjuicio de la responsabilidad contractual que pueda incumbir al arrendador. La inscripción determina, pues, la persistencia del derecho del arrendatario frente al nuevo dueño, quien se encuentra, sin acto alguno por su parte, vinculado con aquél por un contrato que no celebró.

Mas, según vamos a ver, la persistencia del arriendo a través de múltiples enajenaciones y frente a cualesquiera titulares ulteriores, no significa que el arrendatario se halle investido de un derecho real. Y si se acepta esto, la inscribibilidad de ciertos arrendamientos no podría servir de argumento para mantener que todos son derechos reales, de igual modo que la exclusión de otros del Registro no permite demostrar (ella sola) que ninguno lo sea. En verdad, la admisión en el Registro parece exigida, más que por una supuesta naturaleza real del arrendamiento, por la finalidad puramente práctica de garantizar la continuidad del mismo mediante la asunción de la situación de arrendador por el adquirente (finalidad que las leyes especiales, al dar eficacia al arrendamiento sometido a ellas frente a los sucesivos adquirentes sin necesidad de inscripción en el Registro, han venido a llenar con mayor energía y eficacia, haciéndolas casi inútiles, las anteriores previsiones legales).

La jurisprudencia del T. S., que en otro tiempo atribuía naturaleza real al arrendamiento inscrito, mantiene hoy fundamentalmente la tesis de la personalidad del derecho, aun acentuando su fuerte incidencia sobre la cosa (cfr. S. 18 marzo 1959).

b) Desde luego, a partir de la primera guerra mundial la posición del arrendatario ha ido adquiriendo en España una amplitud en cuanto a su duración y una firmeza en cuanto a su inherencia a la finca, que le comunican cierta apariencia de derecho real: pero una apariencia muy relativa porque la permanencia y la inherencia que las nuevas leyes atribuyen a la posición de arrendatario se constituyen combinando la posesión del arrendador (protegida por los remedios posesorios) con el mantenimiento de las relaciones contractuales frente a los sucesivos dueños de la finca quc por tiempo fueren. Esta consecuencia de la prórroga forzosa significa algo distinto de la reipersecutoriedad: es una excepción al efecto relativo de los contratos proclamado por el artículo 1.257 Cc. Al suceder el adquirente a título particular en la posición del arrendador, la obligación vincula a persona que no fue parte en el contrato de arrendamiento, como es dicho adquirente, y también al arrendatario, frente a él. Se trata, en suma, de una ampliación del efecto vinculante del contrato, que se produce ahora, no en relación a la generalidad de los terceros, que siguen siendo extraños a él, sino frente al adquirente y nuevo propietario de la cosa, a quien se comunican *ope legis* las obligaciones y derechos personales del originario arrendador, revistiendo entonces aquél la figura de un obligado *propter rem.*

436. Elementos del contrato.

A. Sujetos: capacidad. La capacidad para dar en arriendo depende de las condiciones económicas y duración del negocio, es decir, de si a éste se le considera como un acto de administración o uno de enajenación. Ciertamente, el arrendamiento se suele presentar como el arquetipo del acto de administración, mas esto sólo puede predicarse del pactado por unidades de tiempo y en condiciones corrientes, asimilándose, por el contrario, a los actos de enajenación aquél cuya duración excede de seis años (S. 7 marzo 1996 y las allí citadas), o en el que se anticipa la renta o merced de un largo plazo.

Así, según el art. 1.548 —que la S. 26 junio 1989 califica de norma imperativa, cuya infracción conlleva nulidad de pleno derecho—, *los padres o tutores, respecto de los bienes de los menores o incapacitados, o los administradores de bienes que no tengan poder especial, no podrán dar en arrendamiento las cosas por término que exceda de seis años.* Mas sí podrán hacerlo con autorización judicial.

La misma prohibición alcanza al arrendamiento inscribible distinto de los anteriores, por cuanto el del menor emancipado es un límite o incapacidad de protección. Por tanto, salvo estas limitaciones, un menor emancipado puede dar en arrendamiento cualesquiera bienes suyos, y lo mismo el padre o tutor en nombre del hijo o pupilo *in potestate.*

En cuanto a la *legitimación*, tiene título suficiente para arrendar eficazmente quien puede transferir el goce de la cosa, si bien, en principio, el arrendamiento se extingue cuando se resuelve la titularidad de quien concedió el arriendo: así expresamente, para el usufructo, el art. 480 Cc. Correlativamente, para dar una cosa en arrendamiento inscribible requiere la D.G. la unanimidad de los condueños. Sobre arrendamiento, por la mayoría, de la cosa común, vid. S. 18 junio 1984.

Los mismos que pueden dar bienes en arriendo pueden tomarlos; siendo muy improbable aquí, con todo, que se pueda aplicar al menor emancipado la limitación de los arrendamientos inscribibles.

B. Cosas y objetos que pueden ser objeto de arriendo. Puede ser dado en arriendo cualquier derecho que no sea personalísimo e intransferible y tenga alguna entidad económica. No pueden arrendarse los derechos de uso y habitación (art. 525); ni el derecho de servidumbre predial activa, que es una cualidad de la finca en cuyo favor se ha establecido (art. 534).

a) Por su propia naturaleza son insusceptibles de arriendo *los bienes fungibles que se consumen con el uso* (art. 1.545). Esta regla se refiere exclusivamente a aquellos bienes fungibles cuya única utilidad es precisamente la que determina su consumición. Si tienen también otra posible utilidad distinta, se pueden dar en alquiler: basta, por ejemplo, que se destinen a su exhibición, y no a su consumo *(ad pompam vel ostentationem).*

b) Pueden arrendarse, indudablemente, los derechos que no sean personalísimos y resulten susceptibles de uso y disfrute ajeno.

Así, el derecho de caza (art. 6 y 15 de la Ley) que está sujeto entonces al Derecho común y no a la legislación de arriendos rústicos (S. 8 mayo 1982). En opinión de GULLON el arriendo del derecho de caza no lo es del derecho a cazar, sino concesión del goce parcial de la finca en ese aspecto.

Igualmente los títulos valores: en cierta ocasión he visto cómo la contienda entre dos grupos de accionistas cuyo enfrentamiento radical podía arruinar a la sociedad se resolvió alquilando un grupo a otro sus acciones (desde luego tal «arrendamiento» comporta estipulaciones muy complejas). De las concesiones administrativas, se arriendan alguna vez las de transportes por carretera (art. 35, L. 19 julio 1944, y S. 22 enero 1958); en la jurisprudencia reciente pueden verse arriendos de otras concesiones en las SS. de 19 diciembre 1983 (ferrocarril aéreo del Miramar) y 30 abril 1984 (kiosco de venta de periódicos de concesión municipal).

c) Reviste caracteres especiales el «arrendamiento de empresa», es decir, la cesión, por tiempo determinado o determinable, de los elementos corporales e incorporales que constituyen el establecimiento mercantil (cfr. S. 15 febrero 1984).

Por de pronto, no se trata de una cosa, sino de un conjunto de cosas con individualidad propia pero unidas por un vínculo económico que tiene relevancia en el Derecho, y se manifiesta en casos como éste, en los que el arriendo abarca el conjunto. Pero además, lo que se alquila es una entidad económica en movimiento, en la que no sólo sufren desgaste los elementos del activo fijo, sino que se consumen y son sustituidos por otros los del circulante: existencias, caja y bancos, primeras materias, material fungible, cuentas de clientes y proveedores: en general, los objetos con los que se trafica y sus contrapartidas, quedando facultado el usufructuario o arrendatario para disponer de las existencias a resultas de restituir otro tanto o abonarlas, y así también las materias primas. En la práctica, y para simplificar la liquidación, estos últimos elementos no suelen entrar en el arriendo, sino que se compran por el arrendatario.

C. El precio. El art. 1.543 incluye en la definición del contrato de arrendamiento los elementos de *precio cierto* y *tiempo determinado.*

Requiere el arrendamiento, pues, un precio: sin él, la cesión de uso asume otra figura (S. 2 mayo 1994: la gratuidad es incompatible con la esencia de este contrato). Los romanos exigían que el precio fuera en dinero, como en la compraventa, pero la regulación vigente no contiene tal exigencia, y así el arrendamiento ya no es, respecto al goce, lo que la venta a la titularidad plena (cambio de dinero por cosa), sino el contrato de cesión de uso a cambio de cualquier contraprestación. En la jurisprudencia hay numerosos supuestos de contraprestación en especie (frutos de la finca, estiércol). La S. 29 abril 1952 admite que tal contraprestación puede consistir en servicios, como el de guardería; y la de 1 diciembre 2001 que consista en la entrega de cosa distinta al dinero o en la prestación de algún servicio.

El precio debe ser *cierto* (en el sentido de no aleatorio o contingente: S. 18 abril 1995) lo cual no implica que se señale en una cantidad fija, sino que pueda determinarse por algún procedimiento lícito, llegando la S. 25 febrero 1935 a estimar como cierto el precio del arrendamiento si se estipula que la renta se fijará por los contratantes en su día tomando como base que el propietario había de obtener como remuneración del capital invertido en la futura construcción un interés razonable.

Habitualmente se pacta el pago del precio por fracciones periódicas correspondientes a períodos de tiempo de uso de la cosa (meses, trimestres, años), pero se puede convenir que se pagará de una vez, al comienzo o al final del arrendamiento, o en proporción al uso y desgaste de la cosa, o a éste y al tiempo (automóviles de alquiler sin conductor).

Cuando las partes no han fijado el precio en el contrato, ni directamente ni por referencia a elementos que permitan determinarlo, pero consta inequívocamente su voluntad de arrendar, cabe optar por una de estas soluciones: o confiar la determinación del precio a los tribunales, o considerar nulo el contrato por falta de uno de sus elementos esenciales.

Teóricamente es clara la validez de la segunda de estas dos soluciones, porque la voluntad de contratar no puede suplir la falta de un requisito esencial, y así se deduce asimismo del art. 1.547; si bien el T.S. es poco riguroso en su exigencia, y confía a los tribunales la determinación de la merced arrendaticia cuando hay algún dato que permite a éstos interpretar la voluntad de las partes.

Cuando el arrendamiento es nulo, en principio —dice la S. 10 noviembre 1966— «habría de obligarse a cada uno de los presuntos contratantes a devolver al otro lo que de él recibió, con sus frutos, en la forma dispuesta por el art. 1.303 extensivo a los casos de inexistencia o nulidad radical». Mas no es esa la orientación del art. 1.547 a cuyo tenor, *cuando hubiese comenzado la ejecución de un contrato de arrendamiento verbal y faltare la prueba del precio convenido, el arrendatario devolverá al arrendador la cosa arrendada, abonándole, por el tiempo que la haya disfrutado, el precio que se regule.*

D. El tiempo. En cuanto al tiempo, el art. 1.543 exige que sea «determinado», pero en el sentido de no poder ser el arriendo perpetuo, y no porque sea indispensable fijar su duración: en el propio Cc. los arts. 1.577 y 1.581 parten del supuesto de que los contratantes no han fijado plazo. En el caso de la S. 16 diciembre 1963 se pactó que «el arrendatario puede disponer del local arrendado hasta que lo crea oportuno», estimándose válida tal estipulación. El arrendamiento por tiempo indefinido no es nulo, si bien cualquiera de las partes podrá darlo por terminado mediante la denuncia o revocación unilateral del mismo (S. 26 octubre 1998).

La jurisprudencia, apreciada en relación al caso contemplado en cada sentencia, viene a explicar que es posible un arrendamiento por tiempo indefinido mientras haya una posibilidad razonable de extinguir el contrato tanto a iniciativa del arrendador como del arrendatario en un tiempo tal que la indefinición del plazo no equivalga a perpetuidad. Insisten en esa temporalidad y en la invalidez de la estipulación que concede al inquilino la facultad de prorrogar el contrato indefinidamente a su voluntad, las SS. 17 noviembre y 15 octubre 1984. Cfr., sin embargo, S. 27 octubre 1995.

Puede ocurrir que no exista pacto acerca de la duración del contrato, pudiendo entenderse en tal supuesto que dicho plazo es igual a la unidad de tiempo a que corresponda la retribución fijada. Esta opinión parece, desde luego, defendible para la disciplina del Cc., cuando no se puedan aplicar las reglas de los arts. 1.577 y 1.578-1º, que se estudian más adelante. De modo que, fijada la merced del arrendamiento en una cantidad anual, pagadera por meses adelantados o vencidos, es el año el plazo de duración del contrato. Véase, adicionalmente, cuanto se dice al tratar de la tácita reconducción.

E. Forma e inscripción. La disposición general del art. 1.280 Cc. obliga en el arrendamiento a la observancia de la forma escrita cuando una prestación exceda de 1.500 pesetas, y el apartado 2º de dicho precepto exige que consten en documento público «los arrendamientos de estos mismos bienes (los inmuebles) por seis o más años, siempre que deban perjudicar a tercero». Pero tales exigencias se hallan subordinadas al principio general del art. 1.279, y por eso la jurisprudencia considera suficiente para la perfección del contrato el acuerdo de las partes sobre cosa, precio y tiempo. Según la S. 20 diciembre 1956, ningún precepto legal impone que el contrato de inquilinato haya de constar en los impresos oficiales que el Estado tiene a la venta.

Con arreglo al art. 2-5º Lh., reformado por la ley 29/1994, de 24 de noviembre de arrendamientos urbanos (disp. ad. 2ª), son inscribibles los contratos de arrendamiento de bienes inmuebles, y los subarriendos, cesiones y subrogaciones de los mismos. Especificando a su vez el art. 1.549 que *con relación a terceros, no surtirán efecto los arrendamientos de bienes raíces que no se hallen debidamente inscritos en el Registros de la Propiedad.*

El efecto principal de la inscripción del arrendamiento es, propiamente, el de derogar la regla «venta quita renta» del art. 1.571, imponiendo la contraria, como hoy en los arriendos sujetos a leyes especiales. El efecto derogatorio depende de la inscripción, y no de la buena fe del tercero. En cambio, para que un contratante que inscribe su trato se halle protegido frente a otro contrato no inscrito pero otorgado antes, habrá de tener buena fe.

437. Derechos y deberes del arrendatario.

A. Uso de la cosa. El derecho esencial del arrendatario es el de *usar la cosa* conforme a su destino y a la finalidad con que fue arrendada, haciendo suyos los frutos si aquélla es fructífera. Uso que lleva consigo la *posesión* del objeto.

El uso de la cosa arrendada lo hará el arrendatario *como un diligente padre de familia, destinándola al uso pactado; y, en defecto de pacto, al que se infiera de la naturaleza de la cosa arrendada según la costumbre de la tierra* (art. 1.555-2º). Obsérvese que se exige usar de la cosa, no como un buen padre de familia, sino según su destino: un buen padre de familia podría cambiarlo, y desde luego puede hacerlo un usufructuario mientras respete la forma y sustancia de la cosa.

El art. 1.555-2º ha de entenderse en el sentido de que el arrendatario, en el supuesto de usar la cosa, debe hacerlo sin desviarla del destino pactado y aplicando al uso la diligencia del buen padre de familia. La limitación del uso de la cosa al «destino pactado» habrá de interpretarse con una razonable amplitud conforme a la buena fe. Destinar la cosa a un uso distinto es causa de desahucio (y de responsabilidad si se causan daños).

B. Conservación y reparaciones. Custodia. Indice y medida de la obligación de conservar la cosa es el art. 1.561, a cuyo tenor *el arrendatario debe devolver la finca, al concluir el arriendo, tal como la recibió, salvo lo que hubiere perecido o se hubiera menoscabado por el tiempo o por causa inevitable.* También si la cosa se ha modificado por acuerdo de las partes. Fuera de esto, el arrendatario debe tener la cosa de tal modo que cuando deba entregarla se conserve en un estado equivalente al que tenía al comenzar el arrendamiento; no le están permitidas modificaciones configurativas o estructurales (S. 5 abril 1991). Añade el art. 1.562 que *a falta de expresión del estado de la finca al tiempo de arrendarla, la ley presume que el arrendatario la recibió en buen estado, salvo prueba en contrario*. Se trata de presunción *iuris tantum* (S. 3 diciembre 1992).

En principio, es el dueño quien debe reparar los desperfectos de la cosa, según veremos al comentar el art. 1.554-2º. Mas ¿quedan a cargo del arrendatario algunas reparaciones? El tenor del citado precepto parece imponer la negativa; y sin embargo es evidente que algunas composturas en la cosa no podrían ser exigidas al dueño; renovar la pintura de un piso o local que ha ido desluciéndose con el tiempo y el uso del propio arrendatario, o poner un cristal roto por él, aun fortuitamente. Si bien tampoco el dueño puede pretender, cuando el inquilino abandone el piso, que se lo restituya pintado: la pintura fresca es algo cuya restitución no se puede exigir, porque, como dice el art. 1.561, se ha menoscabado por el tiempo.

Como contrapartida a su facultad de uso y goce de la cosa el arrendatario tiene igualmente el deber de custodiarla, a fin de que no sea sustraída o usurpada, ni sufra daños. Así, según el art. 1.559 Cc., *el arrendatario está obligado a poner en conocimiento del propietario, en el más breve plazo posible, toda usurpación o novedad dañosa que otro haya realizado o abiertamente prepare en la cosa arrendada. También está obligado a poner en conocimiento del dueño, con la misma urgencia, la necesidad de todas las reparaciones comprendidas en el número 2º del artículo 1.554. En ambos casos será responsable el arrendatario de los daños y perjuicios que por su negligencia se ocasionaren al propietario.* (Cfr. SS. 26 junio 1952 y 7 junio 1988).

Según el art. 1.563, *el arrendatario es responsable del deterioro o pérdida que tuviere la cosa arrendada, a no ser que pruebe haberse ocasionado sin culpa suya.* Con arreglo a este precepto, por tanto, no es precisa la demostración del caso fortuito o la fuerza mayor para quedar exonerado de responsabilidad; pero tampoco basta que el poseedor demuestre que por su parte ha empleado toda la diligencia debida para evitar el daño, quedando exonerado únicamente si prueba que tal daño se ha producido por la causa que sea, pero sin culpa suya: el precepto, entonces, establece una presunción de culpabilidad contra el arrendatario (lo dicen así muchas sentencias: cfr. la de 9 noviembre 1993 y allí citadas; la de 30 diciembre 1995 habla de "presunción iuris tantum más que de culpabilidad, de responsabilidad"). Esta distinción no es un juego de palabras: en el caso de incendio de un local arrendado, los tribunales hacen responsable del provocado por causas desconocidas al arrendatario (por ejemplo, SS. 6 abril 1985, 24 septiembre 1983 y 20 marzo 1971), sin que pueda liberarle haber tomado, en general, las precauciones habituales para evitar el siniestro.

El arrendatario es responsable del deterioro causado por las personas de su casa (art. 1.564); expresión ésta que comprende familiares, empleados, colaboradores e incluso amigos que se hallen en su casa, aun accidentalmente, y causen el daño prevaliéndose de esta ubicación.

C. Mejoras. ¿Puede el arrendatario mejorar la cosa arrendada? El art. 1.557 prohíbe al arrendador *(el dueño,* le llama) *variar la forma de la cosa arrendada,* de donde cabría inferir que tampoco podrá hacerlo el arrendatario, quien además debe *devolver la finca tal como la recibió* (art. 1.561), y por tanto con el mismo aspecto y estructura. Ahora bien: si, como dice el art. 1.573, *el arrendatario tendrá respecto de las mejoras útiles y voluntarias, el mismo derecho que se concede al usufructuario,* parece que se ha de aplicar aquí el art. 487, con una particular limitación, correspondiente a la especificidad del goce del arrendatario: las mejoras no pueden tampoco alterar el destino económico de la cosa. Con estas salvedades, pues, el arrendatario sometido al Cc. podrá realizar mejoras que lo sean objetivamente, y no sólo con arreglo a criterios subjetivos. Veremos en los §§ sucesivos cómo en tema de inmuebles sometidos a la legislación especial el criterio es distinto: muy restrictivo para el arrendamiento urbano, en el cual se halla prohibida o muy condicionada toda obra que «altere la configuración» aunque sea extraordinariamente beneficiosa, y más amplio en los rústicos.

El art. 1.573 concede al arrendatario, mediante su referencia al 487, el derecho la retirar las mejoras (*ius tollendi),* a la vez que le niega cualquier indemnización. Las mejoras pueden compensarse con los desperfectos: S. 13 abril 1964.

D. Pago del precio. Según el art. 1.555-1º Cc. *el arrendatario está obligado a pagar el precio del arrendamiento en los términos convenidos.* Tal obligación es recíproca del mantenimiento del arrendatario en el goce por el arrendador. Pero puede cesar el goce y persistir la obligación de pago cuando tal privación del goce sobreviene por culpa del arrendatario: piénsese en el vehículo que sufre un accidente o es precintado al no circular en condiciones reglamentarias por culpa del arrendatario (S. 16 marzo 1944: véase también 19 diciembre 1941).

Según el art. 1.574, *si nada se hubiera pactado sobre el lugar y tiempo del pago del arrendamiento, se estará, en cuanto al lugar, a lo dispuesto en el artículo 1.171; y, en cuanto al tiempo, a la costumbre de la tierra.* Por tanto, en principio, la merced se pagará en el domicilio del arrendatario. Para el cobro de su crédito tiene el arrendador el privilegio del art. 1.922-7º Cc.

E. Restitución. Extinguido el arrendamiento tiene el arrendatario la obligación de restituir la cosa arrendada conforme al art. 1.561, dejando la finca libre de cualesquiera objetos de su propiedad, y pudiendo entonces el dueño comprobar los desperfectos antes o en el momento de recibirla (véase S. 3 diciembre 1982).

F. Gastos. En virtud del artl. 1.555-3º, el arrendatario viene obligado *a pagar los gastos que ocasione la escritura del contrato,* en el supuesto de haber escritura: también el impuesto de transmisiones y actos jurídicos documentados.

438. Enajenación y gravamen del derecho del arrendatario. Subarriendo.

A. Transmisibilidad. Ningún art. del Cc. elimina, para el arrendatario, la regla general del art. 1.112 Cc., de transmisibilidad de los derechos de crédito. Por tanto, el crédito nacido del arriendo, para el arrendatario y frente al arrendador es, en principio, transmisible tanto *inter vivos* como *mortis causa,* total o parcialmente, y así lo corrobora el art. 1.550 al permitir el subarriendo, que a fin de cuentas se resuelve en el ejercicio, por parte del subarrendatario, de las facultades de uso y goce correspondientes al arrendatario en virtud de su derecho de crédito. A su vez la posición contractual de arrendatario en principlo pasa íntegra al heredero en el caso de fallecimiento de aquél: se trata de derechos que no se extinguen con la muerte, es decir, que no son personalísimos, y que sólo se entienden creados *intuitu personae* cuando así resulte del contrato.

B. Subarriendo y cesión de arrendamiento. La diferencia fundamental entre la cesión de arrendamiento y el subarriendo consiste en la asunción, o no, por el cesionario, de la posición contractual del arrendatario cedente. Ambas variedades tienen en común que el subarrendatario o el cesionario reciben —dice la S. 9 febrero 1940— «el uso o disfrute de cosa ajena por tiempo y precio ciertos, esto es, el propio del arrendamiento que les sirve de base, y si el derivarse de éste ambas figuras contractuales, con sus mismas naturaleza y finalidad, las hace similares, en cambio se diferencian entre sí en que mientras la primera de ellas es relación y vínculo que liga y afecta tan sólo al subarrendador y al subarrendatario, sin que se alteren las relaciones jurídicas preexistentes con el arrendador, la segunda implica novación del primitivo arrendamiento, en el que el arrendatario cedente queda sustituido por el cesionario, de suerte que éste asume sus derechos y obligaciones respecto del arrendador, sin consentimiento del cual no puede ser eficazmente concertada la cesión». La transmisión de la íntegra posición de contratante sólo es posible sin novación, insisto, por vía de sucesión universal.

En la jurisprudencia son bastantes las sentencias que, a partir de la de 2 junio 1927, reconocen validez a la cesión de arrendamiento en los términos ahora indicados. La de 23 junio 1947 la califica de «novación por sustitución del arrendatario»; y la de 28 abril 1966 de «negocio trilateral», al requerir la concurrencia de tres declaraciones de voluntad.

C. Hipoteca del derecho arrendaticio. Siendo el derecho arrendaticio alienable en la medida ahora expuesta: ¿es también susceptible de ser dado en garantía hipotecaria? Esto es: ¿puede el arrendatario constituir hipoteca sobre él?

Obsérvese que para que un derecho sea hipotecable no basta que se pueda enajenar: además, ha de tener acceso al Registro de la propiedad, por cuanto la hipoteca es un derecho de constitución registral.

Ahora bien: el art. 2 Lh., si permite la inscripción de los contratos de arriendo, según se ha visto *supra* (art. 2-5º Lh.), lo hace a efectos de su oponibilidad frente a los ulteriores adquirentes de la finca, y no porque sea real el derecho del arrendatario: precisamente ya se ha llegado aquí a la conclusión de que se trata de un derecho de crédito. Según esto, el derecho arrendaticio sólo podría hipotecarse incluido en el establecimiento mercantil, objeto posible de la hipoteca mobiliaria (Lh. mob., art. 2º).

Tal es la conclusión a que se llega en un análisis conceptual del problema. Sin embargo, la D.G.R. viene admitiendo la hipoteca desde sus RR. de 12 marzo 1902 y 15 junio 1929, fundada en la inscribilidad del derecho (en la doctrina, defienden la misma solución MORELL y, con mejores argumentos, VALLET DE GOYTISOLO).

D. El subarriendo en el Cc. . El Cc. no disciplina la cesión de la posición de arrendatario, sino el subarriendo, en los siguientes preceptos:

Art. 1.550. *Cuando en el contrato de arrendamiento de cosas no se prohíba expresamente, podrá el arrendatario subarrendar en todo o en parte la cosa arrendada, sin perjuicio de su responsabilidad al cumplimiento del contrato para con el arrendador.* Hay aquí entonces, un nuevo contrato de arrendamiento, en el cual actúa como arrendador quien en el primero es arrendatario, comunicando en parte o en todo las facultades de uso y goce que en virtud del anterior contrato le corresponden (véase S. 23 marzo 2006).

Distinto del arrendamiento principal, el subarriendo, en principio, carece de efectos frente al arrendador. Este conserva su crédito contra el arrendatario principal, y sigue vinculado frente a él; no asume obligación alguna en beneficio del subarrendatario, quien, pues, únicamente puede dirigirse contra el arrendador inicial mediante una suerte de acción subrogatoria, cuando dicho arrendador no satisface frente al arrendatario principal las obligaciones que resulten del contrato.

Art. 1.551. *Sin perjuicio de su obligación para con el subarrendador, queda el subarrendatario obligado a favor del arrendador por todos los actos que se refieren al uso y conservación de la cosa arrendada en la forma pactada entre el arrendador y el arrendatario.* Es decir, el arrendador tendrá acción directa contra él.

Según el art. 1.552, *el subarrendatario queda también obligado para con el arrendador por el importe del precio convenido en el subarriendo que se halle debiendo al tiempo del requerimiento, considerando no hechos los pagos adelantados, a no haberlos verificado con arreglo a la costumbre.* El subarrendatario no viene obligado a hacer efectivas al arrendador las cantidades adeudadas al arrendatario principal que dicho arrendador le reclama: es, simplemente, un garante de su *auctor*, y sólo responde, hasta el nivel de lo adeudado por él, de aquellas cantidades realmente debidas (como precio del arrendamiento, o también por otros conceptos: indemnización, gastos de contrato, etc.) que se le reclamen por no hacerlas efectivas el *auctor* en cuestión, previa comprobación suficiente de tales circunstancias.

439. Obligaciones del arrendador.

Las principales se enumeran en el art. 1.554.

A. Entrega. Conforme al apartado primero del citado precepto, el arrendador estará obligado *a entregar al arrendatario la cosa objeto del contrato* (cfr. S. 2 marzo 1963, 30 mayo 1994 y 22 diciembre 2006).

Así como al vendedor le basta con entregar la cosa tal como se encuentra en el momento de la venta (a menos que dolosamente haya ocultado su estado de deterioro), el arrendador, aunque no lo diga expresamente el Cc., en principio está obligado a entregar la cosa en buen estado de conservación, y por tanto, no sólo apta para servir al uso que se la destina (S. 30 mayo 1994), sino bien conservada y, en su caso, con un aspecto externo correspondiente a tal estado de conservación. Aún las reparaciones ínfimas que en el curso del contrato correrían acaso a cargo del arrendatario, al iniciarse éste son de cuenta del arrendador.

Aunque formulado para la restitución, rige para la entrega el art. 1.562: *a falta de expresión del estado de la finca al tiempo de arrendarla, la ley presume que el arrendatario la recibió en buen estado, salvo prueba en contrario* (S. 25 junio 1985).

B. Reparaciones. El arrendador, que debe (en lo que de él depende) conservar la cosa y *no puede variar la forma de la cosa arrendada* (art. 1.557), está obligado a hacer en la cosa *durante el arrendamiento todas las reparaciones necesarias a fin de conservarla en estado de servir para el uso a que ha sido destinada* (art. 1.554-2º) (cfr. S. 18 octubre 1993). Nótese la diferencia con el usufructo: en éste, el nudo propietario no tiene ninguna obligación de entretenimiento.

La realización de las reparaciones no es sólo un deber del arrendador, sino también un derecho, y por parte del arrendatario constituye una carga, componente de su deber de conservación, prevenir al dueño de los desperfectos y tolerar las molestias de las obras.

En el primer aspecto, el ya citado art. 1.559 le obliga a poner en conocimiento del propietario en el plazo más breve posible la necesidad de todas las reparaciones comprendidas en el art. 1.554-2º siendo responsable de los daños y perjuicios que por su negligencia se ocasionen (S. 7 junio 1998).

El segundo, lo disciplina el art. 1.558 como sigue: *Si durante el arrendamiento es necesario hacer alguna reparación urgente en la cosa arrendada que no pueda diferirse hasta la conclusión del arriendo, tiene el arrendatario obligación de tolerar la obra, aunque le sea muy molesta, y aunque durante ella se vea privado de una parte de la finca.* Cfr. S. 9 febrero 1948). La urgencia se refiere en este precepto, dictado en favor del arrendador, a la conservación de la integridad de la cosa: no es indispensable que ésta quede inutilizada en el momento para cumplir su finalidad, sino que del aplazamiento de la reparación se siga un daño irreparable, en el futuro, para la conservación de la cosa, aunque sus consecuencias sólo se manifiesten más tarde; o que la reparación resulte luego muy cara por el sucesivo desmerecimiento causado por la avería.

Si la reparación dura más de cuarenta días, debe disminuirse el precio del arriendo a proporción del tiempo y de la parte de la finca de que el arrendatario se vea privado. Hay que entender, con GARCIA GOYENA, que en esta rebaja el tiempo se computa, no a partir del día cuarenta y uno, sino también contando con los cuarenta primeros días.

Si la obra es de tal naturaleza que hace inhabitable la parte que el arrendatario y su familia necesitan para su habitación, puede éste rescindir el contrato. Si el arrendador no hace las reparaciones necesarias, ¿puede el arrendatario realizarlas a costa de aquél? La S. 20 diciembre 1949 lo resuelve afirmativamente.

C. Garantía. Finalmente, el arrendador está obligado a *mantener al arrendatario en el goce pacífico del arrendamiento por todo el tiempo del contrato* (art. 1.554-3º). Véase S. 15 diciembre 1993.

a) *Perturbaciones en el uso.* Responde, en primer lugar, el arrendador de cualquier hecho de tercero que dañe el derecho del arrendatario a través de un ataque a la titularidad dominical, de disfrute, etc. Así resulta, además, *a contrario,* del art. 1.560, a cuyo tenor *el arrendador no está obligado a responder de la perturbación de mero hecho que un tercero causare en el uso de la finca arrendada; pero el arrendatario tendrá acción directa contra el perturbador. No existe perturbación de hecho cuando el tercero, ya sea la Administración, ya un particular, ha obrado en virtud de un derecho que le corresponde.* Cfr. S. 23 julio 1993.

El arrendatario, pues, se defenderá él mismo frente a aquellas molestias que no se basan en una contradicción o gravamen de la titularidad jurídica del dueño, para lo cual le está abierta la vía de los interdictos (SS. 24 enero y 10 noviembre 1992) o, en su caso, la vía criminal. O sea: cuando las molestias o perturbaciones causadas al arrendatario por un tercero (que normalmente será un vecino) no se concretan en una pretensión jurídica, son molestias de hecho —aunque se funden sobre un derecho— y no entran en la obligación de garantía del arrendador. Por ejemplo, si uno se introduce en la finca arrendada y la ocupa.

Cuando la perturbación da lugar a interdicto, éste puede ser planteado igualmente por el dueño, cuya posesión mediata se entiende lesionada a la vez que la inmediata del arrendatario. En la obligación de custodia del arrendatario entra entonces la de avisar al arrendador: conforme al art. 1.559, ya citado, debe comunicarle urgentemente toda usurpación o novedad dañosa realizada por otro, siendo responsable, si no lo hace, de los daños y perjuicios.

b) *Saneamiento.* La responsabilidad del dueño en los casos de perturbación jurídica de la posesión arrendaticia equivale la obligación de saneamiento en caso de evicción: según el art. 1.553 *son aplicables al contrato de arrendamiento las disposiciones sobre saneamiento contenidas en el título de la compraventa. En los casos en que proceda la devolución del precio, se hará la disminución proporcional al tiempo que el arrendatario haya disfrutado de la cosa*, cuya rebaja procede también proporcionalmente, cuando disminuye, no ya el tiempo, sino la intensidad o el rendimiento del disfrute.

La *evicción* se puede producir en el arrendamiento de dos maneras: *a),* sin ser demandado el arrendatario, al impugnar alguien la titularidad del arrendador (reivindica la cosa arrendada); *b),* discutiendo el demandante el derecho del mismo arrendatario (aparece un titular antecedente de derecho real o personal de goce concedido por el mismo *auctor).* En ambos casos los preceptos sobre evicción se aplicarán con las necesarias adaptaciones y acaso como un criterio para graduar la indemnización prevista por el art. 1.556.

El art. 1.553 impone asimismo la aplicación de los preceptos sobre saneamiento por vicios ocultos, pero teniendo en cuenta la obligación del arrendador de conservar la cosa arrendada en estado de servir, mientras dura el arrendamiento, para el uso a que ha sido destinada, por lo cual el dueño responde de los defectos que surjan con posterioridad al contrato y durante todo el desarrollo de éste: naturalmente, ha de tratarse de defectos desconocidos para el arrendatario, y además, para permitir a éste pedir la resolución del contrato, habrán de revestir una razonable gravedad, de acuerdo con el art. 1.484. Procederá adicionalmente la indemnización de daños y perjuicios cuando el defecto provenga de culpa del dueño.

c) *Perturbaciones procedentes del arrendador.* La perturbación puede ser causada por acto del propio arrendador; sea de hecho, como suprimir las vistas del predio arrendado, cortarle el paso, etc., o de derecho, como aquellos supuestos de evicción en los cuales la titularidad del contradictor deriva del propio dueño que concedió el arrendamiento (alquiler a un tercero).

Recuérdese que el art. 1.557 prohíbe expresamente al arrendador *variar la forma de la cosa arrendada,* y por tanto cualquier otra inmisión similar en relación con ella.

Frente al arrendador que perturba la posesión arrendaticia el arrendatario puede hacer uso del interdicto correspondiente: cfr. art. 240.1-2º y 4º Lec. Todo lo cual no limita el derecho del arrendatario a reclamar el cumplimiento del contrato o la indemnización, proponiendo las acciones pertinentes.

440. La enajenación de la cosa arrendada.

En el Derecho romano, como entre arrendador y arrendatario no nacen sino relaciones de obligación, sin eficacia real alguna, el adquirente de una cosa arrendada, no estando afectado por las obligaciones personales del arrendador, que son *res inter alios acta,* podía arrebatarla o expulsar de ella al arrendatario. Este, entonces, sólo podía reclamar del arrendador la indemnización correspondiente. El Derecho histórico español sigue la línea del romano *(venta quita renta).*

Ulteriormente la posesión del arrendatario frente a las enajenaciones realizadas por su *auctor* se afirmó en ciertas legislaciones, como en el Código de Napoleón, que no permite al adquirente expulsar al arrendatario cuyo derecho tiene fecha cierta salvo si el arrendador se había reservado este derecho al contratar. Nuestro Cc. de 1889, al contrario, sigue aceptando la regla romana como principio, si bien con la excepción de los arrendamientos inscribibles.

He aquí los textos: Art. 1.571. El *comprador de una finca arrendada tiene derecho a que termine el arriendo vigente al verificarse la venta, salvo pacto en contrario y lo dispuesto en la Ley Hipotecaria. Si el comprador usare de este derecho, el arrendatario podrá exigir que se le deje recoger los frutos de la cosecha que corresponda al año agrícola corriente y que el vendedor indemnice los daños y perjuicios que se le causen.* Cfr. S. 21 julio 1998.

El pacto en contrario —que puede ser tácito: cfr. S. 24 sept. 1983— es el que se celebra entre vendedor y comprador, produciéndose la cesión de contrato, entonces, con mucha mayor facilidad que si la intenta el arrendatario, y sin novación: el nuevo dueño asume el lugar del antiguo y el ocupante de la finca nada puede objetar, como si el pago del arriendo por su parte fuera una *obligatio propter rem*. Al menos queda claro que la figura del dueño es fungible, y que el inquilino o colono no podría rechazar al nuevo cocontratante subrogado.

Art. 1.572. *El comprador con pacto de retraer no puede usar de la facultad de desahuciar al arrendatario hasta que haya concluido el plazo para usar del retracto.* La resolución en virtud del art. 1.571-1º, se produce también en cualquier enajenación, por título distinto del de venta, de cualquier derecho incompatible con el goce del arrendatario. La terminación del arriendo es instantánea desde la intimación del comprador, y no está condicionada a ningún plazo de preaviso ni a la práctica de ningún requerimiento.

441. Extinción del arrendamiento.

A. Resolución. Conforme al art. 1.556 Cc., *si el arrendador o el arrendatario no cumplieren las obligaciones expresadas en los artículos anteriores, podrán pedir la rescisión del contrato y la indemnización de daños y perjuicios, o sólo esto último, dejando el contrato subsistente.* El precepto es una aplicación del art. 1.124 (cfr. S. 11 febrero 2002). La resolución, a falta de pago, es eficaz a partir del momento en que se pronuncia, con efecto retroactivo a la época en que cesó el pago: no a la de celebrarse el contrato.

Según el art. 1.568, *si se pierde la cosa arrendada o alguno de los contratantes falta al cumplimiento de lo estipulado, se observará respectivamente lo dispuesto en los artículos 1.182 y 1.183 y en los 1.101 y 1.124.* Remite este precepto, en caso de incumplimiento de las obligaciones recíprocas, directamente al art. 1.124, aplicable, sin duda, igualmente al arrendamiento, de modo que la resolución puede producirse por manifestación extrajudicial del arrendador, aunque la jurisprudencia sea vacilante al respecto.

B. Cumplimiento del término. La «tácita reconducción». Según el art. *1.565 si el arrendamiento se ha hecho por tiempo determinado, concluye el día prefijado sin necesidad de requerimiento.* Pero esta regla tiene una importante excepción en el art. 1.566, a cuyo tenor *si al terminar el contrato permanece el arrendatario disfrutando quince días de la cosa arrendada con aquiescencia del arrendador, se entiende que hay tácita reconducción por el tiempo que establecen los artículos 1.577 y 1.581, a menos que haya precedido requerimiento.* Es discutible si vale esto también para los bienes muebles (la jurisprudencia lo admite para el arrendamiento de industria), pues aunque el fundamento de la norma no es específico de los fundos, la limitación que tal norma impone a los contratantes (a ambos) es de interpretación restrictiva, y en el Derecho histórico (Part. 5, 8, 20; D. 8 junio 1813) se refería sólo a las fincas rústicas.

El acuerdo firmado por las partes, una vez decretado el desahucio, demorando el lanzamiento, no supone tácita reconducción (S. 30 enero 1978).

Como señala constantemente la jurisprudencia, la tácita reconducción no es una prórroga del contrato anterior, sino un nuevo contrato (S. 20 septiembre 1991), «del que son elementos esenciales –dice, por ejemplo, la S. 30 diciembre 1981– la permanencia del arrendatario en el disfrute de la cosa arrendada, la aquiescencia del arrendador y que no haya precedido requerimiento del desahucio». El tiempo de duración del nuevo arrendamiento no es igual al pactado inicialmente sino el que señalan los arts. 1.577 y 1.581 (S. 21 febrero 1985).

Tratándose de un nuevo contrato, *en el caso de la tácita reconducción, cesan respecto de ella las obligaciones otorgadas por un tercero para la seguridad del contrato principal* (art. 1.567). En cambio las obligaciones establecidas en el contrato originario no por terceros, sino por las partes, persisten en el contrato renovado en virtud de la voluntad presunta que supone la tácita reconducción (S. 26 octubre 1964).

442. El juicio de desahucio.

A la terminación del arriendo la Lec. de 1881 regulaba, en favor del dueño de la finca (o usufructuario, o enfiteuta, o titular de cualquier otro derecho real que le dé facultad de disfrutarla) un procedimiento especial, abreviado, para recuperar lo que el art. 1.564 de dicho cuerpo llamaba la *posesión real* del inmueble.

Acorde con ese art. 1564 de aquella Ley, el art. 1.569 Cc. establece que *el arrendador podrá desahuciar judicialmente al arrendatario por alguna de las causas siguientes:*

1º *Haber expirado el término convencional o el que se fija para la duración de los arrendamientos en los artículos 1.577 y 1.581.*(S. 22 noviembre 1994).

2º *Falta de pago en el precio convenido.* No se admite que el pago en el curso del juicio y ni aun luego de caer en mora tenga eficacia para enervar la accion.

3º *Infracción de cualquiera de las condiciones estipuladas en el contrato.* Desde luego, infracción culposa o dolosa. En opinión de la doctrina cabe también el desahucio en el caso del art. 1.571.

4º *Destinar la cosa arrendada a usos o servicios no pactados que la hagan desmerecer; o no sujetarse en su uso a lo que se ordena en el número 2º del artículo 1.555.*

Con arreglo al art. 1.570, *fuera de los casos mencionados en el artículo anterior, tendrá el arrendatario derecho a aprovechar los términos establecidos en los artículos 1.577 y 1.581.*

Sobre el procedimiento de desahucio, cfr. arts. 439.3 (inadmisión de la demanda), 444.1 (limitación de medios de defensa) y 250.1-1º (tramitación por el juicio verbal) de la Lec.

INDICACIÓN BIBLIOGRÁFICA. LUCAS FERNÁNDEZ, coment. a los correspondientes artículos del Cc. en los *Comentarios* de EDERSA, Madrid, 1980, y en el *Comentario del Código Civil* (Ministerio de Justicia, Madrid, 1991); VALLET DE GOYTISOLO, *Notas críticas sobre la pretendida naturaleza personal del derecho de arrendamiento,* en «Estudios sobre Derecho de cosas», Madrid, 1973, pág. 513; BALLARIN MARCIAL, coment. a la S. 20 septiembre 1950, en RDP., 1951, pág. 959; MORENO MOCHOLI, *Sobre la naturaleza jurídica del derecho del arrendatario,* en RGLJ, 1948, I, pág. 22. También VALLET DE GOYTISOLO, *Hipoteca del derecho arrendaticio, especialmente de empresa y locales de negocio,* Madrid 1951; ARANGO, *Hipoteca del arrendamiento de inmuebles,* en RDCI., 1948, pág. 558; DE CASTRO Y BRAVO, *Cesión de arriendo y subarriendo,* en RGLJ., 1930, pág. 130; BENAVENTE MOREDA, P., *La venta de cosa arrendada*, Madrid, 1998. BELTRÁN DE HEREDIA Y ONIS, *La obligación de saneamiento en el arrendamiento,* en RDP., 1964, pág. 367.

§ 89. LAS DISPOSICIONES ESPECIALES DEL CÓDIGO

443. Inmuebles urbanos.

El Cc. contiene tres preceptos de específica aplicación al arrendamiento de fincas urbanas (es decir, de construcciones). Son los siguientes:

En defecto de pacto especial, se estará a la costumbre del pueblo para las reparaciones de los predios urbanos que deben ser de cuenta del propietario. En caso de duda se entenderán de cargo de éste (art. 1.580). Pero, como se ve, la costumbre puede poner ciertas reparaciones a cargo del arrendatario: piénsese en el ejemplo de la pintura de la casa.

Si no hubiese fijado plazo al arrendamiento, se entiende hecho por años cuando se ha fijado un alquiler anual, por meses cuando es mensual, por días cuando es diario. En todo caso cesa el arrendamiento, sin necesidad de requerimiento especial, cumplido el término (art. 1.581). Según la S. 2 julio 1964, pactada una renta de 2.200 pesetas al año pagadera por meses, «el dato a tener en cuenta no es el modo o forma en que la renta se pague, sino el período de tiempo que los contratantes hayan tomado como tipo para fijar el alquiler». Es decir, el año (S. 20 septiembre 1996). En cambio, según la S. 3 noviembre 1973, al haberse pactado el importe de la renta por anualidades, tal debe ser el plazo contractual a los efectos de la prórroga.

Cuando el arrendador de una casa, o de parte de ella, destinada a la habitación de una familia, o de una tienda, o almacén, o establecimiento industrial, arrienda también los muebles, el arrendamiento de éstos se entenderá por el tiempo que dure el de la finca arrendada (art. 1.582). Este precepto, que disciplina la suerte de los muebles arrendados y no la de la finca, rige para los arrendamientos sometidos a la LAU.

444. Fincas rústicas.

La sección del Cc. dedicada al arriendo de fincas rústicas se entiende si perjuicio de la legislación especial, de preferente aplicación en casi todos los casos. Contiene los siguientes preceptos:

El arrendatario no tendrá derecho a rebaja de la renta por esterilidad de la tierra arrendada o *por pérdida de frutos proveniente de casos fortuitos ordinarios, pero sí, en caso de pérdida de más de la mitad de frutos por casos fortuitos extraordinarios e imprevistos, salvo siempre el pacto especial en contrario. Entiéndese por casos fortuitos extraordinarios: el incendio, guerra, peste, inundación insólita, langosta, terremoto u otro igualmente desacostumbrado, y que los contratantes no hayan podido racionalmente prever* (art. 1.575).

Tampoco tiene el arrendatario derecho a rebaja de la renta cuando los frutos se han perdido después de estar separados de su raíz o tronco (art. 1.576).

El arrendamiento de un predio rústico, cuando no se fija su duración, se entiende hecho por todo el tiempo necesario para la recolección de los frutos que toda la finca arrendada diere en un año o puede dar por una vez, aunque pasen dos o más años para obtenerlos. El de tierras labrantías, divididas en dos o más hojas, se entiende por tantos años cuantas sean éstas (art. 1.577). La norma se funda en la presunta intención de las partes. Tratándose de bosque, cuando el plan dasocrático previene cortas sucesivas parciales y periódicas, como es corriente, con arreglo al precepto el arrendamiento dura el tiempo preciso para que se corte una vez la totalidad del bosque.

El arrendatario saliente debe permitir al entrante (en su caso, al propietario que va a cultivar él directamente) *el uso del local y demás medios necesarios para las labores preparatorias del año siguiente; y, recíprocamente, el entrante tiene obligación de permitir al colono saliente lo necesario para la recolección y aprovechamiento de los frutos, todo con arreglo a la costumbre del pueblo* (art. 1.578). Esta recolección se permite a todo colono saliente, aunque haya pagado la renta sólo en el curso del juicio de desahucio. Cfr. también art. 1.579.

INDICACIÓN BIBLIOGRÁFICA. COVACHO, *La regulación de los arrendamientos rústicos en el Código civil,* Murcia, 1989.

§ 90.LA LEGISLACIÓN ESPECIAL SOBRE ARRENDAMIENTOS URBANOS

445. Antecedentes y situación actual.

Las limitaciones a la facultad de despedir al arrendatario al acabar el plazo contractual, acogida en el Cc., se inician en España en 1920 y siguen, como norma de excepción, hasta después de la guerra civil. Se elabora entonces la primera gran Ley de arrendamientos urbanos de 31 de diciembre de 1946, modificada sobre todo en 1949 y 1955 y, luego, por la Ley de 11 de junio de 1964, cuya reforma fue articulada por Decreto de 24 de diciembre siguiente. Este último texto, seguramente el más detallado y casuista del mundo y técnicamente uno de los peores, se orientaba, en lo esencial, por prorrogar el arriendo, en principio, por tiempo muy largo, con la posibilidad, inclusive, de que fallecido el locatario se subrogasen en su lugar otras personas. Después de esta norma, aparecen otras de escasa transcendencia, encaminadas a actualizar tímidamente las rentas, hasta el importantísimo RDL. de 30 abril 1985, que termina con el régimen de prórroga forzosa para los arrendamientos que se pacten en lo sucesivo y, así, prácticamente, para ellos, con la congelación de la renta. Esta norma, aparecida dentro de un conjunto de medidas de reactivación económica y como una más entre ellas, se dirigió a fomentar la construcción de viviendas en alquiler, de modo que el legislador, que no procedió aquí por motivos de justicia sino de oportunidad, no tuvo en cuenta los arrendamientos sobre los edificios ya anteriormente contratados, apareciendo una dualidad de situaciones para los arrendamientos urbanos.

La injusticia que había creado la legislación excesivamente protectora del arrendatario —de rentas «ineconómicas» para el arrendador habla el propio legislador— se quiso paliar mediante la Ley de 24 de noviembre de 1994, que reglamenta, de manera más sencilla que la precedente, el contrato de arrendamiento urbano y establece previsiones para mitigar la situación que para los arrendadores supuso haber alquilado sus inmuebles bajo el imperio de aquella legislación. Ley modificada parcialmente por la 4/2013, de 4 junio, "de medidas de flexibilización y fomento del mercado del alquiler de viviendas" (título que indica su finalidad coyuntural).

446. Contenido y ámbito de aplicación de la LAU.

La aludida legislación arrendaticia urbana no se dirige a disciplinar todos los arrendamientos de inmuebles urbanos, sino sólo algunos, según vamos a ver. Además, aún en cuanto a éstos, respeta en buena parte una legislación anterior y, si bien pretende superar su particularismo, no siempre disciplina los aspectos generales del contrato a que se refiere.

A. Caracteres. De sus disposiciones resultan los siguientes:

a) *Diferenciación del régimen arrendaticio de las viviendas y del de los locales para uso distinto del de vivienda.* Constituye el primero un régimen de tipo tuitivo de los intereses del arrendatario y sometido a una regulación de naturaleza frecuentemente imperativa, mientras se configura al segundo con una mayor flexibilidad y queda casi completamente sometido a la discrecionalidad de la libertad de pacto entre los contratantes. En consecuencia, a las normas legales que se dedican al arrendamiento de vivienda les alcanza la nota de la irrenunciabilidad.

b) *Sentido familiar.* El legislador ha planteado el régimen del arrendamiento protegido de vivienda con un sentido familiar: son los familiares del arrendatario quienes suceden (se subrogan) en el alquiler, si bien ya no se autoriza la cesión a los mismos de la vivienda en vida del arrendatario, y el vínculo familiar permite que el arrendamiento de vivienda no pierda tal carácter aunque el arrendatario no tenga en ella su residencia permanente (art. 7); el arrendamiento continúa en favor del cónyuge o del conviviente del arrendatario, que, sin su consentimiento hubiera decidido no renovar el contrato, cuando podía prorrogarse, o hubiera desistido del mismo (art. 12); etc. Cfr. arts. 16 y 33 y dispos. trans. 2ª y 3ª LAU.

c) *Ley estatal de carácter tendencialmente general.* La LAU es una ley civil dictada por el Estado al amparo del art. 149.1,8 Const. (disp. final 1ª) y tiene el carácter de ley aplicable a todo el territorio nacional mientras no legislen sobre la relación arrendaticia urbana las Comunidades Autónomas con competencia para dictar normas en materia de Derecho civil.

B. Contratos afectados por la ley y excluidos de ella. En cuanto a los contratos que se someten a sus preceptos la LAU determina que ella establece *el régimen jurídico aplicable a los arrendamientos de fincas urbanas que se destinen a vivienda o a usos distintos del de vivienda* (art. 1), pero de su regulación se deduce, además, un concepto del arrendamiento como cesión de uso de la vivienda o del local destinado a una utilización distinta a cambio de una cantidad de dinero. Por eso la ley excluye del arrendamiento urbano, y consiguientemente de su ámbito de aplicación, el uso de la vivienda que los empleados tienen asignada por razón de su cargo (art. 5,a) o la casa de labor (art. 5,c), y por su propio concepto se exceptúan de la aplicación de la ley los solares. Asimismo la ley excluye de su ámbito de aplicación el uso de las viviendas militares (art. 5,b), el de las viviendas universitarias y el temporal de una vivienda amueblada de uso turístico sometida a su normativa sectorial (art. 5,e).

447. Sujetos, objeto, forma e inscripción: particularidades.

La LAU contiene algunos preceptos sobre el otorgamiento del contrato de arrendamiento, sobre su inscripción y sobre sus elementos.

A. A tenor de su art. 13.2, *los arrendamientos otorgados por usufructuario, superficiario y cuantos tengan un análogo derecho de goce sobre el inmueble, se extinguirán al término del derecho del arrendador, además de por las demás causas de extinción que resulten* de lo dispuesto en la propia LAU.

Además, según se dispone en el propio precepto, *si durante la duración del contrato el derecho del arrendador quedara resuelto por el ejercicio de un retracto convencional, la apertura de una sustitución fideicomisaria, la enajenación forzosa derivada de una ejecución hipotecaria o de sentencia judicial o el ejercicio de un derecho de opción de compra, quedará extinguido el arrendamiento.* Se exceptúa el supuesto en que el contrato de arrendamiento haya accedido al Registro de la Propiedad con anterioridad a los derechos determinantes de la resolución del derecho del arrendador. En este caso, continuará el arrendamiento por la duración pactada. Cuando se trate de un arrendamiento sobre finca no inscrita se estará a la duración establecida en el art. 9.4 (tres años) (art. 13.1).

B. En cuanto al *objeto*, el art. 28, b) contiene una aplicación especial de la regla general que extingue el contrato por perecimiento de la cosa. El arrendamiento cesa por declaración de ruina de la finca: este supuesto era preciso puntualizarlo porque el derribo del inmueble en determinadas condiciones produce el derecho del arrendatario a retornar al edificio reconstruido con nuevo derecho arrendaticio (disp. ad. 8ª).

C. Si bien la *forma* de la conclusión de contrato es libre, las partes pueden compelerse a su formalización por escrito (art. 37). Por su parte, el art. 36, declara obligatoria para el contrato de arrendamiento urbano la «exigencia y prestación de fianza en metálico»: por importe de una o dos mensualidades, según se trate de vivienda o de local para un uso distinto. La fianza no consiste aquí en la garantía personal prestada por un tercero, sino, aparentemente, en una prenda, y por cuanto se realiza mediante el depósito de una cantidad de dinero, en principio en manos del arrendador, de una prenda irregular. Esta fianza, que es compatible con cualquier tipo de garantía del cumplimiento de las obligaciones del arrendatario, ha de actualizarse en algunos casos y sobre las condiciones de su depósito pueden dictar disposiciones específicas las Comunidades Autónomas (disp. ad. 3ª Ley 1994).

D. Los arrendamientos sobre inmuebles tienen ahora *libre acceso al Registro*, al igual que los subarriendos, cesiones y subrrogaciones de los mismos, habiendo modificado en tal sentido el art. 2.5º Lh. la disp. ad. 2ª LAU. Pero, en todo caso, para que los arrendamientos de fincas urbanas surtan efecto frente a terceros que hayan inscrito su derecho, dichos arrendamientos deberán inscribirse en el Registro de la Propiedad (art. 7.2, redacción 2013).

448. El arrendamiento de vivienda y su régimen jurídico.

A tenor del art. 2º LAU, *se considera arrendamiento de vivienda aquel arrendamiento que recae sobre una edificación habitable cuyo destino primordial sea satisfacer la necesidad permanente de vivienda del arrendatario*. La relación arrendaticia se comunica también, en su caso, a los muebles y a los locales y entidades complementarios de la vivienda, disponiendo a este propósito el propio precepto, en su apartado 2, que *las normas reguladoras del arrendamiento de vivienda se aplicarán también al mobiliario, los trasteros, las plazas de garaje y cualesquiera otras dependencias, espacios o servicios cedidos como accesorios de la finca por el mismo arrendador.*

El arrendamiento de vivienda, además de por los preceptos legales de la LAU contenidos en sus títulos I (ámbito de la ley) y IV (disposiciones comunes), se rige por los pactos voluntariamente asumidos por las partes en el marco de lo dispuesto en el título II de la propia norma y, supletoriamente, los preceptos del Código civil (art. 4.1 y 2).

En la línea de imperatividad señalada, es de notar que, en cuanto a los preceptos de la LAU aplicables al arrendamiento de vivienda, la exclusión de la aplicación de los mismos, en los casos en que sea posible, deberá hacerse, a tenor de cuanto dispone el art. 4.4, de forma expresa respecto de cada uno de ellos, previsión que se explica por el carácter tuitivo del arrendatario que la LAU quiere dar al régimen jurídico del arrendamiento de vivienda. En la misma línea se inscribe, señalando la naturaleza de las normas sobre el arrendamiento de vivienda, la regla del art. 6, a tenor del cual *son nulas, y se tendrán por no puestas, la estipulaciones que modifiquen en perjuicio del arrendatario o subarrendatario las normas del presente Título, salvo los casos en que la propia norma expresamente lo autorice.*

449. Duración del contrato.

A. Plazo mínimo y prórroga del arrendamiento. En una línea intermedia entre las previsiones de la legislación arrendaticia de 1964 y las del RDL. liberalizador de 1985, la LAU dispone que *la duración del arrendamiento será libremente pactada por las partes* (art. 9.1), pero que, en interés del arrendatario, el contrato puede hacerse durar por el plazo mínimo de tres años. A este respecto, añade, en relación a la duración del arriendo, que *si ésta fuera inferior a tres años, llegado el día del vencimiento del contrato, éste se prorrogará obligatoriamente por plazos anuales hasta que el arrendamiento alcance una duración mínima de tres años, salvo que el arrendatario manifieste al arrendador con treinta días de antelación como mínimo a la fecha de terminación del contrato o de cualquiera de las prórrogas, su voluntad de no renovarlo.*

Aunque lo habitual será que se determine en el contrato el plazo de duración del arriendo, para el caso de que no se haya hecho previsión al respecto *se entenderán celebrados por un año los arrendamientos para los que no se haya estipulado plazo de duración o éste sea indeterminado, sin perjuicio del derecho de prórroga anual para el arrendatario* (art. 9.2).

La posibilidad de prórroga del arriendo, forzosa para el arrendador, cede, sin embargo, ante la necesidad por su parte de ocupación de la vivienda que se haya previsto en el momento de la conclusión del contrato. Tal supuesto se contempla, con las debidas garantías para los intereses del arrendatario, en el art. 9.3 LAU, a tenor del cual no procederá la prórroga obligatoria del contrato si transcurrido el primer año de su duración el arrendador comunica al arrendatario que necesita la vivienda arrendada para destinarla a vivienda permanente para sí o ciertos familiares. Si transcurridos tres meses a contar de la extinción del contrato, no hubiera el arrendador procedido a ocupar la vivienda por sí, según los casos, el arrendatario podrá optar, en el plazo de treinta días, entre ser repuesto en el uso y disfrute de la vivienda arrendada por un nuevo período de hasta tres años, con la indemnización de los gastos que el desalojo de la vivienda le hubiere supuesto hasta el momento de la reocupación o indemnizarle con una cantidad igual a una mensualidad por cada año que quedare hasta completar tres, salvo que la ocupación no hubiera tenido lugar por causa de fuerza mayor.

Además de por la prórroga forzosa para el arrendador establecida por la LAU a beneficio de los intereses del arrendatario, el contrato de arrendamiento de vivienda que ya haya durado más de cinco años puede también prorrogarse por tácita reconducción. A este supuesto atiende el art. 10 LAU, según el cual *si llegada la fecha de vencimiento del contrato, o de cualquiera de sus prórrogas, una vez transcurridos como mínimo tres años de duración de aquél, ninguna de las partes hubiese notificado a la otra, al menos con treinta días de antelación a aquella fecha, su voluntad de no renovarlo, el contrato se prorrogará necesariamente durante un año más.- Al contrato prorrogado, le seguirá siendo de aplicación el régimen legal y convencional al que estuviera sometido.*

B. Arrendamiento de larga duración. Es también posible que se haya previsto en el contrato una duración del arriendo superior a los tres años que constituyen el plazo mínimo de la relación arrendaticia. En este caso, se consiente al arrendatario que pueda desistir unilateralmente del contrato, una vez transcurrido aquel plazo, pero conjugando sus intereses con los del arrendador ante los eventuales prejuicios que tal decisión pudiera acarrearle. Teniendo en cuenta tales intereses posiblemente contrapuestos, dispone sobre este asunto el art. 11 que *el arrendatario podrá desistir del contrato de arrendamiento, una vez que hayan transcurrido al menos seis meses, siempre que se lo comunique al arrendador con una antelación mínima de treinta días. - Las partes podrán pactar en el contrato que, para el caso de desestimiento, deba el arrendatario indemnizar al arrendador con una cantidad equivalente a una mensualidad de la renta en vigor por cada año del contrato que reste de cumplir. Los períodos de tiempo inferiores al año darán lugar a la parte proporcional de la indemnización.*

C. Continuidad del arrendamiento en caso de enajenación de la vivienda arrendada. El régimen expuesto sobre la duración del contrato se completa con la regla del art. 14 (redacc. 2013), que distingue: a) si la finca arrendada como vivienda está inscrita en el Registro de la Propiedad, el adquirente que reuna los requisitos del art. 34 Lh. sólo quedará subrogado en los derechos y obligaciones del arrendador si el arrendamiento se hallase inscrito con anterioridad a la transmisión de la finca; b) si la finca no se halla inscrita se aplicará lo dispuesto en el art. 1571-1º Cc. (derecho a la terminación del arriendo); y si el adquirente usa de este derecho, el arrendatario podrá exigir que se le deje continuar durante tres meses, desde que el adquirente le notifique su propósito, durante los cuales deberá satisfacer al adquirente la renta y demás cantidades devengadas, y podrá exigir además al vendedor indemnización de daños y perjuicios causados.

450. La renta.

En relación a la renta o merced arrendaticia que debe satisfacer el arrendatario de la vivienda, la LAU contiene diversas previsiones respecto de su determinación, de su pago, de su actualización y de su elevación por razón de mejoras, aparte, naturalmente, de señalar las consecuencias de su impago.

A. Determinación. La fijación del montante del alquiler no está sujeta a limitación alguna y, como dispone el art. 17.1, *la renta será la que libremente estipulen las partes.*

B. Pago. El pago de la renta se halla reglamentado en cuanto a sus circunstancias de tiempo, lugar, modalidades y prueba. En el primer aspecto se determina que *salvo pacto en contrario, el pago de la renta será mensual y habrá de efectuarse en los siete primeros días del mes, de manera, sin embargo, que en ningún caso podrá el arrendador exigir el pago anticipado de más de una mensualidad de renta* (art. 17.2). Esta última precisión, que entraña una norma de carácter cogente, se explica por el hecho de que, ante la necesidad de ocupar la vivienda el arrendatario, quisiera aprovecharse de esta circunstancia el arrendador obteniendo inmediatamente una cantidad superior a la de una mensualidad anticipada.

En relación al lugar y a las modalidades del pago se previene, en el art. 17.3, que *el pago se efectuará en el lugar y por el procedimiento que acuerden las partes o, en su defecto, en metálico y en la vivienda arrendada.* El criterio legal seguido en el precepto es el acogido por las normas de carácter general en cuanto al lugar del pago (art. 1.171 Cc.), puesto que en principio se entiende que el arrendatario obligado al pago tiene su domicilio en la vivienda arrendada.

La prueba del pago de la renta se tiende a predisponer legalmente mediante la entrega del correspondiente recibo justificativo, a menos que la satisfacción de la renta pueda probarse mediante aquellos documentos que, como los referentes a una transferencia entre cuentas corrientes bancarias, resulten de las modalidades elegidas para el pago (cfr. art. 17.4 LAU).

C. Actualización. Siendo la obligación del pago de la renta una obligación de tracto sucesivo que habitualmente supone la entrega de una cantidad de dinero, pueden afectar a su contenido económico las alteraciones del valor del signo monetario y, sobre todo, el deterioro del mismo por consecuencia de la inflación. Ello comporta la oportunidad de que las legislaciones arrendaticias contengan, en el caso de que prevean una cierta estabilidad en el mantenimiento del contrato, algunas disposiciones sobre la actualización de la renta.

Sin embargo, en nuestra legislación, que mantiene un criterio tuitivo de los intereses del arrendatario, la actualización de la renta sólo podrá llevarse a cabo, si así se ha pactado entre las partes y a instancia del arrendador o del arrendatario, con sujeción a límites cualitativos y cuantitativos señalados de modo imperativo, de manera que unicamente a partir del sexto año la actualización de la renta pueda tener lugar en todo caso, ya sea en la medida que hayan acordado las partes o ya en la que, en defecto de pacto, determinan las previsiones legales. Así resulta de la importante y, en cierto modo, complicada regla que contiene el art. 18.1 y 2 de la LAU, en función del cual, *durante la vigencia del contrato la renta sólo podrá ser actualizada por el arrendador o el arrendatario en la fecha en que se cumpla cada año de vigencia del contrato, en los términos pactados por las partes. En defecto de pacto expreso, el contrato se actualizará aplicando a la renta correspondiente a la anulidad anterior la variación porcentual experimentada por el Indice General Nacional del Sistema de Indices de Precios de Consumo en un período de doce meses inmediatamente anteriores a la fecha de cada actualización, tomando como mes de referencia para la primera actualización el que corresponda al último índice que estuviera publicado en la fecha de celebración de contrato, y en las sucesivas el que corresponda al último aplicado.* La renta actualizada será exigible al arrendatario a partir del mes siguiente a aquel en que la parte interesada lo notifique a la otra por escrito.

D. Elevación de la renta por mejoras. La renta a satisfacer por el arrendatario puede ser elevada, de no mediar pacto en contrario, por razón de la realización por parte del arrendador de mejoras —no de reparaciones necesarias de conservación— en la vivienda, una vez que transcurran tres años del arriendo. La cuantía del aumento se determinará a través de la aplicación al capital invertido en la mejora, descontando en su caso las subvenciones públicas obtenidas al efecto, del interés legal del dinero, incrementado en tres puntos, en el momento de la terminación de las obras, sin que dicho montante pueda exceder del 20 por 100 de la renta (art. 19.1). Cfr. art. 19.2, y 20.2 (límite del incremento de la renta).

Para que su derecho a elevar la renta se perfeccione, es preciso que el arrendador notifique por escrito al arrendatario la cuantía en que la renta se incrementa, justificando el coste de las obras realizadas y detallando los cálculos conducentes a su determinación.

E. Impago de la renta. La falta de pago de la renta por parte del arrendatario comporta el derecho del arrendador de resolver de pleno derecho el contrato (art. 27.2,a). Pero el arrendatario puede enervar la pretensión resolutoria pagando o depositando las cantidades reclamadas en la demanda y las adeudadas en ese momento (art. 22.4 Lec.).

451. Uso y conservación de la vivienda.

El derecho fundamental del arrendatario, que califica precisamente al contrato, es el de poder usar el inmueble para satisfacer sus necesidades de vivienda (arts. 1 y 2.1), en las condiciones de utilización normal a tal fin de un piso o apartamento y de las instalaciones generales del edificio y de las individuales de la vivienda o de sus accesorios.

El uso de la vivienda puede corresponder, en los casos de nulidad, separación o divorcio, al cónyuge no arrendatario, cuando la vivienda le haya sido atribuida de acuerdo con los arts. 90 y 96 Cc., quien pasará a ser titular del contrato (art. 15.1). En este caso, *la voluntad del cónyuge de continuar en el uso de la vivienda deberá ser comunicada al arrendador en el plazo de dos meses desde que fue notificada la resolución judicial correspondiente, acompañando copia de dicha resolución judicial o de la parte de la misma que afecte al uso de la vivienda* (art. 15.2). Tal obligación del cónyuge no arrendatario parece prevenirse legalmente como una carga, orientada al conocimiento del arrendador, que no condiciona su derecho al uso de la vivienda.

Para que pueda hacerse efectivo el derecho a la utilización de la vivienda por parte del arrendatario, es imprescindible que la vivienda esté en unas condiciones que hagan posible destinarla normalmente al cobijo de las personas. Por eso dispone el art. 21.1 que *el arrendador está obligado a realizar, sin derecho a elevar por ello la renta, todas las reparaciones que sean necesarias para conservar la vivienda en las condiciones de habitabilidad para servir al uso convenido, salvo cuando el deterioro de cuya reparación se trate sea imputable al arrendatario a tenor de lo dispuesto en los artículos 1.563 y 1.564 del Código civil.* Sobre reparaciones urgentes, véase art. 21.2.

Para propiciar la realización de tales obras necesarias de conservación, el arrendatario debe poner en conocimiento del arrendador el carácter imprescindible de las mismas y facilitar a éste o a los técnicos que designe la verificación del estado de la vivienda. Para prevenir los casos de urgencia, puede él mismo, previa comunicación al arrendador, realizar las obras necesarias para evitar un daño inminente o una incomodidad grave y exigir de inmediato su importe al arrendador (art. 21.3).

En relación a la utilización de la vivienda por parte del arrendatario, no puede hacer éste un uso de la cosa arrendada que no sea, de manera primordial, precisamente el de vivienda (art. 27.2.f) y, en general, con arreglo a los principios del Cc., otro uso de la cosa arrendada que el pactado, dando lugar la contravención de estas previsiones a la resolución del contrato (art. 27,1). La LAU permite asimismo la resolución del contrato *cuando en la vivienda tengan lugar actividades molestas, insalubres, nocivas, peligrosas o ilícitas* (art. 27.2,e), debiendo respetar el arrendatario la buena fama de la casa y de quienes la habitan, y la salud, la seguridad y la normalidad de la vida de sus vecinos.

El derecho de uso de la vivienda por parte del arrendatario puede presentar particular interés en cuanto a los gastos, tributos, cargas y responsabilidades de carácter general o de tipo individual que genere el aprovechamiento normal del inmueble. En esta materia el criterio legislativamente acogido es el de libertad de pacto, pudiendo, por tanto, trasladarse tales gastos, en principio a cargo del arrendador —salvo que sean individualizables mediante contadores (art. 20.3)—, al arrendatario, siempre que, so pena de validez, el acuerdo que se alcance entre las partes conste por escrito y en él se precise el montante anual de dichos gastos a la fecha del contrato. Aparte de estos límites formales, la suma a soportar en concepto de gastos, en caso de pacto, por el arrendatario sólo puede incrementarse, durante los primeros tres años de la vigencia del contrato, con excepción de los tributos, anualmente y de modo que tal aumento no supere el doble del porcentaje admisible para el incremento de la renta, conforme a lo dispuesto en el art. 18.1 (art. 20.1 y 2).

El arrendatario tiene, en cuanto a la conservación de la vivienda arrendada, el deber de diligencia impuesto por el Cc. La LAU se limita, en este aspecto, a poner a su cargo las obras menores de reparación que exija el desgaste por el uso ordinario de la vivienda (art. 21.4) y a prevenir, como motivo de resolución del contrato, la causación dolosa de daños a la finca (art. 27.2,d).

Le está prohibido particularmente al arrendatario realizar, sin consentimiento del arrendador, expresado por escrito, obras que modifiquen la configuración de la vivienda o de los accesorios a que se refiere el apartado 2 del artículo 2, o que provoquen una disminución en la estabilidad o seguridad de la misma (art. 23.1). La realización de obras inconsentidas faculta al arrendador para resolver el contrato (art. 27.2,c) y le autoriza a exigir opcionalmente, a la conclusión del contrato, que la finca se reponga a su estado primitivo o, sin abono alguno por su parte, se conserve la modificación efectuada. Si las obras afectan a la estabilidad de la edificación o a la seguridad de la vivienda o sus accesorios, la exigencia de la reposición de las cosas a su estado anterior puede ser inmediata (art. 23.2).

Por su parte, el arrendador puede decidir mejorar la finca, de manera que cabe que las obras correspondientes no puedan razonablemente deferirse —si, por ejemplo, han de programarse afectando a todo el edificio— hasta la conclusión del arrendamiento (art. 22.1). En tal supuesto, deberá notificar por escrito al arrendatario, al menos con tres meses de antelación, la naturaleza, comienzo, duración y coste de las obras, de manera que, dentro del mes siguiente a la notificación, el arrendatario podrá desistir del contrato, salvo que las obras no afecten o afecten de modo irrelevante a la vivienda arrendada, precisando el art. 22.2, que, en este caso, *el arrendamiento se extinguirá en el plazo de dos meses a contar desde el desistimiento, durante los cuales no podrán comenzar las obras*.

El *arrendatario que soporte las obras tendrá derecho a una reducción de la renta en proporción a la parte de la vivienda de que se vea privado por causa de aquéllas, así como a la indemnización de los gastos que las obras le obliguen a efectuar* (art. 22.3).

452. El derecho de adquisición preferente del arrendatario.

En la línea de la legislación antecedente, el art. 25 LAU otorga al arrendatario de vivienda, en caso de venta de ésta, un derecho de adquisición preferente (art. 25.1), salvo *cuando la vivienda arrendada se venda conjuntamente con las restantes viviendas o locales propiedad del arrendador que formen parte de un mismo inmueble ni tampoco cuando se vendan de forma conjunta por distintos propietarios a un mismo comprador la totalidad de los pisos y locales del inmueble.- Si en el inmueble sólo existiera una vivienda, el arrendatario tendrá los derechos de tanteo y retracto previstos en este artículo* (art. 25.7). Parece que a la venta deberán equipararse los demás contratos onerosos, pues de otro modo sería fácil defraudar el derecho del arrendatario.

El ejercicio del derecho de adquisición preferente puede llevarse a cabo por las vías tradicionales del tanteo y del retracto. En relación al primero, *el arrendatario podrá ejercitar un derecho de tanteo sobre la finca arrendada en un plazo de treinta días naturales, a contar desde el siguiente en que se le notifique en forma fehaciente la decisión de vender la finca arrendada, el precio y las demás condiciones esenciales de la transmisión. Los efectos de la notificación caducarán a los ciento ochenta días naturales siguientes a la misma* (art. 25.2).

En cuanto a la segunda de las vías de ejercicio del derecho de adquisición preferente, *podrá el arrendatario ejercitar el derecho de retracto, con sujeción a lo dispuesto en el artículo 1.518 del Código civil, cuando no se le hubiese hecho la notificación prevenida o se hubiese omitido en ella cualquiera de los requisitos exigidos, así como cuando resultase inferior el precio efectivo, de la compraventa o menos onerosas sus restantes condiciones esenciales. El derecho de retracto caducará a los treinta días naturales, contados desde el siguiente a la notificación que en forma fehaciente deberá hacer el adquirente al arrendatario de las condiciones esenciales en que se efectuó la compraventa, mediante entrega de copia de la escritura o documento en que fuere formalizada* (art. 25.3). Para la efectividad de ese derecho se impide el acceso al Registro de los títulos de ventas de viviendas arrendadas que no justifiquen las notificaciones relativas al derecho de adquisición preferente o no declaren expresamente que la vivienda vendida no estaba arrendada (art. 25.5).

El derecho de adquisición preferente, que puede renunciarse (art. 25.8), es preferido a cualquier otro derecho similar que con él pueda entrar en conflicto, si bien cede ante el que pueda corresponder al condueño de la vivienda y ante el retracto convencional inscrito en el Registro de la Propiedad (art. 25.4).

453. Subarriendo, cesión del contrato, subrogación «inter vivos» y sucesión en el arrendamiento.

A. Subarriendo. En época de escasez de viviendas ha sido el subarriendo un paliativo a la falta de habitación y por eso se consentía limitadamente, aunque con frecuencia escondiera maniobras especulativas, en la legislación precedente, en relación a la totalidad de la vivienda, y sin limitación alguna si se trataba de un subarriendo parcial y no excediera de dos el número de subarrendatarios con sus respectivas familias. En la actual, entre cuyos designios está ampliar el mercado del arrendamiento de viviendas, es lógico que no ocurra así y, en efecto, según determina el art. 8.2, *la vivienda arrendada sólo se podrá subarrendar de forma parcial y previo consentimiento escrito del arrendador.*

El subarriendo se rige por las disposiciones de la LAU previstas para el arrendamiento, cuando la parte de la finca subarrendada se destine por el subarrendatario a la finalidad indicada en el art. 2.1, es decir, a su uso como vivienda. De no darse esta condición, se regirá por lo pactado entre las partes. Naturalmente, el derecho del subarrendatario se extinguirá, en todo caso, cuando lo haga el del arrendatario que subarrendó.

El subarriendo inconsentido de la vivienda da lugar a la resolución del contrato.

B. Cesión. La transferencia de su posición contractual del arrendatario a otra persona sólo es posible con consentimiento escrito del arrendador (art. 8.1). La cesión inconsentida del arrendamiento da lugar a la resolución del contrato (art. 27.2,c).

C. Subrogación «inter vivos». Es posible, habiéndose fijado una duración al arriendo inferior a tres años, que el arrendatario manifieste su voluntad de no renovarlo, sin aprovechar la prórroga forzosa que prevé la LAU hasta contemplar aquel plazo mínimo (art.9.1), y es posible también que el arrendatario pueda desistir, en las condiciones que señala la ley, del contrato de arrendamiento, transcurridos al menos seis meses (art. 11). Si tales decisiones las toma sin contar con su cónyuge o con la persona que con él conviva en análoga relación de afectividad, el arrendamiento podrá continuar, por el tiempo que determinen la LAU o los pactos, en beneficio de dichas personas, siempre que, respecto del conviviente, la unión venga durando desde dos años antes al desistimiento o a la manifestación de la no renovación del contrato o hubiera descendencia común (art. 12.1 y 4). A estos efectos, podrá el arrendador requerir a estas personas para que manifiesten su voluntad al respecto; de modo que el arrendamiento se extinguirá si no contestan al requerimiento en el plazo de quince días (art. 12.2).

Es también posible que el arrendatario abandone la vivienda sin haber renunciado a la renovación del contrato o sin desistir del mismo. En este supuesto, su cónyuge o la persona conviviente podrán hacerse cargo del arrendamiento, siempre que, dentro del mes siguiente al abandono notifiquen al arrendador su voluntad de ser arrendatarios (art. 12.3).

D. Subrogación «mortis causa». La LAU, al igual que la legislación anterior, consiente que la posición contractual que adquirió el locatario al pactar el arriendo de la vivienda se ofrezca, a su muerte, a otras personas, pero, a diferencia de aquélla, limita tal posibilidad, en principio, a una sola subrogación.

a) *Personas con derecho a la subrogación.* Son el cónyuge que conviviera con el arrendatario fallecido; quien viniere conviviendo con él en análoga relación de afectividad, con independencia de su orientación sexual, durante dos años o en todo caso si hubiera descendencia; los descendientes del arrendatario que, a su muerte, estuvieren sometidos a su patria potestad o tutela o hubieran convivido con él durante los dos años precedentes; sus ascendientes con dos años de convivencia; los hermanos en el mismo caso; y las personas que, siendo parientes dentro del tercer grado y sufriendo una minusvalía de al menos el 65 por 100, vinieran conviviendo con el arrendatario al menos durante los dos años anteriores a su muerte (art. 16. 1).

En caso de existir varias de estas personas con derecho a la subrogación podrá determinarse mediante acuerdo unánime de todos los interesados quién debe beneficiare de aquélla, dirimiéndose el conflicto, en otro caso, por el orden de preferencia antes indicado, con las excepciones y preferencias que la ley detalla.

b) *Efectividad de la subrogación y garantías para el arrendador en caso de decaimiento de tal derecho o de conflicto entre interesados en el mismo.* Dispone a este respecto el art. 16.3 LAU que *el arrendamiento se extinguirá si en el plazo de tres meses desde la muerte del arrendatario el arrendador no recibe notificación por escrito del hecho del fallecimiento, con certificado registral de defunción, y de la identidad del subrogado, indicando su parentesco con el fallecido y ofreciendo, en su caso, un principio de prueba de que cumple los requisitos legales para subrogarse. Si la extinción se produce, todos los que pudieran suceder al arrendatario, salvo los que renuncien a su opción notificándolo por escrito al arrendador en el plazo del mes siguiente al fallecimiento, quedarán solidariamente obligados al pago de la renta de dichos tres meses. - Si el arrendador recibiera en tiempo y forma varias notificaciones cuyos remitentes sostengan su condición de beneficiarios de la subrogación, podrá el arrendador considerarles deudores solidarios de las obligaciones propias del arrendatario, mientras mantengan su pretensión de subrogarse.*

c) *Exclusión de la subrogación en los arrendamientos de duración superiores a tres años.* En abierto contraste con las líneas directrices de la legislación anterior, en tales contratos se podrá pactar que no haya derecho a subrogación en el caso de que el arrendatario fallezca después de transcurridos los tres primeros años de duración del contrato o bien que, si el fallecimiento tiene lugar antes, el arrendamiento se extinga a los tres años (art. 16.4).

454. Suspensión, resolución y extinción del contrato.

A. Suspensión. Se previene legalmente tal vicisitud del contrato en caso de ejecución en la vivienda de obras necesarias de conservación o de obras acordadas por la autoridad competente, cuando las mismas la hagan inhabitable. En estos supuestos, el arrendatario puede optar entre suspender el contrato hasta la finalización de las obras —lo que paraliza el curso del plazo de su duración y el devengo de la renta— o desistir del mismo sin indemnización alguna (art. 26).

B. Resolución. En caso de incumplimiento de las obligaciones que incumben a cada una de las partes, el otro contratante podrá ejercer, si ha cumplido las suyas, el derecho que concede el art. 1. 124 Cc. (art. 27.1 LAU).

Además, según establece el art 27.2, *el arrendador podrá resolver de pleno derecho el contrato por las siguientes causas:* a) *La falta de pago de la renta o, en su caso, de cualquiera de las cantidades cuyo pago haya asumido o corresponda al arrendatario.* b) *La falta de pago del importe de la fianza o de su actualización.* c) *El subarriendo o la cesión inconsentidos.* d) *La realización de daños causados dolosamente en la finca o de obras no consentidas por el arrendador cuando el consentimiento de éste sea necesario.* e) *Cuando en la vivienda tengan lugar actividades molestas, insalubles, nocivas, peligrosas o ilícitas.* f) *Cuando la vivienda deje de estar destinada de forma primordial a satisfacer la necesidad permanente de vivienda del arrendatario o de quien efectivamente la viniera ocupando de acuerdo con lo dispuesta en el artículo 7.*

Por su parte, el *arrendatario podrá resolver el contrato* cuando el arrendador no realice las reparaciones necesarias para conservar la vivienda en condiciones de habitabilidad o perturbe de hecho o de derecho la utilización de la vivienda (art. 27.3). Perturbación de derecho hay que entenderla aquí como perturbación de carácter formal, como, por ejemplo, negar al arrendatario la prueba del arriendo, de ser necesaria para instalar en la vivienda gas, teléfono, etc.

C. Extinción. Además de por las demás causas de extinción del contrato previstas legalmente (cumplimiento del plazo, desistimiento, muerte de arrendatario sin que haya derecho a subrogación, etc.) el arrendamiento se extingue por la pérdida de la finca arrendada por causa no imputable al arrendador y por la declaración firme de ruina acordada por la autoridad competente (art. 28).

455. El arrendamiento de inmueble urbano para uso distinto del de vivienda, y su régimen jurídico.

El segundo de los ámbitos institucionales de la ley de arrendamientos urbanos está constituido, según ya sabemos, por la locación de fincas urbanas con destino a usos distintos del de vivienda (art.1), definida con repetitiva simplicidad en el art. 3.1, según el cual, *se considera arrendamiento para uso distinto del de vivienda aquel arrendamiento que, recayendo sobre una edificación, tenga como destino primordial uno distinto del establecido en el artículo anterior,* dedicado a definir el arrendamiento de un apartamento o local para fines permanentes de habitación.

De manera ejemplificativa señala a continuación el art. 3.2 que *en especial, tendrán esta consideración los arrendamientos de fincas urbanas celebrados por temporada, sea ésta de verano o cualquiera otra, y los celebrados para ejercerse en la finca una actividad industrial, comercial, artesanal, profesional, recreativa, asistencial, cultural o docente, cualquiera que sean las personas que los celebren.* A la vista de la definición anterior y de estas precisiones, parece encontrarse excluido de la LAU el llamado arrendamiento de industria o negocio, que ya en la legislación anterior se sometía expresamente al Cc.

El arrendamiento de inmuebles urbanos para uso distinto de vivienda se regirá, aparte de por las normas de carácter general contenidas en la LAU (tít. I y IV), por lo que, en el ejercicio de la autonomía de su voluntad, libremente pacten las partes y, en su defecto, por lo dispuesto especialmente en la ley para este contrato —los preceptos contenidos en el tít. III, si bien remiten con frecuencia a las normas relativas al arrendamiento de vivienda— y, supletoriamente, por el Cc. (art. 4.3).

A. Enajenación de la finca arrendada. En tal caso, con derogación de la regla general «venta quita renta» (art. 1.571 Cc.), continuará el contrato puesto que, según se previene legalmente, *el adquirente de la finca arrendada quedará subrogado en los derechos y obligaciones del arrendador, salvo que concurran en el adquirente los requisitos del artículo 34 de la Ley Hipotecaria* (art. 29).

B. Uso y conservación de la finca. Son de aplicar el arrendamiento para uso distinto del de vivienda los arts. 21 (conservación de la vivienda), 22 (obras de mejora), 23 (obras del arrendatario) y 26 (suspensión del contrato por obras de rehabilitación de la vivienda), todos ellos examinados anteriormente. Asimismo le será de aplicación el art. 19 (elevación de renta por mejoras), desde el principio del arrendamiento (art. 30).

C. Subarriendo, cesión del contrato y subrogación «mortis causa». La legislación arrendaticia venía concediendo al arrendatario, con bastante amplitud, el derecho de traspasar o ceder el arrendamiento de los locales de negocio, incluso, lo que era bien poco justificable, considerados aisladamente y sin ninguna clase de existencias, lo que hacía del arrendamiento un valor negociable, de precio a veces, si la renta bloqueada era baja, muy elevado. En la perspectiva de la nueva legalidad, según se hecha de ver en el art. 32.1 de vigente LAU, estos criterios teniendo en cuenta las relaciones económicas, no se han alterado sustancialmente, puesto que, aunque corrigiendo algunas previsiones anteriores, se admite con gran generosidad el subarriendo y la cesión (traspaso) del arrendamiento referido a locales en que se ejerza una actividad económica, estableciendo dicho precepto que, *cuando en la finca arrendada se ejerza una actividad empresarial o profesional, el arrendatario podrá subarrendar la finca o ceder el contrato de arrendamiento sin necesidad de contar con consentimiento del arrendador.* En tal caso nace para el arrendador el *derecho a una elevación de renta* (art. 32.2).

El subarriendo o la cesión deben notificarse al arrendador, en forma fehaciente, en el plazo de un mes, contado desde el momento de que se hubieran concertado (art. 32.4). Esta incumbencia, que recae en el subarrendatario o cesionario, ha de entenderse como condición necesaria para la transcendencia de la cesión o del subarriendo y no como una mera carga establecida legalmente (arg. art. 35 *in fine*).

La subrogación *mortis causa* de la relación arrendaticia sobre el local destinado a usos distintos del de vivienda, siempre que en él se ejerza una actividad económica, está contemplada en el art. 33, a cuyo tenor, *en caso de fallecimiento del arrendatario, cuando en el local se ejerza una actividad empresarial o profesional, el heredero o legatario que continúe el ejercicio de la actividad podrá subrogarse en los derechos y obligaciones del arrendatario hasta la extinción del contrato. - La subrogación deberá notificarse por escrito al arrendador dentro de los dos meses siguientes a la fecha del fallecimiento del arrendatario.*

D. Extinción del contrato. Cabe destacar varios aspectos:

a) *Terminación del contrato e indemnización del arrendatario comerciante.* Además de acabarse el contrato de arrendamiento de fincas urbanas para uso distinto del de vivienda en los supuestos en que quepa su resolución o se extinga por destrucción de la cosa, este contrato acaba también por el cumplimiento del término de duración que se haya pactado, sin que se conozcan legalmente limitaciones a este respecto.

La LAU ha introducido, sin embargo, para conmisurar los intereses del arrendador con los del arrendatario, un derecho de indemnización a favor de éste, en caso de que vea comprometida la actividad comercial que venía desarrollando en el local arrendado y que estaría interesado en continuar en el mismo a la vista de la andadura de su negocio. Dispone a este respecto, en efecto, el art. 34 que *la extinción por transcurso del término convencional del arrendamiento de una finca en la que durante los últimos cinco años se haya venido ejerciendo una actividad comercial de venta al público, dará al arrendatario derecho a una indemnización a cargo del arrendador, siempre que el arrendatario haya manifestado con cuatro meses de antelación a la expiración del plazo su voluntad de renovar el contrato por un mínimo de cinco años más y por una renta de mercado. Se considerará renta de mercado la que al efecto acuerden las partes; en defecto de pacto, la que, al efecto, determine el árbitro designado por las partes.* Naturalmente, si los interesados no se ponen de acuerdo en el nombramiento del árbitro, habrá de recurrirse a la autoridad judicial. Sobre la cuantía de la indemnización, véase continuación del art. 34.

b) *Supuestos de resolución del contrato.* El arrendamiento puede resolverse de pleno derecho, por voluntad del arrendador, en virtud de cuanto dispone la norma de remisión contenida en el art. 35, por falta de pago de la renta o, en su caso, de cualquiera de las cantidades cuyo pago haya asumido o corresponda al arrendatario (art. 27.2,a), por falta de pago del importe de la fianza o de su actualización (art. 27.2,b), por daños dolosos u obras inconsentidas (art. 27.2,d) y por realizar el arrendatario en el local arrendado actividades molestas, insalubles, nocivas, peligrosas o ilícitas (art. 27.2,e) o bien por haberse llevado a cabo la cesión o el subarriendo del local infringiendo lo dispuesto en el art. 32.

456. Derecho transitorio.

La LAU de 1994 destinaba el conjunto de su cuerpo normativo a reglamentar los contratos de arrendamiento urbano concertados a partir de 1º de enero de 1995, fecha de su entrada en vigor, y podría, desde luego, haber dejado inmutado, tal como hizo el RDL. liberalizador de los arriendos de 1985, el régimen de los arrendamientos concluidos con anterioridad a su vigencia. Ello hubiera supuesto, sin embargo, la consolidación de unas situaciones de evidente injusticia y la perpetuación de una irritante duplicidad de regímenes arrendaticios. Para paliarlo, la LAU incluye una serie de disposiciones transitorias –todavía aplicables– en las que, aunque respetando en buena parte la aplicación de la legislación precedente, los arrendamientos concertados antes de su entrada en vigor se vieron afectados por unas normas encaminadas a encontrar para ellos un mayor equilibrio entre los intereses del arrendador y el arrendatario.

A. Contratos celebrados a partir del 9 de mayo de 1985 (disp. trans. 1ª). En razón de haber sido concertados estos arrendamientos, de vivienda o de local de negocio, una vez establecido el régimen liberalizador de los arriendos que introdujo el RDL. de 30 abril 1985, se previene que a los mismos les sigan siendo aplicables, con pequeñas salvedades, el indicado RDL. y la anterior LAU de 24 diciembre 1964.

De intervenir respecto de tales contratos la tácita reconducción prevista en el art. 1.566 Cc., los contratos prolongarán su vigencia por tres años, sin perjuicio de optar el arrendatario por no renovar el contrato de inquilinato en las condiciones que determina el art. 9 de la nueva LAU, aplicándose a los arrendamientos renovados las disposiciones previstas en la normativa últimamente establecida para los contratos de arrendamiento de vivienda o de arrendamiento para uso distinto al de vivienda.

B. Contratos de arrendamiento de vivienda celebrados con anterioridad al 9 de mayo de 1985 (disp. trans. 2ª).

a) *Duración de los contratos.* Los actuales arrendatarios podrán seguir en el uso de la vivienda alquilada mientras vivan y existe la posibilidad de que en la misma se subroguen el cónyuge no separado, el conviviente en análoga relación de afectividad, los hijos que convivan con el arrendatario durante los dos años anteriores a su fallecimiento (en cuyo caso el arrendamiento terminará a los dos años de la subrogación o cuando el hijo cumpla 25 años, salvo que esté afectado de una minusvalía relevante, pudiendo durar entonces hasta su muerte) o los ascendientes con una convivencia de tres años con el arrendatario.

La relación arrendaticia se extingue con la muerte del subrogado —limitándose así la continuidad del arriendo a una subrogación—, con una sola segunda subrogación cuando la primera hubiera tenido lugar en favor del cónyuge y a su muerte quedaran hijos, los cuales podrán entonces subrogarse de nuevo en la vivienda y permanecer en ella por el tiempo antes indicado (con idéntica excepción).

b) *Actualización de las rentas.* El arrendador podrá actualizar la renta de una manera progresiva, que puede llevarse a cabo a lo largo de diez años, incrementándose el alquiler en función de los ingresos con que cuente el arrendatario, salvo que éste y las personas que con él convivan no superen conjuntamente con sus ingresos entre 2,5 y 3,5 veces el salario mínimo interprofesional o que a la actualización de la renta se oponga el inquilino, que entonces verá extinguido el contrato en el plazo de ocho años, contados a partir del momento en que el arrendador solicite la actualización.

C. Contratos de arrendamiento de local de negocio celebrados antes del 9 de mayo de 1985 (disp. trans. 3ª):

a) *Duración de los contratos.* Los arrendamientos de los locales de negocio, cuando el arrendatario sea *persona física*, durarán hasta su fallecimiento o jubilación, pudiéndose subrogar en el arriendo el cónyuge que continúe la misma actividad desarrollada en el local y, en ciertas condiciones, los descendientes del primitivo arrendatario, en cuyo caso el contrato se prolonga hasta el tiempo de cumplirse veinte años de la vigencia de la nueva ley. El arrendatario y, en su caso, el cónyuge subrogado podrán traspasar el local de negocio (en cuyo caso el contrato durará el tiempo que prevé la LAU).

Siendo el arrendatario del local de negocio una *persona jurídica*, y destinándose el local a actividades comerciales, se extinguirá en general el contrato a los veinte años (a los cinco, si su superficie excede de 2.500 metros cuadrados).

b) *Actualización de la renta.* La renta de estos arrendamientos de local de negocio podrá ser asimismo actualizada progresivamente, en proporción a las sucesivas variaciones del Indice de Precios de Consumo o las de los Indices de Coste de la Vida, si bien el arrendatario podrá oponerse a dicha actualización en cuyo caso la duración del arriendo se prolongará solamente por cinco años.

INDICACION BIBLIOGRÁFICA. La nueva legislación arrendaticia urbana ha dado lugar a diversos comentarios, entre los que cabe destacar los coordinados por GUILARTE GUTIÉRREZ (Valladolid, Lex Nova, 1994), por VALPUESTA FERNÁNDEZ (Valencia, Tirant lo Blanch, 1994), por R. BERCOVITZ (Pamplona, 1995) y por C. LASARTE (Madrid, 1996).

Sobre cuestiones concretas: PÉREZ DE VARGAS MUÑOZ, *La subrogación en la vivienda arrendada y las parejas de hecho,* Madrid, 1995; R. VERDERA SERVER, *La subrogación mortis causa en el arrendamiento de vivienda*, Valencia, 1997; C. QUESADA GONZALEZ, *La vivienda familiar arrendada*, Barcelona, 1998; SERRANO DE NICOLAS, *Los arrendamientos de viviendas de protección oficial según la nueva legislación,* Barcelona, 1998.

§ 91. EL ARRENDAMIENTO RÚSTICO

457. Generalidades.

El cultivo de la tierra requiere conocimientos y habilidades y constituye un oficio o profesión: agricultor; o bien, cuando la extensión del cultivo, los medios aplicados y la organización adoptada lo requieren, constituye, una empresa: la empresa agraria. Por ello, la relación finca-agricultor requiere tanta estabilidad como el destino de cualquier otro profesional.

La históricamente, la estabilidad venía dada por el título dominical del agricultor sobre la finca o fincas por él cultivadas, normalmente con la cooperación de sus familiares y, en su caso, sirviéndose también de mano de obra asalariada, en situación permanente o estacional: siega, vendimia, etc. Si el propietario no era agricultor, aquel predicado de estabilidad, de continuidad, hacía que se «dividiese» el dominio, con lo que el cultivador ostentaba también una titularidad dominical o, al menos, real. Sólo en una etapa ulterior se dan las tierras en arrendamiento, al cultivador, por un dueño absentista.

Al subsumirse la explotación de la tierra en el esquema arrendaticio, pierde continuidad y futuro. El cultivador carece de estímulos para la introducción de mejoras y padece la tentación de esquilmar. Pero, sobre todo, los propietarios podían desahuciar a los colonos al vencimiento del plazo de duración pactado, y celebrar nuevos contratos, con distintas condiciones económicas, tentación especialmente vehemente en tiempos de inflación y en otras crisis.

En suma, junto a la libertad de la propiedad, la libertad contractual —libertad legal que, al recaer sobre una desigualdad económica, profesional y social de los contratantes, produce desigualdad jurídica— determinó en los ordenamientos jurídicos un progresivo intervencionismo estatal, limitando el ámbito de la autonomía privada, espacio sustituido por mecanismos de contratación forzosa. El régimen de los arrendamientos rústicos adquiere coloración social, caracterizada por la limitación de capacidad de maniobra de los propietarios de la tierra, en cuanto a la misma, y la protección de quien desarrolla en ella una explotación productiva.

En el Derecho español, tras algunas normas fragmentarias promulgadas durante la Dictadura y primeros años de la segunda República, la ley de 15 de marzo de 1935 —cuyo principal fautor fue el ministro y profesor GIMÉNEZ FERNÁNDEZ— trató de aplicar a los problemas del arrendamiento rústico la teoría jurídica de la institución (que habían inspirado los estudios canonísticos del citado profesor), mediante un planteamiento riguroso de la actividad económica agraria, como criterio objetivo inspirador de sus normas. En parte, siguió vigente hasta la promulgación de la ley de 31 de diciembre de 1980;ley que limitaba a los "profesionales de la agricultura" la posibilidad de ser arrendatarios y subarrendatarios, a quienes protegía con normas, en general, de *ius cogens*; establecía una duración mínima del contrato de seis años y prórrogas forzosas para el arrendador, no para el arrendatario; y concedía a éste la facultad de acceder a la propiedad en caso de enajenación de la finca arrendada.

Esa legalidad ha quedado derogada por la Ley 49/2003, de 26 noviembre, de Arrendamientos Rústicos, modificada a su vez por la Ley 26/2005, de 30 de noviembre, que presenta como principales novedades el que no será posible el arrendamiento de fincas rústicas que excedan de 500 Ha. de secano o de 50 Ha. de regadío; la duración mínima de cinco años del arrendamiento y la reintroducción de los derechos de tanteo, retracto y adquisición preferente.

458. La Ley de arrendamientos rústicos de 26 noviembre de 2003.

La orientación fundamental que la inspira –dice la Exposición de Motivos de esta ley, invocando la Constitución (art. 130.1) y datos socioeconómicos (Censo agrario de 1999, y otros)– es lograr una flexibilización del régimen de los arrendamientos rústicos en España, siguiendo la senda abierta por la ley de 1995 de modernización de las explotaciones agrarias. En esa inteligencia da primacía a la autonomía de la voluntad de las partes en todo lo que no sea contrario al muy limitado contenido imperativo de la ley. Incluye, junto al arrendamiento de fincas, el de explotaciones (que define); y suprime el requisito de "profesionalidad" del arrendatario, para lo que aduce, como justificación, criterios y Reglamentos comunitarios (EU).

Junto a reformas menores, tales como las relativas a la forma del contrato (forma escrita ahora), en la regulación de los gastos y mejoras y en cuanto a la enajenación de la finca arrendada, aparecen como más importantes *novedades*:

a) el acortamiento de la duración del contrato (plazo mínimo y sistema de prórrogas);

b) permisión (frente al sistema anterior) de la cesión y el subarriendo, con consentimiento expreso del arrendador y limitación del importe de la renta;

c) supresión de los derechos de adquisición preferente (tanteo, retracto y otros) a favor del arrendatario –que la E. de M. dice haber perdido sentido con la nueva regulación de la duración del contrato–;

d) actualización del régimen de las aparcerías, con supresión de la distinción entre aparcería y arrendamiento parciario, e introducción de la "aparcería asociativa".

e) simplificación de su normativa, que queda reducida, en cuanto al número de artículos, a menos de la cuarta parte que la de 1980.

Los aspectos de esta ley dados a valoración crítica y discusión son los de tipo social más que los de carácter meramente técnico: una menor protección del arrendatario, con la limitación del contenido imperativo de la ley, el acortamiento de la duración del contrato y la supresión de los derechos de adquisición preferente, desplazadas todas esas cuestiones por la acentuada liberalización del régimen del arrendamiento rústico, del que no puede desconocerse, sin embargo, la importante carga social que todavía le acompaña en nuestro país.

459. Ámbito de la Ley de arrendamientos rústicos de 2003.

A. Ámbito territorial. La disp. final segunda establece que «esta ley será de aplicación en todo el territorio nacional, sin perjuicio de la normativa de aplicación preferente que dicten las comunidades autónomas con competencia en materia de dercho civil, foral o especial».

B. Ámbito objetivo. La ley de 2003, con su modificación por Ley 26/2005, somete a su imperio los arrendamientos rústicos que se celebren a partir de su entrada en vigor –pues los vigentes entonces «se regirán por la normativa aplicable al tiempo de su celebración» (disp. trans. 1ª)–, entendiendo por tales aquéllos «mediante los cuales se ceden temporalmente una o varias fincas o parte de ellas, para su aprovechamiento agrícola, pecuario o forestal a cambio de precio o renta» (art. 1.1). «No se considerarán arrendamientos rústicos –dice el art. 5- los contratos de recolección de cosechas a cambio de una parte de los productos, ni, en general, los de realización de alguna faena agrícola claramente individualizada, aunque se retribuya o compense con una participación en los productos o con algún aprovechamiento singular».

En este aspecto el arrendamiento de cosa se especifica por trasmitir al arrendatario no sólo el uso (como en el urbano) sino el disfrute; y por cuanto al acotado del objeto (finca rústica) se completa con un acotado funcional: explotación agrícola, pecuaria o forestal.

De este ámbito objetivo de vigencia, la ley especial *excluye*:

a) Por *razón del objeto* (art. 6):

a) Los arrendamientos que por su índole sean sólo de temporada, inferior al año agrícola.

b) Los arrendamientos de tierras labradas y preparadas por cuenta del arrendatario para la siembra o para la plantación a la que específicamente se refiera el contrato.

c) Los que tengan por objeto fincas adquiridas por causa de utilidad pública o interés social, en los términos que disponga la legislación especial aplicable.

d) Los que tengan como objeto principal: aprovechamientos de rastrojeras, pastos secundarios, praderas roturadas, montaneras y, en general, los de carácter secundario; aprovechamientos encaminados a semillar o mejorar barbechos; la caza; explotaciones ganaderas de tipo industrial o terrenos destinados a la estabulación del ganado; y cualquier otra actividad diferente a la agrícola, ganadera o forestal.

e) Los arrrendamientos que afecten a bienes comunales, bienes propios de las corporaciones locales y montes vecinales en mano común, que se regirán por sus normas específicas.

b) No se aplicará la LAR a los arrendamientos incluidos en el ámbito de aplicación de la Ley de arrendamientos urbanos, de conformidad con el título I de la misma, o aquéllos que tengan por objeto, inicial o posteriormente, fincas en que concurra alguna de las circunstancias siguientes:

a) Constituir, conforme a la legislación específica, suelo urbano o urbanizable;

b) Ser accesorias de edificios o de explotaciones ajenas al destino rústico, siempre que el rendimiento distinto del rústico sea superior en más del doble a éste;

c) Tener, por cualquier circunstancia ajena al destino agrario, un valor en venta superior al doble del precio que normalmente corresponda en la comarca o en la zona a las de su misma calidad o cultivo (art. 7.1).

460. Arrendamiento de fincas y arrendamiento de explotación.

Hace esta distinción la Ley de 2003, y si la primera idea del arrendamiento rústico lo refiere a "una o varias fincas, o parte de ellas", en el art. 1.3 dice que "tendrán también la misma consideración los arrendamientos de explotaciones agrícolas, ganaderas o forestales, a los que se aplicarán las disposiciones de esta ley que sean compatibles con su naturaleza y siempre en defecto de lo que las partes hayan expresamente acordado".

En el art. 2 define el *arrendamiento de explotación*: "Se entenderá que el arrendamiento es de explotación, ya esté constituida con anterioridad o al concertar el contrato, cuando sea ella objeto del mismo en el conjunto de sus elementos, considerada como una unidad orgánica y siempre que lo hagan constar las partes expresamente, acompañando el correspondiente inventario".

De esa definición resulta que para que haya arrendamiento de explotación, con el régimen especial que la ley le da en algunos aspectos, es preciso que concurran: a) un *dato objetivo*: conjunto de elementos varios que constituyan una "unidad orgánica" u organizada funcionalmente; b) *otro de tipo subjetivo*: que las partes contratantes quieran que sea considerado como arrendamiento de explotación y lo hagan constar así expresamente (en tal caso, acompañando el correspondiente inventario).

La Ley hace alusión en ocasiones a ese arrendamiento de explotación: arts. 3 (derechos de producción agraria y otros derechos), 8.3 (desenvolvimiento del contrato), 28 (contrato de aparcería) y algún otro. Por lo demás, su régimen jurídico no difiere, salvo en puntos concretos, del arrendamiento de fincas.

461. Sujetos. Capacidad.

Conforme a los arts. 1.546 Cc., y 1.1 LAR., las partes contratantes son el arrendador y el arrendatario; se llama *arrendador* al que se obliga a ceder temporalmente el uso de la finca para su aprovechamiento agrícola, pecuario o forestal; y *arrendatario* al que adquiere este uso para el aprovechamiento y se obliga a pagar, a cambio, un precio o renta. Y, como regla general, pueden celebrarse arrendamientos rústicos entre personas físicas o jurídicas (art. 9); es decir, unas y otras pueden ser arrendador y arrendatario.

A) *Puede ser arrendador* el titular de un derecho real de goce sobre la finca o la explotación objeto del contrato, bien sea pleno (propiedad), bien sea limitado (usufructo, superficie, eufiteusis); mas, en este segundo caso, el contrato se resolverá —se extinguirá, si se hallase en prórroga— al extinguirse el derecho del arrendador, subsistiendo, empero, durante el año agrícola en que esto acaezca. Naturalmente si al otorgamiento hubiese concurrido el propietario, a la extinción del usufructo, etc., no acompañará la del contrato, el cual subsistirá (apoyado en la condición coarrendadora del propietario) durante el tiempo concertado (art. 10). El arrendamiento concertado por el arrendatario (derecho personal de goce) constituye el subarriendo.

En cuanto a las personas físicas, se precisa únicamente la capacidad de contratar conforme al Derecho común (art. 9.1 LAR); es decir, la del art. 1263 Cc. Por los menores contrarán sus representantes legales (art. 1548 C.c.). Pero el menor cuyas fincas o explotaciones hayan sido arrendadas por su padre o tutor podrá poner fin al contrato una vez emancipado si ha transcurrido el plazo mínimo de duración (en la forma que indica el art. 9.3).

B) *Pueden ser arrendatarios* (además de las personas físicas y jurídicas, en general), “las cooperativas agrarias, las cooperativas de explotación comunitaria de la tierra, las sociedades agrarias de transformación y las comunidades de bienes” (art.9.2). La capacidad requerida es la de contratar, con reglas especiales para el arrendamiento de fincas de menores de edad, de personas jurídicas y de organismos de la Administración.

No podrán ser arrendatarios las personas y entidades extranjeras; de lo que *se exceptúan*: a) las personas físicas y jurídicas y otras entidades nacionales de la Unión Europea y de países con los que exista un convenio internacional semejante al anterior; b) las personas nacionales de los demás países que hayan accedido a la situación de residencia permanante, según la legislación de extranjería; c) las personas jurídicas y otras entidades nacionales de los demás Estados que apliquen a los españoles el principio de reciprocidad en esta materia (art. 9.7).

462. Objeto.

Usualmente se considera como objeto o contenido del contrato de arrendamiento rústico a la *finca* y al *precio*. Mas, a la vista de la ley del 2003, mejor que de finca debiera hablarse de «aprovechamiento».

A. En efecto, la definición legal del contrato (art.1.1) lo describe como cesión temporal de una o varias fincas, o parte de ellas; pero *para su aprovechamiento* agrícola, pecuario o forestal. Novedad (relativa) es que puede ser también objeto del arrendamiento rústico una "explotación" en los términos del art. 2, antes vistos. Añade el art. 4 que «una misma finca puede ser susceptible de *diversos arrendamientos simultáneos* cuando cada uno *tenga como objeto distintos aprovechamientos* compatibles y principales»; es más, el núm. 2 añade que «salvo pacto expreso, en el arrendamiento de una finca *para su aprovechamiento* agrícola, ganadero o forestal *no se considerarán incluidos aprovechamientos* de otra naturaleza, como la caza».

Esta consideración funcional de la finca como objeto del arrendamiento y la consiguiente posibilidad de concurrir sobre la misma varios arrendamientos simultáneos, da lugar a una cuestión de régimen aplicable que, en la práctica, no siempre será fácil dilucidar. En principio, el cuadro resultante será como sigue:

a) Finca susceptible de varios aprovechamientos y arriendo del agrícola, ganadero o forestal, sin pacto expreso de inclusión de los restantes: éstos (caza, y asimilables) corresponderán al arrendador y su disfrute será el correspondiente a su título: propiedad, usufructo, etcétera.

b) Finca susceptible de varios aprovechamientos y arriendo coexistente de cada uno de ellos a distinto arrendatario; para cuyo supuesto distingue la ley según que sean o no compatibles y principales o secundarios.

B. El «precio o renta» es, conforme al art. 1 LAR, la contraprestación que compete al arrendatario. Se fijará en dinero y en la cuantía que libremente estipulen las partes (art. 13.1), las cuales pueden fijarla, no obstante, en especie; mas, en tal caso, llevarán a cabo su conversión en dinero. Salvo pacto en contrario, se presume que la renta es fija —sin perjuicio de su actualización—. Puede consistir también en una cantidad alzada para todo el tiempo del arredamiento: a falta de pacto entre las partes, se dividirá por la duración anual pactada para determinar la cantidad que habrá de ser pagada cada año (art. 13.3).

El pago se verificará en la forma y lugar pactados y, en defecto de pacto o costumbre aplicable, se abonará en metálico por años vencidos en el domicilio del arrendatario. El arrendador deberá entregar al arrendatario recibo del pago (art. 14).

Actualización. Las partes podrán establecer el sistema *de actualización de renta* que consideren oportuno. Pactada la actualización, a falta de estipulación en contrario, la renta se actualizará para cada anualidad por referencia al índice anual de precios al consumo (art. 13.2).

Cantidades asimiladas a la renta. Todas las cantidades que hubiese de pagar el arrendador y que por disposición legal sean repercutibles al arrendatario podrán ser exigidas por aquél desde el momento en que las haya satisfecho, expresando el concepto, importe y disposición que autorice la repercusión. El impago de esas cantidades equivaldrá al impago de la renta. El derecho de repercutirlas prescribe al año de haberse efectuado el pago por el arrendador (art. 15).

463. Forma.

Las ley de 2003, frente al criterio eminentemente aformalista de la de 1980 —que establecía, como regla, la libertad de forma, sin más excepción que la exigencia de forma escrita para los arrendamientos de «larga duración»—, dispone ahora que "los contratos de arrendamiento deberán constar por escrito" (art. 11.1): ésta es, pues, la regla general. Mas las partes pueden, en cualquier momento, compelerse a formalizarlos en documento público "cuyos gastos serán de cuenta del solicitante". También podrán compelerse a la constitución del inventario de los bienes arrendados (art. 11.1).

Los arrendamientos *de explotación* deberá ir acompañados de un inventario circunstanciado de los diversos elementos que integran la explotación, del estado de conservación en que los recibe el arrendatario y de cuantas circunstacias sean necesarias para el adecuado desenvolvimiento del contrato (art. 11.2).

464. Duración del contrato.

Este es el punto en que la reforma de 2003 ha sido más profunda y adquirido mayor alcance jurídico y social.

La ley de 1980, para conferir estabilidad a la relación jurídica nacida del arrendamiento de finca rústica, establecía un plazo mínimo (seis años) y prórrogas obligatorias para el arrendador, no para el arrendatario, de manera que podía alcanzar hasta veintiún años el plazo durante el cual un arrendador se veía vinculado al contrato. Según el art. 12.1 de la de 2003, redacción de 2005, *los arrendamientos tendrán una duración mínima de cinco años. Será nula y se tendrá por no puesta toda cláusula del contrato por la que las partes estipulen una duración menor.*

Pero las partes pueden pactar una duración mayor de esa legal mínima. En tal caso, y salvo estipulación en contrario, "el arrendamiento de fincas y de explotaciones se entenderá concertado por un plazo de cinco años, por lo que, cumplido el tiempo –dice el art. 12.2–, a no ser que las partes hayan dispuesto otra cosa, al celebrar el contrato o en otro momento posterior, el arrendatario pondrá a disposición del arrendador la posesión de las fincas arrendadas".

El arrendador –añade el núm. 3 de ese artículo–, para recuperar la posesión de las fincas al término del plazo contractual, deberá notificárselo fehacientemente al arrendatario con un año de antelación; de lo contrario, si el arrendatario no pone la posesión de las fincas a disposición del arrendador al término del plazo, el contrato se entenderá prorrogado por un periodo de tres años; tales prórrogas se sucederán indefinidamente en tanto no se produzca la denuncia del contrato. Este régimen sustituye al anterior, en que, vencida la última prórroga, podía subsistir el contrato, mediante una especie de tácita reconducción (cfr. S. 12 julio 1985).

465. Contenido del contrato.

De la relación de la LAR con el Cc. se deduce que *el arrendador está obligado: a)* a entregar al arrendatario la cosa objeto del contrato (la finca, para su aprovechamiento agrícola, pecuario o forestal); *b)* mantener al arrendatario en el goce pacífico del arrendamiento por todo el tiempo del contrato; y c) salvo pacto en contrario, a pagar la parte de prima del seguro concertado por el arrendatario (en los términos del art. 16).

Por su parte, *el arrendatario está obligado: a)* a pagar el precio del arrendamiento en los términos convenidos (y, en su defecto, conforme a la costumbre del lugar); *b)* a usar de la cosa arrendada como un diligente padre de familia.

El arrendatario tiene derecho a determinar el tipo de cultivo de la finca –dice el art. 8.1–, sin perjuicio de su obligación de devolverla, al terminar el arriendo, en el estado en que la recibió y lo dispuesto sobre mejoras en la ley; siendo nulos los pactos que restrinjan ese derecho, con la excepción que dice. Si el tipo o sistema de cultivo implica transformación del destino de la finca, sólo puede hacerse conforme a lo dispuesto en el art. 8.2 LAR. En el arrendamiento de explotación el arrendatario goza de la misma autonomía en el ejercicio de su actividad empresarial, con la obligación de conservar la unidad orgánica de la explotación.

El arrendatario, en defecto de pacto en contrario, *podrá* asegurar la producción normal contra riesgos ordinariamente asegurables, pudiendo repercutir contra el arrendador la parte de prima que guarde, en relación con su importe total, la misma proporción que exista entre la renta y la suma total asegurada (art. 16).

466. Régimen de gastos y mejoras

Dedica la ley de 2003 el cap. VI a *gastos y mejoras,* con un "principio general" y varias reglas especiales, según se trate de unos u otras.

A. Principio general. La LAR sienta en esta materia, como principio general recíproco y promotor de la agricultura, el que puede denominarse de «tolerancia y menor incomodo». En efecto, conforme al art. 17, *el arrendador y el arrendatario están obligados a permitir la realización de las obras, reparaciones o mejoras que deba o pueda realizar la otra parte contratante. Tales reparaciones o mejoras se realizarán en la época del año y en la forma que menos perturben, salvo que no puedan diferirse.*

B. Gastos a cargo del arrendador. Realizará éste, sin derecho a elevar por ello la renta, todas las *obras y reparaciones necesarias* para conservar la finca en estado de servir para el aprovechamiento o explotación a que fue destinada al contratar. Si, requerido el arrendador para realizarlas, no las lleva a cabo, podrá el arrendatario optar por demandarle judicialmente o resolver el contrato u obtener una reducción proporcional de la renta, o por realizarlas él mismo, reintegrándose de los gastos mediante compensación con las rentas pendientes a medida que vayan venciendo; y podrá reclamar los perjuicios causados (art. 18).

Incumben también al arrendador las obras, mejoras o inversiones que, por ley o por resolución judicial o administrativa o por acuerdo de la comunidad de regantes sobre modernización de regadíos, hayan de practicarse sobre la finca arrendada. Cuando sean de tal entidad y naturaleza que supongan una transformación que redunde en un incremento de la producción, el arrendador tendrá derecho a la revalorización proporcional de la renta y, si el arrendatario no estuviere conforme con ésta, a la rescisión del contrato (art. 19).

C. Obras y mejoras a cargo del arrendatario. Corresponde a éste efectuar las reparaciones, mejoras e inversiones que sean propias del empresario agrario en el desempeño normal de su actividad y las que vengan impuestas por ley, resolución judicial o administrativa o acuerdo de la comunidad de regantes, sin que por ello tenga derecho a disminución de la renta ni a la prórroga del arriendo (salvo las excepciones legales).

Las mejoras hechas durante el arrendamiento se presume que han sido efectuadas a cargo del arrendatario (art. 20). Es, evidentemente, una presunción *iuris tantum*, que admite prueba en contrario. Y finalizado el arrendamiento, el arrendatario tendrá derecho a pedir una indemnización al arrendador por el aumento de valor de la finca arrendada por las mejoras realizadas, siempre que éstas se hayan efectuado con el consentimiento del arrendador.

D. Mejoras útiles y voluntarias. Estas, de cualquier clase que sean, realizadas por el arrendatario, se estará –dice el art. 21– en primer término, a lo pactado al celebrar el contrato o después, y, en defecto de pacto, se aplicará el régimen establecido por el Código civil para el poseedor de buena fe (es decir, el de los art. 453 y 454, y concordantes). La reforma de 2005 permite al arrendatario realizar obras de accesibilidad en el interior de los edificios de la finca que sirvan de vivienda.

467. Enajenación y subarriendo.

Simplificando la regulación anterior sobre esta materia, y como "importante novedad" -dice la Exp. Motivos-, establece la ley de 2003:

A. Enajenación de la finca arrendada. El adquirente de esa finca, aunque estuviese amparado por el art. 34 de la Ley Hipotecaria –en el supuesto de que el arrendamiento hubiese sido inscrito en el Registro de la Propiedad (art. 2.5 Lh)–, quedará subrogado en todos los derechos y obligaciones del arrendador, debiendo respetar el plazo que reste de la duración mínima del contrato o la de la prórroga tácita que esté en curso (art. 22). El adquirente, pues, asume la posición jurídica del anterior arrendador, al menos durante ese tiempo legal mínimo –contra el aforismo *emptio tollit locatio:* cfr. art. 1.571 Cc.–. La modificación de la LAR de 2005 concede al arrendatario que sea agricultor profesional y a las cooperativas agrarias y asimiladas los derechos de tanteo, retracto y adquisición preferente (en términos semejantes a los de la LAR de 1980).

B. Cesión y subarriendo. Los permite esta ley, en contra del sistema anterior: En estos casos –dice el art. 23– *se estará a lo pactado por las partes y, en todo caso, deberá referirse* [la cesión o el subarriendo] *a la totalidad de la finca o fincas o explotación arrendadas, y deberá otorgarse por todo el tiempo que reste del plazo del arrendamiento por una renta que no podrá ser superior a la pactada entre arrendador y arrendatario.*

Pero *el arrendatario no podrá ceder o subarrendar la finca o explotación sin el consentimiento expreso del arrendador,* salvo si se efectúa a favor del cónyuge o del descendiente del arrendatario.

468. Terminación.

El cap. VIII de la LAR., bajo está rúbrica, regula separadamente la «extinción» (que llama *terminación*) y la "resolución".

A. Son causas de *extinción* del contrato (art. 24):

a) la pérdida total de la finca y la expropiación forzosa; si la pérdida es parcial, el arrendatario tiene opción para continuar en el arriendo, reduciendo proporcionalmente la renta;

b) la expiración del plazo contractual o legal y de la prórroga;

c) el mutuo acuerdo de las partes;

d) el desistimiento unilateral del arrendatario, al término del año agrícola, notificándoselo al arrendador con un año de antelación;

e) la muerte del arrendatario, quedando a salvo el derecho de sus sucesores legítimos;

f) la extinción de la persona jurídica o la comunidad de bienes, en los arrendamientos a su favor;

g) la resolución del derecho del arrendador;

h) la resolución del contrato en los supuestos legales.

B. Ha lugar a la *resolución del arrendamiento a instancia del arrendador* por las siguientes causas (art. 25):

1ª, falta de pago de la renta y de las cantidades asimiladas a la misma, sin perjuicio del derecho de enervación de la acción de desahucio en los mismos términos que para el de fincas urbanas;

2ª, incumplir gravemente el arrendatario la obligación de mejora o transformación de la finca si se hubiere comprometido a ello en el contrato, y las que vengan impuestas por ley o resolución judicial o administrativa;

3ª, no explotar la finca, aun parcialmente, o destinarla en todo o en parte a aprovechamientos distintos a los previstos contractualmente (salvo casos que cita);

4ª, subarrendar o ceder el arrendamiento en condiciones distintas a las permitidas por la ley;

5ª, sobrevenir alguna de las circunstancias del art. 7.1 (casos de inaplicación de la LAR);

6ª, causar el arrendatario graves daños en la finca con dolo o negligencia manifiesta.

C. Rescisión. Bajo esta denominación establece el art. 26 que *tanto el arrendador como el arrendatario* podrán rescindir –en realidad, resolver, pues se trata de incumplimiento contractual (cfr. art. 1124 C.c.)– el contrato por el incumplimiento de la otra parte de la obligación de satisfacer gastos de conservación y mejoras, en los términos que establecen los arts. 18 a 20 LAR.

D. Efectos de la terminación. Terminado el contrato por alguna de las causas anteriores, el arrendatario saliente deberá permitir al entrante el uso del local y demás medios necesarios para las labores preparatorias del año agrícola siguiente y, recíprocamente, el entrante tiene la obligación de permitir al saliente lo necesario para la recolección y aprovechamiento de los frutos, en la forma prevista en el art. 1578 C.c. (art. 27).

469. Sucesión.

Al fallecimiento del arrendatario –dice el art. 24-*f)*– tienen derecho a sucederle, en primer lugar, la persona expresamente designada por el testador (arrendatario), y, a falta de tal designación, los sucesores *mortis causa* tendrán que escoger entre ellos, por mayoría, al que se subrogará en las condiciones y derechos del arrendatario fallecido. En este último caso, se necesitará la correspondiente notificación por escrito al arrendador, en el plazo de un año desde el fallecimiento.

INDICACIÓN BIBLIOGRÁFICA. Pueden verse, con carácter general, si bien referidos a la LAR'1980, los comentarios de GIL-ROBLES GIL-DELGADO (2ª ed., Civitas, 1982), HIDALGO (Tecnos, 1986) y AGUNDEZ (Comares, 1987). La bibliografía de carácter monográfico es muy abundante y se hace difícil su cita en una obra general como la presente.

IV. CONTRATOS DE PRÉSTAMO

§ 92. EN GENERAL

470. Préstamo y comodato.

Con arreglo al art. 1.740-1º Cc., *por el contrato de préstamo, una de las partes entrega a la otra, o alguna cosa no fungible para que use de ella por cierto tiempo y se la devuelva, en cuyo caso se llama comodato, o dinero u otra cosa fungible, con condición de devolver otro tanto de la misma especie y calidad, en cuyo caso conserva simplemente el nombre de préstamo.*

Ambos contratos suponen el desplazamiento de la propiedad o la posesión inmediata de la cosa, de prestamista a prestatario, durante un lapso de tiempo económicamente apreciable. La diferencia entre préstamo mutuo y comodato la coloca el precepto, pues, en la fungibilidad o no del objeto entregado: sin embargo, de la tradición se deduce que lo decisivo es si se ha entregado el objeto como cosa específica e individual cuya propiedad conserva el *tradens* y que debe restituirse *in natura,* o bien en su condición de componente de un *genus* homogéneo, para que el *accipiens* adquiera su propiedad y devuelva, en su momento, el *tantumdem.*

Es posible el comodato de cosas consumibles que se entregan para ser restituidas *in natura,* sin alteración de su sustancia (comodato de monedas para que sirvan de arras en la boda o para enseñar las arcas repletas, o para simular un pago). En cambio, la entrega de un objeto fungible pero no consumible, en propiedad y para recibir otro igual el *tradens* al vencer el plazo (un avión Jumbo o un libro), no parece exactamente un préstamo mutuo, sino un contrato atípico diferente: los intereses, además, no serían de sustancia idéntica a la de la cosa.

El comodato *es esencialmente gratuito* (art. 1.740-2º; véase también, inmediatamente, art. 1.741 al final); mientras *el simple préstamo puede ser gratuito o con pacto de pagar intereses* (art. 1.740-3º).

El préstamo mutuo tiene como objeto de la prestación bienes muebles e incluso para el comodato los textos romanos se formularon pensando en aquéllos. Sin embargo, el comodato es adaptable igualmente a las fincas, y así lo advierte, entre nosotros, la Compilación navarra (que aborda genéricamente la regulación de los préstamos en el más amplio sentido: vid. leyes 532-541). El régimen del Cc., en este punto, cualquiera que sea la intención real del legislador, vale asimismo para cualquier clase de bienes.

Tanto el comodato como el préstamo no requieren, en principio, forma específica (salvo lo dispuesto en el art. 1.280 *in fine).*

471. Su condición de «contratos reales».

El mutuo y el comodato constituían en el sistema romano de *numerus clausus* contratos reales, es decir, cuyo contenido de derechos y obligaciones sólo cobra fuerza en el momento de la entrega de la cosa: *re contrahitur obligatio.* En una época antecedente el pretor concedía al prestamista o comodante una acción *in factum,* dirigida a la restitución, que sólo podía nacer de la entrega. Hoy, aunque, evidentemente, la acción de restitución presupone la entrega, vale también el contrato consensual dirigido a crear la obligación de prestar o comodar.

Por supuesto, no se puede pedir la restitución de lo que no se entregó, y en ese planteamiento los contratos de préstamo siguen siendo *reales.* Pero en el Derecho romano la entrega de la cosa era un elemento de perfección del contrato, el cual no se formaba sin ella: requisito de existencia o constitutivo. Todavía hoy una parte de la doctrina considera que la entrega es esencial a tal fin: un requisito formal del contrato o bien —explica JORDANO BAREA— según otros autores, si la entrega no es un requisito de existencia, a falta del cual no surge contrato alguno, es un requisito de cualidad, que caracteriza la presencia de un particular contrato (mutuo, comodato, etc.), a falta del cual nace un negocio diverso; o un contrato previo o *precontrato,* o un contrato consensual atípico correspondiente al contrato real de que se trate. El propio Cc. define el contrato de préstamo como aquel por el que «una de las partes *entrega* a la otra» la cosa o cantidad, como si fuera la entrega el acto creador de la vinculación. También la jurisprudencia sigue calificando estos contratos de *reales* (SS. 7 octubre y 27 octubre 1994, a título de ejemplo).

Mas hoy, al amparo de la autonomía de la voluntad (art. 1.255 Cc.), es indudable la validez y eficacia de un contrato por el que el prestamista se obligue a entregar la cosa o cantidad en tal o cual fecha, y la otra parte a restituir en su día las cantidades que recibirá en el futuro y a pagar los intereses y una comisión. Es más: en el préstamo mutuo en cuenta corriente de crédito, la entidad crediticia devenga la comisión en el primer instante, antes de que se produzca la primera extracción y sin necesidad de ella (la comisión se debe, aunque, finalmente, no se tome el dinero), produciendo el contrato, entonces, obligaciones inmediatas distintas de la de restituir, pero ciertamente propias de un contrato de préstamo y no de uno innominado. Por su parte, un comodato consensual, antes de la entrega hace responsable al comodante, siquiera en medida mínima, de la conservación de la cosa.

Cualquier préstamo convenido sin entrega, pues, es ya, en el momento del acuerdo de voluntades, un contrato perfecto al que le faltan los actos precisos para su consumación. En adelante, las partes no habrán de manifestar nuevamente su consentimiento al producirse la entrega de la cosa, siendo ésta, como los restantes actos ulteriores, cumplimiento de un acuerdo antecedente que fue ya de contrato de préstamo. Si la regulación legal parte de la entrega de la cosa, ello obedece a que tal entrega es la hipótesis normal (Jordano Barea).

De ordinario, los préstamos se hacen con entrega o puesta a disposición inmediata de los fondos (aunque ciertamente en la práctica bancaria tardan éstos algún tiempo en llegar a la cuenta corriente del acreditado). Y es este modo ordinario de proceder el que se refleja en el Cc. A consecuencia de lo cual, como hacen notar Diez Picazo y Gullon, «toda la fase consensual que precede a la entrega constituye una auténtica laguna legal por encontrarse huérfana de reglamentación».

Indicacion Bibliográfica. En la doctrina italiana, Forchielli, *I contratti reali,* Milán, 1952. En la española, Jordano Barea, *La categoría de los contratos reales,* Barcelona, 1958, con prólogo de Lacruz Berdejo.

Tratados y comentarios sobre contratos reales: Carressi, *Il Comodato. Il mutuo*, en el "Trattato" de Vasalli, Turín, 1954; Marín Pérez, *De los contratos de préstamo, comodato y depósito,* en los comentarios de Mucius Scaevola, XVII, Madrid, 1952; asimismo (sobre comodato y préstamo) en los de Albaladejo, XXII, Madrid, 1982; Simonetto, *Los contratos de crédito,* trad. esp., Barcelona, 1968; Flores Micheo, *Los negocios de crédito,* en RJC, 1962, pág. 36 y ss.

§ 93. EL COMODATO

472. Conceptos generales.

Ya se ha explicado que el comodato es el préstamo gratuito de cosa específica y no consumible, o en función de tal.

A. Naturaleza y presupuestos. Bajo el epígrafe «de la naturaleza del comodato» dispone el art. 1.741 que *el comodante conserva la propiedad de la cosa prestada. El comodatario adquiere el uso de ella, pero no los frutos; si interviene algún emolumento que haya de pagar el que adquiere el uso, la convención deja de ser comodato.*

La gratuidad es, según se ve, consustancial con el comodato: una contraprestación lo convierte, si consiste en dinero o signo que lo represente (art. 1.543), en arrendamiento de cosas, y consistiendo en cosas específicas o en un hecho, en un contrato innominado. El hecho puede consistir en el uso de la cosa entregada, que cuando es un deber (y no sólo un derecho) desnaturaliza asimismo el comodato, que es un contrato puramente unilateral, es decir, que no produce otro crédito en favor del comodante que el dirigido a la restitución de la cosa comodada. Por eso no es comodato el préstamo de objetos en el marco de otro contrato en el que encuentra su *causa* onerosa.

El comodato se presenta, bien aislado, bien a modo de fase previa a otro contrato, como la venta a prueba.

No es indispensable que el comodante sea dueño de la cosa: basta que tenga sobre ella un derecho que le permita prestarla (el arrendatario de un apartamento en la playa por la temporada de verano puede dejarlo una semana a unos amigos: no el habitacionista, a quien lo prohíbe el art. 525 Cc.). Pero aun cuando tuviese la propiedad, la acción personal nacida del comodato presenta, para reclamar la restitución, notables ventajas sobre la reivindicatoria: es innecesario demostrar la propiedad, y se puede dirigir contra el comodatario aunque no esté en posesión de la cosa, en cuyo caso debe indemnizar.

B. Duración. Conforme al art. 1.750, *si no se pactó la duración del comodato ni el uso a que había de destinarse la cosa prestada, y éste no resulta determinado por la costumbre de la tierra, puede el comodante reclamarla a su voluntad. En caso de duda, incumbe la prueba al comodatario.*

En Roma el contrato de comodato requería la fijación de un tiempo cierto y determinado: en otro caso, se trataba de *precario,* es decir, de la prestación de una cosa *ad preces alterius,* al mero arbitrio del prestador, quien podía retirar su tenencia en cualquier momento. De aquí se ha obtenido el concepto de *posesión precaria* que se puede recuperar frente al detentador que carece de título o cuyo título ha caducado.

El art. 1.750 contempla, sucesivamente,

a) El pacto sobre la duración del comodato; por un número fijo de días, o por el tiempo que dure el uso de la cosa, o determinado empleo de la misma, etc. (arts. 1.744 y 1.750).

b) Habiéndose pactado el uso, pero no la duración, ésta será la del uso *según la costumbre de la tierra,* es decir, la costumbre local o comarcal.

c) En otro caso, queda a voluntad del comodante la duración del préstamo.

C. Transmisión. A tenor del art. 1.742, *las obligaciones y derechos que nacen del comodato pasan a los herederos de ambos contrayentes a no ser que el préstamo se haya hecho en contemplación a la persona del comodatario, en cuyo caso los herederos de éste no tienen derecho a continuar en el uso de la cosa prestada.* Posiblemente ocurre igual si el préstamo se hizo en contemplación exclusiva de la persona del comodante fallecido.

473. Posición del comodatario.

Viene regulada en los arts. 1.743 a 1.748 Cc.:

El comodatario está obligado a satisfacer los gastos ordinarios que sean de necesidad para el uso y conservación de la cosa prestada (art. 1.743). Respecto de los otros, no tiene obligación: si los realiza, sólo tendrá frente al dueño el derecho que le confiere el art. 1.751 y los del poseedor de mala fe. Serán *ordinarios* los gastos a que habría de subvenir el usufructuario; y probablemente se habrá de tener en cuenta, además, como criterio, el tiempo de duración del comodato y, por tanto, a quién favorece principalmente cada gasto.

Aunque no lo dice expresamente el Cc., está obligado el comodatario a *conservar* la cosa prestada, y ello con particular diligencia, al tratarse de un contrato en exclusivo favor suyo.

De acuerdo con el art. 1.744, *si el comodatario destina la cosa a un uso distinto de aquel para que se prestó, o la conserva en su poder por más tiempo del convenido, sera responsable de su pérdida, aunque ésta sobrevenga por caso fortuito:* acaso con la mitigación del art. 1.896, *in fine*. La primera hipótesis puede entenderse como de incumplimiento doloso (cfr. art. 1.107-2º); la segunda, un caso de mora del deudor, al parecer automática (cfr. art. 1.096-3º).

Dentro de los indicados límites y de los de la buena fe, el comodatario tiene derecho al uso de la cosa, y ésta es la ventaja que extrae del contrato. Es cuestionable si en el uso *civiliter* de la cosa entra la facultad de prestarla a otros, precariamente o incluso por tiempo señalado (no superior al concedido al propio comodatario): ello habrá de deducirse del contrato, teniendo en cuenta siempre que, dada su gratuidad, las facultades del comodatario se apreciarán sin extenderlas más de lo claramente previsto (art. 1.289-1º Cc.).

El uso, contra lo pactado ha de permitir al comodante resolver el contrato, aplicando, a fortiori, la regla del art. 1.124.

El art. 1.741 niega al comodatario el derecho a los frutos; con todo, cabrá entenderlo permitido en ciertos casos.

Si la cosa prestada se entregó con tasación y se pierde, aunque sea por caso fortuito, responderá el comodatario del precio, a no haber pacto en que expresamente se le exima de responsabilidad (art. 1.745). Constituye una excepción a los arts. 1.182 y 1.106: se presume que la tasación equivale a un convenio tácito, o cláusula implícita de asunción de todos los riesgos por el comodatario, como si actuase de asegurador frente a la pérdida de la cosa o, igualmente, a cualquier perjuicio fortuito. La estimación no causa venta (GARCIA GOYENA) ni, por tanto, autoriza al comodatario a entregar a su arbitrio la cantidad en que se estimó la cosa comodada en lugar de ella.

De acuerdo con D. 13, 6, 10 y Part. 5, 2, 3 y 4, dispone el art. 1.746 que *el comodatario no responde de los deterioros que sobrevengan a la cosa prestada por el solo hecho del uso y sin culpa suya:* será él, desde luego, quien haya de demostrar estas circunstancias, y no demostrándolas (o bien, el caso fortuito cuando no haya tasación) responde de cualesquiera daños. También aquí un deterioro culpable puede acarrear la aplicación del art. 1.124.

Según el art. 1.747, *el comodatario no puede retener la cosa prestada a pretexto de lo que el comodante le deba, aunque sea por razón de expensas.* Cfr. S. 9 febrero 2006. Se le priva del derecho de retención por ser el contrato (tal como lo imagina el legislador) en exclusivo provecho del comodatario.

A su vez, dice el art. 1.748 que *todos los comodatarios a quienes se presta conjuntamente una cosa responden solidariamente de ella, a tenor de lo dispuesto en esta Sección.* La norma obedece a la misma razón que la del art. 1.731: GARCÍA GOYENA pone como ejemplo el préstamo del coche a dos personas conjuntamente.

474. Posición del comodante.

Conforme al art. 1.749, que contempla el supuesto de la entrega de la cosa para uso determinado, *el comodante no puede reclamar la cosa prestada sino después de concluido el uso para que la prestó. Sin embargo, si antes de estos plazos tuviere el comodante urgente necesidad de ella, podrá reclamar la restitución:* en opinión de GARCIA GOYENA, en virtud de un convenio en tal sentido, implícito en el contrato. Añade dicho autor que, en virtud del mismo principio, los tribunales pueden relevar de cumplir la promesa de comodato cuando se ha hecho, luego de pronunciada, particularmente gravosa.

Dice el art. 1.751 que *el comodante debe abonar los gastos extraordinarios causados durante el contrato para la conservación de la cosa prestada, siempre que el comodatario lo ponga en su conocimiento antes de hacerlos, salvo cuando fueren tan urgentes que no pueda esperarse el resultado del aviso sin peligro.*

Con arreglo al art. 1.743, el comodatario abonará las impensas ordinarias.

Es dudoso, a la vista del art. 1.751, si el comodatario está obligado a adelantar los fondos precisos para las reparaciones extraordinarias en los casos urgentísimos que no permiten esperar respuesta del dueño. En principio, el pago de estas reparaciones no parece que le incumba nunca (al no imponérselo la ley expresamente), pero cabe preguntarse si entre las obligaciones suyas asumidas implícitamente al contratar no entra, con arreglo a la buena fe, la de subvenir provisionalmente a los gastos extraordinarios cuando no haya tiempo de acudir al dueño y en la tardanza se corran riesgos de destrucción o grave daño de la cosa.

El comodante que, conociendo los vicios de la cosa prestada, no los hubiere hecho saber al comodatario, responderá a éste de los daños que por aquella causa hubiere sufrido (art. 1.752). Al conocimiento habrá que equiparar la culpa lata, cuando no esté compensada por la negligencia del comodatario. Dc todos modos, el supuesto dista mucho de la responsabilidad por vicios ocultos en los contratos onerosos. Si el comodante no conoce los defectos de la cosa, ocasionados por terceros, serán estos quienes respondan y a ellos podrá reclamar el comodatario que hubiere sufrido en sus bienes por causa de los vicios del objeto que tomó prestado.

475. El precario.

Hay una variedad del comodato conocida con el nombre de *precario:* es la aludida en el art. 1.750, de préstamo de una cosa hasta el momento en que, a su voluntad, la reclame el concedente. Cfr. SS. 31 diciembre 1992 y 31 enero 1995: ésta concreta la figura en "cuantos sin pagar merced utilizan la posesión de un inmueble sin título para ello".

En el Derecho romano el precario, referido a las fincas, se caracterizaba porque el uso se concedía de un modo general, a título de tolerancia, sin determinación de tiempo, finalidad o modo. Y todavía hoy en el Cc., a menos que se pacte lo contrario, si se determina en el contrato la aplicación que va a tener la cosa, no puede pedir su devolución el comodante sino después de concluido el uso para el que la prestó, mientras que la concesión precaria permite reclamarla en cualquier momento (cfr. S. 26 diciembre 2005).

Algunos, a causa de esta debilidad de la posición del precarista, niegan a la concesión el carácter de contrato, calificando a la actitud del concedente y a la posesión del precarista de situación de mera tolerancia. Mas cuando hay verdadera concesión y puesta en posesión de la cosa comodada, se forma entre precarista y concedente un tejido de relaciones que son propiamente contractuales, y a las que se aplican los preceptos del comodato. Tampoco se puede afirmar que la libre recuperabilidad de la cosa elimine la idea de contrato, por quedar el cumplimiento al arbitrio de una de las partes (art. 1.256): queda a él, sí, el *cese* de la relación contractual, mas no la existencia de obligaciones entre las partes mientras la posesion precaria se halle pendiente. El acuerdo entre concedente y precarista justifica y titula a la posesión con algo más que la mera tolerancia de quien, simplemente, ve ocupar su finca sin impedirlo.

La particularidad de esta suerte de comodato es que, sobre todo referida a bienes inmuebles, goza de un medio procesal específico de recuperar la cosa prestada, conocido como *desahucio en precario.* Este proceso, ahora declarativo (no especial), que se sigue por los trámites del juicio verbal (art. 437 y ss. Lec.), pueden promoverlo quienes «pretendan la recuperación de la plena posesión de una finca rústica o urbana, cedida en precario, por el dueño, usufructuario o cualquier otra persona con derecho a poseer dicha finca» (art. 250.1-2º Lec.).

A veces la concesión precaria no recae sobre una finca, sino sobre una prestación de ésta, una servidumbre: en el caso de la S. 22 abril 1983, la dueña de una casa había permitido gratis a la arrendataria de los bajos abrir una puerta de comunicación con el inmueble contiguo, propiedad de ésta, apertura que debía cesar a voluntad de aquélla.

INDICACIÓN BIBLIOGRÁFICA. MARTÍN RETORTILLO, *El comodato en nuestros días,* en ADC, 1953, pág. 839, y la bibliografía indicada en el § anterior.

MARTÍN RETORTILLO, *El precario en el Derecho civil español,* Madrid, 1948; MORENO MOCHOLI, *El precario,* Barcelona, 1951; FERRER MARTIN, en RDP, 1952, pág. 303; GARCÍA VALCÁRCEL, en RDN, 8, 1955, pág. 296; SABATER, en RJC, 1958, pág. 591; LATOUR, en RDP, 1959, pág. 1.065; PÉREZ DE ONTIVEROS BAQUERO, *El contrato de comodato*, Pamplona, 1998.

§ 94. EL PRÉSTAMO MUTUO

476. Concepto y requisitos.

El contrato de préstamo, según hemos visto, supone una entrega de dinero o cosa fungible, por parte de su dueño (o legitimado para disponer), al otro contratante, el prestatario, quien queda obligado a restituir el equivalente de lo recibido y, si así se pactó, a pagar intereses. Vale también el compromiso de futura entrega, según se ha explicado en el § 92.

De acuerdo con el carácter consumible de las cosas que se prestan, dispone el art. 1.753 que quien *recibe en préstamo dinero u otra cosa fungible, adquiere su propiedad, y está obligado a devolver al acreedor otro tanto de la misma especie y calidad.* Cuando no pueda cumplir esta obligación *in natura,* la cumplirá por equivalente. «Lo esencial para la existencia del préstamo —dice la S. 7 octubre 1994— no es que la entrega de la cosa sea simultánea a la firma del contrato, sino que el deudor reconozca o el acreedor pruebe que dicha cosa o cantidad la tiene, en efecto, recibida con obligación de devolverla en plazo determinado» (en idénticos términos, SS. 31 mayo 1968 y 16 octubre 1993).

El mutuo supone la transmisión de la propiedad de la cosa mutuada; el prestatario se hace dueño de ella en el momento de recibirla, y no ya porque las piezas de moneda o los billetes de banco pierdan su identidad y resulten irreivindicables, sino en virtud de la tradición y la naturaleza del contrato.

El mutuo es mercantil cuando una de las partes es comerciante y el importe se invierte en operaciones mercantiles (arts. 311 y ss. Ccom.; véase también 320-1º).

A. Capacidad. «Dar prestado», en cantidad significativa en relación con el patrimonio del que presta es (cuando no constituye una ocupación profesional) un acto de enajenación, un acto de colocación de capital, puesto que el prestamista se despoja de la propiedad del dinero. Por eso el tutor precisa autorización judicial para ello (art. 272-5º Cc.).

Especiales limitaciones pone la ley al hecho de *tomar prestado:* el menor emancipado precisa el consentimiento suplementario (art. 323), y, salvo casos muy concretos, un cónyuge, contratando él sólo, no compromete a la sociedad de gananciales.

B. La obligación de restituir. Conforme al art. 1.754, *la obligación del que toma dinero a préstamo se regirá por lo dispuesto en el artículo 1.170 de este Código. Si lo prestado es otra cosa fungible, o una cantidad de metal no amonedado, el deudor debe una cantidad igual a la recibida y de la misma especie y calidad, aunque sufra alteración en su precio.*

«En el préstamo de dinero hay de singular que *non corpora quis cogitat sed quantitatem;* su materia u objeto es un valor numérico representado por la moneda; y al contrario, el préstamo de las otras cosas fungibles, no tiene por objeto sino la cantidad física y material de la cosa prestada, prescindiendo de su valor numérico», decía GARCIA GOYENA. Aunque la redacción no es muy correcta, bien se entiende que el autor, al explicarse así, acepta el principio nominalista para las *deudas de dinero,* y ése es el significado, en el precepto, de la remisión al art. 1.170 (S. 27 noviembre 1986) . Mientras que las restantes son *deudas de valor.*

En el caso de la S. 15 junio 1953 el objeto prestado era cien obligaciones de la deuda municipal, y el T. S. condenó a devolver éstas, y no la cotización que tenían cuando el préstamo se realizó. Ahora bien: extinguida la especie debida, parece que se habrá de aplicar, por analogía, el art. 312 Ccom., que ordena devolver en tal caso «su equivalente en metálico»: se entiende, su equivalente en el momento de la restitución.

C. Tiempo. El préstamo requiere un cierto espacio de tiempo de tenencia, por el prestatario, del dinero prestado, pero ese espacio puede ser cualquiera largo o breve, según convengan las partes.La S. 28 mayo 1985 versa sobre un préstamo que el *accipiens* se obligó a devolver en pocos días, y considera plenamente válido este pacto.

A efectos del art. 1.127 Cc. se entiende que en el préstamo sin interés el plazo está establecido en beneficio del deudor, y en el con interés en beneficio de ambas partes.

477. El préstamo a interés.

Según el art. 1.755 *no se deberán intereses sino cuando expresamente se hubiese pactado* (Véase S. 22 octubre 1984).

Con todo, el préstamo mutuo suele ser retribuido: el único préstamo sin interés que queda hoy es el clásico «sablazo» (cuya condición de préstamo es muchas veces discutible, por falta de ánimo de recuperar y de intención de restituir), o el mutuo entre familiares, o entre amigos muy íntimos (que frecuentemente dejan de serlo desde entonces). Con escasa consecuencia, el Ccom. también presume la gratuidad del mutuo (art.314).

Conforme a la S. 9 mayo 1944 el convenio de pagar intereses (el art. 1.755 exige que sea *expreso)* puede deducirse a través de documentos que no están destinados a demostrarlo: en el caso, de «un documento privado de estado de cuentas en el que están comprendidos los intereses», y de la conformidad del deudor, de modo continuado y periódico, a estados de cuentas como ése. Según la S. 26 enero 1981, pagados intereses por el deudor durante seis años seguidos, ha de entenderse existente pacto expreso de tal pago derivado de actos concluyentes e unívocos aceptados por ambas partes.

Recuérdese que la recepción del principal por el acreedor sin reserva en cuanto a intereses excluye la posibilidad de reclamarlos luego (art. 1.110 Cc. y S. 27 mayo 1983).

El interés parece que debe consistir precisamente en una fracción del género prestado, por unidad de tiempo de duración del préstamo. Su función fundamental es ser retribución o precio que el mutuatario ha de pagar por el disfrute de un capital de dinero que le presta el mutuante, pero también puede ser para compensar la depreciación monetaria (SS. 15 febrero y 8 marzo 1997).

A. La cuestión de la bilateralidad. La doctrina más antigua acepta, por lo general, que el préstamo a interés sigue siendo un contrato unilateral. La doctrina ulterior mantiene igualmente reservas sobre la condición sinalagmática de tales contratos, si bien admite la resolución por incumplimiento. Tales reservas parecen injustificadas, pues en el mutuo a interés también hay *sinalagma:* intercambio de prestaciones.

Una antigua S., la de 4 octubre 1915, optó por el carácter sinalagmático del préstamo a interés. Por mi parte, opino igualmente que el mutuo, llevando pacto de intereses, es un contrato sinalagmático, ya que la prestación del dinero va correspondida por la contraprestación de los intereses, sin que influya en tal calificación el hecho de que la obligación del prestatario comienza cuando el prestamista ha cumplido su parte, acaso sin estar previamente obligado y constituyendo el contrato mediante la entrega. Pues siempre queda la relación de correspectividad entre el aplazamiento de la recuperación de la cosa por parte del mutuante y el pago de los intereses por el mutuatario, con obligación de saneamiento en caso de evicción o vicios ocultos (dinero falso, trigo averiado), como en los otros contratos sinalagmáticos, y devolución de los intereses en caso de prestación fallida del mutuante. Este responderá por los daños causados por la cosa entregada, no sólo en los términos del art. 1.752, sino también siempre que medie culpa suya. Y no pagándose el interés pactado, parece aplicable el art. 1.124, pues el hecho de que la obligación de intereses no se inicie hasta la entrega de la cantidad prestada (como la obligación de pagar la renta del arriendo, etc.), no impide que la subsistencia del préstamo se deba al pago de la retribución y se justifique por ella.

B. El pago de intereses no pactado. A tenor del art. 1.756, *el prestatario que ha pagado intereses sin estar estipulados, no puede reclamarlos ni imputarlos al capital.*

No se contempla aquí el pago como prueba de la existencia de un pacto de intereses (lo que determinaría que tales intereses hubieran de seguirse abonando en lo sucesivo), pues el punto de partida del precepto es, precisamente, la falta de estipulación. El legislador establece la irrepetibilidad por motivos de política jurídica que parece ocioso investigar aquí. Algunos relacionan esta norma, sin excesivo fundamento, con la obligación natural.

478. La prohibición de usura.

Tras una larga historia que va desde la prohibición canónica del préstamo retribuido hasta la total libertad en la fijación del precio del uso del dinero, el Derecho vigente, que permite el cobro de intereses, rechaza que éstos puedan ser, por cualquier concepto, abusivos.

Los intereses no siempre han tenido buena prensa. El Derecho canónico los prohibió, por considerarlos pecaminosos, quedando la profesión de prestamista «a usuras» (sin ellas, no es una profesión, sino una desgracia) para los judíos, cuya actividad se reglamentó en todos los países: frecuentemente el monarca que permitía el comercio del dinero era beneficiario de donativos o préstamos a interés módico o largo e incierto plazo.

Caídas en desuso las prohibiciones canónicas, en la Edad moderna diversas leyes señalaron límites máximos al interés, que fue declarado libre por la de 14 marzo 1856.

La ley 23 julio 1908 (ley AZCÁRATE), para la represión de los préstamos usurarios, sigue el sistema de declarar nulo el contrato cuando «se estipule un interés notablemente superior al normal del dinero y manifiestamente desproporcionado con las circunstancias del caso, o en condiciones tales que resulte aquél leonino, habiendo motivos para estimar que ha sido aceptado por el prestatario a causa de su situación angustiosa, de su inexperiencia o de lo limitado de sus facultades mentales. Será igualmente nulo el contrato en que se suponga recibida mayor cantidad de la verdaderamente entregada, cualesquiera que sean su entidad y circunstancias» (art. 1º). Cfr., entre las recientes, las SS. 8 noviembre 1994, 15 febrero y 8 marzo 1997, y 2 octubre 2001.

Estudiada esta ley en el vol. 1º, núm. 73, remitimos a lo allí dicho.

479. Contratos de crédito al consumo.

El art. 10 LGPCU indica que los requisitos de la buena fe y justo equilibrio de las prestaciones exigidos en las condiciones generales de la contratación excluyen las «condiciones abusivas de crédito» al consumidor.

Los créditos al consumo fueron objeto de la Directiva 87/102/CEE (traspuesta al Derecho español por la Ley 7/1995, de 23 marzo), y luego de la Ley 16/2011, de 24 junio, de "Contratos de crédito al consumo" (que ha derogado la aludida 7/1995). He aquí sus líneas fundamentales.

A) *Ámbito.* Esta ley –que tiene carácter imperativo, y da por nulos los actos que la contradigan (art. 5)– se aplicará al contrato en que un prestamista concede o se compromete a conceder a un consumidor un crédito bajo la forma de pago aplazado, préstamo, apertura de crédito o cualquier medio equivalente de financiación (art. 1.1). A los efectos de esta ley se entenderá por *consumidor* a la persona física que, en las relaciones contractuales que en ella se regulan, actúa con fines ajenos a su actividad empresarial o profesional; y *prestamista*, a la persona física o jurídica que concede o se compromete a conceder un crédito en el ejercicio de su actividad comercial o profesional (art. 2). Quedan excluidos de la Ley los contratos que menciona en su art. 3 (por razón de la cuantía del crédito, plazos de reembolso y otros extremos).

B) *Información al consumidor.* Con objeto de proteger mejor a éste, regula la Ley de forma detallada la información básica que ha de figurar en la publicidad y comunicaciones comerciales, y dispone que el prestamista que ofrece un crédito al consumidor estará obligado a entregarle antes de la celebración del contrato, si el consumidor así lo solicita, un documento con todas las condiciones del crédito, como oferta vinculante (art. 8). Y en la publicidad sobre ofertas de crédito deberá mencionarse siempre la tasa anual equivalente (la conocida TAE), con un ejemplar ilustrativo –cuyo cálculo establece el art. 32).

C) *Forma.* Los contratos sometidos a la ley 16/2011 se harán constar por escrito, que además de las condiciones esenciales de los mismos contendrán necesariamente los extremos que indica (art. 16); con inclusión de cierta información específica en los contratos de crédito con posibilidad de descubierto (art. 17). El incumplimiento de la forma escrita dará lugar a la anulabilidad del contrato, y a ciertas penalizaciones en caso de omisión de los datos que el contrato debe "contener necesariamente" (art. 21).

D) *Efectos.* Entre los que regula la Ley está la inmodificabilidad del coste total del crédito en perjuicio del prestatario, salvo pacto formalizado por escrito; y la variación del coste, en su caso, se deberá ajustar a la de un índice de referencia objetivo (art. 22). El consumidor tiene un "derecho de desistimiento", facultad de dejar sin efecto el contrato celebrado, comunicándolo así a la otra parte contratante en un plazo de 14 días sin necesidad de comunicar los motivos y sin penalización alguna, con las obligaciones que la ley indica (art. 28). El consumidor podrá liquidar anticipadamente, de forma total o parcial y en cualquier momento de vigencia del contrato, las obligaciones derivadas del mismo, con reducción del coste total del crédito según la duración del contrato que quede por transcurrir. En tal caso el prestamista tendrá derecho a una compensación justa y justificada, que no podrá exceder de los porcentajes que la ley señala (art. 30).

Todo cobro indebido derivado de un crédito al consumo producirá inmediatamente el interés legal; y si fué por malicia o negligencia del empresario, el consumidor tendrá derecho a la indemnización de los daños y perjuicios causados (art. 25).

La eficacia de los contratos vinculados a la obtención de un crédito quedará condicionada a la efectiva obtención de éste; la ineficacia del contrato cuyo objeto sea la satisfacción de una necesidad de consumo determinará también la ineficacia del contrato expresamente destinado a su financiación (art. 26).

INDICACION BIBLIOGRÁFICA. Véase la bibliografía general en el § 92, y las obras sobre préstamo y usura en el § 14, dedicado a los intereses (volumen 1º de este tomo II).

Además, PRATS ALBENTOSA, *El pago de los intereses no estipulados (sobre el sentido del art. 1.756 Cc.),* ADC, 1992, pág. 131; YSAS SOLANES, *Algunas consideraciones en torno al contrato de mutuo con interés,* RCDI, sept.-octubre 1993, págs. 1.365 ss.; GARCIA CANTERO, *Préstamo, usura y protección de los consumidores,* Actualidad Civil, 1989, pág. 205; SABATER BAYLE, Los *contratos usurarios en la reciente jurisprudencia,* Aranzadi Civil, 1994, p. V.

Sobre contratos de crédito al consumo, PRATS ALBENTOSA, *Préstamo de consumo, crédito al consumo,* Valencia, 2001; GAVIDIA SÁNCHEZ, *El crédito al consumo (cesión y contratos vinculados),* Valencia, 1996; DÍEZ-PICAZO, L., "Contratos de crédito y protección de consumidores", *A.D.C.*, 1999, p. 1357 y ss.; MARÍN LÓPEZ, M. J., "Análisis de la ley 7/1995, de 23 marzo, de Crédito al Consumo", *Estudios sobre consumo,* 2000, p. 33 y ss.

V. CONTRATOS DE OBRAS Y SERVICIOS

§ 95. EL LLAMADO ARRENDAMIENTO DE OBRA

480. Concepto. Arrendamiento «de obras» y «de servicios».

Dice el art. 1.544 Cc. que *en el arrendamiento de obra ... una de las partes se obliga a ejecutar una obra... por precio cierto.* Este contrato, pues, se caracteriza por la realización, por una de las partes (el *contratista*) y mediante precio, no ya de *un trabajo* en beneficio de la otra parte (de quien hace el encargo o *comitente),* sino de trabajo materializado en *una obra* que es el objeto del contrato y lo que va a recibir el que la contrató (cfr. S. 8 octubre 2001).

A. Distinción del arrendamiento de servicios. El Cc. define (en el mismo precepto que el de obra), el arrendamiento de servicios como aquel contrato por el cual *una parte se obliga... a prestar a la otra un servicio por precio cierto.* La distinción entre el contrato de obra (más exactamente, de ejecución de obra) y el de servicios, ambos impropiamente llamados de *arrendamiento* en fuerza de una tradición que se remonta a las fuentes romanas, consiste en que en el contrato de servicios las partes pretenden obtener, simplemente, que otra persona desarrolle cierta actividad, mientras en el de obra persiguen, no estrictamente esa actividad ajena, sino su resultado (SS. 19 octubre 1995, 13 marzo 1997 y 7 marzo 2007). Quien asume la obra (contratista) promete a la contraparte un «resultado», que consiste inicialmente en un acto de producción del cual él asume el riesgo.

La S. 3 noviembre 1983 recuerda «que de los diferentes criterios ideados por la doctrina para distinguir el arrendamiento de servicios del de obra, el que goza de mayor predicamento radica en el objeto inmediato de la obligación del arrendador, de manera que si éste se obliga a la prestación de servicios o de trabajo, o de una actividad en sí misma, y no al resultado que aquella prestación produce, el arrendamiento es de servicios, y, en cambio, si se obliga a la prestación de un resultado, sin consideración al trabajo que lo crea, el arrendamiento es de obra». Este criterio es seguido en sentencias posteriores, como las de 18 abril 1991 y 25 noviembre 1992.

Algunos han pretendido distinguir, además, el contrato de obra del de servicios, por la situación de dependencia en que éste se desarrolla, pero ni todos los servicios implican subordinación —no, más comúnmente, los servicios de las profesiones liberales—, ni en el contrato de obra se puede excluir una modalidad en la que el dueño vigile y dirija la actividad del contratista; frente a otros contratos en los que en nada puede inmiscuirse.

Para la S. 17 mayo 1993 (vid. S. 21 diciembre 1992), la distinción científica y jurisprudencial entre el arrendamiento de obra y el mandato radica, entre otros rasgos, en la independencia con que el primero realiza su trabajo.

Tampoco cabe distinguir el contrato de obra del de servicios explicando que el objeto de éste es la energía del trabajo, midiéndose el precio en proporción al tiempo del empleo; mientras objeto del contrato de empresa es el *opus perfectum,* el resultado del trabajo, siendo el precio adecuado a la importancia de la obra; pues en un contrato de obra puede pagarse el precio, en todo o parte, en proporción al tiempo empleado, como ocurre en diversas composturas y pequeñas reparaciones: el fontanero, o el taller de reparación de automóviles, etc. En verdad en los casos extremos la distinción entre el contrato de servicios —incluso el mandato retribuido— y el de obra resulta incierta: por ejemplo, en algunos tipos de «arriendo» de contribuciones en los que el «arrendatario» obtiene un premio de cobranza.

B. Contrato de obra con suministro de materiales. Según el art. 1.588 *puede contratarse la ejecución de una obra conviniendo en que el que la ejecute ponga solamente su trabajo o su industria, o que también suministre el material.* Por tanto, las reglas del contrato de arrendamiento de obra son aplicables igualmente cuando el contratista, además de su trabajo, aporta los materiales (cfr. S. 22 febrero 1997), y así lo presuponen a continuación, dentro de la misma sección, los arts. 1.589, 1.593, 1.595, 1.597, e indirectamente, varios otros. Mas, ¿cómo distinguir, en los supuestos de encargo de una obra consistente en cosa o cosas a entregar al comitente, entre la ejecución de obra y la venta?

Por ejemplo: encargo un automóvil de serie que todavía no ha sido producido por la fábrica, pero lo será en el futuro. O encargo uno cuya carrocería blindada se fabrica sobre pedido. O encargo un prototipo según especificaciones que suministro al fabricante. ¿Dónde termina la venta y comienza la ejecución de obra?

La S. 7 abril 1982, en el caso de encargo de un dispositivo complejo a instalar por el fabricante en lugar determinado, para servicio de una planta industrial de hornos de fusión, habla de que «no cabe desconocer» que el contrato de obra con suministro de materiales «incorpora algunos caracteres propios del contrato de compraventa, siquiera la cosa sea futura, pero manteniéndose como esencial la actividad dirigida al resultado comprometido, quedando por ello sujeto a normas específicas»; siendo decisivo en el caso el dato de que «lo convenido no fue la entrega de diversos objetos inertes, sino debidamente instalados en lugar determinado según proyecto» (de manera similar, la S. 27 enero 1992, sobre instalación para funcionamiento de industria panificadora, y la S. 14 mayo 1996, sobre fabricación y montaje de una grúa pórtico). En cambio, en el caso de la S. 21 enero 1980, el que unas cintas transportadoras «sean fabricadas por el vendedor», no puede producir «el efecto de cambiar su naturaleza jurídica» (la del contrato de venta). Vid. también Ss. 7 marzo 1984, 16 septiembre 1985 y 4 febrero 1988.

En el Derecho romano, en principio hay contrato de obra cuando el contratista realiza el trabajo con materiales suministrados por el dueño; y hay venta cuando lo realiza con materiales propios, y así lo enseñó luego Pothier. El mismo punto de vista mantiene la Convención de las Naciones Unidas sobre la compraventa internacional de mercaderías (Viena el 11 de abril de 1980, adhesión de España el 24 de julio de 1990). Mas en el Cc. (como en el modelo francés), el hecho de suministrar el fabricante la materia prima no basta para dar a la convención la naturaleza de una venta. Cuándo la haya, y cuándo suministro, es, a la vez, cuestión de interpretación de la voluntad de las partes y de análisis de las circunstancias objetivas. Algunos estiman que hay venta si el industrial trabaja sobre planos propios y según su iniciativa; y contrato de obra cuando realiza la obra tal como le ha sido encargada. Otros ponen el acento en la trascendencia que pueda tener para el cliente el proceso productivo de la cosa y la cualificación del producto. Todo ello supone, en definitiva, indicios para establecer la voluntad de las partes dirigida, ya a la transmisión de una cosa *a* un comprador, ya a realizar un trabajo en orden a producir una cosa *para* un comitente.

Para lo demás, salvo en aquellos puntos en que sean contradictorias (sobre todo, en tema de riesgos), las reglas de la compraventa, como paradigma del contrato oneroso, son aplicables en muchos extremos al contrato de obra, y más en particular al con suministro de materiales, según veremos.

481. El contrato.

La regulación del contrato de obra se ha planteado en el Cc. sobre el modelo de la construcción de un edificio o, al menos, de una prestación de arquitectura o ingenieria, si bien, como hemos visto, la práctica es mucho más variada, en relación a bienes inmuebles y a muebles. Habrá de tenerse en cuenta esta fijación del legislador, en la aplicación de la ley a supuestos distintos.

Hoy esa regulación se halla complementada, en cuanto a su específico objeto, por la Ley 38/1999, de 5 de noviembre, de Ordenación de la Edificación (LOE), destinada a «regular en sus aspectos esenciales el proceso de edificación, estableciendo las obligaciones y responsabilidades de los agentes que intervienen en dicho proceso, así como las garantías necesarias para el adecuado desarrollo del mismo, con el fin de asegurar la protección de los intereses de los usuarios» (art. 1.1). Esta ley es de aplicación al proceso de la edificación, entendiendo por tal la acción y el resultado de construir un edificio de carácter permanente, público o privado, con variedad de usos, que menciona (art. 2.1).

A. Los sujetos. El Cc. distingue, en principio, como partes del contrato, al *dueño de la obra* y al *contratista*.

Es «dueño de la obra» quien la encarga con el fin de adquirirla luego (o conforme se va practicando, sobre objeto propio), y «contratista» quien se compromete a producir y comunicar el resultado pretendido por el dueño. La LOE llama a este último *el constructor*, y lo define como «el agente [de la edificación] que asume, contractualmente ante el promotor, el compromiso de ejecutar con medios humanos y materiales, propios o ajenos, las obras o parte de las mismas con sujeción al proyecto y al contrato» (art. 11). Mas la figura del prestador de la obra, unitaria en otro tiempo, experimenta, en nuestro Cc., una bipartición tratándose de la construcción de edificios: los arts. 1.591 y 1.593 distinguen entre el contratista y el arquitecto. La LOE hace otras distinciones.

a) Contratista y técnicos. Hasta bien entrado el siglo XIX ambas profesiones se confundían, y los contratistas suministraban frecuentemente ellos mismos los planos. Luego, se han ido diferenciando. El arquitecto, con carrera de rango universitario, ejerce una profesión liberal: se encarga de la concepción de la obra y de la dirección y vigilancia de los trabajos. El contratista ejerce una profesión comercial: ejecuta los trabajos previstos por el arquitecto bajo su control.

Ulteriormente la diversificación ha continuado, y junto al arquitecto colaboran otros técnicos, según la clase y complejidad de la obra. A efectos jurídicos interesan los que, entre los *agentes de la edificación* («todas las personas, físicas o jurídicas, que intervienen en el proceso de la edificación»; art. 8), regula expresamente la LOE: el *proyectista*, «el agente que, por encargo del promotor y con sujeción a la normativa técnica y urbanística correspondiente, redacta el proyecto» (art. 10); el *director de la obra*, que define como «el agente que, formando parte de la dirección facultativa, dirige el desarrollo de la obra en los aspectos técnicos, estéticos, urbanísticos y medioambientales, de conformidad con el proyecto que la define [...] y las condiciones del contrato, con objeto de asegurar su adecuación al fin propuesto» (art. 12); y el *director de ejecución de la obra*: «el agente que, formando parte de la dirección facultativa, asume la función técnica de dirigir la ejecución material de la obra y de controlar cualitativa y cuantitativamente la construcción y calidad de lo edificado» (art. 13); cuyas obligaciones específicas describe.

b) El arquitecto (y otros técnicos de la construcción). Se discute, en particular, la naturaleza de la relación con el arquitecto (hoy generalizable a los otros técnicos): si es un contrato de servicios de un profesional que presta su trabajo mediante una retribución, o bien un contrato de obra.

Durante mucho tiempo el T.S. calificó el contrato de arquitecto como arrendamiento de servicios, si bien le aplicaba algunas normas del de obra, en especial el art. 1.591 (que menciona expresamente a este profesional de la construcción). La doctrina dominante se inclina por la tesis del contrato de obra, con algunos matices.

En la jurisprudencia actual, la S. 25 mayo 1988 advierte que «el llamado contrato de arquitecto, que incluye variedades del de obras y del de servicios, merece esta última calificación cuando lo convenido fuere la prestación de un trabajo o actividad en sí misma considerada y con independencia del resultado, mientras que si lo pactado es fundamentalmente un resultado, nos hallamos en presencia de un arrendamiento de obra», con cita de las SS. 19 junio 1982, 29 septiembre 1983, 29 junio 1984, 27 octubre 1986 y 29 y 30 mayo 1987.

Para la calificación del contrato de arquitecto como de obra es importante, con todo, tener en cuenta la prestación que se conviene. Esta puede consistir en la elaboración del proyecto, pero también (o sólo) en la dirección y vigilancia de los trabajos de los ejecutores materiales: técnicos, constructores y auxiliares. O en la verificación de la obra. O se solicita del arquitecto la peritación de una obra ajena. De donde no puede incluirse su prestación, sin más, entre los contratos de obra. Lo es, sin duda, el proyecto. Mas la dirección, la periódica visita a las obras y su inspección, es una prestación *servicial,* cuyo cumplimiento puede ser exigido con independencia del resultado.

c) El promotor. En la construcción de edificios surge la figura del promotor, dueño de la obra que puede serlo o no del suelo (S. 9 abril 1956) y asimismo ser o no el constructor. El promotor es, sobre todo, el elemento que planea la construcción con vistas al mercado y comercializa lo construido y su protagonismo tiene hoy relieve tal que se le somete a las responsabilidades que la ley previene para el contratista. El promotor —dice la S. 28 enero 1994, con términos tomados de la de 11 octubre 1974 y cita de otras varias— reúne generalmente en una misma persona el carácter de propietario del terreno, constructor y propietario de la edificación llevada a cabo sobre aquél, enajenante o vendedor de los diversos locales o pisos en régimen de propiedad horizontal, beneficiario económico de todo el complejo jurídico constructivo, etc., lo que no impide que para la realización y ejecución del proyecto, utilice personal especializado al que ha de contratar, incluido el constructor o ejecutor material de los distintos elementos que integran el conjunto del edificio (vid. Ss. 25 febrero 1984 y 20 febrero l989). La S. 1 octubre 1991 distingue del promotor-constructor la figura que llama «promotor-mediador», «en la que la ausencia de intención lucrativa en su mediación lo aparta del concepto general de la figura que estudiamos del promotor-constructor, sustrayéndolo del ámbito de aplicación del art. 1.591 Cc.».

Según el art. 9 LOE, «será considerado promotor cualquier persona, física o jurídica, pública o privada, que, individual o colectivamente, decide, impulsa, programa y financia, con recursos propios o ajenos, las obras de edificación, entrega o cesión a terceros bajo cualquier título», y luego menciona sus obligaciones.

d) Auxiliares y subcontratistas. El contratista, salvo que la estricta ejecución de la obra sea en todos sus aspectos personalísima, puede servirse de auxiliares, a los que podrá confiar todas las misiones delegables según el contrato. Desde luego, *el contratista es responsable del trabajo ejecutado por las personas que ocupare en la obra* (art. 1.596). Cfr. SS. 14 febrero y 26 julio 1991 y 10 octubre 1994.

El contratista no sólo recurre a la colaboración de técnicos, empleados y auxiliares que trabajan para él en situación de dependencia o incluso, sin ella, sino que a veces se ve obligado a contratar a su vez la ejecución de una parte de la obra (por ejemplo,en un edificio, la carpintería o la instalación eléctrica) con otra empresa, frente a la cual le vincula otro contrato de obra (subcontrato), en principio independiente del principal, y en el cual él ocupa la posición de dueño de la obra.

Sin duda ha de comprenderse al subcontratista entre «las personas que ocupare en la obra» el contratista principal: en particular «los oficios», es decir, las subcontratas, en un edificio, de instalación de saneamiento, fontanería, electricidad, ascensores, etc.

En virtud del art. 1.596 el contratista responderá del trabajo del arquitecto si es él quien lo ha contratado (Torralba Soriano), ello sin perjuicio de la propia responsabilidad del profesional.

B. El objeto. El objeto del contrato de obra es siempre *un resultado* (SS. 19 octubre 1995 y 13 marzo 1997), que puede exteriorizarse, ya en una cosa (un edificio, una caldera, etc.), ya en una prestación intelectual con cierta existencia objetiva: un proyecto de arquitecto, el dictamen de un jurista.

C. Forma. Como dice la S. 17 marzo 1979, el contrato de obra tiene fuerza de ley cualquiera que sea su forma: vale el contrato verbal. Lo reitera la S. 15 abril 1991, respecto del contrato con el arquitecto, «sin que pueda afectar a la validez del contrato el no cumplimiento de las complementarias formalidades escritas de orden administrativo», en particular la ausencia de la preceptiva «hoja de encargo», o de comunicación del contrato al Colegio profesional (en el mismo sentido, la S. 10 febrero 1989).

Los contratos de construcción son prácticamente siempre por escrito, y sobre proyecto de arquitecto (que suele incluir la memoria, los planos, el pliego de condiciones y el presupuesto, y va visado por el Colegio). En relación con tales contratos explica Santos Briz que el presupuesto puede ser simplemente informativo o bien normativo, cuando el empresario se compromete a realizar conforme a él la obra.

482. En particular, el precio.

El art. 1.544 requiere, en el contrato de obra, un precio cierto. Sin embargo, esta exigencia no tiene aquí el mismo sentido que en la compraventa. El precio cierto —dice, por ejemplo, la S. 31 mayo 1983, repitiendo doctrina que viene exponiéndose desde la de 25 enero 1909—, si bien constituye «un factor esencial en la *locatio operis* ya desde la legislación justinianea», «no es necesario que se concrete de antemano o al instante de celebrar aquél, bastando que su determinación pueda llevarse a efecto con posterioridad por los propios interesados o un tercero, o a través de tasación judicial emitida en atención al coste de los materiales invertidos y mano de obra utilizada». Cfr. también SS. 22 diciembre 1954 y 18 abril 1995 (que opone precio cierto a «no aleatorio o contingente»).

En la práctica es frecuente, para los trabajos de escasa importancia, que el cliente no reclame un presupuesto: se entrega a la buena fe del industrial contratista, generalmente un artesano, sin perjuicio de recurrir a los tribunales si el importe de la factura excede de lo usual y previsible. En cambio si se trata de trabajos importantes —la construcción de un edificio, por ejemplo— la ausencia de datos para determinar el precio hace presumir que las partes no se han puesto de acuerdo: con todo, se considera que hay precio cierto si los trabajos encargados pueden apreciarse aplicando los reglamentos, los usos o las tarifas profesionales conocidas y practicadas. Así, respecto de los honorarios de los arquitectos, Ss. como las de 3 marzo 1989 y 24 junio 1991.

A. Precio determinable. Para la S. 4 septiembre 1993, con cita de otras muchas anteriores, el requisito del precio cierto existe, aunque no se fije de antemano —a lo que equivale que no se pueda probar esa fijación antecedente—, por cuanto puede inferirse por tasación pericial conforme al coste de los materiales y mano de obra (Ss. 16 enero, 21 octubre, 25 noviembre 1985) o cuando lo fija el juzgador según el resultado de la prueba practicada (S. 16 junio1984). Desde luego, hay ya, en el momento inicial, precio cierto, como dice la S. 2 8 abril 1978, no sólo cuando así lo han convenido expresamente las partes, sino también cuando por costumbre y uso frecuente en el lugar en donde la obra se realice el precio es conocido, o en el supuesto en que, sin señalarse cuantitativamente, se fija en relación a un hecho o suceso que lo determina.

B. Fijación inicial del precio de la obra. Para ello pueden seguirse diversas modalidades: señalar un tanto alzado a la totalidad del trabajo (las obras por ajuste o precio alzado), asumiendo el contratista los riesgos de la operación y lucrándose de sus ventajas si resulta menos costoso de lo previsto; o pactar el pago de los materiales y jornales a precio corriente por el dueño de la obra, más un porcentaje de beneficio industrial como retribución del contratista; o pagar un tanto por hora de mano de obra o por unidad de peso del material aplicado, etc.; o bien convenir el precio por piezas o a tanto la unidad de medida.

C. Precio por unidades. Según el art. 1.592 *el que se obliga a hacer una obra por piezas o por medida, puede exigir del dueño que la reciba por partes y que la pague en proporción. Se presume aprobada y recibida la parte satisfecha.* Hay aquí una excepción legal presuntiva a la regla de indivisibilidad del pago del art. 1.169: la circunstancia de concertarse la obra por piezas o por medida equivale a la «autorización expresa» prevista en tal precepto, y correlativamente el pago habrá de realizarse por fracciones proporcionales a la obra entregada. (cfr. S. 23 junio 1964).

D. Precio alzado. Para un caso particular de precio pactado globalmente establece el art. 1.593 que *el arquitecto o contratista que se encarga por un ajuste alzado de la construcción de un edificio u otra obra en vista de un plano convenido con el propietario del suelo, no puede pedir aumento de precio aunque se haya aumentado el de los jornales o materiales; pero podrá hacerlo cuando se haya hecho algún cambio en el plano que produzca aumento de obra, siempre que hubiese dado su autorización el propietario.* En realidad, aplicando las normas generales de las obligaciones, resulta que tampoco puede pedir aumento quien ajusta el precio por unidades de obra. En todo caso no hay *ajuste* si el presupuesto es meramente orientativo (cfr. S. 3 noviembre 1987).

Excepción a la invariabilidad del precio es el aumento de obra ordenado o consentido por el comitente (SS. 18 abril 1995 y 14 octubre 1996). La jurisprudencia admite que el consentimiento puede ser no formal, y también tácito, deducido de la conducta del comitente (vid. infra, núm. 483, F).

La modificación del plano no obliga a pactar nuevamente sobre el precio si éste puede calcularse sobre los datos contenidos en el proyecto: así la S. 28 octubre 1960. Es de suponer que si el cambio de plano se debe a un error técnico del contratista que lo aportó, no podrá pedir éste mayor precio por las nuevas obras a que obligue la corrección del error.

E. Revisión. Evidentemente, son lícitas las convenciones de revisión de precios en el contrato de obra, al amparo del art. 1.255 Cc. Lo son, también, en los contratos a precio alzado (S. 21 julio 1993, con cita de las de 10 junio 1992 y 4 abril 1981 y 5 diciembre 2001).

La regla general de revisibilidad del contrato por alteración sustancial, extraordinaria e imprevisible de las circunstancias, se aplica igualmente a los de obra, aun si hay ajuste a precio alzado, cuando se produce una elevación de salarios o materiales de tal magnitud que excede todas las posibles expectativas y previsiones de las partes, alterando el equilibrio de las prestaciones entre ellas y perturbando la economía natural del contrato. La jurisprudencia y la doctrina invocan en estos casos, ya la cláusula implícita *rebus sic stantibus,* ya la alteración de la base del negocio, ya la destrucción de la equivalencia, o los restantes tópicos que justifican la revisión. Esta alcanza igualmente a los contratos a precio alzado. Las SS. 23 noviembre 1962 y 28 enero 1970 admiten la revisión del precio contractual, la primera por alteración de la base del negocio y la segunda por concurrir los requisitos de la cláusula *rebus sic stantibus.* Cfr., en favor de la revisibilidad, la S. 8 noviembre 1983 (que recoge la doctrina general).

F. Tiempo de pago. Según el art. 1.599, *si no hubiere pacto o costumbre en contrario, el precio de la obra deberá pagarse al hacerse la entrega* (cfr. Ss. 14 febrero 2003 y 25 noviembre 2004). No dice el precepto que el pago haya de realizarse en el mismo lugar, por lo que parece aplicable el art. 1.171-3º, aun cuando la jurisprudencia en diversas ocasiones ha decidido que el pago se haga en el lugar donde se realizó la obra (S. 9 julio 1996), o bien donde se entregó ésta.

En los contratos de obra inmueble por ajuste alzado se suelen estipular pagos parciales del comitente, contra certificaciones de obra, que servirán para financiar la actividad del contratista, quien en muchos casos no tiene capital suficiente para adelantar el importe entero de la obra cobrándola a su terminación. Tales pagos son meros anticipos a cuenta del precio final, cuya liquidación definitiva se hará una vez verificada y aceptada la obra por el comitente (SÁNCHEZ CALERO).

483. Efectos y desarrollo del contrato.

Celebrado el contrato de ejecución de obra, el contratista queda obligado a ejecutar la obra con la diligencia y la pericia exigible en su profesión o dedicación, y en su caso a conservar los materiales recibidos del dueño o la cosa ajena sobre la que debe operar; y el comitente o dueño de la obra a pagar el precio y, si así se pactó, a suministrar los materiales, en todo o en parte.

A. El dominio de las cosas objeto del contrato. ¿Cuándo adquiere el comitente el dominio de la obra que encargó? ¿Cuál es la situación mientras la obra se practica?

Para la solución del problema hay que partir del carácter obligacional del contrato de obra y del Derecho común de la transmisión adquisición del dominio, aplicable aquí en todas sus partes (con las precisas adaptaciones), y con arreglo al cual el comitente adquiere lo que se incorpora al suelo o a la cosa mueble de su *propiedad,* y salvo esto, no deviene dueño del objeto *hasta la tradición,* que podrá ser ficticia si así se pacta en escritura pública, pero que no es sustituida por el simple otorgamiento de la escritura por no hallarnos aquí en el caso del art. 1.462-2º Cc.

B. Situación posesoria. Tratándose de bienes muebles no ofrece duda que el contratista sea el poseedor de la cosa ajena sobre la que trabaja. En tema de construcciones opina Diez Picazo, fundado en el art. 1.600, que dicho contratista es simple servidor de la posesión ajena, por lo que si el dueño le arroja de la finca violentamente, no tiene acceso a la defensa interdictal.

Mas del art. 1.600 Cc. lo que se deduce es la falta de derecho de retención sobre las fincas en que se ejecutó la obra; no la falta de posesión del contratista sobre éstas. Ciertamente puede haber casos en que el contacto físico sea tan dependiente y controlado por el dueño que en la apreciación vulgar no implique tenencia del contratista (como si le encargo la instalación de un nuevo cuarto de baño en mi casa, sin dejar de habitar yo en ella); pero, por ejemplo, tratándose de edificaciones el contacto del contratista con la superficie donde construye, y a la cual acaso prohíbe el acceso de los demás, me parece verdadera posesión (arts. 430 y 446), sin que el hecho de ser ésta *nomine alieno* prive al contratista de la acción interdictal. Su situación de control del terreno y de autonomía es muy superior a la que la doctrina presenta como «servicios a la posesión ajena», generalmente referido a bienes muebles.

C. Plazo. Si el contrato no fija expresamente el plazo de ejecución de la obra, habrá de aplicarse el art. 1.128. Pero lo corriente es que los contratos de obra, si son de alguna importancia, determinen dicho plazo, y asimismo las prórrogas en caso de modificaciones del proyecto inicial o el modo de determinarlas. En otro caso, las ampliaciones o cambios cualitativos del proyecto inicial suponen derogación tácita del término fijado en el contrato (S. 13 octubre 1966 y allí citadas).

Es frecuente en los contratos de alguna importancia establecer una cláusula penal para el supuesto de infracción del plazo: a veces, un tanto progresivo o fijo por día de retraso. Cuando haya modificaciones la pena queda ineficaz (S. 25 noviembre 1960).

D. Custodia. En cuanto a la cosa que se entrega para realizar sobre ella la obra, el contratista tiene una obligación de custodia a la que se aplicarán, en lo pertinente, las normas del depósito. Verosímilmente ha de entenderse que cualquier deterioro sufrido por la cosa es consecuencia de la realización del trabajo. Así, la lavandería se presume que ha deteriorado la ropa en el curso de las operaciones de lavado, si no destruye esta presunción demostrando la ocurrencia de una causa extraña. Dígase lo mismo del dueño del taller encargado de reparar un vehículo, cuando éste se incendia mientras los trabajos se estaban efectuando.

E. Riesgos. ¿Quid cuando en el curso del trabajo encargado se pierden o dañan la cosa en elaboración sobre la cual se trabaja o los materiales?

El Cc. regula expresamente el riesgo de pérdida de la cosa debida por el contratista en dos supuestos:

a) Según el art. 1.590, *el que se ha obligado a poner sólo su trabajo o industria, no puede reclamar ningún estipendio si se destruye la obra antes de haber sido entregada, a no ser que haya habido morosidad para recibirla, o que la destrucción haya provenido de la mala calidad de los materiales, con tal que haya advertido oportunamente esta circunstancia al dueño.* El precepto se refiere a la destrucción por caso fortuito (S. 15 junio 1994, que aclara que la responsabilidad nacida de conducta culposa o dolosa del contratista se rige por los arts. 1101 y ss. Cc.), y de él se deduce que entonces cada uno pierde lo que puso. En cambio, si hay culpa del dueño éste deberá abonar el precio de la obra al contratista, y si la hay del contratista habrá de indemnizar al dueño los daños ocasionados por la pérdida o deterioro de los materiales o del objeto sobre el cual trabajaba, y los debidos a la falta de entrega de la cosa encargada. La obligación de advertir la mala calidad de los materiales cesa cuando el vicio de éstos sea oculto y no pueda ser reconocido por un profesional con conocimiento y diligencia de medios.

Destruida la cosa encargada durante el proceso de elaboración, sea por caso fortuito o por culpa del contratista, ¿viene obligado éste a iniciar de nuevo el trabajo y entregarla? Ciertamente el art. 1.590 no dispensa de ello, y probablemente la respuesta ha de ser afirmativa cuando la obligación sea genérica, es decir, si su ejecución no depende de la existencia del objeto destruido o dañado, y previa nueva entrega, por el dueño, de los materiales necesarios.

b) En cuanto a la pérdida de los materiales, el art. 1.589 previene que *si el que contrató la obra se obligó a poner el material, debe sufrir la pérdida en el caso de destruirse la obra antes de ser entregada, salvo si hubiese habido morosidad en recibirla.* Se entiende que, como mientras no se entregue la obra el contratista sigue siendo propietario de los materiales —o éstos son de cuenta suya—, debe ser él quien cargue con la pérdida.

Sobre un caso de *mora accipiendi,* S. 3 mayo 1991.

Cuando los materiales suministrados por el contratista se incorporan a una cosa del dueño de la obra y ésta perece sin acabar, la interpretación de la voluntad de las partes conduce a mantener la aplicación del art. 1.589: el hecho de que tales materiales hayan pasado a ser propiedad del dueño —por ejemplo, si el contratista construye una casa con materiales propios en terreno de aquél— no obliga a pagarlos a dicho dueño mientras la obra no se le entregue completa. El pacto, pues, se sobrepone a las reglas de la accesion.

F. *Modificación.* El contrato de obra de alguna importancia suele venir acompañado de un presupuesto detallado con expresión de los volúmenes de obra a realizar y precios unitarios y de un diseño o proyecto, que es como la representación gráfica de la obra a ejecutar y permite valorar y fijar sus modalidades. El proyecto puede ser suministrado por el comitente, o bien predispuesto por el empresario (contratista).

La obra debe realizarse precisamente conforme al proyecto, sin que, en principio, pueda el contratista hacer otra aun más ventajosa (no se aplica, por analogía el art. 1.715). Si, por ejemplo, el dueño ha contratado la ejecución de un edificio en piedra y madera, no podría el contratista realizarlo en cemento armado, porque ello equivaldría a construir cosa diversa de la convenida, aunque se alcance la misma finalidad y acaso mayor solidez de la construcción.

Regularmente, el proyecto sólo puede variarse por voluntad concorde de ambas partes, aun cuando frecuentemente el dueño se reserva en el contrato la facultad de modificarlo dentro de ciertos límites. Por su parte el contratista puede exigir la modificación de un proyecto que se revela técnicamente imposible, como si para una conducción de agua se ha previsto un tubo insuficiente dadas las presiones que ha de soportar: mas aun entonces la modificación no puede ser unilateral. La tolerancia del dueño de la obra puede interpretarse como aprobación tácita de las modificaciones: la S. 25 noviembre 1970 la deduce de la presencia y vigilancia continuas del dueño en la ejecución de una obra cuyo plano se había modificado.

La S. 21 julio 1993 (con cita de la de 10 junio 1992 y otras) hace un buen resumen de la doctrina jurisprudencial: «el principio de invariabilidad del precio de una obra contratada por ajuste alzado, con arreglo al art. 1.593 Cc., carece de aplicación, según el mismo precepto establece, cuando se introduzcan cambios en la ejecución, alterando el proyecto primitivo y produciendo «aumento de obra», bien por incremento del volumen de la construida, bien por un mayor valor de la ejecutada en razón de la superior calidad de los materiales empleados, pero siempre que para ello concurra la indispensable autorización del dueño de la obra, que puede ser prestada o concedida de forma verbal o incluso tácita, al no exigir el referido precepto una constancia de la misma en forma determinada —Ss. 8 enero y 2 diciembre 1985, 28 febrero 1986, 23 noviembre 1987, 25 enero y 16 mayo 1989 y 15 marzo 1990—. Cfr. también S. 22 enero 2004.

El *«aumento de obra...* implica variación del contrato primitivo de alcance novatorio simplemente modificativo, siempre que concurra el requisito de la autorización del comitente» (S. 28 noviembre 1983, con cita de otras muchas).

484. La consumación del contrato. Entrega, recepción y aprobación de la obra.

Los conceptos de *entrega y recepción* tienen el sentido general de «consumación del contrato mediante la comunicación de la obra al *dominus»,* pero su significado es muy diverso en relación con las diversas prestaciones posibles.

Como dice Ferrandis, «dada la gran variedad de contenido del contrato de obra, es difícil dar un concepto unitario de lo que ha de entenderse por entrega y, correlativamente, por recepción. En ciertos casos (especialmente en los de obras realizadas en cosa mueble), habrá lugar a una entrega material semejante a la que realiza el vendedor en cumplimiento del contrato de compraventa, aunque sin eficacia traslativa del dominio a no ser que se trate de cosa elaborada por el contratista con materiales aportados por él. En el caso de tratarse de cosas que no han salido de la posesión del dueño (por ejemplo, en las obras de reparación a domicilio), la *entrega* sólo puede referirse a la terminación de la obra encargada. Cuando se trate de obras inmateriales (una conferencia, un concierto, etc.), resulta todavía más difícil la adaptación al caso de la terminología *entrega y recepción,* y sólo cabe referirse al cumplimiento del resultado prometido a través de la adecuada actividad del obligado».

A. La entrega. Tratándose de cosas corporales su entrega trasmite la propiedad que tuviera el contratista (sirve de título el contrato de obra), y de no ser dueño aquél, transfiere su posesión inmediata. Es un acto bilateral en el que el protagonismo fundamental corresponde al *tradens.*

B. La aprobación. La aprobación —dice Fernández Costales— es el acto por el cual se declara la obra aceptable y se reconoce la obligación de recibirla. La aprobación es una parte sustancial de la recepción y tiene como efecto eximir de responsabilidad al contratista y en su caso al arquitecto, salvo en cuanto a los defectos ocultos y lo preve nido en el art. 1.591.

Dados los caracteres del contrato de obra, y el evidente derecho del comitente a comprobar que lo realizado se adecúa al encargo y que está bien hecho, hay, en la consumación del contrato, un momento distinto al de la entrega en el cual el comitente declara que, verdaderamente, la obra se conforma a las reglas del arte y corresponde sustancialmente con lo convenido: el de la *aprobación* de la obra (expresa o tácita).

Momento previo a la aprobación y garantía indispensable del dueño de la obra es el de la *verificación*: el examen de la cosa por él o de su orden para comprobar que es de recibo.

C. La recepción. Se entiende por *recepción* el acto de hacerse cargo de la obra el comitente por entender que es ésta *de recibo.* No se confunde en absoluto con la entrega, porque la recepción se realiza fundamentalmente por el *accipiens:* es una manifestación de conformidad de éste, que supone la extinción de ciertas acciones por vicios de la cosa o defectuoso cumplimiento del contrato.

En general, la aceptación al recibir la obra, sin manifestación en tal momento de disconformidad con ella, significa haber sido ejecutada a satisfacción (S. 29 noviembre 1991).

La LOE dedica especial atención a este importante momento jurídico y acto de *aceptación de la obra*: «es el acto por el cual el constructor, una vez concluida ésta, hace entrega de la misma al promotor y es aceptada por éste. Podrá realizarse con o sin reservas y deberá abarcar la totalidad de la obra o fases completas y terminadas de la misma, cuando así se acuerde por las partes» (art. 6.1). La recepción deberá consignarse en acta firmada, al menos, por el promotor y el constructor (art. 6.2, que indica el contenido mínimo del acta).

De ello se deduce que, ante la entrega de la obra por el constructor, caben tres actitudes del comitente o promotor: recibirla sin reservas (dato importante a efectos de responsabilidad y garantías), recibirla con reservas (especificando éstas y el plazo para subsanar los defectos), y rechazar la recepción (art. 6.3).

D. Obra «a satisfacción». Según el art. 1.598, cuando se conviniere que la obra se ha de hacer a satisfacción del propietario, se entiende reservada la aprobación, a falta de conformidad, al juicio pericial correspondiente. Si la persona que ha de aprobar la obra es un tercero, se estará a lo que éste decida. El precepto, según la jurisprudencia, se aplica a las obras convenidas por ajuste o precio alzado: sin duda la decisión del tercero es inapelable por motivos de fondo, y sustituye al juicio de los peritos. Ese tercero es un arbitrador, no árbitro (S. 22 julio 1995).

La S. 22 diciembre 1982 subraya que la aplicación del art. 1.598 requiere, «según se infiere de su sentido literal, de sus antecedentes históricos y de la interpretación de la jurisprudencia», previo pacto expreso de las partes (véase S. 7 enero 1980, según la cual equivale a este pacto el de que la obra ejecutada debe coincidir exactamente con la oferta, a cuyo efecto se nombra un arbitrador). El arbitrio del propietario ha de ser justo, no caprichoso (S. 22 diciembre 1982 y otras): de lo contrario la cláusula sería un medio cómodo para burlar la prohibición del artículo 1.256 Cc. Si el comitente ha recibido la obra sin protesta, no podrá luego invocar el art. 1.598 (S. 21 diciembre 1981), aunque sí ejercitar las pertinentes acciones por los vicios ocultos, en su caso. La aprobación de la obra puede ser tácita (S. 22 marzo 1997).

485. El incumplimiento del contrato de obra, en general.

La obligación del contratista de realizar el trabajo y de hacerlo con la necesaria perfección constituye una deuda de resultado: viene aquél obligado a ejecutar la obra conforme a lo previsto en el contrato o a los usos o reglas profesionales, y si ésta resulta de calidad inferior o presenta defectos, al no haber alcanzado el resultado prometido, no ha cumplido su obligación. El cliente no tiene, entonces, que probar la culpa del contratista: basta demostrar el incumplimiento o el defecto mismo, es decir, la ejecución de la obra disconforme con lo pactado. El contratista es entonces responsable salvo que pruebe que el incumplimiento es debido a fuerza mayor.

A. Los vicios ocultos y su régimen. Se discute sobre las consecuencias del incumplimiento cuando la obra tiene defectos sin dejar de servir a su finalidad: en particular, sin llegar a la situación de «ruina» que examinaremos seguidamente.

El problema se ha planteado, en la práctica, relativamente a construcciones, pero es común a todos los contratos de obra. La doctrina dominante, inspirándose en las normas de la compraventa sobre vicios aparentes y manifiestos de la cosa (arts. 1.484 y ss.), acepta que si ésta se ha recibido sin objeción, no cabe reclamar por tales defectos, entendiendo que la aprobación de la obra por el comitente que los tiene a la vista cubre aquéllos. Es en el terreno de los fallos y vicios que no se evidencian en el primer momento, donde surge la controversia.

a) Plantean los autores, como primera cuestión, la de si en el contrato de obra es responsable el contratista por los vicios y defectos ocultos de la cosa o bien la recepción de la obra (la definitiva; la aprobación) precluye cualquier acción relativa a sus fallos y faltas, salvo el supuesto de «ruina» del art. 1.591; optando doctrina y jurisprudencia, con razón, por el mantenimiento de la responsabilidad. (Vid. Ss. 18 octubre 1972, 25 febrero 1983 y 8 abril 1983, con las allí citadas).

b) Se hace preciso, a partir de ese reconocimiento de responsabilidad del contratista por cumplimiento defectuoso, especificar cuál sea la naturaleza de aquélla.

a') La tesis más favorable al contratista es configurar el defectuoso cumplimiento, cuando se traduce en un desmerecimiento de la cosa, como un vicio oculto, aplicando, por analogía, los arts. 1.484 y ss. Cc.: por los defectos aparecidos en la cosa después de su adquisición, respondería, así, el contratista, sólo en los estrictos términos del saneamiento por vicios ocultos en la compraventa, prescribiendo las correspondientes acciones, por tanto, en el plazo de seis meses del art. 1.490.

Pero el origen de las acciones edilicias (relativas a bienes muebles y, sobre todo, a animales) no inclina a su aplicación en este caso.

Cabría pensar, con todo, en una excepción, cuando los materiales son propiedad del contratista y el resultado de su trabajo es una cosa suya mueble que debe entregar. La analogia con la compraventa aconseja la aplicación de los arts. 1.484 y ss.: de otro modo, los vicios o defectos ocultos, o quedan inmediatamente a cargo del dueño, lo cual no es equitativo, o representan una forma de incumplimiento no regulada y que daría lugar al menos a una acción de culpa contractual con duración de quince años, lo cual tampoco parece coincidir con la voluntad del legislador.

b') Herrera Catena y Fernandez Costales proponen anular el proceso de recepción de la obra, por error o dolo, dentro del plazo de cuatro años del artículo 1.301 (a contar desde la recepción definitiva): anulada la recepción, el comitente podría ejercitar las pretensiones que le convinieren en el plazo ordinario de quince años. En cambio, Sánchez Calero preconiza la aplicación analógica del art. 1.591.

c') En opinión de una parte de la doctrina que corrobora unánimemente la jurisprudencia, se debe aplicar en este supuesto el Derecho común del incumplimiento: los arts. 1.101 y concordantes. En efecto, cuando el contratista entrega un edificio con defectos ocultos, es porque previamente, al construir, ha incumplido el contrato de obra. A fin de cuentas, en esta línea se sitúa el párrafo 2º del art. 1.591: *si la causa fuere la falta del contratista a las condiciones del contrato, la acción de indemnización durará quince años*, es decir, el plazo de todas las reclamaciones por incumplimiento contractual.

La S. 2 enero 1991 hace un resumen de doctrina: «En el supuesto de tratarse de vicios no ruinógenos por su entidad, se han seguido diversas teorías para la efectividad de la reparación: entender, en primer lugar, que se trata de vicios ocultos, cuyas acciones se reconocen en el art. 1.490 Cc., teoría ampliamente desechada por suponer una equiparación inexistente con el contrato de compraventa y por la brevedad del plazo para reclamar estas acciones edilicias, que haría muy difícil el descubrimiento del defecto; una segunda postura viene referida al cumplimiento defectuoso o incorrecto de las obligaciones del contratista, que se hayan observado después de la entrega y aceptación de la obra, dentro de la regulación general de las obligaciones y contratos de los arts. 1.091, 1.098, 1.101, 1.166 y 1.258 Cc.; y una tercera vía, un tanto ingeniosa e intermedia, con base en la teoría del error en la sustancia, y que consiste en entender anulado el proceso de recepción de la obra, dada la concurrencia de un error en relación con la entidad de los vicios descubiertos después, teoría que llevaría aparejada la caducidad de los cuatro años que señala el art. 1.301, y anulado este acto, las cosas volverían a su primitivo estado anterior, y el comitente dispondría de los quince años de la acción personal para reclamar los defectos descubiertos».

La aplicación de los arts. 1.101 y concordantes Cc. es generalizada en la jurisprudencia: Ss., entre otras, 23 febrero 1983, 9 enero 1992, 3 diciembre 1992.

B. La legitimación del subadquirente. Como excepción a la regla de relatividad del contrato afirman las SS. 26 noviembre 1984, 1 abril 1977 y otras que están legitimados activamente para accionar contra el constructor y sus colaboradores, no sólo el dueño de la obra, sino también los compradores (los de pisos, desde luego); éstos —dicen las SS.— «reciben del vendedor todas las acciones transmisibles que garantizan su dominio o que sirven para combatir la ejecución defectuosa»; «no son terceros por completo ajenos a los contratantes que intervinieron en el contrato de ejecución de obra, sino causahabientes de uno de ellos, vinculados, por tanto, a dicho contrato».

C. La reparación. Como dice la S. 15 marzo 1979, el cumplimiento irregular o inexacto de la obligación da «derecho al consiguiente resarcimiento, que se traducirá, bien en la reparación específica o *in natura* si así se postula, a costa del contratista, bien en el cumplimiento por equivalencia... siempre, claro está, que los vicios de la obra no alcancen tal grado de imperfección que por hacerla impropia para satisfacer el interés del comitente permita la utilización de las acciones del art. 1.124 Cc.» (cfr. S. 30 enero 1992).

a) La posibilidad de una condena a la práctica correcta o reparación de la obra defectuosa es evidente. «Asiste al comitente —dice la S. 31 octubre 1980— en el caso de ejecución defectuosa, la acción para exigir la reparación *in natura* o prestación específica», practicando las obras de corrección indispensables, sea el contratante por sí mismo o a su costa, debiendo indemnizar todo el perjuicio sufrido por el comitente a causa del incumplimiento imputable (cfr. SS. 19 abril 1977 y 13 marzo 1992). La jurisprudencia más reciente da preferencia a la reparación *in natura* sobre la indemnizatoria, si aquélla es posible y la prefiere el perjudicado (SS. 2 diciembre 1994 y 13 mayo 1996), siendo subsidiaria la segunda (SS. 12 diciembre 1990 y 17 marzo 1995).

b) Mas también puede pretender el dueño, en el caso de cumplimiento defectuoso, el *id quod interest,* «es decir, el resarcimiento para los compradores de los perjuicios causados por los defectos advertidos y comprobados en la cosa vendida; su equivalente en dinero por los perjuicios derivados de la lesión de su derecho», acción que alternativamente puede ejercitar el comprador sin perjuicio de las del art. 1.484. La acción «se funda en la fuerza vinculante del contrato y en la exigencia de su normal eficacia y cumplimiento... así como en la responsabilidad del deudor vendedor por contravención contractual resarcible prevista en los arts. 1.101 y ss. Cc.».

486. La responsabilidad en el art. 1.591 Cc. y en la Ley de ordenación de la edificación

A. Normativa y ámbito respectivo. Regula específicamente la presencia de ciertos vicios, ocultos o aparentes, en un *edificio* el art. 1.591, a cuyo tenor, *el contratista de un edificio que se arruinase por vicios de la construcción, responde de los daños y perjuicios si la ruina tuviere lugar dentro de diez años, contados desde que concluyó la construcción; igual responsabilidad, y por el mismo tiempo, tendrá el arquitecto que la dirigiere, si se debe la ruina a vicio del suelo o de la dirección. Si la causa fuere la falta del contratista, a las condiciones del contrato, la acción de indemnización durará quince años.* Precepto, hoy insuficiente e inadecuado a la realidad, que ha sido objeto de una interpretación judicial correctora, guiada por el principio de proporcionar tutela efectiva a quien aparece como la parte más débil, es decir, los propietarios compradores de viviendas o locales, hasta el punto de que puede hablarse de unas reglas de responsabilidad de creación jurisprudencial.

En cualquier caso, el art. 1.591 no interfiere la responsabilidad contractual (S. 21 marzo 1996): el acreedor contratante puede hacer uso de todos los remedios que le brindan los arts. 1.101 y ss., y desde luego de la resolución por incumplimiento del art. 1.124, sin que la situación de ruina de un edificio imponga necesariamente la aplicación del art. 1.591 o sea obstáculo a la del 1.124 (S. 19 febrero 1970).

La Ley 28/1999, de Ordenación de la edificación, ya aludida —muchas de cuyas soluciones siguen cerca la jurisprudencia anterior—, dedica su cap. IV a «responsabilidad y garantías», con lo que resulta haber una superposición de normas, porque dicha ley no ha derogado (formalmente) el art. 1.591, aunque sí desplazado y, en lo coincidente, parcialmente derogado (siquiera sea por *lex posterior*) dicho precepto. En todo caso, como la LOE no tiene eficacia retroactiva, sigue siendo aplicable el art. 1.591 Cc. a las obras y edificios en construcción o para cuyos proyectos se solicitó licencia de edificación antes de la entrada en vigor de la LOE (disp. transit. 1ª; cfr. también la 2ª), y para la reclamación de daños que no regula esta ley y sí aquel artículo —por ej., daños morales, los indirectos (vivienda de reemplazo), los secuenciales (en muebles que había en el edificio)—, amén de las acciones que expresamente deja subsistentes la LOE (art. 17.1 y 9).

Por mor de esa doble legalidad –temporal en unos casos, objetiva en otros–, hacemos un estudio paralelo de una y otra en los aspectos más relevantes.

B. Edificios. a) *En relación con el art. 1.591 Cc.* ha de entenderse en sentido amplio, y no sólo a las nuevas construcciones, sino también a las obras de refacción o reparación; pero se excluyen las construcciones provisionales. Aunque el precepto habla de *edificio,* se puede aplicar por analogía a otras construcciones en las que la intervención de las personas y la distribución de responsabilidades sea similar: diques, teleféricos, etc. Ha de tratarse, de una construcción que tenga cierto grado de autonomía y principalidad: no lo es la adaptación y decoración de unos locales de negocio (S. 13 noviembre 1981).

b) El *art. 2 LOE* describe las obras que, a los efectos de esa ley, tendrán la consideración de edificación y requerirán un proyecto: las de nueva construcción, excepto las de escasa entidad y sencillez técnica que no tengan carácter residencial y sean de una sola planta; las de ampliación, modificación, reforma o rehabilitación que alteren la configuración arquitectónica de los edificios; y las que tengan el carácter de intervención total en edificaciones catalogadas o que dispongan de protección ambiental o histórico-artística.

C. Legitimación activa. a) Si la *acción del art. 1.591* se considerara contractual, estaría legitimado el contratante dueño de la obra y –de acuerdo con la jurisprudencia consolidada– los sucesivos adquirentes. Pero, para la mayor parte de los autores, el art. 1.591 establece una acción cuyo ejercicio compete también a cualesquiera terceros que sufren los daños causados por el vicio de construcción o dirección, y tal es el sentido del art. 1.909: quien sufre lesiones por el derrumbamiento del edificio mal construido podrá repetir contra el constructor o los técnicos «dentro del tiempo legal» de garantía de los diez años contados desde que se concluyó la construcción.

En la jurisprudencia, además de la del dueño de la obra, se admite la legitimación del promotor (SS. 9 junio 1989, 2 junio 1992 y 27 abril 1995), especialmente en casos en que éste es una cooperativa de viviendas (Ss. 17 julio 1990, 29 enero 1991, 8 junio y 10 julio 1992), la del primero y sucesivos adquirentes del edificio construido (S. 6 febrero 1997) y también de la comunidad de propietarios representada por su presidente (SS. 19 noviembre 1993, 3 marzo y 16 octubre 1995).

b) *En la LOE* la legitimación activa corresponde a «los propietarios y los terceros adquirentes de los edificios o parte de los mismos, en el caso de que sean objeto de división» (art. 17.1). Tan amplia expresión permite considerar legitimadas las mismas personas que ha reconocido la jurisprudencia recién aludida, con la sola excepción, ahora, del comitente o promotor no propietario (difícilmente incluible en aquellos términos).

D. Legitimación pasiva. a) *El art. 1.591* entiende que el director de la obra es el *arquitecto,* pero porque en su tiempo no existía la actual diversificación profesional. El precepto es extensivo tanto a los *aparejadores* (cfr. S. 3 octubre 1996) –son responsables, por ej., si la ruina se debe a defectos en la estricta fase de ejecución (S. 1 diciembre 1995), a deficiencia de los materiales empleados en la construcción (S. 5 octubre 1981) o por desatención de las instrucciones del proyecto de la obra (S. 5 febrero 1993)–; como a los *ingenieros* de diversas ramas y especialidades que proyectan y dirigen una obra, o en otro modo intervienen en su construcción, y así lo aplica habitualmente la jurisprudencia. Cuando intervienen varios arquitectos o técnicos con misiones definidas, parece más justo que cada uno responda de sus propias actuaciones, y no de las ajenas.

A su vez, al *contratista* y su responsabilidad (SS. 8 febrero 1994 y 26 diciembre 1995) equipara la jurisprudencia (desde las Ss. 11 y 17 octubre 1974) el *promotor* de la construcción, dado que realiza la actividad «en su beneficio, encaminada al tráfico de la venta a terceros, frente a quienes es responsable con arreglo al expresado precepto»; «otro criterio representaría el desamparo de los compradores de pisos adquiridos a través de esa modalidad de la construcción por medio de la cual se llevan a cabo hoy día la mayoría de las adquisiciones de pisos de nueva planta, lo que no puede ser tutelado por la ley» (S. 8 noviembre 1978, con cita de las anteriores). Declaran también la responsabilidad del promotor las SS. 20 junio 1995, 3 mayo y 3 y 15 octubre 1996.

b) *El art. 17.1 LOE* hace responsables de los daños materiales ocasionados en los edificios, y son, pues, legitimados pasivos (sin perjuicio de sus responsabilidades contractuales), «las personas físicas o jurídicas que intervienen en el proceso de la edificación»; es decir, las que el art. 8 llama *agentes de la edificación* y describen los arts. 9 y ss. Aun no directamente mencionado, hay que considerar legitimado pasivo, en su caso, al subcontratista. Tampoco en este punto hay diferencia apreciable con la jurisprudencia anterior.

E. Culpabilidad. a) *Art. 1.591 Cc.* La ruina del edificio dentro del plazo de garantía decenal hace presumir la actuación negligente de constructores y arquitectos: que el edificio se ha arruinado por vicios de la construcción. No es un caso de responsabilidad objetiva (S. 9 diciembre 1993), sino que la culpa —que sigue siendo aquí un presupuesto de la responsabilidad— se presume, y en relación a todos los partícipes en la obra, que habrán de demostrar su diligencia (SS. 29 noviembre 1993 y 27 junio 1994): esta diligencia, en el caso de los técnicos, no es la de un hombre cuidadoso, sino «aquella obligada por la especialidad de los conocimientos y la garantía técnica y profesional que implica la intervención en la obra» (SS. 29 marzo 1966, 22 noviembre 1982, etc.). De nuevo encontramos aquí matices de la responsabilidad contractual.

b) *Criterios de imputación en la LOE.* Esta Ley es más explícita que el art. 1.591. De un lado, exime de responsabilidad a los agentes de la edificación si se prueba que los daños fueron ocasionados por caso fortuito, fuerza mayor, acto de tercero o por el propio perjudicado por el daño (art. 17.8). Por otra parte, establece unos criterios de imputación de responsabilidad según el agente de que se trate y función respectiva: así, el proyectista responde por la persona a la que subcontrate cálculos, estudios, dictámenes o informes y respecto de los daños que se deriven de la insuficiencia o incorrección de los mismos (sin perjuicio de la repetición contra sus autores) (art. 17.5); el constructor responde directamente de los daños derivados de la incapacidad, insuficiencia o incumplimiento de las obligaciones del jefe de obra y demás personas que de él dependan, de los trabajos subcontratados y aun de las deficiencias de los productos de construcción empleados (art. 17.6); y los directores de obra y de ejecución responden de la veracidad y exactitud del certificado final de obra, y otros extremos (art. 17.7).

F. El concepto de ruina. a) *En el marco del art. 1.591 Cc* se estimó que a la destrucción total o parcial cabe asimilar los vicios y malformaciones que comprometen la conservación del edificio, o que le hacen impropio para su destino.

Dada la ausencia de regulación legal explícita de los vicios o defectos de la construcción (el art. 1.591 sólo alude a vicios de la construcción, del suelo o de la dirección), se comprende la tendencia a incluir los más posibles en el concepto de «ruina» de este artículo. Reiterando lo dicho en otras muchas, la S. 29 marzo 1994 insiste en que el concepto de ruina «no debe quedar reducido al supuesto de derrumbamiento total o parcial de la obra, sino que hay que extenderlo a aquellos defectos de construcción que, por exceder de las imperfecciones corrientes, configuran una violación del contrato y, en tal concepto de ruina, han de incluirse los graves defectos constructivos que hagan temer la pérdida del edificio o lo hagan inútil para la finalidad que le es propia». A esto último suele denominarse «ruina funcional» —sobre ésta, véase SS. 13 octubre y 29 marzo 1994 y 23 enero 1995—, mientras que los casos de defectos que amenazan con llevar a la ruina (tanto en sentido propio como en el de ruina funcional) se llaman a veces de «vicios ruinógenos». El interés de esta última categoría se relaciona con el plazo de garantía de diez años en que la ruina (el «vicio ruinógeno») ha debido manifestarse.

b) *En la Ley de la edificación* la responsabilidad se limita a los daños materiales ocasionados en el edificio, y distingue, a efectos de los plazos de garantía respectivos, según el tipo de vicios o defectos de que deriven: *i)* por vicios o defectos que afecten a la cimentación, los soportes, las vigas, los forjados, los muros de carga u otros elementos estructurales, y que comprometan directamente la resistencia mecánica y la estabilidad del edificio (garantía de diez años); *ii)* por vicios o defectos de los elementos contructivos o de las instalaciones que ocasionen el incumplimiento de los requisitos de habitabilidad (garantía, tres años); y *iii)* por vicios o defectos de ejecución que afecten a elementos de terminación o acabado de las obras (garantía, un año) (art. 17.1). Los conceptos de ruina y de vicios ruinógenos elaborados por la jurisprudencia recién aludida son aplicables a esta nueva norma (en particular, para los apart. *i* y *ii*).

G. Plazo. a) En el art. 1591 Cc el plazo para hacer efectiva la responsabilidad no es de diez años: en este tiempo ha de tener lugar simplemente la ruina (plazo de garantía), pero a partir del momento en que se produce, y a falta de otro precepto, la jurisprudencia y la doctrina dominantes aplican el art. 1.964: por tanto, a contar desde la «ruina» el perjudicado tiene quince años para reclamar (plazo de prescripción).

En rigor, si la responsabilidad no es contractual, el plazo para accionar una vez que se produce la ruina podría muy bien ser el de un año –así lo entendió un sector de la doctrina, que consideraba de naturaleza extracontractual esta responsabilidad; también cierta jurisprudencia–. «A tenor de las Ss. de 11 octubre

1974 y 17 julio y 4 diciembre 1989 —dice la S. 14 febrero 1991—, el plazo que establece el pfo. 1º del art. 1591 no es de prescripción ni de caducidad, sino de garantía, en el sentido de que para que nazca la acción de responsabilidad *ex lege*, conocida como decenal, que ese precepto establece, ha de producirse la ruina o exteriorizarse el vicio ruinógeno dentro del plazo de diez años a contar desde la terminación de la obra [...]; en cambio, una vez nacida la acción, el plazo de prescripción es el general de quince años, y en la transcrita línea doctrinal son de mencionar, también, las Ss. de 17 febrero 1986, 13 julio 1987 y 28 enero 1988». Véase en idéntico sentido las Ss. 15 mayo 1995 y 3 mayo 1996.

En cuanto al comienzo del cómputo del plazo de garantía (que no admite interrupción ni suspensión), el art. 1.591 señala «desde que se concluyó la construcción», lo que suele entenderse como recepción definitiva de la obra; mientras que el de prescripción de la acción cuenta desde la ruina o la aparición de los vicios ruinógenos, siempre que esto último se produzca dentro del expresado plazo de garantía (S. 6 abril 1994).

b) *En la LOE* la distinción entre plazos de garantía y de prescripción es más clara: *i)* son plazos de garantía los de diez años, tres años y un año, según la clase de vicios o defectos, del art. 17.1 (aludidos en el anterior apart. F-b); *ii)* y los plazos de prescripción de las acciones son: de dos años a contar desde que se produzcan los daños, para la acción para exigir la responsabilidad de los mismos; y de dos años también para la acción de repetición que corresponda a cualquiera de los agentes contra los demás, o a los aseguradores contra ellos (con distintos cómputos).

H. Medida del resarcimiento. a) *Respecto del art. 1591,* la S. 6 octubre 1982 afirma que el resarcimiento abarca «todo menoscabo económico sufrido por el acreedor, consistente en la diferencia que existe entre la actual situación del patrimonio que recibió el agravio y la que tendría de no haberse realizado el hecho dañoso». La jurisprudencia admitió la indemnizabilidad de toda clase de daños (incluidos los morales). Nada se opone a que, en caso de incumplimiento, se pueda pedir, a no mediar causas que la impidan, la ejecución específica a costa del obligado.

b) *El art. 17.1 LOE* sólo considera indemnizables «los daños materiales ocasionados en el edificio», precisamente los derivados de los vicios o defectos que indica a continuación. Por tanto, han de considerarse excluidos de ese régimen de responsabilidad todos los demás (los personales de los propietarios, subadquirentes o terceros, los daños materiales en muebles u otros objetos, los daños al interés de prestación, los indirectos, los morales, ...), para cuya reclamación habrá que recurrir al art. 1591, en unos casos, o a las reglas generales (art. 1101 y ss. Cc.), en otros. Cfr. también art. 19.9 LOE.

I. Responsabilidad y solidaridad. a) *En cuanto al art. 1591 Cc.* Hallándose vinculados el arquitecto y el contratista al dueño de la obra por contratos diferentes, cuando la culpa es peculiar e individual, cada uno responde de la suya, y no hay solidaridad (SS. 12 noviembre 1970 y 20 marzo 1983). Pero en la práctica los daños resultantes de un vicio de construcción frecuentemente son consecuencia de una culpa doble, y entonces la responsabilidad será solidaria (S. 5 mayo 1961 y otras).

La doctrina jurisprudencial al respecto es compleja y no exenta de algunas contradicciones. Como resumen, puede servir el que hace la S. 10 octubre 1992, según la cual «cuando la ruina se haya producido por la concurrencia de varias concausas, atribuibles, unas a la ejecución de la obra y otras a la dirección e inspección y control de las mismas, sin posibilidad de discernir o precisar las consecuencias dañosas de cada incumplimiento, la responsabilidad de todos los intervinientes es solidaria frente al dueño de la obra, ello sin perjuicio de las posibles acciones de repetición que puedan entablarse entre los distintos condenados en la vía que proceda (Ss. 12 marzo y 17 junio 1985; 6 junio 1986; 11 marzo 1987, 14 junio y 25 octubre 1988; 6 junio y 14 julio 1989 y 22 julio 1991)». En el mismo sentido, Ss 29 noviembre 1993, 3 abril 1995 y 22 marzo 1997.

Acaso esta generalización de la responsabilidad resulta excesiva. La solidaridad tiene el inconveniente de que pueden resultar condenadas (al menos, antes de la Lec'2000) personas que no habían sido oídas en juicio; y aun siendo oídas, no es justo que uno solo de los responsables quede obligado a pagar. La condena indiscriminada de los partícipes en la construcción hace recaer sobre el más solvente de todos, que muchas veces no será el más culpable, una entera responsabilidad que luego será muy difícil repetir contra los otros partícipes, a través de un nuevo pleito. Por todo ello, era preciso, en equidad, que los tribunales discernieran la responsabilidad probable de cada uno de los partícipes, condenándoles desde el primer momento en una cantidad determinada, al menos a efectos internos y sin perjuicio de la solidaridad *erga omnes*. Por eso, Ss. como las de 11 junio 1994 y 11 marzo y 30 octubre 1996, entre muchas, insisten en que la responsabilidad solidaria «sólo está justificada cuando no se pueda individualizar la correspondiente a cada uno de los culpables de los defectos constructivos».

b) *En la ley 28/1999* la regla general es la de la responsabilidad personal: «será exigible en forma personal e individualizada, tanto por actos u omisiones propios, como por actos u omisiones de personas por las que, con arreglo a esta ley, se deba responder» (art. 17.2). Sin embargo, cuando no pueda individualizarse la causa de los daños materiales o quede debidamente probada la concurrencia de culpas sin que pueda precisarse el grado de intervención de cada agente en el daño producido, la responsabilidad se exigirá solidariamente; en todo caso, el promotor responde solidariamente con los demás agentes intervinientes (art. 17.3). Otros artículos prevén casos especiales de solidaridad (art. 17.5-1º: proyecto contratado conjuntamente con más de un proyectista; art. 17.7-3º: dirección de obra contratada conjuntamente a más de un técnico).

487. Extinción del contrato de obra.

A. Desistimiento unilateral. Según el art.1.594 Cc., *el dueño puede desistir, por su sola voluntad, de la construcción de la obra aunque se haya empezado, indemnizando al contratista de todos sus gastos, trabajo y utilidad que pudiera obtener de ella.* Este derecho de arrepentimiento (calificado como «desistimiento unilateral» por las SS. 8 julio 1983, 29 diciembre 1995 y 4 febrero 1997) se concede a fin de evitar al dueño, o bien cargas que acaso no podría soportar (por haber cambiado las circunstancias, o resultar la obra más gravosa de lo previsto), o bien recibir una obra que ha dejado de serle útil o conveniente. El ejercicio de esta facultad es plenamente libre, sin que pueda en ningún caso rehusarse al dueño de la obra o pedir el contratista la ejecución forzosa de ella.

El art. 1.594 es aplicable a toda clase de contratos de obra, incluso a los realizados con ajuste a precio alzado, «pues el art. 1.593 no suprime la vigencia del 1.594 (S. 16 septiembre 1983: también 25 octubre 1984 y otras). Sobre la indemnización adecuada «sin consideración a los móviles o razones del desistimiento», Ss. 19 noviembre 1981, 5 mayo 1983 y 30 mayo 1987.

B. Muerte del contratista. Con arreglo al art. 1.595, *cuando se ha encargado cierta obra a una persona por razón del sus cualidades personales, el contrato se rescinde por la muerte de esta persona. En este caso el propietario debe abonar a los herederos del constructor, a proporción del precio convenido, el valor de la parte de obra ejecutada y de los materiales preparados, siempre que de estos materiales reporte algún beneficio. Lo mismo se entenderá si el que contrató la obra no puede acabarla por alguna causa independiente de su voluntad.*

En nuestro Cc., a diferencia del francés —en el que la muerte del contratista determina en principio la extinción del contrato de obra—, el *intuitus personae* no se presupone, y por tanto quien lo afirme (también el heredero del contratista, para liberarse de la obligación asumida por su causante) habrá de demostrarlo.

C. Imposibilidad sobrevenida. De los arts. 1.589, 1.590 y, sobre todo, 1.595 *in fine,* se deduce que, resultando irrealizable el contrato, pierde el contratista el trabajo desarrollado y los materiales suyos aplicados, mientras el dueño, que igualmente pierde los materiales si los puso, se halla obligado a pagar la fracción de obra realizada, y por tanto no el resto, lo cual se ajusta igualmente a los principios generales. Consecuentemente, la parte de precio pagado por adelantado por obra que luego no se ejecute puede reclamarse: por ejemplo, los espectadores tienen derecho a exigir el reembolso de sus entradas si el contratista de espectáculos se ha visto en la imposibilidad de dar la representación prevista por causa de la enfermedad inesperada del actuante.

El apartado final del art. 1.595 es aplicable a todo contrato de obra independientemente de las cualidades del contratista.

488. Los créditos derivados del contrato de obra.

Ciertos créditos nacidos del contrato de obra reciben un trato singular en el art. 1.597, a cuyo tenor *los que ponen su trabajo y materiales en una obra ajus-*

tada alzadamente por el contratista, no tienen acción contra el dueño de ella sino hasta la cantidad que éste adeude a aquél cuando se hace la reclamación. Luego tiene acción *directa* (S. 12 mayo 1994) contra el dueño hasta ese límite. Las Ss. 11 octubre 1994 y 6 junio 2000 fundan esta acción en la equidad y en evitar el enriquecimiento injusto.

A. Legitimación activa. Esta acción compete, como se ve, tanto a los empleados a las órdenes del contratista, como a quienes prestan su trabajo en régimen de subcontrato y a quienes proveen a unos y otros de materiales (SS. 12 mayo y 11 octubre 1994): siempre a condición de que el trabajo y los materiales se *pongan en la obra,* es decir, se apliquen a ella, y no a otras actividades o cosas, aun relacionadas.

Discutida la cuestión con anterioridad, la S. 6 junio 2000 ha dicho que esta acción *ex* art. 1597 alcanza a los contratistas y subcontratistas anteriores; es decir, quienes trabajan para el contratista o subcontratista principal o quien inmediatamente asumió una parte de la subcontrata, pueden hacer uso de la acción del art. 1.597 contra el dueño de la obra con tal que no se interrumpa (por pago u otro motivo) la concatenación de créditos y deudas: que ninguno de los créditos de la sucesión de contratistas haya sido pagado (así, S. 29 junio 1936).

B. Legitimación pasiva. El art. 1.597 concede *acción contra el dueño* de la obra, mas la doctrina extiende el ámbito de posibles demandados por esta acción a los contratistas y subcontratistas antecedentes que hayan sido reembolsados. Es decir, reembolsado el contratista principal, «adquiere —dice SÁNCHEZ CALERO— frente al subcontratista la consideración de comitente; y asume, por, consiguiente, respecto a los que ponen el trabajo o los materiales, las obligaciones del *dueño de* la *obra»* (así, S. 13 julio 1993).

La acción del acreedor del contratista puede dirigirse simultáneamente contra éste y el dueño de la obra (S. 11 octubre 1994). Cuando los acreedores del contratista se dirigen sólo contra éste, es frecuente el embargo del crédito que él tiene frente al dueño de la obra: cantidades pendientes de cobro por certificación.

Las SS. 7 febrero 1968 y 11 junio 1974 declaran responsables solidariamente a comitente y contratista por razón de créditos en favor de los suministradores de materiales.

C. Requisitos. La acción directa sólo se da cuando el contrato es por *precio alzado.* Se excluyen, por tanto, los contratos de obra convenidos por el sistema de administración o de unidades (S. 24 diciembre 1980). La acción se limita a la cantidad que el comitente adeude al contratista cuando se hace la reclamación (S. 11 octubre 1994): si aquél ha cumplido su obligación, queda liberado frente a todos y no podría ser obligado a pagar dos veces.

El importe actual del crédito del contratista frente al dueño puede demostrarse por los reclamantes aun contra la declaración conjunta de aquéllos, acaso puestos de acuerdo para disminuirlo en fraude de los terceros que ejercitan la acción directa. Un caso de este tipo parece ser el de la S. 22 diciembre 1992, que va algo más lejos al entender, discutiblemente, que corresponde al comitente demandado probar que nada adeuda al contratista.

La reclamación puede ser judicial o extrajudicial, siempre que esta última quede bien acreditada (S. 30 enero 1974).

D. Efectos. A consecuencia del ejercicio de la acción por un acreedor ulterior, el crédito del acreedor intermedio contra el dueño de la obra queda en la misma situación que si estuviera embargado, y por tanto sin que haya de compartirse con otros acreedores (SANTOS BRIZ).

E. Privilegios. Los créditos nacidos del contrato de obra se hallan privilegiados conforme a los arts. 1.922-1 Cc. (en lo relativo a los bienes muebles) y 1.923, 3º y 5º. Cc. (privilegio del acreedor refaccionario sobre bienes inmuebles).

F. Derecho de retención. Conforme al art. 1.600, *el que ha ejecutado una obra en cosa mueble tiene el derecho de retenerla en prenda hasta que se le pague*. Pese a la utilización del término *prenda*, el derecho del acreedor es simplemente de retención, no de realización de valor, sin perjuicio de embargar el mismo objeto retenido e instar su remate en el procedimiento que corresponda. El derecho existe cuando la obra sea propiedad del comitente, o bien de un tercero que no haya sido despojado de ella, o se realice con materiales suministrados por el dueño o por cuenta de éste; pues en otro caso nada hay que retener propiamente, y la oposición a la entrega de la cosa al dueño que no la paga se fundará en la falta de cumplimiento del mismo.

INDICACION BIBLIOGRÁFICA. Libros y artículos que contemplan el contrato de obra: SÁNCHEZ CALERO, J., *El contrato de obra. Su cumplimiento,* Madrid, 1978; FERNÁNDEZ COSTALES, *El contrato de arquitecto en la edificación,* Madrid, 1977; LOPEZ MORA y DE LA CÁMARA MINGO, *Los contratos relacionados con la construcción,* vol. IV del «Tratado práctico de Derecho referente a la construcción y a la arquitectura», dirigido por GARCIA GALLO y LOPEZ ORTIZ, Madrid, 1960; SANTOS BRIZ, *La relación de liquidación o extinción en algunos contratos,* en RDP, 1960, pág. 774; y *El contrato de ejecución de obra y su problemática jurídica*, en RDP, 1972, pág. 379; DIEZ-PICAZO Y PONCE DE LEÓN, "Ley de Edificación y Código civil", *A.D.C.*, 2000-1, p. 5 y ss.

Sobre problemas concretos: CABANILLAS SÁNCHEZ, *La recepción de la obra,* en ADC, 1978, pág. 302, y *Los perfiles de la recepción de la obra en la ley de ordenación de la edificación*, RJC, 2001-2, p. 51; CADARSO PALAU, *El desistimiento del dueño en el contrato de obra y la indemnización al contratista,* Poder Judicial, 10, 1988, págs. 93 ss.; MULLERAT BALMAÑA, en RJC: *Los sistemas de fijación del precio en el contrato de construcción de inmuebles,* 1977, pág. 887; *El contenido de la obligación del arquitecto o ingeniero proyectista*, 1977, pág. 169; *La responsabilidad del promotor de edificios*, 1978, pág. 165; *La responsabilidad del arquitecto....* 1978, pág. 499; ROCA TRIAS, *Naturaleza de la relación entre el arquitecto y los clientes,* en RDP, 1976, pág. 783.

Sobre ejecución defectuosa, vicios y ruina (sobre todo, art. 1.591), MORALES MORENO, *El alcance protector de las acciones edilicias,* en ADC, 1980, pág. 678; GARCIA CANTERO, *La responsabilidad civil por ruina de los edificios «ex» artículo 1.591 Cc.,* en ADC, 1963, pág. 1.053; CABANILLAS SÁNCHEZ, *La evolución de la responsabilidad en la construcción,* en "Centenario del Cc.", I, Madrid, 1990, págs. 351 ss.; CADARSO PALAU, *La responsabilidad decenal de arquitectos y constructores,* Mádrid, 1976; FERNÁNDEZ HIERRO, *La responsabilidad civil por vicios de la construcción,* Bilbao, 1976; GOMEZ DE LA ESCALERA, *La responsabilidad civil de los promotores, constructores y técnicos por los defectos de construcción,* 2ª ed., Barcelona, 1993; HERRERA CATENA, *Responsabilidades en la construcción. Responsabilidad decenal de técnicos y constructores,* 2 vols., Granada, 1974 y 1977, respectivamente; LOBATO GÓMEZ, *Responsabilidad del promotor inmobiliario por vicios en la construcción,* Madrid, 1993; MARTINEZ DE AGUIRRE, *La responsabilidad decenal del art. 1.591 Cc.: breve repaso a la Jurisprudencia de los años noventa,* Aranzadi civil, 1993, páp. 1.903 ss.; TORRALBA SORIANO, *Los vicios del suelo: reflexiones sobre el art. 1.591 Cc.*, en ADC, 1970, pág. 123, y "Estudios Castán", II, pág. 585.

DE ANGEL YÁGÜEZ, *Los créditos derivados del contrato de obra. Su protección legal en la legislación civil*, Madrid, 1969; GOMEZ CALERO, *El derecho de «retener en prenda» del art. 1.600 Cc. y su problemática respecto de los vehículos de motor,* en ADC, 1966, pág. 1.073; RODRÍGUEZ MORATA, *La acción directa como garantía personal del subcontratista de obra*, Madrid, 1992.

§ 96. EL CONTRATO DE TRANSPORTE

489. Concepto y naturaleza. Régimen del Cc.

A) *En general.* En el capítulo dedicado al «arrendamiento de obras y servicios» regula sumariamente el Cc. los transportes por agua y tierra, «tanto de personas como de cosas»: en efecto, el transporte tiene una inevitable faceta de contrato de obra dirigido a conseguir un resultado, pues el porteador, en principio, no se limita a prestar su actividad, sino, que se compromete a poner las mercancías en poder o a disposición del destinatario, en un lugar determinado, o a trasladar a él a las personas. Sin perjuicio de que el transporte presente asimismo un aspecto *servicial.*

En cuanto *arrendamiento,* es el transporte un contrato oneroso; la prestación, dentro de este contrato arrendaticio, se realiza siempre a cambio de un precio.

Por supuesto, un contrato dirigido a la prestación de transportar puede ser gratuito, pero entonces ya no es el regulado (fragmentariamente) por el Cc. en el capítulo del arrendamiento de obras y servicios.

Por razón del objeto el transporte puede ser de cosas o de personas. Por el elemento por el que discurre y el medio empleado puede ser terrestre, fluvial, marítimo o aéreo. Por el sistema de normas que lo regula puede ser civil o mercantil. PUIG PEÑA pone como ejemplo de contrato de transporte de naturaleza civil, el celebrado por una persona para trasladar los muebles de su casa de un punto a otro, con otra que, teniendo para su uso exclusivo un vehículo, se prestase a verificarlo mediante el precio correspondiente.

Sin embargo, hoy prácticamente todos los transportes están sometidos al Derecho mercantil; materia que venía regulada por los arts. 349 a 379 CCom., derogados recientemente por la Ley 15/2009, de 11 noviembre, "del contrato de transporte terrestre de mercancías", que ha actualizado su régimen, ya abordado antes en parte por normas sectoriales. El objeto, mercantil –su art. 2 remite, como supletorias, a las normas relativas a la contratación mercantil–, y la complejidad de esa Ley impiden entrar aquí en su examen.

B) *Régimen del Cc.* Dedica a este contrato estas pocas normas:

Los conductores de efectos por tierra o por agua están sujetos, en cuanto a la guarda y conservación de las cosas que se les confían, a las mismas obligaciones que respecto a los posaderos se determinan en los artículos 1.783 y 1.784.- Lo dispuesto en este artículo se entiende sin perjuicio de lo que respecto a transportes por mar y tierra establece el Código de Comercio (art. 1601).

Este precepto, como se ve, no alude al transporte de personas. Mas tampoco se encuentra una normativa suficiente sobre él en el Ccom., que —dice la S. 31 mayo 1985— sólo dedica al transporte de viajeros el art. 352, y ello sólo para regular el contenido de la carta de porte o billete, «por lo que esta ausencia de regulación específica debe suplirse con la aplicación de la normativa del Cc. y, más concretamente, de la relativa al contrato de arrendamiento de obra en cuanto se adapte a sus peculiares circunstancias» (vid. 17 diciembre 1990 sobre responsabilidad solidaria de varias empresas combinadas).

Según el art. 1.602, *responden igualmente los conductores de la pérdida y de las averías de las cosas que reciben, a no ser que prueben que la pérdida o la avería ha provenido de caso fortuito o de fuerza mayor.* Este precepto (aplicación del art. 1.183) se ocupa de la responsabilidad del porteador en el transporte de cosas: sigue sin aludir al de personas, en el cual entra un nuevo elemento, cual es la actuación del sujeto transportado, acaso determinante del accidente.

Lo dispuesto en estos artículos se entiende sin perjuicio de lo que prevengan las leyes y los reglamentos (art. 1603).

490. El contrato de viaje combinado

La Ley 21/1995, de 6 julio –trasposición de la Directiva comunitaria 90/314, de 13 junio–, reguló el contrato llamado «de viaje combinado», con la finalidad (en una y otra) de proteger a los consumidores de esos servicios. Ahora se halla regulado en el Texto refundido de la Ley General para la Defensa de los Consumidores y Usuarios (R.D.L. 1/2007, de 16 noviembre), que ha derogado aquella Ley.

A) *Concepto.* Para la nueva legalidad el *viaje combinado* es «la combinación previa de, al menos, dos de los siguientes elementos, vendida u ofrecida en venta con arreglo a un precio global, cuando dicha prestación sobrepase las veinticuatro horas o incluya una noche de estancia: a) transporte, b) alojamiento, c) otros servicios turísticos no accesorios del transporte o del alojamiento y que constituyan una parte significativa del viaje combinado» (art. 151). No deja de serlo, y queda sometido el organizador a la ley y sus obligaciones, aunque facture por separado los diferentes elementos aludidos.

Por cuanto el organizador de estos viajes combinados se compromete a proporcionar los servicios comprendidos en el contrato, y se trata de obligación de resultado, ha sido calificado este contrato de arrendamiento de obra (Gómez Calle); idéntica calificación en Derecho alemán.

B) *Información al consumidor.* Aquella finalidad protectora se traduce en esta ley en especiales exigencias de información al consumidor en varios momentos: a) en la fase precontractual, en que el organizador debe poner a disposición de los consumidores un folleto informativo de contenido mínimo, cuya oferta es vinculante salvo excepciones concretas; b) en la fase contractual, en que el contrato debe formalizarse por escrito, con un contenido mínimo de datos sobre el viaje (art. 154); c) antes de empezar el viaje, el organizador debe facilitar información sobre su desarrollo, y demás (art. 156).

C) *Contenido.* Los organizadores responderán frente al consumidor y por lo que afecta a sus obligaciones, del correcto cumplimiento de las derivadas del contrato, con independencia de que éstas las deban ejecutar ellos mismos u otros prestadores de servicios, y sin perjuicio de la reclamación directa frente a éstos. La responsabilidad será solidaria cuando concurran conjuntamente en el contrato varios organizadores o detallistas. Responden también los organizadores de los daños sufridos por el consumidor a causa del incumplimiento, salvo supuestos de exclusión de responsabilidad (art. 162).

Cabe la *modificación del contrato*, en sus elementos subjetivos (cesión gratuita de la reserva a una persona idónea), en la revisión del precio o en otros elementos esenciales antes de la salida del viaje (que deberá el organizador poner en conocimiento del consumidor, quien podrá resolver el contrato sin penalización).

Contempla también *causas especiales de resolución del contrato* antes de la realización del viaje por causa imputable al organizador o al consumidor y usuario (art. 159 y 160). Las acciones derivadas prescriben a los dos años.

INDICACION BIBLIOGRÁFICA. FUENTES LOJO, *El transporte de cosas y su naturaleza jurídica,* en RGLJ, 1958, pág. 1.111; QUINTANA CARLO, *La responsabilidad del transportista aéreo por daños a los pasajeros*, Salamanca, 1977; ROLDAN, *Naturaleza económica y jurídica del contrato de transporte*, en RGLJ, 1942, pág., 296; SANCHEZ ANDRÉS, Comentarios a los arts. 1.601-1.603 Cc., en "Comentarios al Código civil", Ministerio de Justicia, II, 1991, pág. 1212 ss; GÓMEZ CALLE, *El contrato de viaje combinado*, Madrid, 1998.

§ 97. EL LLAMADO «ARRENDAMIENTO DE SERVICIOS»

491. Conceptos generales.

A. El servicio, y su prestación por título de arrendamiento. El contrato del cual surge la obligación de prestar, mediante contraprestación, servicios (no cualificados como objeto de otro contrato), se llama de «arrendamiento de servicios», definiéndolo el Cc. como aquél en el que *una de las partes se obliga... a prestar a la otra un servicio por precio cierto* (art. 1.544).

Notas distintivas de este contrato son, pues, *a)* que da nacimiento a una obligación de hacer, cuyo contenido no es el *resultado* de aplicar una concreta acción del obligado a una concreta cosa (a diferencia del contrato de obra), sino una actividad general del prestador, quien la ejerce en beneficio del comitente y por encargo de éste; y *b)* que el comitente (u otro por él) se obliga correlativamente a satisfacer una retribución (precio). Añadamos, *c)* que este contrato comprende la prestación de cualesquiera servicios, en general, salvo aquéllos que tradicionalmente tienen una disciplina específica y figura propia.

a) El servicio es un «hacer»; pero no todo «hacer» equivale a prestar un servicio. El deudor tiene que «hacer» para cumplir sus obligaciones de dar, o de conservar, etc.; y aun dentro del «hacer» contratado directamente en cuanto tal en beneficio del acreedor, puede dirigirse la actividad a la realización de una obra, y no a la prestación de un servicio. Este último supone una dosis preponderante de *actividad pura:* de una conducta que no produce cosas corporales ni se contempla en la materialidad de sus resultados, sino en cuanto generadora de beneficios y ayudas no relacionadas con cosas concretas que definan la tarea.

b) Sólo hay *arrendamiento* cuando medida *precio.*

En un sistema de *numerus apertus* de contratos, como el nuestro, es válido cualquier contrato por el que una persona comprometa servicios suyos lícitos. Por tanto, igual que el mandato o el depósito, cualquier otro contrato de servicios puede ser oneroso o gratuito. No obstante, para ajustarnos a la tipología romana y al sentido del Cc. no debemos denominar «arrendamiento de servicios» a la promesa o prestación gratuita de éstos. Evidentemente, al amparo de la libertad de contratación, la labor intelectual o manual, el servicio, pueden prometerse o prestarse también sin correspectivo (asistencia médica, jurídica o técnica; ayuda en una explotación agrícola o ganadera, etc.): en tal caso hay un acto lícito de liberalidad; un contrato válido, pero que, salvo cuando versa sobre la gestión de negocios o la custodia, o en alguna medida el transporte de personas (transporte benévolo), todavía no tiene hoy un *nomen iuris* ni tampoco importancia económica, ni ha sido configurado por la jurisprudencia o la doctrina.

c) La tradición romana y romanista ha hecho llegar al Cc. diversos contratos que versan (como objeto único o concomitante) sobre la prestación de unas actividades serviciales concretas y típicas, contratos separados de la figura general del arrendamiento de servicios y con disciplina propia. Sirva de ejemplo el depósito, en el que la actividad principal —combinada con la prestación de local— es la *custodia* de la cosa ajena: la guarda de una cosa es un servicio, pero sometido desde siempre a una regulación específica y distinta de los restantes servicios. Dígase lo mismo de la gestión de los negocios de otro por encargo suyo, materia del contrato de mandato, el cual es igualmente un particular contrato de servicios.

Es más: en sentido literal, el arrendamiento no excede del concepto del mandato según el art. 1.709: «prestar algún servicio por encargo de otro». Que no es ése el sentido del C. lo demuestra la natural gratuidad del mandato frente a la onerosidad del arrendamiento.

B. Los contratos de servicios. a) El Cc. dio reglas, no para el contrato de servicios en general, sino para una suerte particular de servicios, según se deduce sin lugar a duda del título correspondiente que reza así: «del servicio de criados y trabajadores asalariados». Servicios, pues, manuales y retribuidos: la regulación legal se refiere a «criados domésticos», «sirvientes», «criados de labranza, menestrales, artesanos y demás trabajadores asalariados»; correspondiendo a la tradición romana más antigua y a la concepción unitaria del arrendamiento.

b) Al lado de este tipo contractual recibido de la tradición de *l'ancien régime*, hay otra suerte de pacto, al que no dedica el Cc. preceptos especiales, pero cuya figura ha sido diseñada, sobre la base de las normas generales de aquél, por los usos y la jurisprudencia: son los contratos de prestación onerosa de servicios profesionales: en particular, aunque no exclusivamente, los de las profesiones liberales.

La regulación de estos contratos, que han llegado a diseñar la jurisprudencia y la doctrina, apenas se relaciona con la de los arts. 1.583 y ss.: se trata de una disciplina *ad hoc* para especies de servicios no contemplados por el legislador. Como si hubiera dos clases de «arrendamiento de servicios»: el de asalariados que regula explícitamente el Cc., y el construido extramuros de él para el trabajo no propiamente asalariado o no manual.

c) Finalmente, la revolución industrial ha destacado del cuerpo del arrendamiento de servicios la parte —con mucho— más importante, es decir, el que hoy se llama *contrato de trabajo,* dependiente de una compleja disciplina *a se* presidida por el Estatuto de los Trabajadores (texto refundido, R.D. 1/1995, de 25 marzo).

El art. 1º del Estatuto determina el alcance de su normativa. Es tendencia constante de la legislación laboral la de abarcar cada vez mayor ámbito del empleo. Por supuesto, los servicios de profesiones liberales prestados bajo la dependencia de una empresa quedan sometidos a ella.

El contrato de trabajo es de Derecho privado, aunque se estudie en una disciplina creada en torno suyo —el Derecho laboral— y no en los libros de Derecho civil. La regulación del contrato de trabajo representa en la sociedad industrial lo que antes los arts. 1.583 y siguientes del Cc. en la sociedad «feudal» para la que fueron concebidos. Estos últimos preceptos apenas tienen hoy virtualidad, pues ni se aplican al trabajo de los asalariados, regulado por las nuevas fuentes, ni al de quienes prestan servicios en régimen distinto del empleo, y habitualmente sin subordinación (profesiones).

Nada impide que una misma persona desempeñe, dentro de una misma empresa, una doble funcion, incardinada la una en la esfera laboral, y la otra en el orden civil (SS. 5 y 25 noviembre 1981).

C. Responsabilidad de los prestadores de servicios a consumidores y usuarios. El Texto refundido de la Ley General para la Defensa de los Consumidores y Usuarios (R.D.-Legisl. 1/2007, de 16 noviembre), con ocasión de la "responsabilidad civil por bienes y servicios defectuosos" (Libro III), establece, en el "régimen general de responsabilidad", que los prestadores de servicios serán responsables de los daños y perjuicios causados a los consumidores y usuarios, salvo que prueben que han cumplido las exigencias y requisitos reglamentariamente establecidos y los demás cuidados y diligencias que exige la naturaleza del servicio (art. 147).

Y de forma específica añade (art. 148) que se responderá de los daños originados en el correcto uso de los servicios cuando por su propia naturaleza, o por estar así reglamentariamente establecido, incluyan necesariamente la garantía de niveles determinados de eficacia o seguridad, en condiciones objetivas de determinación, y supongan controles técnicos, profesionales o sistemáticos de calidad, hasta llegar en debidas condiciones al consumidor y usuario. Se consideran sometidos a este régimen de responsabilidad los servicios sanitarios, los de reparación y mantenimiento de electrodomésticos, ascensores y vehículos de motor, servicios de rehabilitación y reparación de viviendas, servicios de revisión, instalación o similares de gas, electricidad y medios de transporte; así como los de construcción y comercialización de viviendas por los daños ocasionados por defectos de la vivienda no cubiertos por un régimen legal específico (art. 119).

492. El contrato de servicios de «criados y trabajadores asalariados» en el Cc.

En 1889 se llevaron al Cc. unas ínfimas reglas sobre, según reza el epígrafe de la sección, el trabajo de «criados y trabajadores asalariados». No contempla dicha sección, pues, el arrendamiento de servicios en sentido amplio, sino precisamente el de los de personas que se ponen en situación de dependencia de un «amo» o «patrono». Son precisamente estos contratos los que se hallan hoy bajo el imperio del Estatuto de los Trabajadores, que (precedido de otras leyes sobre la misma materia) deroga, por opuestos a sus principios y reglas, los textos del Cc. Y como la legislación laboral contempla hoy absolutamente todo el gremio de «trabajadores asalariados», del cual forman parte los «criados», concepto éste muy amplio en su tiempo («criados de labranza, menestrales, artesanos») y hoy reducido al servicio doméstico —al que el Cc. dedicaba los arts. 1584 y 1585, derogado el primero por contrario a los arts. 10 y 14 de la Constitución—, realmente sólo siguen en vigor, para todos los asalariados, un par de normas que, por tratar de materia distinta y por ser de algún modo aplicables a relaciones no laborales, al menos por analogía, no se pueden considerar derogadas, aunque su ámbito de acción haya quedado muy reducido. Veámoslas.

Puede contratarse esta clase de servicios sin tiempo fijo, por cierto tiempo, o para una obra determinada. El arrendamiento hecho por toda la vida es nulo (art. 1.583). O más bien *anulable* o denunciable unilateralmente por el prestador de los servicios, pues mientras éste quiera continuar en su colocación, no hay razón para aplicar la norma en contra suya privándole de aquélla. El sentido del precepto es prohibir aquellas vinculaciones personales que suponen una sujeción excesiva de la persona: hoy sería igualmente denunciable el contrato que impide al prestador, durante un lapso muy grande de tiempo, casarse, o mudar de domicilio, o le obliga a peregrinar día tras día, etc.

En general, el inciso final es aplicación de un principio según el cual no cabe vincular la libertad personal más allá de límites tolerables según las concepciones sociales del momento: y más todavía en un contrato, como el de los criados y asalariados, que incide tan intensamente sobre la autonomía de la persona.

El contrato de prestación de servicios «indefinidamente no es lo mismo que el hecho por toda la vida»: S. 14 marzo 1986.

Art. 1.587. *La despedida de los criados, menestrales, artesanos y demás trabajadores asalariados, a que se refieren los artículos anteriores, da derecho para des-*

poseerles de la herramienta y edificios que ocuparen por razón de su cargo. Suele alegarse que el asalariado es, no un poseedor, sino un servidor de la posesión.

493. El contrato de servicios no asalariados.

Fuera de la disciplina del contrato de trabajo o de la del trabajo asalariado en el Cc., los servicios (no laborales) de profesionales, artistas, empleados, artesanos que no tengan la calificación de «obreros», etc., se regulan por la costumbre, la naturaleza de las cosas, las reglas generales del contrato y el art. 1.544.

A. La retribución: el problema del «precio cierto». En los contratos de servicios no laborales, la retribución puede ser de cualquier clase: no ha de consistir necesariamente en dinero, pues, de una parte, el art. 1.544 se limita a hablar de «precio» sin especificar, a diferencia de lo que ocurre en la compraventa (art. 1.445: «en dinero»); y, de otra, será válido el cambio de servicios por cualquier prestación, de cosas o también de servicios, al amparo del art. 1.255.

La jurisprudencia más antigua computa, en esta línea, como parte del precio de los servicios de portería, el uso de la vivienda por el portero, y en el caso de la S. 4 junio 1979 se entiende que hay relación de servicio «aunque no exista realmente una relación arrendaticia o laboral» en el disfrute de la vivienda por la ermitaña en pago de los servicios que presta para el culto y la conservación de la ermita.

Frecuentemente las partes no determinan de modo expreso el precio *cierto* que exige el art. 1.544 Cc., por celebrar el contrato de servicios mediante la mera llamada o encargo al profesional: solicito los cuidados del médico privado por teléfono, y no le pregunto el número de visitas que me hará ni lo que me cobrará por ellas; encargo a Juan, chófer de profesión, que vaya a buscar mi coche que dejé reparando en Alemania y me lo traiga, sin fijar precio por su prestación; encomiendo al abogado la defensa de mis intereses en un pleito.

A veces, el precio de los servicios no se puede fijar globalmente de antemano, por no saberse en qué van a consistir exactamente, o cuánto durarán, etc. Aun en estos casos, la jurisprudencia insiste en que no es indispensable la exacta determinación del precio al celebrar el contrato: si es *determinable* de algún modo que no consista en el mero arbitrio de una de las partes, eso basta para cumplir el requisito del art. 1.544. Se supone que el solicitante de los servicios está de acuerdo en pagar, sea los honorarios conocidamente usuales del profesional al que se dirige, más o menos elevados según su categoría o sus criterios económicos, pero cognoscibles de antemano con alguna aproximación, sea unos honorarios fijados, conforme a la costumbre general del gremio y la equidad, y para cuya determinación podrán orientar las normas y tarifas corporativas.

Si así no fuera, llamado el profesional por el cliente, la alegación de éste de que no eran retribuibles los servicios de aquél por no haberse convenido un precio cierto representaría para el cliente —y precisamente él fue quien llamó— un enriquecimiento sin causa en la medida del precio habitual de los servicios ya prestados y que no se pueden restituir. La jurisprudencia, a veces, habla de precio «conocido por la costumbre y uso frecuente en el lugar en que tales servicios se prestan»; también de que «el requisito del precio cierto, requerido por el art. 1.544 Cc., si no se fija de antemano, puede inferirse por los medios adecuados» (S. 24 julio 1989, que cita las de 16 enero y 26 noviembre 1986 y 14 febrero 1987).

B. Las profesiones liberales. Lo antedicho es especialmente aplicable a los servicios prestados en el ejercicio de las profesiones liberales (S. 17 septiembre 1983 y allí citadas), los cuales, con las reservas que se deducen de lo dicho hasta ahora, entran en el concepto amplio del contrato de arrendamiento de servicios.

a) La retribución, en estas profesiones, aunque muchas veces no es calculable de antemano, porque se ignora las incidencias que tendrá la enfermedad que trata el médico, o el pleito que lleva el abogado, etc., sin embargo siempre es *determinable*, a lo que contribuyen eficazmente las normas corporativas de honorarios (S. 4 julio 1984 y allí citadas), si bien tampoco éstas se hallan libres de impugnación (cfr. S. 24 febrero 1998).

Precisa a ese respecto la S. 12 julio 1984 que la retribución económica del Letrado por los servicios prestados, conforme al art. 56 del Estatuto General de la Abogacía de 1982, así como a las normas sustantivas sobre el pago de los denominados servicios superiores o de las profesiones liberales (arts. 1.542 y 1.544 Cc.), puede ser fijada discrecionalmente en su cuantía por el acreedor, pero siempre acomodándose a unas pautas orientadoras (naturaleza del asunto, valor económico, amplitud y complejidad de la labor desarrollada, etc.), excluyentes de posibles excesos en la exigencia del derecho de crédito, y no impide que los obligados al pago impugnen por excesiva la minuta. La S. 16 abril 1980, en el caso de una minuta de honorarios de arquitecto, pero en términos más generales y resumiendo la doctrina anterior, explica que para tener como fijado y cierto el precio en el arrendamiento de servicios no es preciso que el mismo se concrete de antemano (S. 20 marzo 1947) o en el instante de celebrar el contrato (S. 22 diciembre 1954), por ser suficiente que su determinación pueda llevarse a efecto después por los propios interesados (Ss. 4 julio 1981 y 7 octubre 1964), y con mayor razón cuando el precio aparece señalado según tarifa oficial y conforme al presupuesto.

En todo caso, es preciso demostrar la realidad de los servicios prestados.

b) Para los servicios de los abogados se ha querido configurar el contrato como de mandato, lo cual es posible en algún caso, cuando el abogado gestiona en nombre del cliente o por cuenta de éste (desde la transacción con los contrarios o el convenio del deudor con los acreedores, hasta ventas o arrendamientos), pero no es lo corriente: el abogado que defiende un pleito, aunque en rigor cabría incluir su labor en la amplia definición del contrato de mandato (art. 1.709: «prestar algún servicio por cuenta o encargo» de una persona), ejercita una actividad distinta de la mera «gestión» del mandatario típico. Para la S. 6 mayo 1994, la relación que liga al notario con aquel que requiere su actuación adopta la forma de arrendamiento de servicios.

c) La forma de contratar los servicios de las profesiones liberales es, en principio, libre (visita al despacho del abogado, llamada telefónica al médico), si bien las normas corporativas exigen en algunas profesiones técnicas formalizar una «hoja de encargo», y para las prestaciones técnicas importantes, como la operación quirúrgica o la asistencia profesional continuada, es habitual el contrato escrito.

El contrato puede ser sometido a cualesquiera modalidades, y por tanto también a condición suspensiva (S. 30 junio 1980).

d) Los servicios liberales se caracterizan por la confianza del cliente en la pericia del profesional —las Ss. 2 marzo 1992 y 20 julio 1995 hablan de relaciones y principio *intuitu personae*— y la libertad de éste en cuanto a la forma de conseguir el resultado perseguido (aunque no contratado): el profesional, en principio, trabaja bajo su propia dirección y sin someterse al criterio del que encarga los servicios, siquiera éstos se prestan en provecho del cliente.

Se supone que el prestador de obra intelectual debe realizar personalmente el encargo recibido, pudiendo valerse de auxiliares, bajo su responsabilidad, cuando lo consiente el contrato. Entonces, el error sobre las cualidades o la identidad del prestador del trabajo intelectual es error esencial.

El contrato se puede extinguir siempre por denuncia unilateral del cliente, indemnizando; y por la del prestador del servicio, por justa causa: una de ellas la pérdida de la confianza del cliente.

Al destimiento, no mediando culpa del prestador de los servicios, es aplicable, en su caso, el art. 1.594 en lo relativo al resarcimiento.

Como se explica en el § 21, la diligencia exigible al profesional es la observancia rigurosa de las reglas del arte o profesión propios: la falta de pericia se asimila a la falta de diligencia.

En cuanto a prescripción de la acción de cobro de honorarios, véase art. 1.967, 1º y 2º Cc.; y sobre tal precepto, tomo I-3, § 62.

INDICACION BIBLIOGRÁFICA. ALONSO OLEA, *Inalienabilidad de la persona, alienabilidad de los servicios,* en ADC, 1975, pág. 875; *De la servidumbre al contrato de trabajo,* Madrid, 1979. BONET RAMÓN, *La naturaleza jurídica del contrato de mandato y el carácter del contrato de servicios celebrado por los abogados y demás personas que ejercen profesiones liberales,* en RDP, 1935, pág. 393; FERNÁNDEZ COSTALES, *El contrato de arquitecto en la edificación,* Madrid, 1977; *El contrato de servicios médicos,* 1988; GITRAMA GONZÁLEZ, *Configuración jurídica de los servicios médicos,* en «Estudios Serrano», I, pág. 325; *Medicina y Derecho (sobre el contrato de servicios médicos),* en ADC, 1977, pág. 273; YZQUIERDO TOLSADA, *La responsabilidad civil del profesional liberal,* Madrid, 1989; MONTOYA MELGAR Y CÁMARA BOTIA, *Abogados, profesión liberal y contrato de trabajo,* Jurispr. práctica Tecnos, n. 6, 1990; ALONSO PÉREZ, M.T., *Los contratos de servicios de abogados, médicos y arquitectos,* Barcelona, 1997; VAQUERO PINTO, N. J., *El arrendamiento de servicios*, Granada, 2005.

§ 98. EL MANDATO

494. Concepto y antecedentes.

Según el art. 1.709 Cc. *por el contrato de mandato se obliga una persona a prestar algún servicio o hacer alguna cosa, por cuenta o encargo de otra.* Este precepto —y definición del mandato— ha sido criticado por la doctrina española por vago e inconcreto, en el sentido de que no permite determinar con cierta precisión o seguridad cuál sea la esencia de dicho contrato ni el objeto del mismo —cosa que tampoco aparece con mayor claridad en los restantes artículos que lo regulan—. De ahí las dificultades a la hora de delimitarlo frente a contratos próximos o instituciones afines; deficiencias y dificultades que tienen mucho que ver con los antecedentes (romanos, sobre todo) y evolución de este contrato, y de la realidad socioeconómica a la que ha tenido que adaptarse a partir de su original concepción.

En Derecho romano el mandato aparece en el ámbito del *ius gentium,* desarrollándose intensamente a partir del siglo III a. C.; se basaba en la lealtad y la buena fe. Este mandato era esencialmente gratuito, lo que guarda relación con la amistad en que se funda. Tan esencial era ese carácter que se constituye en nota diferencial respecto de la *locatio operis,* en la que el correspectivo del encargo o trabajo hecho era una *merces.* Frente a la obligación del mandatario de cumplir el encargo y asunto encomendado (para lo que el mandante dispone de la *actio mandati),* sólo puede reclamar aquél los gastos hechos y resarcimiento de los daños derivados del desempeño de su cometido (por medio de la *actio mandati contraria):* mas si el mandante le había prometido algo en atención a su gestión amistosa —*honorarium,* de *honor—,* se le permitió reclamarla, pero a través de la *cognitio extra ordinem,* y no de la *actio mandati.*

En el Derecho intermedio se insiste en la gratuidad del mandato, compatible con la existencia de una remuneración al mandatario, con tal que no fuera en concepto de contraprestación (desde Accursio y Bártolo hasta Cuyacio y Donello). En Bartolo aparece por primera vez una conclusión derivada de la progresiva aproximación entre mandato y representación (relación poco clara en Roma): si el mandatario actúa dentro de los límites del encargo conferido los efectos de los actos realizados recaen automáticamente en la persona del mandante, pero éste sólo queda vinculado frente a terceros si el mandatario quedó investido del poder correspondiente.

A partir de ahí, la evolución del mandato viene definida por dos coordenadas: por un lado, la gratuidad por influencia de la Revolución francesa, pasa a ser sólo elemento o carácter natural, pues también puede ser retribuido si las partes lo quieren; la diferencia con el arrendamiento de servicios se establecerá reservando a éste la actividad material y subordinada del que presta el trabajo, quedando para el mandato la actividad jurídica con efectos directos para el que encarga el asunto. Por otro lado, hay una aproximación del mandato a la representación, como se observa por la aludida eficacia directa del asunto encargado respecto del mandante. Todo ello determina que en el

Código de Napoleón se diga que el mandato es gratuito si no se pacta lo contrario (art. 1.986), y que se considere la representación como elemento inseparable del mandato, en el que se confunde (art. 1.984). En términos parecidos, el Código italiano de 1865.

En la Alemania del siglo XIX las cosas se producen de otra forma. Los pandectistas germanos profundizan en el estudio de la representación, institución que reelaboraron sobre bases nuevas, y que distinguen netamente del mandato, reservando a éste la relación interna mandante-mandatario, contractual y generadora de obligaciones recíprocas, y centrando en la relación externa (representante-tercero) y en el poder representativo como acto unilateral del *dominus*, la esencia de la representación. Se regulan, así, separadamente, ambas figuras: el mandato como contrato, que conserva como dato esencial la gratuidad, en el libro II del B.G.B.; y la representación como fenómeno autónomo en su libro I (Parte general). El Código italiano de 1942 ha acusado su influencia, y distingue perfectamente el mandato representativo del no representativo.

495. Caracteres.

De la definición del art. 1.709 y de la regulación toda del mandato en el Cc., así como de su interpretación jurisprudencial, aparece configurado dicho contrato a través de las siguientes notas o *caracteres:*

a) Se trata de un fenómeno o *mecanismo de cooperación* entre dos personas. Es una de las varias formas de cooperación jurídica que conoce el Derecho, de que tan brillantemente hablara Ihering (las otras son la representación, la gestión de negocios ajenos sin mandato, el complemento de capacidad), previstas para los supuestos en que el interesado no quiere o no puede desarrollar directamente una actividad. Esta cooperación se caracteriza por llevarse a cabo por vía de sustitución, obrando el mandatario en lugar de su mandante, realizando aquél lo que podría hacer éste, y vinculando el resultado de su gestión a la esfera jurídica del interesado (véase SS. 14 marzo 1986 y 25 marzo 1988).

b) No se trata de cualquier tipo de cooperación (genérica), sino una muy particular: la actividad del mandatario, desarrollada en interés del mandante, ha de ser *jurídicamente relevante* (Mirabelli, Gullon), aunque no es necesario que consista precisamente en la realización de negocios jurídicos: basta que la actuación del mandatario tenga trascendencia jurídica en la esfera del mandante.

c) Ajenidad, respecto del mandatario, *del interés gestionado.* Según el art. 1.709, «se obliga una persona a prestar algún servicio o hacer alguna cosa, *por cuenta y encargo de otra*». Se caracteriza, pues, esta actividad de cooperación en que quien la ejercita quedará al margen de su resultado, pues actúa por cuenta y encargo de otro. La ajenidad del interés gestionado es esencial e inmanente al mandato, no eliminable y nota típica y diferenciadora de este contrato y de toda su disciplina jurídica.

d) Contrato *naturalmente gratuito:* así se deduce del art. 1.711 Cc.: *a falta de pacto en contrario, el mandato se supone gratuito. Esto no obstante, si el man-*

datario tiene por ocupación el desempeño de servicios de la especie a que se refiere el mandato, se presume la obligación de retribuirlo. Con ello la gratuidad ya no es carácter esencial —ni, por tanto, distintivo— del mandato; lo cual importa menos en un sistema de *numerus apertus* de contratos.

e) Como consecuencia de lo anterior, el mandato es contrato *unilateral* (cuando es gratuito), o *bilateral* (si es retribuido) —otros prefieren hablar de bilateral imperfecto y bilateral sin más—, ya que en el primer caso sólo genera obligaciones para el mandatario (la de reembolsar al mandatario los anticipos hechos o indemnizarle de los perjuicios que le haya causado el cumplimiento del mandato (arts. 1.728 y 1.729 Cc.), a cargo del mandante, no son contraprestación de la gestión realizada por aquél, sino debidas por razón de justicia), y en el segundo las hay a cargo de ambos contratantes y como correspectivas.

f) Es contrato de *confianza,* o basado en ella; o dicho en otros términos: *intuitu personae.* Aunque no explicitado en el Código civil, es claro que el mandato se basa en y crea un vínculo de confianza, que proporciona el principio que preside la relación negocial mandante-mandatario: deber de fidelidad de éste a aquél, atenerse el segundo a las instrucciones recibidas (art. 1.719) y actuar dentro de los límites del mandato (art. 1.727), dar cuenta de su gestión y operaciones (art. 1.720 y Ss. 21 febrero 1967 y 28 octubre 1969), responder de su actuación incluso por culpa (art. 1.726); por otro lado, el mandato se extingue por revocación del mandante, y por muerte, incapacitación, declaración de prodigalidad, quiebra o insolvencia del mandante o del mandatario (art. 1.732).

496. Distinciones.

A. Mandato y representación. Por el paralelismo de estas instituciones, sus relaciones son antiguas, como difícil su frontera.

El Derecho romano conoció, al lado del mandato, la figura del *procurator,* persona de confianza del *dominus* para la administración de sus bienes o asuntos, pero no se confundían. El desarrollo de la representación en el Derecho canónico y bajo el Derecho intermedio aproxima ambas instituciones, que llegan a confundirse en el *Code* Napoleón, absorbida la representación por el mandato (art. 1.894). Pero la pandectística alemana, que realiza la más brillante profundización y mejor construcción doctrinal de la representación, distinguirá con WINDSCHEID primero, y sobre todo, LABAND (1866), claramente ambas figuras.

Su razonamiento, en síntesis, es el siguiente: el mandato es un contrato que vincula a mandante y mandatario, creando obligaciones entre ellos, y atiende a las relaciones internas, entre los mismos; la representación, institución eminentemente formal, mira a las relaciones entre representante (mandatario) con el tercero con quien contrata, es decir, a algo externo al mandato, y gira alrededor del poder, que no crea obligaciones, sino que permite actuar y legitima la actuación del representante. Son, pues, dos figuras diferentes, en cuanto al origen, perfección, elementos, contenido y efectos. Y de tal distinción resulta que cabe el *mandato con representación* (o representativo), donde además de la relación contractual hay un poder que autoriza al mandatario a actuar en nombre del mandante; el *mandato sin representación,* cuando el mandatario, no apoderado, contrata con tercero en nombre propio (cfr. art. 1.717), o cuando el mandante lo encarga asuntos que no exigen relacionarse con tercero; y *representación sin mandato,* si detrás de la actuación representativa, y en lugar del habitual mandato como contrato subyacente, hay un arrendamiento de servicios, o un contrato de trabajo, o de sociedad...

En nuestro país tuvo esa doctrina amplia audiencia, y ésta es, sustancialmente, la posición de nuestra jurisprudencia a partir de la S. 16 febrero 1935, hasta prácticamente la actualidad, pasando por numerosas sentencias (entre otras, las de 1 diciembre 1959, 20 marzo 1964, 28 febrero 1975 y 10 julio 2007). Sobre la distinción entre mandato y poder en el ámbito mercantil, cfr. S. 28 junio 1984, que reafirma su independencia.

Pero la doctrina moderna (Pugliatti, Ferrari, Müller Freieinfels), que ha revisado toda la teoría de la representación y sobre todo sus relaciones con el contrato causal básico, observa que no se puede desvincular fácilmente aquélla de éste. «La base sustancial (económico-social) y por ello la función práctica de ambos institutos es única, y la configuración jurídica de sus aspectos fundamentales no puede hacer autónomas del todo dos ramas del mismo tronco», dice Pugliatti. Y ciertamente, aunque en abstracto quepa imaginar una actuación representativa sin otro apoyo que un poder del interesado —e incluso sin eso, teóricamente, pues cabe la ratificación de la actuación realizada sin poder—, en la realidad no se producen de ordinario las cosas así, y el poder es otorgado precisamente porque hay una relación previa de confianza o de tipo contractual (normalmente de mandato) entre *dominus* y representante, de la que surge tal poder, y la actuación del apoderado es su consecuencia y su desarrollo. Por ello, con independencia de posibilidades y distinciones teóricas, la realidad es que la representación se integra en el negocio gestorio que le sirve de base: mandato las más de las veces.

Desde esa perspectiva ha podido decirse que la representación es precisamente el «esquema funcional típico de *species facti* del mandato» (Ferrari), es decir, el mecanismo jurídico a través del cual funciona. Y Diez Picazo, que «al establecer la regulación del mandato nuestro Ordenamiento jurídico ha establecido lo que podríamos llamar la disciplina normativa típica de una relación representativa. De aquí se sigue que aunque la representación encuentre su fundamento en una relación de gestión distinta del mandato, a esta relación, en cuanto representativa, habrá que aplicarle aquella disciplina normativa típica». A veces se llega incluso más lejos: para Hernández Moreno el mandato es siempre representativo, y confiere siempre poder de representación.

B. Mandato y arrendamiento de servicios. En el Derecho romano la diferencia se hallaba, como vimos, en la gratuidad del primero, y la remuneración del trabajo o servicios prestados en el segundo. Esa nota diferencial llega, sustancialmente, hasta el Derecho intermedio (Bartolo y Donello). A partir de ahí se fue dibujando una doctrina que asignaba al arrendamiento de servicios la prestación de trabajo material o manual, y al mandato los trabajos o servicios intelectuales o de profesionales liberales, que llegó a ser el criterio de distinción preferente entre los autores italianos del siglo pasado. La doctrina francesa del XIX, por influencia del *Code,* puso, en cambio, el acento en el carácter representativo del mandato.

Nuestro Código no ayuda mucho para deslindar ambos contratos. En el art. 1.709 la expresión «prestar algún servicio o hacer alguna cosa», literalmente, comprende cualquier contrato de servicios, e incluso el arrendamiento de obra. Pero en el precepto, las palabras *hacer alguna cosa* no deben interpretarse a la letra, sino en el sentido de realizar alguna diligencia, prestar algún servicio gestorio por cuenta de otro. Por otro lado, de acuerdo con la tradición romana, el Cc. no regula el contrato genérico de servicios gratuitos. En cuanto a los retribuidos, sólo trae normas sobre el «servicio de criados y trabajadores asalariados».

A nuestro modo de ver, la dificultad estriba en el planteamiento de la cuestión: mientras en el Derecho romano los servicios gratuitos se agrupaban en torno al mandato y los retribuidos entraban en el arrendamiento, ahora se pretende hacer del mandato algo distinto del contrato de servicios, pero además independiente de la presencia o ausencia de retribución. Ahora bien: el mandato, por su propia esencia, es un contrato de servicios, y entonces la distinción necesariamente se establece entre el género y la especie: entre unos servicios específicos y concretos, sean gratuitos o retribuidos, y los otros que no pertenecen a aquella clase. En este planteamiento, todos los servicios específicos en cuestión caen bajo la disciplina del mandato, sean gratuitos o retribuidos, pero lo que cuenta para someterlos a ella es su especificidad, y no su gratuidad.

¿Cuál es, entonces, la nota que reconduce ciertos servicios a la disciplina de mandato? La doctrina suele situarla en su prestación *por cuenta de otro,* entendiendo que el prestarse *por encargo* no es bastante, pese a la expresión literal del art. 1.709.

A la hora de concretar los servicios y la nota diferencial que vamos buscando, parece que hay que recordar los caracteres del mandato que anticipé. En primer lugar, en el mandato destaca el ser un contrato y mecanismo de *cooperación* entre dos personas; y con más precisión, de cooperación por vía de *sustitución,* cosa que no se da en principio, y menos siempre, en el arrendamiento de servicios. La prestación del mandatario se caracteriza porque mediante ella el mandante viene sustituido por otro en la actividad directiva de sus intereses, preponderando el aspecto de gestión así realizada sobre la materialidad del hecho del prestador de servicios (a la inversa, en el arrendamiento): es el criterio que siguen las Ss. de 14 marzo 1986 y 25 marzo 1988.

En segundo lugar, no se trata de cualquier tipo de cooperación —dijimos—: la actividad del mandatario, desarrollada en interés y por cuenta del mandante, ha de ser *jurídicamente relevante* (como si yo encargo a Juan que compre por mi cuenta un caballo blanco de dos años). Tratándose de actos puramente materiales, no habría mandato, sino otra clase de servicios. Pero el objeto del mandato no ha de ser precisamente la celebración de contratos, sino la realización de actos con consecuencias jurídicas: tomar posesión de tal finca. Si bien en estos casos la frontera con los servicios que no constituyen mandato puede ser confusa. La S. 27 noviembre 1992, tras estimar insuficientes otros criterios de distinción, dice que ha de examinarse cada supuesto concreto, «con la vista puesta siempre en que la regulación legal del mandato se refiere siempre a actos o negocios jurídicos a realizar por el mandatario».

497. Clases de mandato.

Desde varias perspectivas puede hablarse de distintos tipos de mandato. Conocemos ya la distinción entre *mandato representativo* y *no representativo*, y entre *gratuito* y *retribuido*. Hablaré del *expreso* o *tácito* cuando me ocupe de la forma del contrato. Ahora vamos a ver otras clases, atendiendo fundamentalmente al contenido o ámbito del mandato.

A. Mandato *general o especial.* Según el art. 1.712, *el primero comprende todos los negocios del mandante. El segundo, uno o más negocios determinados.* Hay mandato general —entiende la doctrina— no sólo cuando es objeto del mismo todos los negocios de forma absoluta, sin excepción alguna, sino también cuando abarca todos los negocios de cierta esfera económica o jurídica del mandante (en un país, o en una rama de su actividad, como la agrícola o la industrial, por ejemplo).

B. Mandato concebido en términos generales y mandato (mal llamado) *expreso para actos de riguroso dominio.* Diferente distinción ésta de la anterior. Según el art. 1.713, *el mandato concebido en términos generales, no comprende más que los actos de administración. Para transigir, enajenar, hipotecar o ejecutar cualquier otro acto de riguroso dominio, se necesita mandato expreso. La facultad de transigir no autoriza para comprometer en árbitros o amigables componedores* (Cfr. S. 15 marzo 1996). Lo que no equivale al mandato general o especial del art. 1.712. El primero atiende a la clase de contratos que el mandatario puede (y debe) realizar; y el segundo al número de relaciones del mandante (negocios) gestionables por el mandatario. Así, el *mandato concebido en términos generales* —es decir, en términos vagos e imprecisos, sin determinar exactamente la clase de contratos cuya celebración entra en su ámbito— puede ser general, como si convengo con Pedro que administre mis bienes; o bien especial: que administre mi finca tal. Y el mandato *expreso* —por ejemplo, para vender— puede asimismo recaer sobre los objetos que me pertenecen o uno solo. En todo caso, la expresión *mandato expreso* de este art. 1.713 —que en realidad quiere decir específico para ese tipo de actos (cfr. SS. 3 julio 1987 y 1 marzo 1990, que se remiten a otras), y requiere que "esté claramente precisado en su objeto y extensión" (SS. 30 junio 1993 y 21 julio 1994)—, no debe confundirse con el expreso en cuanto opuesto al tácito según la forma de su constitución.

Del art. 1.713 se desprende un principio de interpretación restrictiva del mandato «para evitar —dice la S. 6 noviembre 1962— que deducciones más o menos aventuradas puedan dar lugar a extralimitaciones del apoderado» (cfr. R. 22 abril 1996). Tampoco se admite la interpretación analógica cuando se haya conferido una facultad mayor pero distinta de aquélla que se quiere ejercitar, a fin —se dice— de evitar controversias de dudosa solución.

498. Elementos del mandato.

A. Sujetos. a) *Capacidad del mandante.* Discútese acerca de la capacidad que le sea exigible, a falta de regla expresa a él referida. Para unos, y precisamente por ello, habrá que atenerse a las reglas generales sobre capacidad para el negocio jurídico *inter vivos*. Otros creen exigible al mandante la capacidad concreta requerida para el negocio (suyo) a realizar por el mandatario.

En línea de principio, el mandante precisa, para concluir el mandato, la capacidad ordinaria para contratar, es decir, la del menor emancipado (art. 1.263-1º Cc.), salvo que se trate de encargar operaciones para las que se requiere la mayor edad, en cuyo caso entendemos que el menor no podría conferir ni siquiera mandato no representativo, pues en todo caso el mandatario actúa *por cuenta suya* (cfr. S. 28 septiembre 1968).

Por otro lado, el mandante debe tener *legitimación* para realizar el acto objeto de mandato, y que éste no le esté vedado por el ordenamiento (por ej., los del art. 1.459 Cc., para los que sería inútil, además, conferir mandato).

b) *Capacidad del mandatario.* Criterio diferente al anterior ha de seguirse en cuanto a éste, ya que el asunto gestionado no es suyo. Pero conviene distinguir desde el primer momento entre la capacidad propia para el contrato de mandato exigible al mandatario, y la necesaria para la validez del negocio llevado a cabo por éste (si la gestión que realizar es de tipo negocial).

En atención a aquella idea, puede decirse que la capacidad exigible al mandatario es la general para contratar (art. 1.263), y puede serlo el menor emancipado. El Código, que mezcla, sin embargo, las dos cuestiones apuntadas, dispone en el art. 1.716 que *el menor emancipado puede ser mandatario; pero el mandante sólo tendrá acción contra él en conformidad a lo dispuesto respecto a las obligaciones de los menores.*

Del art. 1.716, que procede del Cc. francés, no se deduce cuál sea la capacidad exigible para actuar como apoderado. La doctrina italiana anterior a su Código de 1942, y parte de la francesa ha venido manteniendo que el mandatario no precisa, en cuanto tal, capacidad alguna distinta de la de entender y querer.

Pero el anterior razonamiento no se refiere al contrato de mandato, sino a los contratos otorgados por el mandatario en su condición de tal. En cuanto a estos segundos, en efecto, siendo regular el poder, no sería exigible otra capacidad que la natural, mientras que el contrato mediante el cual el menor no emancipado asume el mandato es, en principio, impugnable.

En suma, en cuanto a capacidad del mandatario para el mandato propiamente dicho, precisa la del menor emancipado, quien queda ya plenamente obligado por el mandato; y como puede contratar para el mandante en cuanto lo permita la capacidad de éste, en principio, debería ser plenamente responsable frente al mandante, y no «en conformidad a lo dispuesto respecto a las obligaciones del menor». Mas la situación del mandatario puede entrañar el manejo de fondos en un régimen parecido al del préstamo, y parece preferible interpretar el art. 1.716 como una excepción a la regla de capacidad del emancipado: el mandatario menor, sea o no emancipado, responde ante el mandante por las operaciones realizadas y los bienes gastados o percibidos en el curso del cumplimiento del encargo, como menor, siendo de aplicación aquí los arts. 1.304, 1.160 y 1.163 Cc.

Sin embargo, cuando el mandatario actúe en nombre propio, aunque sea por cuenta del mandante (cfr. art. 1.717), parece que para la eficacia formal y primera del acto cabe exigirle la capacidad de obrar que la naturaleza de éste precise.

La *legitimación* y *poder de disposición* para el acto, y el régimen de *prohibiciones* relativo a algunos negocios, no le afectan al mandatario (sino al mandante); mas de actuar contraviniendo tales requisitos supondrá unas veces el hacerlo como persona interpuesta (por ejemplo, y sobre todo, cuando actúe en nombre propio), y otras, en fraude a la ley, con las correspondientes sanciones.

B. Objeto. El art. 1.709 habla de «prestar algún servicio o hacer alguna cosa» por cuenta o encargo de otro: términos muy amplios que por poder ser objeto de otros contratos requirieron en momento anterior la correspondiente delimitación.

Pero ya esa expresión legal permite distinguir dos materias diferentes: la *actividad a desarrollar* por el mandatario, y los *actos o servicios hechos o prestados* como resultado de dicha actividad. Los actos o servicios no son sino el objeto mediato, en cuanto resultado (económico o jurídico) de aquélla.

a) La *actividad,* objeto de este contrato, se caracteriza por ser de cooperación, y precisamente por vía de sustitución. Por ello, no pueden ser objeto de mandato aquellos actos o negocios que sean personalísimos del mandante, que deba realizar él precisamente, y no otra persona que le sustituya. Por otro lado, ha de ser una actividad en interés del mandante (alienidad), nota fundamental; por esto, van a considerarse eficaces y viables aquellos actos que aun desoyendo el mandatario las instrucciones o traspasando los límites del encargo, resulten más ventajosos para el mandante (cfr. art. 1.715).

b) En cuanto a los *actos o servicios gestionables,* además de precisar ser *jurídicamentemente trascendentes* (nota diferencial respecto de los que pueden ser objeto de otros contratos), requieren —exigencia general— ser *lícitos* (no contrarios a norma imperativa ni al orden público o buenas costumbres: por ej., encargar la comisión de un delito o la venta de cosa pignorada); *posibles* (con posibilidad de hecho o de Derecho, según los casos) *y determinados* o determinables, cuya concreción queda a discreción de las partes (contenido del mandato). El defecto de alguno de estos requisitos del objeto del mandato acarrea la nulidad de este contrato, antes y con independencia de la del acto o gestión realizados o a realizar.

C. Forma. En la línea de libertad de forma que caracteriza a nuestro sistema jurídico y al Derecho de contratos, establece el artículo 1.710 que *el mandato puede ser expreso o tácito. El expreso puede darse por instrumento público o privado y aun de palabra* (cfr. SS. 28 junio 1996 y 7 febrero 1997). La aceptación puede ser también expresa o tácita, deducida esta última de los actos del mandatario (cfr. S. 9 enero 1964).

En cuanto a la forma tácita —a no confundir con el llamado mandato presunto o con el aparente (sobre mandato aparente, cfr. SS. 10 febrero 1967, 10 mayo 1984, 13 julio 1987 y 1 marzo 1990)—, hay que entender por tal aquella voluntad (de uno o de los dos contratantes) que se deduzca de hechos concluyentes del (o de los) mismo(s): actitudes o comportamientos que interpretados en un contexto relacional determinado, revelan inequívocamente la voluntad de dar vida a (o asumir) un contrato de mandato (SS. 21 julio 1994 y 29 marzo 1995). La principal dificultad radica aquí precisamente —como ocurre y exponemos en esta obra (tomo I-3°, § 58) al estudiar la representación y el apoderamiento— en la interpretación de aquellos hechos concluyentes: si ha de buscarse eminente o exclusivamente la voluntad del o de los contratantes (tesis subjetiva), o si han de valorarse los hechos o actitudes, para sacar la conclusión pertinente, en su consideración normal y para el tráfico jurídico o desde la perspectiva de aquellos ante quienes se han producido o a quienes iban dirigidos (tesis objetiva). La seguridad del tráfico y la protección de los terceros, junto a los principios de responsabilidad y de confianza en relación con las declaraciones de voluntad (y la tácita también lo es), parecen hacer preferible esta segunda solución (cfr. S. 2 junio 1981).

En el caso de que se trate de mandato representativo, el poder y la exigencia legal de forma para éste tienen régimen propio (SS. 5 febrero 1992 y 25 febrero 1994). La regla del art. 1.280-5° se refiere al poder que menciona, y no afecta al mandato, que puede ser verbal incluso para la venta de bienes inmuebles (cfr. S. 17 junio 1977).

499. Obligaciones del mandatario.

Tanto la del cumplimiento del encargo conferido (prestación típica de este contrato) como las demás relacionadas con (o derivadas de) ella, se hallan fuertemente influidas por las notas que caracterizan al mandato (cooperación por sustitución y alienidad del interés).

A. Cumplimiento del encargo. Con arreglo al art. 1.718-1°, *el mandatario queda obligado por la aceptación a cumplir el mandato, y responde de los daños y perjuicios que, de no ejecutarlo, se ocasionen al mandante* (cfr. S. 23 febrero 1973). Según la naturaleza del encargo (objeto del contrato), variará el sentido y alcance de esta obligación. Desde luego, cuando el mandato sea para contratar, el art. 1.718 no obliga al mandatario a celebrar siempre el contrato que se le ha encargado: salvo que haya recibido únicamente la misión de firmar determinadas estipulaciones sin discutirlas, ha de «regatear» en servicio de los intereses del mandante, y sólo cerrará el trato si las condiciones son suficientemente favorables. Su obligación (de contratar) es, pues, de medios, no de resultado.

La actividad de cooperación debida por el mandatario debe ir dirigida a actuar el interés del mandante, contenido específico del contrato: no puede justificarse de otra forma la atribución a éste de los efectos de la gestión del mandatario. Ahora bien: la definición y concreción de ese interés corresponde, obviamente, y en principio, al mandante (interesado), lo que justifica dos líneas normativas que delimitan la actuación del mandatario:

a) El mandatario no puede traspasar los límites del mandato (art. 1.714). Los *límites* definen las facultades concedidas al mandatario —en el propio contrato o en el curso de la actividad gestora—, el ámbito jurídico dentro del que puede moverse y comprometer el patrimonio del mandante (cfr. S. 19 octubre 1993). A veces la delimitación es negativa: se dice lo que el mandatario no puede hacer.

Esa norma se completa —en atención a la prevalencia del interés del mandante— con la del art. 1.715: *no se consideran traspasados los límites del mandato si fuese cumplido de una manera más ventajosa para el mandante que la señalada por éste.*

En principio, parece que el juego de ambas reglas no autoriza a celebrar actos distintos de aquellos para los cuales se otorgó el mandato: ello es más seguro cuando el mandante haya indicado al mandatario, en forma clara y términos inderogables, no sólo el tipo de acto a realizar, sino la persona con quien llevarlo a cabo, y el modo y términos de la actividad gestora; en tal caso, parece inútil indagar si la posible extralimitación es compatible o no con el interés del mandante, y para la eficacia del acto extralimitado se requerirá la ratificación de este último. Sin embargo, en otros casos el propósito del mandante puede alcanzarse, sin mayor coste, a través de estos actos no autorizados, y entonces la presencia de una ventaja parece que hace válido el negocio si no surge ningún inconveniente nuevo.

b) Por otro lado, dice el art. 1.719-1º que *en la ejecución del mandato ha de atenerse el mandatario a las instrucciones del mandante* (cfr. S. 10 noviembre 1992). Instrucciones que se refieren a la forma de llevar a cabo el encargo, y que pueden ser dadas al celebrarse el contrato o durante el desarrollo de la gestión encomendada; pueden proceder también de un tercero, cuando a él haga remisión el mandante (S. 26 mayo 1964). *A falta de ellas* —continúa el art. 1.719—, *hará todo lo que, según la naturaleza del negocio, haría un buen padre de familia.*

El mandatario puede, por propia iniciativa, cumplir el encargo en forma distinta de la ordenada por el mandante cuando surgen acontecimientos imprevistos que hacen preciso tal cambio y no tiene oportunidad de pedir nuevas instrucciones o incluso si, sin tal variación de las circunstancias, un mejor análisis de la situación le convence de las ventajas de la ejecución del mandato en forma distinta. En tal caso, deberá comunicarlo a la brevedad posible al mandante para que éste tome las disposiciones oportunas en vista de la necesidad de haber tenido que apartarse aquél de lo programado.

En cuanto a la relación entre "límites del mandato" e "instrucciones del mandante", se han apuntado varios criterios de distinción: *a)* para unos, los límites hacen referencia al objeto del encargo y a las facultades concedidas al mandatario (ámbito de legitimación) y las instrucciones a la forma de cumplir el encargo, y afectan a la relación interna; *b)* otros ven artificial esa distinción y entienden que las instrucciones forman parte del contenido del mandato y contribuyen a conformar sus límites, por lo que su trascendencia debe ser semejante; *c)* algunos apoyan la diferencia en la distinción entre instrucciones "básicas" (atinentes al fondo del mandato) y "accesorias" o instrumentales, relativas al modo de llevar a cabo la gestión encargada: sólo las primeras participan de la naturaleza de los límites, y su trascendencia es idéntica. Pienso, por mi parte, que más que la distinción entre unos y otras (difícil casi siempre, y más entre contratantes inexpertos) importa su conocimiento por el tercero con quien se relaciona el mandatario, de forma que si las conoce deben afectarle y serle oponibles (igual que los límites), pero no si las desconoce, lo que le hace a esos efectos tercero de buena fe, y como tal debe ser protegido. Cfr. Ss. 2 enero 2006 y 7 diciembre 2009.

B. Responsabilidad por el mal cumplimiento de la gestión. El mandatario responde de la ejecución del encargo; de la mala ejecución o incumplimiento de las instrucciones, y de la extralimitación de sus facultades que perjudique al mandante al quedar éste vinculado por ella. No incurre, en cambio, en responsabilidad si actúa ateniéndose estrictamente a las instrucciones del mandante (cfr. S. 26 mayo 1964). Por lo demás, y en el desempeño de su gestión, *es responsable* —dice el art. 1.726— *no solamente del dolo sino también de la culpa, que deberá estimarse con más o menos rigor por los Tribunales según que el mandato haya sido o no retribuido* (cfr. en igual sentido, art. 1.103 Cc. y S. 20 mayo 1988). La razón de este rigor en cuanto a su responsabilidad se halla en la alienidad de los negocios gestionados y en el interés prevalente del mandante.

C. Obligación de comunicación o información. Aunque no directamente aludida —pues el art. 1.720 se refiere en realidad a otra cosa—, del mismo y del art. 1.258 Cc., y sobre todo porque el mandante es el interesado y destinatario del resultado de la actividad del mandatario, se deduce la obligación de éste de informar a aquél de la marcha de su gestión y todas sus vicisitudes, así como de cuantos hechos, por su relevancia en orden al desarrollo del encargo, puede tener razonablemente interés objetivo en conocer el mandante: sobre todo, en cuanto ello pueda redundar en el éxito de la ejecución de tal encargo o dar motivo para nuevas instrucciones, cancelación de las antiguas o cualquier otra decisión concerniente al mandato. Esa obligación de comunicación tendrá lugar:

a) en principio, cuantas veces sea requerido para ello por el mandante, o en aquellas previstas o indicadas al celebrarse el contrato. La negativa injustificada del mandatario es contraria a la buena fe y a la diligencia que le es exigible, en función de la alienidad del negocio, y podrá dar lugar a responsabilidad, ser tenida por incumplimiento contractual y motivo, desde luego, la revocación del mandato;

b) debe comunicar lo antes posible las circunstancias sobrevenidas (en cuanto nuevas e imprevistas) que puedan comportar racionalmente la modificación o revocación del mandato y las incidencias de su gestión (R. 10 febrero 1995); a menos que las conozca ya, por otro conducto, el mandante;

c) ha de comunicarse el cumplimiento del encargo, o la imposibilidad de alcanzarlo; y ello, lo antes posible —«sin retardo», dice el *Codice* italiano, que prevé este caso— para que aproveche el mandante el éxito de la gestión, o conozca el fracaso para proveer en consecuencia.

D. Rendición de cuentas y abono de saldos e intereses. En el Derecho romano clásico el mandatario no representaba al mandante; era preciso, pues, para que recayeran en cabeza del dueño los derechos y obligaciones nacidos del acto realizado y que se imputaban a aquél, que dicho mandatario los transmitiera válidamente al mandante o que éste asumiera las obligaciones contraídas por aquél en cuanto fuera jurídicamente posible, y en todo caso que le librase de ellas. Lo mismo sucede hoy cuando el mandato no es representativo; siéndolo, todavía el mandante ha de abonar al mandatario los gastos realizados por él; indemnizarle de las pérdidas y abonarle en su caso la retribución convenida; mientras el mandatario debe entregar al mandante las cosas o cantidades obtenidas para él. De ahí la necesidad de establecer una cuenta.

Hay, en este punto, dos obligaciones:

a) Todo mandatario está obligado a dar cuenta de sus operaciones y a abonar al mandante cuanto haya recibido en virtud del mandato, aun cuando lo recibido no se debiera al segundo (art. 1.720). «La obligación de rendir cuentas —dice la S. 21 febrero 1967— no es más que una aplicación de la regla general a la que están sujetos todos los que por cualquier título administran negocios ajenos, incluso sin mandato o poder» (en parecidos términos, S. 13 abril 1995). Las de 28 octubre 1969 y 25 enero 2008 la fundan en razones de moralidad y de justicia.

Esta rendición de cuentas no debe limitarse al aspecto contable o numérico, con saldos y justificantes, sino que debe tener un contenido más amplio, de forma que permita conocer al mandante si la actuación del mandatario se ha atenido a su encargo. No hay que esperar, además, al fin de la gestión para cumplir esta obligación, si conforme a la buena fe el mandante puede exigir razonablemente su cumplimiento a medida que se va realizando el encargo.

La cuenta deberá contener detalladamente los ingresos y los gastos y basarse en documentos o comprobantes (S. 26 mayo 1966). Pero la presentación de estos últimos no es indispensable, cuando no se piden o no se exigen (S. 10 febrero 1915), o cuando el mandante se conforma o aprueba las cuentas sin ellos (cfr. S. 22 enero 1957). Puede rendirse cuentas judicial o extrajudicialmente, con libertad de forma (S. 27 abril 1978).

Es discutible si el mandante puede dispensar al mandatario de esta obligación de rendir cuentas. La doctrina italiana la considera como un *naturale negotii,* y por tanto, dispensable a discreción del interesado, salvo los casos en que el mandatario deba responder por dolo o culpa grave. Nuestra jurisprudencia ha considerado renunciable el derecho a pedir cuentas cuando la renuncia no sea contraria a la moral (S. 28 octubre 1969; cfr. también SS. 6 octubre 1994 y 13 abril 1995). Pero no es renunciable la acción para exigir responsabilidad por dolo (o culpa lata): art. 1.102 Cc.

b) Art. 1.724: *El mandatario debe intereses de las cantidades que aplicó a usos propios desde el día en que lo hizo, y de las que quede debiendo después de fenecido el mandato, desde que se haya constituido en mora* (véase SS. 21 febrero 1967 y 18 enero 1996). Las cantidades a que se refiere el precepto son tanto las anticipadas por el mandante para el cumplimiento del encargo, como las recibidas por el mandatario de un tercero en la ejecución de su gestión (argumento *ex* art. 1.720).

El *interés* a que se refiere el art. 1.724 es, sin duda, el interés legal (cfr. S. 21 febrero 1967), lo cual responde a una línea general del Cc.. Ahora bien: si por aplicar las cantidades en cuestión a usos propios el mandante ha de pagar intereses más elevados o una pena convencional, responderá el mandatario de todo ello. Además, la deuda de intereses nace aun no siendo líquida la cantidad adeudada (véase S. 20 diciembre 1954); y es compatible con la indemnización de perjuicios, si procediere (S. 24 mayo 1979).

500. La sustitución en el mandato.

Por basarse este contrato en la confianza, no es indiferente al mandante que la gestión encomendada la lleve a cabo precisamente el mandatario elegido y con quien lo ha convenido, u otra persona sustituyéndole. Pero frente al principio del carácter personal del mandato, cierto pragmatismo puede exigir a veces que otros sujetos con idénticas aptitudes que el mandatario puedan ocupar la posición y función de éste, a iniciativa del mismo. Se impone, así, un recíproco condicionamiento y limitación de esos criterios, y la solución a tan delicado problema (sustituibilidad del mandato) será, por tanto, cuestión de equilibrio entre aquella doble exigencia y principios.

En nuestro Cc., según el art. 1.721, *el mandatario puede nombrar sustituto si el mandante no se lo ha prohibido; pero responde de la gestión del sustituto: 1º Cuando no se le dio facultad para nombrarlo. 2º Cuando se le dio esta facultad, pero sin designar la persona, y el nombrado era notoriamente incapaz o insolvente. Lo hecho por el sustituto nombrado contra la prohibición del mandante será nulo* (cfr., con criterio opuesto, art. 261 Ccom.). Del art. 1.721 se deduce que, aun cuando el mandante no haya autorizado la comunicación a otro del encargo recibido, mientras no la prohíba (o no se deduzca de la naturaleza personalísima del encargo), se habrá de considerar válida. Por otra parte, cuando la autorice, con designación expresa del sustituto, éste será responsable directamente de la gestión ante el mandante, que con tal previsión, incluso de la persona del sustituto, muestra así la confianza que en él pone (igual que en el mandatario).

El mandatario, si otra cosa no se ha previsto en el contrato expresa o implícitamente, puede valerse (para operaciones materiales de mera ayuda) de los auxiliares que elija y precise, respondiendo por la culpa de éstos. (La S. 8 mayo 1920 dice que en tal caso no son aplicables los arts. 1.721 y 1.722).

Según el art. 1.722, *en los casos comprendidos en los dos números del artículo anterior puede además el mandante dirigir su acción contra el sustituto* (S. 8 mayo 1920). Esta acción contra el sustituto es autónoma y compatible con (y acumulable a) la acción contra el mandatario en los casos en que éste deba responder por la sustitución (por no autorizada, o con facultad para sustituir y el sustituto sea incapaz o insolvente).

La válidez de la sustitución no prohibida por el mandante comporta el que éste responderá de las obligaciones asumidas en su nombre por el sustituto, salvo dolo del cocontratante; pues el art. 1.721 disciplina la responsabilidad del mandatario por la gestión del sustituto, pero no las consecuencias de ésta en relación con el dueño.

Al lado de esa sustitución —la más propia y quizá el caso tipo— que la doctrina llama *submandato,* cabe otra —son conceptos distintos, dice la S. 2 marzo 1992—, en la que el apoderado coloca en su lugar un sustituto que le desplaza totalmente, quedando el primero fuera de la relación de mandato: aquí hay una especie de subrogación del sustituto en la posición jurídica del mandatario inicial (al modo de la cesión del contrato) quedando tal sustituto personalmente vinculado con el mandante (SS. 14 diciembre 1943, 2 marzo 1992 y 22 abril 1994). La doctrina entiende que procede aplicar a éste otro supuesto la misma doctrina que al submandato. La jurisprudencia distingue con claridad ambas situaciones (que llama «transmisión del mandato» y «sustitución» o «delegación»): Ss. 9 mayo 1958, 2 marzo 1992 y 22 abril 1994.

Si el mandante la había prohibido, y a pesar de ello ha habido sustitución, lo hecho por el sustituto será «nulo», dice el art. 1.721, *in fine,* aunque hay que entender que es ineficaz (idéntico error de calificación en el art. 1.259), pues la actuación del sustituto puede ser ratificada por el mandante. GARCIA GOYENA equiparaba este caso al del mandatario que traspasa los límites del mandato, para cuyo supuesto el Proyecto de 1851 preveía la ratificación.

501. Obligaciones del mandante.

A. Remuneración al mandatario. La contraprestación del mandante a la actividad gestora del mandatario puede existir en nuestro ordenamiento en los términos del art. 1.711: *A falta de pacto en contrario, el mandato se supone gratuito. Esto no obstante, si el mandatario tiene por ocupación el desempeño de servicios de la especie a que se refiera el mandato, se presume la obligación de retribuirlo* (cfr. SS. 9 julio 1991 y 30 abril 1993). Discierne el precepto, pues, cuándo procede la remuneración, pero nada dice sobre su determinación.

a) *Remuneración pactada.* Se rige por las normas generales ya examinadas al tratar del arrendamiento de servicios.

b) *Remuneración exigible y no cuantificada.* Puede tratarse tanto del caso en que se pacte su existencia y no se fije la cuantía, como del supuesto en que se presuma la onerosidad del mandato (art. 1.711-2º) y no se haya hablado de ella.

Cuando se trate de un mandatario profesional y el encargo encomendado sea propio de su oficio, el primer criterio de determinación será el de las tarifas o baremos profesionales. Es más: si nada se pactó sobre la remuneración en este caso especial, cabe pensar en un acuerdo tácito al respecto, o implícita remisión a los honorarios profesionales.

En otro caso (profesión diferente a la del trabajo o servicio a realizar, o con pacto de retribución, mas no determinada en su cuantía ni fijados criterios al respecto), podrá recurrirse a los usos del tráfico, o bien a lo que sea habitual en el medio socio-económico en que se desarrolla el contrato si del contexto relacional cabe deducir que tal fue la voluntad (tácita) de las partes.

Cuando no puede determinarse la remuneración por esos procedimientos —o el mandante no acepte la minuta de honorarios del mandatario según baremo profesional o usos del tráfico—, procederá la determinación judicial.

B. Anticipo de recursos. En términos demasiado estrechos dice el art. 1.728 que *el mandante debe anticipar al mandatario, si éste lo pide, las cantidades necesarias para la ejecución del mandato.* Parece evidente que la expresión «cantidades necesarias», equivalente a sumas de dinero, puede resultar insuficiente, por cuanto que esta obligación se relaciona con la función del mandato y con el deber del mandante de colaborar con el mandatario para el éxito de su gestión y no hacérsela innecesariamente gravosa. Tiene, pues, que proporcionarle, además de dinero, cuantos medios necesite racionalmente para cumplir el encargo: datos, documentos, objetos; es decir, lo que él mismo necesitaría si realizara personalmente la gestión.

Por lo demás, dos límites apunta ese precepto a la obligación de anticipo: «si lo pide» el mandatario; luego si no lo pide, no hay tal obligación, y se convierte en la de reembolso de su párrafo 2º; y se concreta en los medios «necesarios», y sólo esos: la necesidad (racional) se relacionará con el objeto y fin de mandato, con la persona y aptitudes del mandatario (que es quien los necesita) y no del mandante, amén de criterios de probabilidad, y demás, variables según los casos.

C. Reembolso de anticipos y pago de sus intereses. Según el art. 1.728-2º y 3º, *si el mandatario las hubiera anticipado* (las cantidades necesarias), *debe reembolsarlas el mandante, aunque el negocio no haya salido bien, con tal que esté exento de culpa el mandatario* (cfr. S. 12 marzo 1993). *El reembolso comprenderá los intereses de la cantidad anticipada, a contar desde el día en que se hizo la antici-*

pación (véase también art. 240 Ccom.). Guarda relación con la obligación anterior, y tienen una común *ratio legis*: dejar indemne al mandatario.

En cuanto al reembolso, alcanza sólo a las «cantidades necesarias» anticipadas; no, por tanto, a las que objetivamente podría haberse evitado anticipar (y que el mandatario anticipó por negligencia o impericia). La S. 24 abril 1997 dice que debe ser reintegrado "todo lo adelantado en el cumplimiento del encargo de confianza y demás cantidades pactadas en las relaciones internas". Y procede «aunque el negocio no haya salido bien» sin culpa del mandatario.

Por lo que respecta al reembolso de intereses (claramente compensatorios) que el precepto computa desde que se hizo la *anticipación,* habrá de entenderse como tal la efectiva aplicación a los asuntos del mandante: no desde que el mandatario preparó la suma (sacándola del banco, por ejemplo) a tal efecto. Su cuantía será la legal, salvo pacto en contrario. Y parece que tales intereses se deberán (es de justicia) incluso en el caso de que lo anticipado no sea suma de dinero, sino otros medios materiales que resultaron necesarios y a los que el mandante no proveyó —pues se deben por el hecho de la anticipación y no por la naturaleza de lo anticipado—: los intereses se calcularán, entonces, sobre el valor de lo anticipado.

D. Resarcimiento de daños. Es la obligación más clara (aunque no única) derivada del principio de indemnidad del mandatario (que no gestiona intereses propios sino ajenos). Dice a este respecto el art. 1.729 que *debe también el mandante indemnizar al mandatario de todos los daños* y *perjuicios que le haya causado el cumplimiento del mandato, sin culpa ni imprudencia del mismo mandatario.* Aun mejor redactado este precepto que los que le sirvieron de modelo —pues habla de los perjuicios *que le haya causado* el cumplimiento del mandato—, queda demasiado inconcreto y permitiría la reclamación al mandante de perjuicios del mandatario con ocasión de la actividad gestoria (por ej., accidente de tráfico en el curso del viaje para cumplir el encargo), aunque no fueran consecuencia directa suya.

La relación de causalidad que en todo caso debe existir («que le haya causado», dice el precepto), ha de darse entre la actividad gestora propiamente dicha, la efectiva realización del encargo, y los daños y perjuicios sufridos por el mandatario. No es preciso, sin embargo, que haya culpa alguna por parte del mandante para que tenga que responder de tales daños (incluso por caso fortuito): es para él una especie de responsabilidad objetiva (GULLON), y su fundamento último se halla en la necesidad de indemnidad del mandatario, antes aludida. No debe haber, en cambio, culpa ni imprudencia de éste en su producción.

E. Protección de los créditos del mandatario. Según el art. 1.730, *el mandatario podrá retener en prenda las cosas que son objeto del mandato hasta que el mandante realice la indemnización y reembolso de que tratan los dos artículos anteriores*. Es uno de los pocos casos de derecho de retención a que ha lugar en nuestro ordenamiento; y se trata sólo de eso: detener la devolución a un acreedor (mandante) de ciertas cosas debidas (S. 4 octubre 1989), con discutida eficacia *erga omnes* (dice que sí la S. 7 julio 1987); no hay derecho de prenda sobre ellas (opinión mayoritaria), aunque el precepto maneje esa palabra *(contra,* Ss. 16 junio 1970 y 7 julio 1987, que reconocen un *ius distrahendi* a favor del mandatario).

Este derecho tiene un doble límite: a') En cuanto a las cosas, ha de tratarse de cosas del mandante (acreedor de su devolución), y sólo de aquellas que el mandatario tenga con objeto de su gestión; no ha lugar, por tanto, cuando sean de otro, o se trate de otras cosas del mandante que el mandatario tuviera por distinta causa. Dudoso que pueda retener las relacionadas con otros encargos del mismo mandante. Según la S. 20 diciembre 1915, el precepto se refiere sólo a cosas muebles. b') En cuanto a los créditos, únicamente están así protegidos los de reembolso (tanto de cosas como de cantidades, y sus intereses) e indemnizaciones de los arts. 1.728 y 1.729; no alcanza a otros, como el de la remuneración (en el mandato oneroso).

Es facultad exclusiva del mandatario, ejercitable en tanto continúe en la posesión de las cosas de referencia, y sólo dura hasta el cobro efectivo de tales créditos.

502. Pluralidad de sujetos.

Nuestro Código regula de forma distinta el régimen de responsabilidad según la pluralidad sea de mandantes o de mandatarios.

A. Pluralidad de mandantes. Según el art. 1.731, *si dos o más personas han nombrado un mandatario para un negocio común, le quedan obligadas solidariamente para todos los efectos del mandato.* La decisión es lógica cuando el mandato es gratuito, pero supone una agravación injustificada de la responsabilidad del mandante en el retribuido, especialmente si el mandatario es profesional (art. 1.711) (véase S. 2 enero 1952).

B. Pluralidad de mandatarios. A tenor del art. 1.723, *la responsabilidad de dos o más mandatarios, aunque hayan sido instituidos simultáneamente, no es solidaria, si no se ha expresado así.* Ha de tratarse, desde luego, de la gestión colectiva de un solo asunto, aunque en el aspecto gestorio comprenda éste varias cosas. La S. 9 noviembre 1922 aplicó este precepto a mandatarios sucesivos.

No dice el Código cómo deberán actuar los varios mandatarios simultáneos (si conjunta y mancomunadamente, o cada uno o alguno por separado y lo que él haga valdrá como encargo ejecutado). En principio, habrá que estar a la voluntad del mandante, explicitada en el contrato o deducible de hechos concluyentes. En su defecto, parecen aplicables aquí, por analogía, los criterios del albaceazgo en los arts. 895 y 897 Cc.

503. Efectos del mandato. Relaciones con terceros.

Hay que distinguir, desde luego, según el mandato sea representativo o no; mas tal distinción no basta.

A. Relaciones mandatario-tercero. Dependen éstas de la forma de actuación del mandatario: en nombre del mandante o en nombre propio.

a) *Actuación «alieno nomine».* Puede tener lugar tanto en el mandato representativo (caso más frecuente) como en el no representativo. Lo fundamental es que haya *contemplatio domini,* de cualquier clase —para la que lo esencial es no tanto la mención del nombre o identidad del mandante cuanto el hacer saber al tercero que el asunto gestionado es ajeno y no lo asume el mandatario—. En este supuesto los efectos se producen directamente en el mandante: él es parte en el negocio o relación jurídica creada, y en su esfera jurídica ingresan inmediatamente los derechos y obligaciones correspondientes (S. 19 noviembre 1990). El mandatario ha quedado fuera de esa relación. Así lo expresa el art. 1.725: *el mandatario que obre en concepto de tal no es responsable personalmente a la parte con quien contrata.* Por la expresión legal y antecedentes del precepto (Proyecto 1851 y Código ital. 1865), se refiere al mandato representativo y mandatario que obra con poder. Se exceptúa de esa regla (y por tanto, quedará vinculado con el tercero el mandatario) ... *cuando* —continúa el art. 1.725— *se obliga a ello personalmente, o traspasa los limites del mandato sin dar conocimiento suficiente de sus poderes.* En esta segunda hipótesis, sólo si no ha habido ratificación por el *dominus* de esa actuación extralimitada (art. 1.727-2º).

b) *Actuación «proprio nomine».* Cualquiera que sea el tenor del mandato, y haya conferido o no el mandante su representación al mandatario, en opinión de la doctrina tradicional los efectos de la actuación de éste quedan entre él y la persona con quien contrata cuando no haya declarado la calidad con la que obra, es decir, si falta la *contemplatio domini.* Tesis que se funda en el art. 1.717, con arreglo al cual, *cuando el mandatario obra en su propio nombre, el mandante no tiene acción contra las personas con quienes el mandatario ha contratado, ni éstas tampoco contra el mandante. En este caso el mandatario es el obligado directamente en favor de la persona con quien ha contratado, como si el asunto fuera personal suyo. Exceptúase el caso en que se trate de cosas propias del mandante. Lo dispuesto en este artículo se entiende sin perjuicio de las acciones entre mandante y mandatario* (cfr. art. 246 Ccom.).

Se interpretó este precepto, pues, en el sentido de que cuando el mandatario actúa en nombre propio, queda él vinculado con el tercero, ingresan en su esfera jurídica todos los derechos y obligaciones derivadas del acto (S. 19 abril 1994). Sólo a través suyo llegarán al mandante, cuyo era el interés y asunto gestionado (eficacia indirecta), y ello por virtud del párrafo último de este artículo, y del 1.720 (obligación de transmitirle cuando haya recibido en virtud del mandato: cfr. Ss. 22 noviembre 1965 y 16 mayo 1983).

El comentario del art. 1.717 se ha hecho ampliamente en el tomo I de estos «Elementos», vol. 3º. Baste subrayar aquí que la excepción más importante a ese mecanismo funcional y a la eficacia indirecta se halla en la frase «exceptúase el caso en que se trate de cosas propias del mandante», del párrafo 2º. ¿Qué quiere decir esta última expresión? Si por «cosas propias» se entiende «asuntos propios» del mandante (NUÑEZ LAGOS y CASTÁN), resulta que la excepción se convierte en regla general, pues en el mandato el asunto gestionado es siempre del mandante; ello sólo tendría sentido —dice DIEZ PICAZO— si se integrara el texto mediante el conocimiento por el tercero de dicho carácter (asuntos conocidamente propios del mandante); mas en tal caso habría *contemplatio domini* tácita *(ex re),* en contra del supuesto de hecho de la norma (actuación «proprio nomine») tal parece ser la posición de la S. 1 diciembre 1982—. Por ello, parece más acertado entender que aquella expresión alude a cosas que pertenecen en propiedad al mandante (así, S. 10 julio 1946), o derechos nacidos en cabeza del mandatario que proceda de fondos adelantados por el mandante. Véase ahora S. 3 enero 2006. En suma, el hecho de que se trate de cosas propias del mandante impone una obligación directa a éste y crea una acción también directa entre tercero y mandante (lo que es claro si la obligación era de transmitir o de constituir un derecho limitado); queda directamente obligado el mandante-propietario y el tercero puede dirigirse contra él. En reciprocidad, el mandante adquiere directamente el derecho al precio o contraprestación.

Esta interpretación del art. 1.717-2º, referida al *mandato para enajenar* (las «cosas propias del mandante») supone, frente a la opinión tradicional, que en tal mandato se produce, *eo ipso,* representación y eficacia directa (cfr. S. 8 junio 1966), de modo que con la enajenación del mandatario pasa la propiedad de la cosa directamente del mandante (su propietario) al tercer adquirente. Por cierto, el mandante sólo ha concedido una legitimación extraordinaria al mandatario cediéndole, en virtud del mandato, la facultad o poder de disposición: lo único que recibe del mandante, pero suficiente para cumplir su encargo y determinar los efectos de la operación tal como eran queridos.

En la doctrina reciente (DÍEZ-PICAZO, GULLÓN BALLESTEROS, MONTÉS PENADÉS, LÓPEZ LÓPEZ, RIVERO HERNÁNDEZ) es prevalente la tesis de que la actuación representativa *proprio nomine* puede establecer una vinculación directa entre representado y tercero; y la jurisprudencia (Ss. 19 junio 1997, 18 enero y 30 octubre 2000; y R. 6 julio 2006) atribuye efectos directos para el representado cuando el carácter ajeno de la gestión del representante indirecto ha quedado suficientemente acreditada.

B. Relaciones entre el mandante y los terceros. Cuando el mandatario facultado para contratar en nombre del mandante lo hace representando a éste, sólo el mandante queda obligado frente a los terceros, como si hubiera estipulado él personalmente. Así lo establece el art. 1.727-1º: *el mandante* —dice—, *debe cumplir todas las obligaciones que el mandatario haya contraído dentro de los límites del mandato:* sin duda, cuando el contrato se celebró en su nombre. No equivaldría a esta *contemplatio domini* que el cocontratante conociera la existencia del mandato, si el mandatario actuaba en nombre propio.

Correlativamente, *el mandatario que obre en concepto de tal* —dice el art. 1.725— *no es responsable personalmente a la parte con quien contrata sino cuando se obliga a ello expresamente o traspasa los límites del mandato sin darle conocimiento suficiente de sus poderes.* La «obligación expresa» del mandatario, si contrató a nombre ajeno, se traducirá en una suerte de afianzamiento, a menos que la obligación se haya asumido por él solidariamente con el mandante. En otro caso, quedará obligado él solo frente al cocontratante.

En cuanto a la extralimitación, el art. 1.725 ha de ponerse en relación con el 1.727-2º, a cuyo tenor *en lo que el mandatario se haya excedido, no queda obligado el mandante sino cuando lo ratifica expresa o tácitamente.* Recuérdese que, frente a los terceros, sólo hay extralimitación cuando el mandatario sobrepasa las facultades que aparentemente comporta su poder; no las instrucciones o limitaciones no conocidas por el cocontratante (S. 6 marzo 1943; véase también S. 10 febrero 1967). Pues bien: si hay extralimitación del mandatario sin dar conocimiento suficiente de sus poderes al cocontratante (ambas cosas conjuntamente), podrá haber lugar a indemnizar al mismo por la frustración de su contrato con el mandante (con quien no queda vinculado) en el caso de que éste no ratifique la actuación extralimitada del primero.

El negocio realizado por el mandatario excediéndose de los límites de su mandato es ineficaz (en todo o en parte) para el mandante: *no queda obligado* ...; pero deviene eficaz (retroactivamente) si lo ratifica, asumiendo voluntariamente, en forma expresa o tácita (sobre esta última, véase Ss. 30 abril 1976, 13 mayo 1991, 18 marzo 1993 y 2 octubre 1995), unos efectos que él no había buscado o autorizado producir. Es aplicable a esta ratificación, sustancialmente, lo dispuesto en el art. 1.259-2º, un poco más explícito que el 1.727, en lo relativo al tiempo; y cabe dar por reproducido aquí lo que sobre la ratificación del negocio del representante sin poder dijimos (tomo I, § 58), por ser esencialmente idéntica esta figura —declaración de voluntad del mandante, históricamente asimilada al mandato *a posteriori (ratihabitio mandato aequiparatur),* aunque es otra cosa—, con esa doble presentación.

504. Extinción del mandato.

Según el art. 1.732, *el mandato se acaba: 1º Por su revocación. 2º Por la renuncia del mandatario.* 3º *Por muerte, incapacitación, declaración de prodigalidad, quiebra o insolvencia del mandante o mandatario.*

Causas todas ellas detrás de las cuales se halla como fundamento común el caracter *intuitu personae* y ser contrato de confianza, que conocemos; mas esto no lo explica todo. No son esas, sin embargo, las únicas causas de la terminación del contrato; caben también las generales de extinción de las obligaciones: condición resolutoria, cumplimiento del plazo (S. 25 noviembre 1983), imposibilidad objetiva y sobrevenida del cumplimiento del encargo, etc.; y las propias de la extinción de una relación obligatoria: cumplimiento de la gestión encomendada, contrato extintivo...

A. La revocación. Conforme al art. 1.733, *el mandante puede revocar el mandato a su voluntad, y compeler al mandatario a la devolución del docu-*

mento en que conste el mandato. Este precepto confirma y acentúa lo dispuesto en el art. 1.732-1º. Puede ser revocado cualquier mandato, gratuito o retribuido, expreso o tácito: los artículos mencionados no distinguen.

a) *Fundamento y naturaleza.* Por basarse el mandato en una relación de confianza, parece natural que, perdida la confianza, pueda el mandante revocar el encargo: así se justificaba y venía entendiendo, hasta el punto de que la doctrina apenas discutía si la revocabilidad era algo esencial, o meramente natural al mandato. Sin embargo, ese razonamiento no lo aclara todo, ni justifica suficientemente la quiebra de un principio tan fundamental como es el que el contrato es, *per se,* un negocio irrevocable. Ocurre, además, que el mandante puede revocar el mandato sin haber perdido la confianza en su mandatario; y hay otros negocios basados en la confianza que no son revocables. La razón de esta revocabilidad debe hallarse en otro lugar. Para DIEZ PICAZO está en realidad en la libre voluntad del mandante o poderdante, única que da vida al contrato o al poder, es decir, en la autonomía privada, en cuyo marco opera al servicio del *dominus* y para gestionar sus intereses como mejor le plazca. Pero quizá se puede ir más allá. El mandato se caracteriza por el hecho de la cooperación, del que deriva la alienidad de la actividad del mandatario; el mandato es mero instrumento para dar satisfacción al interés del mandante, que es prevalente, y que puede servirse o no de otro para alcanzarlo; el mandato tiene sólo razón de ser en cuanto subsista el interés del mandante. Precisamente en él halla la revocabilidad su límite: cesa cuando se pacta la irrevocabilidad, o cuando se ha conferido en interés del mandatario y/o de un tercero. La revocación guarda una gran relación, incluso de dependencia, con el interés del mandante, cuyo primer (¿único?) intérprete es él mismo.

Conflictiva es también la naturaleza de esta revocación. Es distinta, desde luego, de otras revocaciones (testamento, donación). Parece que su mención en el art. 1.732 no lo es en su mejor acepción técnico-jurídico. GULLON dice que es más propio hablar de desistimiento unilateral que de revocación. En sentido parecido, en la doctrina italiana, ante idéntica referencia legal.

b) *La declaración.* La revocación es una declaración de voluntad unilateral y recepticia: sólo adquiere eficacia cuando llega a su destinatario natural, el mandatario (pues opera en el marco de la relación interna), sin perjuicio de la incidencia que el conocimiento o no de la revocación tenga respecto de tercero afectado (cfr. art. 1.734: la notificación al tercero es requisito de su eficacia).

Puede ser *expresa o tácita.* Que la revocación no requiere manifestación expresa de revocar lo demuestra el art. 1.735, a cuyo tenor *el nombramiento de nuevo mandatario para el mismo negocio produce la revocación del mandato anterior desde el día en que se hizo saber al que lo había recibido, salvo lo dispuesto en el artículo que precede* (cfr. S. 10 julio 1946). No obstante, tampoco puede hablarse aquí de revocación tácita en sentido estricto, pues, en nuestra opinión (aunque acaso no es ésta la doctrina dominante), se exige, no el mero conocimiento de la designación de nuevo mandatario, sino, positivamente, la comunicación de aquélla. Por lo demás, como comenta GARCIA GOYENA, el mandato posterior o para cierto negocio no revoca tácitamente el anterior general, sino en cuanto a aquel negocio, ni por el general posterior se entiende revocado el especial anterior, pues no se debe presumir cambio de voluntad cuando hay términos hábiles para conciliarla.

La comunicación al mandatario tiene valor revocatorio —mas no es esencial para la eficacia de la revocación: R. 20 octubre 1994— aunque el nuevo mandatario todavía no haya aceptado o rechace el encargo: igualmente el mandato viene revocado si el mandante hace imposible su cumplimiento o lo ejecuta él mismo.

c) *Límites. El mandato irrevocable.* Una de las cuestiones más delicadas (y hay muchas) en el ámbito del mandato y de su revocación es ésta de sus límites, por la interferencia de la representación y del poder, y sus relaciones recíprocas, tan conflictivas.

Los arts. 1 .732 y 1.733 configuran el mandato como revocable: para GARCIA GOYENA «aunque se haya pactado lo contrario». El argumento clásico en su apoyo es el conocido de tratarse de un contrato de confianza. Pero finalmente la jurisprudencia ha admitido en ciertos casos la validez del pacto de irrevocabilidad.

Del carácter esencialmente revocable del mandato habla la S. 26 mayo 1964. En cambio la S. 6 mayo 1967 considera válida la renuncia expresa a revocar durante diez años la comisión mercantil: el pacto «tendrá que producir efectos vinculantes, siempre que no se demuestre que encubre fines ilícitos». También es válido el pacto de irrevocabilidad del poder que «se concede no sólo en interés del poderdante, sino también del apoderado, al que se señala en concepto de premio de su gestión o servicio un tanto por ciento de lo que con la misma obtenga» (S. 6 mayo 1968); otras veces se ha admitido la irrevocabilidad cuando hay implicados intereses de otras personas (Ss. 26 noviembre 1991 y 30 marzo 1999). Y es esta la línea que se ha impuesto en la realidad, por exigencias del tráfico jurídico, y en la jurisprudencia (que con frecuencia confunde mandato y poder), aunque muchas Ss. condicionan la irrevocabilidad a una causa que la justifique (Ss. 2 noviembre 1961, 4 febrero y 6 marzo 1967, 18 febrero 1977 y 21 octubre 1980).

No debe confundirse con la cuestión de la irrevocabilidad el pacto de no revocación (más frecuente referido a un tiempo determinado): es pacto válido, y en caso de incumplimiento por el mandante incurrirá éste en responsabilidad, pero el mandato quedará revocado.

Dos causas fundamentales del pacto de irrevocabilidad aparecen enseguida, relacionadas con la mejor justificación de la revocación (el interés prevalente del mandante).

a') Por un lado, la voluntad explícita del mandante, expresada en el contrato, cuando de él se traduzca (o en él asuma aquél) que su interés no es exclusivo, y aun quizá no el relevante. La vinculación del poderdante al mantenimiento del poder es válida con igual fundamento y límites que cualquier vinculación contractual, y, por tanto asumida mediante contrato y sin atentar a los atributos de la personalidad. Así, desde luego, el poder conferido en virtud de un contrato de mandato, pues la facultad de revocar del art. 1.732 no es de derecho necesario y puede renunciarse.

En contra de la irrevocabilidad se alega que el contrato de mandato se basa en una relación de confianza entre los contratantes, pero la ley ni impone esto, ni hace imposible, al amparo del art. 1.255, un contrato de gestión o servicios con base distinta. En último término, el problema de la renuncia a una facultad o poder de revocación que el ordenamiento concede podrá ser de licitud, mas no de inviabilidad «técnica».

La S. 1 diciembre 1944 considera lícito el pacto de irrevocabilidad del mandato «en tanto sea conforme con la finalidad perseguida y no esté en oposición con la moral» (véase SS. 27 abril 1989, 19 noviembre 1994 y 20 julio 1995). En cambio la S. 30 abril 1955 (sobre el apoderamiento de toreros), ante un caso en que se pactó una duración del apoderamiento hasta determinada fecha, y se revocó el poder antes de la misma, estimó que no se daba en él la existencia de intereses comunes entre mandante y mandatario, por lo que no procedía la irrevocabilidad, sino una indemnización de perjuicios.

b') Por otra parte, la irrevocabilidad puede venir justificada por la concurrencia, con el del mandante, de otros intereses suficientemente relevantes, del mandatario y/o de un tercero, cuya protección requiera la continuidad del mandato (poder) más allá de la voluntad del mandante: interés no *en el* mandato, sino *al mandato,* es decir, al desarrollo de la actividad gestoria, al cumplimiento del «encargo», en el que el mandatario (o un tercero) tiene interés, jurídico más que económico (por ejemplo, en la ejecución de un negocio bilateral o plurilateral, recuerda la S. 21 octubre 1990), o si el mandato es accesorio de una relación jurídica diferente (S. 11 mayo 1993), o responde a intereses del mandatario y terceros (SS. 27 abril 1989 y 26 noviembre 1991).

Con todo, quizá sea más oportuno distinguir bien *poder* y *mandato,* siendo más fácil la irrevocabilidad del primero (a veces puede traer causa de contrato distinto, como el arrendamiento de servicios) que del segundo (Gordillo insiste en que es esencialmente revocable cuando es puro o mero mandato); y respecto del poder procedente del mandato, la regla es la revocabilidad, y la irrevocabilidad la excepción (cfr. S. 20 abril 1981).

Por lo que se refiere al alcance y efectos de la irrevocabilidad del mandato, la doctrina italiana (Graziani, sobre todo), recibida en nuestro país (de la Cámara, Díez Picazo) distingue entre un efecto relativo y obligacional, y un efecto absoluto, pleno o real de aquélla. En virtud del primero, el poderdante se obliga a no revocar el mandato dado como irrevocable; la revocación de éste supondría el incumplimiento del compromiso u obligación asumidos por aquél, con las consecuencias pertinentes (indemnización de perjuicios derivados del incumplimiento, en su caso); mas tal revocación sería válida, eficaz, aunque ilícita. El efecto absoluto o real de la irrevocabilidad supone la irrelevancia de la revocación ulterior, la extinción, por renuncia, del derecho a revocar, y por tanto, que pueda ser desconocida esa revocación, si sobreviene, por los afectados, a quienes no es oponible.

Admitida tal distinción de efectos en nuestro sistema, cabe entender que el efecto relativo u obligatorio (el típico o normal) tendría lugar en los casos típicos de mandato representativo, donde el poder es un mecanismo de legitimación de una actuación del apoderado en interés del *dominus,* sin más. En cambio, el efecto llamado absoluto o real se daría a título excepcional, en aquellos otros en que la representación es sólo el esquema formal de actuación al servicio de una relación fiduciaria o negocio simulado que hay detrás del apoderamiento, donde el interés actuado no es precisamente el del poderdante (y es ése el que pretende dejarse a salvo con la irrevocabilidad).

En particular, cuando el poder procede de un contrato distinto del mandato y la irrevocabilidad es un medio de ejecución del contrato en cuestión, ésta es «real», y no meramente obligacional. Por ejemplo, si yo cedo un solar propio a cambio de que me entreguen los bajos comerciales del edificio que en él se va a construir, y en lugar de hacer inmediatamente la transmisión del solar concedo al constructor empresario un poder irrevocable para que realice las obras, venda los pisos, etc.; el poder, entonces, no depende en su vigencia ya de mi voluntad, sino de las vicisitudes del contrato que lo causó, y del cual es instrumento de ejecución. Un ejemplo de realidad básica que excluye la revocabilidad puede verse en el art. 1.692-1º Cc.

d) *Efectos de la revocación.* El efecto típico de la revocación es el que previene el art. 1.732: la terminación del mandato. Su eficacia no es retroactiva, sino *ex nunc* (S. 30 abril 1992). Notificada la revocación al mandatario, hace ineficaz respecto del mandante lo que aquél realice a partir de ese momento: no puede obligarle, pues queda el mandatario sin legitimación para su actividad gestoria en interés del *dominus.* Sin embargo, hay casos en que en atención a terceros va a prolongarse la eficacia del mandato revocado, según veremos.

Una cuestión interesante a este respecto es si ha lugar, y cuándo, a indemnización al mandatario por la revocación, que va a dejar sin efecto por decisión unilateral un negocio bilateral que dejó comprometidas recíprocamente dos voluntades. La mayor parte de la doctrina entiende que sí procede la indemnización, pese a la libertad que concede al mandante el art. 1.732-1º, especialmente cuando se haya pactado alguna retribución o la revocación se haga de mala fe, o el mandato fuera por tiempo determinado y retribuido. Conclusión a la que cabe llegar, no sólo desde el punto de vista del abuso del derecho o la buena fe, sino también por aplicación analógica del art. 1.729, y por tanto no como consecuencia de una posible culpa del mandante, sino de su deber de tener indemne al mandatario, extensivo asimismo a la obtención de la garantía prometida (véase S. 21 diciembre 1963).

B. Renuncia del mandatario. Prevista en el art. 1.732-2º, precisa el art. 1.736 que *el mandatario puede renunciar al mandato poniéndolo en conocimiento del mandante. Si éste sufriere perjuicios por la renuncia, deberá indemnizarle de ellos el mandatario, a menos que funde su renuncia en la imposibilidad de continuar desempeñando el mandato sin grave detrimento suyo.*

Se trata de una declaración unilateral de voluntad, recepticia (S. 23 marzo 2006): el art. 1.736 exige que se ponga en conocimiento del mandante. Hay libertad de forma tanto para aquélla como para éste; y quizá sea suficiente que el mandatario haga todo lo posible para que el mandante pueda conocer su renuncia, aunque tal conocimiento no sea efectivo por causa ajena a aquél.

No se requiere, en principio, que la renuncia obedezca a causa justificada: incluso el art. 1.737, cuando alude a *justa causa*, lo hace en términos que denotan que es posible la renuncia injustificada o libre (sin perjuicio de la diversidad de sus consecuencias). Una «justa causa» podrá ser «la imposibilidad de continuar desempeñando el mandato sin grave detrimento suyo», del art. 1.736, *in fine;* otra podría ser el incumplimiento por el mandante de las obligaciones que le competen, al hacer más onerosa la posición del mandatario.

Tampoco dice nada el Código en cuanto al tiempo y oportunidad de la renuncia, pero la buena fe parece exigir en algún caso una especie de preaviso antes de dar efectividad al total abandono del encargo por el mandatario (cfr. art. 1.737). Que lo haya o no, puede tener también trascendencia indemnizatoria.

Puede pactarse la irrenunciabilidad de la posición de mandatario, con las limitaciones generales de todo contrato de servicios. En todo caso, no se puede confundir con la irrevocabilidad del mandato.

La renuncia es siempre eficaz, y (obviamente) para el futuro (tiene efectos *ex nunc).* Puede comportar dos tipos de *consecuencias:*

a) *Indemnización al mandante,* si éste sufriere perjuicios por la renuncia, a menos que la funde el mandatario en la imposibilidad de continuar desempeñando el mandato sin grave detrimento suyo (art. 1.736). El perjuicio indemnizable será eminentemente el llamado interés contractual negativo.

b) *Continuación de la gestión.* Dice el art. 1.737 que *el mandatario, aunque renuncie al mandato con justa causa, debe continuar su gestión hasta que el mandante haya podido tomar las disposiciones necesarias para suplir a esta falta.* Se tratará, sobre todo, de medidas conservativas del asunto encomendado e iniciado: no abandonarlo por completo. La continuación de la gestión ha de ser por el tiempo razonablemente necesario para que el mandante se haga cargo de la misma; el art. 1.737 habla de que «haya podido tomar las disposiciones necesarias ... »; no de que efectivamente las tome y supla al mandatario.

C. Muerte del mandante o del mandatario. Obedece esta causa de extinción (art. 1.732-3º) al carácter personal de la relación mandante-mandatario. Muerto el primero, el asunto e interés gestionado tiene otro *dominus,* con derecho a actuarlo como prefiera, por sí mismo o por otro mandatario, con distintos límites o instrucciones, etc. Y desaparecido el mandatario, no tiene por qué soportar el mandante la gestión de persona distinta (los herederos) de la elegida por él. La regla puede tener, en cambio, menor justificación en ciertos mandatos profesionalizados (cfr. 282 y 290 Ccom., que dicen lo contrario).

Sin embargo, cuando el mandato sea irrevocable por pacto o por naturaleza, la muerte del mandante no debe afectar a ese mandato, que se transmite, con la relación jurídica a que sirve, a sus herederos, con idéntica vinculación (cfr. Ss. 22 mayo 1942 y 3 junio 1950).

La muerte de uno u otro contratante no tiene siempre efectos inmediatos respecto de la vida del mandato. Así, el art. 1.718-2º impone al mandatario la obligación de *acabar el negocio que ya estuviese comenzado al morir el mandante, si hubiere peligro en la tardanza;* y, de otro lado, lo hecho por el mandatario ignorando la muerte de su mandante será válido y eficaz respecto de terceros de buena fe (art. 1.738), en términos que veremos más adelante. A su vez, según el art. 1.739, *en el caso de morir el mandatario, deberán sus herederos ponerlo en conocimiento del mandante y proveer entretanto a lo que las circunstancias exijan en interés de éste.* Esta continuación de la gestión por los herederos estará limitada a lo puramente conservativo y urgente y en tanto lo exija el interés del mandato (luego no en otro caso).

D. Incapacitación y declaración de prodigalidad del mandante o del mandatario (art. 1.732-3º). En cuanto a la *incapacitación del mandatario*, supone una ineptitud legal para la gestión de su propio patrimonio y, por la misma razón, debe serlo para la de asuntos ajenos. Es, por ello, bastante razonable que haya sido incluida (por L.O. 15 enero 1996) como causa de extinción del mandato. Como el art. 1.732 no distingue, debe ser idéntico el régimen para la incapacitación total o parcial (aunque quizá fuera más correcto darles trato distinto, atendiendo a lo que diga la sentencia de incapacitación).

Tratándose de la *incapacitación del mandante*, queda éste sometido a tutela (o curatela) y la gestión de sus asuntos a la decisión del tutor, quien no debe verse interferido en ella (de la que es responsable) por persona que quizá no goza de su confianza, lo que hace igualmente lógica la extinción del mandato (sin perjuicio de que el tutor vuelva a concertar uno nuevo con idéntica persona).

La Ley 41/2003, de 18 de noviembre, de protección patrimonial de las personas con discapacidad, ha añadido un nuevo párrafo al art. 1.732: *El mandato se extinguirá, también, por la incapacitación sobrevenida del mandante a no ser que en el mismo* [el contrato de mandato] *se hubiera dispuesto su continuación o el mandato se hubiera dado para el caso de incapacidad del mandante apreciada conforme a lo dispuesto por éste. En estos casos, el mandato podrá terminar por resolución judicial dictada al constituirse el organismo tutelar o posteriormente a instancia del tutor.*

Esas mismas razones justifican también, sustancialmente, que la *declaración de prodigalidad* (del mandante o del mandatario) extinga el mandato: aunque ella no es verdadera incapacidad, el pródigo no puede gestionar su patrimonio y necesita de la asistencia de un curador que complementa su deficiente capacidad (art. 289 Cc. y S. 31 diciembre 1991), y debe tener éste autonomía en sus decisiones.

E. Quiebra o insolvencia del mandante o del mandatario (art. 1.732-3º). Causa claramente emparentada con la desconfianza que crea esa situación y el desarreglo económico de uno y otro. Por la amplitud del término «insolvencia», caben en él tanto el concurso de acreedores como la suspensión de pagos, que al menos es una situación de insolvencia provisional.

505. Continuación de los efectos del mandato extinguido.

La extinción del mandato por cualquier causa no supone siempre, ni de forma absoluta, la cesación inmediata de sus efectos: recuérdese los arts. 1.718-2º y 1.737, ya citados. Pero también el negocio gestionado puede ser válido y eficaz tras el mandato cuando existe una apariencia del mismo o del poder en la que pudo legítimamente confiar el tercero cocontratante.

Esta regla tiene una doble expresión legal, en los arts. 1.734 y 1.738.

A. En cuanto al mandatario, dispone el art. 1.738 que lo hecho por él *ignorando la muerte del mandante u otra cualquiera de las causas que hacen cesar el mandato, es válido y surtirá todos sus efectos respecto a los terceros que hayan contratado con él de buena fe.* Se basa en la protección de la confianza en la apariencia y la buena fe de los terceros (S. 3 julio 1976). No es precisa notificación alguna de la causa de extinción del mandato: basta el conocimiento.

Del art. 1.738 se deduce que el mandante (o sus herederos) quedan obligados por la gestión del mandatario; y que los terceros que conozcan la extinción del mandato quedan también comprometidos por lo actuado por el mandatario tras ella, frente a él o frente al mandante, según los casos (cfr. S. 30 abril 1992).

B. Y en relación al cocontratante dispone el art. 1.734 que *cuando el mandato se haya dado para contratar con determinadas personas, su revocación no puede perjudicar a éstas si no se les ha hecho saber* (o bien cuando conozcan la extinción del mandato, aunque no se les haya notificado). Interpretado este precepto *a contrario* significaría que, siendo el mandato general, su revocación perjudica al contratante; pero no parece ser ése el propósito del precepto, destinado a resolver un problema muy concreto. Así, estima Puig Brutau que «para los que contratan con el apoderado, la extinción del poder de éste coincide con la desaparición de su apariencia».

Por esta razón el art. 1.733 faculta al mandante para «compeler al mandatario a la devolución del documento en que conste el mandato», pues la exhibición de este documento es lo que justifica la confianza de los terceros en la subsistencia del poder. Si éstos han contratado de buena fe con el representante, ignorando la extinción del poder, deben quedar protegidos ante una situación creada por el mandante y, en su caso, el mandatario; y si a éste le tutela el art. 1.738, con mayor razón al cocontratante, cuya protección no puede depender de que el mandatario conozca o no que su poder se ha extinguido. Obsérvese que si el mandante hubiera comunicado a los terceros y no al mandatario la revocación del poder, lo hecho por éste no sería válido, al faltar la buena fe del contratante que exige el art. 1.738 (véase S. 4 diciembre 1958).

No es muy claro el alcance del art. 1.734. PÉREZ GONZÁLEZ y ALGUER lo amplían en dos direcciones. En primer lugar, entienden que los mismos efectos que la notificación «producirá el conocimiento que de la revocación tengan esos terceros interesados, por cuanto es de suponer —sería absurdo lo contrario— que la notificación se ordena, no como un requisito en sí, sino como un medio de dar conocimiento de la revocación, y porque, en definitiva, el fundamento de la protección sólo puede estar en el desconocimiento de la revocación». En segundo lugar, interpretan que al poder para contratar con determinadas personas equivale aquél cuyo otorgamiento ha sido notificado especialmente a determinadas personas. Pero relacionado este precepto con los arts. 1.733 y 1.735 se llega a la conclusión de que, incluso un mandato (poder) genérico extinguido, cuando el cocontratante cree en su subsistencia de buena fe y sin medios normales de enterarse de su revocación, puede producir efectos para él.

En términos parecidos, DIEZ PICAZO, para quien el art. 1.734, de alcance reducido según su literalidad, debe ser interpretado en el mismo sentido amplio, y la revocación sólo puede ser eficaz si se notifica a las personas con quienes debe cumplirse la gestión representativa, o al tercero a quien se dirigió la declaración de apoderamiento. Sin ello no hay verdadera revocación del poder, sino del mandato (con efectos *inter partes),* y subsiste la eficacia de aquél.

INDICACIÓN BIBLIOGRÁFICA. Además de las obras generales sobre contratos, y los Comentarios al Código civil, entre los que destacan los de BONET RAMON en el Mucius SCAEVOLA, y los de LEON ALONSO en «Comentarios al Código civil ... » (Edersa, dir. Albaladejo): ÁLVAREZ CAPEROCHIPI, *El mandato y la comisión mercantil,* Granada, 1997; CRESPO ALLUE, *La revocación del mandato* (Madrid, 1989); DIEZ PICAZO, *Los efectos jurídicos de la gestión representativa*, en ADC., 1978, pág. 489; el mismo, *La representación en el Derecho privado,* Madrid, 1979; DE LA CÁMARA, *La revocación del mandato y del poder,* en AAMN., 1948, pág. 555; GARCÍA VALDECASAS, G., *La esencia del mandato,* en RDP., 1944, pág. 769; GORDILLO CAÑAS, *La representación aparente,* Sevilla, 1978; GULLON BALLESTEROS, A., *Mandatario que adquiere en nombre propio,* en «Estudios homenaje F. de Castro», I, pág. 759; HERNÁNDEZ MORENO, *Mandato, poder y representación: una nueva lectura del art. 1.716 Cc.,* RJC., 1980-2, pág. 373; JORDANO BAREA, *Mandato para enajenar,* en ADC., 1951, pág. 1.458; LOPEZ Y LOPEZ, *Retención y mandato,* Bolonia, 1976; MARTIN RETORTILLO, Cirilo, *Responsabilidad del mandatario por no ajustarse a las instrucciones del mandante,* en ADP., 1953, pág. 732; MONTSERRAT VALERO, *El poder irrevocable,* Zaragoza, 1982; NUÑEZ LAGOS, *Mandatario sin poder,* en RDP., 1946, pág. 405; PORPETA CLÉRIGO, *Sustitución de poder,* en AAMN., 1943, pág. 129; PUIG BRUTAU, *La revocación y la sustitución del poder y del mandato,* en «Estudios de Derecho Privado» (en colaboración con ROCA SASTRE), Madrid, 1948, pág. 405; Rivero Hernández, F., *Representación sin poder y ratificación*, Cizur Menor (Thomson Reuters), 2013.

En la doctrina italiana: Minervini, *Il mandato, la commissione, la spedizione,* Turín, 1954; Pugliatti, *Il rapporto di gestione sottostante alla rappresentanza,* en «Studi sulla rappresentanza», Milán, 1965; Carraro, *Il mandato ad alienare,* Padua, 1947; Mirabelli, *Del mandato,* Turín, 1962; Luminoso, *Mandato, commissione, spedizione* (en el «Trattato» dirigido por Cicu y Messineo), Milán, 1984.

VI. EL DEPÓSITO

§ 99. EL DEPÓSITO VOLUNTARIO Y EL NECESARIO

506. Concepto general y clases.

El depósito es el contrato que tiene por objeto principal la custodia de una cosa mueble que entrega un contratante (deponente o depositante), con tal finalidad, al otro (depositario), que se compromete a su guarda y conservacion.

Muchos contratos comprenden, entre las obligaciones de una de las partes, la de custodiar bienes que se reciben a los fines del propio contrato: el mandatario, o el que presta su obra o sus servicios, pueden tener cosas propiedad del mandante o el dueño; y esencialmente las tienen, con deber de conservarlas, el comodatario, el arrendatario, el transportista, el acreedor pignoraticio, etc. En tales casos la custodia de la cosa es una obligación accesoria del contrato. Pero el Cc. regula también dicha custodia como obligación única de un contrato específicamente dirigido a ella: el depósito.

El Cc. no define el depósito. Se limita a decir, bajo el epígrafe «del depósito en general y de sus diversas especies», y con aplicación a cualquier relación principal de custodia, que *se constituye el depósito desde que uno recibe la cosa ajena con la obligación de guardarla y de restituirla* (art. 1.758). «El contrato de depósito se puede definir legalmente –dice la S. 13 diciembre 1996– como el pacto en virtud del cual uno recibe la cosa ajena con la obligación de guardarla y restituirla; siendo esencial al mismo la obligación de custodiar y devolver lo que se recibió, cuando sea pedido por el depositante». Esta categoría general del depósito *puede constituirse judicial o extrajudicialmente* (art. 1.759).

La definición del art. 1.758 intenta describir de un modo general todas aquellas situaciones en las que la ley alude al depósito: tanto al contrato de este nombre («depósito propiamente dicho»), como a las situaciones de secuestro y todas aquellas en las que a ley impone al guardador de una cosa ajena, o en interés ajeno, los derechos y deberes del depositante.

El capítulo siguiente lo dedica el Cc. al «depósito propiamente dicho», esto es, el *extrajudicial,* regido por las normas del «contrato de depósito». Dentro de éste, el art. 1.762 hace una nueva subdivisión, al establecer que *el depósito extrajudicial es necesario o voluntario. El depósito voluntario es aquél en que se hace la entrega por la voluntad del depositante* (art. 1 763).

La regulación del contrato de depósito, como digo, se aplica asimismo al llamado *depósito necesario*, aunque en él no siempre es libre la elección del depositario, y el depositante puede no tener la disponibilidad habitual de los bienes, ni siempre habrá un acuerdo de voluntades sobre la custodia de unos bienes con entrega de éstos.

El depósito voluntario puede ser mercantil o civil. (Cfr. art. 303 Ccom.).

La puntualización del concepto de *depósito* tiene como fin delimitar a qué obligaciones contractuales de custodia les es aplicable directamente la regulación de los arts. 1.758 y ss., en la que entran también preceptos de carácter imperativo. Interesa, por ejemplo, saber si cuando dejo mi abrigo en el guardarropa del teatro o en el perchero del restaurante, o el coche en el jardín de la casa de mi amigo a quien voy a visitar, o en el taller de reparaciones, hay o no contrato de depósito. Por supuesto, nosotros podemos construir cuantos contratos de custodia deseemos y todos valdrán al amparo del artículo 1.255. Pero a los contratos de custodia no clasificables como depósito las reglas de éste sólo se les aplicarán por analogía, y entonces demostrando en cada caso la *eadem ratio.*

507. Caracterización del contrato de depósito.

A la vista, pues, de los datos legales, podemos concluir que el depósito se caracteriza por las siguientes notas:

a) Alienidad de la cosa. Según el art. 1.758, el depósito lo es de «cosa ajena», lo cual ha de entenderse en el sentido de cosa que no se halla a nuestra disposición, aunque sea propia; por ejemplo, porque la tenemos arrendada, o es objeto de usufructo.

b) Condición mobiliaria. Dispone expresamente el art. 1.761 que *sólo pueden ser objeto de depósito las cosas muebles:* se entiende, cosas corporales, incluidos los títulos valores. El contrato de guarda y custodia de un inmueble vale, pero no es el «depósito propiamente dicho» regulado por los arts. 1.760 y ss.

Correlativamente, sólo el custodio de cosas muebles, encargado de protegerlas contra los ladrones, se halla obligado a aportar un local para guardarlas, y esta connotación es la que el legislador ha querido predicar del depósito mediante la exigencia de mobiliariedad del objeto. El depositario tiene «guardada» la cosa, no simplemente porque la custodia, sino porque la conserva lejos del alcance de quienes podrían pretender llevársela y sustraerla a su dueño, en local del cual dispone, y esa localización forma parte de sus derechos y deberes. La obligación de custodiar la cosa podría cumplirse en casa del propietario (o usufructuario o arrendatario) de la misma; pero la de guardarla implica algo más, que es, precisamente, lo característico del depósito: la retención, no sólo en el propio poder, en la propia esfera de influencia fáctica, sino ubicada en un lugar del espacio facilitado por el depositario, quien controla su acceso con intensidad suficiente como para excluir la actividad «normal» de los interesados en sustraer la cosa.

c) Finalidad exclusiva de custodia. El contrato tiene como finalidad exclusiva la guarda de la cosa ajena, en el doble aspecto de impedir su sustracción y conservarla en buen estado; de tenerla en posesión, y, por tanto facilitar el lugar de ubicación de la cosa, y cuidarla a fin de que no se deteriore. Aportando, así, una doble actividad personal. Se trata, desde luego, de una prestación de servicios, pero unos servicios típicos combinados con la aportación del local propio (de propia disponibilidad). Si la finalidad principal del contrato es otra, aunque la obligación de custodia persista, las normas del depósito sólo se aplicarán, en su caso, por analogía. En la jurisprudencia ponen de relieve este carácter las Ss. 25 junio 1959, 14 junio 1960, 10 junio 1987 y 20 marzo 1991.

d) ¿Disponibilidad por el deponente? La exclusividad del fin de custodia no excluye que los propósitos con que la cosa se pone bajo la guarda del depositario puedan ser diversos: el segundo inciso del art. 1.763 se refiere a un supuesto en el cual los deponentes tratan de facilitar la solución de una cuestión litigiosa. Tampoco se excluye la constitución del depósito en interés de un tercero o aun del propio depositario.

Por eso aunque, por regla general, el depósito debe ser restituido al depositante en cualquier momento en que le reclame (art. 1.775), la disponibilidad de la cosa por el depositante es una regla natural, y no esencial, del contrato, y en ningun caso podría dar cuenta de su naturaleza (cfr., con todo, la S. 10 enero 1991).

e) ¿Gratuidad? Conforme al art. 1.760, *el depósito es un contrato, gratuito, salvo pacto en contrario*. El «pacto en contrario» —señalamiento de una retribución al guardador— no desnaturaliza, por tanto, el depósito.

Además, si es verdadero depósito el mercantil, que normalmente es retribuido (art. 304 Ccom.), también lo será el civil. En último término, si el depósito retribuido fuera un arrendamiento de servicios, el gratuito se clasificaría dentro de un genérico «contrato gratuito de servicios» que tendría igual contenido que el arrendamiento salvo el precio.

Cosa distinta es que la presencia de una retribución altere alguna de las normas del depósito, que ciertamente se redactaron pensando en el gratuito. La responsabilidad del depositario se agrava, y sus obligaciones de guarda y cuidado en relación con la cosa habrán de interpretarse con mayor rigor, a la vez que sus posibilidades de pedir resarcimiento por los gastos hechos para la conservación de la cosa, pues algunos, según la intención de los contratantes, pueden haber sido asumidos por el depositario a cambio de la retribución. Finalmente, al asumir el contrato carácter sinalagmático, surge para el depositario la posibilidad de devolver la cosa si no se le abona la merced pactada.

El «pacto en contrario» a la gratuidad, al que se refiere el art. 1.760, podrá sobreentenderse, sin necesidad de expresarlo, cuando el depositario sea persona que (como explica, para el mandato, el art. 1.711,2) «tenga por ocupación el desempeño de servicios de la especie a que se refiere el encargo».

f) ¿Contrato real? En el Derecho romano el depósito es un contrato real, de modo que sólo se contrae la obligación mediante la entrega de la cosa depositada, y no antes (*re contrahitur obligatio*). Nuestro art. 1.758 entiende constituido el depósito desde que el depositario recibe la cosa, y de *entrega* habla el art. 1.763, aunque es claro que si la cosa la tiene ya el depositario basta el consentimiento de las partes. Pero aun no teniéndola, sin duda un contrato por el que el depositario se compromete a tener la cosa a partir de un determinado momento futuro vale y obliga, y si se incumple por el depositario mediando dolo o culpa, éste, o podría ser condenado al cumplimiento *in natura* del contrato, o bien, si ha de resarcir, lo hará por el equivalente a su obligación de custodia, graduándose la indemnización conforme al precio de una guarda como la que había de prestar el promitente, o teniendo en cuenta si los daños se hubieran producido estando la cosa en poder del depositario. Son, pues, reglas del depósito las que se aplican, junto con las generales de los contratos. Ahora bien: no cabe aplicar aquí las reglas del depósito —la mayoría— que regulan la restitución o la tenencia de la cosa mientras ésta no se recibe, y es en este sentido impropio en el que cabe decir que el depositario es hoy un contrato real: no porque la entrega de la cosa sea indispensable para el nacimiento de la obligación del depositario, ni menos para la validez del contrato, cual sucedía en un sistema de *numerus clausus,* como el romano. Sin que quepa aducir —dice JORDANO— que es imposible concebir la obligación de custodiar sin la detentación de la cosa, porque se trata de una imposibilidad material de cumplir la prestación objeto de la obligación, no de un obstáculo para la existencia jurídica de la misma obligación.

Por otra parte, no es indispensable la entrega para el nacimiento de las obligaciones de custodiar y restituir cuando al objeto se halla ya en manos del depositario. Nacen asimismo obligaciones similares a las del depositario cuando alguien tiene cosa propia afecta a garantía real, embargada, etc. (Cfr. S. 21 mayo 1986).

g) Prueba. La prueba del contrato y de la efectuación y consistencia del deposito se rige por los arts. 1.214 y ss. Mas, por la naturaleza del *thema probandi*, a veces se suscitan dificultades ya sobre la existencia del negocio, ya en cuanto a la consistencia de lo depositado. En el primer aspecto, puede ser dudosa la calificación de la entrega que, por ejemplo, en el caso de la S. 9 junio 1976 el *accipiens* pretendía a título de donación, y el *tradens* en depósito, resolviéndose el problema por apreciación de diversas presunciones de hecho. Mayores dificultades puede presentar, en ocasiones, la identificación del objeto depositado: es, por ejemplo, el caso de la guarda de prendas y objetos en un guardarropa o consigna: el resguardo acredita la entrega (y presunta localización en un cierto lugar, percha, etc.), de algo, y obliga al depositario a restituirlo al portador, pero no informe sobre la naturaleza del objeto depositado. Con todo, a veces la naturaleza del lugar supondrá un principio de prueba sobre la especie del objeto (nadie deja un brillante en un guardarropa, ni un impermeable en la caja fuerte de un hotel).

508. El depósito y los otros contratos de custodia.

Hay contratos en los que la obligación de custodiar y conservar la cosa es la principal, y sin embargo no son propiamente de depósito (cfr. S. 10 junio 1987). Por de pronto, los de guarda de inmuebles, según lo explicado; pero también aquéllos en los que el cuidado requiere la aplicación de una técnica especializada, acaso bajo la dirección del dueño de la cosa de tal modo que hagan tránsito al contrato de servicios: alimentación y cuidado de animales que requieran una formación científica o técnica en el prestador de la actividad, o bien la custodia de un tesoro mediante la contratación de un equipo de hombres armados. Sin perjuicio de la aplicación de muchos preceptos del Cc. sobre dicho contrato, no lo es de depósito la cesión de un local para depositar en él mercancías por cuenta y riesgo del propietario de ellas, sin que el cesionario del local asuma ningún deber de custodia y guarda (S. 25 junio 1959); ni la cesión de un local para encerrar en él un automóvil (S. 10 junio 1929). Tampoco el amarre de embarcaciones en un puerto (S. 20 febrero 1999).

No es simple depósito el « arrendamiento» de una caja fuerte en un banco: éste tiene una genérica obligación de custodia de las cajas y cada una de ellas, pero los objetos contenidos en cada una no los tiene el banco, aunque tampoco accederá a ellos el deponente por sí solo.

Mayor aspecto de depósito tienen los contratos onerosos de guarda y conservación de muebles, alfombras o pieles, o bien alimentos perecederos en un almacén frigorífico. En efecto, no hay razón válida para considerar que pierde los caracteres del depósito el contrato de guarda de cosas a las que hay que proporcionar cuidados y tratamientos especiales, siempre que persista la finalidad de custodia y la obligación de proporcionar local. Es también depósito, en otro aspecto, el de títulos valores en un banco, siquiera en muchos de estos casos se realice la conservación con aplicación de una actividad técnica, o simultaneándola con la administración de los valores.

508 bis. El contrato de aparcamiento de vehículos

El contrato de garaje en su variedad más clásica, sin ubicación concreta del coche en el local, es fundamentalmente de depósito retribuido, dada la principalidad de la obligación de custodia y pese a que el propietario pueda extraer e introducir el vehículo a su voluntad. La S. 22 octubre 1996 lo considera como contrato atípico, de índole mixta, con elementos del de arrendamiento y del de depósito. En cambio, la plaza arrendada en un aparcamiento público no comporta habitualmente una obligación de custodia que alcance a precaver el hurto del vehículo.

La Ley 40/2002, de 14 noviembre, reguladora del contrato de aparcamiento de vehículos, lo regula, delimitando su ámbito de aplicación a "los aparcamientos en que una persona cede, como actividad mercantil, un espacio de un local o recinto del que es titular, para el estacionamiento de vehículos de motor, con los deberes de vigilancia y custodia durante el tiempo de ocupación, a cambio de un precio determinado en función del tiempo de estacionamiento" (art. 1º). Quedan excluidos los estacionamientos en las zonas de estacionamiento regulado o en la vía pública, y los que se realicen en locales o recintos dependientes o accesorios de otras instalaciones, o que sean gratuitos; además de los que no reunan los requisitos del art. 1.

Son *obligaciones del titular del aparcamiento* el facilitar al usuario un espacio para el aparcamiento del vehículo; entregarle un justificante o resguardo del aparcamiento (con expresión del día y hora de entrada cuando ello determine el precio); restituir al portador del justificante, en el estado en que fue entregado, el vehículo y los componentes y accesorios; indicar de manera fácilmente perceptible los precios, horarios y normas de uso y funcionamiento; y disponer de formularios de reclamaciones. Y son *deberes del usuario* abonar el precio fijado antes de la retirada del vehículo; exibir el resguardo del aparcamiento para proceder a retirarlo; declarar los accesorios especiales y enseres introducidos en el vehículo; y seguir las normas e instrucciones del responsable del aparcamiento sobre el uso y seguridad del mismo.

En orden a *responsabilidades* establece esta Ley (art. 5) que el titular del aparcamiento responderá tanto frente al usuario como frente al propietario del vehículo, por los daños y perjuicios que les ocasione el incumplimiento de las obligaciones legales; y el usuario responderá frente al empresario y demás usuarios de los perjuicios que les cause por su incumplimiento o impericia en la conducción. El propietario no usuario del vehículo responderá solidariamente por los daños causados por éste. Y el titular del aparcamiento tendrá derecho de retención sobre el vehículo en garantía del pago del precio del aparcamiento; y podrá utilizar el procedimiento previsto en la Ley sobre tráfico, circulación y seguridad vial cuando el vehículo permanezca estacionado por más de seis meses de forma que se presuma racionalmente su abandono.

509. Sujetos del contrato de depósito.

El Cc. previene las consecuencias de la incapacidad de los contratantes y de la pluralidad de deponentes.

A. Deponente incapaz. Según el art. 1.764, *si una persona capaz de contratar acepta el depósito hecho por otro incapaz, queda sujeta a todas las obligaciones del depositario, y puede ser obligada a la devolución por el tutor, curador o administrador de la persona que hizo el depósito, o por esta misma, si llega a tener capacidad.* «Incapaz» no es aquí simplemente el incapacitado, sino el que carece de capacidad en el momento en el que el depositario «acepta el depósito», es decir, recibe la cosa y contrae, por tanto, la obligación de restituirla. (Cfr. S. 30 marzo 1935).

Que el depositario puede ser obligado a restituir la cosa del incapaz por el tutor de éste, o el juez, o quien legalmente administre, cae de su peso, y no hacía falta que lo dijera el Cc.: mas dudoso es si puede ser obligado a conservar la cosa durante el tiempo pactado, aunque bien podría entenderse que el Cc. impone a quien conscientemente acepta el depósito hecho por un incapaz la obligación de conservar la cosa, pese a que el contrato en cualquier otro caso sería anulable o nulo: la solución negativa podría deducirse del art. 1.302, y del hecho de que, siendo el depósito gratuito, el depositario no recibe ningún beneficio de él y el deponente no experimenta, en principio, perjuicio alguno.

No obstante, si del hecho del depósito se le siguiera algún perjuicio al deponente incapaz, el depositario de mala fe debería resarcirlo. Mas no siempre se puede afirmar que sea de mala fe el depositario que conoce la incapacidad del deponente: al contrario, puede ocurrir que acepte el depósito con la intención de evitar mayores males, en cuyo caso tiene derecho al trato de un gestor oficioso. Con este criterio se habrá de juzgar el derecho del depositario a recuperar los gastos para la conservación de la cosa depositada, y, eventualmente, a recibir la retribución pactada o correspondiente a sus prestaciones.

Innecesariamente aclara el art. 1.773 que *cuando el depositante pierde, después de hacer el depósito, su capacidad para contratar, no puede devolverse el depósito sino a los que tengan la administración de sus bienes y derechos.*

B. Depositario incapaz. Conforme al art. 1.765, *si el depósito ha sido hecho por una persona capaz en otra que no lo es, sólo tendrá el depositante acción para reivindicar la cosa depositada mientras exista en poder del depositario, o a que éste le abone la cantidad en que se hubiere enriquecido con la cosa o con el precio.* «Reivindicar» quiere decir aquí «reclamar» frente al incapaz, pues el precepto no prejuzga la suerte ulterior de la cosa depositada que se enajena, la cual, si es identificada por su propietario en manos de tercero, podrá ser reivindicada por él a menos que sea aplicable el art. 464 Cc.

Si la cosa no permanece ya en poder del depositario incapaz, la segunda parte del art. 1.765 podría interpretarse como prohibiendo reclamarla al tercer poseedor, mas es claro que la conclusión sería excesiva, pues no hay razón para tratar a dicho tercero de modo distinto que cuando un depositario capaz quebrante el depósito; sobre todo, cuando desconoce la incapacidad.

Si el depositario resulta incapacitado en el curso de la ejecución del contrato, es de suponer que éste, dada la relación de confianza que lo funda, se extinga, analógicamente a como ocurre en los supuestos de sociedad y mandato (arts. 1.700-1º y 1.723-3º): mientras la cosa se restituye, las obligaciones nacidas del depósito o su extinción serán cumplidas por el representante legal. Sobrevenida la incapacidad, en todo caso se produce una práctica imposibilidad de cumplir adecuadamente las obligaciones asumidas por el depositario, y la consiguiente extinción del contrato.

C. Pluralidad de depositantes. Según el art. 1.772, *cuando sean dos o más los depositantes, si no fueren solidarios y la cosa admitiere división, no podrá pedir cada uno de ellos más que su parte.* [Se supone que se conoce la parte de cada uno: no conociéndose, se presumen iguales (cfr. art. 393,2 y 1.138 Cc.)].-

Cuando haya solidaridad, o la cosa no admita división, regirá lo dispuesto en los artículos 1.141 y 1.142 de este Código. El supuesto que el Cc. llama de *solidaridad* se conoce en la práctica como de «depósito indistinto», es decir, retirable íntegramente por cualquiera de los depositantes.

La mera apertura de una cuenta corriente bancaria en forma indistinta a nombre de dos personas no determina por sí solo la existencia de un condominio (SS. 8 noviembre 1991, 15 diciembre 1993 y 7 junio 1996; cfr., también, la de 24 marzo 1971, con referencia ésta a doctrina jurisprudencial anterior).

Falleciendo uno de los deponentes, creen algunos que, por implicar la solidaridad del depósito un apoderamiento recíproco que como todo mandato se extingue por la muerte de uno de los contratantes (art. 1.732,3º Cc.), desde entonces la obligación de restituir se transforma en mancomunada simple o, en su caso, en indivisible. Las disposiciones fiscales parten también de este punto de vista. Sin embargo, la indicada construcción de la solidaridad es arbitraria, y ésta no se extingue por la muerte: el depositario podrá entregar la cosa a cualquier deponente que se la pida, salvo orden judicial en contrario (art. 1.775,2).

510. Obligaciones del depositario.

A. En general. El depositario —explica el art. 1.766— *está obligado a guardar la cosa. Su responsabilidad, en cuanto a la guarda y la pérdida de la cosa, se regirá por lo dispuesto en el título primero de este libro.*

El depositario recibe la posesión de la cosa, y ha de prestar local adecuado para albergarla. En la obligación de guarda entra, de una parte, la de conservación: prestar a la cosa los cuidados que requiera según la naturaleza, tales como alimentar el ganado, evitar que se cuarteen unas pinturas valiosas por la sequedad del clima o que se oxide un mecanismo por falta de engrase, etc. Si la cosa es fructífera, ha de percibir sus frutos adecuadamente y custodiarlos: cfr. art. 1.770.

Para Roca Juan, el depositario «no estará obligado a hacer fructificar la cosa, pero sí a hacer lo necesario para que no deje de producir o fructificar naturalmente, según su destino». Además, «cuando la cosa depositada (por ejemplo, frutos perecederos, o cosas semejantes) es de tal naturaleza que por sí misma se deteriora y pierde si no se consume oportunamente», acaso «formará parte de los deberes del guardador la transformación por vía de disposición en otros bienes conservables (por ejemplo, enajenándolos, guardando y restituyendo el precio), lo que supondría una conservación por vía de disposición, que evita la pérdida».

En la obligación de guarda del depositario entra asimismo la custodia de la cosa frente a quienes puedan sustraerla o causarle daños, así como la de conservarla en el estado en que se le entregó (salvo que otra cosa se deduzca de lo pactado).

El art. 1.767 prohíbe al depositario usar la cosa (cfr. *infra* § 100).

La relación con el depositario es de confianza, e *intuitu personae,* por lo cual éste únicamente puede despojarse de la posesión de la cosa para confiarla a otro cuando lo autorice la naturaleza del objeto, o se deduzca así del contrato. Pero puede servirse de auxiliares en el cumplimiento, por los cuales responde.

De acuerdo con estos principios entiende Roca Juan que, salvo autorización del deponente, no puede el depositario constituir un sub-depósito, desplazando su obligación de guarda a un tercero. Cabría admitirlo —añade— en casos, imprescindibles o urgentes, como medio necesario para la conservación de la cosa.

B. La diligencia exigible. Daños y resarcimiento. La diligencia exigida al depositario será, en primer lugar, la que se pacte entre los contratantes, quienes, evidentemente, pueden agravarla o limitarla. A falta del convenio el grado de diligencia exigible será más leve si el depósito es gratuito y mayor si retribuido (arg. analog., art. 1.726 Cc.; véase asimismo art. 1.103).

En opinión de Roca Juan, para ser resarcido de los daños el deponente deberá probar, no sólo el hecho mismo del depósito, sino también el estado de la cosa al tiempo en que fue depositada, ya que el daño ha de haberse producido mientras el depositario tiene la cosa en custodia. Mas no habiéndose hecho advertencia en el momento, más bien habrá de entenderse que se hallaba la cosa en estado normal: de otro modo, se exige al deponente una prueba que en ocasiones será muy difícil de practicar.

Que habitualmente el depositario no responde del caso fortuito lo demuestra el art. 1.777, a cuyo tenor *el depositario que por fuerza mayor hubiese perdido la cosa depositada y recibido otra en su lugar, estará obligado a entregar ésta al depositante*. Es decir, la pérdida ocasiona la extinción del contrato, siendo de aplicación entonces el art. 1.186 y en su caso la especial subrogación del art. 1.777.

Advierte Roca Juan que el incendio y el hurto «son hechos que, *por sí mismos,* no pueden considerarse casos fortuitos, que constituyan una prueba genérica de ausencia de culpa, sino que el depositario deberá probar que *no han ocurrido por su hecho o por su culpa.* El T. S. ha sustentado el criterio de que no todo incendio por causas desconocidas es fortuito (S. 26 marzo 1928, que invoca otra anterior de 7 octubre 1899).

C. La pérdida y el seguro. La doctrina dominante piensa que el depositario, siendo gratuito el depósito, no está obligado a asegurar la cosa depositada, salvo pacto expreso en contrario. Algún autor ha distinguido entre seguros que habitualmente se practican, como el de incendios, y los menos usuales entre los depositarios benévolos y no profesionales, como el de robo. Riesgo asegurable por el depositario es el del resarcimiento a prestar al deponente, en caso de pérdida o deterioro de la cosa.

D. El depósito de contenido ignorado o no comprobable. Según el art. 1.769, *cuando la cosa depositada se entrega cerrada y sellada, debe restituirla el depositario en la misma forma, y responderá de los daños y perjuicios si hubiese sido forzado el sello o cerradura por su culpa.* [Se entiende, siendo la fuerza imputable al depositario]. *Se presume la culpa en el depositario, salvo la prueba en contrario.*

Hace notar Roca Juan «la diferencia que existe entre la *tenencia* en guarda, como un comportamiento pasivo del depositario, y lo que es *conservación* como actividad, cuando lo exija la naturaleza de la cosa depositada». Añadiendo que «en un depósito no cerrado ni sellado, si lo que el depositario recibe necesita actividad de conservación, cuando el depositario consiente en recibir en depósito, asume con la guarda el deber de prestar la actividad de conservación que la cosa requiera, según su naturaleza. No así cuando se le entrega cerrada y sellada, bien porque ignora el contenido de lo que se le entrega, o porque, aun conociéndolo, el cierre o el sello, que no puede quebrantar, se lo impide. El depósito es ya *un todo,* envoltura y cierre, y la guarda consiste en no desprenderse de lo que se le entrega, no quebrantar el cierre o sello e impedir que otro lo haga, empleando una normal diligencia».

Termina el art. 1.769 diciendo que *en cuanto al valor de lo depositado, cuando la fuerza sea imputable al depositario, se estará a la declaración del depositante, a no resultar prueba en contrario.* La S. 27 enero 1994 ha dicho que este artículo «establece una presunción *iuris tantum* de culpa del depositario en el supuesto de quebranto o pérdida de lo depositado». El precepto presupone que lo depositado ha desaparecido tras el quebrantamiento del recipiente o envoltura, porque si permanece, puede conocerse su precio.

E. El dominio de la cosa depositada. Según el art. 1.771,1 *el depositario no puede exigir que el depositante pruebe ser propietario de la cosa depositada.* Por tanto, ni durante la vigencia del contrato, ni a la restitución (cfr. S. 16 diciembre 1996). *Sin embargo* —continúa— *si llega a descubrir* [en cualquier momento, desde la constitución del depósito] *que la cosa ha sido hurtada y quién es su verdadero dueño, debe hacer saber a éste el depósito.- Si el dueño, a pesar de esto, no reclama en el término de un mes, quedará libre de toda responsabilidad el depositario, devolviendo la cosa depositada a aquel de quien la recibió.* El término se cuenta desde que el dueño conoce la notificación, y que la reclamación de éste deberá ser la adecuada para hacer valer su derecho. Pasado el mes, el depositario puede restituir al deponente, o en cualquier momento ulterior si no recibe orden judicial de retener el objeto.

511. Terminación del contrato de depósito.

Es característica de este contrato la facilidad para extinguirlo.

A. Derecho habitual del deponente, a la restitución. El principio general en esta materia lo sienta el art. 1.766, a cuyo tenor *el depositario está obligado a guardar la cosa y restituirla; cuando le sea pedida*, al depositante o sus causahabientes.

El art. 1.775,1 insiste en que *el depósito debe ser restituido al depositante cuando lo reclame, aunque en el contrato se haya fijado un tiempo determinado para la devolución.* Obsérvese cómo es el depositante, en principio, quien puede reclamar la cosa, y no el dueño de ella, salvo el supuesto del art. 1.771. Ahora bien: en general, la disposición del art. 1.775,1 *no tendrá lugar cuando judicialmente haya sido embargado el depósito en poder del depositario, o se haya notificado a éste la oposición de un tercero a la restitución o traslación de la cosa depositada* (art. 1.775,2). GARCIA GOYENA pone en relación este precepto con el (actual) art. 1.165, de donde resulta que la oposición del tercero sólo será eficaz a través de una orden judicial de retención.

Embargada la cosa que está en poder del depositario se extingue el depósito, necesariamente, pero en lugar de producirse la restitución, el depositario la entrega al nuevo depositario designado, o se constituye en él un nuevo depósito, subsiguiente al embargo (secuestro; cfr. art. 1.785) si es designado y acepta, asumiendo entonces los deberes que señala el art. 1.788.

Los arts. 1.766 y 1.775 confieren al deponente un derecho de denunciar el contrato que puede ejercitar, en principio, en cualquier momento: la denuncia, al extinguir el contrato, produce la obligación de restituir, sin que, por lo demás, cese o se modifique el deber de custodia hasta el momento mismo de la entrega, salvo si hay *mora accipendi.*

B. Denuncia del depositario. Por otra parte, también *el depositario que tenga justos motivos para no conservar el depósito podrá, aun antes del término designado, restituirlo al depositante y, si éste lo resiste, podrá obtener del juez su consignación* (art. 1.776). La expresión «justos motivos» —dice la S. 21 octubre 1991— en cuanto concepto jurídico indeterminado que es, exige la apreciación en cada caso concreto de si el motivo aducido por el depositario es razonable y ciertamente justificativo de su pretensión.

C. Sujeto y objeto de la restitución. Debe restituir el depositario o su heredero. En principio la restitución se hará al deponente o a sus causahabientes, o también a la persona que hubiese sido designada en el contrato (art. 1.766).

Del depósito en el que se manda restituir la cosa depositada a tercera persona, dice la S. 24 marzo 1971 que la relación jurídica se establece entre depositante y depositario, no modificándose la situación legal de aquél en cuanto a lo depositado por la designación de la persona que pueda retirar la cosa. Esta combinación a veces se emplea para destinar los bienes *mortis causa*: la validez de tales órdenes es discutible y no suele aceptarse por la jurisprudencia: será el heredero quien esté legitimado para recoger el depósito a su voluntad.

Según el art. 1.778, *el heredero del depositario que de buena fe haya vendido la cosa que ignoraba ser depositada, sólo está obligado a restituir el precio que hubiese recibido o a ceder sus acciones contra el comprador en el caso de que el precio no se le haya pagado.*

Frente a Hernández Gil, que ve en este precepto una aplicación del art. 464 en su interpretación «germanista», Vallet De Goytisolo y Melón Infante piensan, en cambio, que el art. 1.778 se limita a las relaciones entre deponente y sucesores del depositario, sin contemplar para nada al adquirente de la cosa depositada. Parecidamente Roca Juan, que, con razón, sin embargo, no excluye la posible aplicación del art. 464.

El art. 1.770 dispone que *la cosa depositada será devuelta con todos sus productos y accesiones.- Consistiendo el depósito en dinero, se aplicará al depositario lo dispuesto respecto al mandatario en el art. 1.724;* tanto a la restitución como mientras dura el contrato.

La aplicación del dinero depositado a usos propios no convierte el depósito en un préstamo porque el depositario —por hipótesis— no tenía permiso para servirse o usar de la cosa depositada. La sanción que se le impone es acaso demasiado leve, pues ha quebrantado el depósito que se le entregó en calidad de especie, y no de género: por lo demás, no siempre será viable demostrar el uso de las cantidades depositadas. Extinguido el depósito, posiblemente el retraso en la restitución puede ser índice de la aplicación de la cantidad a usos propios, de modo que haya de indemnizar el depositario por este concepto aunque no se constituya en mora.

D. Lugar. Art. 1.774: *Cuando al hacerse el depósito se designó lugar para la devolución, el depositario debe llevar a él la cosa depositada; pero los gastos que ocasione la traslación serán de cargo del depositante.-No habiéndose designado lugar para la devolución, deberá ésta hacerse en el que se halle la cosa depositada, aunque no sea el mismo en que se hizo el depósito, con tal que no haya intervenido malicia de parte del depositario*: es decir, que no haya trasladado la cosa a un lugar más lejano o menos accesible, para retrasar la devolución en propio beneficio.

512. Obligaciones del depositante.

El depositante está obligado a reembolsar al depositario los gastos que haya hecho para la conservación de la cosa depositada y a indemnizarle de todos los perjuicios que se le hayan seguido del depósito (art. 1.779). Los gastos a reembolsar, como se ve, son los de conservación, y no, salvo que así resulte del contrato, los que hubiese originado la custodia (comprar una caja fuerte o arrendar los servicios de un vigilante). En el depósito retribuido, los gastos de conservación ordinarios suelen hallarse incluidos en el precio. Perjuicios indemnizables serán todos los causados por la cosa depositada sin culpa del depositario.

Gasto necesario puede haberlo —dice Roca Juan— «cuando la conservación de la cosa depositada exija un local adecuado, que reuna especiales condiciones y el depositario haya de arrendarlo por no disponer del local propio; también cabría considerar necesario el gasto consistente en los sueldos o salarios que haya de satisfacer el depositario a sus auxiliares cuando la naturaleza de la cosa depositada no permita a aquél conservarla sin la ayuda o colaboración de tales personas. En cambio, ni unos ni otros gastos podrían ser considerados como necesarios a efectos del reembolso en el depósito retribuido, cuando por la profesionalidad del depositario quepa presumir que tales gastos corren a su cargo englobados en el precio del depósito, salvo que aparezca voluntad en contrario».

¿Debe reembolsar asimismo el depositario los gastos *útiles?* Cabría pensar que el deponente se enriquece con las inversiones hechas por aquél. Sin embargo, al autor citado le «parece opinión más razonable la negativa, si tales gastos de mejora han sido hechos por el depositario sin el consentimiento del deponente».

Art. 1.780. *El depositario puede retener en prenda la cosa depositada hasta el completo pago de lo que se le debe por razón del depósito.*

513. Depósito necesario.

En el Derecho histórico se llama *necesario* al depósito que «se hace por una necesidad, desgracia o peligro inminente, o actual, y de otro modo no se haría: así es que rigurosamente no hay elección de depositario, y se confía la cosa al primero que se encuentra: esto no impide que haya entre los dos un verdadero contrato de depósito con las respectivas obligaciones» (García Goyena).

El art. 1.781 añade un nuevo caso: según él *es necesario el depósito:*

1º *Cuando se hace en cumplimiento de una obligación legal.*

Son muy numerosos los depósitos hechos en cumplimiento de una obligación legal, y generalmente prestación de fianza en múltiples incumbencias civiles (arts. 257, 445 y 494 del Código civil), administrativas o procesales: los depósitos judiciales se rigen por el D. 14 octubre 1971. Suelen tener como función garantizar la integridad y permanencia de la cosa depositada, frente incluso al deponente y mientras duren las circunstancias que determinaron la puesta en custodia de la cosa, por lo que no es revocable a voluntad de dicho deponente.

2º *Cuando tiene lugar con ocasión de alguna calamidad, como incendio, ruina, saqueo, naufragio u otras semejantes.*

A su vez, dispone el art. 1.782: *El depósito comprendido en el número 1º del artículo anterior, se regirá por las disposiciones de la ley que lo establezca, y, en su defecto, por las del depósito voluntario.- El comprendido en el número 2º se regirá por las reglas del depósito voluntario.*

514. Introducción de cosas en hospedajes.

La regulación más severa del depósito miserable se extendió por el Derecho romano a los equipajes de los viajeros, en tutela de los cuales el pretor concedió una acción *de recepto nautarum, cauponum, stabularium,* de carácter penal, que suponía la condena a restituir el doble de lo sustraído.

En el Cc., la tradición se recoge en los arts. 1.783 y 1.784 (a los cuales remite el 1.601). Según el art. 1.783, *se reputa también depósito necesario el de los efectos introducidos por los viajeros en las fondas y mesones. Los fondistas o mesoneros responden de ellos como tales depositarios, con tal que se hubiese dado conocimiento a los mismos, o a sus dependientes, de los efectos introducidos en su casa, y que los viajeros por su parte observen las prevenciones que dichos posaderos o sus sustitutos les hubiesen hecho sobre cuidado y vigilancia de los efectos.*

La introducción del equipaje en el alojamiento no supone contrato de depósito; no se entrega su posesión al hostelero ni, por tanto, éste queda obligado a devolverlo; ni se contrata determinadamente con él la custodia de los efectos del viaje; es la ley la que, sobre la base del contrato de hospedaje, obliga a responder como si hubiera depósito por los objetos sustraídos de las habitaciones (cfr. SS. 11 julio 1989 y 15 marzo 1990): verdadero contrato de depósito lo hay cuándo se entregan objetos para ser guardados en la caja del hotel.

El problema más arduo que plantea el art. 1.783 es la conciliación entre *a*) las diversas clases de *efectos* que puede aportar un viajero al hotel, y *b*) el contenido de las «prevenciones de los posaderos», a observar por el huesped en cuestión. El texto del art. 1.783, en efecto, es «tan anodino que no dice nada, o tan grave que dice demasiado» (PÉREZ SERRANO). Si se hace responder al hotelero, simplemente y sin más, por todas las cosas que introduce el viajero en el hotel, *como depositario* (art. 1.783), se le impone una carga excesiva. Si el hostelero puede descargarse de toda responsabilidad mediante *prevenciones* al viajero (por ejemplo: la de que no responderá de los objetos si el viajero sale de la habitación por espacio de más de un cuarto de hora), el precepto puede devenir ineficaz. Queda, finalmente, el tema de la prueba del contenido del equipaje: o se pasa por la palabra del viajero, o habrá de hacerse inventario del mismo a la llegada al hotel y demostrar el dueño que nada ha extraído luego.

Una parte de solución aportan las advertencias de los hoteleros eximiéndose de responsabilidad en cuanto a los objetos de especial valor que no les sean entregados para su custodia.

Se pregunta la doctrina si entran en el cóncepto de «efectos introducidos» los automóviles que sitúan los huéspedes en el garaje del hotel para su guarda. Sin duda es más probable la solución afirmativa, acorde con la tradición del instituto que extendía la responsabilidad del hospedero a los carruajes y caballerías alojados por el huésped.

Vale, desde luego, el pacto de exclusión de la responsabilidad del hospedero, mas la eficacia de tal exclusión requiere el acuerdo de voluntades, y por tanto no bastaría para ella una declaración unilateral del fondista o un rótulo puesto por el mismo, el cual sólo puede servir para comunicar las prevenciones sobre cuidado y vigilancia de los efectos, con las cuales no cabría excluir la responsabilidad.

La responsabilidad del hostelero cesa, no sólo cuando el viajero no observa las prevenciones que se le hicieron, sino, en general, si él mismo incurre en culpa leve en la custodia de sus propios efectos.

Según el art. 1.784, *la responsabilidad a que se refiere el artículo anterior comprende los daños hechos en los efectos de los viajeros, tanto por los criados o dependientes de los fondistas o mesoneros, como por los extraños; pero no los que provengan de robo a mano armada, o sean ocasionados por otro suceso de fuerza mayor, o también vicio de la cosa misma.*

La doctrina suele presentar a este precepto, junto con el art. 1.905, como supuesto de excepción a la regla de equiparación entre el caso fortuito y la fuerza mayor. También el T. S.: «Los hoteleros responden de los casos fortuitos que impidan el cumplimiento de sus obligaciones, aunque no de los casos de fuerza mayor incluidos en los arts. 1.783 y 1.784» (S. 27 enero 1994).

INDICACIÓN BIBLIOGRÁFICA. El tratamiento general más extenso del depósito, es exegético: el de ROCA JUAN, en el tomo XXII-1º, de los *Comentarios* EDERSA, pág. 161. Además, del propio ROCA JUAN, *El depósito y la garantía real mobiliaria (notas para un concepto general del depósito),* Murcia, 1946; DIEZ SOTO, C.M., *El depósito profesional*, Barcelona, 1995; OZCARIZ MARCO, F., *El contrato de depósito*, Barcelona, 1996; HERAS HERNANDEZ, M., *Los sujetos en el contrato de depósito*, Barcelona, 1997.

Sobre depósito irregular y los indistintos, GARRIGUES, en RCDI, 1932, pág. 81 y siguientes (muchos números); TARRIO, en RCDI, 1927, pág. 811; FLORES MICHEO, en RDP., 1962, pág. 753; LAGUNA IBÁÑEZ, en RJC., 1959, pág. 7.

Sobre contrato de hospedaje, PÉREZ SERRANO, *El contrato de hospedaje en su doble aspecto civil y mercantil,* Madrid, 1930; BONET CORREA, *Régimen jurídico del hospedaje y hostelería,* Madrid, 1955; RODRIGUEZ BUJAU, *La responsabilidad de los hoteleros por los efectos portados por los huéspedes,* en RGLJ., 1974, 2, pág. 149; MARTÍN SANTIESTEBAN, *El depósito y la responsabilidad del depositario*, Pamplona, 2002.

§ 100. LOS DEPÓSITOS IRREGULARES

515. En general.

Del uso de la cosa depositada por el depositario se trata en estos preceptos:

Art. 1.767. *El depositario no puede servirse de la cosa depositada sin permiso expreso del depositante. En caso contrario, responderá de los daños y perjuicios.*

Art. 1.768. *Cuando el depositario tiene permiso para servirse o usar de la cosa depositada, el contrato pierde el concepto de depósito y se convierte en préstamo o comodato. El permiso no se presume, debiendo probarse su existencia.*

Mas corrientemente se llama depósito irregular a aquél en el cual el depositario, en lugar de quedar obligado a restituir la cosa misma que ha recibido, sólo tiene que devolver cosas de la misma especie en igual cantidad, quedando como deudor de cosas genéricas, y no de un cuerpo cierto. Pero creo que podemos llamar asimismo con ese nombre a todo contrato por el cual el depositario tiene permiso para servirse de la cosa depositada. En uno y otro caso la primera cuestión que se plantea es la de saber si el contrato es o no de depósito, porque el depositario tiene derecho de retención y el comodatario y el prestatario no. Véase SS. 14 junio 1960 y 10 enero 1991.

A. Doctrina. El proyecto isabelino estableció ya que «el contrato cambia de naturaleza y ya no es depósito, sino préstamo o comodato» (art. 1.671): igual que el vigente art. 1.768. Mas la doctrina no deja de señalar, aun entonces, notables diferencias entre el depósito y estos otros contratos. «Por su finalidad —dice PUIG BRUTAU— el depósito irregular, como todo depósito, se establece en utilidad del depositante, mientras que el préstamo se constituye en interés del prestatario». Si la intención de las partes, dice FERRANDIS, se dirige a esta finalidad de custodia, «es ineludible tenerla en cuenta y respetarla, por más que el Código civil obligue a calificar el contrato en cuestión como contrato de préstamo».

ROCA JUAN, para las cosas fungibles, admite la especificidad del depósito irregular, haciendo notar que en este punto «lo más importante está en la posibilidad de que el depositante pueda, o no, ejercitar el *privilegium exigendi* y la *actio depositi directa,* privilegiada respecto a cualesquiera otros créditos que existan contra el depositario. En el mutuo la disponibilidad de las cosas por parte del prestatario es el fin económico fundamental, mientras que este fin es secundario en el depósito irregular. El fin contractual no está en atribuir al receptor la disponibilidad de las cosas (por lo menos, desde el punto de vista del deponente, que es quien entrega), sino en obtener una seguridad que el deponente intenta conseguir transmitiendo la propiedad de las cosas que él mismo prefiere no custodiar, pero constituyendo a su favor un crédito por la cantidad equivalente contra un deudor que considera de confianza en cuanto a su segura solvencia, cuando exija la restitución.

B. Jurisprudencia. La S. 10 enero 1991 afirma que «la naturaleza del depósito se desvirtúa, hasta el extremo de que funciona como una modulación del préstamo, toda vez que se somete el supuesto depósito a unas condiciones para la devolución que contrarían notas esenciales del contrato, como son que el depósito se constituya en utilidad del deponente y que pueda ser retirado en el momento que aquél elija».

En cualquier caso, la facultad del depositario de servirse de la cosa depositada, por haber sido autorizado para ello, no le concede la propiedad sobre el objeto en cuestión ni merma el dominio del depositante (S. 10 octubre 1972).

516. Distinción. El depósito de cosas infungibles.

En rigor el problema de la naturaleza del depósito con licencia de uso de la cosa depositada se presenta de modo distinto según se trate de cosas fungibles o de infungibles. En cuanto a estas últimas, a veces el uso es indispensable para la conservación de la cosa o de sus cualidades. Observan PÉREZ GONZÁLEZ, ALGUER y Ferrandis que «si el uso permitido al depositario fuere secundario y no alterase el fin principal de custodia y, además, no se tratase sino de un uso accesorio (con tal que no implique facultad de disposición o de consumo), acaso a título de remuneración del depósito, o para que la cosa no desmereciese, el contrato no dejaría de ser depósito y la estipulación relativa al uso tendría carácter accesorio» (cfr. S. 21 mayo 1896).

Habrá de tenerse en cuenta la finalidad del contrato en el caso singular y concreto: la del depósito es la guarda, y sólo cuando falla se entiende que el permiso para servirse de la cosa depositada concedido al depositario transforma el depósito en comodato. Pero si se ha pactado una merced, que percibirá el depositario además de su facultad de usar, parece arrendamiento, y no comodato. Y, por otra parte, el comodato se entiende —no siempre con razón— como un contrato en exclusivo interés del codatario, lo cual no ocurre apenas en el depósito, ni viene implicado necesariamente en la facultad de usar. En la duda, será la voluntad de las partes la que permita subsumir o no el contrato bajo las normas del depósito.

517. El depósito de cosas fungibles.

La fungibilidad del objeto no altera, en principio, la naturaleza del contrato, ni supone permiso para servirse de la cosa depositada, aun tratándose de dinero. Así, por ejemplo, en el caso de la S. 10 junio 1983, contrato verbal de depósito de 1.500 contos celebrado en Madrid entre dos súbditos portugueses, que obliga a restituir exactamente el objeto depositado.

La discusión se ha centrado en las cuentas corrientes bancarias. La doctrina se pregunta si constituyen un contrato de depósito o uno de préstamo, siendo general la opinión que considera depósito la cuenta a la vista, y préstamo las imposiciones a medio y a largo plazo.

Para Puig Brutau «si la entrega de dinero a un Banco se realiza para asegurar su custodia, como en la llamada cuenta corriente a la vista, es natural que el depositante puede retirarlo a su voluntad, con lo cual, a pesar del carácter fungible de la cosa entregada, se producirá el efecto peculiar del depósito. A pesar de que el art. 1.768 obligaría a calificar el contrato de préstamo mutuo, la finalidad esencial de custodia implica la posibilidad de retirar la cantidad depositada a voluntad del depositante. Incluso al margen de la calificación de depósito irregular, se trataría de un caso en que del tenor de la obligación o de otras circunstancias, el término resultaría establecido a favor de una de las partes (cfr. art. 1.127 Cc.)». En esta línea, véase la interesante S. 4 diciembre 1975; antes, Ss. 22 diciembre 1941 y 7 marzo 1974.

En nuestra opinión, lo característico del depósito es la obligación de custodiar unos bienes individualizados. A esto no se opone la condición fungible de tales bienes, pues ella no implica el cambio inmediato de propiedad de los mismos, siempre que conserven su identidad en manos del depositario. Ni el hecho de que el depositario pueda disponer de ellos los hace de su propiedad, mientras no disponga.

Hecho el empleo del dinero, el depósito se extingue, aunque no sea el empleo previsto en el contrato, e incluso habiéndose aplicado los fondos a atenciones propias del depositario. Pues el objeto del contrato ya no se custodia, y la traslación de riesgos al depositario causada por la pérdida de propiedad del deponente no permite conservar tal finalidad.

Acaso, entonces, todavía no nos hallamos ante un contrato de mutuo. Como dice GULLÓN, «la equiparación entre depósito irregular y mutuo no deja de ser un artificio que pugna con la verdadera voluntad de las partes. El depositante de dinero, por ejemplo, no piensa conceder un préstamo al depositario. Quiere, lo mismo que en el depósito regular, la custodia de la cosa y tener en todo momento la disponibilidad de la misma. Precisamente con el depósito irregular consigue mejor estos fines que en el regular, porque en éste está sujeto a la pérdida por caso fortuito, que soportará él y no el depositario, mientras que en el irregular éste es un deudor de género, que como tal nunca parece». Pero el instrumento jurídico adoptado para la «conservación» de la cosa, si no es un mutuo, tampoco entra en el marco del depósito, al no haber objeto concreto guardado ni, por consiguiente, obligación de custodia. El *accipiens* no tiene nada concreto que conservar, sino su solvencia, y ésta no es materia del depósito.

Hay, sin duda, en el ingreso de dinero en cuenta corriente bancaria, no pocas semejanzas con el depósito. Pero esta aproximación no significa igualdad: posiblemente, celebrado el contrato en interés de quien entrega el dinero, aunque se haya pactado plazo podrá pedirse la devolución en cualquier momento (arts. 1.766 y 1.775), mas a falta de cosa concreta que guardar, falta la obligación que caracteriza al depósito: nos hallamos ante un contrato distinto y *sui generis*.

La jurisprudencia acepta que cuando el depósito no es de cosa específica degenera en otros contratos: Ss. 13 diciembre 1960, 19 septiembre 1987, etc.

§ 101. EL SECUESTRO

518. En general. El secuestro convencional.

A. Idea general del secuestro

Con referencia al Cc. francés define PLANIOL el secuestro como «el depósito de una cosa litigiosa en manos de un tercero, en espera de la solución de un conflicto entre los que pretenden tener derechos sobre la cosa». Esta definición alude a la finalidad de asegurar las resultas de un pleito o conflicto que las fuentes clásicas atribuyen al instituto en cuestión, y comprende sus dos especies tradicionales: la convencional y la judicial.

B. El secuestro convencional

No obstante el Cc. a diferencia de sus precedentes, sólo denomina «secuestro» al judicial. Al convencional se refiere, como un caso de depósito ordinario, en el art. 1.763, segundo inciso: *también puede realizarse el depósito por dos o más personas que se crean con derecho a la cosa depositada, en un tercero, que hará entrega en su caso a la que corresponda.* El art. 1.766 enumera, entre las personas a quienes ha de restituir la cosa el depositario, *la persona que hubiese sido designada en el contrato,* pero bien se entiende que tratándose de secuestro convencional la restitución de la cosa no la hará el depositario cuando le sea pedida sólo por un deponente.

Hay aquí una diferencia esencial con el depósito ordinario, en el cual, siendo uno el deponente, puede él sólo pedir la restitución, mientras en el secuestro convencional, aun cuando sea una sola parte la que entregue la cosa queda ésta depositada a *nombre de varios* y en interés del vencedor en el litigio. Quien entrega la cosa puede ser uno, pero la posición de contratante corresponde a todos los partícipes en la controversia, de modo que cada uno podrá exigir el cumplimiento de la obligación del depositario de custodiar diligentemente, y el depositario podrá reclamar a cada uno, *pro parte,* la retribución de sus servicios.

519. Secuestro judicial.

Es el único que regula como tal el Cc.

A. Concepto. Según el art. 1.785, *el depósito judicial o secuestro tiene lugar cuando se decreta el embargo o el aseguramiento de bienes litigiosos.*Cfr. art. 626 Lec.

Para la R. 3 julio 1931, la anotación de secuestro crea un estado de derecho que excluye por parte del deudor cualquier acto traslativo de dominio: el secuestro comporta, pues, a diferencia del depósito ordinario, prohibición de enajenar el inmueble. Sin embargo, no se ve por qué cada litigante haya de verse privado de la posibilidad de ceder a terceros los derechos litigiosos que ostenta sobre el inmueble, con constatación registral de la transferencia, y a resultas del litigio.

El secuestro puede tener por objeto así los bienes muebles como los inmuebles (art. 1.786) (véase S. 1 febrero 1962). Si bien en relación a aquéllos el contrato con el administrador judicial puede ser propiamente de depósito; no en cuanto a éstos. Pero en ningún caso tendrá dicho administrador derecho de retención.

La ocupación física de los bienes muebles les asegura en este caso contra la destrucción, sustracción y enajenación. En cambio, los bienes inmuebles físicos nunca se destruyen totalmente; tampoco pueden mudarse de sitio, y su posesión por el administrador no garantiza la permanencia de la titularidad del bien, la cual sólo se consigue a través de la anotación del secuestro en el Registro de la Propiedad. No hay, por tanto, insisto, propio *depósito* de inmuebles.

En lo que no se hallare dispuesto en este Código el secuestro judicial se regirá por las disposiciones de la Ley de enjuiciamiento civil (art. 1789).

La Lec. 2000 (a diferencia de la de 1881) regula el *depósito judicial* en los arts. 626 y ss.; también el R.D. de 14 de octubre de 1971.

B. Depositario. Si se embargasen títulos-valores u objetos especialmente valiosos o necesitados de especial conservación —dice el art. 626 Lec—, podrán depositarse en el establecimiento público o privado que resulte más adecuado. Si se trata de bienes muebles que estuvieran en poder de un tercero, se le nombrará depositario judicial, salvo que el tribunal acuerde otra cosa. También podrá ser nombrado depositario el ejecutado (embargado) si este destinare los bienes embargados a una actividad productiva o si resultan de difícil o costoso transporte o almacenamiento.

C. Efectos. El depositario de los bienes u objetos secuestrados no puede quedar libre de su encargo hasta que se termine la controversia que lo motivó, a no ser que el Juez lo ordenare por consentir en ello todos los interesados o por otra causa legítima (art. 1.787). Hay aquí una diferencia de matiz con el art. 1.776, que contempla fundamentalmente un depósito gratuito.

En cuanto a la responsabilidad del depositario, dice el art. 627 Lec. que *estará obligado a conservar los bienes con la debida diligencia a disposición del Juzgado.* La *debida diligencia* de este precepto no parece diferir de la del art. 1.788 Cc.: *el depositario de bienes secuestrados está obligado a cumplir respecto de ellos todas las obligaciones de un buen padre de familia.* El administrador judicial, al ser retribuido, habrá de prestar una diligencia superior a la de un depositario gratuito. Rige también para los inmuebles el art. 1.767, prohibiendo el uso de la cosa sin permiso expreso del deponente, y en este caso sin permiso de la autoridad judicial que constituyó el depósito (cfr. S. 1 febrero 1962).

El depositario está obligado a exhibir los bienes «en las condiciones que el Juzgado le indique y a entregarlo a la persona que el tribunal designe» (art. 627.1 Lec). Y podrá ser removido de su cargo por el tribunal designando a otro, sin perjuicio de la responsabilidad penal o civil en que hubiera podido incurrir (*ibidem*).

El depositario tendrá derecho al reembolso de los gastos ocasionados, y a ser resarcido de los daños y perjuicios que sufra a causa del depósito (art. 628 Lec.).

VII. CONTRATOS ASOCIATIVOS Y PARCIARIOS

§ 102. EL CONTRATO DE SOCIEDAD

520. Caracteres específicos de la sociedad civil.

Las Partidas definían la sociedad como «compañía (que) facen los mercaderes e los otros omes entre si para poder ganar algo más de ligero ayuntando su aver en un»; y según el art. 1.665, Cc., *es un contrato por el que dos o más personas se obligan a poner en común dinero, bienes o industria, con ánimo de partir entre sí las ganancias*. Véase S. 29 abril 2005.

Es la sociedad, desde siempre, el contrato destinado a superar las limitaciones individuales uniendo los esfuerzos y los recursos de los hombres aislados: los fines que no consigue alcanzar un individuo, pueden ser conseguidos por varios mediante la puesta en comun de sus posibilidades. En ese sentido representa una superación del individualismo, y propicia la colaboración de los hombres en vista de producir más bienes y mejor con los medios superiores que puede reunir el colectivo.

De la definición legal podemos deducir los siguientes *caracteres*:

a) *Agregado de personas, programando una actividad futura.*La sociedad es un contrato plurilateral, y sólo bilateral *per accidens,* cuando sean dos los socios: es un agregado indefinido de personas que se unen para realizar algo en común, en lo sucesivo.

El contrato de sociedad tiene, así, un doble aspecto. De una parte representa un negocio que se celebra en un momento y provoca ciertas mutaciones y vinculaciones jurídicas. De otra parte, el contrato crea y reglamenta una entidad colectiva duradera a la que señala su destino futuro.

Se ha dicho que la sociedad es un contrato preparatorio, y lo mismo se podría decir del matrimonio, con igual desacierto. El pacto entre los socios no prepara otros contratos, si bien predispone una nueva individualidad destinada casi siempre al tráfico, en el cual actuará mediante los contratos que en cada momento viere convenirle. Tampoco es un contrato-marco, es decir, trazando las líneas de ulteriores convenciones. Lo que singulariza a la sociedad frente a los restantes contratos es ese *status* que nace como resultado perseguido por las partes; *status* o individualidad jurídica en cuyo marco los socios van a desarrollar, en cumplimiento del fin social, múltiples contratos y actividades previstos genérica pero no específicamente por el convenio que les ata.

En esa proyección de futuro reside la diferencia fundamental de la sociedad con los contratos que se agotan en el intercambio de prestaciones, como la compraventa. En aquélla, aun la aportación de una cosa en propiedad es una prestación continua, pues lo esencial no es que la sociedad reciba el dominio de la cosa aportada, sino que la *esté teniendo* para el cumplimiento de los fines suscritos por el socio aportante. El contrato dura mientras persiste la entidad creada al servicio de esos fines; está cumpliéndose continuamente, mediante la cooperación, actual o potencial, de los socios.

b) *Personas unidas por una relación de confianza.* La composición del grupo presupone, en la sociedad civil, no sólo una relación de confianza recíproca entre quienes van a formarlo, sino también una relación de causalidad entre cada participación y la de los demás. Así, en primer lugar, el presunto socio tiene en cuenta, para asociarse, las personas y cualidades de sus compañeros, de modo que, en principio y salvo pacto, sólo con ellos quiere formar sociedad: por eso la condición de socio es intransmisible. Pero además, la ley supone que cada uno se implica en el grupo en atención a la presencia y actividad, en él, de todos los demás socios, por lo que, si otra cosa no se ha convenido, la falta de uno provoca la disolución de la sociedad o da derecho a pedirla. La intervención eminente del *intuitus personae* en la elección de los consocios hace que el error en la persona determine —otra similitud con el matrimonio— la nulidad del contrato de sociedad.

c) *Propósito de actividad duradera en beneficio común.* Quienes pactan una sociedad consienten en emprender un asunto o negocio juntos, formando un colectivo, compartiendo la aportación de medios, la responsabilidad, los resultados favorables o adversos, y acaso también la dirección y el trabajo; todo ello en vista de la obtención de ganancias (cfr. SS. 6 octubre 1994 y 13 noviembre 1995).

Por lo demás, lo corriente es la actividad en común. A ella supone el legislador que se dirige la voluntad de las partes, no ya actual y momentáneamente en el contrato, sino habitual e incesantemente en el ejercicio de las actividades sociales.

A esto lo llaman los romanos *affectio societatis,* significando que el consentimiento no se agota en la realización de una sola operación, sino de una serie indefinida de actos. «A diferencia de los otros contratos —dice Biondi— el consentimiento se configura como voluntad, no instantánea, sino continua y permanente, de modo que la relación existe en cuanto subsiste tal voluntad; por eso se habla de *affectio* o *animus societatis:* por tanto, no es algo distinto o que se añada al consentimiento, sino la misma voluntad considerada como permanente. En sustancia, algo parecido al matrimonio, para el cual en el mismo sentido se habla de *affectio.* Requisito que, aun afirmado por la jurisprudencia actual, se confunde en la práctica con el consentimiento de los socios.

En la doctrina, el requisito de la *affectio* no suele valorarse como algo independiente del consentimiento. En la jurisprudencia la ya citada S. 3 diciembre 1959, seguida de alguna otra, estableció que «a diferencia de otros contratos menos complejos, en el de sociedad hay que agregar a los elementos generales comunes a toda relación contractual, la intención de constituir sociedad *(affectio societatis; animus contrahendae societatis),* considerada como elemento distinto del consentimiento», consistiendo aquélla en la suma de dos voluntades: la *voluntad de unión,* «primer elemento esencial de la causa del contrato de sociedad», y «la *voluntad de poner en común ciertos riesgos,* tanto los de pérdida como los de ganancia»; es «en síntesis... la representación subjetiva de los elementos objetivos y económicos que constituyen la finalidad y la esencia del contrato de sociedad». De «intención de constituir la sociedad» habla la S. 11 diciembre 1965, y la S. 10 abril 1986: «la intención de constituir sociedad *(affectio societatis)...* es en ella (en la sociedad) elemento distinto del consentimiento». Otras decisiones no tratan de separar la *affectio* del consentimiento (Ss. 20 marzo 1984 y 19 marzo 1990).

Acaso, con todo, puede hablarse de una *affectio societatis* como elemento característico del contrato de sociedad y distinto del consentimiento contractual, precisamente, una vez prestado éste, para designar la *voluntad de unión,* implícita pero operante en cada momento, merced a la cual el contrato no se disuelve en las sociedades que no tienen plazo fijado de duración, en las cuales, a diferencia de los otros contratos, los efectos se mantienen por la voluntad continuada de las partes (art. 1.700-4º Cc.).

Por falta de esa voluntad de servir al negocio común declaró la inexistencia de sociedad la S. 20 diciembre 1980 en un supuesto en el que, no llegando a formarse la sociedad civil, uno de los dos socios explotó en su propio nombre y para su exclusivo beneficio el conjunto de las aportaciones ya realizadas.

d) *El ánimo de lucro.* En las definiciones de las Partidas y del art. 1.665 Cc., se pone de relieve cómo la esencia de la sociedad es la unión de personas para obtener ganancias. Es, así, el contrato más puramente económico de todos los del Cc.: en él el lucro, «hacer negocio», constituye el fin esencial. De ahí el desarrollo asombroso de la sociedad (en particular, la mercantil) en el ámbito temporal y espacial del capitalismo. Los otros contratos onerosos versan sobre transferencias o prestaciones recíprocas de bienes o servicios que se suponen equivalentes: la ley no presume que las partes contraten con animo de enriquecerse. No así en la sociedad, que ciertamente no *es* en sí, legalmente, un lucro, pero en la cual la finalidad que preside toda su acción es la obtención de ganancias. Para la S. 21 marzo 1988 ese fin es la causa de la sociedad tanto en sentido económico como jurídico.

El fin de lucro, el «ánimo de partir entre sí las ganancias» y, por tanto, de obtenerlas, supone para una parte de la doctrina la consecución, precisamente, de un provecho pecuniario. Otros creen que la sociedad puede perseguir la obtención de ventajas pecuniarias que no supongan beneficios en sentido estricto, ya que no hay que olvidar que, según el art. 1.678, la sociedad particular puede tener como fin el mero uso de una cosa, sin que sea requisito necesario que produzca frutos. Pero en todo caso, para que haya sociedad civil será preciso que el uso produzca ya un lucro; y entonces lo fundamental es que este lucro represente una ganancia para la sociedad y para los socios.

Quiero decir que si una cooperativa se limita a facilitar tal producto a sus socios a precio de coste, sin embargo es una sociedad y no una asociación, porque facilita un lucro, como si se lucrara ella y repartiera la ganancia inmediatamente. Cfr. SS. 23 marzo 1954 (agrupación de propietarios de coches para participar en las pérdidas que a cada uno pudiera originar la incautación de los mismos, y para ello aportando o poniendo en común los vehículos: el T.S. calificó este contrato como sociedad de tipo mutualista), 5 julio 1982 y 18 noviembre 1986 (sobre otros beneficios económicos vía colaboración).

e) *Las aportaciones, el fondo común y el patrimonio social.* Finalmente, la creación de la sociedad supone una concurrencia de prestaciones, cada una causada por las otras, y destinadas todas a producir sus frutos para un acervo común. La interdependencia de las aportaciones configura al contrato de sociedad como necesariamente oneroso, si bien la pluralidad de aportantes le aleja en cierta medida del tipo de contratos sinalagmáticos contemplado por el art. 1.124 Cc.

Por su propio concepto, el del art. 1.665, la sociedad es un contrato oneroso: cada consocio aporta lo suyo en vista de las aportaciones ajenas, y entre todas las aportaciones se supone existente una equivalencia subjetiva. Por eso, en caso de evicción de una cosa aportada, el consocio que la llevó al fondo social está sujeto al saneamiento precisamente como un comprador (art. 1.681). En el momento de disolverse la sociedad, cada socio retira sus aportaciones, en especie o en valor.

Puede haber gratuidad, con todo, en punto a la distribución de las ganancias y pérdidas, cuando se atribuye a uno de los consocios una cuota de ganancias superior a la que corresponde a sus aportaciones, o una de pérdidas inferior, todo lo cual parece factible con arreglo a los arts. 1.689 y 1.691. Si bien, aun entonces, ha de pensarse, en principio, que estas irregularidades corresponden a lo que podríamos llamar «aportaciones invisibles» de un socio: de amistades, prestigio, significación en el mundo económico, o cualidades semejantes que tienen una repercusión imprecisa pero cierta en los negocios de la sociedad.

La naturaleza del fondo común requiere algunas aclaraciones. El contrato de sociedad civil crea hoy, en principio, una persona jurídica que se supone titular de las aportaciones y ganancias, todas las cuales ingresan en su patrimonio (aunque algún autor cree que son dueños de los bienes los socios en comunidad).

Dice la S. 8 mayo 1964 que «uno de los elementos esenciales específicos de la sociedad es la constitución de un fondo común con las aportaciones de los socios, y si cada uno de estos retiene para sí su cuota o ésta no se hace objeto de goce o disponibilidad común, no podrá hablarse de contrato de sociedad, pues ésta siempre requiere un patrimonio social». Y va más lejos la S. 3 marzo 1960 al decir que la aportación a la comunidad con traspaso del dominio es lo que caracteriza el contrato de sociedad. Planteándose entonces el problema de si puede haber un fondo común sin aportaciones en dominio y, en último término, con sólo aportaciones de *industria.*

El problema es más bien teórico, porque difícilmente se hallará en la práctica una sociedad que no cuente con algunos medios materiales, por mínimos que sean, sobre los cuales tenga ella un derecho cualquiera; y al menos siempre habrá una *responsabilidad* de los socios, que supone una aportación social, y bien efectiva en muchos casos, porque, si la sociedad tiene crédito —el de sus socios— puede precisar muy pocos bienes: piénsese —ya en el área mercantil— en las sociedades de servicios. Con todo, en ese plano teórico, cabe defender la posibilidad de una sociedad constituida con sólo aportaciones de industria (como derecho actual a obtener de los socios la prestación de servicios), lo cual no elimina la posible existencia de un fondo común compuesto por cosas o créditos partibles, sino que aplaza su formación al momento en que se produzcan en la sociedad cualesquiera movimientos económicos de signo positivo.

En el plano textual, obsérvese cómo los arts. 1.675 y ss. no excluyen de su ámbito una sociedad en la que los socios únicamente aportan su industria: y cómo el art. 116 Ccom., al definir el contrato de compañía mercantil, dice que los socios se obligan a poner a fondo común «bienes o industrias o *alguna de esas cosas».* Es decir, también sólo industria (véase S. 7 octubre 1965).

Si, pues, bastaría la simple aportación del futuro trabajo —es decir, de un crédito o promesa—, también cabe aportar derechos reales limitados y derechos personales, como la transmisión de bienes en uso, sin ceder su dominio. Cualquier bien, o incluso cualidad personal que tenga un valor económico dentro del ente social, puede ser objeto de aportación: asimismo una abstención valiosa, o el uso del nombre de una persona conocida y el crédito que proporciona.

No quiere ello decir que la sociedad pueda constituirse sin un elemento objetivo: un *quid* social o común a los socios, distinto de ellos mismos. Mas ese elemento puede consistir en créditos de carácter —a veces— tan personal e irrealizable como la mencionada aportación de industria: lo que se requiere como presupuesto de existencia de la sociedad es, no una masa de bienes materiales divisibles, sino cualquier ente que pueda ser objeto de promesa e instrumento y fuente de ganancia, sea cual fuere su consistencia. Lo que sí tiene la sociedad desde el momento de comenzar a existir es un patrimonio.

Las aportaciones de bienes —no, en principio, la de industria— deben ser valoradas, a fin de formar con ellas la cifra de capital social, que no es lo mismo que el activo o patrimonio social. El capital social, contablemente, es una deuda de la sociedad frente a los socios aportantes, y por eso figura en el pasivo del balance. No parece que en la sociedad civil tal cifra haya de conservarse de modo que pueda exigirse a los capitalistas que la completen de nuevo en caso de haber pérdidas.

521. Personalidad jurídica de la sociedad.

A partir de la primitiva concepción romana de la sociedad como mero contrato creador de relaciones entre las partes, la evolución ulterior conduce a una creciente *exteriorización* de las sociedades. Paralelamente, en el régimen interno de la sociedad, ésta se destaca de sus miembros y se constituye en una entidad distinta y contrapuesta. La evolución queda prácticamente concluida en la era de las codificaciones: tanto en la francesa como en la prusiana o la austriaca el fondo común se presenta con una sustantividad muy superior al bien de que son titulares unos condueños, y paralelamente la sociedad se diversifica de la comunidad: los socios son «deudores a la sociedad», a la que deben los bienes prometidos y los intereses de demora; responden por daños «a la sociedad»; es «la sociedad» la que es deudora al socio de las cantidades que desembolsó *por ella;* la administración se refiere a «la sociedad» como un todo, y, «confiada a uno o más de sus miembros, serán éstos considerados como mandatarios» (art. 1.190 Cc. austriaco): mandatarios, pues, *de la sociedad,* en el pensamiento del legislador. Lo que hace un socio administrador «obligará a la sociedad» (art. 1.859 Cc. francés). A la sociedad *se le han atribuido los efectos esenciales de la personalidad jurídica.*

El proyecto de 1886-1888 no lo aceptó así: al contrario, establecía que «la sociedad civil no constituye una personalidad jurídica distinta de los asociados». Sólo cuando ya el Cc. se estaba publicando en la *Gaceta,* el 18 noviembre 1988, se introdujo el art. 1.669, por cierto sin modificar suficientemente el resto del articulado, que aun conciliable en general con la configuración de la sociedad como persona jurídica, conservaba en algunos extremos los rasgos de la *societas* romana.

El art. 1.669 dice así: *No tendrán personalidad jurídica las sociedades cuyos pactos se mantengan secretos entre los socios, y en que cada uno de éstos contrate en su propio nombre con los terceros. Esta clase de sociedades se regirá por las disposiciones relativas a la comunidad de bienes.*

Mediante una inferencia *a contrario,* pues, queda establecida la personalidad jurídica de las sociedades civiles. Así lo acepta la S. 30 abril 1982, con cita de los arts. 1.669 y 35-2º Cc.: «el Derecho —dice— configura el contrato de sociedad civil como constitutivo de persona jurídica distinta de los socios que la integran; salvo en el supuesto de sociedad irregular». Cfr. también R. 31 marzo 1997, y S. 31 marzo 1994 (que considera excepcional que la sociedad no tenga personalidad jurídica).

A. Personalidad jurídica y régimen positivo de la sociedad civil. El recién elaborado art. 1.669 reconoce a la sociedad civil una personalidad jurídica que los proyectos, hasta el último, le habían negado. Mas la presencia o ausencia de personalidad jurídica en la sociedad civil tiene menor importancia de la que le atribuye la doctrina dominante, porque la disciplina del Cc., como la de sus precedentes, predispone para la sociedad muchos de los efectos que comúnmente se atribuyen a la personalidad jurídica. La sociedad es ya, en todos los Códigos y frente a la regla del efecto relativo de los contratos (nuestro art. 1.257-1º Cc.), un ente autónomo que funciona como persona (tanto en cuanto al régimen de gestión como al de la responsabilidad; a la afección y titularidad de los bienes como al reparto de beneficios) a través de distintos expedientes. Téngase en cuenta, por otra parte, que la personalidad jurídica no entraña, necesariamente, una autonomía completa, y así, en el Derecho mercantil, los socios colectivos vienen respondiendo con su propio patrimonio de las deudas de la sociedad del mismo nombre y de la comanditaria. De tal modo que la diferencia más notable entre tener y no tener personalidad jurídica una sociedad, acaso se produzca en el terreno del Derecho procesal, al haber de dirigirse la demanda, sea contra el nombre colectivo en un caso, sea contra los terceros que integran el colectivo (pero en cuanto integrantes de él) en el otro.

B. Los «pactos secretos». Sentido de la publicación del contrato. Según el art. 1.669 tienen individualidad jurídica aquellas sociedades «cuyos pactos no se mantienen secretos». Probablemente lo que exige aquí el Cc. es simplemente que los terceros conozcan, no los pactos sociales en sí, sino la existencia de la sociedad, lo cual puede suceder porque la revele el socio al contratar con los terceros a nombre de ella: si es pública tal existencia, no creo que el hecho de contratar habitualmente los socios en nombre propio pueda servir para negar personalidad jurídica al colectivo y, al contrario, una sociedad que se mantuviera secreta no adquiriría personalidad por el hecho de pactarse en escritura pública. En cualquier caso los pactos sociales divergentes de la normativa legal de la sociedad que no se hayan dado a conocer al tercero interesado, no podrán perjudicar a éste (véase S. 26 abril 1988).

C. Sociedades civiles «irregulares». Carecen de personalidad jurídica no sólo las sociedades mencionadas en el art. 1.669, sino todas aquéllas cuyos defectos formales les impiden alcanzar la plenitud de efectos. Se suelen denominar sociedades *irregulares* o *de hecho.*

La calificación de «sociedad irregular» se aplicó primero a las sociedades mercantiles que, por falta de inscripcion en el Registro mercantil, carecían de personalidad jurídica. El T. S. entiende siempre que si se acredita el ejercicio del comercio en común y la falta de inscripción de la sociedad, se producen para los consocios todos los efectos en orden a su responsabilidad frente a terceros.

En el campo civil algún autor ha entendido que son «irregulares» aquellas sociedades a las que se aportan bienes inmuebles sin otorgarse la escritura pública que reclama el art. 1.667 (también las Ss. 30 abril 1986, 21 febrera 1987, 12 marzo y 10 noviembre 1988), pero en general la doctrina y la jurisprudencia consideran *sociedad irregular* a aquélla «cuyas circunstancias se mantienen secretas y faltas de escrituración» (S. 20 marzo 1984 y otras), poniéndose el acento, cuando la sociedad, por su objeto, hubiera podido adoptar forma mercantil e inscribirse en el Registro, en la falta de inscripción.

En cuanto a la eficacia de la sociedad irregular, ésta es plena en las relaciones internas (S. 9 febrero 1994: en la sociedad irregular los pactos vinculan a quienes los concertaron), esto es, en cuanto a las deliberaciones y gobierno de la sociedad *ad intra,* así como a las obligaciones de aportar y la distribución de beneficios: se aplican, pues, los preceptos del Cc. (S. 10 noviembre 1978). En el aspecto externo, es decir, frente a los terceros, los socios no pueden hacer valer la existencia de la sociedad, pero sí a la inversa: es frecuente la jurisprudencia según la cual el art. 1.669 no puede alegarse por los socios para eludir el cumplimiento de sus obligaciones, sea entre ellos o frente a tercero; siendo sólo tales terceros quienes podrán oponerlo a los socios (Ss. 30 abril 1983 y 17 septiembre 1984, entre otros). Cfr. R. 31 marzo 1997, relativa a las relaciones externas activas y pasivas de la sociedad sin personalidad. Sobre la aplicación de las normas de la comunidad de bienes, véase S. 12 julio 1996.

522. Distinción entre sociedad y otros institutos.

La sociedad es una persona jurídica. En ello se distingue de la comunidad, de la cual además se diferencia por el origen, pues la sociedad procede siempre del contrato, y por su finalidad de conseguir un lucro común partible, mientras la comunidad sirve a fines de mera conservación y aprovechamiento (cfr. SS. 24 julio 1993 y 13 noviembre 1995). Digo mera conservación porque hay sociedades, como las que se forman para especular en solares, cuya diferencia con la comunidad es que los objetos los conservan para su reventa, de la cual obtienen el lucro que les confiere la condición de sociedad.

El contrato de participación en los beneficios o la cuenta en participación no sólo no crean un ente con personalidad jurídica, sino que en ellos el partícipe no tiene acceso al gobierno de la empresa; además, el contrato de participación en los beneficios no supone participación en el capital ni en las pérdidas.

Tampoco es de sociedad civil el contrato por el cual diversos acreedores de un mismo deudor unen sus esfuerzos para cobrar sus respectivos créditos, y pactan la igualdad de todos en cuanto al rango y el reparto entre todos, a prorrata de sus créditos, de las cantidades que cada uno perciba del deudor, por no existir en el caso aportación de bienes, dinero o industria, ni haber evidenciado las partes su «ánimo de repartir las ganancias» (S. 9 octubre 1975).

Dentro de las entidades con personalidad jurídica la sociedad se distingue de la asociación por el fin de lucro característico de aquélla, lo que hace más sencilla su constitución, pues el Estado ha desconfiado mucho más de los colectivos con fines ideales.

523. Sociedades civiles y mercantiles.

Según el art. 116 Ccom., «el contrato de compañía, por el cual dos o más personas se obligan a poner en fondo común bienes, industria o alguna de estas cosas para obtener lucro, será mercantil, cualquiera que fuese su clase, *siempre que se haya constituido con arreglo a las disposiciones de este Código*». Pero el Cc., que es *lex posterior,* establece en el art. 1.670 que *las sociedades civiles, por el objeto a que se consagren, pueden revestir todas las formas reconocidas por el Código de Comercio. En tal caso, les serán aplicables sus disposiciones en cuanto no se opongan a las del presente Código.* De donde resulta que una sociedad, para ser mercantil, precisa, cumulativamente, adoptar la forma del Código de comercio y ejercer el comercio, si bien disposiciones especiales ulteriores atribuyen a las sociedades de capital, cualquiera que sea su objeto, carácter necesariamente mercantil (art. 2 Ley de Sociedades de Capital, D. Legisl. 1/ 2010 de 2 julio). La sociedad constituida sin forma mercantil pero destinada a ejercer el comercio (o la constituida en forma mercantil si las reglas de forma no se cumplieron), será una sociedad irregular, cuya disciplina corresponde al Derecho mercantil, mientras que la de la sociedad civil se limitará a las que no ejerzan el comercio. La S. 21 junio 1983 califica de mercantil una sociedad «dadas las operaciones o actividades que la tal sociedad había de desarrollar». Véase también SS. 20 febrero 1988, 26 febrero y 6 octubre 1990 y 25 abril 1991.

Resuelve la R. 28 junio 1985, en el caso de una sociedad civil por su constitución (o que se pretende tal) pero cuyo objeto es claramente mercantil, que «todo contrato por el que se constituye una Sociedad cuyo objeto sea realizar actos de comercio tiene la consideración de acto de comercio y por tanto quedará sujeta a las disposiciones contenidas en el Ccom. según los arts. 2 y 50 de éste, y 35 y 36 Cc.» y que «para eludir la aplicación de las reglas mercantiles de las Sociedades es insuficiente la expresa voluntad de los socios de acogerse al régimen de la Sociedad civil, pues muchas de ellas son de carácter imperativo por proteger derechos de tercero o de tráfico».

Señala Castán, como principales diferencias de régimen entre las sociedades civiles y las mercantiles, que estas últimas requieren siempre la escritura pública, cualquiera que sea la naturaleza de los bienes que se aporten a ellas, y la inscripción en el Registro mercantil; que en las sociedades civiles es regla la responsabilidad (ilimitada pero) mancomunada simple de los socios por las deudas sociales, mientras que en las colectivas, es solidaria; que la muerte o insolvencia de cualquiera de los socios disuelve la sociedad civil, y no la mercantil colectiva; etc.

Si una sociedad no ejerce el comercio, nunca es mercantil. Cuando una sociedad civil —es decir, que no ejerce el comercio— adopta una forma mercantil colectiva o comanditaria, pese a la superioridad de rango de las normas civiles proclamada por el art. 1.670 se entiende que se gobierna por aquellos preceptos mercantiles que caracterizan y distinguen al tipo concreto de sociedad adoptado, y en particular las relativas a la responsabilidad de los socios por deudas sociales.

524. Sociedades universales.

Según el art. 1.671, *la sociedad es universal o particular.*

A. Clases de sociedad universal. La sociedad universal, según el art. 1.672, *puede ser de todos los bienes presentes, o de todas las ganancias:* sin embargo, parece que es sociedad universal cualquiera que ponga en comun un *universum* de bienes o derechos, y por tanto, a semejanza del régimen economico del matrimonio, podríamos imaginar otras sociedades igualmente universales dentro de los límites del art. 1.674-2°: de muebles y ganancias, por ejemplo. Remito a esta parte del Derecho de familia para el estudio más a fondo de las sociedades en cuestión, actualmente en desuso.

B. Sociedad universal de bienes presentes. Según el art.1.673, *la sociedad de todos los bienes presentes es aquélla por la cual las partes ponen en común todos los que actualmente les pertenecen, con ánimo de partirlos entre sí, como igualmente todas las ganancias que adquieran con ellos.*

Tanto este precepto como el siguiente, interpretados literalmente limitan el capital partible a los bienes presentes y sus frutos, u otras ganancias que se consigan *con ellos,* es decir, con los bienes presentes. Aclara a este respecto GARCIA GOYENA que la sociedad universal de ganancias «en cuanto *a ganancias* es más lata que la de bienes presentes del artículo anterior, la cual, a menos de estipulación contraria, no alcanza sino a las ganancias o frutos de los bienes puestos en común: aquí se comunican aún las de los bienes adquiridos posteriormente por cualquier título, aunque sea lucrativo». Además, del art. 1.675 interpretado *a contrario* se deduce que tampoco entran en el caudal común, en la sociedad de bienes presentes, los que luego obtenga cada socio por su industria o trabajo. Todo ello, salvo pacto en contrario.

En la sociedad universal de todos los bienes presentes, pasan a ser propiedad común de los socios los bienes que pertenecían a cada uno, así como todas las ganancias que adquieran con ellos. Puede también pactarse en ella la comunicación recíproca de cualesquiera otras ganancias; pero no pueden comprenderse los bienes que los socios adquieran posteriormente por herencia, legado o donación, aunque sí sus frutos (art. 1.674). Tampoco se comprenden los bienes personalísimos o los intransmisibles.

Si se pacta la extensión de la sociedad a todos los bienes adquiridos por título lucrativo, en acertada opinión de DIEZ PICAZO Y GULLÓN, «habrá que entender nula la estipulación de extensión a esos bienes futuros, salvo que la voluntad de las partes fuera la de querer la sociedad con su objeto total, pues entonces se impondrá el criterio de la nulidad de la sociedad». «En línea de principio —añaden— en la sociedad universal de todos los bienes presentes se hacen comunes de los socios las ganancias adquiridas con tales bienes, pero no aquéllas cuya fuente de producción sea otra. Se admite, sin embargo, que se puede pactar la comunicación recíproca de cualesquiera otras ganancias».

En cuanto a los bienes aportados, evidentemente el contrato sirve de *título* para la transmisión de todos ellos a la sociedad, y probablemente también de *modo*, dada la condición de socio del aportante; pasarán todos, pues, como efecto del contrato, pero no por eso la sucesión es universal.

Si el socio se despoja de sus bienes presentes, parece lógico que sus deudas presentes se entiendan igualmente asumidas por la sociedad. El seguirá asimismo siendo deudor personal de ellas. En cuanto a la suerte de las deudas ulteriores, dependerá de lo que se deduzca del contrato y de sus circunstancias: regularmente, la puesta en común de las ganancias en su totalidad evidenciará la asunción de tales deudas por la sociedad; y aun la reserva de una parte menor de ingresos (a modo de «dinero de bolsillo») no liberará de ordinario a la sociedad de pagar los gastos domésticos y personales del consocio y familia.

En principio, la participación en la sociedad universal habría de ser proporcional a los bienes aportados (al saldo positivo, si la sociedad se hizo cargo de las deudas), y así se deduce del art. 1.689-2º. Si bien la tradición de las sociedades familiares consuetudinarias apunta, entre nosotros, a la igualdad de cuotas de los comuneros.

C. La sociedad universal de ganancias. Esta suerte de sociedades *comprende* —dice el art. 1.675— *todo lo que adquieran los socios por su industria o trabajo mientras dure la sociedad. Los bienes muebles o inmuebles que cada socio posee al tiempo de la celebración del contrato, continúan siendo de dominio particular, pasando sólo a la sociedad el usufructo.* Mas no se puede decir que la sociedad sea propiamente *usufructuaria* de los bienes, por las mismas razones que no lo es la comunidad conyugal de los bienes de los cónyuges.

Aquí, la sociedad recibe todos los ingresos ordinarios de cada socio, quedando sólo excluidas las adquisiciones de capital (que no se hallan gravadas por una presunción como la del art. 1.361 Cc.). Es más dudoso si son comunes o no las ganancias extraordinarias obtenidas en el juego, la lotería, o mediante el hallazgo y el tesoro oculto: pienso que la parte del hallador es también ganancia, sea porque la palabra *industria* señala, en el 1.675, lo que no se adquiere con trabajo, sea por analogía con la comunidad de gananciales. Por lo demás, no se exige homogeneidad de ocupaciones entre los socios: la S. 28 enero 1957 contempla el caso de una sociedad universal de ganancias entre dos hermanos, dedicado uno a la labranza de las fincas de su hermana y ésta a la tienda de él.

El contrato de sociedad universal, celebrado sin determinar su especie, sólo constituye la sociedad universal de ganancias (art. 1.676).

D. La prohibición de contraer sociedad universal. Según el art. 1.677 Cc. *no pueden contraer sociedad universal entre sí las personas a quienes está prohibido otorgarse recíprocamente alguna donación o ventaja.* Se desconfía de las sociedades universales, a las que se considera vehículo de liberalidades encubiertas. Mas, admitida hoy la posibilidad de donaciones entre cónyuges (art. 1.323), ha quedado muy limitado el alcance práctico de esta norma.

E. La sociedad particular. Conforme al art. 1.678, *la sociedad particular* tiene únicamente por objeto cosas determinadas, su uso o sus frutos, o una empresa señalada, o el ejercicio de una profesión o arte (cfr. S. 6 octubre 1994). Es el tipo corriente de sociedad, y para el que está pensado fundamentalmente el articulado del Cc. En la sociedad particular —dicen Díez Picazo y Gullón— confluyen dos factores que son: la limitación de las aportaciones (*societas alicuius rei*), en el sentido de que no son todos los bienes del aportante, y la limitación de la empresa u objeto (*societas alicuius negotiationis*).

525. El contrato de sociedad.

A. Capacidad. La capacidad para contraer sociedad sólo plantea problema en cuanto al menor emancipado. La doctrina dominante viene opinando que la aportación del fundo a la sociedad es un acto de enajenación prohibido al menor emancipado: dígase lo mismo, a partir de la reforma del Cc., de los objetos de extraordinario valor.

Algunos creen, incluso, que para cualquier constitución de sociedad precisa el menor autorización, pues los socios civiles responden de las obligaciones sociales con todos sus bienes presentes y futuros, y, por consiguiente, podrían resultar afectados en estas sociedades los bienes inmuebles del menor. Esto último supone una interpretación extensiva del art. 323 que restringe indebidamente el ámbito de actuación del emancipado, a quien le está prohibiendo *enajenar o gravar* los inmuebles, pero —mientras no medie fraude— sin abstraer tales bienes de su responsabilidad patrimonial universal, tanto por obligaciones no contractuales como por las surgidas en el curso de la ejecución de un contrato.

B. Objeto. En cuanto al objeto, dispone el art. 1.666 que *la sociedad debe tener un objeto lícito, y establecerse en interés común de los socios. Cuando se declare la disolución de una sociedad ilícita, las ganancias se destinarán a los establecimientos de beneficencia del domicilio de la sociedad, y, en su defecto, a los de la provincia.* En caso de conflicto entre el interés individual extrasocial de un socio y el interés social común a todos, aquél ha de subordinarse a éste (S. 6 marzo 1992).

C. Forma. Según el art. 1.667, *la sociedad civil se podrá constituir en cualquier forma, salvo que se aportaren a ella bienes inmuebles o derechos reales, en cuyo caso será necesaria la escritura pública.*

A primera vista parece que la exigencia de escritura en este precepto debería ser *ad solemnitatem,* pues en otro caso se hubiera incluido en la enumeración del art. 1.280. Además —apunta CAPILLA— esta interpretación recibe el apoyo del tenor literal del art. 1.668, que declara *nulo* el contrato de sociedad cuando, concurriendo las circunstancias expuestas, no se observa la forma prevista. En la jurisprudencia, en cambio, esta idea se rechaza: según —entre muchas otras— la S. 25 octubre 1926, «el contrato de sociedad es esencialmente consensual, de tal modo que aunque se aporten a ella bienes inmuebles o derechos reales sin el otorgamiento de la escritura pública, han de producirse sus efectos en cuanto a los derechos y obligaciones de los socios entre sí, sin que la falta de ese requisito puramente formal impida las acciones mutuas que les competan incluso la de compelerse a cumplir aquella formalidad»; todo ello, como dice la S. 28 enero 1957, supeditando el art. 1.667 a lo prevenido en el 1.278. En el mismo sentido, las SS. 9 octubre 1987, 9 octubre 1995 y 17 julio

1996. Es esta la solución que, por razones prácticas, acepta la doctrina, incluso el autor ahora citado.

Todo ello sin perjuicio de la prueba de la existencia del convenio, para el éxito de las acciones entre socios (véase Ss. 21 mayo 1960 y 10 febrero 1984).

D. El «inventario de inmuebles». No parece tener mucho sentido el art. 1.668, a cuyo tenor *es nulo el contrato de sociedad, siempre que se aporten bienes inmuebles, si no se hace un inventario de ellos, firmado por las partes, que deberá unirse a la escritura.*

¿Inventario de los inmuebles y sólo de ellos? Los bienes sitos están allí, y nadie se los puede llevar: lo que hay que prevenir si se quiere saber en el futuro la contribución de cada socio al acervo común y su valor, es la desaparición, desgaste u olvido de los bienes muebles (cfr. art. 491-1º Cc.). Cuando se aporten inmuebles, éstos se describen, siendo inconcebible que alguien los lleve a una sociedad particular sin enumerarlos e individualizar cada uno. En cambio, los bienes muebles más fácilmente pierden su identidad o se esfuma el recuerdo de su pertenencia, y precisan una relación para constancia de quien los aportó.

E. Comienzo de la sociedad. Conforme al art. 1.679, *la sociedad comienza desde el momento mismo de la celebración del contrato, si no se ha pactado otra cosa.* Por supuesto, simplemente comienza a existir la sociedad, sin que sea preciso para ello el inicio de sus operaciones frente a terceros; ni que todos los socios hayan efectuado las aportaciones a que se obligaron (S. 2 junio 1981).

526. Las aportaciones.

El socio queda obligado a aportar a la sociedad —dice el art. 1.665— «dinero, bienes (distintos del dinero) o industria». Es decir, queda obligado a dar (bienes) o hacer (industria).

A. Aportación de bienes. El socio, en este caso, se compromete a entregar algo (o lo entrega ya): cosas materiales, o también incorporales: derechos de propiedad industrial, sobre todo. En tal caso, por ser este *dare* un acto de disposición (S. 13 enero 1962), se requerirá la capacidad y legitimación correspondiente del socio aportante.

Es conveniente indicar, en el texto del contrato, el valor de las aportaciones *in natura,* a fin de que pueda formarse la cifra de capital social: será precisa la aceptación del valor de los bienes que entrega cada socio, por los consocios.

a) *Contenido.* La aportación puede ser en dominio o en uso: éste, por cualquier título que autorice a la sociedad el empleo de la cosa aportada, el goce de la fructífera, etc. (cfr. S. 17 febrero 1978).

Cabe, además, la aportación *quoad sortem,* en la cual el riesgo de las cosas aportadas es de la sociedad. En ella —explica Capilla— «la pérdida o deterioro no culpables de lo aportado merecen la consideración de pérdida soclial», y «el incremento de su valor es ganancía social, lo cual suele coincidir con la irrecuperabilidad *in natura* de las aportaciones por los socios».

b) *La deuda de aportación, y su cumplimiento.* Según el art. 1.681, *cada uno es deudor a la sociedad de lo que ha prometido aportar a ella. Queda también sujeto a la evcción en cuanto a las cosas ciertas y determinadas que haya aportado a la sociedad en los mismos casos y de igual modo que lo está el vendedor respecto del comprador.* Pero la aportación de un bien a sociedad no es exactamente una venta (aunque sí un negocio jurídico traslativo: S. 2 abril 1990 y allí citadas): el aportante continúa en algún modo (más, en la sociedad civil) relacionado con la cosa, y, de ahí, sin duda, que la aportación tenga un tratamiento fiscal más benigno, sobre todo en tema de inmuebles.

La comunicación de las cosas corporales al fondo común (a la sociedad) se hace en virtud del contrato de sociedad y la sucesiva entrega: a través de un *título* y un *modo*, pues.

Aunque el art. 1.681 sólo habla del *evicción,* debe entenderse referido igualmente a los vicios ocultos. Cuando la aportación sea en uso, la referencia al saneamiento habrá de entenderse hecha al art. 1.553.

Producida la evicción o descubierto el vicio, si los bienes no eran esenciales para el funcionamiento de la sociedad, parece que el aportante debe reponer el valor perdido: hay aquí, por razón de la naturaleza de la sociedad, una diferencia esencial con la venta (cfr. art. 1.489). Si son esenciales, la sociedad se disuelve, o no llega a nacer. No reponiendo el socio el valor de su aportación perdida, en su caso, podrán optar los consocios por reducir la cuota del aportante en proporción al valor que falta, o disolver.

A tenor del art. 1.682, *el socio que se ha obligado a aportar una suma en dinero y no la ha aportado, es de derecho deudor de los intereses desde el día en que debió aportarla, sin perjuicio de indemnizar además los daños que hubiese causado. Lo mismo tiene lugar respecto a las sumas que hubiese tomado de la caja social, principiando a contarse los intereses desde el día en que las tomó para su beneficio particular.* Como se ve, este precepto es más severo que el art. 1.108.

En efecto, según una interpretación literal que parece clara, el precepto establece para el retraso «dos consecuencias distintas: en primer lugar y en todo caso el socio debe intereses de pleno derecho en la cuantía de los legales, salvo previsión al respecto, con independencia de que medie o no culpa y de que se produzcan o no daños y perjuicios reales; en segundo lugar, si el retraso es culpable, el socio deberá abonar la indemnización correspondiente» (Capilla).

c) *Excepción de contrato no cumplido. Resolución por incumplimiento.* Se pregunta la doctrina sobre la aplicabilidad, al contrato de sociedad, de la excepción de contrato no cumplido del art. 1.100 *in fine* y la resolución por incumplimiento del 1.124.

A este propósito, conviene señalar tres peculiaridades del contrato en cuestión, que condicionan la respuesta. En primer lugar, que en él hay una pluralidad de partes con intereses convergentes, siendo interdependiente cada prestación en relación a *todas* las demás. En segundo lugar, que en las sociedades que se pactan sin plazo de duración determinado, la posibilidad de cada socio de extinguir el vínculo común a su arbitrio (art. 1.700-4º: con los requisitos de la buena fe y el tiempo oportuno del art. 1.705-2º), hará innecesaria la aplicación del art. 1.124; mientras que en las constituidas por tiempo cierto el art. 1.707 previene el derecho del socio a reclamar su disolución por *justo motivo,* siéndolo, por imperativo legal, el fallo de la aportación de un socio en los momentos iniciales. En tercer lugar, que entre los personajes en escena se cuenta la propia sociedad, pudiendo ésta con independencia de los socios exigir el cumplimiento, denunciar la mora o pedir la resolución.

En principio, si los socios son dos, se aplicarán (junto con las de la sociedad) las reglas del contrato bilateral. Si son más, y uno no aporta lo prometido, se habrá de tener en cuenta, para autorizar el uso de la *exceptio* a los otros, el interés de los que ya hayan cumplido y la esencialidad de las prestaciones que faltan. No se podrá reclamar el cumplimiento, ni por la sociedad ni por los consocios, sólo a uno de los morosos y no a los otros.

Siendo la sociedad a tiempo determinado, la resolución por incumplimiento del deber de aportar la podrá pedir aquélla frente a un socio, continuando el resto (resolución del vínculo social concreto) o disolviéndose. La podrá pedir un socio, frente al resto que no ha cumplido, interviniendo el *justo motivo* del art. 1.707.

d) *Los riesgos.* El riesgo de las cosas aportadas en dominio a la sociedad es de ésta, y también (por aplicación de las normas de la compraventa) el de las cosas determinadas y específicas cuya aportación se ha pactado, aunque no se haya hecho entrega de ellas y salvo mora del aportante (art. 1.096). Sin embargo, del art. 1.701-1º cabría deducir la solución opuesta: en realidad, conforme a este precepto la pérdida de la cosa que un socio había prometido aportar da lugar a que no llegue a constituirse la sociedad. La intención del legislador se ve clara en GARCÍA GOYENA: en este caso —dice— la cosa perece para el socio.

En cuanto a las aportaciones en mero uso y goce establece el art. 1.687 que *el riesgo de las cosas ciertas y determinadas* [entiéndase «perecibles»] *que se aportan a la sociedad para que sólo sean comunes su uso y sus frutos, es del socio propietario. Si las cosas aportadas son fungibles, no pueden guardarse sin que se deterioren, o si se aportaron para ser vendidas, el riesgo es de la sociedad. También lo será, a falta de pacto especial, el de las cosas aportadas con estimación hecha en el inventario, y en este caso la reclamación se limitará al precio en que fueron tasadas.* En mi opinión, ninguna de esas cosas se hace de modo necesario propiedad del ente en el momento de su aportación: sólo dejan de ser propiedad del socio cuando pierden su individualidad, aunque el riesgo de pérdida corra a cargo de la sociedad desde que adquirió su posesión (S. 20 julio 1989).

B. Aportación de industria. El socio industrial —dice el art. 1.683— *debe a la sociedad las ganancias que durante ella haya obtenido en el ramo de industria que sirve de objeto a la misma.* La aportación ofrecida por el socio industrial constituye una obligación de hacer (S. 31 mayo 1930). Si no se ha pactado nada acerca del ámbito en que ha de trabajar el socio industrial, ni la sociedad tiene, igualmente determinado un ramo de operaciones, tal socio debe a la sociedad, según explicaba GARCIA GOYENA, todo su trabajo y actividad, sin que pueda atender a otra ocupación ni dedicarse por su cuenta a otra industria.

La palabra «industria» comprende, desde luego, la actividad del socio, profesional o no, intelectual o manual; pero también, según me parece, todas aquellas cualidades y connotaciones que puedan proporcionar ganancias: por tanto —y en esto difieren los autores— el nombre y la fama. Por consiguiente, la aportación de industria quizá no es siempre la de una obligación de hacer. Cuando lo sea, el socio industrial queda sometido a las reglas del contrato de servicios, e incluso —dice CAPILLA, con razón—, «al régimen que regula la prestación de servicios de naturaleza laboral, en aspectos concretos, tales como por ejemplo la limitación de la jornada de trabajo; pero no con carácter general, pues esas normas no representan una exigencia común a cualquier tipo de prestación de trabajo».

527. Gestión de la sociedad.

El Código, en preceptos incompletos y problemáticos, previene la hipótesis de que nada se haya pactado en tema de administración de la sociedad y, para el caso de haber pactado, adiciona normas complementarias.

A. El esquema legal de la gestión. El Cc. dicta algunas reglas para el caso de que el contrato de sociedad calle sobre este extremo, lo cual sucede comunmente en las sociedades que se convienen sin formalidades, a veces sin constancia escrita. Según el art. 1.695, *cuando no se haya estipulado el modo de administrar, se observarán las reglas siguientes:*

1ª Todos los socios se considerarán apoderados, y lo que cualquiera de ellos hiciere por sí solo, obligará a la sociedad; pero cada uno podrá oponerse a las operaciones de los demás antes que hayan producido efecto legal. La administración, pues, a falta de previsión contractual, corresponde a todos los socios (S. 30 noviembre 1961). La expresión «apoderados» no tiene aquí precisión técnica: los socios son órganos de la entidad, con facultades que, a falta de pacto, les confiere la ley. Componen los socios una suerte de gobierno solidario. Los poderes de cada uno, aun siendo plenos en lo relativo a la gestión social, no alcanzan, según se desprende de la regla cuarta, a los actos de disposición sobre la sustancia del patrimonio social. El socio gestor lo puede todo, pero en el ámbito de lo que podríamos llamar el «giro y tráfico de la empresa», siquiera entendido con la máxima amplitud.

Los poderes de cada socio dependen, en este supuesto, de la ley: no del mandato conferido tácitamente por sus compañeros y que pudieran éstos revocar. Para alterar tales poderes será precisa la unanimidad. No es indispensable que el socio actúe en nombre de la sociedad si era razonable en el caso concreto que lo hiciera en nombre propio y para traspasar luego al ente los efectos del negocio.

Como contrapeso de este poder aparentemente tan amplio, cada socio puede oponerse a «las operaciones de los demás»: por tanto, a las de todos o cualquiera de los otros. En opinión de BATLLE el oponente debe requerir al socio y al tercero que con él contrató, y éstos recibir el requerimiento antes de que el acto tenga «efecto legal», es decir, sea vinculante.

Para gobernar la sociedad se requiere, por tanto, o la unanimidad, o la pasividad de los socios que no gestionan. Un socio cualquiera puede bloquear la entera gestión social. No rige la ley de mayorías del art. 398, ni el sistema de recursos de dicho precepto, mucho más oportunos y positivos que el sistema seguido por el art. 1.695. La mayoría de los socios no podría realizar un acto de administración contra la voluntad de uno de ellos, ni menos nombrar administrador.

2ª Cada socio puede servirse de las cosas que componen el fondo social según costumbre de la tierra, con tal que no lo haga contra el interés de la sociedad, o de tal modo que impida el uso a que tienen derecho sus compañeros. O, sobre todo, el destino de los bienes a los fines sociales. Mas, respetando ese destino, cabe la utilización de los bienes sociales en interés particular del socio (véase art. 394 Cc.).

3ª Todo socio puede obligar a los demás a costear con él los gastos necesarios para la conservación de las cosas comunes. No así la expensas útiles. Son *necesarios* los gastos de conservación de la cosa indispensables para su adecuada utilización: S. *2* octubre 1958. DIEZ PICAZO Y GULLÓN señalan cómo «esta regla se importa también de la comunidad de bienes (vid. art. 395) de un modo fragmentario e incompleto, y no se ajusta en absoluto a la dinámica social en la que los socios efectivamente van pagando los gastos con los productos que se obtengan, siendo la diferencia los beneficios a repartir. Por otra parte, las deudas contraídas por este motivo son deudas sociales, que como tales han de someterse necesariamente a la normativa sobre las mismas».

4ª Ninguno de los socios puede, sin el consentimiento de los otros, hacer novedad en los bienes inmuebles sociales, aunque alegue que es útil a la sociedad. Según GARCÍA GOYENA vale también que el socio sepa y no prohíba la innovación. Han de comprenderse en esta regla, no sólo las alteraciones materiales, sino también las jurídicas: los actos de enajenación y gravamen de bienes inmuebles, a menos que éstos sean el objeto del tráfico ordinario de la sociedad. Mas, adicionalmente, del sentido del precepto no cabe deducir la exclusividad del régimen a los bienes inmuebles: es igualmente aplicable a los muebles.

CAPILLA interpreta acertadamente esta regla deduciendo de ella que «el administrador estará facultado para realizar sobre los bienes sociales los actos de disposición que vengan requeridos para obtener del patrimonio social el rendimiento que sea normal de acuerdo con su destino. Y como su destino viene determinado por la naturaleza del objeto y fin sociales, son éstos los que indicarán los límites que no puede traspasar el socio gestor en el desempeño de la administración social».

B. Estipulaciones de los socios sobre la administración. Previene el Cc. diversas hipótesis.

a) *Nombramiento de gestor en el contrato social.* Según el art. 1.692-1º, *el socio, nombrado administrador en el contrato social, puede ejercer todos los actos administrativos sin embargo de la oposición de sus compañeros, a no ser que proceda de mala fe; y su poder es irrevocable sin causa legítima.* El gestor, en este caso —y si el contrato no previene algo distinto— ostenta una posición privilegiada e irretirable: gobierna la sociedad a su arbitrio y toma él las decisiones sin consultar con sus compañeros o incluso contra la voluntad de éstos; y ello aunque su participación (la del gestor) sea muy minoritaria. Unico límite a sus poderes —procediendo de buena fe— son los actos de disposición sobre la substancia del patrimonio que no pertenezcan al «giro y tráfico» social. Y debe rendir cuentas de su gestión (SS. 26 junio 1975, 16 octubre 1978, 10 marzo 1988 y 28 febrero 1990).

b) *Nombramiento de gestores solidarios.* Según el art. 1.693, *cuando dos o más socios han sido encargados de la administración social sin determinarse sus funciones, o sin haberse expresado que no podrán obrar los unos sin el consentimiento de los otros, cada uno puede ejercer todos los actos de administración separadamente; pero cualquiera de ellos puede oponerse a las operaciones del otro antes de que éstas hayan producido efecto legal.* Estamos en el caso del art. 1.695-1º, pero restringido a los socios administradores.

Cuando se haya convenido como regla estatutaria que uno sólo de los socios será administrador o un cierto número, y por tanto con exclusión de los demás, la oposición no podrá ser planteada por los socios no administradores, y al nombramiento o revocación de los gestores parece que se aplicará, por analogía, el art. 398 Cc. Para el nombramiento o revocación la mayoría será de intereses, no de personas: no así, en su caso, para la actuación colectiva de los gestores, cuando haya de resolverse por mayoría.

Los gestores son nombrados en cuanto socios y para administrar intereses que en parte son suyos. No son simples mandatarios, y por eso no cabe nombrar administrador en el sentido de los arts. 1.692 y ss. a persona que no sea socio, mientras que sí cabe conferirle poderes.

c) *Nombramiento en mano común.* Según el art. 1.694, *en el caso de haberse estipulado que los socios administradores no hayan de funcionar los unos sin el consentimiento de los otros, se necesita el concurso de todos para la validez de los actos, sin que pueda alegarse la ausencia o imposibilidad de alguno de ellos, salvo si hubiere peligro inminente de un daño grave o irreparable para la sociedad.*

d) *Revocación.* Con arreglo al art. 1.692-2º, que no se refiere a simples mandatarios, sino al nombramiento de socios gestores, *el poder otorgado después del contrato, sin que en éste se hubiera acordado conferirlo, puede revocarse en cualquier tiempo.* Teniendo en cuenta lo dispuesto en el art. 1.695, en este segundo caso, si no se ha estipulado el modo de administrar —o si no se ha pactado otra cosa al nombrar administrador— puede revocar cualquier socio (con «causa legítima», exige algún autor).

C. Desarrollo de la gestión. Los socios gestores actúan —dentro de sus facultades— en una doble dirección. De una parte, *ad extra,* hacia los terceros, contratando con ellos y compareciendo en juicio en nombre de la sociedad cuando ésta demande o sea demandada (también, contratando en nombre propio y para la sociedad). De otra parte, *ad intra,* gobiernan los asuntos sociales: dirigen al personal, ordenan las operaciones y tareas, conservan los bienes... Pese al tenor literal del art. 1.695, regla 1ª, es razonable pensar que sus facultades pueden ser limitadas por la voluntad mayoritaria de los socios, a la que habrán de atender en el desempeño de su cometido.

Del art. 1.695-2º se deduce el deber del socio de actuar con arreglo al interés de la sociedad, al cual debe ajustar, no sólo su facultad de servirse de las cosas sociales, sino toda su actividad: el socio tiene un deber de fidelidad frente al ente al que pertenece y en el que se implica.

a) *El proceso.* La representación de la sociedad la lleva el socio administrador como consecuencia de su poder (cfr. S. 14 noviembre 1946): este poder alcanzará entonces al proceso, y ello incluso cuando se dé el supuesto de administración solidaria.

b) *Actos equívocos.* Cuando un socio realice actos que indiferentemente podrían recaer en su peculio o en el de la sociedad, no debe preterir los intereses de ésta. Tal es el principio que inspira el art. 1.684: *cuando un socio autorizado para administrar cobra una cantidad exigible, que le era debida en su propio nombre, de una persona que debía a la sociedad otra cantidad también exigible, debe imputarse lo cobrado en los dos créditos a proporción de su importe, aunque hubiese dado el recibo por cuenta de sólo su haber. Lo dispuesto en este artículo se entiende sin perjuicio de que el deudor pueda usar de la facultad que se le concede en el art. 1.172, en el solo caso de que el crédito personal del socio le sea más oneroso.* Al mismo orden de ideas responde el art. 1.685.

c) *Diligencia exigible.* En la gestión de los asuntos sociales el Derecho romano y las Partidas exigían del socio la diligencia *in concreto:* «aquella guarda que ficiera si suyas fuesen las cosas» (Part. 5, 10, 7). El Cc. no señala la medida de la diligencia exigible: según el art. 1.686, *todo socio debe responder a la sociedad de los daños y perjuicios que ésta haya sufrido por culpa del mismo y no puede compensarlos con los beneficios que por su industria le haya proporcionado.* Pues estos beneficios le eran ya debidos a la sociedad. En definitiva, deberá observar el socio la diligencia descrita en el art. 1.104, que los Tribunales exigirán con la flexibilidad que les permite el 1.103 (cfr. S. 25 febrero 1992).

d) *Reembolsos.* En el desarrollo de la gestión, *la sociedad responde a todo socio de las cantidades que haya desembolsado por ella y del interés correspondiente; también le responde de las obligaciones que con buena fe haya contraído para los negocios sociales y de los riesgos inseparables de su dirección* (art. 1.688). El precepto es aplicable al socio gestor: no al que carece de facultades para administrar; y obliga a la sociedad al reembolso de los gastos y pérdidas producidos por cualesquiera actos emprendidos objetivamente en provecho de ella por el socio gestor dentro de su ámbito de poder, sin culpa ni fraude, aunque luego tales actos no resulten beneficiosos al colectivo.

528. Deudas y responsabilidades.

A. Operaciones «en nombre» y «por cuenta» de la sociedad. Sobre la legitimación para obligar a la sociedad, dice el art. 1.697 que *para que la sociedad quede obligada con un tercero por los actos de uno de los socios, se requiere: 1º Que el socio haya obrado en su carácter de tal, por cuenta de la sociedad. 2º Que tenga poder para obligar a la sociedad en virtud de un mandato expreso y tácito. 3º Que haya obrado dentro de los límites que le señala su poder o mandato.*

Si el socio opera sólo *por cuenta* de la sociedad, pero no en nombre de ella, el tercero que con él contrata no deviene acreedor de la sociedad, aun cuando ésta deba al socio lo gastado o pagado por él legítimamente: en efecto, según el art. 1.698-2º, *la sociedad no queda obligada respecto a tercero por actos que un socio haya realizado en su propio nombre o sin poder de la sociedad para ejecutarlo; pero queda obligada para con el socio en cuanto dichos actos hayan redundado en provecho de ella.*

B. La responsabilidad de los socios por deudas sociales. Se discute si los socios quedan obligados personalmente —por tanto, más allá de su aportación—, por las deudas sociales. El Ccom. establece la responsabilidad solidaria, personal, ilimitada y subsidiaria de los socios colectivos, y asimismo la irresponsabilidad personal de los comanditarios, y tal regla vale para las sociedades civiles en forma mercantil. Opuestamente, el Cc. no resuelve el problema de si incumbe a los consocios alguna responsabilidad. Tan sólo el art. 1.698-1º encierra la cuestión dentro de ciertos límites: al menos sabemos que *los socios no quedan obligados solidariamente respecto de las deudas de la sociedad; y ninguno puede obligar a los otros por un acto personal, si no le han conferido poder para ello.* Pero si no quedan obligados solidariamente, ¿lo quedan de alguna otra manera?

Frente a la tesis de PÉREZ y ALGUER, que niegan cualquier responsabilidad del socio por deudas sociales, la doctrina dominante atribuye al socio la responsabilidad por las deudas sociales: mancomunada con los socios restantes y subsidiaria a la de la sociedad.

En efecto, la presencia de un patrimonio social y la personalidad del ente no impiden que los socios respondan subsidiariamente, cada uno en razón a la parte que tiene en la sociedad, y en esa proporción, sin límites (Ss. 30 abril 1969 y 10 abril 1970). Se alega que tal es el régimen tradicional, y que la personalidad jurídica de la sociedad no representa ningún obstáculo para que continúe el mismo régimen (así, también, en la sociedad mercantil colectiva). No hay, pues, oposición entre la subjetividad jurídica de una sociedad, y el hecho de que por sus deudas respondan quienes en ella participan; y el art. 1.698, al decir que los socios «no quedan obligados solidariamente», implica que deben quedar obligados de algún otro modo, pues de lo contrario para nada sería precisa la advertencia en cuestión. Los arts. 1.689 y ss., al regular la distribución de las pérdidas de los socios, confirman este punto de vista, y en particular el hecho de que el socio de industria, a quien según el art. 1.708 «no puede aplicarse (en la partición) ninguna parte de los bienes aportados», no obstante tiene su parte en las pérdidas, esto es, una parte que deberá él pagar a la sociedad en dinero, y por tanto expresión de su responsabilidad más allá del capital social: responsabilidad que evidentemente habrán de compartir todos los socios, industriales o capitalistas, cada uno en proporción a su parte. Esta es la opinión hoy unánime, con la excepción —ciertamente, aduciendo argumentos considerables— del profesor CAPILLA RONCERO.

C. Cláusulas de limitación de la responsabilidad. Se cree comúnmente que los socios «tienen libertad para limitar su responsabilidad, por tenerla para toda clase de estipulaciones sobre pérdidas y ganancias, si bien para que surta efecto contra tercero dicha limitación habrá que hacérsele conocer cuando con él se contrate» (CASTÁN TOBEÑAS); mas algunos discuten esta ilación alegando que una cosa es disponer una distribución desigual de las pérdidas y ganancias y otra eximir a todos los socios de la pérdida, que exceda del capital aportado. De hecho no valen las limitaciones generales de responsabilidad en las sociedades colectivas. Al menos, opina BATLLE que el tercero ha de estar enterado de la limitación de responsabilidad, para que le perjudique.

D. Responsabilidad de los bienes sociales por deudas personales de los socios. En cuanto a la cuestión inversa, es decir, la de si la sociedad puede ser hecha responsable por las deudas personales de los socios, dice el art. 1.699 que *los acreedores de la sociedad son preferentes a los acreedores de cada socio sobre los bienes sociales. Sin perjuicio de este derecho, los acreedores particulares de cada socio pueden pedir el embargo y remate de la parte de éste en el fondo social.* De donde se deduce que el patrimonio social, en sí, no responde de las deudas particulares de los socios. En efecto, pertenecientes a una persona distinta, los bienes de la sociedad nunca podrían ser embargados directamente por los acreedores de aquéllos, y sí sólo el contenido económico de la participación de cada uno; con lo cual, de paso, y a menos que los demás socios decidan unánimemente lo contrario, se disuelve y liquida la sociedad, por desaparición de un partícipe que no puede ser sustituido, salvo aceptación unánime, por el adquirente de la participación (cfr. art. 1.700-3° *in fine).*

529. Distribución de ganancias y pérdidas.

Con arreglo al art. 1.689, *las pérdidas y ganancias se repartirán en conformidad a lo pactado. Si sólo se hubiera pactado la parte de cada uno en las ganancias, será igual su parte en las pérdidas. A falta de pacto, la parte de cada socio en las ganancias y pérdidas debe ser proporcionada a lo que haya aportado. El socio que lo fuere sólo de industria tendrá una parte igual a la del que menos haya aportado. Si además de su industria hubiere aportado capital, recibirá también la parte proporcional que por él le corresponda.*

A. Determinación y distribución de las ganancias. Contablemente, la ganancia generada por un negocio en un determinado período resulta de restar del capital existente al final del período el capital inicial. En el capital final entrarán los bienes iniciales si subsisten, y los frutos y adquisiciones, deduciéndose las deudas; en el concepto de pérdidas se incluyen los gastos de mantenimiento y explotación (S. 25 septiembre 1996). En las sociedades dedicadas a un tráfico o negocio determinado, los aumentos de valor de los inmuebles (en general, del inmovilizado) que no sean objeto del tráfico o negocio no se computan como ganancia ni se registran en contabilidad, donde figuran por su valor inicial menos amortizaciones (cfr. Ss. 10 nov. 1978 y 29 enero 1983).

Nada dice el Cc. sobre la frecuencia y el volumen de la distribución de ganancias. Habrá de estarse a lo pactado (cfr. S. 2 octubre 1978); mas, a falta de pacto, parece que debe ser la mayoría la que acuerde la distribución, por analogía con la comunidad. Sin embargo, pienso que la mayoría no podría privar al socio minoritario de su parte en las ganancias que se producen, acordando que no se distribuyan éstas y se reinviertan indefinidamente: al menos, si no hay para ello justa causa. Tampoco podría la mayoría repartir el capital social en forma de dividendos ficticios, es decir, fingiendo unas ganancias que no existen y repartiendo, entonces a título de beneficios, la sustancia del patrimonio: atribuyendo, así, bienes aportados a los socios industriales, contra lo prevenido en el art. 1.708.

En todo caso, es buena política no repartir todas las ganancias de una sociedad, quedando alguna parte —la que determine, con buena fe, la mayoría de intereses en aquélla (Diez Picazo y Gullón exigen para esto la unanimidad)— en calidad de lo que en una sociedad mercantil se denominaría *reservas:* de nuevo capital de la sociedad, para financiar la ampliación de actividades de ésta o para cubrir pérdidas futuras, etc. El nuevo capital es ya una masa excedente de las aportaciones que forman el capital inicial, lo cual se habrá de tener en cuenta porque el exceso es repartible entre los socios industriales.

B. Cálculo de la parte de cada socio en las ganancias. Es decir, ¿en qué proporción participa cada socio en la ganancia repartible?

a) *El convenio.* El art. 1.689, según hemos visto, propone como índice, a falta de pacto, las aportaciones, pero deja en libertad a los socios para que estipulen lo que bien les pareciere, aunque no en libertad absoluta, pues el art. 1.691 declara *nulo el pacto que excluye a uno o más socios de todo o parte en las ganancias o en las pérdidas.*

¿Cabe convenir una distribución desigual, en presencia de aportaciones iguales? La ley no lo prohibe; del texto del art. 1.689 se deduce que hoy es esto posible; así como del art. 1.691 ahora transcrito, pues si anula el pacto que excluye a un socio de *toda* parte en las ganancias, implícitamente permite el que reduce el derecho a tales ganancias en *alguna* parte, pero no en todo (o en una proporción tal que se aproxime a la totalidad). De igual modo, y por la misma razón, será válida la atribución de una cuota desigual en las pérdidas y en las ganancias, o una cuota desproporcionada con las aportaciones.

No parece que en ninguno de estos casos sea exigible la presencia de una justa causa, una razón especial del desequilibrio, manifiesta u ostensible: la voluntad de las partes no tiene aquí que explicar sus motivos.

Se preguntan también los autores si la distribución de las ganancias se hará en proporción a la parte efectivamente aportada o a la que debió aportar el socio y no aportó, argumentando en favor de esta segunda solución con la distribución de las pérdidas, de las cuales se libraría —dicen— aquél que no cumplió su compromiso. Empero lo más justo sería, entonces, participar en las ganancias conforme a lo efectivamente aportado, y en las pérdidas al nivel prometido (hay una lejana analogía con el supuesto del art. 1.706-1º).

b) *Designación arbitral.* Según el art. 1.690, *si los socios han convenido en confiar a un tercero la designación de la parte de cada uno en las ganancias y pérdidas* [cfr. S. 18 mayo 1973], *solamente podrá ser impugnada la designación hecha por él cuando evidentemente haya faltado a la equidad. En ningún caso podrá reclamar el socio que haya principiado a ejecutar la decisión del tercero, o que no la haya impugnado en el término de tres meses, contados desde que le fue conocida. La designación de pérdidas y ganancias no puede ser encomendada a uno de los socios.* La impugnación (el plazo de tres meses es de caducidad) cabrá también cuando el arbitrador se separe de las bases de reparto que le hayan señalado las partes; y supone, cuando se halla justificada, la revisión judicial de la designación realizada por el tercero, con nuevo señalamiento, por el juez, de proporciones más acordes con la equidad.

C. Las pérdidas. La doctrina suele hablar de «ganancias y pérdidas» suponiendo aplicable a las segundas cuanto dice de las primeras. Entiendo que a veces no será así: en particular, cuando, perdidas las aportaciones iniciales, se trate de cubrir de nuevo el capital. Pues si bien los consocios responden (subsidiariamente) de las deudas y habrán de pagar las que no cubra el haber social, en cambio, si no se han comprometido a ello, no han de hacer nuevas aportaciones cuando las anteriores se hayan agotado.

D. El socio industrial. Recuérdese que, según el art. 1.689, *el socio que lo fuere sólo de industria tendrá una parte igual a la del que menos haya aportado.* De donde, para calcular la cuota de este socio en una sociedad compuesta por varios partícipes de ambas clases, será preciso reducir a sendas cifras de dinero cada una de las aportaciones de bienes de los capitalistas; computar por la cifra de la aportación menor cada una de las aportaciones de industria; sumar los valores obtenidos para todos los socios, capitalistas e industriales, y deducir del total el coeficiente de participación de cada uno en las ganancias.

Si todos los socios lo son de industria, es de suponer que su participación, a falta de pacto, será igual, lo cual puede ser injusto.

Según el art. 1.691-2º, *sólo el socio de industria puede ser eximido de toda responsabilidad en las pérdidas* (que García Goyena explica diciendo que dicho socio sufre en todo caso la pérdida de su trabajo).

530. La condición de socio.

El derecho de participación en la sociedad que tiene el socio es distinto de un simple derecho de crédito: difícilmente el socio puede ser, en cuanto tal socio y por el mero hecho de serlo, acreedor, ni de sus consocios, con quienes no le vincula una relación directa, ni del ente social. Lo singular de la posición del socio es ese «formar parte de un colectivo», ahora con personalidad jurídica, a través del cual o como garante suyo se le imputan responsabilidad y derechos. Colectivo a cuya creación concurren unos individuos que se contemplan unos a otros *intuitu personae,* y en quienes el componer la persona jurídica hace nacer, sobre todo, un deber personal de fidelidad al grupo.

Del derecho de participación en la persona nace, a su vez, el derecho personal de intervención en su gobierno y el patrimonial de participar en sus bienes.

Siendo de carácter personalísimo la condición de socio, es intransmisible, tanto *inter vivos* como *mortis causa,* salvo que otra cosa se haya previsto en el contrato. Sólo es transmisible lo que desde el Derecho romano se llama el *emolumentum:* el derecho del socio en la liquidación del patrimonio social.

Expresamente dispone el art. 1.696 que *cada socio puede por sí solo asociarse un tercero en su parte; pero el asociado no ingresará en la sociedad sin el consentimiento unánime de los socios, aunque aquél sea administrador.*

Para ingresar en la sociedad un nuevo socio, pues, se requiere el mismo consentimiento (aunque aquí puede ser tácito: S. 14 febrero 1959 y 10 febrero 1997) que para constituirla. No obstante, este carácter personalísimo de la sociedad es un elemento simplemente *natural* (no *esencial)* del contrato, que puede derogarse por voluntad unánime de los interesados. Estos pueden convenir, en el pacto inicial o en uno nuevo, que la cesión de la participación social se somete únicamente al consentimiento de la mayoría, o incluso que sea libre.

531. Extinción de la sociedad.

A. Duración. Con arreglo al art. 1.680, *la sociedad dura por el tiempo convenido; a falta de convenio por el tiempo que dure el negocio que haya servido exclusivamente de objeto a la sociedad, si aquél por su naturaleza tiene una duración limitada; y en cualquier otro caso, por toda la vida de los asociados, salvo la facultad que se les reserva en el artículo 1.700 y lo dispuesto en el artículo 1.704* (cfr. S. 21 marzo 1988: la sociedad desaparece con la cesación de una actividad negocial que nadie piensa reanudar). Como negocio de duración limitada García Goyena pone el ejemplo de dos albañiles que forman sociedad para construir una casa.

B. Causas de extinción. La sociedad se extingue por las causas que especifica el art. 1.700, y que en realidad son de disolución (automática o facultativa de los socios: el precepto no distingue). Igualmente, por cualesquiera otras causas previstas en preceptos legales, distintos del art. 1.700, como puede ser el acuerdo unánime de los socios (SS. 16 junio 1995 y 3 julio 1995).

C. Extinción por expiración del término. Según el número primero del art. 1.700, la sociedad se extingue *cuando expira el término por que fue constituida.* Esta causa de extinción funciona automáticamente: por el mero agotamiento del plazo. Ahora bien:

— *La sociedad constituida por tiempo determinado puede prorrogarse por consentimiento de todos los socios. El consentimiento puede ser expreso o tácito, y se justificará por los medios ordinarios* (art. 1.702); y

— *Si la sociedad se prorroga después de expirado el término, se entiende que se constituye una nueva sociedad. Si se prorroga antes de expirado el término, continúa la sociedad primitiva* (art. 1.703).

Si bien el consentimiento para la prórroga de una sociedad todavía existente puede ser tácito, en cambio no cabe prorrogar una sociedad tácitamente después de expirar su término, pues entonces la sociedad se constituye de nuevo, y para esto, en principio, se requiere consentimiento expreso.

D. Pérdida del objeto. En segundo lugar la sociedad se extingue *cuando se pierde la cosa o se termina el negocio que le sirve de objeto* (art. 1.700-2º). Se trata de dos causas distintas: *a')* el negocio se hace imposible, ya por obsolescencia (fábrica de llantas de hierro para coches de caballos o de quinqués de petróleo), o por consumación (se agotó la mina, caducó la concesión administrativa), o, en general, por inviabilidad definitiva del fin social; *b')* la aportación no se completa.

Se han de perder la cosa o el negocio principales: aquéllos en atención a los cuales se ha constituido la sociedad.

Aparte la pérdida de la cosa o negocio fundamentales en la actividad social, extingue igualmente la sociedad otra pérdida de cosa específica: la que constituye el objeto, no de la sociedad, sino de alguna aportación. Así el art. 1.701, según el cual, *cuando la cosa específica, que un socio había prometido aportar a la sociedad, perece antes de efectuada la entrega, su pérdida produce la disolución de la sociedad.* Parece, en este supuesto, que el *periculum* corre a cargo del socio, quien nada podrá reclamar a la sociedad aun siendo la pérdida fortuita.

La sociedad se *disuelve* aquí por fallo de la aportación de uno de los socios, es decir, porque, considerándose esenciales todas las aportaciones, una de ellas no llega a hacerse efectiva (S. 20 julio 1988). Pero, según demuestra el apartado 3º, la disolución —o mejor, no constitución— sucede, no por falta de la cosa, lo cual sería el caso prevenido en el art. 1.700-2º, sino por incumplimiento del aportante, sea culpable o fortuito.

No se ve por qué este incumplimiento haya de determinar necesariamente la disolución de la sociedad. Por de pronto, es de suponer que sólo es causa de disolución necesaria el fallo de una aportación *insustituible;* de la que no se puede prescindir, esencial para el tráfico de la sociedad. Cualquier otra pérdida, y en general la imposibilidad sobrevenida de que uno de los socios cumpla con su aportación no esencial para la realización del fin social, si bien debe permitir a los otros socios pedir la disolución de la sociedad, no debería extinguirla de modo automático. Cabe pensar que el socio que soporta el caso fortuito —u otro cualquiera, en defecto de éste— tiene la opción de completar su aportación con un equivalente de la cosa perdida. En los supuestos de incumplimiento culpable de un socio, si los demás optan por el cumplimiento, la indemnización podría desempeñar el papel de la cosa no esencial.

También se disuelve la sociedad en todo caso por la pérdida de la cosa, cuando, reservándose su propiedad el socio que la aporta, sólo ha transferido a la sociedad el uso o goce de la misma. Pero no se disuelve la sociedad por la pérdida de la cosa cuando ésta ocurre después que la sociedad ha adquirido la propiedad de ella (art. 1.701-2º y 3º). Con las mismas matizaciones ahora expuestas producirá efecto extintivo de la sociedad el perecimientio de la aportación de industria: por ejemplo, el socio que la prometió, a causa de un accidente, queda incapacitado para ejercer la actividad correspondiente.

E. Muerte, insolvencia, incapacitación o prodigalidad. Asimismo concluye la sociedad *por la muerte, insolvencia, incapacitación o declaración de prodigalidad de cualquiera de los socios, y en el caso previsto en el art. 1.699* (art.

1.700-3º). Aunque en el caso de muerte la sociedad se extingue automáticamente, sin precisar denuncia de algún socio o interesado, en el de insolvencia pueden los socios solventes pagar la deuda y evitar así la disolución.

No se equipara al supuesto de fallecimiento del socio el de ausencia, en el cual la sociedad no se disuelve, si bien ello puede constituir *justa causa* para pedir la disolución cualquiera de los socios. Por L.O. 15 enero 1996 se han introducido como nuevas causas de extinción de la sociedad la incapacitación y la declaración de prodigalidad de cualquiera de los socios (lo que es razonable, habida cuenta del carácter *intuitu personae* de la calidad de socio).

Conforme al art. 1.704, *es válido el pacto de que, en el caso de morir uno de los socios, continúe la sociedad entre los que sobrevivan. En este caso el heredero del que haya fallecido sólo tendrá derecho a que se haga la partición, fijándola en el día de la muerte del causante; y no participará de los derechos y obligaciones ulteriores, sino en cuanto sean una consecuencia necesaria de lo hecho antes de aquel día.- Si el pacto fuere que la sociedad ha del continuar con el heredero, será guardado, sin perjuicio de lo que se determina en el número 4º del art. 1.700* (cfr. S. 4 diciembre 1992, que distingue el pacto del párrafo 1º y el del 2º). O sea que, una de dos: o la sociedad continúa sólo entre los antiguos socios, amortizando la parte del que falleció y abonando al heredero el emolumentum, o bien ingresa nuevamente el heredero (o varios herederos) en el lugar del socio difunto. Más difícilmente cabría pactar el ingreso de una persona concreta en lugar del difunto y recibiendo sus derechos *mortis causa*, porque esto representaría un pacto sobre la sucesión futura.

Las SS. 4 julio 1959 y 25 junio 1996 equiparan al pacto la prórroga del negocio impuesta de forma efectiva al heredero del socio fallecido.

F. Voluntad unilateral. Finalmente acaba la sociedad –dice el art. 1.700-4º– *por la voluntad de cualquiera de los socios, con sujeción a lo dispuesto en los artículos 1.705 y 1.707.- Se exceptúan de lo dispuesto en los números 3º y 4º de este artículo las sociedades a que se refiere el art. 1.670 en los casos en que deban subsistir con arreglo al Código de comercio.*

Las sociedades mercantiles se disuelven también por voluntad de una mayoría cualificada de socios (de intereses), mientras que para disolver la civil antes del transcurso del término se requiere la unanimidad: un sólo socio puede mantenerla en existencia por el tiempo marcado en el contrato si falta para la disolución anticipada *justo motivo*.

Cabe distinguir dos supuestos diferentes.

a) Disolución por denuncia del contrato. A ésta se refiere el art.1.705: *La disolución de la sociedad por la voluntad o renuncia de los socios unicamente tiene lugar cuando no se ha señalado término para su duración, o no resulta éste de la naturaleza del negocio* (SS. 10 noviembre 1996 y 27 enero 1997). En este caso no se trata tanto de «renuncia» sino de «denuncia» del contrato, una forma de desistimiento unilateral autorizada por la ley (QUESADA GÓNZÁLEZ). Se trata –dice la S. 17 febrero 1993– de un derecho potestativo cancelatorio, limitado sólo por el principio de la buena fe y de la oportunidad.

Para que la denuncia sea eficaz *debe ser hecha de buena fe en tiempo oportuno; además debe ponerse en conocimiento de los otros socios* (art. 1.705-2º). Son, pues, *requisitos* de la misma:

1º, *la buena fe del socio denunciante:* y precisa el art. 1.706-1º que *es de mala fe la renuncia cuando el que la hace se propone apropiarse para sí solo el provecho que debía ser común. En este caso el renunciante no se libra para con sus socios, y éstos tienen facultad para excluirle de la sociedad.* Reproduce aquí nuestro Código una opinión y ejemplo de POTHIER, que no excluye cualesquiera otros de falta de buena fe. Cfr. SS. 31 mayo 1993 y 16 junio y 29 julio 1995.

2º, que sea hecha *en tiempo oportuno.* El art. 1.706-2º advierte que *se reputa hecha en tiempo inoportuno la renuncia, cuando, no hallándose las cosas íntegras, la sociedad está interesada en que se dilate su disolución. En este caso continuará la sociedad hasta la terminación de los negocios pendientes.*

Nuevamente refleja aquí la norma un supuesto concreto (y también recibido de POTHIER). En general, la disolución, no habiéndose pactado plazo para la sociedad, es intempestiva siempre que interrumpa un proceso económico obligando a liquidar en el curso de la operación los medios adquiridos y aplicados a ella, si bien el término resultará a veces «de la naturaleza del negocio» (art. 1.705-1º). Por ejemplo: la sociedad ha iniciado unas obras de construcción para las cuales ha anticipado cantidades de dinero y medios técnicos (ha hecho acopios y ha preparado la maquinaria, ya comprada). Si construye para vender los pisos y locales resultantes, no se trata exactamente de denuncia hecha en tiempo inoportuno, sino de una sociedad con tiempo de vigencia determinado, que será el que tarden los locales en construirse y venderse.

3º, *comunicación de la denuncia a los otros socios:* no se exige forma especial, pero sí que sea claramente expresiva de la voluntad de disolución de la sociedad. Surte efecto desde que esa declaración de voluntad del denunciante llega a los demás socios.

b) Disolución por justo motivo. Sólo cabe para la sociedad civil constituida por tiempo determinado (cfr. S. 17 febrero 1993). Según el art. 1.707, *no puede un socio reclamar la disolución de la sociedad que, ya sea por disposición del contrato, ya por la naturaleza del negocio, ha sido constituida por tiempo determinado, a no intervenir justo motivo, como el de faltar uno de los compañeros a sus obligaciones, el de inhabilitarse para los negocios sociales, u otro seme-*

jante, a juicio de los Tribunales. También esta mención de justos motivos es meramente ejemplificativa.

El justo motivo —explica BATLLE— ha de consistir en algo que ataque al contrato de sociedad «en su esencia e impida o amenace los fines para los que la sociedad se ha formado, de tal manera que sea más aconsejable, desde el punto de vista del interés objetivo de los socios, disolverla». Debe ser, además, grave, de cierta entidad, y determinante de una disfunción seria de la sociedad o conducente a una situación injusta (QUESADA GONZÁLEZ).

Observan DIEZ PICAZO y GULLÓN cómo, en el art. 1.707, «se recogen, particularizándolas al caso de la sociedad, dos típicas formas de resolución de las obligaciones: la resolución por incumplimiento (faltar uno de los compañeros a sus obligaciones) y la resolución por modificación sobrevenida de la base del negocio (inhabilitación para los negocios sociales u otros hechos semejantes)».

En el primer caso, el incumplimiento de la obligación ha de ser grave (la gravedad puede venir de la reiteración). A la resolución por incumplimiento se aplicarán las matizaciones que la jurisprudencia ha hecho a la aplicación del art. 1.124.

Para el segundo, opina BATLLE que la inhabilitación tiene un sentido muy amplio, referido no sólo a la incapacidad para realizar negocios jurídicos, sino también a la actitud precisa para el desenvolvimiento de los negocios sociales: incluso la enfermedad (que ya POTHIER aducía como ejemplo de esta causa). Del tenor del precepto y de sus antecedentes se desprende que la causa de la inhabilitación puede ser meramente fortuita e inculpable sin dejar de producir el mismo efecto.

532. Liquidación.

Finalmente, para toda la complicada mecánica de la liquidación y las responsabilidades contemporáneas y subsiguientes el art. 1.708 se limita a una remisión. Según dice, *la participación entre socios se rige por* las *reglas de las herencias, así en su forma como en las obligaciones que de ella resultan. Al socio de industria no puede aplicarse ninguna parte de los bienes aportados, sino sólo sus frutos y los beneficios, conforme a lo dispuesto en el art. 1.689, a no haberse pactado expresaniente lo contrario.* Como en la sucesión, hay una situación provisional de patrimonio en administración, para la cual se supone que la sociedad conserva su personalidad jurídica. Se produce también una situación semejante al disolverse la comunidad conyugal, pues, una cosa es la disolución y otra la liquidación y división. Tras la disolución persisten el patrimonio, las deudas y las relaciones, todo lo cual hay que distribuir, pagar y liquidar.

A fin de justificar la persistencia del patrimonio social como masa autónoma, una parte de la doctrina, así como diversas sentencias del T. S. y alguna resolución de D.G.R., explican que durante ese período de liquidación persiste la personalidad jurídica de la sociedad, con la cual se concluyen los negocios, se cobran los créditos, se pagan las deudas, se venden los bienes que sea preciso, etc.; si bien tal prolongación de personalidad es limitada, a efectos de la liquidación, y por tanto sin que ningún socio tenga poder para actos que no correspondan a este propósito. Tal remisión a la personalidad jurídica es innecesaria: la autonomía y cohesión del patrimonio de la sociedad disuelta pero no liquidada se explican sin necesidad de arbitrar una supervivencia del anterior sujeto por la remisión del art. 1.708 a las reglas de las herencias (cfr. SS. 10 julio y 13 noviembre 1995), entre las cuales se aplican a este caso de la sociedad, con las debidas adaptaciones, las de la herencia yacente y la comunidad hereditaria.

Dada la asimilación a la herencia, lo que allí se dice de los herederos ha de aplicarse aquí a los socios y futuros adjudicatarios. En la parte de cada uno se imputarán las deudas que tuviere frente al patrimonio social, por cualquier causa, incluida su responsabilidad como administrador por pérdidas sufridas; y al par del heredero queda el socio obligado, tras las adjudicaciones, al pago de las deudas sociales que quedasen pendientes.

Una diferencia sí hay con el reparto del caudal relicto, y es que, como en el consorcio conyugal, una vez pagadas las deudas procede restituir las aportaciones: rigurosamente a cada socio el valor de los bienes que él hubiere aportado en dominio. No parece que el socio tenga derecho a recibir los mismos bienes, aunque existan; pero sí puede reclamar, en principio, el valor que tenían en el momento de la aportación los bienes y derechos transferidos a la sociedad que, por su propia naturaleza, se han extinguido luego: un usufructo, por ejemplo.

Restituido el valor de las aportaciones, el remanente ha de dividirse en la proporción en que tenga cada uno derecho a las ganancias: es aquí donde entran a participar los socios de industria. Si no hay fondos suficientes para satisfacer íntegramente a los aportantes, dividirán éstos entre sí, en proporción al valor de los que entregaron, los bienes que restan, y la pérdida corre exclusivamente a cargo suyo.

INDICACIÓN BIBLIOGRÁFICA. Obras generales. Entre los comentarios clásicos destacan los de la colección de Mucius SCAEVOLA: tomo XXV-1º, Madrid 1933, obra de CASTÁN TOBEÑAS; y vol. 2º, 2ª ed., Madrid, 1971, por BATLLE VÁZQUEZ. Y actualmente, los de CAPILLA RONCERO, coment. arts. 1.665 y ss. en los de EDERSA, XXI-2º, Madrid, 1986 (antes, *La sociedad civil,* Bolonia, 1984), y PAZ-ARES, en «Comentarios del Código civil» (Ministerio de Justicia), t. II, Madrid, 1991.

Aportaciones monográficas. CASTÁN TOBEÑAS, *Alrededor de la distinción entre las sociedades civiles y las mercantiles,* en RGLJ., 1929, pág. 5; DIEZ PICAZO, *Los pactos leoninos en el contrato de sociedad,* en «Estudios de Castro», Madrid, 1976, I, pág. 567; GARCÍA MAS, *La sociedad civil y su conexión registral,* RCDI., 1990, pág. 155; GARRIDO DE PALMA, *Hacia un nuevo enfoque jurídico de la sociedad civil,* en RDP., 1972, pág. 759; GIRÓN TENA, *Sociedades civiles y sociedades mercantiles,* en RDM., 1946, pág. 345, y 1947, pág. 7; el mismo, *Sobre los conceptos de sociedad en nuestro Derecho,* en RDP., 1954, pág. 369; MARIN LÁZARO,

Sociedad y comunidad, en RDP., 1942, pág. 689; MARTINEZ ALMEIDA, *Naturaleza jurídica de la aportación a sociedad,* en AAMN., V, Madrid, 1950, pág. 222; MORENO-LUQUE CASARIEGO, *Sociedades profesionales liberales*, Barcelona, 1994; ORTEGA PARDO, *Sociedad civil irregular,* en ADC., 1951, pág. 411; QUESADA GONZÁLEZ, *Disolución de la sociedad civil por voluntad unilateral de un socio,* Barcelona, 1991; REY PORTOLÉS, *El artículo 1.701 del Cc.,* en ADC., 1975, pág. 897; ROCA SASTRE, *Naturaleza jurídica de la aportación social,* en RGLJ., 1946, I, pág. 413; TENA PIAZUELO, I., *La caracterización de la sociedad civil y su diferencia con la comunidad de bienes*, Valencia, 1997; VALPUESTA GASTAMINZA, E., *La sociedad irregular*, Pamplona, 1995; VERGEZ, *El socio industrial,* Madrid, 1972.

§ 103. LA APARCERÍA AGRARIA

533. Tipificación.

Entre el contrato de sociedad, en el cual los socios ponen sus bienes o su trabajo en común en vista de obtener una ganancia que se reparten y constituye la recompensa aleatoria de la aportación de cada uno, y los contratos en que uno presta su trabajo o el uso y disfrute de ciertos bienes y recibe un precio, hay una serie de modalidades contractuales caracterizadas porque las prestaciones de las partes, que hubieran podido retribuirse en cosa determinada o cantidad fija, se pagan, en cambio, con parte de los frutos obtenidos merced a tales prestaciones.

En principio, este modo de retribuir no desnaturaliza necesariamente al contrato al cual se adiciona o en el cual sustituye a la retribución fija y determinada propia del tipo regulado en la ley. Mas, habitualmente, la forma de retribución mediante una alícuota de los frutos introduce en tales casos, en la economía de los contratos típicos, modificaciones de tal entidad que dan lugar a un tipo nuevo. Es, por ejemplo, el caso más frecuente en los diversos supuestos de aparcería agraria, es decir, en aquellos contratos mediante los cuales una parte aporta la tierra y acaso una parte de los gastos de cultivo o todos ellos, unas cabezas de ganado y eventualmente lo necesario para su manutención, mientras otra pone su trabajo y eventualmente parte o la totalidad de los gastos, a fin de repartir los frutos de la explotación de los bienes cedidos por la primera, en la proporción pactada.

En nuestro Derecho positivo, el contrato para la conducción de una finca rústica, tipificado como *aparcería,* viene descrito por el art. 28.1 LAR, a cuyo tenor, *por el contrato de aparcería el titular de una finca o de una explotación cede temporalmente su uso y disfrute o el de alguno de sus aprovechamientos, así como el de los elementos de la explotación, ganado, maquinaria o capital circulante, conviniendo con el cesionario aparcero en repartirse los productos por partes alícuotas en proporción a sus respectivas aportaciones.*

La tipificación del contrato que del precepto resulta lo distingue perfectamente del arrendamiento de finca rústica (cfr. art. 1 LAR). Habría de diferenciarlo también del contrato laboral o de prestación de servicios, máxime si se tiene en cuenta la proposición del final del precepto transcrito, que evidencia el carácter de coempresarios que conviene, en las previsiones del propio legislador, a ambas partes contratantes, a diferencia de lo que ocurre en el arrendamiento. Sin embargo, por las razones ya apuntadas, la posible confusión o entrecruzamiento de ambas categorías contractuales típicas es consentida por el propio legislador, que si bien parece partir de la presunción de excluir de la aparcería la relación laboral, inmediatamente admite no sólo que la relación laboral también se pacte sino que, además, reclama para este caso la aplicación de la legislación laboral y dispone en el propio art. 28.2 que *se presumirá, salvo pacto en contrario, que el contrato de aparcería no comprende relación laboral alguna entre cedente y cesionario; de pactarse expresamente esa relación, se aplicará, además, la legislación correspondiente.*

En razón de la posibilidad de casos especiales, el art. 30 exceptúa de esa regla *los contratos en que el aparcero aporte únicamente su trabajo personal y, en su caso, una parte del capital de explotación y del capital circulante que no supere el 10 por 100 del valor total.* En este supuesto, deberá garantizarse al aparcero el salario mínimo que corresponda al tiempo de la actividad que dedique al cultivo de las fincas y cumplirse con la legislación laboral y de Seguridad Social.

Pone claramente de relieve el art. 28.1 LAR el carácter asociativo de la empresa agraria a que da vida el contrato de aparcería agrícola con su ejercicio en común, en cuanto que las partes desarrollan juntamente la actividad convenida y asumen ambas la cualidad empresarial al repartirse proporcionalmente los productos y rendimientos. En cualquier caso, pese a este perfil asociativo esencial en la misma, la aparcería no se identifica con la sociedad.

534. La disciplina normativa de la aparcería agrícola.

La LAR de 2003, modificada por Ley 26/2005, de 30 de noviembre, regula la aparcería en su capítulo IX, arts. 28 a 32, preceptos que no contienen una disciplina completa del instituto, sino, en su mayor parte, normas definitorias o dispositivas referentes a puntos concretos que el legislador ha creído preciso aclarar o encauzar.

Fuera de las escasas normas de carácter imperativo, en la aparcería se da amplio espacio a que la regulación sea determinada por la voluntad de los contratantes, con lo que se sigue aquí una larga tradición de dejar la regulación de este contrato al margen en gran parte de los estrechos cauces de la ley, e incluso, en la previsión del legislador, según se indica enseguida, una generosa llamada a la costumbre en la determinación del contenido contractual. Dispone a este propósito el art. 29 LAR que, *en defecto de pacto expreso, de normas forales o de derecho especial y de costumbre, se aplicarán las disposiciones de este capítulo y, con carácter supletorio, las normas sobre arrendamientos rústicos contenidos en los capítulos II, III, VI y VIII siempre que no resulten contrarias a la naturaleza esencial del contrato de aparcería* (con la excepción que menciona sobre mejoras, que luego veremos). Esta remisión afecta sólo, pues, a *partes contratantes*, a *forma* y a *gastos y mejoras.*

Aunque el art. 29 LAR no lo mencione, debe considerarse como regla supletoria última en materia de aparcería agrícola el art. 1.579 Cc.

535. Establecimiento de la relación contractual: sujetos, objeto y forma.

A. Sujetos. Sujetos del contrato de aparcería son el cedente o *concedente* de la finca rústica o de la explotación, de una parte, y el *aparcero*, de otra. El concedente debe tener, para dar la finca en aparcería, la misma capacidad exigida para arrendarla; y puede considerarse que también el aparcero debe reunir los requisitos o condiciones señalados para ser arrendatario. En cuanto a capacidad para celebrar este contrato se aplica, por remisión, el art. 9 LAR (incluidas las excepciones de su núm. 4).

B. Objeto. La aportación típica del concedente es la finca o la explotación, y la del aparcero el trabajo. En el contrato de aparcería tipificado por la LAR de 2003 ha dejado de ser esencial la aportación del cedente de la finca consistente en capital no inmovilizado de explotación (ganado, maquinaria y capital circulante) —aportación que no podría ser inferior al 25 por 100 en la ley de1980—. En cuanto a la finca o explotación, aunque no lo diga la ley, se supone que ha de ser fructífera y, al menos en principio, estar preparada para el cultivo; pero también es posible que la aparcería lleve aparejado un pacto o cláusula de transformación o de mejora tendente a posibilitar la puesta de la finca en producción.

C. Forma. Aunque no hay norma específica, por aplicación con carácter subsidiario del capítulo III —a que remite el art. 29—, resulta que el contrato de aparcería *deberá constar por escrito* (que puede ser privado). Mas *en cualquier momento, las partes podrán compelerse a formalizar* [el contrato] *en documento público, cuyos gastos serán de cuenta del solicitante. También podrán compelerse a la constitución del inventario de los bienes* [dados en aparcería] (art. 11.1).

En razón de la misma remisión expresa al cap. III de la ley, hay que entender aplicable a la *aparcería de explotación* lo que el art 11.2 dispone para el arrendamiento de esa clase: el contrato *deberá ir acompañado de un inventario circunstanciado de los diversos elementos que integran la explotación, del estado de conservación en que los recibe el aparcero y de cuantas circunstancias sean necesarias para el adecuado desenvolvimiento del contrato.*

536. Duración de la aparcería.

A tenor de cuanto dispone el art. 31 LAR, *la duración del contrato será la libremente pactada y, en defecto de pacto, se estimará que es la de un año agrícola.* Este plazo de duración mínima de la aparcería se entiende puesto por el legislador en beneficio del aparcero, pudiendo ampliarse, pero en ningún caso reducirse.

Cabe, también aquí, la prórroga legal de este contrato. Continúa la norma transcrita: *entendiéndose prorrogado* [ese plazo de un año agrícola] *por un periodo de un año, en los mismos términos que los señalados para el arrendamiento en el art. 12. En los contratos de duración anual o inferior, la notifica-*

ción previa de finalización del contrato se efectuará, al menos, con seis meses de antelación.

Si se hubiera convenido la aparcería para la realización de un cultivo determinado –dice el párrafo segundo del mismo art. 31– *el plazo mínimo de duración será el tiempo necesario para completar una rotación o ciclo de cultivo.* Añade que, al finalizar el contrato de aparcería, si el titular de la finca pretende arrendarla, el aparcero tendrá derecho preferente, en igualdad de condiciones y derecho a prórrogas que la Ley establece.

537. Contenido del contrato.

A. Derechos y obligaciones de las partes. Al aparcero corresponde, como obligación primordial, el deber de cultivar la finca a uso y costumbre de buen labrador. Por incompatibilidad de ciertos actos y negocios con esta obligación básica y necesaria respecto del propio diseño típico contractual de la aparcería, y para impedir también que el aparcero se desvíe definitivamente mediante aquellos de la fundamental obligación que le es propia, le está vedada la cesión total o parcial del contrato, lo que es acorde con la no remisión de la LAR en este punto (cesión y subarriendo) al cap. VII de la misma.

El concedente, por su parte, se obliga a entregar la finca al aparcero para que la cultive, y a mantenerla en estado de servir para el aprovechamiento o explotación a que se destina, efectuando las obras y reparaciones que para ello sean necesarias (cfr. art. 18.1 LAR).

B. Gastos y mejoras. En este punto se aplica, en términos generales, lo dispuesto sobre la cuestión para el arrendamiento (cap. VI, arts. 17 a 21 LAR). Como norma especial para la aparcería, dispone el párrafo 2º del art. 29 que *tratándose de las mejoras impuestas por ley o por resolución judicial o administrativa firmes o acuerdo firme de la comunidad de regantes correspondiente, deberán llevarse a cabo por las partes con arreglo a lo pactado entre ellas y, si faltara el pacto, podrá resolverse el contrato a instancia del cedente o del cesionario.*

C. La dirección. Por el contrato agrario de aparcería agrícola se constituye una empresa agraria que, por principio (arg. art. 28.1, *in fine*, LAR), es común de los contratantes asociados y, en tanto que ambos son coempresarios, no exclusiva de uno de ellos. En cuanto a la dirección de la empresa, es lógico que se comparta por ambos interesados y por igual empresarios, si bien, en lo que se refiere a la elección del cultivo y a la actividad subsiguiente de explotación, parece oportuno que quede la cuestión a la voluntad concordada de ambos, y que la determinación del tipo y clase de cultivo corresponda al cedente, al aparcero o a ambos según lo señalado en el contrato y, en defecto de pacto, se siga el sistema y método de cultivo más usual en la localidad o en la comarca, salvo que otra cosa viniera impuesta por disposiciones legales reglamentarias.

538. La distribución de los frutos.

A. La comunidad. Los frutos conseguidos mediante el ejercicio de la empresa comun pertenecen a concedente y aparcero y deben repartirse entre ellos. Su adquisición conjunta se debe a la actividad económica organizada que tanto al uno como al otro es imputable, por lo que es de carácter directo y no en condición y como consecuencia de un crédito de una parte respecto de la otra interesada en el contrato.

En cuanto a la pertenencia conjunta de los frutos, salvo pacto o costumbre en contrario, parece razonable que los frutos o productos separados, sobre los que cedente y aparcero tengan participación, se consideran bienes comunes de ambos y ninguno de ellos puede retirarlos sin el consentimiento del otro (como decía explícitamente el anterior art. 113 LAR. 1980).

En razón a la cotitularidad que ha de recaer sobre los frutos cuando se alcen o separen, el aparcero debe, para recoger la cosecha, avisar al concedente con la antelación conveniente, según la buena fe. Siendo, por otra parte, comunes los frutos por él recogidos, la venta de los mismos sólo puede realizarse con el asentimiento de ambos partícipes, si bien la jurisprudencia ha admitido (así, S. 24 abril 1962) que no altera la naturaleza del contrato de aparcería el convenio de que la parte correspondiente al dueño de la finca le sea satisfecha en metálico.

B. La liquidación. Previamente a la distribución de los frutos debe llevarse a cabo la liquidación de los gastos a que su producción haya dado lugar, para poderse determinar la utilidad repartible del ejercicio de la actividad empresarial, ya que el reparto ha de ser sobre producción neta (descontados gastos). La LAR de 2003 no tiene otra regla que la de *repartirse* [cedente y cesionario aparcero] *los productos por partes alícuotas en proporción a sus respectivas aportaciones* (art. 28.1); evidentemente, salvo pacto en contrario, dado el imperio de la autonomía de la voluntad que informa la ley.

En la liquidación habrán de tenerse en cuenta las aportaciones de las partes contratantes, al objeto de determinar, en proporción a aquéllas (cfr. art. 28.1) o, en su caso, en proporción diferente, cuando así se haya pactado, la parte alícuota de los productos que a cada partícipe debe corresponderle y serle adjudicada.

539. Enajenación de la finca. Resolución del derecho del concedente.

En el caso de enajenarse por el concedente la finca dada en aparcería, ha lugar a un supuesto posible de extinción de la misma, al no haber seguido en este punto el legislador la regla por él acogida a propósito del arrendamiento (vid. art. 22 LAR) ni aplicarse con carácter supletorio el cap. VII, y haber mantenido la vigencia del sentido de la más tradicional *emptio tollit locatum.*

En consecuencia, de no pretender el adquirente la extinción de la aparcería, se extinguirá ésta normalmente por el cumplimiento del término por el que se concertó o, en su caso, por las demás causas de terminación que le sean aplicables.

Por lo demás, es de aplicación a la aparcería –por la supletoriedad a que alude el art. 29– lo dispuesto en el art. 10 para el arrendamiento: extinguido el derecho del usufructuario, superficiario, enfiteuta y asimilados que cedan la finca o explotación en aparcería, se resolverá ésta, salvo que no haya terminado el año agrícola, en cuyo caso subsistirá hasta que éste concluya.

540. Aparcería asociativa.

Es una novedad de la LAR de 2003 –como destaca el legislador en la Exp. Mot. ("remitiendo su regulación, a falta de pacto, al contrato de sociedad"). En efecto: aquellos contratos parciarios –dice el art. 32– en que dos o más personas aporten o pongan en común el uso y disfrute de fincas, capital, trabajo y otros elementos de producción, con la finalidad de constituir una explotación agrícola, ganadera o forestal, o de agrandarla, acordando repartirse el beneficio que obtengan proporcionalmente a sus aportaciones, *se regirán por las reglas de su constitución y, en su defecto, por las del contrato de sociedad, sin perjuicio de que les sean también aplicables, en su caso, las reglas sobre gastos y mejoras establecidas para los arrendamientos.* De esta norma aparecen dos extremos que destacar: a) la nota distintiva más caracterizada respecto de otras aparcerías es de tipo finalístico: constituir una explotación *ad hoc* o agrandarla; y b) la aplicación de las reglas del contrato de sociedad a falta de pactos expresos, salvo en cuanto al régimen de gastos y mejoras, a los que se aplicarán las normas del cap. VI LAR.

541. Extinción de la aparcería.

No hay reglas especiales para ella a este respecto en la LAR de 2003 (a diferencia de la de 1980), pero sí se aplicarán las reglas del cap. VIII LAR (terminación del arrendamiento) a la aparcería, en defecto de pacto expreso o de normas especiales o costumbre —según modificación introducida por Ley 26/2005—; también las generales de los contratos, y cabrá distinguir aquí, como en los arrendamientos, entre causas *de extinción* en sentido estricto, y las de *resolución del contrato* (por incumplimiento de las obligaciones que competen a las partes: cfr. art. 1124 C.c.). Es innecesario hacer mayores concreciones.

INDICACIÓN BIBLIOGRÁFICA. CASAS MERCADÉ, *Las aparcerías y sus problemas* (2ª ed.), Barcelona, 1956; COBACHO, *La aparcería agrícola*, en RCDI., 1982, págs. 663; y GÓMEZ LAPLAZA, *La aparcería agrícola en la ley de arrendamientos rústicos* (Madrid, Tecnos, 1988).

VIII. CONTRATOS ALEATORIOS

§ 104. CARACTERES Y DISTINCIONES

542. El concepto.

Según el art. 1.790, *por el contrato aleatorio, una de las partes, o ambas recíprocamente, se obligan a dar o hacer alguna cosa en equivalencia de lo que la otra parte ha de dar o hacer para el caso de un acontecimiento incierto, o que ha de ocurrir en tiempo indeterminado.*

La doctrina critica este concepto alternativo por considerarlo impreciso: en cuanto al primer término, no consigue distinguir el contrato aleatorio del condicional, y en relación con el segndo, «induce a pensar que la obligación se establece para el supuesto de producirse el acontecimiento en tiempo indeterminado, cuando en realidad la obligación nace para surtir efectos durante un tiempo determinado pero incierto, al vincularse a la muerte de una persona que no se sabe cuándo ocurrirá» (GUILARTE).

A. Contratos típicos y atípicos. La jurisprudencia, con la salvedad de una antigua S. (la de 27 junio 1906), reconoce que la enumeración del art. 1.790 no es limitativa, pudiendo haber otros contratos aleatorios no mencionados en él (S. 19 octubre 1959, 30 octubre 1981 y otras). La S. 9 octubre 1993 califica de atípico el "contrato denominado de lotería".

B. El riesgo. Caracteriza al contrato aleatorio la presencia, en él, de un riesgo o *alea* con el que juegan las partes (que sea común a ambas partes, precisa la S. 14 mayo 1962) y que determina, en principio, la oferta y la demanda: un elemento fortuito e incierto (como puede ser el fallecimiento o sufrir un accidente, o llegar primero a la meta, o que la rueda se pare en determinado número, etc.), que determina el derecho de una de las partes a una prestación o el cese de una que venía realizándose.

Para MONTÉS serían contratos aleatorios «aquellos en que las partes asumen un riesgo por encima del *alea normal* o, con mejor técnica, por encima de la composición normal que el ordenamiento jurídico realiza en tema de riesgo o alea para cada tipo contractual».

543. Distinciones.

Una clasificación de los contratos onerosos (ajena al Derecho romano) los divide en *conmutativos* y *aleatorios,* siendo los primeros aquéllos en los que las prestaciones programadas tienen como objeto cosas o servicios concretos cuyo valor e importe es, presuntamente, conocido y aceptado por las partes; y los segundos aquéllos en los que se conviene que la prestación de una de las partes (o la única prestación, a realizar alternativamente por una de las partes) dependa del azar. Cfr S. 11 noviembre 1911.

A. Alea y condición. Se ha intentado configurar el contrato aleatorio como un condicional. Pero en el contrato aleatorio la incertidumbre no se refiere a si el contrato existe o no, se resuelve o no; sino, dentro de un contrato válido y ya existente, a la realización de las prestaciones de una de las partes o ambas, o al contenido de éste; en tanto que la condición hace incierta la existencia misma del contrato (S. 20 noviembre 1915).

La S. 14 mayo 1962 califica de condicional —excluyendo su posible naturaleza de aleatorio— a un contrato de obras de alumbramiento o captación de aguas en el cual la retribución se convino con arreglo a una escala de litros hora conseguidos, con pacto expreso de que si el alumbramiento fuera inferior a 5.000 litros hora, el precio de los trabajos corría a cargo del contratista ejecutor de la obra. También la S. 19 octubre 1959 rechaza la tesis de que la venta de la nuda propiedad de un inmueble reservándose el vendedor el usufructuario, tenga el carácter de contrato aleatorio. Mientras que en el contrato aleatorio es la propia exigibilidad de la prestación la que no está previamente determinada.

B. El papel del alea. Considera CASTÁN TOBEÑAS aceptable la distinción que hacen CHIRONI y BARASSI entre los contratos aleatorios en que interviene la suerte (seguro, renta vitalicia) y aquellos otros en que la suerte es la razón constitutiva (juego y apuesta). Por mi parte, entiendo que la distinción entre los diversos contratos aleatorios típicos debe arrancar del hecho de que en la renta y el seguro intervienen riesgos concretos, que podemos llamar *nominados,* mientras que el juego y la apuesta se montan sobre un elenco de infinitas eventualidades: el *tipo contractual* es genérico y abarca todas las manifestaciones que quepa imaginar.

Cabe, asimismo, dividir estos contratos por la relación entre el riesgo y las prestaciones en los siguientes grupos:

a) Aquellas modalidades que ponen a cargo de una parte una prestación ya firme y de cuantía concreta frente a otra aleatoria en cuanto a su existencia: compra de un billete de lotería, seguro de incendios...

b) Prestación firme a cambio de otra igualmente segura en cuanto a su existencia, pero dependiendo de la suerte en su cuantía: así el total que cobra en pensiones el acreedor de la renta vitalicia.

c) Sinalagma de «aleas»: prestación de uno de los contratantes (o de varios) en favor de otro, a designar por la suerte. La posición de favorecido y la de pagador están en juego; se van a determinar por la suerte, entre los partícipes; y la causa de la atribución al ganancioso es el riesgo que corrió de perder: la del empobrecimiento del perdedor, las probabilidades que tuvo de ganar: apuestas mutuas, tontinas, etc.

INDICACIÓN BIBLIOGRÁFICA. ALVAREZ VIGARAY, *Los contratos aleatorios,* en ADC., 1968, pág. 607; VÁZQUEZ BOTE, *Algunas consideraciones sobre los contratos aleatorios del Cc.* , en RCDI., 1969. pág. 351; Montés Penades, *Observaciones sobre la aleatoriedad del contrato de seguro,* en los *Comentarios* dirigidos por Verdera; Guilarte Zapatero, Coment. al art. 1.790 Cc., en los de EDERSA, t. XXII-1º, Madrid, 1982, pág. 319.

§ 105. EL JUEGO Y LA APUESTA

544. El contrato, y su consideración por el Derecho.

A. Concepto legal. El contrato de juego a los efectos que aquí interesan es el que contiene una apuesta, casi siempre de una cantidad de dinero, a cobrar por el jugador que pronostica con acierto determinado acontecimiento, y es esa apuesta la que realmente viene regulada por el Derecho civil.

El Cc. menciona, como especies diversas, el *juego* y la *apuesta,* y aunque la distinción es meramente terminológica y carece de cualquier efecto, pues el art. 1.799 Cc. equipara ambas figuras, con todo la doctrina se plantea el innecesario problema de separar el uno de la otra. Lo que tiene significado jurídico es la apuesta ínsita en el juego. Este, en sí, es indiferente al Derecho, desde el ajedrez al water-polo y desde el tute subastado al «tú la llevas». En el juego no hay intercambio de prestaciones, ni se le puede calificar, a falta de apuesta, de contrato gratuito: sencillamente, no es contrato. Pero si a cualquier juego se le añade una *apuesta,* de los jugadores o de los espectadores, el acto lúdico representa el factor desencadenante de un resultado jurídico: una relación (real o no) de obligación en la que el azar decide quién es el acreedor y el deudor. Esta apuesta es la que se denomina en unas ocasiones «juego» y en otras «apuesta», sin que, dada la asimilación que entre el tratamiento de uno y otra hace el art. 1.799, la cuestión de la distinción entre ambas especies tenga importancia para el Derecho civil.

B. Aspectos administrativos y penales. El juego de azar y las restantes actividades que se traducen en obtener una ganancia o sufrir una pérdida económica sin trabajo personal y mediante la intervención de la suerte, suponen un problema social que el legislador hubo de abordar desde distintos ángulos: civil, penal y administrativo.

Los aspectos penales que tuvieron una gran trascendencia en tiempos inmediatamente anteriores a los presentes, han sido completamente destipificados en la reforma del Código penal operada por Ley Orgánica de 25 julio 1983 (que mantiene el C.P. de 1995), no porque se entienda que los juegos y apuestas antes penados merezcan un aprecio de actividad neutral para la moral al uso o dominante, sino porque era insostenible que tales actividades sólo fuesen consideradas delictivas en tanto que practicadas entre particulares y no cuando la «banca» queda en manos de las Administraciones públicas o de particulares administrativarnente autorizados.

En el orden administrativo y fiscal, la Ley 13/2011, de 27 mayo, "de regulación del juego", regula esa actividad –en la que han irrumpido las nuevas tecnologías y aparecido nuevos operadores– con la finalidad de tutela de los menores y de los participantes en los juegos, prevenir las actividades fraudulentas y el blanqueo de capitales, así como el control público del sector (Preámbulo, II). No contiene referencia alguna al contrato de juego o apuesta.

545. El Derecho civil.

En las anteriores ediciones de esta obra se partía de la existencia de una prohibición legal de determinados juegos de azar y de la distinta amplitud que la prohibición tenía en los ámbitos penal y civil. La despenalización del juego operada por la reforma de 1983 obliga a una revisión parcial de aquel planteamiento.

Entendemos, con Gitrama y con algunos expositivos de la S. de 23 febrero 1988 (ponente López Vilas), que no cabe, en rigor, hablar de juegos prohibidos y no prohibidos, puesto que no hay ninguna norma penal que los sancione y no se puede entender como asimiladas a tales las prohibiciones administrativas sobre cuya finalidad última ya me había pronunciado. Ni la despenalización ni la reglamentación administrativista del juego han derogado ni mitigado el vigor para el ámbito civil, del art. 1.798 Cc. cuando afirma que *la ley no concede acción para reclamar lo que se gana en un juego de suerte, envite o azar.* Añadiendo el art. 1.799 que *lo dispuesto en el artículo anterior respecto del juego es aplicable a las apuestas* (cfr. S. 11 julio 1984). Las consideraciones que movieron al legislador civil a dar dos distintos tratamientos al juego: uno, como objeto ordinario de un contrato previsto para juegos que se consideran dignos de protección jurídica; y otro, que toma al juego y a la apuesta como actividades no penadas, con tratamiento administrativo o sin él, quedan al margen del reconocimiento jurídico tuitivo de los contratos (juegos desprotegidos los denominó Lacruz, apelativo que mantenemos) y para los que el Código solamente se interesa para negar acción para reclamar lo debido al juzgador ganancioso y para negar el derecho de repetición para el perdedor que pagó voluntariamente, así como para conceder a la Autoridad judicial, en el art. 1.801-2, una potestad arbitral disyuntiva, para, según los casos, no estimar la demanda o reducir la obligación.

Por consiguiente creemos que yerra en la integración de la ley la S. de 23 febrero 1988 cuando afirma que de la despenalización y de la interpretación de las normas administrativas sobre el juego «ha de inferirse que los juegos de suerte, envite o azar declarados legales y practicados en lugares autorizados al efecto ya no pueden considerarse prohibidos y, en consecuencia, obligan a pagar al que pierde y, por ello, el que gana tiene derecho y acción para exigir lo ganado, configurándose las ganancias o pérdidas que resultan de aquellos como el efecto consustancial del riesgo o aleas que define y caracteriza el juego», y más cuando añade que «cualquiera otra interpretación, enraizada en la tradicional inexigibilidad de las deudas de juego o basada en motivos morales, sociales o familiares —ya ponderados por el legislador al legalizar el juego, con sus inevitables consecuencias negativas— sería contraria al principio de seguridad jurídica consagrado por la Constitución y a la seguridad del tráfico comercial...» (en el mismo sentido y términos, la S. 30 enero 1995), argumento que le sirve para negar la posibilidad judicial para no estimar la demanda, aunque sí, bien que reconociendo la excepcionalidad, para mantener la posibilidad de moderación en la cuantía de la deuda; lo que parece inconsecuente con la doctrina que se sustenta.

546. El juego objeto de contrato.

Cabe afirmar que cuando se juega o apuesta sobre un juego no prohibido ni penal ni administrativamente, siempre que no sea de suerte, envite o azar, es obligado pagar lo perdido en él, porque a tenor del art. 1.801-1º, *el que pierde en un juego o apuesta de los no prohibidos queda obligado civilmente.*

No obstante, esto último resulta muy discutible a la vista del art. 1.800, a cuyo tenor *no se consideran prohibidos los juegos que contribuyen al ejercicio del cuerpo, como son los que tienen por objeto adiestrarse en el manejo de las armas, las carreras a pie o a caballo, las de carros, el juego de pelota y otros de análoga naturaleza.*

Pues ciertos juegos que no son de suerte, envite o azar no contribuyen al ejercicio del cuerpo. Hay, entonces, una laguna legal entre los juegos de suerte y los corporales: quedan aquéllos que no son ni lo uno ni lo otro: los que suponen un ejercicio de inteligencia, o bien una habilidad manual que no pueda conceptuarse como ejercicio corporal.

Díez Picazo y Gullón opinan, en este punto, que la redacción del art. 1.800 «es lo suficientemente expresiva de su enumeración ejemplificativa», y que el precepto «debe ser, por su parte, interpretado de forma que permita acoger los juegos en que la destreza, técnica e inteligencia del jugador sean lo esencial, reservando los prohibidos para los de pura suerte, envite o azar». Guilarte, por el contrario, incluye en el ámbito de los juegos de azar los denominados «mixtos», y también, con mayores reservas, las apuestas sobre partidas de billar o de ajedrez.

Creemos que el art. 1.800 debe interpretarse en el sentido de que obtiene protección legal la apuesta sobre juegos que contribuyen al ejercicio del cuerpo o de la inteligencia. A ésta, ciertamente, no se refiere el art. 1.800, cuya tradición ha de relacionarse, desde el Derecho romano, con el fomento de la preparación para la guerra con medios e instrumentos cuyo manejo exige, sobre todo, fuerza y destreza físicas. Pero la interpretación puede, legítimamente y *de minore ad majus,* sublimar el precepto y aun adaptarlo a «las circunstancias del tiempo presente» (en el cual la guerra tiene poco que ver con la fuerza física del que toma parte de ella). Sí conviene precisar, con todo, la clase de juegos protegida en este concepto: no simplemente aquéllos en los que se ha de aplicar la inteligencia para mejorar las posibilidades del azar, sino los concursos y apuestas en los que son protagonistas, exclusivamente, la cultura y las fuerzas intelectuales de los partícipes.

La permisión del art. 1.800 se refiere a juegos en los que se ejercita el cuerpo (o la inteligencia, según lo dicho), propios del jugador, pues lo que hace lícita la apuesta es precisamente que su resultado depende en una parte del apostador, y que ella supone un estímulo para ejercitarse y vencer. De donde se sigue que las apuestas sobre juegos ajenos más bien deben asimilarse a juegos de azar: desde el punto de vista del apostador estos juegos ajenos son esencialmente aleatorios.

Los dicho supone —y así lo aprecia GUILARTE— incluir entre las apuestas desprotegidas las que se cruzan en el frontón o en las carreras de caballos, o en las regatas, etc., pese a que tales apuestas tienen una específica organización.

No son «de azar», y por tanto no caen bajo el régimen del art. 1.798 Cc., las apuestas que se hacen sobre la realidad de un hecho o acontecimiento no aleatorio: tales apuestas se rigen por el artículo 1.801 (S. 6 octubre 1893).

Ahora bien: tanto el juego como la apuesta que obligan civilmente tienen una importante limitación: cuando el vendedor reclame al vencido la cantidad que perdió, *la Autoridad judicial puede no estimar la demanda cuando la cantidad que se cruzó en el juego o en la apuesta sea excesiva, o reducir la obligación en lo que excediere de los usos de un buen padre de familia* (art. 1.801-2º) (cfr. S. 30 enero 1995). Por tanto, resulta equiparada a las de suerte, envite o azar, cualquier apuesta que exceda de los indicados límites.

Satisfecha voluntariamente la deuda en juego permitido, el perdedor ya no podría repetir el pago alegando el art. 1.801-2º, pues se trata de una excepción que no debe interpretarse extensivamente (*contra*, S. 23 febrero 1988).

547. Régimen civil del juego desprotegido.

Veamos ahora el texto íntegro del art. 1.798. Dice así: *La Ley no concede acción para reclamar lo que se gana en un juego de suerte, envite o azar; pero el que pierde no puede repetir lo que haya pagado voluntariamente, a no ser que hubiese mediado dolo, o que fuera menor, o estuviera inhabilitado para administrar sus bienes.*

Según hemos visto, aun cuando los arts. 1.799 y ss. hablan de juego prohibido refiriéndose a la apuesta de suerte, envite o azar (a la que se equipara la inmoderada), la prohibición tiene efectos limitados y debe entenderse hoy sin protección específica.

A. La voluntariedad del pago. El art. 1.798 establece como supuesto de la irrepetibilidad que el pago sea *voluntario,* y por tanto con voluntad exenta de vicios. Mas, ¿se considerará como vicio de la voluntad el hecho de desconocer el deudor que no estaba obligado a pagar, o su error sobre la calificación jurídica del juego en el que perdió? En cuanto error de derecho, éste difícilmente será excusable, pero sí puede serlo el de los herederos del perdedor que satisfacen el documento de reconocimiento de deuda suscrito por él como consecuencia de una de juego, circunstancia que ignoraban los pagadores.

B. Fundamento de la irrepetibilidad. El régimen del juego desprotegido se considera por una parte de la doctrina como una consecuencia de la aplicación del art. 1.306 Cc. en relación con el 1.305: hay causa ilícita, culpa de ambos contratantes y, por tanto, ninguno puede reclamar lo ya dado al otro o aquello que se le prometió a él. Sin embargo, la calificación de la *causa* de la apuesta de suerte, envite o azar (o la inmoderada) como *ilícita* no parece adecuada, porque tales apuestas, aunque el Cc. les llama «prohibidas", propiamente no lo están en ningún texto penal; y extraer del art. 1.798, de interpretación estricta, la conclusión de que son ilícitas, resulta excesivo.

Más bien el legislador, al establecer aquí la irrepetibilidad no hace aplicación de las ideas de causa ilícita o de obligación natural (por eso, como vamos a ver, no vale el reconocimiento de la deuda de juego por el «obligado» pero convertida en obligación civil), sino que se limita a establecer, por consideraciones de política jurídica, un caso singular de contrato desprovisto de eficacia vinculante en cuanto fuente de obligaciones, aunque causa suficiente de la atribución del que paga: sólo con estas reservas es aplicable, por analogía, el apartado primero del art. 1.306, y no el segundo, aunque la supuesta causa torpe pueda en algún caso estar de parte de uno solo de los apostantes (la apuesta es inmoderada para uno y no para otro).

Tratándose de juego de suerte, envite o azar, la deuda es inexigible aunque el juego se practique entre amigos y arriesgando cantidades módicas.

C. Consecuencias de la falta de acción. La doctrina llega, en este punto, a las siguientes conclusiones:

a) El reconocimiento o promesa de pago de una deuda de juego, o bien los contratos que preparan la ejecución de un juego desprotegido o cooperan a ella, deben tener trato idéntico al del juego mismo. Por tanto, el pagaré suscrito por el perdedor es ineficaz, y lo mismo el cheque, cuyo pago podrá ser detenido en cualquier momento mientras no lo realice la entidad crediticia.

Correlativamente, la deuda de juego no podría ser afianzada, a falta de obligación válida; ni ser garantizada con hipoteca o con prenda, ni asegurada con pena convencional, que resultaría tan inexigible como la propia deuda.

b) El mandato para jugar no obliga al mandante a reembolsar al mandatario lo gastado, ni le autoriza para reclamar a éste lo pagado por pérdidas en el juego; pero probablemente el mandatario —contra lo que sucede en la regulación del art. 1.306— sí tendrá que entregarle lo ganado (S. 19 noviembre 1986).

c) Es dudoso si se somete al régimen del art. 1.798 el préstamo de cantidad realizado explícitamente para jugar: García Goyena mantiene la negativa, pero parece más probable la afirmativa cuando se hace por los jugadores en el curso del juego (Ss. 3 febrero 1961 y 19 noviembre 1986).

Indicación Bibliográfica. Traviesas, *El juego y la apuesta,* en RDP., 1917, pág. 273; Diez Picazo, *El juego y la apuesta en el Derecho civil,* en RCDI, 1967, pág. 719;

Guilarte Zapatero, coment. arts. 1.798 y ss. en los de EDERSA, XXII-1º, pág. 447; Gitrama, comentarios a los arts. 1.798 y ss., en *Comentario de Código civil,* del Ministerio de Justicia, Madrid 1991; Echevarria De Roda, T., *Los contratos de juegos y apuestas*, Barcelona , 1997.

§ 106. EL CONTRATO DE SEGURO

548. Concepto y naturaleza.

A tenor del art. 1º de la L. de 8 octubre de 1980, *el contrato de seguro es aquel por el que el asegurador se obliga, mediante el cobro de una prima y para el caso de que se produzca el evento cuyo riesgo es objeto de cobertura, a indemnizar, dentro de los límites pactados, el daño producido al asegurado o a satisfacer un capital, una renta u otras prestaciones convenidas.*

A. Antecedentes y planteamiento actual. La definición transcrita es el punto final (por el momento) de una larga evolución, que se inicia con la concepción del seguro como un contrato individual y aleatorio para ambos contratantes.

El seguro se regula por el legislador, hasta el siglo pasado, como un acto individual cuyas finalidades pueden ser diversas. Cuando lo pacta un individuo con otro, o un conjunto de individuos entre sí, supone generalmente una operación de previsión. Mas no ocurre así, en muchos casos, con el seguro sobre la vida, que puede traducirse en una especulación sobre la vida ajena: un mero juego de azar. Frente a una operación de ese género y, para reprimirla, pronto comenzó a exigirse la presencia de un interés del tomador del seguro en relación con la vida sobre la que éste se constituye (Ordenanzas del consulado de España en Brujas, año 1.568, y la *Gambling Act* inglesa de 1774). Más radical, la legislación revolucionaria francesa prohíbe las empresas dedicadas a la explotación del seguro de vida. Ya antes, entre nosotros, las Ordenanzas de Bilbao de 1737 (22, 12) habían prohibido «hacer seguros sobre la vida de los hombres», y los Códigos napoleónicos y nuestro Ccom. de 1829 callaron sobre los seguros de personas. Bajo estas influencias, el Cc. de 1889 regula exclusivamente el seguro de daños en las cosas.

El Cc. contempló el seguro privado como si habitualmente sirviera para desplazar el riesgo desde una economía individual a otra, igualmente individual. La realidad nunca es esa: el asegurador es un profesional que realiza múltiples operaciones, compensando las pérdidas del siniestro con las ganancias de aquellos seguros en que el siniestro no sobreviene y las primas se quedan en favor del asegurador. Es un acto en masa, realizado por profesionales.

Junto a la disciplina del Cc. había aparecido, poco antes, la del Ccom., asimismo muy parca: fueron desde entonces, sobre todo las condiciones generales contenidas en la póliza, las que vinieron a suplir la insuficiencia de los textos legales de Derecho privado, hasta la publicación de la ley de 1980.

La ausencia de régimen sustantivo del seguro privado persiste hasta la L. de 8 octubre 1980, técnicamente estimable y bastante completa.

B. Los seguros sociales. Al margen de la ley de 1980, reguladora de los seguros *privados,* se hallan los seguros *sociales* (los de enfermedad, invalidez, accidentes, paro, vejez, etc., regulados y controlados como tales): éstos obligatorios y de predominante interés público, se pagan en parte por entidades distintas del propio asegurado (contribuyen el Estado y el patrono); pueden proporcionar prestaciones iguales o mayores a quienes pagan una prima acaso menor (seguro de enfermedad, extensivo a la familia); y el impago de la prima no tiene como consecuencia necesaria suspender la prestación.

C. Naturaleza. Desde antiguo subyacen en las controversias sobre el seguro dos distintas concepciones de éste.

Para una (concepción *dualista* o *de la necesidad eventual)* la práctica del seguro nos conduce a contemplar en él dos suertes de eficacia y, correlativamente, de «riesgo» prevenido, según se trate de los daños a las cosas o la muerte de las personas. «En todo contrato de seguro —dice, describiéndola, Aurelio MENÉNDEZ— hay una asunción del riesgo de tener que subvenir a una necesidad económica, pero sólo hay indemnización en sentido estricto, sólo hay función indemnizatoria como causa del contrato, en los llamados seguros contra daños. En los seguros sobre la vida la necesidad patrimonial es abstracta, el asegurado se obliga a pagar una suma fijada de antemano en atención a la prima, y no *a posteriori*, en función del daño efectivamente sufrido. Por eso se habla de seguros de concreta cobertura de necesidad (seguros de daños), y de seguros de abstracta cobertura de necesidad (seguros sobre la vida), siendo los primeros, contratos de indemnización en los que la prestación del asegurador está condicionada por la demostración de la existencia y la valoración del daño real, y los segundos, contratos de capitalización, en los que la prestación del asegurador consiste en el pago de una suma de dinero, con independencia de si se produjo o no el daño».

Otro sector de la doctrina preconiza la unidad del seguro: para él todos los contratos de esta clase, sean sobre las cosas o sobre las personas, tienen función indemnizatoria. En todos ellos se cubre un riesgo; y en todos hay un interés asegurable, representado por la relación entre una persona y un bien (que puede ser incluso la propia vida de aquélla), susceptible de sufrir un daño en caso de realización del evento asegurado.

En el art. 1º de la ley de 1980 se observa una manifiesta preferencia por la concepción dualista. En él —dice VERDERA— está clara la distinción entre la obligación del asegurador, en el supuesto del seguro de daños, «de indemnizar», dentro de los límites pactados, «el daño producido al asegurado» y la obligación de la compañía en caso de producirse el evento del seguro de vida, de «satisfacer un capital, una renta u otras prestaciones convenidas», a la vez que el propio precepto, en su parte inicial, aplicable a todos los seguros, elude el término «siniestro», sin duda para alejar cualquier sospecha de inclinación hacia la tesis de la naturaleza indemnizatoria de los seguros de personas.

549. La disciplina de la actividad aseguradora.

La contratación de seguros en calidad de asegurador es una actividad reservada por la ley a ciertas entidades dedicadas profesionalmente a ella y sometidas a severos controles y condicionamientos (se excluyen cualesquiera otras entidades y las personas físicas). La ley trata de conseguir, con tal reserva, que las condiciones de la contratación sean equitativas y que las expectativas del particular contratante no resulten defraudadas.

Actualmente la ley de 2 de agosto de 1984 reglamenta las empresas aseguradoras, su actividad y, en general, la «ordenación del seguro privado». Mientras la ley de 1980 versa sobre un asunto de puro Derecho privado, como la celebración y consecuencias del contrato de seguro, ésta (de 1984) se ocupa, en un plano más administrativo, de la actividad aseguradora, cuyo ejercicio no cabe fuera de ella. La ley reserva la contratación del seguro a determinadas entidades bien diferenciadas (entidades privadas que adopten la forma de sociedad anónima, y algunas formas específicas para mutuas y cooperativas; necesidad de autorización del Ministerio de Economía y Hacienda como requisito previo).

550. La protección al consumidor del seguro.

Idea directriz del régimen de la actividad aseguradora es la protección al asegurado, como parte más débil, en cumplimiento en lo revisto en el art. 51 de la Constitución: obsérvese que la ley ahora comentada, es contemporánea de la ley de defensa del consumidor de 19 de julio de 1984. La idea de protección al consumidor brilla asimismo, con intensidad, en la ley de 1980, «cuyos preceptos tienen carácter imperativo, a no ser que en ellos se disponga otra cosa. No obstante, se entenderán válidas las cláusulas contractuales que sean más beneficiosas para el asegurado» (art. 2º).

También disciplina la actividad aseguradora en sentido protector del asegurado el art. 3º de la citada ley de 1980, con arreglo al cual «las condiciones generales, que en ningún caso podrán tener carácter lesivo para los asegurados, habrán de incluirse por el asegurador en la proposición de seguro si la hubiere y necesariamente en la póliza de contrato o en un documento complementario, que se suscribirá por el asegurado y al que se entregará copia del mismo. Las condiciones generales y particulares se redactarán de forma clara y precisa. Se destacarán de modo especial las cláusulas limitativas de los derechos de los asegurados, que deberán ser específicamente aceptadas por escrito». «Las condiciones generales del contrato estarán sometidas a la vigilancia de la Administración Pública en los términos previstos por la Ley».

Hoy debe ponerse este precepto en relación con el Texto refundido de la Ley general para la Defensa de los Consumidores y Usuarios (RD-Legisl. 1/2007, de 16 de noviembre) y su regulación de los "contratos con los consumidores y usuarios", su sometimiento, si incorporan condiciones generales, a la Ley 7/1998; la información previa al contrato (arts. 60), integración de la oferta, promoción y publicidad en el contrato (art. 61), la integración del contrato (art. 65), derecho de desistimiento (art. 68 y ss) y ejercicio de éste (arts. 71 y ss.). Son de aplicación, en todo caso, los principios generales que informan esa ley (art. 1) y los derechos básicos de los consumidores y usuarios (art. 8).

551. Carácter civil o mercantil del contrato.

A. En general. En opinión de Garrigues (anterior a la ley de 1980), «en buena doctrina todo seguro es acto de comercio para la empresa aseguradora y debe quedar sometido al Código de comercio». La doctrina más común se inclina asimismo, tras la ley de 1980, por estimar que el contrato de seguro es en todo caso mercantil, dada la condición de comerciante del asegurador. Vicent Chuliá hace notar, opuestamente, que la ley no califica este contrato ni como civil ni como mercantil, de donde deduce la idea de los redactores del anteproyecto «de trascender la dicotomía de nuestro ordenamiento, anticipándose a la unificación sistemática y total de todo el Derecho de obligaciones y contratos». Mas como, por el momento, hay una normativa general de las obligaciones y contratos diferenciada para los civiles y los mercantiles, el autor se inclina por considerar al contrato de seguro como «contrato civil o de Derecho común».

B. Las mutuas. En cualquier caso, quedaría aún el problema de la calificación civil o mercantil de las operaciones de las sociedades de seguros mutuos, que funcionan prácticamente como simple organismo de compensación entre los asegurados, sin obtener beneficios a costa de ellos, mientras que la empresa de seguros trata de retirar un beneficio de las primas en cuanto que éstas exceden matemáticamente del coste calculado de los siniestros. Por eso, mientras las sociedades perciben de sus asegurados primas fijas, las mutuas más propiamente tales perciben primas variables, según el número de siniestros que hay que compensar.

La ley, al definir el contrato de seguro como aquél en el que se pacta el cobro de una prima, parece excluir a los seguros mutuos, sea cual sea la tesis que se adopte acerca de la naturaleza jurídica de la mutualidad.

552. Elementos del contrato. Duración.

A. Sujetos. La ley distingue entre el *tomador del seguro,* que es la persona que contrata en nombre propio y por consiguiente es parte en el contrato, del *asegurado,* o persona titular del interés que se asegura: quien está expuesto al riesgo de sufrir los efectos del caso dañoso. De estos sujetos se ocupa el art. 7.1 de la ley de 1980.

B. El interés asegurado. En este punto, divergen profundamente los seguros de vida y los de daños. En los unos, el otorgamiento del contrato creó un interés eventual en el beneficiario del seguro, fundado en la promesa hecha de pagar la cantidad convenida en un determinado momento, *incertus quando;* pago sin necesaria relación con daño patrimonial alguno. El seguro es de los que se llaman «de abstracta cobertura de necesidad»: el interés, lo ha creado la promesa, y no se halla en relación con necesidad concreta alguna del favorecido, o daño sufrido por él, ni es preciso daño alguno. En cambio, en el seguro de daños el interés preexiste, es concreto y objetivo, actuando el daño sufrido por las cosas incendiadas, destruidas, averiadas, etc., o el precio de las sustraídas como regulador de la indemnización.

C. El riesgo. El seguro supone la presencia de un evento incierto o *riesgo.* Por eso, según el art. 4º, «el contrato de seguro será nulo, salvo en los casos previstos por la Ley, si en el momento de su conclusión no existía el riesgo o había ocurrido el siniestro».

Según art. 10-1, «el tomador del seguro tiene el deber, antes de la conclusión del contrato, de declarar al asegurador, de acuerdo con el cuestionario que éste le someta, todas las circunstancias por él conocidas que puedan influir en la valoración del riesgo».

Hace notar SÁNCHEZ CALERO cómo, «a diferencia del art. 381 del Ccom., en el que el asegurado estaba obligado a decir todo lo que sabía sobre el riesgo y también a decir exactamente todo lo que dice (GARRIGUES) , el art. 10 circunscribe el deber de declaración al cuestionario que el asegurador someta al presunto tomador del seguro.

D. Forma. «El contrato de seguro y sus modificaciones o ediciones deberán ser formalizadas por escrito. El asegurador está obligado a entregar al tomador del seguro la póliza o, al menos, el documento de cobertura provisional» (art. 5).

a) La póliza. El contrato se materializa en la póliza, a la que la jurisprudencia viene calificando como «ley que se ha de guardar y cumplir en las cuestiones que surjan entre el asegurador y el asegurado» (Ss. 5 y 20 diciembre 1886, en adelante). La intervención legislativa en defensa del asegurado ha consistido precisamente en rodear a la póliza de una superestructura legal y modalizar su contenido e interpretación.

La ley fija un contenido mínimo de la póliza —art. 8— y previene que puede ser nominativa, a la orden o al portador. La nominativa puede extenderse quedando indeterminada la persona por cuenta de la cual se contrata el seguro, mediante la cláusula de «por cuenta de quien corresponda».

b) Carácter inesencial de la forma escrita. Para SÁNCHEZ CALERO, «la expresión del art. 5.1 de que *el contrato de seguro y sus modificaciones deberán ser formalizados por escrito* ha de entenderse como una manifestación del deber de documentar el contrato, pero no ha de servir de base para su caracterización como contrato formal, de manera que hasta que no se hayan suscrito los documentos no se perfeccione el contrato».

c) La formación del contrato. Es peculiar, porque la oferta no se estima hecha por parte del solicitante, cuya solicitud no le vincula (art. 6.1). La petición del solicitante se interpreta simplemente como una provocación de la oferta de la otra parte (la empresa aseguradora), debiendo esta oferta contener todos los elementos esenciales del contrato de modo que no quede más que aceptarla. «La proposición de seguro por el asegurador vinculará al proponente durante un plazo de quince días» (art. 6º).

E. Duración. «La duración del contrato será determinada en la póliza, la cual no podrá fijar un plazo superior a diez años. Sin embargo, podrá establecerse que se prorrogue una o mas veces por un período no superior a un año cada vez» (art. 22).

«Las acciones que se deriven del contrato de seguro prescribirán en el término de dos años si se trata de seguro de daños y de cinco si el seguro es de personas» (art. 23).

553. Efectos del contrato.

A. Pago de la prima. Según el art. 14, «el tomador del seguro está obligado al pago de la prima en las condiciones estipuladas en la póliza. Si se han pactado primas periódicas, la primera de ellas será exigible una vez firmado el contrato. Si en la póliza no se determina ningún lugar para el pago de la prima se entenderá que éste ha de hacerse en el domicilio del tomador del seguro».

B. El siniestro. Ocurrido el siniestro o evento, el asegurador está obligado al pago de la indemnización. Salvo casos excepcionales, como el de provocación del siniestro por el asegurado, en el cual la realización del evento produce, corrientemente, el efecto contrario, esto es, la liberalización del asegurador de su obligación principal.

El siniestro, en principio, se ha de declarar al asegurador. Conforme el art. 16 «el tomador del seguro o el asegurado o el beneficiario deberán comunicar al asegurador el acaecimiento del siniestro dentro del plazo máximo de siete días de haberlo conocido, salvo que se haya fijado en la póliza un plazo más amplio. En caso de incumplimiento, el asegurador podrá reclamar los daños y perjuicios causados por la falta de declaración. Este efecto no se producirá si el asegurador ha tenido conocimiento del siniestro por otro medio. El tomador del seguro o el asegurado deberán dar al asegurador toda clase de informaciones sobre las circunstancias y consecuencias del siniestro».

El asegurador está obligado a satisfacer la indemnización una vez establecida la existencia del siniestro, pero la ley le obliga a «efectuar, dentro de los cuarenta días a partir de la recepción de la declaración del siniestro, el pago del importe mínimo de lo que pueda deber, según las circunstancias por él conocidas» (art. 18). Mas no está obligado a pagar el asegurador cuando el siniestro se debe a mala fe del asegurado (art. 19).

554. Los seguros de daños y de personas.

A. Disposiciones generales. La ley contiene, amén del tratamiento específico de las diversas clases de seguro, unas disposiciones generales comunes a todos ellos.

a) *El «interés».* Según el art. 25 «sin perjuicio de lo establecido en el artículo cuarto, el contrato de seguro contra daños es nulo si en el momento de su conclusión no existe un interés del asegurado a la indemnización del daño».

b) *Daño o indemnización.* En directa e inmediata conexión con la necesidad del interés, el art. 26 impone la general vigencia del principio indemnizatorio en el seguro de daños. En efecto, dice que «el seguro no puede ser objeto de enriquecimiento injusto para el asegurado. Para la determinación del daño se atenderá al valor del interés asegurado en el momento inmediatamente anterior a la realización del siniestro».

Con arreglo al art. 27, «la suma asegurada representa el límite máximo de la indemnizacion a pagar por el asegurador en cada siniestro».

Es frecuente el fenómeno del infraseguro. Cuando la cosa se ha asegurado por una cantidad inferior a su valor real, el asegurado queda como si fuera su propio asegurador por la diferencia entre la cantidad cubierta por el seguro y el valor real de la cosa asegurada. En tales casos, pues, si un siniestro destruye sólo parte de los bienes asegurados, la obligación del asegurador se reduce a la cuota de valor de los bienes de la que es responsable la compañía: «si en el momento de la producción del siniestro —dice— la suma asegurada es inferior al valor del interés, el asegurador indemnizará el daño causado en la misma proporción en la que aquélla cubre el interés asegurado».

c) *Subrogación.* El art. 43 concede al asegurador un derecho, de subrogación: «una vez pagada la indemnización, podrá ejercitar los derechos y las acciones que por razón del siniestro correspondieran al asegurado frente a las personas responsables del mismo, hasta el limite de la indemnización».

B. Los diversos tipos de seguro de daños. La ley regula los siguientes:

a) *Seguro de incendios.* Según el art. 45, «por el seguro contra incendios el asegurador se obligla dentro de los límites establecidos en la Ley y en el contrato a indemnizar los daños producidos por incendio en el objeto asegurado». La indemnización (véase art. 48) abarca todos los daños y pérdidas materiales causados por la acción directa del fuego, así como los producidos por las consecuencias inevitables del incendio.

b) *Seguro contra el robo.* Conforme el art. 50, «por el seguro contra robo el asegurador se obliga, dentro de los límites establecidos en la Ley y en el contrato, a indemnizar los daños derivados de la sustración ilegítima por parte de terceros de las cosas aseguradas». La indemnización comprende el valor del interés asegurado y el daño que la comisión del delito causare en el objeto (art. 51).

c) *Seguro de transportes terrestres.* «Por el seguro de transporte terrestre el asegurador se obliga, dentro de los límites establecidos por la Ley y en el contrato, a indemnizar los daños materiales que puedan sufrir con ocasión o consecuencia del transporte las mercancías porteadas, el medio utilizado u otros objetos asegurados» (art. 54).

d) *Seguro de lucro cesante.* En este seguro «el asegurador se obliga, dentro de los límites establecidos en la Ley y en el contrato, a indemnizar al asegurado la pérdida del rendimiento económico que hubiera podido alcanzarse en un acto o actividad de no haberse producido el siniestro descrito en el contrato» (art. 63).

e) *Seguro de caución.* Por él se obliga al asegurador, «en caso de incumplimiento por el tomador del seguro de sus obligaciones legales o contractuales, a indemnizar al asegurado a título de resarcimiento o penalidad los daños patrimoniales sufridos, dentro de los límites establecidos en la Ley o en el contrato». Es aquí muy dudosa la existencia de un daño en sentido propio, hasta el punto de mantener buena parte de la doctrina que, tanto por su función económica corno por su finalidad práctica, se trata, más que de un contrato de seguro, de uno de fianza.

f) *Seguro de crédito.* Por este seguro el asegurador se obliga a indemnizar al asegurado las pérdidas finales que experimente a consecuencias de la insolvencia definitiva de sus deudores (art. 69). La cuantía de la indemnización vendrá determinada por un porcentaje, establecido en el contrato, de la pérdida final que resulte de añadir al crédito impagado los gastos originados por las gestiones de cobro, los gastos procesales y cualesquiera otros expresamente pactados (art. 71).

g) *Seguro de responsabilidad civil.* Por él se obliga el asegurador «a cubrir el riesgo del nacimiento a cargo del asegurado de la obligación de indemnizar a un tercero los daños y perjuicios causados por un hecho previsto en el contrato de cuyas consecuencias sea civilmente responsable el asegurado, conforme a derecho» (art. 73).

C. Seguro de personas. Este contrato «comprende todos los riesgos que puedan afectar a la existencia, integridad corporal o salud del asegurado» (art. 80). Puede celebrarse con referencia a riesgos relativos a una persona o a un grupo de ellas, delimitados por alguna característica común extraña al propósito de asegurarse (art. 81).

Dentro de esta clase de seguros se distingue el de vida, que «puede estipularse sobre la vida propia o la de un tercero, tanto para caso de muerte como para caso de supervivencia o ambos conjuntamente. En los seguros para caso de muerte, si son distintas las personas del tomador del seguro y del asegurado, será preciso el consentimiento de éste, dado por escrito, salvo que pueda presumirse de otra forma su interés por la existencia del seguro» (art. 83).

«El tomador del seguro podrá designar beneficiario o modificar la designación anteriormente realizada, sin necesidad de consentimiento del asegurador. La designación del beneficio podrá hacerse en la póliza, en una posterior declaración escrita comunicada al asegurador o en testamento. Si en el momento del fallecimiento del asegurado no hubiere beneficiario concretamente designado, ni reglas para su determinación, el capital formará parte del patrimonio del tomador» (art. 84).

INDICACIÓN BIBLIOGRÁFICA. La bibliografía sobre el contrato de seguro, en general de procedencia mercantilista, es inabarcable. Valga citar aquí, por todos y porque ha sido utilizada abundantemente en las páginas que anteceden, la obra colectiva *Comentarios a la ley de contratos de seguro,* dos vols. Madrid 1982, dirigida por E. VERDERA Y TRUELLS.

§ 107. EL CONTRATO DE RENTA VITALICIA

555. Renta, contrato y vida.

La renta vitalicia representa una relación de obligación en virtud de la cual un sujeto, deudor, viene obligado a entregar a otro, persona natural, pensionista, una cantidad periódica durante la vida de ésta o teniendo como límite la vida de otra persona natural. Las SS. 9 febrero 1990 y 18 enero 1996 subrayan su carácter de contrato aleatorio.

A. La renta es un crédito de naturaleza generica; crédito que puede nacer de las más diversas fuentes. Puede constituirse por cualquiera de los modos de crear una obligación: tanto mediante contrato oneroso o lucrativo, legado, suplemento de una partición de herencia, o formando parte de un contrato de transacción, etc. También puede ser impuesta por los tribunales como resultado de una condena civil o penal, o incluso por la ley.

B. La renta da derecho al pensionista a recibir una cantidad fija de dinero o cosas fungibles en períodos igualmente fijos. El suministro de alimentos a una persona, aun convenido por contrato, es de naturaleza distinta: el *vitalicio*.

La cantidad fija puede ser sometida a un índice de estabilización, cosa muy aconsejable en un negocio como éste, presumiblemente a largo plazo y destinado por lo común a mantener a una persona, la cual, por tanto, necesita que siga siendo idéntico el poder adquisitivo de las cantidades que recibe. La jurisprudencia admite, no sólo la cláusula de revalorización con arreglo al precio del trigo (S. 31 octubre 1960), sino, incluso, en una renta constituida conforme al art. 839 Cc., la aplicación judicial de la revisíbilidad de los contratos (en atención a la base del negocio) para adecuar la renta a las cambiadas circunstancias económicas (S. 23 noviembre 1962) —si bien en otra decisión más reciente, muy discutible, negó la revisibilidad de una renta de 5.000 pesetas mensuales pactada por un padre con sus hijos en el año 1962, a cambio de la cesión de una casa en Tudela de Navarra (S. 18 octubre 1976)—.

C. La modalidad de renta vitalicia, que sirve de paradigma al legislador en muchos casos, es la que se establece sobre la cabeza del propio rentista mientras vive. Pero cabe que sea la vida de otra u otras personas la que señale la duración máxima e incluso la duración absoluta de la renta.

Desde luego, el inicio de la percepción de la renta puede aplazarse hasta el día en que se cumpla cierta edad. Es ésta la modalidad habitual del seguro de renta y la técnica de las pensiones y seguros de jubilación.

556. Finalidad económica de la renta.

La constitución de renta puede tener fines y consecuencias económicos muy diversos, según el título por el que se constituye: por lo común trata de proporcionar al perceptor un ingreso fijo periódico como base de su subsistencia o contribución a ella, calculándose el coste de su constitución sobre las probabilidades estadísticas de supervivencia del «hombre vida» en el momento inicial, y estableciéndose el cobro de la pensión por todo el tiempo de esa supervivencia.

A. Cuando se constituye por contrato oneroso, la renta es un contrato a fondo perdido. Su finalidad más frecuente es asegurarse el rentista la subsistencia aun agotando su capital. En los matrimonios es frecuente que se trate de asegurar, junto con la propia, la situación del cónyuge, para lo que se contrata la renta sobre las cabezas de ambos, reversible al sobreviviente.

B. La asignación de una renta como compensación a un daño causado a la persona, representa un modo de suplir los ingresos que ésta pierde, y que también eran periódicos. Si es el propio causante del daño el que queda como deudor de la renta, pagará con mayor comodidad, evitando acaso la ruina que representaría para él entregar de golpe la cantidad en que se evalúa el daño.

C. La constitución de renta mediante donación supone la facilidad económica ahora explicada: el donante pagará en plazos lo que acaso no podía en una sola solución. Tanto la donación como el legado de renta sirven para cumplir deberes morales o afectivos.

557. El contrato de renta vitalicia.

Según el art. 1.802, *el contrato aleatorio de renta vitalicia obliga al deudor a pagar una pensión o rédito anual durante la vida de una o más personas determinadas por un capital en bienes muebles o inmuebles, cuyo dominio se le transfiere desde luego con la carga de la pensión.* Esta definición describe el contrato típico, es decir, aquél en el cual se asume la renta a cambio de cosas muebles o inmuebles.

A. Contrato típico y atípico. Por supuesto, al amparo del principio de autonomía de la voluntad se puede pactar el pago de una renta consistente en cualesquiera bienes, durante cualquier espacio de tiempo, a trueque de cualquier contraposición, o sin ella. Pero la renta vitalicia típica, a la que se aplican en bloque los arts. 1.802 y ss. Cc., es la descrita en el art. 1.802 (S. 5 abril 1974).

B. ¿Afección real? El texto legal puede inducir a error al decir que los bienes se transmiten *con la carga de la pensión.* Tal supuesta *carga* no significa que los bienes atribuidos al deudor de la renta se hallen gravados con un derecho real, sino que se adquieren en correspondencia a la obligación de pago periódico asumida por el deudor: con la garantía de todos sus bienes conforme al art. 1.911, pero sin especial afección de ninguno de ellos (S. 9 enero 1945 y R. 31 mayo 1951). La S. 8 mayo 1992 concreta que el derecho a la renta no tiene carácter real y sólo produce efectos obligatorios personales.

C. Contrato consensual. El art. 1.802 describe la renta vitalicia como un contrato real, que se forma precisamente mediante la transferencia del capital de la renta al deudor de ésta («cuyo dominio se le transfiere»). La S. 18 enero 1996 dice que «su perfección se opera por el cambio de dominio de los bienes». De ahí deduce parte de la doctrina que se trata de un contrato unilateral, es decir, produciendo obligaciones para una de las partes solamente: la de pagar la pensión... La entrega de bienes, incorporada al acto de celebración del contrato no sería, entonces, una «prestación», sino un elemento constitutivo de la relación. Esto explicaría el tenor del art. 1.805, contrario al 1.124 (S. 2 marzo 1956).

Un contrato consensual de renta vitalicia es hoy posible al amparo del art. 1.255; tal contrato obliga a pagar la pensión pactada, y a falta de otra le será aplicable la regulación de los arts. 1.802 y ss. en su totalidad.

D. Contrato oneroso y sinalagmático. Una prueba de la naturaleza consensual del contrato en estudio es la función que en él desempeña «la prestación del capital», el cual no es un mero elemento constitutivo del contrato —como, por ejemplo, la entrega de la cosa a custodiar, en el depósito— sino que funciona como correspectivo de la obligación de pagar la pension, y por tanto con la misma naturaleza, aunque sea anterior en el tiempo. De ahí el deber accesorio de saneamiento, como en todo contrato oneroso transmisivo de titularidad.

El contrato de renta vitalicia es de cambio de prestación de capital por prestación de renta, por tanto, oneroso y sinalagmático. No se podría llamar unilateral por la mera circunstancia de que una de las prestaciones se haga primero y la otra después. La onerosidad del contrato parece eliminar toda idea de posible perjuicio de la legítima pese a agotar el capital del contratante; y aun si el contrato se hubiese celebrado con esa idea por ambas partes, parece que la acción de los legitimarios contra el deudor de la renta habría de ser de daños (S. 6 mayo 1980).

558. Sujetos del contrato.

En la contratación de una renta y en la relación creada por el contrato pueden intervenir los siguientes cuatro sujetos:

A. El contratante de la renta. Es el que paga el capital; el que adquiere, en principio, el derecho a la pensión, para sí o para otra persona.

B. El deudor de la renta. O sea, la persona que, a cambio de la percepción del capital (o los servicios, o la contraprestación que fuere) se compromete y queda obligado a pagar la pensión.

C. Pensionista favorecido. El pensionista puede ser el propio contratante que entrega el capital, pero puede ser también un tercero a quien el contratante le hace atribuir la pensión: en este caso se aplicará el art. 1.257-2º requiriéndose la aceptación del favorecido. La renta ha de constituirse en favor de personas *determinadas* (art. 1.802), con el límite del art. 781 Cc.

La renta vitalicia constituida en favor de un tercero supone, pues, la presencia de tres personas en la relación: una que entrega el capital; otra que lo recibe y se obliga a pagar la pensión, y el tercero, beneficiario de ésta, el cual no es contratante, pero sí acreedor de las prestaciones periódicas una vez acepte la estipulación. La aceptación del tercero hace irrevocable al contrato.

D. Finalmente, es esencial la persona sobre cuya cabeza se contrata la renta es decir, cuya vida señala la duración de ésta. Según el art. 1.803, *puede constituirse la renta sobre la vida del que da el capital, sobre la de un tercero o sobre la de varias personas. También puede constituirse a favor de aquella o aquellas personas sobre cuya vida se otorga, o a favor de otra u otras personas distintas.*

Establecida una renta en favor de una sola persona sobre varias cabezas durará, presumiblemente, hasta que fallezca la última. Y creada en favor de varias personas conjuntamente cabría preguntarse si se extingue *pro parte* a medida que van falleciendo los pensionistas. El T. S. interpreta que, a menos que el contrato prevea lo contrario, la renta se paga íntegra hasta el fallecimiento del último de estos pensionistas, acreciendo a los supervivientes la parte de los premorientes (S. 1 julio 1969).

E. A tenor del art. 1.804, *es nula la renta constituida sobre la vida de una persona muerta a la fecha del otorgamiento, o que en el mismo tiempo se halle padeciendo una enfermedad que llegue a causar su muerte dentro de los veinte días siguientes a aquella fecha.*

Este precepto se aplica a la persona sobre cuya cabeza se constituye la renta, y no al pensionista si es distinto de ella: la nulidad que ordena es la solución más lógica, al haber desaparecido en el momento de contratar el presupuesto negocial que determina el alea. En cuanto a la limitación de los veinte días, tiene como finalidad evitar que el transmitente del capital sufra su total pérdida sin una mínima compensación, o bien finge que quien muere de enfermedad en el término de veinte días no estaba bueno ya al celebrarse el contrato: como si el deudor de la renta conociera la próxima muerte. En todo caso, como se ve, el precepto se establece en favor del contratante que entrega el «capital», a fin de proteger su inversión.

El día de la conclusión del contrato no se cuenta en el plazo de los veinte.

559. Elementos objetivos.

Lo son, en el contrato de renta vitalicia, el «capital» y la pensión.

A. El «capital». El art. 1.802 presupone, como contraprestación de la renta, un *capital en bienes muebles e inmuebles,* y además, que se transfiera al promitente precisamente el *dominio* de tales bienes (cfr. S. 18 enero 1996).

Pero es claro que puede pactarse una renta vitalicia a cambio de cualquier contraprestación. Lo único discutible es el régimen de los contratos de renta sin transferencia de cosas al deudor de la pensión como correspectivo.

B. La renta o pensión. La pensión, en la renta vitalicia, constituye un derecho sustantivo e independiente; y no el derecho a una prestación accesoria como podrían ser los intereses de un capital. Consistirá habitualmente en dinero, pero la doctrina no pone inconveniente a que se convenga en otros bienes fungibles de los que prácticamente no perecen. Incluso, desde el punto de vista del mantenimiento del poder adquisitivo de la renta, puede interesar al pensionista percibirla en bienes con valor intrínseco, evitando los problemas de cálculo que plantean las cláusulas de estabilización.

La expresión «anual», en el art. 1.802, no implica que la pensión haya de pagarse forzosamente por años, sino que es periódica: por semanas, meses, trimestres, etc.

¿Ha de ser la pensión de cuantía superior al interés legal, o al normal, del valor de los bienes que se entregan a cambio, o bien al de sus frutos y rendimientos? La cuestión, así, acaso no está bien planteada, y por eso no se resuelve en términos exactos.

Según Guilarte, «el principio de libertad armoniza mejor con la naturaleza aleatoria del contrato, que difícilmente permitiría al legislador fijar criterios generales para valorar el riesgo, atendiendo a las circunstancias concurrentes, siempre muy subjetivas y variables, y en función del mismo determinar la cuantía de la pensión». A su vez, la S.

11 julio 1934 señala que es una cuestión muy debatida la de si la pensión o rédito ha de ser inferior o superior a los frutos del capital, y que, en todo caso, «es lo cierto que en nuestro Cc. no se contienen disposiciones para la fijación de la renta, y antes por el contrario impera la libertad de los contratantes; que sólo declara nula la renta en el caso del art. 1.804, y a mayor abundamiento, el adquirente del capital también sufre el riesgo de la pérdida o disminución, e incluso la improductividad del capital».

Mas no se trata de ver si una combinación así vale o no —la afirmativa, es clara—, sino de determinar si el contrato con renta desproporcionada conserva todos los caracteres del regulado por los arts. 1.802 y ss. y asimismo su firmeza. Y en este segundo aspecto es evidente que, en los imposibles eventos en que el art. 1.291 admite la rescisión por lesión en los contratos onerosos, procedería ésta si la renta no correspondiera razonablemente, en función de la probabilidad de vida, al capital entregado, salvo que las partes estuvieran de acuerdo en ello, en cuyo caso el negocio sería *mixtum cum donatione.*

560. El derecho a la renta y su defensa.

Efecto del contrato de renta es el derecho global del pensionista a percibir las futuras pensiones, distinto de la pretensión al cobro de uno de los vencimientos, como lo demuestra que éstos prescriban en cinco años (art. 1.966-3º Cc.), mientras el derecho del que proceden sólo desaparece por el transcurso de los quince años del art. 1.964.

El derecho adquirido por contrato oneroso es transmisible en virtud del art. 1.112, de donde también podría embargarse y venderse: así se deduce, hasta cierto punto, del art. 1.807 interpretado *a contrario.*

A. La negación de la acción resolutoria. Como una excepción a la regla de resolución del contrato por incumplimiento de obligaciones recíprocas (art. 1.124 Cc.) establece el 1.805 que *la falta de pago de las pensiones vencidas no autoriza al perceptor de la renta vitalicia a exigir el reembolso del capital ni a volver a entrar en la posesión del predio enajenado; sólo tendrá derecho a reclamar judicialmente el pago de las rentas atrasadas y el aseguramiento de las futuras.* La S. 24 junio 1991 ve en esta norma una previsión legal de carácter dispositivo para el caso de silencio contractual al respecto (en el mismo sentido, S. 1 julio 1998).

La opinión hoy más extendida contempla en este precepto una excepción a la regla del art. 1.124, fundada —se dice— en la necesidad de evitar un enriquecimiento sin causa, al restituirse al pensionista el capital entregado quedándose con las pensiones que le fueron satisfechas. Mas, ¿por qué podría retener el acreedor las pensiones en caso de resolución? Al contrario, cada parte ha de restituir lo recibido de la otra: tanto capital como pensiones. De donde no es el posible desequilibrio patrimonial la causa de que se suspenda aquí la aplicación del art. 1.124, sino razones de oportunidad y conveniencia, más apremiantes en una obligación que se cumple en diversos vencimientos, que pueden ser frecuentes y de escaso volumen, por lo que el impago de uno sólo no debe acarrear la resolución.

El art. 1.805 está pensado para la constitución onerosa de renta por el propio pensionista, en su favor, pero la regla no puede ser distinta cuando un tercero adquiere la renta y hace donación de ella al perceptor.

B. La reclamación. El aseguramiento. La ejecución judicial se dirigirá a proporcionar al pensionista los atrasos, con sus intereses, mas no a predisponer fondos para cobrar en su día los vencimientos futuros. En relación a ellos el ejecutante únicamente puede exigir garantías *suficientes*. Entre las garantías del pago de la pensión, la más adecuada es, evidentemente, una que la ley predispone *ad hoc:* la hipoteca en garantía de rentas o prestaciones periódicas regulada por el art. 157 Lh.

C. La resolución. No prestándose el aseguramiento, el pensionista, pese al art. 1.805, podrá pedir la resolución de que trata el art. 1.124 (cfr. S. 1 julio 1998): no a causa del impago de una o varias pensiones atrasadas ya vencidas, sino de la imposibilidad de asegurar las futuras. El aseguramiento a que da derecho el art. 1.805, bien se ve, no está incluido en la prohibición de este precepto.

D. El pacto resolutorio. Según ha acabado por reconocer la jurisprudencia, es lícito pactar expresamente la resolución del contrato de renta vitalicia por incumplimiento del pago de la pensión, convenio que no va contra el orden público o las buenas costumbres, y que no prohíbe el Cc., habiendo suprimido aquí el legislador la prohibición expresa que constaba en el proyecto isabelino (Ss. 12 mayo 1959, 14 octubre 1960 y 15 enero 1963, 26 abril 1991).

En la práctica se suele pactar una de estas dos modalidades. a) Que producida la resolución por impago de la renta y restituyéndose el capital, retendrá el deudor los intereses o frutos producidos, y el acreedor las pensiones recibidas hasta entonces. b) Que, como compensación de los perjuicios sufridos por el pensionista, éste no sólo conservará las rentas percibidas sino que tendrá derecho a que el deudor le restituya los frutos producidos por el capital (caso de la S. 14 octubre 1960): esta modalidad equivale al una cláusula penal, y los tribunales podrán moderar su alcance.

La resolución puede pactarse, ya por falta de las garantías acordadas en seguridad del pago de las pensiones; ya por defecto de la satisfacción de las mismas; ya por no pagarse las prestaciones periódicas puntualmente en los términos o fechas señaladas. El pacto resolutorio es inscribible en el Registro de la propiedad.

561. Extinción del derecho.

El derecho a la renta se extingue por fallecimiento del sujeto sobre cuya cabeza se contrató.

Más problemático es si tal derecho se extingue igualmente por muerte del pensionista, cuando es otra la vida contemplada. Desde luego, puede pactarse que la renta sea transmisible a los herederos o que revierta a otra persona. A falta de pacto, se habrá de atender a la intención de las partes. En la duda, parece que el derecho persiste aun falleciendo el acreedor cuando se constituye la renta por título oneroso; y no, si fue una donación del propio deudor al pensionista (téngase en cuenta el criterio del art. 1.289-1º Cc.).

A. Según el art. 1.808, *no puede reclamarse la renta sin justificar la existencia de la persona sobre cuya vida esté constituida.* Esta medida debería ser aplicable también al pensionista en todos los casos en que su subsistencia sea igualmente presupuesto de la vigencia del contrato. «Tratándose —dice Guilarte— de renta cuyo pago se ha convenido por plazos anticipados, el acreedor deberá acreditar que la persona designada vivía en el momento de comenzar a correr el período correspondiente. Su muerte posterior no impedirá la reclamación del importe total del plazo, de conformidad con el art. 1.806, sin que obste a ello que la *vida contemplada* haya desaparecido con posterioridad y antes de la reclamación.

B. Establece el art. 1.806, en relación al pensionista, que *la renta correspondiente al año en que muere el que la disfruta, se pagara en proporcion a los días que hubiese vivido; si debía satisfacerse por plazos anticipados, se pagará el importe total del plazo que durante su vida hubiese empezado a correr.* Lo cual se justifica por la condición de fruto civil de las pensiones: cfr. art. 474 Cc.. Claro que si fallece el sujeto sobre cuya vida se constituyó la pensión, serán sus días de vida los que habrá que tener en cuenta.

C. La renta se extingue aunque sea el propio deudor el causante de la extinción. En todo caso, quien culpablemente extingue una relación de renta vitalicia, debe indemnizar.

562. Donación de renta.

La renta constituida por donación se sujeta a las normas que regulan las liberalidades obligacionales. Esta renta, como todas, tiene un valor fácilmente calculable en función del importe de la pensión y de la persona-clave, pero no representa un capital que no ha existido.

A. La prohibición de embargo. Dispone para esta especie de renta el art. 1.807 Cc. que *el que constituye a título gratuito una renta sobre sus bienes, puede disponer, al tiempo del otorgamiento, que no estará sujeta dicha renta a embargo por obligaciones del pensionista.* García Goyena lo justifica alegando que el donante puede poner a su liberalidad las condiciones que tenga a bien, en virtud de lo cual podemos entender que, con arreglo a la voluntad probable del donante, son inembargables, no sólo el derecho genérico a la pensión, sino también las pensiones vencidas, como una garantía de subsistencia del pensionista frente a su propio desorden económico.

B. La prohibición de ceder la renta. Parte de la doctrina considerada que tal prohibición se halla implícita en la cláusula de inembargabilidad, y aun —según las circunstancias— en la gratuidad del acto. En todo caso, sí puede el constituyente prohibir la enajenación, y entonces esta prohibición es eficaz *erga omnes:* difícilmente se salvará de ella el tercer adquirente de buena fe, ante el carácter *intuitu personae* que suele tener, visiblemente, la donación.

563. El vitalicio, o contrato de alimentos.

A. El contrato vitalicio.

Mediante este contrato —atípico antes de 2003— una de las partes, a cambio de la entrega de unos bienes, se obliga a prestar a la otra alimentos, en la extensión que se convenga, durante toda la vida de ésta. Según la S. 6 mayo 1980, a prestar «domicilio, alimentos y asistencia médica».

Para algunos civilistas, este contrato es una modalidad de la renta vitalicia (QUIÑONERO), mientras la mayoría opta por distinguirlo, señalando que en él la pensión es esencialmente variable, en función de las necesidades del alimentista en cada momento y en cada situación; que la prestación no es de dar una cantidad de dinero, sino mixta de dar y hacer: proporcionar cosas y atenciones; por último, que la posición del alimentado es, en él, intransmisible. Se trata, en suma, de una figura con suficiente autonomía (S. 8 mayo 1992).

Distinguiendo entre vitalicio y contrato de renta, la S. 28 mayo 1965 declara que «al amparo del principio de libertad contractual las partes pueden pactar que una de ellas se obligue con respecto a la otra a prestarle alimentos en la extensión, amplitud y término que convengan mediante la contraprestación que fijen, dando lugar al denominado *vitalicio* que no es una modalidad de la renta vitalicia, regulada en los arts. 1.802 al 1.808 Cc., sino un contrato autónomo, innominado y atípico» (en idénticos términos, SS. 30 noviembre 1987 y 3 noviembre 1988, y R. 26 abril 1991).

B. El contrato de alimentos, de la Ley 41/2003

a) Concepto y caracteres. Esta ley, de 18 de noviembre 2003, de protección patrimonial de las personas con discapacidad, reguló el *contrato de alimentos* recogiendo sustancialmente la concepción doctrinal y desarrollo jurisprudencial del contrato de vitalicio recién descrito, y le asignó los arts. 1791 a 1797 Cc., que estaban sin contenido.

Por el *contrato de alimentos* —dice el art. 1791— "una de las partes se obliga a proporcionar vivienda, manutención y asistencia de todo tipo a una persona durante su vida, a cambio de la transmisión de un capital en cualquier clase de bienes y derechos". De esta norma y su régimen legal resulta ser un contrato *consensual*, *bilateral*, *oneroso* (la percepción de alimentos es a cambio del capital que se transmite al alimentante), *aleatorio* (pues la prestación alimenticia dependerá de la duración, incierta, de la vida del alimentista), y *aformal*, ya que no se exige forma concreta para su constitución, sujeta a las reglas generales. De este contrato dijo la S. 2 julio 1992 —antes de su tipificación actual, que no ha alterado la concepción— que tiene naturaleza obligacional. Si fuera de constitución gratuita, al margen del art. 1791 Cc., debería ser calificado como donación modal (ROCA GUILLAMÓN).

b) Sujetos. Las partes contractuales son el *alimentista*, que es cedente del capital, y el *alimentante-cesionario*. Ambos quedan sometidos a las reglas generales sobre capacidad de obrar y legitimación (para transmisión de los bienes y derechos que constituyen el capital). El alimentista debe ser siempre persona física; el alimentante puede ser también persona jurídica. En el caso de pluralidad de alimentantes (frecuente pueden ser dos personas casadas), resultarán ser deudores parciarios; sólo solidarios si así se pacta. A diferencia de los alimentos entre parientes, de los arts. 142 y ss. Cc., que requieren cierto parentesco entre alimentante y alimentista, no es necesario en este contrato, pero su existencia no obsta al mismo (se rige por la autonomía de la voluntad). En principio, la existencia del contrato impide la reclamación de alimentos legales, salvo insuficiencia de los contractuales y necesidad del alimentista.

c) Contenido. El *alimentista-cedente* está obligado a transmitir al alimentante "un capital en cualquier clase de bienes y derechos"; transmisión, por tanto, de su titularidad plena, en general, aunque también es posible que sea limitada (usufructo, nuda propiedad) si así lo han convenido. Esa obligación es exigible desde la perfección del contrato (consensual), pero cabe también la condición y el término.

El *alimentante* está obligado a proporcionar al alimentista "vivienda, manutención y asistencia de todo tipo". Esta última expresión viene a significar que esa obligación no se limita a lo material —que comprenderá el sustento, habitación, vestido y asistencia médica (cfr. art. 142-1º Cc.); en su caso, también educación e instrucción—, sino que incluirá asistencia personal, espiritual, afectiva, en forma de compañía y atención de esa clase. La extensión y calidad de la prestación de alimentos —dice el art. 1793— serán las que resulten del contrato y, a falta de pacto en contrario, no dependerá de las vicisitudes del caudal y necesidades del obligado ni de las del caudal de quien los recibe. Quiere ello decir que esos alimentos están sustraídos de la variabilidad típica de los alimentos entre parientes (art. 147 Cc.).

Habida cuenta de la importante componente humana de este tipo de prestación y de la dificultad (frecuente) de la convivencia entre las personas, el art. 1792 preve su *modificabilidad* en dos casos: en el de muerte del obligado —porque es posible que la convivencia con sus sucesores no sea viable o deseada por el alimentista— y si concurre "cualquier circunstancia grave que impida la pacífica convivencia de las partes" (las circunstancia sobrevenida debe ser *grave*, casi siempre de tipo espiritual, afectivo; y deberá ser probada). En tales casos cualquiera de las partes puede solicitar la modificación de la prestación de alimentos original, y convertirla en una pensión (en dinero) actualizable, que satisfará el alimentante por plazos anticipados en los términos previstos en el contrato [suele hacerse; es, en todo caso, aconsejable que así se pacte] o, si no prevista, en la cuantía que se fije judicialmente. Esta modificación de la obligación alimenticia ya estaba prevista por la jurisprudencia (S. 9 julio 2002, y en jurisdicciones inferiores); y es el caso y solución inversa a la que regula el art. 149 Cc. (aunque ésta, a elección del obligado).

d) Incumplimiento. El art. 1795 prevé y regula el incumplimiento por el alimentante de su obligación típica, lo que da derecho al alimentista: a') a la modificación de la prestación original para convertirla en dineraria, en los términos vistos del art. 1792; b') a exigir el cumplimiento efectivo de la obligación (*in natura*, o en pensión dineraria), incluyendo el abono de los alimentos devengados antes de la demanda y no satisfechos;

c') la resolución del contrato, con aplicación (en este caso y en el anterior) de las reglas generales de las obligaciones recíprocas (art. 1124 y concord. Cc.).

En el caso de que el alimentista opte por la resolución del contrato, el deudor de los alimentos deberá restituir inmediatamente los bienes que recibió por el contrato, y, por su lado, el juez podrá acordar, en atención a las circunstancias, que la restitución que corresponda al alimentista quede aplazada, en su beneficio, por el tiempo y con las garantías que se determinen —aplazamiento razonable, porque el alimentista necesita medios para vivir, y preparar, quizá, otro contrato de alimentos—. El art. 1796 añade que de las consecuencias de la resolución del contrato habrá de resultar para el alimentista, cuando menos, un superávit suficiente para constituir, de nuevo, una pensión análoga [con otro alimentante] por el tiempo que le quede de vida.

En caso de incumplimiento del alimentista, sea en la entrega de los bienes que le compele, a por evicción o vicios ocultos de éstos, se aplicarán las reglas generales (arts. 1101 y ss., 1124; 1474 y ss. Cc.); también si el incumplimiento obedece a otra causa.

e) Extinción. La obligación de alimentos se extingue por muerte del alimentista, dado que es de duración vitalicia; no cesa por las otras causas de extinción de los alimentos entre pacientes, del art. 152 Cc., salvo que otra cosa se haya establecido en el contrato. No se extingue, en cambio, por muerte del alimentante, en cuyo caso se transmite la obligación a sus herederos: es el régimen normal de las obligaciones no personalísimas, y así se deduce del art. 1792, en que la muerte del obligado permite la modificación (no la extinción) de la prestación.

INDICACIÓN BIBLIOGRÁFICA. Obras generales: BELTRÁN DE HEREDIA Y CASTAÑO, *La renta vitalicia,* Madrid, 1963; QUIÑONERO, *La situación de renta vitalicia,* Murcia, 1979, y coment. arts. 1.802 y ss. en el Comentario del Código del Ministerio de Justicia, Madrid 1991; y los comentarios de GUILARTE ZAPATERO, en los de EDERSA, tomo XXII-1º, Madrid, 1982, pág. 381.

Contribuciones monográficas. AZURZA, *Renta vitalicia resoluble,* en RDP., 1949, pág. 1029; GOMA SALCEDO, *Principales problemas del contrato de renta vitalicia,* RDN., 1960, pág. 310; GÓMEZ-MARTINHO, *La renta vitalicia y el pacto contrario al art. 1.805*, en los «Estudios de Derecho privado», dirigidos por MARTINEZ RADIO, II, Madrid, 1965, pág. 268; RODRIGUEZ LÓPEZ, *La naturaleza «ob rem» de la obligación de renta vitalicia,* RCDI., 1980, pág, 1.335; RODRIGUEZ JIMÉNEZ, *Constitución del contrato de renta vitalicia con carácter resolutorio*, RDJ., 1962. pág. 261; GUIMERA, *Renta vitalicia y condición resolutoria*, RDP., 1954, pág. 311; NÚÑEZ ZORRILLA, *El contrato de alimentos vitalicio, configuración y régimen jurídico*, Madrid, 2003; ROCA GUILLAMÓN, "El vitalicio. Notas sobre el contrato de alimentos en el Código civil (Ley 41/2003)", *Estudios Homenaje prof. Alonso Pérez*, Madrid, 2006, t. II, p. 641 y ss.

IX. LA FIANZA

§ 108. LA OBLIGACIÓN FIDEIUSORIA Y LA GARANTIZADA

564. Concepto y encuadre sistemático.

La fianza es la figura típica de la garantía personal. Consiste en la constitución, junto a la obligación garantizada, de otra de igual contenido en cabeza de un segundo deudor y sujeta a un régimen característico. De este modo se proporciona al acreedor mayor probabilidad de ver satisfecho su interés, ya que se amplía su poder de agresión a un patrimonio distinto del originariamente responsable.

Mientras que en las garantías reales el aumento de la seguridad de que el acreedor verá satisfecho su interés se logra mediante la sujeción específica de algún bien del deudor o de un tercero (con las notas de exclusión, preferencia y reipersecutoriedad) al cumplimiento de la obligación, en la fianza se excede del marco del art. 1.911 Cc. por otro camino: haciendo que la responsabilidad señalada en dicho precepto afecte, junto al del deudor, a otro patrimonio, para cuyo fin se constituye una obligación accesoria y subsidiaria en cabeza de otra persona, el fiador. Esta obligación es la que propiamente recibe el nombre de fianza, y ha sido definida –teniendo en cuenta el art. 1.822 Cc.– como «obligación accesoria que, en garantía de deuda ajena, asume el fiador y debe cumplir subsidiariamente en defecto del cumplimiento de la obligación fiada» (GUILARTE).

Suele encuadrarse el estudio de la fianza entre los contratos, siguiendo la sistemática del Código (tít. XIV del libro IV, en el que, sin embargo, no aparece la expresión «contrato de fianza» o equivalentes). Pero mayor interés que el contrato de fianza –es decir el acuerdo de voluntades tendente a la creación de una obligación fideiusoria– tiene la relación de fianza en su compleja estructura, las relaciones del fiador con el acreedor y con el deudor (y de los fiadores entre sí), que pueden nacer de otras fuentes que el contrato.

Por ello algunos autores, sobre todo, franceses, estudian, la fianza entre las garantías de la obligación (como hace entre nosotros DIEZ PICAZO); o bien, atendiendo a su estructura interna, entre las obligaciones con pluralidad de sujetos, junto a las obligaciones solidarias (así, por ejemplo, PLANIOL). Este último planteamiento es rico en consecuencias sistemáticas, y se remite en el fondo a la vieja tradición del Derecho romano, en el que la *fideiussio* aparece como una forma de solidaridad accesoria: todavía en el *Corpus iuris* las rúbricas *de fideiussoribus* y *de duobus reis stipulandi et promitendi,* están emparejadas, bajo el marco de las obligaciones que se contraen *verbis* (I, 3, 16 y 20; C. 8, 39 y 40).

En ocasiones, el legislador utiliza el término «fianza» en sentido impropio, ajeno a la institución regulada en los arts. 1.822 y ss. Cc. Por ejemplo, para denotar cualquier clase de garantía —como en los arts. 260 y 491 Cc.—, o la consistente en depósito de dinero —«prenda irregular», art. 36 LAU—

Figura de garantía personal cercana a la fianza es el mandato de crédito, ya conocido en el Derecho romano; también, con distintos perfiles, el seguro de crédito. El Ccom. conoce el «afianzamiento mercantil» (artículos 439-42), al que dada su muy escasa regulación, se aplican casi íntegramente las normas del Código civil. El aval cambiario, considerado antes por la jurisprudencia como una modalidad de la fianza, recibe en la Ley cambiaria y del cheque (16 julio 1985) una configuración distinta, como obligación autónoma. La práctica de los negocios utiliza la denominación de «aval» para negocios de garantía muy variados, incluyendo la fianza solidaria, y el T.S. ha admitido en varias Ss. (21 marzo 1980, 11 julio 1983, 17 junio 1985) un discutible concepto de «aval en sentido amplio» que, al parecer, no estaría sujeto a las normas de la fianza sin ser, por otra parte, aval cambiario; así como una cuestionable calificación ajena a la fianza para las llamadas garantías independientes y «a primer requerimiento» (Ss. 2 octubre 1990, 15 abril 1991, 27 octubre 1992). Las Ss. 17 febrero y 30 marzo 2000, 5 julio 2002 y 27 septiembre 2005, califican el «aval a primer requerimiento» como garantía personal atípica, caracterizada por la falta de accesoriedad respecto de la obligación garantizada e independencia del contrato base. Sobre las cartas de patrocinio (contrato atípico de garantía personal), cfr. S. 30 junio 2005.

565. La obligación fideiusoria.

El fiador es un verdadero obligado, siquiera en garantía de una deuda ajena. Se rechazan con ello otras concepciones de la fianza, en particular la que hace del fiador un mero responsable por deuda ajena —apreciando un fenómeno excepcional de disociación entre deuda y responsabilidad—, y la que considera la existencia de una sola obligación con dos deudores, al asumir el fiador la misma deuda que el deudor principal. La obligación del fiador es, en la opinión hoy común, verdadera obligación —el fiador responde porque está obligado— y distinta de la principal: puede estar sujeta a propias determinaciones y limitaciones (v.g. sometida a término o condición, siendo pura la principal), asegurada con garantías específicas, modificarse o extinguirse por causas propias, independientemente de la obligación garantizada (vid. art. 1.847 Cc., acaso el más explícito).

A. Objeto. Las peculiaridades de la obligación fideiusoria son, sin embargo, muy notables. Su objeto (la prestación) no es autónomo, sino determinado por referencia al de la obligación principal. De ordinario, la prestación debida por el fiador es idéntica —aunque no la misma— que la debida por el deudor principal. En ningún caso puede ser de diferente naturaleza *(in aliam rem).* Sin embargo, el fiador –dispone el art. 1.826 Cc.– *puede obligarse a menos, pero no a más que el deudor principal.* Es decir, supuesta la identidad cualitativa de las prestaciones de deudor y fiador, la de éste puede ser cuantitativamente menor o sujeta a determinaciones o limitaciones más favorables: por ejemplo, bajo condición (S. 31 octubre 1991) o a término (S. 28 septiembre 1993), siendo pura la principal, pero no viceversa. *Si se hubiera obligado a más* –sigue diciendo el art. 1.826 Cc.– *se reducirá su obligación a los límites de la del deudor:* nulidad parcial señalada por la ley en atención a la presumible voluntad de las partes.

El fiador, por tanto, no puede obligarse a cosa distinta, ni más duramente, que el deudor principal. Se admite, sin embargo, que el fiador se obligue más intensamente (no *durius,* sino *arctius),* reforzando su obligación fideiusoria con otra garantía personal (subfianza) o real.

Si no se pactó diversamente (en los límites dichos), la obligación fideiusoria tiene exactamente el mismo contenido que la garantizada. Constituye entonces lo que el art. 1.827-2º Cc. denomina fianza «simple o indefinida» (con terminología ambigua: «fianza simple» se opone más a menudo a «fianza solidaria»), es decir, no limitada convencionalmente, la cual *comprenderá, no sólo la obligación principal, sino todos sus accesorios, incluso los gastos del juicio, entendiéndose, respecto de éstos, que no responderá sino de los que se hayan devengado después que haya sido requerido el fiador para el pago.* Entre los accesorios del crédito se incluyen (además de los que lo sean de la cosa debida) los intereses tanto convencionales como moratorios, la obligación de indemnizar los daños causados por el incumplimiento y la pena convencional.

B. Accesoriedad y subsidiariedad. Característica esencial de la obligación fideiusoria es la accesoridad (S. 4 mayo 1993), resumen y emblema de los rasgos más importantes de su disciplina. La noción de accesoriedad entre relaciones, si bien intuitiva, resulta difícil de precisar. De manera general, expresa una relación de dependencia o subordinación entre relaciones jurídicas, de modo que la accesoria no puede existir sin la principal, cuyas vicisitudes le afectan (pero no viceversa); sin excluir que la accesoria tenga además sus propias vicisitudes.

En la fianza, la accesoriedad se explica por una razón funcional o de cumplimiento de un fin, al ser instrumento al servicio del mismo fin perseguido por la obligación principal, y a ella podemos referir las siguientes reglas: la obligación fideiusoria no puede existir sin una obligación principal válida (art. 1.824), aunque sea futura (art. 1.825); no puede excederla en cuantía ni sujetarse a condiciones más duras (art. 1.826): el fiador puede oponer las excepciones inherentes a la deuda principal (art. 1.853); la obligación fideiusoria se extingue al hacerlo la principal (art. 1.847), sufriendo además el reflejo de todas sus vicisitudes; se entiende cedida con ella (art. 1.528); en la accesoria se subroga –como acreedor– quien lo haga en la principal (art. 1.212) y sólo de este modo –es decir, junto con la principal— pueden producirse la cesión o la subrogación en el lugar del acreedor.

Para la doctrina más común, la nota de *subsidiariedad* significa que, de ordinario, el acreedor no puede dirigirse contra el fiador sino en segundo lugar, hecha excusión en los bienes del deudor principal. Subsidiariedad y presencia del beneficio de excusión serían un misma cosa, por lo que —siempre según esta doctrina— la subsidiariedad caracterizaría a la fianza ordinaria (por oposición a la solidaria): subsidiariedad y solidaridad, en la fianza serían términos antitéticos.

En este sentido, Ss. como las de 7 febrero 1963 y 28 septiembre 1977 (cfr. S. 27 noviembre 1986). Con mayor acierto, en mi opinión, algunos autores entienden que la subsidiariedad es nota esencial de la fianza, presente también cuando se excluye el beneficio de excusión o se pacta solidaridad, pues siempre resultará que la obligación de pagar el fiador es para el «caso de no hacerlo el deudor» (art. 1.822), por lo que su ejecución supone siempre inevitablemente el incumplimiento de la obligación principal.

566. La obligación garantizada.

A. Validez. Explica el art. 1.824-1º Cc. que *la fianza no puede existir sin una obligación válida.* Si la obligación principal es nula de pleno derecho, lo será también la fianza.

Mucho más compleja y discutida es la cuestión sobre la validez y efectos de la fianza cuando la obligación principal es anulable. El párrafo 2º del citado art. 1.824 dice: *Puede, no obstante, recaer* (la fianza) *sobre una obligación cuya nulidad pueda ser reclamada a virtud de una excepción puramente personal del obligado, como la de la menor edad.* Y el párrafo 3º añade: *Exceptúase de la disposición del párrafo anterior el caso del préstamo hecho al hijo de familia.* El punto decisivo reside en precisar qué sean *excepciones puramente personales del deudor:* aquéllas que, según el art. 1.853, el fiador no puede oponer al acreedor (vid. también arts. 1.845 y 1.302).

Se trata de una regulación tradicional procedente mediatamente del Derecho romano (C. 2, 24, 2; D. 44, 1, 7, 1), recibida en el Derecho común (vid. P. 5, 12, 4), que llega a nuestro Código a través del francés (vid. arts. 1.767 y 1.735 Proyecto 1851, coincidentes con los arts. 1.853 y 1.824 Cc.). Con base en la tradición doctrinal (vid. por ejemplo, POTHIER, FEBRERO, GUTIÉRREZ) pueden hacerse afirmaciones seguras sobre algunos puntos esenciales: excepción «puramente personal», es, ante todo, la de la menor edad; mientras que no lo son —y, por tanto, pueden oponerlas los fiadores— las basadas en vicios del consentimiento del deudor.

B. Obligaciones anulables por incapacidad del deudor. El Código señala entre las excepciones «puramente personales», a título de ejemplo, la de la menor edad. La misma disciplina debe entenderse aplicable a todos los supuestos de incapacidad del deudor principal cuyos actos sean por ello anulables.

El fiador del incapaz está obligado a pagar aun cuando éste se exima aduciendo la causa de anulabilidad, de modo que el riesgo de que esto ocurra recae en el fiador, no en el cocontratante, que queda garantizado para ese evento.

La razón o finalidad por la que se mantiene en todo caso la vinculación del fiador es sustancialmente la misma que en el Derecho común: la conveniencia de que los incapaces con aptitud psíquica de entender y querer no se encuentren en la imposibilidad práctica de contratar (piénsese en supuestos en que el titular de la patria potestad esté ausente, o imposibilitado para ejercerla, o en que no se haya constituido la necesaria tutela) y, a la vez, no sufran en ningún caso perjuicio. La dificultad de esta solución reside en la configuración técnica de esta «fianza» eventualmente desligada de toda obligación principal. La doctrina tradicional, y algunos autores modernos, ofrecen una explicación clara: el menor ha contraído una obligación natural; lo que se considera suficiente para la validez de la fianza. Pero hoy la mayoría de los autores niegan —correctamente, en mi opinión—, que una obligación natural sea susceptible de ser garantizada. Ha de buscarse otra construcción para la fianza por deudas de los incapaces.

No estamos en presencia de una verdadera fianza, ya que quien aparece como fiador queda vinculado aún cuando no haya obligacion principal, por haber sido anulada. La obligación del garante, si bien dirigida a proporcionar al acreedor la satisfacción del interés que correspondería a su crédito —anulado— contra el incapaz, es una obligación principal y autónoma. Se trata, en definitiva, de un contrato de garantía, en que el garante toma a su cuenta la obligación del incapaz para el caso de que éste quede desligado, a la vez que se vincula como verdadero fiador si la anulación no se produce.

Se discute si, para que haya lugar a esta disciplina, es preciso que el «fiador» conociera la incapacidad del garantido. El texto legal calla sobre tal pretendido requisito, y en sentido contrario al mismo se hace valer que todo fiador tiene la carga de asegurarse de la capacidad del sujeto a que garantiza. La cuestión es dudosa. Se ha dicho también que el «fiador» podría anular su fianza en razón de error, cuando ignoraba la incapacidad del afianzado: pero cabe dudar si tal error sería esencial y, sobre todo, si sería excusable.

C. Obligaciones anulables por otras causas. Cuando la anulabilidad de la obligación principal procede de vicios del consentimiento, el fiador sí puede hacer valer la excepción correspondiente, porque ésta es de las inherentes a la deuda, no de las puramente personales del deudor. Se aplica, por tanto, el párrafo 1º del art. 1.824 (no el 2º) y la primera regla del art. 1.853. La obligación fideiusoria sigue las vicisitudes de la principal: confirmada, o transcurrido el plazo sin que el deudor principal haga valer la anulabilidad, nada puede excepcionar el fiador por este concepto; mientras que, anulada la obligación principal, decae también la fideiusoria, pudiendo repetir el fiador lo eventualmente pagado. En el tiempo intermedio no puede propiamente el fiador hacer anular la obligación principal, lo que supone una decisión que sólo al deudor incumbe personalmente. Aun cuando el art. 1.302 da pie a una conclusión distinta, parece claro que el deudor podría confirmar su obligación aun tras haber sido «impugnada» por el fiador. Si esto es así, la «impugnación» por el fiador debe entenderse como ejercicio de una excepción temporal, que le permite suspender el pago mientras corra el riesgo de que el deudor principal le niegue el reembolso en razón de la anulabilidad de su obligación.

Esta disciplina es la aplicable al caso de fianza por préstamo hecho al hijo de familia, considerado en el párr. 3º del art. 1.824 Cc.

El origen histórico de este precepto (consecuencia del S. C. macedoniano, dirigido a librar a los hijos de familia con expectativas hereditarias de las garras de los usureros y a evitar, según se dice, el riesgo de asesinato a sus progenitores) inclinaría a ver aquí un supuesto de nulidad absoluta. Pero tal consecuencia sería gravemente anómala en nuestro Derecho, en el que ningún precepto señala la nulidad de pleno derecho de tales préstamos. Estos son, por tanto, simplemente anulables, como toda otra obligación convencional del menor (aquí por hijo de familia ha de entenderse cualquier menor, sujeto a patria potestad o a tutela; acaso también el emancipado —vid. art. 323— y, verosímilmente, los demás incapaces). El precepto ahora considerado no es sino una excepción a la regulación excepcional del párr. 2º del art. 1.824, con lo que sitúa el supuesto en la regla general para la fianza de obligaciones anulables (a la vez que confirma que el citado párr. 2º no es el que contiene tal regla general).

D. Obligaciones garantizables con fianza. La obligación garantizada puede ser convencional o legal. No es raro que comprenda todo el complejo contenido contractual a cargo de una de las partes (vgr. los deberes del arrendatario).

La Compilación navarra (ley 510-1) advierte que la garantía de las obligaciones naturales —y, entre ellas, la fianza— produce efectos civiles. No ocurre lo mismo en el Código civil, y la validez de la fianza de obligaciones naturales —discutida, sobre todo, en relación con la fianza de obligaciones del menor— sólo parece admisible en los casos en que se considere eficaz civilmente el reconocimiento de los deberes morales, pues entonces estaremos en presencia de una obligación civil.

En la práctica, la obligación garantizada con fianza es, en la mayoría de los casos, de dinero. Pero, aunque el legislador parece pensar exclusivamente en obligaciones pecuniarias al regular algunos extremos de la fianza (como el derecho de reembolso: art. 1.838, núm. 1º), ninguna norma limita a ellas la posibilidad de afianzamiento.

En la doctrina se discute desde antiguo si son susceptibles de afianzamiento las deudas de otro contenido, o cuáles sí y cuáles no. La dificultad estriba en que el contenido de la obligación fideiusoria ha de ser idéntico al de la garantizada, lo que sólo parece posible tratándose de obligaciones de dar cosa genérica o acaso también de un *facere* fungible. El problema no es sino una concreción del que se plantea en todo supuesto de solidaridad pasiva, en cuyo esquema se incluye la demanda. Allí donde no tenga sentido configurar una obligación fideiusoria de contenido idéntico a la principal (obligaciones de *dare* y *facere* no fungibles, y las negativas, en que al acreedor interesa la abstención del deudor principal, no sustituible por la del fiador) la voluntad de las partes se dirigirá a poner a cargo del fiador, subsidiariamente, el resarcimiento de los daños causados por el incumplimiento. Podrá objetarse que, en rigor de conceptos, tal negocio no es propiamente de fianza; pero no hay duda de su validez, y de la aplicación en bloque —por analogía, si se quiere— de la disciplina legal de la fianza, con algunas matizaciones.

E. En particular, deudas futuras. Conforme al art. 1.825 Cc., *puede también prestarse fianza en garantía de deudas futuras, cuyo importe no sea aún conocido; pero no se podrá reclamar contra el fiador hasta que la deuda sea líquida.* Obligación futura afianzable no es sólo, como creyeron algunos autores, la nacida —en rigor, no futura— pero ilíquida o de importe por el momento desconocido (tesis de la S. 29 abril 1992), sino también la realmente futura, es decir, cuando todavía no está vinculado un deudor principal. Naturalmente, para el caso de que llegue a estarlo, evento que actúa como condición suspensiva (impropia) de la fianza; pero el fiador, en la situación de pendencia, no puede desligarse por su voluntad. La obligación futura que se afianza habrá de estar suficientemente determinada, o, al menos, ser determinable sin necesidad de nueva declaración del fiador y del acreedor (vid. Ss. 20 febrero 1987 y 23 febrero 2000; ésta exige también que no vulnera la normativa sobre condiciones generales y cláusulas abusivas).

INDICACION BIBLIOGRÁFICA. GUILARTE ZAPATERO, comentario a los arts. 1.822-1.856 Cc., en «Comentarios al Código civil y Compilaciones forales», t. XXIII, Edersa, Madrid, 1979; ALFONSO SÁNCHEZ, *La jurisprudencial del T. S. acerca de la relación jurídica de fianza* (años 1983 a 1988), ADC., 1989, págs. 979 ss.; ALVENTOSA DEL RIO, J., *La fianza: ámbito de responsabilidad,* Granada, 1988; CARRASCO PERERA, *Fianza, accesoriedad y contrato de garantía,* Madrid, 1991, y *La fianza general,* en Libro Homenaje al prof. Lacruz, II, 1993, págs. 1.045 ss.; CASANOVAS MUSSONS, *La relación obligatoria de fianza,* Barcelona, 1984; CERDÁ OLMEDO. *Garantía independiente,* Granada, 1991; PÉREZ ALVAREZ, *Solidaridad en la fianza,* Pamplona, 1985.

Sobre el «aval en sentido amplio», BLANCO CAMPAÑA, en «Revista de Derecho bancario y bursátil», jul.-sep. 1982, pág. 677, coment. S. 21 marzo 1980, y DELGADO ECHEVERRÍA, coment. S. 1 julio 1983 en CCJC, 3, sep.-dic. 1983, pág. 859.

§ 109. EL CONTRATO Y OTRAS FUENTES DE FIANZA

567. El contrato de fianza.

A. Las partes. Capacidad y legitimación. La fuente habitual de la obligación fideiusoria es el contrato de fianza, hasta el punto de que con el término «fianza» se hace referencia, indistintamente, al contrato y al complejo de relaciones que de él derivan (y a la persona del fiador, en uso arcaizante).

Partes del contrato de fianza son, exclusivamente, el fiador y el acreedor. El deudor fiado no es parte en el contrato. La fianza es válida y produce todos sus efectos aunque el fiado la ignore y aun la contradiga (art. 1.823-2º Cc.)

La razón por la que el fiador asume la fianza —a instancia del deudor o previo acuerdo con el mismo, o espontáneamente— y las relaciones que mantenga con el fiado —tradicionalmente encuadradas, con cierta imprecisión, en el mandato o en la gestión de negocios— son irrelevantes para el acreedor o, dicho de otra manera, no influyen para nada en la obligación fideiusoria: ésta es totalmente independiente de la relación que media entre fiador y deudor (vid. S. 31 enero 1977).

La capacidad necesaria para el contrato de fianza es la general para obligarse (vid., para el fiador, art. 1.828). Se ha planteado la duda respecto de la fianza prestada por menor emancipado, que, en mi opinión, ha de resolverse en favor de su plena validez, pues prestar fianza no es una de las excepciones a su capacidad equiparada a la del mayor de edad (art. 323). Sin embargo, parece mayoritaria la opinión que le niega capacidad, con razones, entre otras, como que se trata de un acto arriesgado, que compromete todo su patrimonio (incluidos los inmuebles, sobre los que no puede disponer); postura restrictiva apoyada también en las Ss. 27 junio 1941 y 28 junio 1968.

En el Derecho histórico, estaban sujetos a reglas especiales que limitaban su capacidad para ser fiadores los obispos, los clérigos, los religiosos y los labradores. También la mujer, para afianzar o interceder por otro, o por su marido, con regulación procedente del S. C. Veleyano y la Auténtica *Si qua mulier*, que estuvo vigente en el Derecho castellano, a través de las leyes de Toro, hasta el Código civil; y, en Cataluña, hasta mucho más tarde (1984). En el Derecho navarro, vid. Leyes 61 y 527 del Fuero Nuevo, sobre fianza prestada por los cónyuges y por religiosos profesos, respectivamente; y Ss. 19 enero y 16 febrero 1987.

La prestación de fianza es un acto de extraordinaria administración, lo que habrá de tenerse en cuenta para calificar la legitimación de quienes administran bienes ajenos (padres y tutores; mandatarios, administradores de personas jurídicas —cuya capacidad, la de éstas, no es por otra parte siempre clara—; cónyuge administrador de bienes comunes.

B. Manifestación de voluntad. Forma. Prueba. Interpretación.

La fianza es un contrato consensual. *La fianza no se presume: debe ser expresa y no puede extenderse a más de lo contenido en ella* (art. 1.827-1º).

El fiador lo es muchas veces por mera benevolencia hacia el deudor, y se muestra tanto más dispuesto a asumir un grave riesgo cuanto que no se le exige de momento desembolso alguno, y confía en no realizarlo nunca. Estas consideraciones explican la tendencia del legislador a no considerarlo obligado sino cuando, y en la medida en que, conste claramente su voluntad de afianzar.

Ahora bien, si el sentido general del precepto transcrito es intuitivo, no resulta tan fácil precisar técnicamente su alcance. Se niega ciertamente naturaleza de fianza a las recomendaciones, consejos o informes aseverativos de la solvencia de determinado deudor o a las declaraciones de garantizar su honestidad y suficiencia patrimonial, que han de entenderse como meras declaraciones de ciencia (no de voluntad) o situadas en el ámbito extrajurídico de las relaciones sociales (con todo, la práctica mercantil de las «cartas de patrocinio» suscita nuevos problemas en este terreno; vid. S. 16 diciembre 1985). Pero, probablemente, es suficiente para que quede constituida la fianza, junto a la palabra hablada o escrito, unos hechos concluyentes que no admitan otra interpretación que la de asumir la garantía personal de una obligación ajena.

La declaración de voluntad del acreedor es necesaria para la perfección del contrato de fianza, pero es cuestión de hecho sujeta a las reglas generales si se ha producido o no la aceptación por su parte (vid. S. 23 marzo 1988).

La forma es libre (arts. 1.278 y párr. últ. del 1.280). Algunas legislaciones extranjeras, como la alemana y la suiza, exigen forma escrita a la declaración del fiador, para mejor protegerlo: también, incoherentemente, el art. 440 Ccom. para la fianza mercantil (Ss. 14 noviembre 1988, 30 enero 1990).

Puede probarse el contrato por todos los medios ordinarios, incluso por presunciones (cosa distinta a la admisión, rechazada, de una «voluntad presunta»).

La fianza es de interpretación estricta; no, necesariamente, restrictiva (vid. Ss. 8 mayo 1984, 27 marzo 1990, 26 octubre 1990, 5 febrero 1992). Siendo gratuita, se aplicará la regla primera del art. 1.289.

C. Onerosidad y gratuidad. Según el art. 1.823 Cc. *la fianza puede ser gratuita o a título oneroso.* Es esto último cuando el acreedor promete una remuneración al fiador, convirtiéndose entonces el contrato en sinalagmático —y no unilateral, como es en todos los demás casos— con aplicación del art. 1.124 Cc.

Se ha dudado, por el contrario, sobre la onerosidad o gratuidad de la fianza remunerada por el deudor —caso más normal—, ya que éste es un tercero respecto del contrato que media entre fiador y acreedor, por lo que su atribución a favor del fiador no puede afectar a la causa —onerosa o gratuita— del contrato de fianza. Para resolver esta duda, así como otros problemas relativos a la onerosidad o gratuidad de la fianza, hemos de situarnos en el terreno, no de la causa del contrato, sino de la causa de la atribución que el fiador hace al acreedor (consistente en la ventaja patrimonial que representa la garantía de su crédito originario a través de la abertura de un segundo patrimonio a su poder de agresión). Esta atribución es a título oneroso, no sólo cuando el fiador recibe una remuneración del deudor —caso en que la atribución del deudor al fiador, y la de éste al acreedor, son ambas onerosas—, sino también cuando el acreedor acuerda, en atención a la garantía que recibe, alguna ventaja no ya al fiador, sino al deudor garantizado. Cuándo ocurra ello, es cuestión de hecho a valorar caso por caso. Como criterios indicativos, puede entenderse que es onerosa la fianza contemporánea a la obligación onerosa convencional que garantiza, cuando ha sido prestada no espontáneamente, sino a requerimiento del acreedor: se entiende que el acreedor no hubiera, sin la fianza, concedido crédito al deudor, o lo hubiera hecho en condiciones más gravosas.

Excluye también la gratuidad de la fianza el prestarla en cumplimiento de una disposición legal, o de legado o modo testamentario, o interviniendo en negocio en definitiva propio o con propio beneficio (como en el caso, tan extendido, en que los socios salen fiadores por la sociedad o los miembros de la asociación por ésta: S. 14 mayo 1984).

La fianza gratuita puede considerarse «contrato de beneficencia» en el sentido que a esta expresión ha dado la doctrina francesa, pero nunca constituye propia donación, directa ni indirecta. No al acreedor, puesto que, como señala LACRUZ, no recibe enriquecimiento alguno, sino aquello que ya le era debido. Ni al deudor, porque contra él tiene el fiador la acción de regreso. No se plantean, por tanto, problemas de protección de las legítimas, ni de colación. Ni siquiera la renuncia por el fiador a la acción de regreso supone, por sí, donación, la cual sólo se producirá cuando además el fiador pague realmente la deuda al acreedor.

568. Otras fuentes de la fianza. El deber de dar fianza.

El art. 1.823 señala que *la fianza puede ser convencional, legal o judicial.* ¿Significa esto que, junto al contrato (que sería la fianza convencional), son también fuente de la obligación fideiusoria la ley o la resolución judicial?. Para el legislador, fianza legal y judicial no significa que por obra de la ley o de resolución judicial determinada persona quede constituida en fiadora de otra, sino que alguien (deudor) haya de dar un fiador «por disposición de la ley o de providencia judicial» (art. 1.854 Cc.). Son casos, por tanto, en que un sujeto tiene la obligación (como el tutor: art. 260 Cc.) o la carga (como el usufructuario: art. 491-2º Cc.) de presentar un fiador que garantice el cumplimiento de los deberes que le incumben. La fianza, entonces, no quedará constituida mientras que persona distinta de quien tiene, por ley o resolución judicial, la aludida obligación o carga, no consienta en vincularse como fiador. Tales obligaciones fideiusorias no tienen su fuente en la ley o la providencia judicial, sino en la voluntad privada.

Recuerda GUILARTE cómo en nuestra doctrina, siguiendo el criterio dominante en el Derecho anterior a la codificación, se suele restringir el concepto de fianza judicial a la que, además de decretarse por el juez o los tribunales, se presta para fines de procedimiento, en cualquiera de los casos en que las leyes de enjuiciamiento lo exijan. En suma, fianzas judiciales son las que más propiamente debieran denominarse procesales.

La peculiaridad de los supuestos de «fianza debida», reside, además, en que el negocio jurídico creador de la obligación fideiusoria puede ser una declaración unilateral del fiador, sin contar con la voluntad concorde del acreedor, ya que éste no puede oponerse a la fianza prestada por quien reúna los requisitos señalados por la ley: *capacidad para obligarse y bienes suficientes para responder de la obligación que garantiza* (art. 1.828, a que se remite el 1.854). La suficiencia de los bienes (muebles e inmuebles) es una circunstancia objetiva que, ante la oposición del acreedor, será calificada por el juez, siendo entonces claro que la fianza no se constituye por contrato.

La norma últimamente transcrita no se refiere sólo al fiador que ha de darse «por disposición de la ley o de providencia judicial» (fianzas legal y judicial en el sentido de los arts. 1.854-1.856), sino también al que haya de darse por haberlo así convenido el deudor con el acreedor (que es a lo que, verosímilmente, el art. 1.823 denomina «fianza convencional», por oposición a la fianza espontáneamente prestada).

En todos los casos de «fianza debida» (por convención, ley o decisión judicial) la persona del fiador es irrelevante en cuanto tal («exceptúase el caso de haber exigido y pactado el acreedor que se le diera por fiador una persona determinada»: art. 1.829 i. f). Lo único importante es su solvencia patrimonial. Por eso se exige del fiador dicha solvencia al constituirse la fianza y, si luego la pierde, puede el acreedor pedir otro fiador capaz y solvente (art. 1.829) que lo sustituya o que refuerce su garantía como cofiador o subfiador (cfr. art. 1.129 Cc.).

Al fiador judicial se le priva —lo mismo que al subfiador, en igual caso— del beneficio de excusión (art. 1.856). Si el obligado por ley o resolución judicial a dar fianza no la hallase, *se le admitirá en su lugar una prenda o hipoteca que se estime bastante para cubrir su obligación* (art. 1.855).

La obligación fideiusoria puede constituirse también directamente por disposición testamentaria, lo que supone otro caso en que no es el contrato la fuente de la fianza, sino una declaración unilateral.

INDICACIÓN BIBLIOGRÁFICA. Además de lo indicado en el § anterior, LACRUZ BERDEJO, *La causa en los contratos de garantía,* en RCDI., 1981, pág. 709.

Sobre fianza y sociedad de conquistas navarra, ARRECHEDERRA ARANZADI, en *Rev. D. Mercantil*, enero-junio 1987, págs. 63 ss., y DELGADO ECHEVERRIA, en *CCJC*, 13, enero-marzo 1987, págs. 4.327 ss. (sobre las Ss. 19 enero y 16 febrero 1987). Sobre la S. 23 marzo 1988, GUILARTE ZAPATERO, en *CCJC*, 16, enero-marzo 1988, págs. 251 ss. y DELGADO ECHEVERRÍA, en *PJ*, 12, págs. 131 ss.

§ 110. LAS RELACIONES ENTRE ACREEDOR Y FIADOR

569. Cumplimiento e incumplimiento por el fiador.

El fiador cumple su obligación realizando la prestación debida, en la cuantía, modalidades y tiempo pactados —necesariamente, favorables al fiador— o, a falta de determinaciones específicas, en los propios de la obligación garantizada.

El pago hecho por el fiador, además de extinguir la obligación fideiusoria, satisface el interés del acreedor al cumplimiento de la obligación principal por lo que pierde éste su derecho de crédito contra el deudor garantizado. Según la opinión más común, la obligación principal, sin embargo, no se extingue, sino que en ella queda subrogado el fiador, el cual adquiere también un derecho de regreso contra el deudor (arts. 1.893 y 1.840 Cc., que estudio más adelante).

Los efectos del dolo, la culpa o la mora del deudor en el cumplimiento de su obligación se propagan al fiador, el cual deberá tanto la *aestimatio rei* (si la prestación se hizo imposible) como los daños y perjuicios, pues ello se entiende incluido entre los «accesorios» de la obligación principal a que se extiende la fianza (art. 1.827-2º).

570. Excepciones oponibles.

El fiador, para negar en todo o en parte el pago de lo que el acreedor le reclama, o hacerlo en condiciones más favorables que las exigidas, puede oponer todas las defensas que deriven de su propia obligación fideiusoria: desde la invalidez o ineficacia del negocio de fianza a las causas que han extinguido su deuda, pasando por los pactos que mediaron con el acreedor. Se muestra aquí el ámbito de autonomía de la obligación fideiusoria, que tiene condicionamientos y conoce vicisitudes independientes de la obligación principal. Pero también, como manifestación destacada del carácter accesorio de la obligación fideiusoria, *el fiador puede oponer al acreedor todas las excepciones que competan al deudor principal y sean inherentes a la deuda; mas no las que sean puramente personales del deudor* (art. 1.853, vid. también art. 1.845, que supone aquél señalando una consecuencia posterior para el caso de pluralidad de fiadores). Se comunican, por tanto, al fiador excepciones y defensas que, nacidas en cabeza del deudor, se dirigen a eludir, retrasar o disminuir el pago.

El fiador, al oponer las excepciones que competen al deudor, actúa legitimado por sustitución, ya que ejercita facultades ajenas en interés propio (por tanto, aun contra la voluntad del deudor), lo que se le permite para impedir que el acreedor consiga del fiador más de lo que lograría dirigiéndose contra el fiado, con la indeseable consecuencia de que podría éste negar a aquél el reembolso de lo que pagó. Hay, pues, una estrecha relación entre la comunicación de excepciones del deudor al fiador y la protección del derecho de reembolso que compete a este último.

Las excepciones inherentes a la deuda que, por competer al deudor, puede oponer el fiador no son sólo las relativas a la extinción de la obligación principal (a pesar del epígrafe del capítulo en que se encuentra el precepto), sino todas las que nacen de hechos que afectan a la obligación principal en su nacimiento o en sus vicisitudes (cfr. S. 25 octubre 1999). El fiador está, pues, facultado para discutir frente al acreedor la existencia, la legitimidad y la validez de la obligación principal, su extensión y modalidades, así como su subsistencia o su posterior extinción.

Tan sólo las excepciones puramente personales del deudor escapan a esta regulación. Se trata de una categoría restringida, como he explicado al tratar del art. 1.824 y la tradición doctrinal que en estos preceptos cristaliza. El caso central es el de anulabilidad por minoría de edad; también, otros supuestos de falta de capacidad. En un terreno distinto, puede pensarse en el beneficio de inventario (a favor del heredero del deudor principal), así como en los convenios de aplazamiento o reducción de los créditos alcanzables en procedimientos de concurso, quiebra o suspensión de pagos.

El fiador no puede oponer al acreedor excepciones derivadas de las relaciones entre aquél y el deudor (por ejemplo, el impago de la remuneración prometida por éste).

571. El beneficio de excusión.

Excusión (de la raíz *cutir,* golpear) significa, en el lenguaje jurídico, embargo y liquidación de los bienes del deudor para satisfacer con el producto el derecho del acreedor. Pues bien, ordinariamente el fiador puede exigir que la excusión de los bienes del deudor preceda a su propio cumplimiento forzoso; dicho de otro modo, puede negarse a pagar sin temor a ser embargado cuando el acreedor, a pesar de su indicación al efecto con los debidos requisitos, no hace diligente excusión en los bienes del deudor. A esto se llama abreviadamente beneficio de excusión —de origen justinianeo—, es decir, beneficio de previa excusión de los bienes del deudor.

No opera *ipso iure,* ni la falta de previa excusión puede ser apreciada de oficio por el juez (a pesar de la incorrecta redacción del art. 1.830 Cc.). Requiere, por el contrario, la manifestación del fiador de querer valerse del beneficio, ejercitando oportunamente una facultad de la que también podría no hacer uso. *Para que el fiador pueda aprovecharse del beneficio de la excusión* —señala el art. 1.832, revelándonos la naturaleza exacta de ese instituto—, *debe oponerlo al acreedor luego que éste le requiera para el pago, y señalarle bienes del deudor realizables dentro del territorio español, que sean suficientes para cubrir el importe de la deuda* (vid. Ss. 14 mayo 1977, 31 enero 1986 y 29 octubre 1991).

Ha de hacerse valer, por tanto, inmediatamente después del requerimiento, tanto si éste se hace en el proceso como fuera de él.

Siendo el requerimiento extrajudicial, piensa GUILARTE que la oposición del beneficio cabe hasta que se interponga la demanda. Criterio más rígido mantiene la S. 30 noviembre 1984. Dirigida la demanda conjuntamente contra deudor y fiador, para GUILARTE éste podrá oponer el beneficio —si no lo ha hecho antes— incluso después de ser ambos condenados, interpretando de este modo el art. 1.834; para CORDÓN, de acuerdo con este artículo, si el fiador comparece deberá alegar el beneficio inmediatamente; si no lo hace y es condenado en rebeldía, podrá alegarlo en fase de ejecución (a pesar, dice, de la opinión mayoritaria, que excluye el beneficio para el fiador condenado en rebeldía). Según este último autor, y desde un punto de vista procesal, el beneficio de excusión constituye una excepción de fondo de naturaleza temporal o dilatoria, fundada en un hecho excluyente.

El hecho de que el deudor insolvente al tiempo del requerimiento adquiera bienes con posterioridad no abre nueva ocasión al ejercicio del *beneficium* por el fiador. Este tampoco puede oponerlo antes de ser requerido de pago: es decir, aun vencido ya el crédito, no puede forzar al acreedor negligente a que persiga los bienes del deudor. Del peligro de posterior insolvencia de éste cubren al fiador —insuficienternente— los remedios de los arts. 1.843, 1.851 y 1.852.

La ley precisa que los bienes señalados han de ser del deudor. Puede dudarse sobre la procedencia de la previa excusión en bienes hipotecados por un tercero o en sus manos, o en bienes pignorados por un tercero.

Cumplidas por el fiador todas las condiciones del artículo anterior, el acreedor negligente en la excusión de los bienes señalados es responsable, hasta donde ellos alcancen, de la insolvencia del deudor que por aquel descuido resulte (art. 1.833 Cc.). Concluida con diligencia la excusión, si sus resultados no alcanzan la cuantía de la deuda ha de pagar el fiador la diferencia.

El beneficio de excusión no es esencial a la fianza, sino que la voluntad de los particulares puede suprimirlo, bien mediante renuncia expresa del fiador (unilateralmente declarada en cualquier momento), bien cuando éste se haya obligado solidariamente con el deudor (pues la pérdida del beneficio de excusión integra por disposición legal el pacto de solidaridad en la fianza: art. 1.831, nums. 1º y 2º). De otra parte, tampoco procede el beneficio cuando la excusión habría de ser a primera vista infructuosa o muy difícil. Por ello, no tiene lugar en el caso de quiebra o concurso del deudor y cuando éste no puede ser demandado judicialmente dentro del Reino (art. 1.831. núms. 3º y 4º; vid. S. 17 junio 1985).

De esto último, y habida cuenta del tenor del art. 1.832, resulta que el beneficio no podrá utilizarse tanto cuando el deudor no pueda ser demandado en España (cualquiera que sea la situación de sus bienes) como cuando no posea bienes en territorio español (aunque pudiera ser demandado dentro del Reino).

El fiador y subfiador judiciales no gozan del beneficio de excusión (art. 1.856).

572. Aspectos procesales.

El acreedor puede optar entre dirigir la demanda sólo contra el deudor, sólo contra el fiador, o conjuntamente contra ambos. En los dos primeros casos, tiene abierta la posibilidad de demandar al otro en cualquier momento posterior (cfr. art. 1.144 Cc.).

La demanda simultánea a deudor y fiador —que parece la actitud más normal— está expresamente considerada en el art. 1.834, en el que, como advierte DÍEZ PICAZO, el término «citación» es galicismo utilizado en el sentido de acto de iniciación del procedimiento (Ss. 21 diciembre 1932, 25 febrero 1958 y 20 enero 1999). El fiador «citado» es verdadera parte demandada, constituyéndose, por tanto, litisconsorcio pasivo voluntario, fundado mediatamente —dice CORDON MORENO— en la acumulación de acciones por conexión impropia que posibilitaba el art. 156 Lec 1881 (actual art. 72 Lec). Dada sentencia condenatoria contra ambos demandados, si el fiador opuso el beneficio de excusión en tiempo y forma (¿incluso en ejecución de sentencia? Vid. núm. anterior) no se podrá ejecutar contra él sin previa excusión en los bienes del deudor.

La posibilidad de demandar primero exclusivamente al deudor es obvia. También el fiador puede ser el único demandado (Ss. 25 febrero 1958 y 30 noviembre 1984; *contra,* S. 7 abril 1975), quedando a su arbitrio oponer o no el beneficio de excusión (cuando le competa). Mas, junto a esa posibilidad, la Lec. permite al deudor demandado el solicitar que sea llamado para que intervenga en el proceso el fiador (art. 14), y a éste el pedir que sea admitido en el proceso (art. 13); compatible todo ello con la facultad del fiador de oponer el beneficio de excusión.

En ningún caso la sentencia condenatoria dada en juicio sólo con el deudor es título suficiente para ejecutar sobre los bienes del fiador. Sobre si, en tales casos, la cosa juzgada se extiende, o es oponible, al fiador, vid. *infra*, núm. 577.

Cabe igualmente el ejercicio de la acción de relevación —vía que, al ser demandado el fiador, le estará siempre abierta: art. 1.843-1º— con acumulación posterior de los autos para no dividir la continencia de la causa.

Es opinable la posibilidad de ejercicio contra el fiador de las acciones subrogatoria y pauliana antes de que pudiera compelérsele al pago. Por la afirmativa, S. 25 febrero 1958; en contra (en un caso de fianza solidaria) S. 25 junio 1927.

INDICACIÓN BIBLIOGRÁFICA. Vid. § 108. Además, CORDÓN MORENO, *Aspectos procesales de la fianza,* en «Constitución, Derecho y proceso. Estudios en memoria de los Profesores Herce Quemada y Duque Barragués», Zaragoza, 1982, págs. 363 y ss.

§ 111. LAS RELACIONES ENTRE FIADOR Y DEUDOR

573. Reembolso y subrogación.

La disciplina del Cc. plantea el interrogante de si el fiador que cumple por el deudor dispone luego, frente a él, de una única acción de reembolso para cuyo ejercicio se subroga en ciertos derechos del acreedor pagado, o bien de dos acciones, una de reembolso surgida del contrato de fianza y otra resultante de la subrogación en el crédito pagado, que puede ejercitar alternativamente.

El tema no es exclusivo de la fianza, sino que abarca problemas tan difíciles como la plena comprensión del art. 1.210 (sobre todo, su núm. 3º) y su armonización con los arts. 1.158 y 1.159 de una parte, y el art. 1.145-3º de otra. Ciñéndonos aquí a la fianza, obsérvese, en primer lugar, la dicción del párr. 1º del art. 1.839: no se ordena la subrogación en el crédito, o el derecho, del acreedor, sino que se utiliza un revelador plural: *todos los derechos* que el acreedor tenía contra el deudor, es decir, los derechos de garantía y otros adminículos que acompañaban a la obligación principal (vid. art. 1.852 Cc.). Sobre todo, el párrafo 2º del mismo artículo me parece decisivo. En él se limita el reembolso debido al fiador del siguiente modo: *Si ha transigido con el acreedor, no puede pedir al deudor más de lo que realmente haya pagado*. Y ello se dice en el mismo artículo en que se contempla la subrogación, enfrentando a los defensores de la dualidad de acciones con una subrogación que proporcionaría derecho distinto y más limitado que aquél en que el sujeto se subroga. La explicación reside en que la «subrogación», en la mente del legislador, no transfiere al fiador que paga el crédito originario del acreedor, sino que es mero complemento del derecho que el fiador adquiere *iure proprio* al pagar, cuyo contenido determina el art. 1.838 y, en su caso, la segunda parte del siguiente. Dicho de otro modo, los arts. 1.838 y 1.839 contienen una norma única reguladora en sus varios aspectos de la única vía de regreso del fiador contra el deudor. A esta única vía se refieren también los arts. 1.840-1.842.

Esta tesis, según la cual la «subrogación» es mero complemento o caracterización del regreso correspondiente al fiador (que tiene su antecedente, entre nosotros, en PUIG BRUTAU), es acogida por PÉREZ ALVAREZ, REYES LOPEZ y ALONSO SÁNCHEZ. La doctrina mayoritaria (DÍEZ PICAZO, ALBALADEJO, GUILARTE...) mantiene la de la dualidad de acciones en concurso alternativo, con diferentes matices, y asimismo la jurisprudencia (S. 13 febrero 1988).

El contenido del derecho que el fiador que paga tiene contra el deudor (la llamada en el Código «indemnización») es el siguiente (artículo 1.838 CC.):

1º *La cantidad total de la deuda* (con los intereses devengados a favor del acreedor y pagados por el fiador). En realidad, la cantidad efectivamente desembolsada, si es menor que el nominal más intereses (art. 1.839-2º, en que el término transacción está utilizado evidentemente en sentido muy laxo).

2º *Los intereses legales de ella desde que se haya hecho saber el pago al deudor, aunque no los produjese para el acreedor.* Es peculiar el momento a partir del cual la cantidad pagada devenga intereses al fiador (cfr. art. 1.728-3º). Es opinable si, en caso de que la deuda garantizada produjera intereses superiores a los legales, correrían en esta mayor cuantía en provecho del fiador.

3º *Los gastos ocasionados al fiador después de poner éste en conocimiento del deudor que ha sido requerido para el pago.*

4º *Los daños y perjuicios, cuando procedan* (cfr. art. 1.729 y 1.893-1º i. f). El perjuicio consistente en el desembolso del capital está compensado con los intereses legales a favor del fiador: los abonables aparte son los demostradamente producidos en cada caso por otros eventos, de difícil precisión.

El derecho de reembolsar *tiene lugar aunque la fianza se haya dado ignorándolo el deudor* (art. 1.838, i. f., cfr. art. 1.159 Cc.), e incluso cuando se haya dado contra su voluntad (caso verosímilmente no considerado por el legislador por su aspecto académico, difícil de encontrar en la práctica), ya que el reembolso corresponde al fiador por serlo —y haber pagado—, no en razón de sus relaciones con el deudor.

El crédito de reembolso del fiador, con el contenido dicho, goza de las cualidades favorables que tuviera la obligación garantizada, y en particular su rango, privilegios y garantías accesorias, como prenda o hipoteca sobre cosa del deudor o de terceros, o en manos de tercero. En esto consiste, a mi entender, la «subrogación» establecida en el art. 1.839-1º, según he explicado más arriba.

La S. 11 junio 1984 niega al fiador —que lo era de las operaciones de descuento comercial del deudor— subrogación en los derechos cambiarios del acreedor: GALÁN CORONA critica, con buenas razones, esta decisión.

Si el pago del fiador no lo fue por la totalidad de la deuda, habrá que estar a lo dispuesto en el art. 1.213.

574. Pérdida y limitaciones del reembolso.

El fiador tiene derecho a reembolso en cuanto haya pagado *lo que debía,* en cuantía y circunstancias. Por ello, *si la deuda era a plazo y el fiador la pagó antes de su vencimiento, no podrá exigir reembolso del deudor hasta que el plazo venza* (art. 1.841). Al mismo criterio parece responder el art. 1.840, según el cual *si el fiador paga sin ponerlo en noticia del deudor, podrá éste hacer valer contra él todas las excepciones que hubiera podido oponer al acreedor al tiempo de hacerse el pago,* pues en tal caso el fiador pagó más de lo que debía o, al menos, en circunstancias en que podía evitar el pago, y tal comportamiento no debe perjudicar al deudor. Pero la explicación de este precepto es más compleja.

Directamente, impone al fiador tan sólo la carga de anunciar al deudor su intención de pagar. ¿Con qué finalidad? Evidentemente, con la de permitir a éste, sea oponer personalmente frente al acreedor las excepciones que le incumban, sea comunicarlas al fiador para que éste pueda hacer uso de ellas (se entiende, las inherentes a la deuda, no las puramente personales del deudor). Si el deudor nada responde a la notificación del fiador, y éste paga de buena fe, conserva reembolso íntegro. Sólo en el caso de que le comunique poseer excepciones y le proporcione información y medios para hacerlas valer (documentos, por ejemplo), puede pensarse que el fiador tiene la carga de oponerlas a la reclamación del acreedor, en el sentido de que, de no hacerlo, se enfrentará a tales excepciones cuando reclame reembolso. De no conseguirlo íntegro por lo pagado, podrá dirigirse contra el acreedor por cobro de lo indebido, si se dan los presupuestos de esta acción (v. gr., el deudor había pagado ya, o la deuda le había sido condonada).

Aunque es claro, la S. 14 noviembre 1981 se ve en el caso de explicar que el art. 1.840 «presupone que el fiador puede pagar al acreedor sin notificación alguna al deudor».

Según el art. 1.842, *si el fiador ha pagado sin ponerlo en noticia del deudor, y éste, ignorando el pago, lo repite por su parte, no queda al primero recurso alguno contra el segundo, pero sí contra el acreedor.* Si no fuera por esta norma especial, el pago hecho por el deudor luego que el fiador pagó, al haber dejado el *accipiens* de ostentar un crédito contra él, sería pago de lo indebido: habría de ser, por tanto, el deudor quien ejercitara la correspondiente acción. El art. 1.842 impone al fiador la carga de notificar al deudor el pago por él realizado, de modo que, omitida tal notificación, es un hecho posterior —el pago por el deudor que ignora la extinción de la deuda— lo que priva de reembolso al fiador y le aboca a la repetición frente al acreedor.

575. Acción de relevación.

La relación *ex lege* entre fiador y deudor no nace con el pago por aquél, sino en el mismo momento en que surge la obligación fideiusoria; y produce unos efectos preliminares y cautelares característicos, aunque de difícil sistematización. Se manifiestan, ante todo, en la llamada acción de relevación o cobertura: con la que el fiador *tiende a obtener relevación de la fianza o una garantía que lo ponga a cubierto de los procedimientos del acreedor del peligro de insolvencia en el deudor* (art. 1.843). Es una acción contra el deudor —y acaso sólo ejercitable judicialmente—, por lo que la relevación o exoneración del fiador sólo podrá lograrla el demandado pagando al acreedor, o consiguiendo de algún modo su consentimiento (vgr. ofreciéndole a cambio otra garantía), pero nunca por su sola voluntad.

En cuanto a la garantía (vid. S. 17 octubre 1990) que, alternativamente y —al parecer— a su elección está el deudor obligado a prestar al fiador, podrá ser de cualquier clase (ya que nada dice la ley), real o personal (retrofianza, en este último caso). Es dudoso que el fiador pueda atacar por esta vía enajenaciones del deudor en fraude de su eventual derecho de reembolso.

La acción de relevación regulada en el Código procede en estos casos:

1º *Cuando* (el fiador) *se ve demandado judicialmente para el pago.* Supuesto que dará lugar a la acumulación de autos, resolviéndose en un solo pleito sobre las relaciones del acreedor con el fiador y con el deudor, y de éstos entre sí.

2º *En caso de quiebra, concurso o insolvencia.* De acuerdo con los antecedentes históricos, ha de entenderse que se trata del concurso, etc., del deudor.

3º *Cuando el deudor se ha obligado a relevarle de la fianza en un plazo determinado, y este plazo ha vencido.* Habrá de atenerse al contenido del pacto.

4º *Cuando la deuda ha llegado a hacerse exigible, por haber cumplido el plazo en que debe satisfacerse.* La inercia del acreedor, tanto más comprensible cuanto que tiene el cobro asegurado por el fiador, perjudica a éste, ya que puede propiciar la insolvencia del deudor. El fiador tiene, por tanto, fundado interés en asegurarse el regreso. Otra cosa es cuando el acreedor no se limita a no exigir la deuda vencida, sino que concede prórroga: entonces se extingue la fianza (art. 1.851).

5º *Al cabo de diez años, cuando la obligación principal no tiene término fijo para su vencimiento, a menos que sea de tal naturaleza que no pueda extinguirse sino en plazo mayor de diez años.*

Indicación Bibliográfica. Vid. § 108. Galán Corona, coment. S. 11 junio 1984 en CCJC, 6, pág. 1.827; Reyes López, *Algunas consideraciones sobre los arts. 1.838 y 1.839 Cc.,* ADC., 1988, págs. 153 ss.; Arija Soutullo, *Las acciones de liberación y cobertura en la fianza*, Valencia, 2001.

§ 112. VICISITUDES DE LA OBLIGACIÓN PRINCIPAL Y DE LA FIANZA

576. Extinción de la fianza en virtud de reglas particulares.

La obligación del fiador se extingue al mismo tiempo que la del deudor, y por las mismas causas que las demás obligaciones (art. 1.847). Norma fundamental que, con la del art. 1.853 —ambas expresión del principio de accesoriedad de la fianza—, preside toda la materia de las vicisitudes de la obligación principal y de la fideiusoria. Pero, junto a ella, el Código establece otros supuestos particulares de extinción de la fianza (vid. también art. 1.181 Cc.).

A. Dación en pago. Según el art. 1.849, *si el acreedor acepta voluntariamente un inmueble u otros cualesquiera efectos en pago de la deuda, aunque después los pierda por evicción, queda libre el fiador.* La razón no reside en un supuesto efecto novatorio de la dación en pago, o en que ésta extinga definitivamente la deuda, pues entonces el precepto sería redundante, bastando al efecto el art. 1.847. El art. 1.849 supone, en mi opinión, que, producida la evicción en la cosa dada en lugar de pago, puede el acreedor, a su elección, hacer valer las normas del saneamiento para el caso de evicción (arts. 1.475 y ss. Cc.) o exigir la prestación originaria: en este segundo caso podría dudarse si la fianza revive también, y ésta es la cuestión que el artículo que comento resuelve negativamente. En la jurisprudencia, vid. Ss. 14 septiembre 1987 y 26 mayo 1988.

B. Prórroga. La prórroga concedida al deudor por el acreedor sin el consentimiento del fiador extingue la fianza (art. 1.851). Díez Picazo, invocando la opinión de García Goyena, entiende aplicable el art. 1.851 Cc. sólo a aquellas prórrogas que, excepcionalmente, impliquen verdadera novación de la obligación. De este modo, habría que distinguir entre término de la obligación cuya prórroga hace aplicable el art. 1.851 y *terminus solutionis,* en el que la aplicación de dicho artículo —siempre según el citado autor— concedería al fiador un privilegio exorbitante.

Esta interpretación restrictiva del art. 1.851, que le hace decir lo mismo que dice su contrario del Código francés —según el cual la concesión de prórroga al deudor no libera al fiador— no me parece convincente. El precepto trata más bien de evitar perjuicios al fiador en la acción de regreso, ya que puede hacerse insolvente el deudor durante la dilación que implica la prórroga. Y no sería oportuno, en tal tesitura, obligar al fiador —para asegurar su regreso— a pagar inmediatamente, ni siquiera a tomar la iniciativa de una acción de relevación (art. 1.843-4º), cuando todo lo que pretende es que no se altere su obligación sin contar con su voluntad.

El Tribunal Supremo ha tenido bastantes ocasiones de ocuparse de la interpretación del art. 1.851 —quizás sea éste el punto relativo a la fianza que más a menudo se presenta ante los tribunales—, inclinándose, al parecer, durante mucho tiempo por una interpretación «a la francesa» (pero ya he dicho que el precepto francés es exactamente el contrario), bien que, a veces, la negativa de la liberación del fiador se funda en no haber en el caso verdadera prórroga o en haberla consentido el fiador, o en otras razones. Vid., entre otras, SS. 24 junio 1940, 5 febrero y 3 noviembre 1955, 7 diciembre 1968, 7 abril, 23 mayo 1977. Sentencias posteriores acogen con claridad la interpretación que parece correcta. Así, la S. 31 enero 1980 explica que «tal extinción por vía de consecuencia viene determinada por la mayor onerosidad surgida de la prolongación temporal, que afectaría a la obligación del fiador, y por el juego de los principios generales en orden a los límites subjetivos de la eficacia de lo pactado *(res inter alios acta),* sin trascendencia a quien no ha sido parte en el contrato (art. 1.247 Cc.), así como la improcedencia de quedar los efectos de la fianza al arbitrio del acreedor, en menoscabo del fiador, contraviniendo lo dispuesto en el art. 1.256» (en el mismo sentido, S. 8 octubre 1986). Tres importantes sentencias casi simultáneas y sobre hechos idénticos (Ss. 6 (dos) y 11 noviembre 1981) entendieron extinguido el aval cambiario por el hecho de la emisión de nuevas letras de cambio (la prórroga del *terminus solutionis* «sería por sí sola bastante para desencadenar el efecto previsto en el art. 1.851»; en el caso, hay verdadera novación, «por lo que concurre también el presupuesto requerido por la opinión más estricta»). Vid. también Ss. 1 marzo 1983, 22 julio 2002 y 27 febrero 2004.

C. Perjuicio en la subrogación. La *exceptio cedendarum actionarum* podía oponerla el fiador requerido de pago al acreedor que se negaba a subrogarle en sus derechos o se había colocado en la imposibilidad de hacerlo. Hoy, siendo automática la subrogación, sólo cabe esta segunda alternativa, que ha dado lugar en nuestro Código a la siguiente regla: *Los fiadores, aunque sean solidarios, quedan libres de su obligación siempre que por algún hecho del acreedor no puedan quedar subrogados en los derechos, hipotecas y privilegios del mismo* (art. 1.852 Cc.). Por hecho propio del acreedor debe entenderse cualquier conducta de éste, que le sea imputable y que no obedezca a caso fortuito. Puede ser un comportamiento positivo o una simple omisión (S. 19 mayo 2005). Puede ser una actividad voluntaria, dolosa o simplemente negligente (Díez Picazo).

Precisa Guilarte que lo que se exige es la relación de causa a efecto, de modo que la conducta del acreedor sea determinante de la pérdida del derecho o de la garantía de que se trate, independientemente de toda idea de ilicitud o de culpabilidad de aquélla. Si le es imputable al acreedor el acto o la omisión que origina la pérdida de la garantía o del derecho en cuestión, la liberación del fiador debe materializarse.

De este modo se configura para el acreedor, para no perder la garantía fideiusoria, la carga de una diligente gestión del crédito principal. No es una obligación, en sentido estricto, frente al fiador, de mantener en vida sus derechos y privilegios respecto del deudor (la fianza no crea obligaciones correspectivas; y, si las creara, la consecuencia no sería exactamente la del art. 1.852, sino la resolución por incumplimiento), sino una carga, expresión a su vez de que el reembolso del fiador, elemento natural del contrato de fianza, no puede ser desconocido por el acreedor. Cfr. S. 8 mayo 2002.

La jurisprudencia se muestra más bien restrictiva. Según la S. 1 marzo 1983, «la ley exige actividad, acción, hechos, no cualquier falta de diligencia», y reprocha al fiador que no desarrollara actividad orientada a la finalidad de que al menos quedara patente la pasividad que imputa al acreedor como determinante de la pérdida de la garantía que la reserva de dominio significaba. Vid. también Ss. 28 febrero 1985, 1 julio 1988 (que aprecia extinción del la fianza), 20 octubre 1993 y 21 julio 2003.

577. Otras vicisitudes.

A. Condonación. Si el acreedor remite la deuda al deudor principal, se extingue necesariamente la fianza (arts. 1.190, primera proposición y 1.847, primera proposición). La condonación de la obligación de fianza (renuncia a la garantía) en nada afecta a la obligación principal (art. 1.190). La doctrina admite —señalando la rareza del supuesto— que la remisión se haga en beneficio exclusivo del fiador, de modo que éste pueda dirigirse contra el deudor principal como si hubiera pagado.

B. Confusión. La que recae en las personas del deudor y el acreedor extingue, junto a la obligación principal, la fianza. La confusión en las personas de acreedor y fiador extingue la fianza, pero no la obligación principal (art. 1.193 Cc.). La que se realiza en las personas del deudor y el fiador extingue en principio la fianza (nadie puede ser fiador de sí mismo), pero no la obligación del subfiador cuando lo hubiere (art. 1.848 Cc.): en general, la obligación de fianza se considera viva siempre que tal cosa tenga alguna utilidad para el acreedor.

C. Compensación. La opuesta por el deudor por crédito que ostenta contra el acreedor extingue su obligación y, consecuentemente, la del fiador (arts. 1.202 y 1.847, primera proposición). El fiador puede oponer en compensación un crédito suyo propio contra el acreedor. Parecen excluirlo los arts. 1.195 y 1.196 Cc., ya que el fiador no es «deudor por derecho propio» ni está obligado «principalmente». Pero la procedencia de la compensación en este caso, además de ser lógica, encuentra apoyo suficiente en el art. 1.847, segunda proposición. El fiador tendrá entonces acción de regreso contra el deudor.

El fiador puede también oponer en compensación al acreedor un crédito que contra éste ostenta el deudor principal. Esta es la regulación peculiar de la fianza en este punto, expresamente prevista en el art. 1.197 Cc. (concordante con el 1.853 Cc.). Operada esta compensación, se extingue —hasta la cantidad concurrente— tanto la deuda garantizada como la del fiador.

El acreedor, obviamente, podrá extinguir una deuda suya con el deudor principal oponiendo en compensación el crédito (garantizado con fianza) que contra él ostenta, con lo que extinguirá tanto este crédito como la fianza que lo garantizaba. También podrá oponer en compensación frente a una reclamación del fiador la deuda fideiusoria, si ya podía exigir su cumplimiento.

D. La *novación* en sentido propio —es decir, extintiva—, sea objetiva o sea por cambio de deudor, pactada entre acreedor y deudor principal extingue la fianza (art. 1.207 Cc.). Como decía Pothier —explicación tradicional y atendible— «el fiador no puede seguir obligado por la primera deuda, por la que él se constituyó en fiador del deudor, pues ésta ya no existe, habiendo quedado extinguida por la novación. No puede tampoco estar obligado por la deuda en que la primera ha sido convertida, pues esta nueva no es aquélla a la que él ha accedido».

El cambio de acreedor, por cesión del crédito o por subrogación, no altera la situación del fiador (vid. arts. 1.212 y 1.528 y S. 11 enero 1983). El cambio de deudor siempre extingue la fianza. Las modificaciones en el objeto o en las circunstancias de la prestación, si no constituyen novación, reciben el tratamiento del art. 1.853-2.

E. Transacción. La transacción hecha por el fiador con el acreedor no surte efecto para con el deudor principal (art. 1.835-1º Cc.). Regla que la doctrina considera evidente, atendiendo a que el fiador transige tan sólo sobre su obligación fideiusoria, cuyas vicisitudes no afectan a la deuda garantizada. No está ello en contradicción con el párr. 2º del art. 1.839, que trata simplemente de limitar el reembolso del fiador a lo efectivamente pagado por él.

La transacción realizada entre el acreedor y el deudor principal *tampoco surte efecto para con el fiador contra su voluntad* (art. 1.835-2º Cc.). Esta transacción es, respecto del fiador, *res inter alios acta*, y sólo puede afectarle cuando él así lo quiera. Esto puede ocurrir de dos maneras: bien porque el fiador ha sido parte en la transacción, o bien porque, al reclamarle posteriormente el acreedor el cumplimiento de la obligación, oponga el fiador como excepción «inherente a la deuda» (art. 1.853) la transacción realizada. La doctrina tradicional calificaba la excepción de transacción entre las *in rem*.

No me parece exacta la doctrina que distingue entre una transacción favorable y otra perjudicial, de modo que sólo esta última no fuera oponible al fiador. La transacción conduce a una situación tenida como más favorable por ambas partes (de otro modo, no prestarían su consentimiento); mientras que, atendiendo a su función, ha de ser considerada a ciertos respectos como equivalente a la preexistente. Desde el punto de vista de un tercero —en este caso, el fiador— el carácter de perjudicial o beneficiosa depende exclusivamente de sus circunstancias personales y patrimoniales. Por ello se deja en manos del fiador oponer o no, según prefiera, la excepción de transacción.

Ha de entenderse —ante la ausencia de norma legal— que este mismo es el régimen de las modificaciones introducidas en la obligación principal por acuerdo entre acreedor y deudor. La extinción de la obligación fideiusoria, por el contrario, se produce únicamente ante la novación en sentido estricto, es decir, extintiva.

F. Cosa juzgada. Se trata de saber si, dictada sentencia firme en juicio entre el acreedor y el deudor principal, el fiador se ve afectado por la misma. No hay norma específica en nuestro Derecho. El derogado art. 1.252-3º Cc., relativo a deudores solidarios, no resolvía la cuestión; tampoco el actual art. 222 Lec'2000. Hoy es más luminoso y eficaz a este respecto el art. 542 Lec.

En primer lugar, es opinión al parecer unánime en la doctrina extranjera, y así debe admitirse en nuestro Derecho, que la cosa juzgada produce excepción inherente a la deuda de la que, por tanto, puede servirse el fiador (art. 1.853).

Lo verdaderamente problemático es si la sentencia que ha estimado la pretensión del acreedor frente al deudor precluye al fiador toda nueva discusión sobre las excepciones de fondo ya desestimadas en aquel pleito. La respuesta depende más de consideraciones generales sobre la eficacia de la sentencia respecto de terceros que de la naturaleza de la obligación del fiador. La tesis tradicional se basaba en el carácter accesorio de la fianza e incluso, para la doctrina antigua, en la apreciación de la existencia de una sola obligación con dos sujetos (deudor principal y fiador). Ahora bien, cuando pasan a primer plano las consideraciones sobre el principio de audiencia y el derecho constitucional a la tutela judicial (art. 24 Const.), resulta más coherente con ellos negar el efecto negativo de la cosa juzgada respecto del fiador que no fue demandado. A la misma conclusión lleva el actual art. 542.1 Lec. Al fin y al cabo, el acreedor que pudo demandarlo junto con el deudor, no puede, por su sola voluntad, negar al fiador ocasión de discutir los presupuestos de su obligación.

G. Interrupción de la prescripción. Según el art. 1.975 Cc., *la interrupción de la prescripción contra el deudor principal por reclamación judicial de la deuda surte efecto también contra su fiador; pero no perjudicará a éste la que se produzca por reclamaciones extrajudiciales del acreedor o reconocimientos privados del deudor.* La noción de accesoriedad explica la extensión al fiador de la interrupción de la prescripción de la deuda garantizada. Las excepciones del precepto transcrito —que no estaban en el texto correspondiente del Código francés de que se copió— tienden a proteger al fiador de interrupciones dudosas o para él desconocidas, pero son de difícil precisión.

Díez Picazo entiende que operan frente al fiador tanto la reclamación extrajudicial al deudor cuya fecha sea auténtica y haya sido comunicada al fiador, como el reconocimiento del deudor con las características de autenticidad de fecha y notificación.

No duda hoy la doctrina extranjera que el acto interruptivo realizado por el fiador o contra él no se extiende al deudor (opinión contraria se mantuvo en el antiguo Derecho francés). Entonces, si la deuda ha prescrito para el deudor principal, tampoco el fiador puede ser obligado a cumplir, ya que no podría recobrar lo pagado. La conclusión es que su deuda ha de tenerse también por prescrita, a pesar de la interrupción producida en su contra, que es así meramente aparente (Holleaux). Al menos, parece seguro que, el fiador podrá *(ex* art. 1.853) oponer la excepción de prescripción correspondiente al deudor principal, quedando con ello liberado.

La obligación del fiador prescribe en el mismo plazo que la principal (principio de accesoriedad), que será el de quince años cuando la obligación principal no tenga señalado otro. A la misma consecuencia práctica se llega aceptando que el fiador puede oponer —como es indudable— la excepción de prescripción que corresponda al deudor principal. Así ocurre en la S. 14 mayo 1979, que acoge la excepción, opuesta por el fiador, de prescripción de la deuda principal por transcurso de tres años, *ex* art. 1.967-4º, «en virtud de lo dispuesto en los arts. 1.840 y 1.853, de los que se infiere una especie de representación informal o gestión del fiador en favor del deudor».

Indicación Bibliográfica. Vid. § 108. Además, el comentario de De La Cuesta Rute a las Ss. de 6 (dos) y 11 noviembre 1981, en «La Ley» (t. 1982-1, pág. 271); el de Delgado Echeverría a la de 8 mayo 1984 en CCJC, 5, pág. 1.623; y el de Cafarena Laporta a la de 11 enero 1983, igualmente en CCJC, 1, pág. 25; Cordon Moreno, citado en § 110; Alonso Sánchez, Beatriz, *Protección del acreedor en vía de regreso,* Madrid, 1993.

Excelentemente documentado y rico en ideas (no sólo sobre la interrupción de la prescripción) el coment. de G. Holleaux a Ch. Req. 23 julio 1929, en D. P. 1931, pág. 73.

§ 113. LA FIANZA SOLIDARIA

578. Planteamiento.

En la práctica, la fianza se pacta en la mayoría de los casos con el carácter de solidaria, para vincular con mayor intensidad al fiador proporcionando al acreedor más expedita satisfacción de su derecho.

Por ejemplo, así aparece en los formularios impresos de pólizas de crédito o de compraventa y financiación de bienes muebles a plazos, y en general se pacta de este modo en las operaciones con entidades de crédito. La ley no atribuye el carácter de solidaria a la fianza mercantil (art. 439 Ccom.), si bien la jurisprudencia —abandonando una línea anterior— lo afirma, con invocación del criterio hermenéutico de la «realidad social» (Ss. 20 octubre 1989 y 7 marzo 1992).

El dato legislativo de partida es el párr. 2º del art. 1.822 Cc., según el cual *si el fiador se obligare solidariamente con el deudor principal, se observará lo dispuesto en la sección cuarta, capítulo 3º, título primero de este libro;* es decir, en la sección titulada «de las obligaciones mancomunadas y de las solidarias», que comprende los arts. 1.137 a 1.148 Cc. ¿Significa esta remisión que la fianza solidaria carece de entidad propia, rigiéndose, no por las normas de la fianza, sino por las de la solidaridad entre deudores? Así se ha afirmado precipitadamente alguna vez. Sin embargo, más comúnmente se añade, siguiendo a la S. 29 diciembre 1968, que «cabe que el fiador se obligue solidariamente con el deudor principal sin perder por ello el contrato su naturaleza propia». Nos encerramos así en una contradicción que se ha hecho común en los manuales: si bien el art. 1.822-2º Cc. remite en bloque a las reglas de la solidaridad pasiva, la fianza solidaria no deja por ello de ser fianza. ¿Cómo armonizar ambas proposiciones? Se dice a veces que se aplican las reglas de la solidaridad hasta el momento del pago —de modo que el acreedor puede exigirlo, a su voluntad, del deudor o del fiador, sino que éste pueda oponer el beneficio de excusión— y, a partir de ese momento, las de fianza, por lo que el fiador goza de derecho de reembolso. De forma algo más elaborada, se afirma que las reglas de las obligaciones solidarias se aplican a la relación externa (limitándose de este modo la remisión del párr. 2º del art. 1.822 Cc.), mientras que la relación interna se regirá por las propias de la fianza. A partir de ahí, se plantean algunos autores si la fianza solidaria equivale o es lo mismo que la fianza sin beneficio de excusión: lo afirman, entre otros, ALBALADEJO y VÁZQUEZ GUNDÍN, mientras que lo niega, de forma no menos expresa, GULLÓN BALLESTEROS.

579. Los textos del Código civil.

En el Código se recibe sin cambio sustancial la regulación del Proyecto de 1851 —que suprime el beneficio de división entre codeudores con pacto de solidaridad (mancomunidad, en la terminología de aquel Proyecto), de la práctica anterior—. De modo que el art. 1.822-1º Cc. significa muy verosímilmente lo mismo que el precepto equivalente en aquel proyecto. La remisión, ciertamente de técnica censurable, se refiere al esquema abstracto de la solidaridad

—pluralidad de deudas, el cumplimiento de cualquiera de las cuales extingue todas ellas—, y no la disciplina concreta de la solidaridad pasiva en el Código civil.

Veamos todavía las cosas más de cerca. El art. 1.822-2º no se remite a las reglas de la solidaridad pasiva, como suele decirse, sino a un concreto grupo de artículos que *a)* tratan también otros temas (vgr. obligaciones indivisibles, solidaridad de acreedores) y *b)* no contienen toda la regulación de la solidaridad de deudores (vgr. arts. 1.152-3º y 1.974 Cc., y 542 Lec). La tesis de la subsunción de la fianza solidaria en la disciplina de la solidaridad de deudores debería explicar también cómo, a pesar de ello, el legislador se sigue ocupando de la fianza solidaria en el capítulo de la fianza, concretamente en los arts. 1.831, núm. 2º y 1.852. En mi opinión, estos preceptos prueban por sí solos que la disciplina de la fianza solidaria es en general la de la fianza, sin otra peculiaridad que no gozar el fiador del beneficio de excusión, por disponerlo el art. 1.831.

Este precepto, que suscita la perplejidad de la doctrina por suponerlo innecesario (entre codeudores solidarios nunca hay beneficio de excusión), se explica perfectamente en la interpretación propuesta del art. 1.822, teniendo en cuenta además que en el Derecho común se discutía (lo recuerda POTHIER, que se inclina por la afirmativa) si el obligarse el fiador «como deudor principal por toda la deuda encierra renuncia tácita del beneficio de excusión». Todavía en 1821 el alemán GESTERDING se ocupa monográficamente de este tema (y, por cierto, opta por la negativa). La previsión del legislador español ahuyenta definitivamente esta duda.

En cuanto al art. 1.852, que reconoce al fiador solidario la *exceptio cedendarum actionum,* indica paladinamente que la fianza solidaria se asienta en la causa típica de garantía de toda fianza, por lo que es regulada conforme a ella. El acreedor, en suma, no puede desconocer que el fiador solidario no es sino un garante, por lo que goza de los derechos de reembolso y subrogación que aquél debe respetar. Por el portillo aparentemente mínimo del art. 1.852 se introduce en realidad toda la disciplina de la fianza.

En la jurisprudencia, dejando aparte declaraciones generales casi siempre *obiter dicta* y poco expresivas (Ss. 7 31 mayo 1969, 28 septiembre 1977 y 11 noviembre 1987, más proclives a ver en la fianza solidaria una deuda solidaria; y las de 17 febrero 1962, 3 mayo 1968, 16 junio 1970 y 21 diciembre 1987, que afirman su carácter de fianza, incluso en relación con el acreedor), el hecho es que el Tribunal Supremo ha considerado aplicables todos los preceptos de la fianza —excepto los relativos al beneficio de excusión— a la solidaria, las más de las veces sin plantearse dificultad alguna, como ha comprobado PÉREZ ALVAREZ.

INDICACIÓN BIBLIOGRÁFICA. La del § 108, en especial la monografía de PÉREZ ALVAREZ.

§ 114. PLURALIDAD DE FIADORES

580. Regímenes posibles. Historia.

La garantía del crédito mediante la fianza se consigue abriendo un patrimonio distinto del propio del deudor a la agresión del acreedor. Se entiende entonces que éste tenga interés en multiplicar el número de fiadores y, correlativamente, los patrimonios sujetos en garantía. De otra parte, el fiador también está interesado en no ser fiador único, ya que, teniendo compañeros, los efectos de la insolvencia del deudor se repartirían entre todos ellos.

Ahora bien, las posibilidades de regulación de las relaciones del acreedor con los fiadores y de éstos entre sí y con el deudor son muy variadas (cfr. S. 4 mayo 1993), atendiéndose en ellas con diversa intensidad a los intereses del acreedor y de los fiadores. El análisis de las mencionadas relaciones es siempre complejo, dada la pluralidad de sujetos implicados. Además, las escasas, contradictorias y desafortunadas normas que nuestro Código dedica a la pluralidad de fiadores dejan muchos puntos oscuros que el intérprete no siempre consigue aclarar.

En abstracto, como señala Guilarte en su importante trabajo sobre esta materia, «tres son las posibilidades de organizar el régimen de la cofianza con plena congruencia: bien configurando la obligación de garantía como solidaria, bien como mancomunada simple y, finalmente, sancionando el vínculo de los cogarantes como solidarios, pero admitiendo el beneficio de división, ya cuando no exista pacto en contrario, ya, solamente, cuando aquél se haya estipulado».

Junto a esto, cabe la creación de una pluralidad de fianzas autónomas, independientes entre sí, cada una por la totalidad de la deuda garantizada. La autonomía de tales fianzas impide hablar, propiamente, de cofianza.

Configurar las obligaciones fideiusorias de los cofiadores como mancomunadas no es, en mi opinión, coherente con la finalidad de reforzamiento de la garantía que el acreedor persigue con la pluralidad de fiadores, ya que, además de no poder exigir a cada uno de ellos sino una parte de la deuda garantizada, con las molestias y gastos que esto conlleva, se encontrará con que la insolvencia de uno de los fiadores recae sobre él, aun cuando todos los demás fiadores fueran solventes.

Vincular a los cofiadores solidariamente, por el contrario, protege al máximo los intereses del acreedor, pero acaso agrava inútilmente a los cofiadores cuando el acreedor podría fácilmente sin daño alguno dividir su pretensión contra todos ellos. Este razonamiento justifica el beneficio de división, que una epístola del emperador Adriano introdujo para los *fideiussores* y que, generalizado por Justiniano, pasó al Derecho común.

El régimen justinianeo de la cofianza se refleja en el Derecho castellano, en el que tuvo una compleja historia y contradictorias opiniones doctrinales.

581. Planteamiento de la cofianza en el Código civil.

A. El problema. La actitud del legislador español es contradictoria. El art. 1.837 contiene, en efecto, dos párrafos procedentes de fuentes distintas, con criterios contrapuestos.

El primero, traducción del anteproyecto belga de LAURENT, dice como sigue: *Siendo varios los fiadores de un mismo deudor y por una misma deuda, la obligación a responder de ella se divide entre todos. El acreedor no puede reclamar a cada fiador sino la parte que le corresponda satisfacer, a menos que se haya estipulado expresamente la solidaridad.* Lo que significa, en su sentido originario, que los cofiadores son tratados como deudores mancomunados, obligados cada uno por su parte, con independencia unos de otros (S. 3 junio 1968). La insolvencia de uno de ellos recae sobre el acreedor.

El segundo párrafo del mismo artículo procede del Proyecto de 1851, que imponía, como he dicho, la solidaridad entre los fiadores, con beneficio de división. *El beneficio de división contra los cofiadores* —precisa— *cesa en los mismos casos y por las mismas causas que el de excusión contra el deudor principal.* ¿Qué sentido tiene hablar de beneficio de división, si se entiende que el párrafo anterior establece, como norma, la mancomunidad, es decir, la división *ex lege?* Esta es la cuestión capital que nuestra doctrina tiene planteada. Para algunos (ALBALADEJO, GUILARTE), hay que dar prioridad a las expresiones contundentes del primer párrafo del art. 1.837, que coinciden con el criterio general de nuestro Código sobre la pluralidad de deudores, establecido en los arts. 1.137 y 1.138; mientras que para otros (MANRESA, DÍEZ PICAZO, PÉREZ ALVAREZ) aquel primer párrafo es un añadido de última hora en un conjunto que permanece inalterado (no sólo el segundo párrafo del art. 1.837, sino también los arts. 1.844-46 y 1.850), inequívocamente basado en el juego del beneficio de división y, por tanto, en la solidaridad entre los fiadores. Naturalmente, todos admiten el carácter dispositivo de la disciplina prevista en el Código y, en particular, los efectos peculiares del pacto de solidaridad. El problema se centra en los supuestos en que nada se ha pactado, es decir, en la que podemos llamar «cofianza simple» —para distinguirla de la «cofianza solidaria»—, sin prejuzgar de momento su naturaleza.

B. Solución más probable. La contradicción entre el primer párrafo del art. 1.837 y los demás preceptos que se ocupan de la cofianza es real, históricamente comprobada y lógicamente irresoluble. Por ello, ningún intento de armonización puede llegar a resultados plenamente satisfactorios. Pienso por mi parte que es preferible partir del reconocimiento de la especificidad de la cofianza, en lugar de pretender subsumirla en los regímenes genéricos de la mancomunidad y la solidaridad de deudores tal como se presentan en nuestro Código. Ello corresponde a la finalidad de garantía de deuda ajena que tiene la cofianza y a la tradición histórica. La estructura de la cofianza simple podría describirse del siguiente modo: siendo varios los fiadores de un mismo deudor y por una misma deuda y no habiendo pactado nada en contrario, a cada uno de ellos sólo puede reclamarse una parte alícuota del total, salvo que se den ciertos hechos que habrá de probar el acreedor (quiebra o concurso de otro cofiador, o imposibilidad de demandarlo dentro del Reino); en cuyo caso a cada uno de ellos podrá exigirse, además, que contribuya por la parte del fiador o fiadores que se encuentran en aquellas situaciones. Este esquema no corresponde, evidentemente, al de las obligaciones mancomunadas, ya que aquí las obligaciones no son independientes, sino que están de tal modo relacionadas entre sí que, prescindiendo de la voluntad de los cofiadores, y por hechos externos posteriores al negocio de constitución, puede verse compelido cualquiera de ellos a pagar en todo o en parte la cuota de sus compañeros.

La autonomía de las obligaciones que es propia del esquema de la mancomunidad no se compaginaría con el art. 1.844 (que supone interrelación) ni con el 1.850 (que sería inútil). Pero me parece igualmente claro que no estamos en presencia de un haz de obligaciones solidarias cuyos sujetos pasivos dispusieran del beneficio de división, ya que ésta es automática y originaria, y el fiador, para limitar su responsabilidad, no tiene la carga de probar la solvencia de los demás, sino que es el acreedor quien ha de probar los hechos que le permiten exigir al fiador más que su parte.

En lo no previsto en su sede específica, procede la aplicación analógica de las reglas de la solidaridad de deudas, por ser las únicas que en el Código disciplinan un haz de obligaciones interrelacionadas; si bien con las necesarias adaptaciones (el art. 1.850 es un síntoma tanto de la procedencia de la analogía como de sus límites). En particular, el fiador obligado a pagar la parte de otro puede oponer las excepciones de éste en la forma y medida señaladas en el art. 1.148 Cc. (además, naturalmente, de las que competan al deudor: arts. 1.853 y 1.854 Cc.).

Precisemos ahora el juego de la ampliación de responsabilidad en la cofianza simple. El Código (art. 1.837-2º) señala los supuestos en que se produce por remisión a los casos y causas en que cesa el beneficio de excusión contra el deudor principal, es decir, los señalados en el art. 1.831. La renuncia a la división (núm. 1º), como precisa Díez Picazo, es un acto unilateral del fiador afectado y produce sus efectos solamente respecto del renunciante. No equivale, por tanto, al pacto de solidaridad entre los fiadores (núm. 2º), que da origen a la cofianza solidaria. Los núms. 3º y 4º han de entenderse referidos a los cofiadores; es decir, que es la quiebra o concurso *de un cofiador*, o el no poder ser *el cofiador* demandado judicialmente dentro del Reino, el hecho que extiende la responsabilidad de sus compañeros. Es la quiebra o el concurso declarados lo que produce este efecto, y no la simple insolvencia, que perjudicará al acreedor: acaso sea ésta la fundamental diferencia de fondo con la regulación tradicional.

582. La cofianza solidaria.

Por pacto de todos los cofiadores con el acreedor, la cofianza puede configurarse como solidaria (vid. art. 1.837-1º, i. f.), en cuyo caso no procede división alguna, sino que el acreedor puede exigir la totalidad de la deuda a cualquiera de los fiadores.

Es pacto habitual en la práctica, que suele ir unido al de solidaridad con el deudor principal. Pero, teóricamente, fianza solidaria (o solidaridad del fiador o fiadores con el deudor) y cofianza solidaria (solidaridad de los fiadores entre sí) son conceptos distintos y pueden actuar por separado. Las Ss. 3 junio 1968 y 25 abril 1969 aprecian, en los respectivos casos, solidaridad de los fiadores con el deudor principal, pero no entre sí, por lo que se divide la deuda; lo que demuestra la existencia en nuestro Derecho de una «solidaridad relativa» en que se distinguen grupos o grados de deudores: F_1 y F_2 pueden ser deudores solidarios con D, sin serlo entre sí. La inversa es igualmente posible.

583. Pluralidad de fianzas independientes.

Conceptualmente, es perfectamente posible configurar una pluralidad de fianzas de modo que no guarden ninguna relación entre sí. Cada fiador responderá como fiador único, y su obligación no sufrirá alteración por la existencia o vicisitudes de otras obligaciones fideiusorias. La libertad contractual puede sin duda dar vida a fianzas de este tipo. El problema importante, sin embargo, es si, en ausencia de pacto, todo supuesto de pluralidad de fianzas constituye a los garantes en cofiadores, con aplicación de las reglas del Código, o si, por el contrario, hay un espacio teórico en que, a falta de ciertos presupuestos, la pluralidad de fiadores no se organiza como cofianza. Esta última es la opinión de GUILARTE, para quien cofianza no sería toda pluralidad de fiadores, sino sólo la que ostentara ciertos requisitos: la asunción conjunta de la fianza por todos los cofiadores (aunque no necesariamente de modo simultáneo); la existencia de un sólo negocio constitutivo de la (co)fianza, o de varios negocios interdependientes. Por el contrario, cuando un fiador se obliga ignorando la existencia de otro —además de cuando conviene con el acreedor el mantenimiento de su garantía con total independencia de los restantes— no se daría el fenómeno de la cofianza y consiguiente aplicación de las reglas del Código, sino una pluralidad de fianzas independientes. No se aplicarían entonces los arts. 1.837, 1.844-46 y 1.850, y el fiador que pagara carecería de derechos de reembolso frente a los demás, disponiendo sólo de la subrogación *ex* art. 1.839 (o *ex* art. 1.210-3º), que incluiría las demás garantías fideiusorias.

Esta opinión, defendible y razonable, no me parece, sin embargo, segura (salvo para el caso de pacto expreso). El enunciado de los arts. 1.837 («siendo varios los fiadores») y 1.844 («cuando son dos o más los fiadores ... ») inclina a aplicarlos a todo supuesto de pluralidad de fianzas, aunque no nazcan de un mismo negocio, ni de negocios interrelacionados.

584. Las relaciones de los cofiadores entre sí.

El cofiador que paga su parte, o la totalidad de la deuda, tiene derecho de reembolso y subrogación contra el deudor principal en los términos ordinarios.

Nos preguntamos si, además, quien paga mayor parte que la que en principio le correspondía tiene algún recurso contra sus cofiadores.

Hasta la promulgación del Código, el cofiador que pagaba la totalidad de la deuda no tenía ninguna acción específica contra sus cofiadores. Unicamente podía hacer uso de la subrogación en los derechos del acreedor cuando éste le concedía carta de lasto (que jugaba lo mismo que tratándose de la subrogación frente al deudor principal) y, fuera de ello, contaba en su caso con las acciones de mandato o de sociedad, si tales relaciones le unían efectivamente a sus cofiadores.

El Código le confiere una acción de regreso específica en el art. 1.844, si bien, aparte de otras deficiencias, restringiéndola desacertadamente a los dos supuestos determinados en su último párrafo.

Comienza el citado art. 1.844 estableciendo que *cuando son dos o más los fiadores de un mismo deudor y por una misma deuda, el que de ellos la haya pagado podrá reclamar de cada uno de los otros la parte que proporcionalmente le corresponda satisfacer*. Tratándose de cofianza solidaria el precepto no presenta dificultad alguna, por coincidir con el art. 1.145 (únicamente, cabe cuestionar la exigibilidad de los intereses del anticipo). Pero se ha dudado sobre su aplicación en la cofianza simple, fuera de los casos del último párrafo del art. 1.837, ya que el fiador no estaba obligado a pagar sino su parte.

En tal caso, se dice que ha pagado, junto a la suya, una deuda ajena: y, teniendo en cuenta que el *solvens* es un interesado en la obligación, en el sentido que a esta expresión da el art. 1.158, la acción de reintegro del art. 1.844 no es más que una aplicación de la acción general de reembolso que se concede al tercero que cumple la deuda ajena cuando tiene interés en la obligación (Diez Picazo. Vid. S. 14 mayo 1973). Más acertadamente, en mi opinión, explica Guilarte que el fundamento de la acción de regreso entre los cofiadores, aun en la cofianza simple, debe buscarse en la especial naturaleza de la cofianza, que origina una relación interna entre los cofiadores, reveladora de un interés de todos ellos en la garantía prestada. La cofianza simple, como he dicho, no es una mera suma de obligaciones fideiusorias mancomunadas. La consecuencia será que la acción de regreso procede en todo supuesto de pago en que se den los requisitos del párrafo 3° del art. 1.844, aun cuando, por no darse ninguno de los del art. 1.837-2°, pudo el cofiador limitarse a pagar su parte.

En el mismo sentido, podía argumentarse que el cofiador que paga voluntariamente la totalidad ha renunciado a la división (núm. 1° del art. 1.831 en relacion con el art. 1.837-2°), con lo que la deuda dejó de estar dividida y el pago por la totalidad bien hecho.

El regreso o nivelación interna entre cofiadores no sólo comprende la parte que proporcionalmente corresponde a cada uno, sino que también, *si alguno de ellos resultare insolvente, la parte de éste recaerá sobre todos en la misma proporción* (cfr. art. 1.145-3º y Ss. 26 octubre 2002 y 4 mayo 2006).

Ahora bien, la acción de regreso conferida por el art, 1.844 queda limitada a dos supuestos estrictos: *que se haya hecho el pago en virtud de demanda judicial, o hallándose el deudor principal en estado de concurso o quiebra* (art. 1.844-3º). La delimitación es muy desafortunada. La protección de los cofiadores ante el pago arbitrario hecho por uno de ellos —que parece ser la razón que movió al legislador— se consigue a través de la oposición de las correspondientes excepciones a la acción de regreso; no limitando éste a los supuestos enunciados en la ley. Por ello, la doctrina tiende a interpretar el párrafo 3º del art. 1.844 de modo que limite lo menos posible el derecho de regreso contra los cofiadores.

INDICACIÓN BIBLIOGRÁFICA. Vid. § 108. CRISTÓBAL MONTES, *La cofianza,* Madrid, 1993; GUILARTE ZAPATERO, *Notas sobre la cofianza y su régimen en el Código civil español,* en RDP., 1975, pág. 891; MANZANARES SECADES, *La cofianza: análisis de los arts.1.837 y 1.844 Cc.*, RCDI., 1986.

X. CONTRATOS SOBRE DECISIÓN DE UNA CONTROVERSIA JURÍDICA

§ 115. LA TRANSACCIÓN

585. Concepto y significado de la transacción.

Los particulares —y, en su caso, los entes públicos— que, para defender sus intereses en las disputas que surgen entre ellos, pueden siempre acudir a los Tribunales de Justicia, pueden asimismo convenir en confiar la solución de sus conflictos a una tercera persona o varias personas privadas, distintas por tanto del órgano jurisdiccional, y también resolver por sí mismos las diferencias que les afectan, mediante un arreglo pactado. Al logro de estos intentos convencionales de la superación de las controversias orillando a la Administración de Justicia atienden los contratos de compromiso y de transacción, a los que con frecuencia, teniendo en cuenta su alcance y su virtualidad, se les denomina *contratos de superación de una controversia*. En el sentido y con el significado expuestos, el art. 1.809 Cc. define el convenio transaccional indicando que *la transacción es un contrato por el cual las partes, dando, prometiendo, o reteniendo cada una alguna cosa, evitan la provocación de un pleito o ponen término al que había comenzado*. Sobre los caracteres de este contrato, véase S. 6 noviembre 1993; las de 21 octubre 1977 y 27 noviembre 1987 concretan sus requisitos.

La convención parte de la existencia previa de una contienda, referida a una situación o relación jurídica sobre la que se discute, que los que contratan se proponen superar, con independencia de que ya la hayan llevado ante los Tribunales o exista sólo el riesgo de que uno de los interesados la deduzca ante aquéllos. Esa misma situación o relación jurídica discutida es el objeto propio de la transacción, de modo que si el presupuesto del contrato es la controversia su objeto es el mismo que el de la discusión.

El propósito práctico de los transigentes de superar la contienda que les afecta, se realiza mediante la liquidación de la misma a través de hacerse los contratantes recíprocas concesiones en relación a sus encontradas pretensiones, según se desprende de la descripción tipificadora de la causa transaccional contenida en el precepto transcrito.

De ello resulta no sólo que los contratantes alcanzan la solución del conflicto asumiendo ellos mismos la solución a que llegan, sino que, en concreto, la llevan a cabo mediante concesiones correspectivas en cuanto a las pretensiones que sostienen en la discusión, ya sea directamente en relación al alcance de las mismas, ya sea —porque no lo impide el precepto considerado del Cc.— otorgándose alguna contraprestación al margen de aquéllas, aunque siempre en contemplación de la concesión hecha sobre la pretensión avanzada durante la discusión. Como el significado de la causa transaccional supone en los contratantes la decisión de liquidar definitivamente la cuestión existente entre ellos, la disciplina positiva de la transacción no sólo dispone que su contenido vincula a los transigentes, sino que se propone también prevenir la efectividad preclusiva de la convención, limitando las posibilidades de que la cuestión se plantee nuevamente e incluso de que pueda otra vez deducirse ante los Tribunales.

586. Presupuesto y objeto de la transacción.

Según se ha indicado anteriormente, presupuesto de la transacción es la controversia sobre una situación o relación jurídica y objeto de la misma la propia situación o relación jurídico-material sobre la que recae la contienda.

A. Como explica la ya vieja S. 17 octubre 1924, valorando el sentido del art. 1.809 Cc., «el contrato de transacción requiere una cuestión anterior que le dé vida, ya sea judicial o extrajudicial, porque no sólo tiene lugar para poner término a un pleito ya comenzado, sino para evitar la provocación de una cuestión judicial». Cfr. también SS. 16 mayo y 29 noviembre 1991 y 10 julio 2002.

En relación a la controversia como presupuesto de la transacción —en general, considerada como tal pacíficamente—, se discute, con todo, si debe aquélla complementarse con la exigencia de la incertidumbre de la situación o relación jurídica controvertida. Pero, en realidad, de concurrir, como suele, la incertidumbre en la controversia, aquélla se presenta para los contendientes con un alcance solamente subjetivo y puede considerarse absorbida, según enseña SANTORO-PASSARELLI, por la propia contienda. Este explica que aun los escritores que señalan como presupuesto de la transacción la previa incertidumbre sobre una relación jurídica o una relación jurídica incierta o dudosa suelen aclarar enseguida, como hace CASTÁN, que ello equivale a «una causa o posibilidad litigiosa, ya que basta que sea tenida por tal, aun cuando realmente no haya fundamento para la duda». En realidad la incertidumbre radica en la litigiosidad a que conduce la controversia, y que los transigentes intentan evitar o suprimir.

La jurisprudencia habla con frecuencia de la incertidumbre e incluso de la cuestión dudosa en relación al presupuesto de la transacción. Sin embargo, aunque a veces se refiere a «la relación incierta y puesta en litigio» (así, S. 9 marzo 1958) o a la incertidumbre «creada en torno a las posiciones y pretensiones de las partes» (así, S. 26 abril 1963) sin mayor concreción (apreciaciones semejantes pueden observarse también en las SS. 29 abril 1966, 10 junio 1968, 26 junio 1969, etc.), en otras muchas aclara este punto y considera que los transigentes pueden alcanzar su convenio por temer razonablemente sobre el éxito del proceso que pueden iniciar o que ya han comenzado: en este sentido cabe recordar, entre otras, las SS. 6 noviembre 1965 y 18 junio 2007.

La controversia que es presupuesto de la transacción no reside en el conflicto de intereses entre quienes discuten, sino que requiere cualificarse jurídicamente en su conflictividad por plantear en ella los contendientes pretensiones y oposiciones o, mejor, opuestas pretensiones sobre los *derechos* que les asisten en torno a la situación o relación jurídica respecto de la que discuten. Es de notar, sin embargo, que la cuestión controvertida que se resuelve en la transacción puede recaer no sólo sobre aspectos, estrictamente jurídicos, como el significado o el alcance de una norma, sino también sobre *cuestiones de hecho* cuando éstas repercuten en las consecuencias jurídicas: así, por ejemplo, si el terreno es de secano o de regadío, cuando se ha hecho disposición diferenciada de las de una y otra naturaleza en un testamento.

B. Objeto constante de la transacción es la situación o relación jurídico-material controvertida, como se alcanza no sólo mediante un simple razonamiento de carácter lógico sino sobre la base de los propios preceptos que regulan el contrato transaccional (cfr. arts. 1.810, 1.811, 1.813, 1.814, 1.815; también arts. 271, 816, 1.237, 1.836 y 1.839 Cc.).

Esto es así en todo caso, tanto en la transacción pura y simple, en la que el causal *aliquid hinc inde datum, vel promissum, vel retentum* de las recíprocas prestaciones se refiere al ámbito de la misma situación o relación jurídica discutida, como en el de la transacción mixta o compleja, en la que el término objetivo se amplía, al poder consistir las concesiones recíprocas en dar, prometer o retener cada una de las partes, o alguna de ellas, también alguna cosa ajena a la situación o relación controvertida, aunque con el propósito funcional de superar la contienda sobre ésta.

La transacción mixta o compleja, no contemplada directamentes en nuestros textos positivos, lo ha sido por la jurisprudencia, como en las Ss. 8 marzo 1933, 9 marzo 1948, 10 abril 1964 y 9 noviembre 1969, que la consideran, en el concepto expresado, perfectamente reconducible a la definición tipificadora de la transacción del art. 1.809 Cc.

La situación o relación jurídica objeto de la transacción puede ser de cualquier tipo, obligacional o real, de carácter arrendaticio o sucesorio, referente a bienes inmateriales, etc., y sólo se requiere que sobre ella recaiga la posibilidad de disponer por parte de los interesados en la misma. Naturalmente, como cualquier objeto de la contradicción, el de la transacción debe ser también posible, lícito y determinado (S. 6 noviembre 1965).

Por quedar fuera del ámbito de la disponibilidad, en atención al respeto del interés o del orden público (S. 28 mayo 1992), no pueden ser objeto de la transacción los llamados derechos de la personalidad, el estado civil, los alimentos necesarios para la vida o, en el sistema del Cc., la legítima futura (cfr. art. 816). A algunos de estos supuestos de exclusión, por razón del objeto, de la posibilidad de transigir se refiere el artículo 1.814 al disponer que *no se puede transigir sobre el estado civil de las personas, ni sobre las cuestiones matrimoniales, ni sobre alimentos futuros.*

Con relación a las cuestiones que afectan al estado civil, a que se refiere la regla transcrita, la S. 13 octubre 1966, con cita de la de 17 junio 1944, entiende que, «si bien no se puede transigir sobre el estado civil de una persona, el ámbito de aplicación del precepto no se extiende a las consecuencias de naturaleza puramente patrimonial que de tal estado puedan derivarse, que revisten carácter privado y no afectan al orden ni al interés público»).

La prohibición de transigir sobre las cuestiones matrimoniales parece que debe limitarse a los ámbitos de la existencia del vínculo matrimonial y de los efectos puramente personales derivados del mismo que, con arreglo a la nueva concepción contractualista del matrimonio que inspira la mencionada disposición, no pueden ser objeto de negociación. Así, por ejemplo, no es posible transigir sobre la subsistencia del matrimonio afectado de nulidad o sobre la obligación de fidelidad conyugal, pero no parece arbitrario pensar que quepa transigir, pongamos por caso, sobre el deber de convivencia, particularmente si se considera que también es posible configurar voluntariamente, sobre la cesación de la misma, una causa de separación legal (arg. art. 82, 5ª Cc.). En esta línea argumental se sitúan las Ss. 31 enero y 4 diciembre 1985 y 25 junio 1987.

En cuanto que se refiere a un derecho de carácter puramente patrimonial, el art. 1.813 Cc. declara que *se puede transigir sobre la acción civil proveniente de un delito,* si bien determina a continuación que *pero no por eso se extinguirá la acción pública para la imposición de la pena legal.*

587. La causa de la transacción.

La causa o función de la transacción es la composición de la controversia jurídica que existe entre las partes, cuya solución o liquidación asumen los propios interesados, evitando provocar un pleito o acabando el ya iniciado, y se realiza mediante recíprocas concesiones. Sobre esta causa, que en sus múltiples aspectos revela la virtualidad operativa del contrato, y sobre la situación o relación jurídica controvertida debe recaer, impelido por el *animus transigendi,* el consentimiento de los contratantes.

Esta configuración compleja de la causa de la transacción —superación de la controversia, asunción de su solución por los propios interesados y realización de la misma mediante recíprocas concesiones— se induce tanto del art. 1.809 Cc. como de la abundante jurisprudencia que se refiere a la causa de la transacción o describe la dinámica funcional del contrato (así, entre otras, SS. 14 marzo 1955, 19 diciembre 1960, 10 junio 1968, etc.; cfr. también las de 21 octubre 1977 y 27 noviembre 1987) y presenta, en relación a cada uno de sus diversos aspectos, una serie de consecuencias.

A. La idea funcional o causal de la superación de la controversia —pacífica, tanto desde el punto de vista doctrinal como jurisprudencial— sugiere que la causa del contrato concurre siempre que, teniendo éste como presupuesto efectivo una controversia, persigan las partes interesadas su superación. Ello, incluso, aunque la controversia que enfrenta a las partes que transigen no hubiera en puridad de haberse planteado: para que la causa exista es suficiente, como pone de relieve la regla del art.1.819 Cc., que la discusión se haya producido realmente; también en el caso de la contienda temerariamente sostenida por uno de los transigentes (véase S. 21 octubre 1977).

B. El aspecto causal de la asunción de la solución de la controversia por los propios interesados en ella implica la resolución de aquélla eludiendo el conocimiento dirimente de la contienda por los Tribunales. Ello significa que a través de la transacción se solventa de manera decisiva la cuestión que enfrenta a los transigentes, por lo que, como acertadamente señaló la S. 15 diciembre 1927, no se concluye este contrato cuando la convención concertada no pone término definitivo a las diferencias de quienes discuten o litigan. Por eso ha de considerarse como incompatible con la asunción por los contratantes de la solución del conflicto la aposición en el contrato de un término final, siempre que el término se proponga como término de eficacia y no como término de ejecución, así como también, probablemente, de una condición resolutoria.

C. El tercero de los aspectos de la causa de la transacción anteriormente individualizados se refiere a las recíprocas concesiones mediante las que se consigue la superación de la controversia. Este particular aspecto de la causa configura típicamente el negocio transaccional, hablando correctamente la jurisprudencia de la esencialidad en el mismo de la reciprocidad de las concesiones de los transigentes (así, la S. 23 noviembre 1956), y la diferencia de aquellas otras determinaciones que también evitan el proceso o suponen la dejación del mismo pero sin que intervenga en ellas de manera típica una contraprestación correspectiva (como la renuncia y el reconocimiento de deuda).

Este aspecto causal de la transacción instrumentado por las recíprocas concesiones ha de referirse a la situación o relación jurídico-material discutida y puede limitarse en concreto a ella misma (transacción pura y simple) o también ampliarse, aunque siempre en conexión con concesiones respecto de aquélla, a otras situaciones o relaciones jurídico-materiales ajenas a la discutida (transacción mixta o compleja).

Los transigentes, al hacerse concesiones recíprocas, ceden en cuanto a una situación o relación controvertida o litigiosa y, en este sentido, incierta o imprecisa en cuanto a su verdadero contenido o a su atribución legítima, y que las recíprocas concesiones ciertas son la contrapartida de la eventual concesión material efectiva de las pretensiones opuestas que con la transacción se componen o superan. La jurisprudencia es perfectamente consciente de esta realidad, no sólo cuando se opone a trasladar la idea de causa onerosa del art. 1.274 Cc. a la transacción (como hace la S. 3 mayo 1958), sino también cuando señala que las recíprocas concesiones no tienen que ser necesariamente equivalentes o cuando, en esta línea, llega incluso a cuestionar (como hace la S. 14 marzo 1955) la esencialidad de la entrega recíproca de prestaciones, entendida desde el punto de vista de la utilidad económica: así, S. 6 noviembre 1993 (que concreta que las prestaciones pueden ser sacrificios de orden moral y no han de tener necesariamente contenido económico).

588. Capacidad para transigir.

Cabe indicar que, como regla general, están legitimadas para transigir quienes entre sí debaten sobre las posiciones jurídicas que les conciernen en la situación o relación jurídico-material objeto de su disputa —o, en su caso, sus representantes voluntarios o legales— siempre que tengan capacidad para obligarse y la libre disposición sobre aquéllas. Sin embargo, teniendo en cuenta que la transacción consigue la superación de la controversia mediante recíprocas concesiones, es tradicional en el ordenamiento, ya desde el Derecho romano, que la transacción se sujete además en concreto, por lo que se refiere a la capacidad de los transigentes, a las mismas reglas que la enajenación. En relación a las transacciones sobre los propios intereses dispone el art. 1.812 Cc. que *las corporaciones que tengan personalidad jurídica sólo podrán transigir en la forma y con los requisitos que necesiten para enajenar.*

En cuanto a la transacción hecha por los padres, representando legalmente a sus hijos, dispone, por su parte, el art. 1.810 Cc. que *para transigir sobre los bienes y derechos de los hijos bajo la patria potestad se aplicarán las mismas reglas que para enajenarlos*; y en relación a las transacciones de los tutores, en representación legal de sus pupilos, determina el art. 1.811 Cc. que *el tutor no puede transigir sobre los derechos de la persona que tiene en guarda, sino en la forma prescrita en el presente Código*. Cfr. arts. 166 y 271-3º Cc..

La transacción hecha por el representante voluntario se encuentra limitada, en cuanto a la posibilidad de su celebración en relación al contenido del propio poder de representación, disponiendo a este propósito el art. 1.713-2 Cc. que *para transigir, enajenar, hipotecar o ejecutar cualquier otro acto de riguroso dominio, se necesita mandato expreso.*

589. Forma e interpretación de la transacción.

El contrato de transacción puede celebrarse en cualquier forma, al no exigirse en ninguna norma que haya de sujetarse a alguna forma específica como requisito de su validez (cfr., en ese sentido, S. 29 abril 1966).

Aunque respecto de la interpretación de la transacción valen las reglas generales que a tal efecto se previenen con carácter general para los contratos, la determinación precisa de su objeto toma un sesgo especial en el contrato de transacción por la trascendencia liquidatoria y preclusiva que esta convención tiene, habiendo insistido la jurisprudencia con frecuencia (así, entre otras, en Ss. 8 mayo 1920 y 20 octubre 1954) sobre la necesidad de que el elemento objetivo de la relación jurídica transigida haya de ser cierto, preciso, conocido y determinado. Ello explica la preocupación que, a este respecto, trasluce el legislador al dictar el párrafo primero del art. 1.815 Cc., a cuyo tenor *la transacción no comprende sino los objetos expresados determinadamente en ella, o que, por una inducción necesaria de sus palabras, deban reputarse comprendidos en la misma.* Esta preocupación late también, combinándose en este caso con el sentido propio de las concesiones consistentes en dar, retener o prometer en cuanto a la situación o relación jurídico-material controvertida que son de esencia en la transacción, en el art. 1.815-2º: *la renuncia general de derechos se entiende sólo de los que tienen relación con la disputa sobre que ha recaído la transacción.*

El contenido del art. 1.815 Cc. ha hecho pensar a veces que, al delimitar el objeto de la transacción, impone también dicho precepto una interpretación restrictiva del correspondiente contrato (la S. 11 febrero 1957 declara que la transacción es, por su naturaleza, de interpretación restringida; idéntica doctrina en las SS. de 6 mayo 1955, 14 febrero 1966 y 1 junio 1983). Las SS. 5 diciembre 1994 y 30 enero 1999 hablan, en cambio, de interpretación estricta, insistiendo la segunda en que la limitación se refiere a la determinación del objeto de la transacción. Sin embargo, no parece que para la transacción se excluya la aplicación de las reglas ordinarias de la hermenéutica previstas para la contratación. En esta dirección, PÉREZ GONZÁLEZ y ALGUER, y luego FERRANDIS, estiman correctamente que la regla del art. 1.815 no modifica, en cuanto a la transacción, los principios generales de la interpretación de los contratos contenidos en los arts. 1.281 a 1.283 Cc., y así lo confirman la SS. 26 junio 1946 y 30 enero 1999.

590. Naturaleza de la transacción.

Es corriente afirmar que la transacción es un contrato consensual que, por su estructura, tiene los caracteres de bilateral o plurilateral y oneroso, y se dice a veces también, en cuanto a su contenido, que tiene alcance sinalagmático. Estas notas o caracteres suelen razonarse en atención a perfeccionarse la transacción por el mero consentimiento, a requerir el establecimiento de obligaciones mutuas, a tener carácter recíproco las concesiones de los transigentes y, en su caso, a ser correspectivas o justificarse las unas con las otras las concesiones de cada parte contratante.

Sin embargo, salvo su consensualidad, se han discutido casi todos los demás caracteres atribuidos a la transacción en la doctrina corriente, desde su propia contractualidad hasta las demás notas señaladas.

La discusión más relevante se refiere a si la transacción tiene como efecto declarar una situación preexistente, que queda fijada en sus verdaderos términos hasta entonces inciertos (efecto declarativo), o si, en cambio, supone una transferencia de derechos, es decir, que por ella a cada parte se transfiere lo que la otra le reconoce o asigna (efecto traslativo).

En rigor, la transacción no tiene, como regla general, ni efecto declarativo ni efecto traslativo. De una parte, la solución transaccional no da la razón ni a uno ni a otro de los transigentes y precisamente cuando mediante ella se produce un arreglo ajustado mediante recíprocas concesiones se hace lo contrario de lo que haría declarativamente un juez aplicando la ley; pero, por otra, si bien la situación final conlleva con gran probabilidad desplazamientos de valores o cosas en favor de una de las partes, este desplazamiento tampoco es el que preconiza la tesis traslativa, porque, por definición, no podemos conocer ni su contenido ni el sentido de su dirección, puesto que tener derecho o razón, o tenerlos en una cierta medida, es algo que sólo puede quedar definido y determinado por una sentencia, a la cual, por lo demás, la transacción no sólo sustituye sino que es también incompatible respecto de ella.

En la doctrina española reciente prepondera, no obstante, la opinión de que la transacción tiene efecto declarativo, alegándose, en ocasiones, en abono de esta tesis, como hacen Díez Picazo y Gullón, la equiparación que de la sentencia y la transacción señala el art. 1.816 Cc. o significando otras, en la misma línea, como hace también el segundo de los autores citados, la a su juicio certera doctrina de la R. 6 diciembre 1947, según la cual «la transacción, como contrato, implica un acuerdo de voluntades entre las partes para zanjar las diferencias entre ellas y evita que surja un pleito o pone fin al que había conienzado; cuando es pura tiene un carácter declarativo de la propiedad, no traslativo ni constitutivo de derecho, y goza de la autoridad de la cosa juzgada». Sin embargo, tal doctrina es poco sensible a la realidad transaccional y desconoce que las partes lo que se proponen es sustituir la declaración jurisdiccional no por una declaración propia sino por un arreglo dispositivo entre ellas, como evidencia el contenido del art. 1.809 Cc.

La jurisprudencia, por su parte, pese a que en alguna ocasión no deje de sugestionarse por ella (cfr. Ss. 20 octubre 1954 y 18 junio 1962), no parece orientarse por la tesis doctrinal que defiende el carácter declarativo de la transacción y, por el contrario, opera frecuentemente con planteamientos que son incompatibles con ella. Aunque, en realidad, no parece que se haya planteado propiamente la cuestión, y por encima de afirmaciones genéricas y en cierto modo inocuas —como la de que «la transacción sustituye una relación jurídica dudosa por otra cierta»—, lo cierto es que frecuentemente se refiere, bien que con dudosa técnica, a la trascendencia novatoria de la transacción, tanto en el sentido extintivo como en el modificativo (SS. 19 diciembre 1960, 26 abril 1963, 10 abril 1964, 13 junio 1966 y 26 junio 1969)

591 Efectos de la transacción: el sentido de su valor de cosa juzgada entre las partes.

Como todo contrato, la transacción genera un vínculo obligatorio que constriñe a las partes al cumplimiento de lo expresamente pactado y a las demás consecuencias que, de acuerdo con la naturaleza de la convención, son conformes a la ley, a los usos y a la buena fe. En particular, se debe aquí significar, respecto de la transacción, la virtualidad operativa de su primordial efecto preclusivo y los aspectos de la realización efectiva por parte de los contratantes de las recíprocas concesiones que deben necesariamente mediar entre ellos.

A. La solución transaccional se alcanza mediante la composición contractual de los intereses en juego en la controversia que afecta a los transigentes asumida por éstos entera y definitivamente. Esto significa que, concluida la transacción, queda liquidada y precluye toda discusión sobre la situación o relación jurídico-material hasta entonces controvertida (S. 10 julio 2002: nacen nuevos vínculos), de modo que las partes se vinculan a lo acordado libremente en el arreglo dispositivo que celebran para superar su discusión y eludir el caso del juicio de los tribunales. Por consecuencia de ello, cada una de las partes se compromete a dar a su convención este alcance preclusivo y a no replantear la cuestión que se ha superado pacíficamente mediante el contrato, de modo que, si alguna de ellas intentase repristinar la discusión ante los órganos jurisdiccionales, la otra podría oponerle útilmente, con la misma fuerza que la *exceptio rei judicatae,* la *exceptio litis per transactionem finitae.* A esta virtualidad de la asunción por los transigentes de la superación de la controversia entre ellos, se refiere el art. 1.816 Cc. cuando significa, en términos cuyo alcance poco preciso conviene luego examinar, que *la transacción tiene para las partes la autoridad de la cosa juzgada.*

Este perfil de la eficacia de la transacción transciende en los siguientes aspectos:

a) Por consecuencia de la celebración del contrato de transacción, los transigentes quedan, desde luego, obligados a no plantear de nuevo la controversia superada mediante el acuerdo (cfr. SS. 20 abril 1989, 6 noviembre 1993 y 30 enero 1999). Esta obligación deriva necesariamente de la propia regulación contractual, aunque no se especifique expresamente entre los pactos del convenio, tanto porque es connatural con la autoregulación de intereses que la transacción supone, como porque tal obligación, implícita en el art. 1.809, no sólo sería congruente con la naturaleza del contrato, sino consecuente, en función suya, con las exigencias de la buena fe (arg. art. 1.258 Cc.). En la jurisprudencia se hace frecuente referencia al efecto preclusivo de poner la transacción término a las diferencias de quienes discuten o litigan, llegando a veces a calificar exactamente a la transacción como «contrato liquidatorio»: así, la S. 18 junio 1969.

b) De incumplir uno de los contratantes la obligación examinada y llevar la cuestión transigida ante los Tribunales, está legitimado el otro para oponerle, en el escrito de contestación a la demanda, la excepción de transacción, siempre, naturalmente, que concurran los presupuestos de *eadem causa, eadem questio, inter easdem personas* en el litigio y siempre también que no haya lugar a la resolución de la transacción y se intente en el mismo procedimiento. El fundamento de la excepción de transacción se encuentra en la fuerza vinculante que tiene para los transigentes el contenido material de la transacción, tal como reconoce la jurisprudencia: así, las SS. 26 abril 1963, 31 mayo 1971, 25 mayo 1974, 10 junio 1981, 3 febrero 1983. La configuración de la excepción (cfr. art. 405 Lec.), no es, sin embargo, muy precisa en la jurisprudencia, en particular por haber a veces equiparado *simpliciter* el contenido de la transacción al de la cosa juzgada, como la S. 22 enero 1968, si bien otras, al considerarla, se refieren, con mejor criterio, a que «la transacción es ante todo y sobre todo un contrato», como las SS. 25 mayo 1974 y 26 abril 1984.

c) No es fácil determinar el sentido del valor de la cosa juzgada que a la transacción atribuye el art. 1.816 Cc., indicando que tiene para los transigentes su misma autoridad. Sin embargo, debemos examinar si esa declaración tiene alguna trascendencia particular, en relación, sobre todo, al significado de la excepción de transacción.

Hay que pensar, ante todo, que la transacción y la sentencia son algo completamente diferentes en cuanto a su base (el arreglo en una y el juicio en la otra) y en cuanto a su relevancia efectiva (eventualmente revocable e impugnable la primera, como evidencia el art. 1.817, e irrevocable, cuando es firme, la segunda).

Por ser la transacción, no una declaración de lo que es el derecho, sino un arreglo dispositivo entre particulares, no parece que pueda tener el valor de la cosa juzgada en el sentido negativo de quedar obligado el juez a absolver en la instancia por haber aquélla intervenido. Tampoco habría de tener la transacción el valor de la cosa juzgada en el sentido positivo de ser vinculante para el juez, puesto que al no haber juicio no se da el presupuesto de la regla tradicional *res iudicata pro veritate habetur.* Todo ello no obstante y en el esfuerzo de dar algún sentido a la declaración del art. 1.816, se apunta la idea de que el contenido de la transacción, en cuanto no impugnada ni revocada, se impone al juez para evitar que la pretensión ante él deducida no se decida en sentido distinto a como ya han arreglado entre ellos los transigentes.

La jurisprudencia, en ocasiones, no hace sino repetir de manera más o menos mecánica y casi con sus mismas palabras el contenido del art. 1.816, pero no faltan resoluciones que ponen de relieve la diferencia existente entre la sentencia y la transacción, no sólo en cuanto a aspectos marginales en relación a su naturaleza (cfr. S. 3 noviembre 1980 sobre la diferente interpretación que conviene a la transacción y la sentencia), sino en cuanto a sus aspectos básicos (cfr.SS. 29 septiembre 1984 y 10 abril 1985).

B. Los transigentes están obligados a la realización efectiva de las prestaciones en que consistan las recíprocas concesiones acordadas en el convenio transaccional, pudiendo, naturalmente, acudir a los tribunales en demanda de su cumplimiento. La ejecución de la transacción puede, por la propia genericidad con que el Cc. indica el sentido posible de las recíprocas concesiones, dar lugar a otros actos y contratos, tales como la condonación de una deuda y la transmisión de bienes o créditos, y desde luego a la celebración de contratos de venta, depósito, mandato, asunción de deuda, arrendamiento, etc. Es perfectamente posible que tales actividades se lleven a cabo integrando el propio contrato de transacción, cuya posible elasticidad ya antes se ha subrayado.

592. La transacción judicial.

Aunque, en general, se afirma que la transacción judicial es la que, incorporada a unos autos procesales, pone término a un pleito ya comenzado, es más probable que, con arreglo a las indicaciones del entero Derecho positivo, haya de entenderse por tal la que es llevada a cabo ante un órgano jurisdiccional o incorporada a un procedimiento. Puede ocurrir, en efecto, que, como es lo más corriente, con la transacción judicial se propongan las partes apartarse del proceso que ya han emprendido, pero puede acaecer también que mediante ella quieran precisamente evitarlo.

Desde luego, nuestro legislador no fue muy afortunado al acuñar legalmente esta especie de transacción, quizá por presentarla en el contexto de la discutible equiparación de la sentencia y de la transacción y con el apremio de tener que reducir luego su virtualidad, señalando, en el propio art. 1.816, que *no procederá la vía de apremio sino tratándose del cumplimiento de la transacción judicial*, norma ratificada ahora por el art. 517.2-3° Lec. 2000.

Dedica esta ley procesal más atención a la transacción judicial que la de 1881. El art. 19.1 Lec. dice que los litigantes pueden transigir sobre lo que sea objeto del proceso, «excepto cuando la ley lo prohiba o establezca limitaciones por razones de interés general o en beneficio de tercero»; y añade que el acuerdo transaccional alcanzado por las partes será homologado por el tribunal que esté conociendo del litigio al que se pretenda poner fin (art. 19.2).

Para facilitarlo, en la audiencia previa al juicio ordinario intentará el tribunal un acuerdo o transacción de las partes que ponga fin al proceso (art. 414.1 Lec.), y en caso de lograrlo, homologará lo acordado (art. 415.1), lo que «surtirá los efectos atribuidos por la ley a la transacción judicial y podrá llevarse a efecto por los trámites previstos para la ejecución de sentencias y convenios judicialmente aprobados. Dicho acuerdo podrá impugnarse por las causas y en la forma que se prevén para la transacción judicial» (art. 415.2 Lec.). Cfr. de nuevo art. 1816 Cc. y 517. 2-3° Lec., citados.

593. Invalidez de la transacción.

Respecto de su validez, a la transacción son, en general, de aplicar las mismas reglas que sobre la materia contienen el Cc. y, en su caso, las otras leyes, a propósito de todos los contratos, tanto por lo que se refiere a los requisitos cuya falta pudiera comportar la nulidad radical del negocio, como por lo que atañe a las condiciones y circunstancias que darían lugar, de ser solicitadas por los legitimados para ello, a su anulación.

A. El contrato de transacción es nulo cuando no reúne los requisitos que para todos los contratos exige el art. 1.261 Cc.

Tal ocurre cuando su objeto, caracterizado por la litigiosidad, no sea susceptible de negociación, sea ilícito, sea imposible o no esté determinado y sea indeterminable (cfr. arts. 1271 ss. y 1814 Cc.). Por referencia a la causa, el contrato de transacción es nulo de pleno derecho, por aplicación del art. 1.275 Cc., cuando ésta falta por completo, cuando es ilícita o cuando no se puede realizar alguno de sus tres aspectos funcionales antes examinados.

B. El contrato de transacción es, en cambio, solamente anulable, cuando quien lo celebra, existiendo los requisitos que para la validez de los contratos señala el art. 1.261-1°, está afectado por una limitación que restringe, no en modo definitivo en el entendimiento de la ley, su capacidad, o por un vicio que inficcione su voluntad en el sentido de disminuir su consciencia o su voluntad. La transacción es así impugnable cuando los transigentes están afectados, cuando la celebran, por un vicio de la voluntad: *la transacción en que inter-*

venga error, dolo, violencia o falsedad de documentos, está sujeta a lo dispuesto en el art. 1.265 de este Código (art. 1.817-1º Cc.).

En la causa de invalidez de la transacción consistente en la violencia, a que el art. 1.817-1 específicamente se refiere, debe entenderse también comprendida la intimidación, cuya concurrencia en la celebración del contrato transaccional habrá de considerarse en función de las circunstancias de quien la sufre (cfr. art. 1.267 Cc.).

594. En particular, el error en la transacción.

Aunque con frecuencia la doctrina interpreta, sin más, el art. 1.817, en el sentido de ser aplicación de las normas generales sobre los vicios de la voluntad, dando a su párrafo 1º un valor puramente reiterativo, algunos contemplan un sentido y trascendencia peculiares del error en la transacción. La discusión, aun habiendo mediado en ella otros expositores, puede considerarse fundamentalmente polarizada entre los profesores GULLÓN y ALBALADEJO.

En todo caso la virtualidad del error en cuanto a la invalidez de la transacción ofrece muy especiales características. Estas se centran fundamentalmente en torno a la relevancia de aquél en orden a la propia significación de la transacción, ya sea en el sentido de determinar si el error que afecta a los puntos de la discusión que se superan con la transacción puede invalidar a ésta, ya en el de admitir su invalidación sobre la base de la alegación del error de derecho. Es en estos puntos donde surge la controversia.

A. La primera de las cuestiones se centra en torno a la conocida distinción entre el *error in caput controversum* y el error *in caput non controversum* (distinción de origen justinianeo). La pandectística y la moderna doctrina alemana vienen distinguiendo entre un error en la transacción que recae sobre los derechos en litigio y el que afecta a la situación que sirve a ambas partes de punto de partida en el que se hallan de acuerdo. Es decir, distinguen entre:

a) El error sobre una circunstancia que, según la transacción, se consideraba *litigiosa o incierta (caput controversum):* ya que la transacción tiende precisamente a eliminar este pleito o esta incertidumbre, semejante error carece de influencia, siendo indiferente que sea de hecho o de derecho.

b) El error sobre una circunstancia que afecta a la *situación de hecho no litigiosa* y que ambas partes han tomado *como base firme (caput non controversum):* la llamada base firme de la transacción. Por ejemplo, Clotilde y Cirilo litigan sobre la propiedad de una pintura de Rembrandt y sobre la base de tal autoría pactan que Clotilde retendrá el cuadro y entregará a Cirilo una elevada suma de dinero, descubriéndose luego que el cuadro es una buena copia de valor trescientas o mil veces inferior.

¿Cabe, en nuestro ordenamiento, hacer la misma distinción y admitir sólo la relevancia del error en el segundo caso?

La solución depende de la interpretación que se dé al art. 1.817, precepto que, tras remitir al régimen general de los vicios de la voluntad cuando intervenga error en la transacción, añade: *sin embargo, no podrá una de las partes oponer el error de hecho a la otra, siempre que ésta se haya apartado por la transacción de un pleito comenzado.*

La tesis dominante considera, aun en presencia de este precepto, que no es impugnable la transacción cuando el error recae *in caput controversum* (así, Cossío). Ha de tenerse en cuenta, sobre todo, la especial vinculación que la transacción crea para los contratantes: el art. 1.816 les conmina a no replantear la cuestión que ha dejado de ser litigiosa y ha sido liquidada, dando a su convenio la fuerza preclusiva de la sentencia firme.

Este supuesto es, para nuestro legislador, solamente el *error in caput non controversum* sufrido por los transigentes, según se deduce de los preceptos que se refieren al error en la transacción y que pueden considerarse como especificaciones delimitativas de su genérica mención en el art. 1.817-1 Cc. Así, en primer lugar, la referencia en dicho precepto a la *falsedad de documentos;* así, en segundo lugar, el artículo 1.818 Cc., que se refiere a un claro supuesto de error sobre una materia no controvertida, cuando dispone que *el descubrimiento de nuevos documentos no es causa para anular o rescindir la transacción, si no ha habido mala fe;* así, finalmente, el art. 1.819, también claramente referido a un error sobre un punto que no fue objeto de la discusión, y según el cual, *si estando decidido un pleito por sentencia firme, se celebrare transacción sobre él por ignorar la existencia de la sentencia firme alguna de las partes interesadas, podrá ésta pedir que se rescinda la transacción. - La ignorancia de una sentencia que puede revocarse no es causa para atacar la transacción.*

Contra esta tesis se ha manifestado, con diversos argumentos, Albaladejo.

B. En cuanto a la trascendencia del error de derecho invalidante de la transacción también existe polémica en nuestra doctrina. Algunas sentencias, como las de 20 marzo 1951 y 16 diciembre 1956, lo han considerado irrelevante para invalidar la transacción, si bien sobre consideraciones más apegadas al *quod plerumque accidit* que a una argumentación técnicamente sólida.

También sobre este punto sostienen tesis alternativas los profesores Gullón y Albaladejo. Para el primero, solamente puede inficionar la transacción el error de hecho, en razón de la propia naturaleza de la transacción y de su particular función de solventar una controversia jurídica que es su presupuesto. El segundo, en cambio, a lo que creo con mejor criterio, sostiene que la transacción puede impugnarse lo mismo por error de hecho que por error de derecho, por no ser convincente excluir sin más, sin que un precepto lo establezca, la invalidación de la transacción por causa de aquél. Frente a esta postura no parece ser argumento decisivo el art. 1.817-2 Cc., puesto que su interpretación consiente acoger, más *a simili* que *a contrario* según Albaladejo, tanto uno como otro. Además, el error que puede afectar a los transigentes puede ser, en la experiencia, de uno y otro carácter.

En mi opinión, no sólo no hay inconveniente alguno en admitir el error de derecho como causa de anulabilidad de la transacción, sino que, a lo que creo (aparte de que la ley no distingue sobre esta materia), es la propia ley la que asigna, a veces, al error de derecho valor invalidante: no cabe duda de que es error de derecho la ignorancia de la existencia de una sentencia firme —que dice lo que es derecho para el caso concreto— a que se refiere el art. 1.819.

595. Ineficacia sobrevenida de la transacción.

La *rescisión* es una forma de ineficacia sobrevenida incompatible con el tipo contractual, que trata de un objeto litigioso y en el que las recíprocas concesiones, aunque onerosas, se resienten de una cierta aleatoriedad, puesto que se hacen en relación a la posición jurídica de los transigentes respecto de una situación o relación controvertida, y, en consecuencia, incierta. Aparte de que nuestro ordenamiento sólo permite la rescisión en supuestos tasados, la doctrina indicada se refleja en diversos supuestos concretos, como el artículo 1.529 del Código (sobre venta de créditos litigiosos). Contra esto no vale alegar el art. 1.819, ya que utiliza inadecuadamente la palabra *rescisión* y la refiere a un concepto diverso (cfr. S. 23 noviembre 1965).

En cambio, la transacción puede *resolverse* a petición de una de las partes, por incumplimiento de la otra, en el supuesto del art. 1.124 Cc.

Contra este punto de vista no parece suficiente alegar la equiparación que entre sentencia y transacción parece hacer el art. 1.816, pues de la transacción no puede nunca olvidarse que es ante todo y sobre todo un contrato. En este sentido, según la doctrina dominante, *cosa juzgada* no significa que no pueda resolverse una transacción por aplicación del art. 1.124 si una de las partes no cumple con las prestaciones que le incumben.

INDICACIÓN BIBLIOGRÁFICA. Fundamental, GULLÓN, *La transacción,* Madrid, 1964. Comentarios: VÁZQUEZ GUNDIN, en los de MUCIUS SCAEVOLA, XVIII, Madrid, 1953; OGAYAR, en los dirigidos por ALBALADEJO, XXII, 2, Madrid, 1979. Sobre la naturaleza de la transacción, SANAHUJA, en RDP., 1945, pág. 230; MOXO RUANO, RDP., 1950, pág. 673. Sobre ineficacia, LUNA SERRANO, en AAMN., XXIII, pág. 107; RUIZ-RICO RUIZ, *El error en la transacción*, ADC, 1991, pág. 1093. Sobre eficacia procesal, PELAEZ, *La transacción (Su eficacia procesal),* Barcelona, 1987.

En la doctrina italiana, las obras generales *Della transazione* de MIRABELLI *(Tratt.* FIORE, Nápoles, 1905); CARRESI *(Tratt.* VASALLI, reimp. Turín, 1966); VALSECCHI *(Tratt.* CICU-MESSINEO, Milán, 1954); D'ONOFRIO *(Comm.* SCIALOJA, Bolonia, 1974), etc. Además, interesante, SANTORO-PASSARELLI, *La transazione,* 2ª ed., Nápoles, 1975.

§ 116. EL ARBITRAJE

596. El arbitraje.

A. Concepto. Las personas entre quienes ha surgido o temen que pueda surgir una cuestión litigiosa —un conflicto de intereses con opuestas pretensiones respecto de la relación jurídica discutida—, acuerdan a veces el excluir la intervención de los tribunales de justicia y confiar la solución de la controversia actual o futura a una o a varías personas (árbitros), cuya decisión aceptan de antemano y es vinculante para ellas.

El Código civil, redacción original, se refería en los arts. 1.820 y 1.821 a la sumisión de una cuestión litigiosa al juicio de árbitros, remitiendo fundamentalmente a la Lec de 1881. La regulación de ambos cuerpos fue derogada por la Ley de 22 diciembre 1953, llamada «de arbitraje de Derecho Privado», que supuso una notable mejora técnica pero resultó pronto insuficiente, por poco apta para el ámbito mercantil y dejar fuera los arbitrajes internacionales. Tales limitaciones justificaron la Ley 36/1988, de 5 diciembre, de Arbitraje, que sustituyo a la de 1953 y normas complementarias: más ambiciosa y con más amplia regulación, introdujo notables innovaciones y en algún aspecto diferente concepción de la institución. La vigente ley 60/2003, de 23 diciembre, de Arbitraje, buscó la armonización con la legislación internacional, liberalizó su régimen legal (aformalismo, amplia libertad de las partes, mayor potestad de los árbitros), reguló más detenidamente no pocos aspectos y mejoró el régimen de anulación del laudo arbitral. Esa ley ha sido parcialmente reformada por la Ley 11/2011, de 20 mayo, que pretende incrementar la seguridad jurídica y eficacia del arbitraje, mejorar el procedimiento de la acción de anulación del laudo, permitir la solicitud de medidas cautelares (Preámbulo, II), e introduce el arbitraje estatutario para las sociedades de capital.

La L.A. de 2003 no define el arbitraje; mas de su articulado se infiere, a partir de la idea de convenio arbitral en su art. 9, que comporta el sometimiento por los interesados a la decisión de un o unos árbitros de todas o alguna de las controversias surgidas o que puedan surgir entre aquéllos respecto de una determinada relación jurídica. Pero son cosas distintas el *convenio arbitral,* un contrato autónomo o dependiente de otro, por el que las partes acuerdan someter la solución de su controversia a la decisión de un tercero, y el *arbitraje,* institución por la cual se alcanza la solución de controversias privadas por medio de la decisión de un particular, con exclusión de la autoridad judicial, que los interesados han de acatar por haberlo así convenido o serles impuesto (excepcionalmente).

Al lado de esa función caracterizadora el arbitraje se presenta estructuralmente como un complexum formado por tres elementos: a) el *convenio arbitral* inter partes (o excepcionalmente, la voluntad del testador: art. 10 LA.), mecanismo de establecimiento del arbitraje; b) el *contrato de dación y recepción* de *arbitraje*, entre las partes interesadas en la controversia y el o los árbitros, imprescindible para que éstos queden obligados a emitir su decisión vinculante para aquéllas; y c) el *procedimiento arbitral,* sucesión de actuaciones (ordenadas, dirigidas por los árbitros, con intervención de las partes) que conducen a la decisión arbitral (laudo) que resuelve la controversia.

B. Naturaleza. Se ha discutido largamente por la doctrina y en la jurisprudencia, aquí y en otros países, acerca de si el arbitraje es una institución de Derecho material o de Derecho procesal. Planteada en términos generales y abstractos, la discusión adquiere tintes demasiado dogmáticos y deviene poco útil. Es evidente que los argumentos y las soluciones varían según los Ordenamientos, y sólo por referencia a cada uno puede sostenerse una determinada posición. En relación con nuestro sistema jurídico, donde las Leyes de Arbitraje de 1988 y de 2003 han introducido profundas innovaciones, cabe entender —opinión mayoritaria entre civilistas; no tanto entre procesalistas— que el arbitraje en nuestro Derecho vigente es una institución eminentemente privada, de Derecho sustantivo, más que jurisdiccional. Varios datos y argumentos abonan esta tesis, en mi opinión.

En nuestra Constitución, «el ejercicio de la potestad jurisdiccional corresponde exclusivamente a los Juzgados y Tribunales» (art. 117.3) (en el mismo sentido, el art. 2 LOPJ). El árbitro, en cambio, carece de poder jurisdiccional y de *potestas* (no es un poder del Estado ni lo representa): el restringido ámbito de poder que tiene procede exclusivamente de las partes y del convenio arbitral correspondiente. Precisamente porque no es ni tiene poder jurisdiccional no puede constreñir a los testigos a deponer ni al perito a dictaminar (y ellos no delinquen si niegan su colaboración al árbitro), ni puede ejecutar su propio laudo. Si el sometimiento a la jurisdicción ordinaria puede ser impuesto contra la voluntad de una persona, al arbitraje se va voluntariamente. La sentencia judicial vale y es eficaz al margen y por encima de la voluntad de los interesados (por la voluntad coactiva del ordenamiento jurídico); el laudo arbitral sólo es válido en razón del encargo hecho por las partes contendientes al árbitro, y de su aceptación; y siempre dentro de los límites del encargo conferido.

Las facultades del árbitro derivan directa y exclusivamente del convenio arbitral y de su aceptación del encargo conferido. La relación árbitros-partes es pura y estrictamente contractual, y el árbitro cumple la función confiada por los interesados y en tanto que aceptada. El ordenamiento no le confiere ningún cargo ni función (sí, en cambio, al Juez), y sólo a posteriori protege y da cierta eficacia a lo que ha hecho. En caso de incumplimiento o defectuoso cumplimiento del encargo y función asumida por el árbitro, su responsabilidad es de tipo contractual y no la responsabilidad del órgano judicial.

El árbitro tiene limitado el objeto de su competencia y de su decisión: sólo las materias de que pueden disponer los interesados que lo nombran (art. 2 LA). Su facultad de decidir deriva de la facultad de disponer de las partes sobre el objeto de la controversia (igual que en la transacción): la S. TC. 29 marzo 1990 habla de "heterocomposición dispositiva del conflicto, en que consiste la institución arbitral" (cfr. también S. TC. 23 noviembre 1995). En congruencia con ello, la capacidad y legitimación para comprometer es precisamente la de disponer, no la procesal.

La LA. de 2003 ha sustraído notablemente la actuación arbitral al control jurisdiccional (art. 7), y en nuestro sistema jurídico no cabe recurso alguno contra el laudo arbitral, lo que contrasta con la regla general de recurribilidad de las sentencias judiciales en primera instancia. Del arbitraje ha dicho el Tribunal Constitucional, que "es un equivalente jurisdiccional, mediante el cual las partes pueden alcanzar los mismos objetivos que con la jurisdicción civil" (SS. 22 marzo 1991 y 23 noviembre 1995).

C. Ambito de aplicación de la Ley. Dice el art. 1 LA que *se aplicará a los arbitrajes cuyo lugar se halle dentro del territorio español, sean de carácter interno o internacional, sin perjuicio de lo establecido en tratados de los que España sea parte o en leyes que contengan disposiciones especiales sobre arbitraje.* Añade que esta ley será de aplicación supletoria a los arbitrajes previstos en otras leyes, y que quedan excluidos del ámbito de su aplicación los arbitrajes laborales.

D. Ambito objetivo del arbitraje. La Ley de 2003 lo delimita en el art. 2º, que establece que las «son susceptibles de arbitraje las controversias sobre materias de *libre disposición* conforme a derecho». Esa libre disponibilidad afecta tanto a la materia sobre la que los árbitros deciden (son objetivamente indisponibles el estado civil de las personas, la nacionalidad, filiación, patria potestad, tutela, ausencia, etc.), como a que pueda disponer de ella el interesado, *in concreto* (cuestión de legitimación). Habrá que atenerse, en ese orden, a las normas generales tanto para su determinación como en interpretación.

Por otro lado, el art. 1.3 establece la aplicación supletoria a los arbitrajes regulados en otras leyes, y la disp. adic. 1ª lo extiende al arbitraje a que se refiere la Ley 26/1984 de 19 julio, para la defensa de consumidores y usuarios (con la particularidad que añade).

E. Clases de arbitraje. Hoy apenas cabe hablar en puridad de clases de arbitraje en la Ley de 2003, ya que hay uno solo, y la propia ley no distingue. Ciertos matices o particularidades en algunos casos permiten todavía mantener este epígrafe.

a) *¿Arbitraje de derecho-arbitraje de equidad?* La Ley no hace esa distinción ni emplea tales términos, si bien en varios preceptos indica que los árbitros pueden decidir la cuestión litigiosa en equidad o no. Las únicas referencias afectan a la exigencia de "condición de jurista" para los árbitros que no decidan en equidad (art. 15.1), y que es preciso que las partes opten por el arbitraje de equidad, pues en otro caso los árbitros resolverán en Derecho (art. 34.1) –criterio contrario, por cierto, respecto de la ley de 1988–. Sin embargo, el procedimiento, los efectos, la impugnación del laudo, etc., es siempre idéntico.

b) *Arbitraje institucional o administrado.* Frecuente en el ámbito internacional (tanto en la práctica como en Convenios Internacionales), lo prevé su art. 14 al permitir a las partes encomendar la administración del arbitraje a Corporaciones de Derecho Público y Entidades públicas que puedan desempeñar funciones arbitrales según sus normas reguladoras. Pero tales entidades son meras gestoras (administradoras, dice la Ley) del arbitraje, en el sentido de que pueden exigir a las partes provisión de fondos para atender a los honorarios y gastos de los árbitros y frente a ellas tiene el perjudicado acción directa en el caso de que los árbitros incurran en responsabilidad (art. 21). Mas el verdadero arbitraje, que no difiere de los otros y sigue siendo institución única y sometida al mismo régimen, es el que desarrollan los árbitros, verdaderos protagonistas del arbitraje y quienes deciden la cuestión litigiosa.

597. Establecimiento del arbitraje. El convenio arbitral.

A. Idea general del convenio arbitral. Por él, las partes acuerdan someter la solución de su controversia, actual o futura, a la decisión de un tercero con exclusión de los órganos jurisdiccionales. Dispone a tal efecto el art. 9.1 LA. que *el convenio arbitral [...] deberá expresar la voluntad de las partes de someter a arbitraje todas o algunas de las controversias que hayan surgido o puedan surgir respecto de una determinada relación jurídica, contractual o no contractual.* Este convenio arbitral puede celebrarse como contrato autónomo o como pacto o cláusula incorporada a un contrato principal (art. 9.1); jurídica y funcionalménte son idénticos. *Si el convenio arbitral está contenido en un contrato de adhesión, la validez de dicho convenio y su interpretación se regirán por lo dispuesto en las normas aplicables a ese tipo de contrato* (art. 9.2).

El *efecto* del convenio arbitral es doble: deja vinculadas a las partes, como contrato que es, a su cumplimiento y a estar y pasar por la decisión de los árbitros (art. 11.1); y tiene eficacia excluyente de la jurisdicción ordinaria (art. 7) siempre que la parte a quien interese lo invoque, mediante la oportuna declinatoria (art. 11.1; cfr. también arts. 39 y 63 Lec.).

B. Capacidad y legitimación. Nada dice la LA. de 2003 sobre la capacidad requerida para celebrar el convenio arbitral, por lo que es de aplicación la regla general del art. 1.263 Cc. sobre la capacidad de obrar necesaria para contratar.

Según el art. 1 LA., las personas pueden someter a arbitraje las cuestiones litigiosas «en materia de *libre disposición conforme a derecho*». Así, pues, para celebrar el convenio arbitral necesitan las personas físicas no sólo la capacidad antes aludida, sino tener la libre disposición de los bienes y derechos sobre los que verse la controversia a decidir por los árbitros. El menor emancipado no tiene capacidad para someter a arbitraje asuntos que afecten a disposición o gravamen de bienes inmuebles, y necesitará la asistencia de sus padres o de un curador. El tutor necesita aprobación judicial para celebrar convenios arbitrales (art. 271-3° Cc.); y, aunque no lo diga expresamente el art. 166 Cc., también los padres respecto de los actos y bienes y derechos de sus hijos *in potestate* a que alude dicho precepto. Cuando se trate de representación voluntaria, el representante necesitará poder especial para celebrar convenio arbitral (cfr. art. 1.713 Cc.), o ulterior ratificación del *dominus negotii* (art. 1.259-2° Cc.). Véase Ss. 22 septiembre 1987 y 20 noviembre 1989, aun referidas a la anterior legalidad.

C. Objeto. El del convenio arbitral es la controversia derivada de relaciones jurídicas determinadas, contractuales o no (art. 9.1 LA.). En dicho objeto deben concurrir los requisitos que el art. 1.273 Cc. exige para el de todo contrato.

a) *Controversia* no es mero conflicto de intereses *inter partes*; se requiere que haya opuestas pretensiones respecto de la relación jurídica discutida, precisadas de tutela jurídica (declaración e imposición coactiva). La cuestión litigiosa sometida a arbitraje puede ser actual, ya nacida, o previsible y futura (típica del convenio arbitral inserto como cláusula de un contrato principal: «que hayan surgido o puedan surgir»: art. 9.1). Puede convenirse que los árbitros conozcan de «todas o algunas de las controversias»; si se trata de algunas deben quedar suficientemente identificadas (determinadas o determinables).

b) La *relación jurídica, contractual o no contractual*, de que surjan aquellas cuestiones deberá ser también determinada —pues no se puede renunciar a la jurisdicción estatal de forma absoluta y para todo tipo de relaciones jurídicas: cfr. art. 24 C.E. y 6.2 Cc.—, o determinable, sentándose en el convenio arbitral los criterios de concreción ulterior de la misma. No parece que haya inconveniente en que esa relación jurídica pueda ser futura, es decir, no nacida o formada en el momento de celebrarse el convenio, con tal de que sea determinable.

D. Forma. El art. 9.3 dice que *deberá constar por escrito, en un documento firmado por las partes [...]:* luego se requiere forma escrita, siquiera sea privada (que parece ser *ad solemnitatem)* (cfr. S. 1 junio 1999). La única libertad formal (en esa inteligencia) radica en la permisibilidad de que no se formalice el convenio arbitral en documento único suscrito por las partes, sino que se llena dicha forma *en un intercambio de cartas, telegramas, télex, fax u otros medios de telecomunicación que dejen constancia del acuerdo. Se considerará cumplido este requisito cuando el convenio arbitral conste y sea accesible para su ulterior consulta en soporte electrónico, óptico o de otro tipo* (art. 9.3). En la misma línea, "se considerará que hay convenio arbitral cuando en un intercambio de escritos de demanda y de contestación su existencia sea afirmada por una parte o no negada por la otra" (art. 9.5). Por otro lado, recuérdese, el convenio «podrá adoptar la forma de cláusula incorporada a un contrato o de acuerdo independiente» (art. 9.1).

E. Contenido. La LA.'2003 contempla un contenido mínimo y necesario (art. 9.1) y un variado contenido facultativo del convenio arbitral.

a) *Contenido necesario*: El convenio arbitral deberá *expresar la voluntad de las partes* de someter a arbitraje todas o algunas de las controversias que surjan o puedan surgir de determinadas relaciones jurídicas entre ellas. Ha desaparecido la exigencia de *expresar la obligación o voluntad de cumplir* la decisión arbitral, especialmente criticada esta última frase por inútil y perturbadora.

También deberá constar la *relación jurídica* de que surgen o puedan surgir la(s) controversia(s) a decidir por los árbitros. Como sabemos, pueden ser relaciones jurídicas contractuales o no, actuales o futuras, y deben quedar determinadas o sentados los criterios de determinación ulterior. Mas no es necesario que quede fijada *ab initio* la cuestión litigiosa concreta: puede hacerse por las partes al iniciar el procedimiento arbitral, o los propios árbitros pueden delimitar, en su defecto, la controversia sometida a arbitraje.

b) *Contenido facultativo*. Pueden determinar las partes en su convenio árbitral los siguientes extremos (a falta de ello, prevé la LA. su concreción): si optan por el arbitraje de derecho o por el de equidad; en su defecto, los árbitros decidirán según Derecho (art. 34); el procedimiento de designación de los árbitros (art. 15.2); el procedimiento de recusación de los árbitros (art. 18.1); encomendar la administración del arbitraje a corporaciones de Derecho público y a entidades públicas que puedan desempeñar funciones arbitrales (art. 14.1); el procedimiento arbitral (art. 25.1); el lugar del arbitraje, su inicio, el idioma o idiomas del arbitraje, celebración de audiencias para alegaciones y pruebas, nombramiento de peritos (arts. 26 y ss.), etc.

F. *Establecimiento del arbitraje por voluntad unilateral. El arbitraje testamentario*. Aunque el modo habitual de establecer el arbitraje es por vía contractual (convenio arbitral), permítese hacerlo también de forma y por voluntad unilateral. Dice el art. 10 LA.: *también será válido el arbitraje instituido por disposición testamentaria para solucionar diferencias entre herederos no forzosos o legatarios por cuestiones relativas a la distribución o administración de la herencia.*

Este arbitraje es instituido por el causante de un acto de disposición mortis causa, que no precisa ser inexcusablemente testamento, sino que se puede ordenar en contrato sucesorio en los ordenamientos hispanos que lo admiten (CAPILLA). Las relaciones jurídicas de que pueden conocer aquí los árbitros son las sucesorias *m. c.*, por cuestiones litigiosas entre sucesores que no sean herederos forzosos. Sólo pueden ser objeto de este arbitraje las controversias relativas a la distribución y administración de la herencia, sin excluir cuestiones relativas a la interpretación del testamento que se refieran a tales extremos.

598. Los árbitros.

A. Capacidad y prohibiciones. Sólo pueden ser árbitros las personas naturales, y han de hallarse *en el pleno ejercicio de sus derechos civiles, siempre que no se lo impida la legislación a la que puedan estar sometidos en el ejercicio de su profesión* (art. 13); situación ésa que han de mantener durante todo el procedimiento arbitral. Por no reunir esa condición no pueden ser árbitros los menores emancipados, los pródigos ni los concursados (cfr. art. 40 LC), amén de los incapacitados en cualquier extensión (sólo desde su incapacitación). *Salvo acuerdo en contrario de las partes* –continúa aquel precepto–, *la nacionalidad de una persona no será obstáculo para que actúe como árbitro.*

Cuando la cuestión litigiosa no haya de decidirse en equidad, los árbitros deberán tener la "condición de jurista" (art. 15.1). Esta expresión –que sustituye a la de "abogado en ejercicio"– parece equivaler a la de profesional del Derecho (abogado, procurador, juez o fiscal excedente, profesor universitario, etc.).

La LA'2003 no expresa de forma directa quiénes *no pueden ser árbitros*, sino que lo regula en función de la obligación que les compete de guardar la debida imparcialidad e independencia (art. 17.1); a partir de ahí, impone a la persona propuesta para ser árbitro el deber de revelar las circunstancias que puedan dar lugar a dudas justificadas sobre su imparcialidad e independencia (art. 17.2). Se elimina el recurso a los motivos de abstención y recusación de jueces y magistrados, y opta esta ley por una cláusula general: *un árbitro sólo podrá ser recusado si concurren en él circunstancias que den lugar a dudas justificadas sobre su imparcialidad o independencia, o si no posee las cualificaciones convenidas por las partes* (art. 17.3). Salvo acuerdo en contrario de las partes, el árbitro no podrá haber intervenido como mediador en el mismo conflicto entre éstas (art. 17.4)

Al margen de esas normas, no podrán ser árbitros los Jueces, Magistrados y Fiscales en activo (cfr. arts. 348 y ss. LOPJ.); tampoco los Secretarios Judiciales (art. 474 LOPJ.).

B. Número y designación de los árbitros. El número de árbitros deberá ser siempre impar, sin límite máximo. La concreción de su número (de forma directa o indirecta) corresponde a las partes; a falta de acuerdo entre ellas, será un solo árbitro (art. 12).

La *designación de los árbitros* puede hacerse de varias formas:

a) compete, en primer lugar, a *las partes*, siempre que no se vulnere el principio de igualdad (art. 15.2); tal designación puede ser directa, *nominatim,* o por referencia (por ejemplo, el Decano del Colegio de Abogados);

b) a falta de acuerdo en la designación de los árbitros, procederá *su designación judicial* (la otrora mal llamada «formalización judicial del arbitraje», pues en realidad, no se trata de tal), por el procedimiento que la Ley prevé (art. 15).

C. Recusación y sustitución de los árbitros. En aras de la imparcialidad e independencia del árbitro, la Ley de 2003 permite a las partes recusarlo sólo *si concurren en él circunstancias que den lugar a dudas justificadas sobre su imparcialidad o independencia, o si no posee las cualificaciones convenidas por las partes* (art. 17.3), Las partes podrán acordar el procedimiento de recusación de los árbitros; en su defecto, lo establece la ley (art. 18).

Cuando un árbitro se vea impedido para ejercer sus funciones, o por cualquier motivo no las ejerza dentro de un plazo razonable, cesará en su cargo si renuncia o si las partes acuerdan su remoción. Si existe desacuerdo sobre la remoción y las partes no han pactado el procedimiento para ello, se aplicarán las reglas que dispone el art. 19 LA. El art. 20 se refiere al nombramiento de árbitro sustituto, por cualquier causa.

599. Relación árbitros-partes interesadas.

A. Aceptación de los arbitros. Hecha la designación de los árbitros, se les comunicará el nombramiento para su aceptación. Compete hacer tal notificación a las partes, o al tribunal que los designó. *Salvo que las partes hayan dispuesto otra cosa* –dice el art. 16– *cada árbitro, dentro del plazo de 15 días a contar desde el siguiente a la comunicación del nombramiento, deberá comunicar su aceptación a quien lo designó. Si en el plazo establecido no comunicara la aceptación, se entenderá que no acepta su nombramiento.*

B. El contrato de dación y recepción de arbitraje. Con la aceptación por los designados adquieren éstos la calidad de árbitros y asumen las obligaciones pertinentes (art. 21.1). La relación entre los árbitros y las partes es contractual, incluso cuando los primeros son designados por el Juez o por la entidad administradora del arbitraje (en atención a la aceptación voluntaria). Mas no es muy claro el tipo y naturaleza del contrato que les vincula, llamado «de dación y recepción del arbitraje».

La mayor parte de la doctrina española ha entendido que se trata de un contrato de mandato (o mandato especial, para algún autor); en el mismo sentido las Ss. de 13 mayo 1933 y 14 noviembre 1956. Ciertamente, ese contrato tiene más analogías con el mandato que con el arrendamiento de servicios, por cuya calificación se decantaron otros; hay un encargo de una actividad jurídica y cooperación al hecho e interés ajeno por vía de sustitución, más una cierta legitimación indirecta, de las partes a los árbitros, para que éstos lleven a cabo una composición de intereses de aquellas, cuyo resultado y decisión (efectos) aceptan los interesados por adelantado. Mas, en tanto que parcialmente tipificado el contrato de dación y recepción de arbitraje en la LA., sólo cabe ya una aplicación al mismo del régimen del mandato por analogía, con ponderación y en cuanto a lo no regulado directamente en ella.

Son *efectos* de ese contrato la obligación de los árbitros de cumplir fielmente su encargo —dictar laudo dentro de plazo y de acuerdo con las demás prescripciones legales (art. 34 y ss.)— incurriendo en otro caso en responsabilidad por los daños y perjuicios que causaren por mala fe, temeridad o dolo (art. 21.1). No creo (frente a otras posiciones) que sea solidaria la responsabilidad de los árbitros si son varios componentes del colegio arbitral los responsables del daño (cfr. art. 1.137 y 1.723 Cc.). Por ser responsabilidad contractual, serán de aplicación a la de los árbitros las reglas generales sobre la misma.

600. El procedimiento arbitral.

A. Idea general. La secuencia de actos que conducen al laudo arbitral queda eminentemente sometida a la autonomía de las partes, que *podrán convenir libremente*

—dice el art. 25.1— *el procedimiento al que se hayan de ajustar los árbitros en sus actuaciones*. A falta de acuerdo, los árbitros podrán dirigir el arbitraje del modo que consideren apropiado, dentro de lo que permite la LA. En todo caso, *deberá tratarse a las partes con igualdad y darse a cada una de ellas suficiente oportunidad de hacer valer sus derechos* (art. 24.1). No hay, por otro lado, diferencia alguna procedimental entre el arbitraje de Derecho y de equidad.

B. Desarrollo. El desarrollo efectivo del procedimiento arbitral se regirá por la voluntad de las partes; en su defecto, por acuerdo de los árbitros, con potestad de éstos para decidir sobre admisibilidad, pertinencia y utilidad de las pruebas, sobre su práctica, incluso de oficio, y sobre su valoración (art. 25.2). Salvo acuerdo en contrario de las partes, el demandante deberá alegar los hechos en que se funda, naturaleza y circunstancias de la controversia y las pretensiones que formula, y el demandado podrá responder a lo planteado en la demanda. Ambas partes podrán aportar todos los documentos que consideren pertinentes o hacer referencia a ellos u otras pruebas que piensen presentar o proponer (art. 29.1). Salvo acuerdo en contrario de las partes, los árbitros decidirán si han de celebrarse audiencias o si las actuaciones se sustanciarán sólo por escrito.

En *materia probatoria*, cfr. art. 32, sobre nombramiento de peritos; y art. 33, sobre asistencia judicial para la práctica de pruebas.

601. El laudo arbitral.

A. Concepto. Acto último y momento fundamental del procedimiento arbitral, el laudo es el pronunciamiento o decisión de los árbitros que pone fin y da solución (definitivamente) a la controversia a ellos sometida por las partes o interesados en la misma. Bajo esa denominación cabe entender, en el orden sustantivo, la decisión recaída (por tanto, no sólo juicio lógico-abstracto, sino eminentemente voluntad, *ánimus decidendi,* sin el cual no hay laudo), y en el aspecto formal, el acto que contiene aquel pronunciamiento decisorio (con los requisitos subjetivos, objetivos y formales propios de todo acto jurídico). Su emisión por los árbitros supone el cumplimiento de la obligación fundamental y típica asumida contractualmente por ellos al aceptar el nombramiento.

B. Estructura. El laudo debe acomodarse al esquema formal que traza la ley, y emitirse a tiempo. Salvo acuerdo en contrario de las partes, *la expiración del plazo sin que se haya dictado laudo definitivo,* no afectará a la eficacia del convenio arbitral ni a la validez del laudo dictado, sin perjuicio de la responsabilidad en que hayan podido incurrir los árbitros (art. 37.2-2º, redacción 2011).

El *plazo para dictar el laudo* puede ser *convencional* o *legal* subsidiario, de seis meses en este caso, contados desde la fecha de presentación de la demanda o de la expiración del plazo para presentarla (art. 37.2). Uno y otro plazo, convencional o legal, pueden ser *prorrogados* por los árbitros, salvo pacto en contrario de las partes, por un plazo no superior a dos meses, mediante decisión motivada (art. 37.2). Su *cómputo* es civil (art. 5.2 Cc.), no procesal, y los establecidos por días se computan por días naturales (art. 5-b, y Ss. 3 febrero 1983, 24 sept. y 6 diciembre 1984, 6 octubre 1987, entre muchas).

El laudo deberá constar *por escrito* y ser *firmado por los árbitros*, quienes podrán dejar constancia de su voto a favor o en contra (art. 37.3); será siempre motivado, a menos que se trate de un laudo pronunciado en los términos convenidos por las partes (cfr. art. 37.4 en relación con el 36). Constará en el laudo la fecha en que ha sido dictado, y el lugar del arbitraje (art. 37.5). La decisión arbitral debe dar solución clara y precisa a todas las cuestiones planteadas por las partes, sin ir más allá de lo pedido ni resolver sobre cuestiones no planteadas (cfr. art. 41.1). Finalmente, los árbitros se pronunciarán en el laudo sobre las *costas* del arbitraje.

Cuando haya más de un árbitro —dice el art. 35—, *toda decisión se adoptará por mayoría, salvo que las partes hubieren dispuesto otra cosa. Si no hubiere mayoría, la decisión será tomada por el presidente.*

El art. 37.8 dice que *el laudo podrá ser protocolizado notarialmente. Cualquiera de las partes a su costa, podrá instar de los árbitros, antes de la notificación, que el laudo sea protocolizado*. Los árbitros *notificarán el laudo a las partes en la forma y en el plazo que éstas hayan acordado* (en su defecto, en la forma que indica el art. 37.7). El laudo puede ser objeto de corrección, aclaración, complemento y rectificación de la extralimitación (cfr. art. 39).

C. Efectos del laudo. Según el art. 43, *el laudo produce efectos de cosa juzgada y frente a él sólo cabrá ejercitar la acción de anulación y, en su caso, solicitar la revisión conforme a lo establecido en la Ley 1/2000 de Enjuiciamiento civil para las sentencias firmes*. La Ley 11/2011 ha eliminado a este efecto el calificativo de "firme" del laudo, y la distinción entre laudo definitivo y firme, determinando que produce los efectos de cosa juzgada aunque se ejerciten contra él las acciones de anulación o revisión. El laudo es decisión unívoca e integral, y como tal debe ser cumplido (S. 15 febrero 1994).

Esos *efectos de cosa juzgada* son: *a)* la inatacabilidad directa del laudo (cosa juzgada formal); *b)* inatacabilidad indirecta o mediata (cosa juzgada material), no sólo en sentido negativo (imposibilidad de replantear judicialmente la cuestión litigiosa decidida), sino también con función positiva, impidiendo que se juzgue y resuelva en forma contraria a lo fallado en el laudo.

La ejecución forzosa del laudo se regirá por lo dispuesto en la Ley de Enjuiciamiento civil y en la propia LA. (art. 44); y es ejecutable aun cuando contra él se haya ejercitado la acción de anulación (en los términos que previene el art. 45).

D. Impugnación del laudo. En nuestra legislación histórica de árbitraje se admitía y regulaba un complejo sistema de recursos contra los laudos arbitrales. En la LA.'88 desaparecieron todos los recursos propiamente dichos; idéntica posición en la de 2003 (redacción 2011), porque no lo es, en puridad y técnica jurídica, el de revisión (que menciona y admite el art. 43, con remisión a la Ley procesal civil), y queda como único medio de impugnación del laudo (S. TC. 288/1993, de 4 octubre, y S. TS. 28 julio 1995) la «acción de anulación» —que tampoco es verdadero recurso—.

El *laudo sólo podrá ser anulado cuando la parte que solicita la anulación alegue y pruebe* (art. 41):

1º, *que el convenio arbitral no existe o no es válido*. Seran de aplicación aquí las reglas generales sobre la inexistencia, nulidad y anulabilidad de los contratos.

2º, *que no ha sido debidamente notificada* de la designación de un árbitro o de las actuaciones arbitrales o no ha podido, por cualquier otra razón, hacer valer sus derechos.

3º, *que los árbitros han resuelto sobre cuestiones no sometidas a su decisión*. Se halla relacionada esta causa con el contenido de la obligación asumida por los árbitros frente a las partes que los nombran: decidir *toda* la cuestión litigiosa, pero *sólo ella* en tanto que pueda ser objeto de arbitraje. En estos casos —continúa el precepto— *la anulación afectará sólo a los pronunciamientos del laudo sobre cuestiones no sometidas a decisión de los árbitros o no susceptibles de arbitraje, siempre que puedan separarse de las demás.*

4º, *que la designación de los árbitros o el procedimiento arbitral no se han ajustado al acuerdo entre las partes*, salvo que dicho acuerdo fuere contrario a una norma imperativa de esta Ley, o, a falta de dicho acuerdo, que no se hayan ajustado a esta Ley.

5º, *que los árbitros han resuelto sobre cuestiones no susceptibles de arbitraje* (con idéntaca salvedad a la del apartado 3º).

6º, *que el laudo es contrario al orden público*. El orden público a tener en cuenta aquí será no sólo el que atañe al ámbito procesal, sino en el orden material o sustantivo (cfr. S. TC. 15 abril 1986).

Sobre el procedimiento de anulación, véase art. 42 LA., redacción 2011.

INDICACIÓN BIBLIOGRÁFICA. Obras más interesantes, antes de la reforma de 1988, entre las españolas: GUASP, *El arbitraje en Derecho español,* Barcelona, 1956; CREMADES, *Estudios sobre arbitraje,* Madrid, 1977; OGAYAR, en *Comentarios EDERSA*, t. XXII-2º, Madrid, 1989. Y en la bibliografía extranjera, CARNACINI, voz «Arbitrato rituale», en Noviss. Dig. Ital.; JARROSON, *La notion d'arbitraje,* París, 1987; LEVONI, *L'arbitrato dopo la riforma,* Milán, 1985; SCHIZZEROTTO, *Dell'arbitrato*, Milán, 1988.

Después de la Ley de 1988, AA.VV., *Comentarios a la Ley de Arbitraje,* coordinados por R. BERCOVITZ RODRÍGUEZ-CANO, Madrid, 1991 (Ed. Tecnos); CORDON MORENO, F., *El arbitraje en el Derecho interno e internacional*, Pamplona, 1995; DÍAZ ALABART, *La cláusula de arbitraje en los contratos de adhesión,* AC., 1992, págs. 377 y ss.; FONT SERRA, *La nueva configuración del arbitraje en el Derecho español*, "Justicia", 1989, n. 2, págs. 340 y ss.; GETE-ALONSO CALERA, *La caracterización del convenio arbitral en la*

Ley 36/ 1988, de 5 diciembre, de Arbitraje, "La Ley", 1990, n. 2.477; GIL RODRÍGUEZ, *El arbitraje institucionalizado y el nombramiento de árbitros en la Ley 36/1988,* Libro Homenaje Lacruz, t. II, Barcelona, 1993, págs. 1.437 y ss.; MARTÍNEZ VÁZQUEZ DE CASTRO, *La cláusula compromisoria en el arbitraje civil*, Madrid, 1991; MONTERO AROCA y otros, *Comentario breve a la Ley de Arbitraje,* Madrid, 1990; O'CALLAGHAN, *El contrato de compromiso, según la Ley de Arbitraje de 5 diciembre 1988,* "Actualidad civil", 1989, n. 1, págs. 1 y ss.; PANTALEÓN, *Notas sobre la nueva Ley de Arbitraje,* La Ley, 1989, n. 10, págs. 49 y ss; REGLERO CAMPOS, *El arbitraje,* Madrid, 1991; RIVERO HERNÁNDEZ, *Naturaleza (eminentemente) privada del arbitraje en la Ley de 1988,* Libro-Homenaje Lacruz, t. I, Barcelona, 1992, págs. 713 y ss.; ROCA MARTINEZ, *Arbitraje e instituciones arbitrales,* Madrid, 1992. El *Anuario de Justicia alternativa. Derecho arbitral* ha dedicado su núm. 5 (año 2004) a la Ley 60/2003, de 23 diciembre, de Arbitraje, con comentarios y trabajos relativos a la misma de varios autores. *Comentarios a la Ley de arbitraje 2003* (coord. ARIAS LOZANO), Aranzadi, Cizur Menor, 2005; VERDERA SERVER, R., *El convenio arbitral*, Aranzadi, Cizurr Menor, 2009; LACRUZ MANTECÓN, M., *La impugnación del arbitraje,* Madrid (Reus), 2011.

XI. CONTRATOS ATÍPICOS

§ 117. «LEASING», Y OTROS CONTRATOS ATÍPICOS

602. El contrato de «leasing», en general.

La continua renovacion tecnológica y grandes inversiones en bienes de equipo que ésta requiere, más la insuficiencia o inadaptación, a veces, de los habituales medios de financiación y garantía, y su oneroso régimen fiscal, han dado lugar a la aparición de nuevas combinaciones contractuales, inicialmente atípicas, entre ellas el contrato de *leasing*, término anglosajón que denuncia su origen, y para el que la doctrina española y alguna norma jurídica-fiscal emplea la expresión «arrendamiento financiero», no demasiado feliz desde un punto de vista técnico.

Bajo la denominación de *leasing* u operaciones de *leasing* se comprende una amplia variedad contractual: *leasing operativo* (muy próximo al mero arrendamiento de cosas (cfr. Ss. 10 abril 1981, 18 noviembre 1983 y 26 junio 1989), el *leasing* financiero de bienes muebles de equipo, el *leasing* inmobiliario, con importantes notas diferenciales respecto del anterior, y el *lease-back.*

La variedad más común, a cuya imagen se han formado las restantes, es el *leasing* financiero (que la S. 10 abril 1981 llama *«leasing* propiamente dicho»). Podemos definirlo como «un contrato por el que una de las partes (la sociedad de *leasing)* cede a otra por cierto tiempo y con carácter irrevocable el uso de un bien mueble de equipo, productivo, que ha adquirido de un tercero a elección o según especificaciones del usuario, y cuya propiedad conserva, a cambio de un canon periódico, proporcional al precio o valor del bien aludido, intereses y comisión, pudiendo el usuario, al final del término contractual, optar por renovar el contrato a canon inferior, devolver dicho bien, o adquirirlo por un precio residual preestablecido».

Nuestra doctrina (AMORÓS GUARDIOLA y otros) caracteriza el contrato de *leasing* como *de adhesión,* ya que el intermediario financiero señala los pactos y cláusulas a través de unas condiciones generales de contratación según modelos *standard,* que impone, más que propone, al usuario, quien no tiene otra alternativa que aceptar o rechazar tal oferta. Y señala su *carácter mercantil,* reservado hoy para ciertas sociedades que han de reunir requisitos legalmente señalados (ver disp. adic. 7ª de la Ley 19 julio 1988) que se dediquen precisamente a esa actividad financiera. Mas aún admitiendo el carácter mercantil de estos contratos, al estar regulados sólo parcialmente por dicha Ley, a que seguidamente me refiero, por imperativo del art. 50 Ccom. habrán de regirse subsidiariamente por el Derecho común, esto es, por el Código civil.

En defecto de regulación jurídico-material, el *leasing* estaba contemplado a efectos fiscales en el RD.-L. de Ordenación económica del 25 febrero 1977 (que lo definía como «arrendamiento financiero») y en el RD. 31 julio 1980, derogados hoy por la aludida Ley de 29 julio 1988, de Disciplina e Intervención de las entidades de crédito. Su disp. adic. 7ª define los contratos de *arrendamiento financiero* como aquellos que «tengan por objeto exclusivo la cesión del uso de bienes muebles e inmuebles, adquiridos para dicha finalidad según las especificaciones del futuro usuario, a cambio de una contraprestación consistente en el abono periódico de las cuotas». Le dedica luego unas breves normas relativas a la necesidad de inclusión de una opción de compra, duración mínima y cuotas periódicas —de las que habrá que desglosar las partes, con diferente trato fiscal, preocupación eminente, como el control administrativo de las entidades de crédito—: esa pobreza y esta etiología me permiten considerar estos contratos como quasi-atípicos. Ahora, véase Ley 28/1998, de venta a plazos de bienes muebles, para el *leasing* de bienes muebles, y disp. final 7ª Lec., que modifica la anterior.

603. El «leasing» financiero, en general.

A. Descripción. La mecánica operativa y presentación práctica del llamado *«leasing»* financiero suele ser aproximadamente ésta: la persona o empresa que necesita determinado bien de equipo se dirige a una sociedad financiera dedicada a esa actividad proponiéndole que adquiera aquel bien (que él conoce y ha examinado quizá en manos del fabricante o vendedor), y se lo ceda en uso. La sociedad de *leasing* examina la propuesta, la solvencia del empresario requirente y la oportunidad de la operación; si acepta, adquiere dicho bien, cuya propiedad conserva, y lo cede en uso al «arrendatario financiero» (o usuario) a cambio de un canon periódico y por un tiempo tal que al fin de esa relación contractual la suma de los cánones pagados cubra el coste del bien, los intereses del capital y la comisión o ganancia de la sociedad financiera. Al final de ese tiempo el usuario dispone (habitualmente; las posibilidades son varias) de varias opciones ya expuestas; *a)* adquirir en propiedad el bien de referencia por un precio residual (bajo), *b*) devolverlo a la sociedad de *leasing* si no le interesa (por no necesitarlo ya, o por haber quedado inservible, o superado tecnológicamente), o *c*) renovar el contrato de *leasing* por un nuevo plazo y canon más reducido o por sustitución de aquel bien por otro (quizá técnicamente mejor).

De la definición antes formulada se desprende que en este esquema contractual participan tres sujetos: la sociedad de *leasing,* la vendedora de los bienes de equipo y el usuario de los mismos. Y hay dos contratos íntimamente relacionados entre sí: uno, de compraventa de los bienes, entre el tercero proveedor y la sociedad de leasing; y otro, de cesión onerosa del uso y disfrute de tales bienes, con opción de compra, entre dicha sociedad y el usuario (S. 26 febrero 1996).

La relación económica y funcional que une la compraventa previa con la cesión temporal del goce de la cosa por un canon, con varias opciones al final, no es, según creo, otra cosa que un *complexum* de dos contratos coligados (con causas distintas, aunque funcionalmente dependientes), debiendo reservarse la calificación de *leasing* sólo para el segundo, que se presenta, así, con estructura bilateral y vida y eficacia propias.

B. «Naturaleza» del contrato de «leasing» financiero (singularmente, de la relación de *leasing*). Esta relación (entre la sociedad financiera y el usuario de los bienes) se crea, por consiguiente, mediante un contrato complejo, cuyos elementos fundamentales —variables según las cláusulas específicas de cada contrato, que no suelen diferir mucho— vienen a ser los siguientes: *a*) la cesión temporal de un bien de equipo designado por el propio usuario, a cambio de un canon periódico cuya cuantía no es correspectiva de la mera cesión en uso; *b*) una opción de compra a favor de usuario (excepcionalmtente, bilateral) por un precio residual que tampoco se corresponde con el valor en cambio de ese bien al final del período contractual; y *c*) unas cláusulas adicionales —cesión por la entidad financiera al usuario de las acciones de reclamación del bien o de resolución por incumplimiento, frente al proveedor del mismo (cfr. SS. 26 febrero 1996 y 4 diciembre 1997); traslado de los riesgos de la cosa al usuario, no obstante conservar la sociedad de leasing su propiedad; obligación del usuario de asegurar los bienes, y otras— que acompañan normalmente a estos contratos y les dan su peculiar carácter y figura.

En trance de identificar la relación de *leasing* con otras figuras conocidas, se han propugnado, principalmente, las siguientes soluciones:

a) Para unos (Giovanoli ha sido su mejor defensor) el *leasing* financiero es, en el fondo, un préstamo de dinero que hace el intermediario financiero al usuario. Lo cual tropieza con la realidad de que la sociedad de financiación no presta dinero al usuario.

b) Otros han visto en este contrato una compraventa a plazos con reserva de dominio, fijándose principalmente en que el propósito final del usuario es llegar a ser dueño al cabo de cierto tiempo con el ejercicio de la opción de compra, pagando mientras tanto un canon que exceda cuantitativamente de la merced arrendatacia, y lleva incorporada una parte alícuota del precio de la cosa; el de la opción, residual pactado, es menor al valor real de la cosa. Esa es la tesis de algún autor español (De la Cuesta) y de las Ss. 28 marzo 1978 y 28 mayo 1990 (en ésta, el precio era equivalente a uno de los plazos); pero incompatible con la estructura formal y la finalidad económica del *leasing*, y hoy rechazada por la jurisprudencia (SS. 28 noviembre 1997 y 29 mayo y 19 julio 1999, y R. 12 mayo 1994).

c) Un amplio sector doctrinal, nacional y extranjero, identifica el contrato de *leasing* financiero con el arrendamiento: hay una cesión temporal del goce de una cosa a cambio de un canon periódico, elemento principal, al que se superpone una opción de compra como accesoria, y cuyo ejercicio es facultativo (la adición de esa opción al arrendamiento no es nueva, ni exclusiva del *leasing).* La objeción más seria que se opone a esta teoría es la de que el precio en el *leasing* excede a una mera remuneración del uso.

d) La solución que me parece más correcta es la de considerar al *leasing* como un contrato prácticamente atípico (salvo regulación parcial para el de algunas clases de bienes), *sui generis,* y, por tanto, al no ser homologable (como figura dominante) a otro de los tradicionales, necesitado de una propia y peculiar disciplina.

El *leasing,* en definitiva, reclama un régimen específico porque tiene una «causa» compleja —las Ss. 18 noviembre 1981, 26 junio 1989 y 28 mayo 1990 hablan de negocio mixto con causa única, y las de 28 noviembre 1997, 29 mayo y 19 julio 1999 y 25 enero 2000, de contrato complejo y atípico de contenido no uniforme; cfr. también R. 26 octubre 1998—: cesión onerosa de uso, por un canon periódico que absorbe casi siempre una alícuota parte del precio de una futura venta, contemplada *ab initio* (de ahí el precio residual, inferior al valor de la cosa), aunque su efectividad se subordine al ejercicio final de la opción (cfr. S. 24 mayo 1997); amén de unas cláusulas que incorporan elementos de muy varios contratos (riesgos a cargo del usuario, cesión al usuario de acciones propias del comprador-cedente, etc.); influido todo ello por la finalidad de financiación, que es común a la sociedad de *leasing* (que quiere hacer fructificar sus activos) y al usuario (que acude a aquélla a falta de medios propios de financiación).

Esta construcción permite, de otro lado, superar las dificultades derivadas de una aproximación unilateral y excesiva a ciertos tipos contractuales, que no se acomodan por igual a todas las clases de *leasing,* pues si en algunos casos el parecido es mayor con el arrendamiento o la venta de bienes muebles a plazos (tal, el *leasing* financiero o de bienes muebles de equipo), en el *leasing* inmobiliario es mayor la proximidad con la compraventa, como veremos.

604. Régimen del «leasing» financiero.

Dada la expuesta naturaleza quasi-atípica y compleja, el contrato —cada concreto contrato— se regirá, en primer lugar, por la *lex privata* que se hayan dado las partes a través de las cláusulas correspondientes. Luego, por las escasas normas de tipo material que contiene la disp. adic. 7ª de la Ley 26/1988, de 29 julio (desarrollada en parte, y en parte derogada por la L. 43/1995, de 27 diciembre, del Impuesto de sociedades), y las normas imperativas de la L.A.U. (si se refiere a inmuebles de esa clase), de la Ley 28/1998, de 13 julio, de venta a plazos de bienes muebles (que ha dictado por primera vez normas sustantivas para el *leasing* mobiliario en su disp. adic. 1ª, a que enseguida me referiré), y de la de usura. En lo que aquellas cláusulas o las dichas normas legales resulten insuficientes, se aplicará, directamente en unos casos, por analogía en otros, las reglas propias del tipo contractual a que más se parezca o aproxime aquél, atendiendo a la finalidad económica o función práctica que las partes hayan perseguido: unas veces, el arrendamiento; otras, la compraventa; a veces, las de uno y otra, en cuanto no sean incompatibles —por ejemplo, las del arrendamiento para la cesión del uso, y las de la compraventa para el pago del precio si hay ejercicio final de la opción de compra—. Será cuestión eminentemente interpretativa la de averiguar a través de las cláusulas contractuales, cuál ha sido aquella intención y finalidad práctica.

A. Estructura y duración del contrato. Además de lo ya dicho, cabe destacar:

a) *Partes intervinientes.* Lo son, como sabemos, el usuario o arrendatario financiero y la sociedad de arrendamiento financiero (o de *leasing).* Estas últimas —cuya existencia o intermediación considera esencial la S. 30 abril 1991: en su defecto, no hay contrato de *leasing*—, son sociedades anónimas que tienen como objeto social exclusivo la realización de operaciones de arrendamiento financiero; deben obtener autorización previa del Ministerio de Economía y Hacienda, y quedar inscritas en un registro especial del Banco de España. Desde el 1 enero 1990 pueden realizar estas operaciones las Entidades de crédito.

b) *Objeto. La cuota.* Pueden ser objeto de este contrato tanto los bienes muebles como los inmuebles, incluso los establecimientos industriales. Cuando se trate de leasing mobiliario, sujeto a la L. 28/1998, el bien deberá ser mueble corporal no consumible e identificable. La contraprestación por la cesión del uso de tales bienes es la cuota que deba pagar el arrendatario, que en este contrato ha de quedar determinada, y en ella se diferenciará «la parte que corresponda a la recuperación del coste del bien por la entidad arrendadora, excluido el valor de la opción de compra, y la carga financiera exigida por la misma». El importe anual de la primera deberá permanecer igual o tener carácter decreciente durante la vida del contrato.

c) *Constitución.* Las leyes 26/1988 y 28/1998 no contienen norma específica alguna sobre constitución y forma de este contrato (para el leasing mobiliario). Es posible su inscripción en el Registro de Venta a Plazos de Bienes Muebles, como voluntaria.

d) *Duración.* El contrato tendrá una *duración mínima* del dos años cuando tenga por objeto bienes muebles (según las normas fiscales; la L. 28/1998 no exige duración mínima), y diez años cuando sean inmuebles o establecimientos industriales. Transcurrido uno a otro plazo, el arrendatario podrá adquirir el bien pagando el precio residual (el fijado para la opción de compra).

B. Contenido efectual del contrato.

a) *Posición jurídica de la entidad de leasing.* Tiene la obligación de adquirir el bien objeto del contrato a nombre y por cuenta propia —cuya propiedad conserva como garantía de posibles incumplimientos contractuales (S. 30 junio

1993)—, ceder el uso del mismo al arrendatario (usuario), quien deberá afectarlo únicamente a sus explotaciones. A la cesión de uso deben acompañar los poderes o facultad del usuario de hacer valer las acciones judiciales y extrajudiciales frente al proveedor en relación con la entrega y reclamaciones sobre vicios de la cosa. En caso de concurso o quiebra del usuario, los bienes cedidos en arrendamiento financiero no se incluirán en la masa, y se pondrán a disposición del arrendador financiero, previo reconocimiento judicial de su derecho (disp. ad. 1ª L. 28/1998). Este último, además de poder exigir al arrendatario el cumplimiento de las obligaciones derivadas del contrato, puede reclamar judicialmente (por los trámites del juicio verbal) la inmediata recuperación de los bienes cedidos en *leasing* (art. 250.1-11ª Lec.).

El usuario podrá (obligación para la entidad de *leasing)* ejercitar, al término del contrato, la opción de compra que necesariamente debe acompañar al contrato; mas si por cualquier causa el usuario no llega a adquirir tal bien, el arrendador está facultado para cederlo a un nuevo usuario (disp. ad. 7ª,1 L. 26/1988).

b) *Posición jurídica del usuario.* Además de las facultades mencionadas a su favor, y de la facultad de resolución del contrato por incumplimiento por el arrendador (SS. 24 mayo 1999 y 25 enero 2000), tiene estas obligaciones: 1) la de recibir la cosa en y para uso, que comporta a veces la obligación de retirarla (y en su caso, la de transporte e instalación) y la de comprobar la exactitud de la prestación de entrega, estimándose que la posición jurídica del usuario en orden a esta obligación (cuando la entrega la hace el proveedor) es la de un *adiectus solutionis causa* de la sociedad de *leasing;* 2) pagar las *cuotas* antes aludidas; 3) cuidar diligentemente los bienes cedidos, dedicándolos al uso pactado, y corre con los riesgos de pérdida o deterioro; 4) restituir al fin del contrato la cosa, a menos que opte el usuario por su adquisición definitiva, pagando el precio residual pactado, o por la renovación del contrato (que será ya otro, y por nuevo canon).

Para las RR. 12 mayo y 21 junio 1994, el usuario adquiere sólo el «uso» del bien objeto del leasing, con «derecho de adquisición» al término del uso.

605. Las «condiciones generales» en el «leasing» financiero.

Una nota característica de los contratos de *leasing* es la de la inserción en los mismos de unas cláusulas de condiciones generales que contribuyen por sus particularidades, y porque hacen saltar la elasticidad de los tipos, a conferir naturaleza relativamente atípica al *leasing.* Mas su importancia y problemática no se queda ahí: dictadas por una de las partes (la entidad financiera) e impuestas al usuario —como contratos de adhesión—, con frecuencia rozan los límites de lo lícito, lo que requiere su análisis y control. He aquí sólo de algunas de ellas, las más frecuentes y peligrosas en las operaciones de *leasing,* en relación con las prescripciones de las Leyes 19 julio 1984 (de protección de consumidores y usuarios) y 13 abril 1998 (de condiciones generales), estudiadas *supra,*

§ 45, y que si habitualmente no tendrán aplicación directa a nuestro caso, sí pueden tenerla como normas interpretativas.

a) *Cláusula de exoneración de responsabilidad de la sociedad de «leasing» cuando no se entrega al usuario los bienes en el lugar y tiempo pactados.* Generalmente, habrá de tenerse por no puesta por aplicación de la regla prohibitiva del abuso del derecho, puesta en relación, a propósito del concepto de *abuso,* con el art. 10.1-c), 3° y 6°.1 de la Ley de 1984 citada.

b) *Cláusula de exoneración de responsabilidad en caso de evicción o vicios ocultos de los bienes.* Nótese que se trata de bienes producidos por empresa distinta de la financiadora, por lo que difícilmente podrá ser abusiva la exención de responsabilidad de esta última cuando, en el propio contrato, el intermediario financiero subrogue al usuario en cuantos derechos y acciones pueda tener frente al proveedor de la cosa.

c) *Cláusula por la que el usuario deberá soportar el riesgo de deterioro o pérdida fortuita de los bienes.* Como complemento de la misma, el usuario se obliga a concertar un seguro que cubra tales riesgos, cuyo beneficiario suele ser la sociedad de *leasing.* Si esta cláusula es o no abusiva (problema para cuya solución deben valer los criterios del art. 10.1-c), 3.1 de la Ley de 1984), depende de la proporción y el equilibrio de intereses que medie (o no) entre las prestaciones de ambas partes.

d) *Cláusula por la que la falta de pago de algún canon dará lugar a la resolución del contrato y pago inmediato de una parte importante de los cánones no vencidos.* Hay que distinguir entre la mera resolución del contrato por impago, que sólo podría ser abusiva cuando su aplicación se prevenga en condiciones demasiados rigurosas, y la cláusula de pago a la sociedad de *leasing,* en caso de incumplimiento y a modo de pena convencional, del resto o parte importante de los cánones vencidos (a veces, todos). Al tratarse de una verdadera cláusula penal sustitutoria de la indemnización de daños y perjuicios y abono de intereses, a ella serán aplicables el art. 1.154 Cc. y la jurisprudencia que lo interpreta.

e) *Cláusula por la que el usuario no podrá vender o ceder de cualquier forma la cosa y sus derechos sobre ella, sin autorización de la sociedad de «leasing».* Parece que será lícita y válida, en consideración a la posición jurídica del usuario respecto de la cosa, y por la naturaleza de los actos de disposición de referencia.

606. El «leasing» inmobiliario.

A. Idea general y caracteres. Uno de los tipos de *leasing* que tiene particular interés por sus notas peculiares y por la importancia económica que ha adquirido, es el inmobiliario *(Plant-leasing,* en terminología inglesa), que se diferencia del de bienes muebles de equipo *(Equipment leasing)* no sólo en la naturaleza inmobiliaria del bien, sino en diferencias fundamentales que influyen en su naturaleza y régimen jurídico.

El *leasing* inmobiliario puede recaer sobre inmuebles rústicos o urbanos, pero sólo cabe respecto de inmuebles por naturaleza, no por incorporación o destino; también sobre establecimientos industriales. Y algún autor entiende que cabe la posibilidad de arrendamiento financiero sobre inmuebles en proyecto o en construcción (Benavides).

B. Naturaleza y régimen jurídico. En general, se ha estudiado el *leasing* inmobiliario desde la perspectiva y como mera variedad del mobiliario. Se ha predicado de aquél las mismas calificaciones acerca de su naturaleza, según las teorías que tratan de explicar el *leasing* de bienes de equipo. Sin embargo, casi siempre se acaba subrayando ciertas diferencias que trascienden lo adjetivo y especial, e inciden en su naturaleza y configuración (GALIMBERTI).

AMORÓS GUARDIOLA destaca la realidad compleja del *leasing* inmobiliario, en el que contempla «un contrato mixto o *sui generis,* resultante de la unión de varios esquemas contractuales (principalmente arrendamiento y opción de compra), que no se identifica con ellos, y que tiene una naturaleza atípica e independiente». Añade que se ha de abordar el estudio del *leasing* inmobiliario desde un punto de vista funcional o de la finalidad perseguida por las partes. Según dice, quien adquiere un inmueble en régimen de *leasing* pretende hacerse dueño del mismo, pero al no disponer de capital suficiente para la compra actual, va pagándolo en plazos sucesivos, de manera que al final del plazo estipulado pueda consumarla mediante el pago de una cantidad reducida («valor residual») a través del ejercicio de la opción de compra. El que opera así no es, ni le basta ser, mero «usuario»: su fin último y causa contractual es la compra, que demora hasta el final por personal conveniencia. Tal «causa» determina el cálculo del canon periódico, y el elemento de la opción de compra es esencial; las obligaciones pactadas no se corresponden con la relación arrendaticia, y las cláusulas habituales la desnaturalizan gravemente.

Creo también, por mi parte, que en la mayoría de los casos, y tal como se desenvuelven las operaciones de *leasing* inmobiliario en la realidad práctica, se aproxima más a la compraventa a plazos que al arrendamiento. Empero, quizá no ocurra así siempre, y por ello será preciso examinar cada caso concreto, a través de los elementos, cláusulas contractuales, cuantía del canon periódico (si corresponde al mero uso, o lleva incorporado una parte del precio en venta) y del precio residual (si es simbólico, o se aproxima al valor real del inmueble al término del contrato), etc. Una interpretación del contrato, y el descubrimiento de la verdadera causa del mismo y propósito de las partes, podrá acercarnos al esquema contractual a que mejor se acomode, y determinar, de acuerdo con él, el régimen jurídico aplicable.

C. El «leasing» inmobiliario y el Registro de la Propiedad. Algunos autores (BENAVIDES, AMOROS) entendieron desde la primera hora que el acceso al Registro no debía limitarse al arrendamiento y a la opción de compra, separadamente, sino que podía inscribirse el propio *leasing,* en atención al derecho específico de carácter real que crea (no uno de arrendamiento y otro de opción): derecho *a se* que produce efectos jurídicos reales por razón de la función económico-social que cumple, y debe estar dotado de eficacia oponible mediante la publicidad registral (AMORÓS). En la práctica el *leasing inmobiliario* se inscribe en el Registro por aplicación analógica y combinada de los arts. 2-5º Lh. y 14 Rh., más al amparo que le proporcionan los arts. 1 y 2 Lh. y 7 Rh. Así se da protección registral a los derechos del usuario sobre la finca dada en *leasing* frente a los actos realizados por la «arrendadora financiera». La R. 26 octubre 1998 dice que "el derecho condicionado que adquiere desde luego el arrendatario financiero no puede ser calificado sino de real, en cuanto recae directamente sobre la cosa, resulta oponible *erga omnes* y reune los requisitos naturales configuradores de este tipo de derechos", y lo considera hipotecable.

En virtud del principio de especialidad, si el contrato se refiere a varias fincas ha de constar y distribuirse entre cada una de ellas tanto los cánones como el precio de la opción de compra. Por otro lado, así el dominio de la entidad arrendadora como el derecho arrendaticio-financiero del usuario son susceptibles de anotación de embargo; y dada la unidad esencial del derecho de uso y de la opción, no cabe embargar únicamente ésta, sino ambos derechos conjuntamente.

Las RR. DGR. de 12 mayo y 21 junio 1994 permiten la inscripción de la transmisión del dominio al usuario en virtud de la opción de compra del *leasing,* aunque no conste inscrito previamente este último. Resoluciones duramente criticadas por desconocer la unión causal entre la cesión de uso y la opción de compra, ya que la transmisión del dominio se opera no en virtud sólo del pago residual final (por mor de la opción), sino «por causa» del pago de todos los cánones del *leasing* junto a ese precio de la opción, sin que esa unidad causal de la transmisión se pueda desvirtuar inscribiendo solamente el ejercicio de la opción (GARCÍA GARCÍA).

607. El «lease-back».

Bajo esta denominación (abreviada de *sale and lease back)* se conoce aquella especie de *leasing* consistente en el contrato por cuya virtud el propietario de un bien, generalmente inmueble, lo vende a otra persona o entidad (sociedad de *leasing),* la cual, a su vez, y en el mismo acto, se lo cede a aquél en arrendamiento, concediéndole además un derecho de opción de compra a ejercitar al cabo de cierto tiempo (final del arrendamiento, u otro) —en esos términos, la SS. 17 marzo 1998 y 20 nov. 1999: ésta destaca la licitud de su causa—. Posible con cualquier clase de bienes, en el mundo del *leasing* se da con mucha mayor frecuencia sobre bienes inmuebles, donde presenta importantes ventajas para el empresario que necesita liquidez y para la entidad financiera a la que da seguridad.

El contrato, como se ve, no trata de financiar adquisiciones de bienes de compra, sino de inyectar circulante en una empresa necesitada de él con la garantía de sus bienes de equipo. Constituye una variedad muy próxima a la venta con pacto de retro, y con igual finalidad combinada crediticia y de ganancia.

También este contrato puede acceder al Registro de la Propiedad, y no simplemente el título traslativo de dominio del inmueble, sino, por su naturaleza real (con independencia y sin las limitaciones de los arts. 2-5º Lh. y 14 Rh., dice CASADO URBANO) la relación compleja en su conjunto: la transmisión inicial y la extensión de la titularidad de la sociedad de *leasing,* limitada por las reservas a favor del transmitente.

Una variante de este tipo de *leasing* es el *«lease-back* de fabricación», también llamado «doble *lease-back».* Consiste sustancialmente en una operación compleja en la que el objeto del contrato es fabricado por la propia empresa financiada y vendido por ésta a la entidad o sociedad de *leasing,* que la cede a aquella en *leasing (leasing A,* o primero); luego, la empresa financiada lo cede, a su vez, a sus propios clientes (segundo *leasing, o leasing B,* que ambas expresiones son empleados). Al final del plazo del *lea-*

sing A la empresa financiada adquiere la propiedad del bien y lo transmite a su cliente, también financiado, si éste ejercita su opción de compra.

608. El contrato de «factoring».

De aparición relativamente reciente y procedencia americana este contrato (para el que se reclama la denominación de «facturación») es producto de las nuevas técnicas de gestión y las prácticas comerciales de nuestro tiempo.

A. Los pactos. En su versión más simple, el contrato consiste —dice Roca Guillamón— «en una actividad de cooperación empresarial que tiene por objeto, para el factor, la adquisición a los productores de bienes o prestadores de servicios de los créditos de que sean titulares contra sus clientes o compradores, garantizando su satisfacción y prestando servicios complementarios de contabilidad, estudio de mercados, investigación de la clientela, etc., a cambio de una retribución, a lo que puede agregarse una posibilidad de financiación, mediante anticipos con devengo de intereses». La 0. 13 mayo 1981 da una definición (descriptiva y parecida a esa) del *factoring* a efectos fiscales. Cfr. S. 20 marzo 1985.

El *factor* es una sociedad especializada en esta suerte de operaciones; los créditos que a ella se ceden pueden estar vencidos o todavía no, y la cesión puede ser en mera gestión de cobro (*pro solvendo*) y «salvo buen fin», asumiendo el cedente el riesgo de impago (*factoring* impropio), o asumiendo el *factor* el riesgo de insolvencia del deudor cedido (*factoring* propio), y por tanto abonando inmediatamente en la cuenta del empresario acreedor la cantidad —importe del crédito menos comisión del factor, descuento, etc.— en que se valora el crédito cedido (*pro soluto*). Esta cantidad, pues, no se hace efectiva a dicho empresario, individualmente, sino que se abona en una cuenta en la que se cargan las sumas abonadas al cliente, los créditos incobrables si así se convino, y eventualmente los intereses de los anticipos hechos por el factor.

Como contraprestación por la cesión o cobro de los créditos se pacta que percibirá el factor una comisión, proporcional no sólo a su cuantía sino al riesgo asumido para caso de incumplimiento del deudor cedido, y según la cesión fuere *pro soluto* o *pro solvendo*. Y si hubo anticipo, por parte del factor, a cuenta del importe de los créditos cedidos descontará —como en la técnica bancaria se hace para las letras de cambio— el interés del capital anticipado en función del vencimiento de cada crédito.

Otras cláusulas habituales en los contratos de *factoring* se refieren al control de la solidez patrimonial y/o la actividad empresarial del proveedor-cedente; el de la solvencia del deudor cedido; selección de créditos cedidos, y facultad de rechazar algunos, o de aceptarlos en régimen de *pro soluto* o *pro solvendo;* exigencia de información leal sobre las relaciones cedente-deudor cedido; etc.

La Ley 1/1999, de 5 de enero, de entidades de capital-riesgo, se refiere a ciertas cesiones de crédito efectuadas en el marco de este contrato, y refuerza la protección del cesionario frente a la insolvencia del cedente (disp. adic. 3ª).

B. Calificación jurídica.

a) En el *factoring* se utiliza, como instrumento esencial, la cesión de créditos, lo que ha hecho dudar en algún momento de su naturaleza de contrato verdaderamente mixto. «Mas —observa Roca Guillamón—, lo cierto es que el *factoring* obtiene finalidades que no son propias y específicas de la cesión de créditos: el cliente se descarga, asumiéndolo el factor, de lo relativo a la selección de clientela; en orden a la solvencia, seriedad comercial, moralidad de sus compradores..., y se descarga, igualmente, de la gestión de cobro de sus créditos, contabilidad, vencimientos, etc.; además asegura y cubre el riesgo» de impago, si bien —añade el propio autor— «estos beneficios no son prestaciones del factor al cliente, sino efectos indirectos de la vía técnica empleada»: en particular, si la cesión es en firme.

La cesión de créditos es simplemente, así, uno de los elementos del *factoring,* contrato-programa que, como explica el autor citado, «crea una situación obligatoria que prepara sucesivas cesiones, vía técnica para obtener, como efecto indirecto y distinto del que le es propio a la cesión de créditos, el resultado de ofrecer en conjunto y de una sola vez lo que podría obtenerse por vías distintas e independientes».

b) Nuestra doctrina mercantilista suele estudiar el *factoring* entre los contratos de colaboración, y lo aproxima al de comisión, a cuyas normas remite a efectos de interpretación. Se trata, en todo caso, de un contrato *atípico,* sin regulación legal sustantiva (una O.M. de 26 abril 1977 aprobó las normas de adaptación del Plan general de contabilidad a las sociedades de *factoring;* la 0. 13 mayo 1981 regula dichas sociedades); normalmente *de adhesión* (con unas condiciones generales, tarifas y cláusulas *standard* que se repiten y propone-impone el factor al cliente); y *mercantil* —si bien, como en el *leasing,* por la remisión del art. 50 Ccom., al final su problemática se traslada y resuelve según los criterios civiles del contrato atípico que es—.

609. Contratos de «engineering».

La denominación denota también aquí su procedencia económica y jurídica angloamericana. El epígrafe habla de «contratos», en plural, porque bajo ese nombre se presentan numerosas variedades con diferentes prestaciones posibles a cambio de un precio: desde simples estudios técnicos de organización empresarial, productividad, modernización o ampliación de empresas, o estudios de mercado o promoción de actividades industriales o mercantiles; hasta la confección de proyectos industriales, o la construcción y montaje de plantas industriales completas con entrega «llave en mano». La continua renovación tecnológica hace que tales contratos se enriquezcan a veces con la cesión de patentes, o bien de procesos técnicos no patentados *(know how).*

De entre las variedades posibles, se perfilan como mejor diferenciadas las figuras del *consulting engineering,* contrato en el que la empresa consultora se compromete a suministrar sólo estudios técnicos de organización o de mercado; y la del *engineering,* combinación más compleja, en la que además de prestar esos mismos servicios, se obliga la empresa a suministrar bienes de equipo y realizar los proyectos, materializados éstos en plantas industriales, montajes o instalaciones.

Su complejidad hace que desborden estos contratos los esquemas típicos del arrendamiento de servicios o de obra, y que tanto la doctrina (Uría, que habla de contrato mixto) como la jurisprudencia, los califiquen como atípicos, de naturaleza compleja o mixta (S. A.T. Barcelona 10 diciembre 1984), que se han de regir en primer lugar por sus pactos y cláusulas; luego, por la normativa del contrato al que el tema controvertido sea asimilable (se prestará, dice la S. citada, «especial atención a la función económico-social del contrato de que se trate»): y la disciplina general de los arts. 1.088 y ss. Cc.

La principal dificultad se halla en discernir cuál sea el tipo legal más próximo y semejante, y si para el contrato de *engineering* parece que hay pocas dudas en la doctrina sobre su similitud con el arrendamiento de obra, menos claro está ello en cuanto al *cosulting engineering,* que algún mercantilista (Uría) remite al arrendamiento de servicios: ya vimos, con todo, al estudiar esos contratos, cómo los servicios profesionales y estudios técnicos pueden ser prometidos en cuanto resultado y no como mera actividad, y que también cabe hablar para ellos de una «obra intelectual». Por esto, algunos autores hablan para este caso de *arrendamiento de obra* y no *de servicios,* criterio acogido por la S. 28 mayo 1982. Por mi parte, entiendo que, más que verdadero arrendamiento de obra el contrato de *consulting engineering* es atípico, aun cuando la normativa del contrato de obra le es aplicable por analogía: en particular, para decidir sobre la obligatoriedad de ciertas cláusulas que suelen constar en las condiciones generales, co-mo las que regulan la responsabilidad de la empresa consultora por cumplimiento defectuoso.

610. Contrato de franquicia o *franchising*.

Es, también éste, contrato de origen y denominación norteamericanos: una modalidad de la comisión mercantil, y por él se compromete una persona o empresa a vender o distribuir en determinadas condiciones y zona, y en general en exclusiva, los productos de otra empresa (cedente o franquiciador), así como a prestar a los adquirentes o clientes determinada asistencia, con utilización, por el concesionario (franquiciado), de las marcas, nombre comercial o signos distintivos del concedente, colaborando ambos en la elaboración y distribución de los productos bajo las instrucciones o control de este último. En términos parecidos, la S. 27 septiembre 1996.

Es todavía contrato atípico en nuestro sistema jurídico (así, la mencionada S. de 1996), al que se aplicará, en lo menester, la legislación de marcas y patentes y, en algún caso, la Ley de defensa de la competencia (17 julio 1989). Se halla reconocido por el Reglamento CEE nº 4.087/88, de la Comisión, de 30 noviembre 1988, que define la «franquicia» (como conjunto de derechos varios) y el «acuerdo de franquicia», y exige los siguientes elementos: a) la utilización de una marca u otros signos distintivos comunes, con la presentación uniforme de los mercados, para mantener la unidad de la red; b) comunicación por el franquiciador al franquiciado de conocimientos, secretos, «know-how»; c) asistencia técnica permanente al franquiciado.

Suele ser calificado como contrato mixto o complejo, bilateral y aformal, con gran variedad de pactos en la práctica, donde además de la *colaboración* está presente una finalidad de servir a una mejor *distribución* de bienes y servicios (URÍA). Su complejidad se traduce en riqueza, pero también dificultad para concretar aquí el conjunto de relaciones y derechos y obligaciones de las partes, entre las que se encuentran, a veces, las muy rigurosas exigencias del concedente (franquiciador).

INDICACIÓN BIBLIOGRÁFICA. a) Sobre *leasing,* en la doctrina española, véase (entre tantos otros) VIDAL BLANCO, *El «leasing»: una innovación en la técnica de financiación,* Madrid, 1977; CABANILLAS SÁNCHEZ, *La naturaleza del «leasing» o arrendamiento financiero y el control de las condiciones generales,* en ADC., 1982, II, pág. 41: BENAVIDES DEL REY, *Inscripción en los Registros de la Propiedad de los contratos de arrendamiento financiero de bienes inmuebles regulados por el R.D. de 31 de julio de 1980,* en RCDI, 1983, pág. 1.171; ZAYAS SANZA, *El contrato de arrendamiento financiero inmobiliario,* en RJC., 1983, pág. 479; AMORÓS GUARDIOLA, *El «leasing» inmobiliario y su inscripción registral,* en Ponencias y comunicaciones VI Congreso Internacional de Derecho Registral, Madrid, 1985, pág. 771; AMAT, *El leasing. Modalidades, funcionamiento y comparación con otras opciones,* Bilbao, 1989; SÁNCHEZ-PARDI PASCUA, *Leasing financiero mobiliario,* Madrid, 1989; SEGURADO, *El leasing,* Madrid, 1992.

En la doctrina extranjera: CREMIEUX-ISRAEL, *«Leasing» et credit-bail mobiliers,* París, 1975; GIOVANOLI, *Le credit bail (leasing) en Europe: dévelopement et nature juridique,* París, 1980; DE NOVA, *Contratto de «leasing» e controllo delle condizioni generali,* en Riv. Dir. Comm., 1973, II, pág. 344; LABIANCA-PARENTE, *Garanzie e autonomia privata nel «leasing» e nel «factoring»,* Nápoles, 1981; GALIMBERTI, *Il «leasing» industriale e il «leasing» inmobiliare,* Milán, 1983; FLUME, *Das Rechtverhältnis des «Leasing» in zivilrechtlicher und steuerrechtlicher Sicht,* Düsseldorf, 1972.

b) Sobre *factoring:* ROCA GUILLAMÓN, *El contrato de «factoring» y su regulación por el Derecho privado español,* Madrid, 1977; TORRES RIESGO, *Factoring: gestión eficaz del crédito comercial,* rev. Información comercial española, 1987, págs. 123 y ss.; EIZAGUIRRE, *Factoring,* R.D. Merc., 1988, págs. 35 y ss.; GARCÍA-CRUCES, *El contrato de factoring,* Madrid, 1990; SUSSPELO, *Le «factoring»*, París, 1968; BIANCHI, *Il «factoring» e i problemi gestionali che comporta,* Turín, 1970; FONTANA, *Società finanziarie, banche e "factoring»,* en Riv. Bancaria, 1972, pág, 137; FOSSATI-PORRO, *Il «factoring»,* Milán, 1980.

c) Sobre *franquicia:* ORTIZ DE ZÁRATE, *Manual de franquicia,* Bilbao, 1988; RIGOL, *La franquicia,* Madrid, 1992; RUIZ PERIS, *El contrato de franquicia y las nuevas normas de defensa de la competencia,* Madrid, 1991; GALLEGO SÁNCHEZ, *La franquicia,* Madrid, 1991; PILOTO-POZZANA y otros, *I contratti di franchising. Organizzazione e controlle di rette,* Milán, 1990; PRATT, *Franchising: Law and practice,* Londres, 1990.

XII. LOS CUASICONTRATOS

§ 118. LA CATEGORÍA DEL CUASICONTRATO

611. El concepto del Código civil.

El Derecho romano, dio fuerza vinculante creadora de obligaciones a ciertos actos que sin ser contrato ni (necesariamente) acto ilícito, comprometían y convertían en deudor a quien los realizaba, y en acreedor a otra persona, o acaso —incluso— daban nacimiento a un crédito en favor del actuante. La tradición se ha prolongado, hasta el Código civil, que regula detalladamente la gestión de asuntos ajenos sin voluntad del dueño (por ejemplo, los de una persona ausente cuya casa amenaza ruina por falta de obras, que manda realizar un vecino oficioso), o el pago de una cantidad a quien no es acreedor de ella; en ambos casos nacen o pueden nacer obligaciones para el vecino oficioso o para el dueño de la casa, o bien para el que cobra.

Especies como éstas son las que, desde el Derecho común, se agrupan bajo la categoría de los *cuasicontratos.* Tal categoría es producto de un error histórico, que culmina en la escuela de los glosadores, para quienes representaba una figura general paralela a la del contrato. Este punto de vista es adoptado por el Código civil francés, y aunque no estaba en la línea de nuestra tradición histórica (pues las Partidas contemplaron los diversos supuestos de lo que hoy llamamos *cuasicontrato,* como especies independientes, y sin denominador común), se implanta, a través del Proyecto isabelino, en el Cc., que dedica un título a los cuasicontratos y los define en el art. 1.887, en cuanto categoría general, como *los hechos lícitos y puramente voluntarios, de los que resulta obligado su autor para con un tercero, y a veces una obligación recíproca entre los interesados.*

La definición, que intenta comprender a la vez los inevitables supuestos de cobro de lo indebido y de gestión de negocios ajenos es, en sí, muy imperfecta, aun referida a tales institutos. La calificación de los hechos como lícitos falla cuando alguien cobra de mala fe lo que no se le debe; el hablar de *hecho del obligado* como generador de la obligación no es siempre exacto (gestión de negocios en la que sólo resulta obligado el *dominus);* la alusión a la *obligación recíproca* es poco afortunada, según veremos al tratar de la gestión de negocios, y tampoco es acertado prescindir de la actuación correlativa del acreedor (por ejemplo, en el pago de lo indebido).

a) De la definición no resulta unívocamente cuáles son los cuasicontratos: hay en ella una remisión a las particulares fuentes, que son las que han de explicar cuándo los hechos lícitos y voluntarios obligan. El art. 1.887 no crea una genérica fuente de obligaciones, y sí sólo una categoría en la que ir incardinando obligaciones preexistentes. Es la obligación la fuente del cuasicontrato, y no al contrario.

b) La definición del art. 1.887 es aplicable literalmente a no pocos hechos humanos subjetivamente lícitos y voluntarios que, sin hallarse regulados como tales cuasicontratos por el Código, producen legalmente derechos de crédito en el actuante, o en el sujeto pasivo, o en ambos, o incluso en terceros, o correlativas obligaciones. Así la accesión, o la posesión de buena fe, etc.; quedando, en cambio, fuera del concepto aquellos hechos que, sin ser humanos, producen obligaciones en virtud de la ley, o incluso de principios generales del Derecho. Con lo cual, ni el cuasicontrato abarca todas las causas no contractuales ni delictuales de la obligación, ni se limita a algunas que pudieran ser objeto de un tratamiento unitario.

c) Sabido cuándo se produce la obligación no contractual ni delictual (para lo cual no era precisa la definición del art. 1.887), y una vez que, conforme a éste, la hemos calificado de cuasicontrato, el Cc. no establece para él ningún régimen genérico. El cuasicontrato, como categoría, es inútil, pues no se halla sometido a (y configurado por) otras normas generales que los requisitos resultantes de su propia definición.

d) La cuestión se complica al haber establecido el art. 1.089 Cc. un *numerus clausus* de fuentes de las obligaciones. Aparte el contrato y el acto ilícito, parece como si todos los «hechos vinculantes» que producen obligaciones no contractuales ni delictuales hubieran de incluirse en el concepto de cuasicontrato en cuanto resulten de hechos lícitos y voluntarios: inclusión inútil, al no haber reglas generales aplicables a tal concepto. Correlativamente, la obligación nacida de la ley se concretaría a la impuesta directamente, sin hecho del hombre, por los preceptos legales.

612. Utilidad de la categoría.

Llegados a este punto, comenzamos a descubrir una posible utilidad de la categoría del cuasicontrato, cual es la de enmendar, con otro, un error de la ley. El art. 1.089 describe las fuentes de las obligaciones estableciendo, al parecer, un *numerus clausus*: la ley, los contratos, los cuasicontratos y los actos ilícitos. El art. 1.090, por su parte, restringe el concepto de las obligaciones legales a las expresamente determinadas por el Código u otras leyes, sin que pueda extenderse más allá, pues éstas «no se presumen». Y entonces la categoría del cuasicontrato se nos presenta como el único medio de hacer entrar en el campo del Derecho, a través de la enumeración cerrada del art. 1.089, aquellas obligaciones que proceden, no de la ley, sino de principios generales del Derecho, y singularmente la de restituir el enriquecimiento injusto. Pues si ésta no es una obligación legal, habrá de ser cuasicontractual.

Ciertamente, también podría pensarse que la enumeración del art. 1.089 Cc. es ejemplificativa, y que viene completada con los principios generales del Derecho, los cuales tienen virtualidad para añadir nuevas fuentes de obligaciones distintas de las enunciadas en aquel precepto. Hipótesis tanto más probable cuanto que el art. 1.089 no podría contemplarse con mayor rigor que el de sus precedentes francés e italiano, y éstos no han impedido la admisión del principio prohibitivo del enriquecimiento injusto o de la fuerza vinculante —en determinados supuestos— de la voluntad unilateral.

613. Clases.

Dentro de la categoría que podemos denominar de los actos vinculantes (que no constituyen declaraciones de voluntad), las especies son tan diversas, cada una con su disciplina, que apenas caben reglas generales aplicables a todas ellas. Incluso los dos cuasicontratos nominados del Código tienen poco en común, mientras que diversos actos vinculantes pueden asimilarse a uno u otro: así, las reglas del pago de lo indebido pueden, en parte, aplicarse la supuestos de enriquecimiento injusto, y las de la gestión de negocios a casos irregulares que no entran en la definición de los arts. 1.887 y 1.888.

En términos generales, y a estos efectos normativos, podríamos dividir los actos vinculantes en dos clases de situaciones: unas, que producen la vinculación a una conducta como si se hubiera pactado; y otras que producen una obligación de dar en la cual la idea de pacto puede estar más cercana (pago de lo indebido) o lejana (acción de *in rem verso).* Siendo posible en el primer caso, con las debidas cautelas, la aplicación analógica de algunos preceptos de aquellos contratos que persiguen una finalidad económica semejante.

El T.S ha aplicado el art. 1.887 para dar valor jurídico, en calidad de «cuasicontratos atípicos», a ciertas obligaciones nacidas de hechos que no se identifican exactamente con la gestión de negocios o el cobro de lo indebido, pero que por equidad deben recibir el mismo tratamiento (Ss. 8 enero 1909 y 21 diciembre 1945).

INDICACION BIBLIOGRÁFICA. NÚÑEZ LAGOS, en el *Comentario* de MUCIUS SCAEVOLA, tomo XXX, vol. 1º, Madrid, 1.957; ORTEGA PARDO, *Cuasicontratos atípicos,* en ADC., 1948, pág. 408.

§ 119. LA GESTIÓN DE NEGOCIOS SIN MANDATO

614. Concepto y estructura.

La gestión de negocios, en el sentido de los arts. 1.888 y ss. Cc., es una situación cuasicontractual que se produce siempre que una persona toma en su mano espontáneamente y sin obligacion ni facultad específica alguna los negocios de otra y realiza para ella los actos que cree útiles. Se trata de una actuación en interés y por cuenta de un tercero sin haber recibido mandato suyo (las SS. 21 febrero 1956 y 14 marzo 1986 dicen que la inexistencia de vínculo contractual es su primordial requisito). De tal intervención en los asuntos de otro nacen eventualmente obligaciones, a veces, a cargo del gestor y más comúnmente a cargo del dueño, en cuyo caso la situación se asemeja a la que resultaría del contrato de mandato, salvo que la voluntad del dueño está ausente: hay —se dice— cuasicontrato y no contrato.

A. El supuesto. Los autores del Código civil francés se fijaron, especialmente, al regular la gestión (y todavía en nuestro Código se habla, en los arts. 1.889 a 1.893, de *dueño* y de *propietario),* en el supuesto del inmueble que tiene necesidad de una reparación urgente cuando su dueño no está en el lugar y un vecino oficioso encarga a un albañil hacer lo necesario. El esquema puede convenir a hipótesis muy diversas.

B. Historia. El instituto de la gestión de negocios tiene su origen en el Derecho romano, que concedió primero acción al *dominus* frente al gestor (acción directa) fundada en el simple hecho de la gestión y dirigida a la rendición de cuentas y, en su caso, la restitución de los bienes y sus aumentos. Poco tiempo después se reconocería al gestor el derecho a reclamar el reembolso de lo gastado en el curso de su actuación oficiosa, pero sólo cuando ésta, tal como había sido emprendida, se encaminase objetivamente a conseguir un beneficio para el *dominus* y con intención de gestionar negocios ajenos (PACCHIONI).

La gestión de negocios amplía su campo de acción en la Edad moderna. De una parte, los jansenistas ven en ella una aplicación de la ley que nos ordena hacer por los demás aquello que querríamos que hicieran por nosotros (DOMAT), y la escuela del Derecho natural, un reflejo civilista del gran deber de filantropía y benevolencia universal; de otra, los estudiosos del Derecho positivo la adoptan como una útil técnica, que ya POTHIER explicaba minuciosamente para justificar soluciones de equidad cuando las consecuencias patrimoniales de la actuación de una persona, equitativamente, deben recaer en otra.

C. El Código civil. Para el Código, es gestión de negocios el encargarse *voluntariamente de la agencia o administración de los negocios de otro sin mandato de éste* (así, art. 1.888). La palabra *negocios* ha de entenderse, conforme a la tradición y la doctrina, en su más amplio sentido, de modo que la gestión lo mismo puede consistir en un acto jurídico, como en uno material. Así la S. 16 octubre 1978: la gestión comprende «los actos jurídicos, los puramente económicos y aun los simplemente materiales».

D. La dualidad de regímenes. También en el Cc., como en el Derecho romano, las obligaciones del gestor y el dueño obedecen a presupuestos distintos: las de éste sólo surgen si la gestión ha sido emprendida *utiliter* y con el ánimo de gestionar negocios ajenos, mientras que las obligaciones del gestor nacen simplemente del hecho de haber gestionado un asunto perteneciente a otro, aun sin los indicados requisitos.

La unidad del instituto, pues, surgida de sus semejanzas con el mandato, tiene mucho de aparente, resolviéndose todavía hoy, como en el Derecho romano, en dos tipos de hechos vinculantes o, acaso mejor, en dos aspectos de un mismo hecho, de los que, apoyadas en distinto fundamento, nacen dos diferentes relaciones de crédito: la una, el vínculo unilateral asumido por el que toma en su mano los negocios de otro; la otra, orientada a la restitución de los valores desplazados sin contrato.

615. La gestión.

La gestión puede consistir en un acto aislado o una serie de actos, y referirse a un asunto, objeto o servicio concreto, no personalísimo, o a la administración de todo un patrimonio o parte de él. Habitualmente no incluye los actos de disposición, pero, sin duda, puede extenderse a ellos, si bien los negocios transmisivos sólo producirán su efecto propio en los supuestos de los arts. 1.891 y 1.893. Sobre el sentido amplio de "gestión", cfr. S. 16 octubre 1978.

La actuación del gestor no ha de ser necesariamente como representante del *dominus*. Es posible, pues, una gestión no representativa en nombre propio y por cuenta ajena, cuyas consecuencias, tratándose de negocios jurídicos, habrían de ser semejantes, en lo previsto en los arts. 1.888 y ss., a las del mandato sin representación.

616. Nacimiento de las obligaciones del gestor.

Para que surja la obligación del gestor no se requería en Derecho romano, ni se requiere hoy según el Código, sino el hecho de la invasión consciente y sin poder específico de la esfera patrimonial de otro realizada a través de una actividad gestoria. Bastan los actos de gestión, y que tales actos, conscientemente efectuados sobre una esfera patrimonial ajena, constituyan una ingerencia en la misma. (Cfr. SS. en 9 abril 1957 y 16 octubre 1978).

A. Inmisión. La hay siempre que la gestión afecte a cualquier derecho subjetivo de otro, aunque el acto se realice sobre cosa propia. La S. 26 abril 1956 exigió que el objeto de la gestión se halle abandonado, y un fin lícito por parte del gestor.

B. Actuación gestoria sin poder. La actividad desarrollada por el obligado para que haya gestión de negocios ha de ser gestoria: dirigida a la conservación o administración del patrimonio. A su vez, la *negotiorum gestio* presupone que el actuante carezca de mandato específico para la conducta que observa.

C. Voluntariedad. La inmisión ha de ser voluntaria (art. 1.888 y S. 8 julio 1957): consciente y querida como tal. La gestión de un negocio ajeno en la creencia de que es propio no podría producir, frente al gestor, las mismas consecuencias: en particular, a falta de la intención, característica de la gestión de negocios, no daría lugar a otra responsabilidad ni obligaciones que las derivadas de enriquecimiento o de la negligencia en averiguar la alienidad del asunto.

Para la S. 15 junio 1929 la acción que el art 1.893 concede al gestor frente al *dominus* requiere como absolutamente indispensable la concurrencia de la voluntariedad de aquél al realizar las actuaciones de las que resulta el beneficio para la persona a quien se pretende imputar la obligación de abonar los gastos hechos por el gestor en su beneficio (cfr. SS. 26 noviembre 1926 y 9 abril 1957).

A la vista de nuestro ordenamiento positivo, parece que la voluntariedad se centra sobre la inmisión, sin extenderse –pues no lo requieren estrictamente los arts. 1.888 y ss.–, a la intención de gestionar por cuenta ajena; basta el conocimiento de la alienidad, pues el art. 1.888 no exige más.

D. Capacidad. La gestión de negocios requiere, en el gestor, la capacidad negocial ordinaria. Pues, como dice Planiol, el gestor contrae las obligaciones que le atribuye la ley mediante un hecho voluntario de su parte y, por tanto, un incapaz no puede constituirse gestor de negocios por otro.

617. Nacimiento de las obligaciones del «dominus».

Completamente diversos son los requisitos que debe tener la gestión a fin de que surjan las obligaciones del *dominus*. No es preciso que el asunto le pertenezca objetivamente, pero sí es indispensable que la gestión se haya emprendido —normalmente— con la intención de proporcionarle utilidad (*animus negotia aliena gerendi*) y útilmente (*utiliter coeptum*).

A. Mientras el surgir de las obligaciones del gestor presupone meramente la actuación de éste con consciencia de la alienidad del asunto, las deudas que la propia actuación del gestor pueda hacer surgir en cabeza del *dominus* requieren algo más: lo que en Derecho romano se llamó *animus aliena negotia gerendi*, o designio del gestor de actuar en utilidad del dueño.

La jurisprudencia, sin excepción, exige que la gestión se inspire en beneficio del dueño y no en móviles de lucro extraños a la diligencia de un buen padre de familia (así, S. 28 diciembre 1908); que el gestor proceda por su propia y desinteresada voluntad y movido por el buen deseo de evitar los daños y perjuicios que al dueño pueda producir el abandono de sus cosas, y no lleve a cabo estas oficiosidades por *cobdicia de ganar* (expresión de las Partidas) (S. 15 junio 1925, y así, sucesivamente, las Ss. 26 noviembre 1926, 2 febrero y 1 marzo 1954, 26 abril 1956 y 9 abril 1957). Desinterés, sin embargo, no significa *animus donandi* (Ss. 2 febrero 1954 y 20 mayo 2004).

El ánimo altruista se entiende referido al trabajo invertido en la gestión y no a las expensas y daños, que por eso pueden recuperarse. No obstante, si de una declaración expresa o de circunstancias concluyentes se pudiera deducir la existencia de un ánimo liberal extendido incluso a los gastos, éstos no serían recuperables (cfr. S. 2 febrero 1954) y probablemente por entenderse renunciada su recuperación, sin que sea preciso aceptar la liberalidad.

B. Para que nazcan las obligaciones del *dominus* no basta el ánimo altruista del que emprendió la gestión, sino que se requiere una circunstancia que vincule al *dominus* a los resultados de la misma: su voluntad, o la utilidad de la gestión.

a) Así, en primer lugar, la ratificación del negocio. Conforme al art. 1.892, *la ratificación de la gestión por parte del dueño del negocio produce los efectos del mandato expreso;* si bien no es de suponer que indefectiblemente cualquier aprobación de una gestión conjunta sustituya la aplicación de los arts. 1.888 a 1.891 por los 1.718 a 1.726: a lo más, esto podría suceder cuando la ratificación no sólo sea expresa, sino que de las circunstancias quepa deducir con seguridad que el ratificante entiende constituir retroactivamente al gestor como mandatario suyo (S. 23 abril 1991).

b) En segundo lugar, *aunque no hubiere ratificado expresamente la gestión ajena, el dueño de bienes o negocios que aproveche las ventajas de la misma será responsable de las obligaciones contraídas en su interés e indemnizará al gestor los gastos necesarios y útiles que hubiese hecho y los perjuicios que hubiese sufrido en el desempeño de su cargo* (art. 1893-1º). Y todavía las mismas obligaciones incumben al dueño *cuando la gestión hubiera tenido por objeto evitar algún perjuicio inminente y manifiesto, aunque de ella no resultare provecho alguno* (art. 1893-2º).

En el Código, salvo el caso excepcional del art. 1893-2º, no basta la gestión emprendida útilmente, sino que parece necesario que tal gestión reporte ventajas, que se concluya con éxito: no es suficiente la mera diligencia del gestor. Y todavía, aunque la gestión haya producido ventajas, no parece obligar al dueño si éste no se aprovecha de ellas, dejándolas de cuenta del gestor. Es, en definitiva, el *aprovechamiento de las ventajas* la circunstancia que desencadena los efectos del art. 1.893-1º (S. 20 noviembre 1980). No es preciso, en cambio, aceptar expresamente los resultados de la actividad del gestor: el mero aprovechamiento —dice Puig Brutau— «debe producir sus consecuencias jurídicas con independencia de que se tenga la voluntad de aceptar las ventajas o beneficios de que se trate».

El concepto de «aprovechamiento», que deja en manos del dueño asumir o no la gestión y las deudas y reembolsar las expensas, aun cuando aquélla haya sido conducida útil y diligentemente, debe ser entendido de manera muy amplia, único modo de paliar sus inconvenientes (S. 26 junio 1946). Podrá entenderse que lo hay siempre que el patrimonio del dueño quede en algún modo acrecido o incluso si, objetivamente, cabe deducir que la conducta del dueño hubiera sido idéntica a la del gestor.

C. A los anteriores presupuestos de la obligación del dueño podría añadirse otro: que el negocio exija ser gestionado, con arreglo a la apreciacion común y dadas las circunstancias. El Código nada dice de ello, pero la jurisprudencia ha aludido, en diversas ocasiones a una de estas circunstancias, a saber, la de hallarse los bienes abandonados, si bien, erróneamente, elevándola a requisito indispensable de la *gestio* (Ss. 15 junio 1925, 2 febrero 1954 y 26 abril 1956).

Salvo supuestos excepcionales (salvar a un suicida) la gestión realizada mediando prohibición del dueño *(prohibente domino)* no produce responsabilidades para éste: al contrario, constituye una inmisión intolerable (S. 29 febrero 1932).

618. Obligaciones del gestor.

En el caso de la S. 2 febrero 1954, el demandado cuidaba a su hermano incapaz, teniéndole unas veces en manicomios y otras en su propia casa, y al mismo tiempo administraba sus bienes, y esto no de modo esporádico, sino con la continuidad que toda administración lleva consigo. Se trata, por consiguiente —dice la sentencia—, de una verdadera gestión de negocios ajenos, cuyas características son que «los actos que se realizan con esta finalidad respecto a bienes que están, de hecho, abandonados, lo sean espontáneamente y sin mandato ni conocimiento del dueño de los bienes, obrando, por tanto, sin su autorización expresa ni tácita ni su oposición, con desinteresada voluntad, pero sin el propósito de realizar un acto de mera liberalidad; no siendo admisible tampoco que se haga por codicia de ganancia».

De la condición de cuasicontrato de gestión de negocios del supuesto en estudio se sigue que «una vez iniciada la administración no puede el gestor dejarla abandonada hasta que se haga cargo de ella su dueño o, en, su defecto, quien éste designe o aquél a quien legalmente corresponda, y que mientras desempeña la administración haya de hacerlo con el celo y diligencia de un buen padre de familia, quedando obligado a indemnizar los daños y perjuicios que por su culpa o negligencia se irroguen al dueño de los bienes que administra». La sentencia declara que el gestor no ha cumplido en forma legal la obligación de administrar con celo las fincas de su hermano, incurriendo en abandono, que ha perjudicado su rendimiento, por lo que le condena a rendir cuentas de su gestión, a que pague el saldo restante en favor del incapaz y a que le indemnice, además, de los daños y perjuicios que le hubiese causado.

Veamos, en particular, cada una de estas obligaciones del gestor.

A. Continuar la gestión. Conforme al art.1.888, *el que se encarga voluntariamente de la agencia o administración de los negocios de otro sin el mandato de éste, está obligado a continuar su gestión hasta el término del asunto y sus incidencias o a requerir al interesado para que le sustituya en la gestión, si se hallase en estado de poder hacerlo por sí.* Nadie está obligado —salvo eventos muy excepcionales— a intervenir en asuntos ajenos, pero si lo hace, se entiende que debe ser consecuente con su actitud inicial, máxime cuando ésta pudo eliminar la intervención de algún posible gestor.

B. Responsabilidad. Según el art. 1.889-1º, *el gestor oficioso debe desempeñar su encargo con toda la diligencia de un buen padre de familia e indemnizar los perjuicios que por su culpa o negligencia se irroguen al dueño de los bienes o negocios que gestione.*

La diligencia exigida en este precepto representa —como dice García Goyena— «una atenuación de las leyes romanas, que apreciando culpa en mezclarse en las cosas que no pertenecen a uno exigían del agente o gestor una diligencia exactísima. Mas fundada la gestión casi siempre en la amistad o los vínculos de sangre, el rigor romano tendía a castigar o ahogar esos dulces y generosos sentimientos con daño del propietario y hasta de la causa pública». El autor, por tanto, considera necesario —y así lo hace— «tener miramiento al parentesco, a la afección, a la importancia del negocio, a las dificultades que ha sido preciso vencer, en una palabra, no hacer al gerente víctima de su benevolencia», para todo lo cual el legislador ha de descansar en la discreción de los magistrados. Y así lo hace el art. 1.889-2º, al establecer que *los Tribunales, sin embargo, podrán moderar la importancia de la indemnización según las circunstancias del caso.*

En definitiva, la diligencia exigida del buen padre de familia, con la atenuación potestativa de los Tribunales, es una transacción entre la gratuidad y el altruismo de la gestión y la necesaria represión de la ingerencia de extraños en la esfera jurídica ajena. Este último punto de vista prepondera, por lo demás, en un caso límite en el cual la actitud del gestor se revela como insensata o inconsecuente, según el art. 1.891: *el gestor de negocios responderá del caso fortuito cuando acometa operaciones arriesgadas que el dueño no tuviese costumbre de hacer o cuando hubiese pospuesto el interés de éste al suyo propio.* El precepto es específico de la gestión de negocios (no tiene paralelo en tema de mandato): probablemente, su rigor puede atenuarse por arbitrio judicial, conforme al art. 1.889-2º, pues también aquí cabe una valoración de las circunstancias del caso y, en particular, de las que, según el propio precepto, determinan la ampliación de la responsabilidad; riesgo mayor o menor de la operación en relación con las perspectivas, conveniencia o necesidad de la misma; urgencia e importancia del interés propio atendido y del ajeno descuidado, etc.

Si el gestor delegara en otra persona todos o algunos de los deberes de su cargo responderá de los actos del delegado, sin perjuicio de la obligación directa de éste para con el propietario del negocio (art. 1.890-1º). Véase, coincidentemente, art. 1.721: implícitamente resulta del 1.890 que el gestor puede nombrar sustituto, pero en régimen de *no prohibición* y no como si tuviera expresa facultad para nombrarlo. El final del precepto coincide con el art. 1.722 y queda mejor explicado por él.

La responsabilidad de los gestores, cuando fueren dos o más, será solidaria (art. 1.890-2º). Con esto se pone de relieve el aspecto no contractual de la gestión, opuestamente a lo que sucede en tema de mandato (art. 1.723). Se refiere el precepto a cualquier responsabilidad (por culpa o caso fortuito) de cualquier gestor o delegado.

C. Rendición de cuentas y entrega. La obligación del gestor de rendir cuentas al dueño se deduce tanto de la propia naturaleza de la gestión de negocios, al ser tal obligación medio indispensable para saber si ha cumplido con los deberes anejos a la misma (Ss. 17 marzo 1950, 2 febrero 1954, 7 enero 1959 y 16 octubre 1978), como de la analogía con el art. 1.720, y se halla implícita también en los arts. 1.887, 1.889 y 1.893, pues la agencia o administración de que se encarga voluntariamente el gestor presupone la rendición de cuentas.

Debe entregar el gestor al dueño, al terminar la gestión, las cosas afectadas por la misma con sus incrementos y accesiones e incluso las prestaciones recibidas indebidamente (cfr. art. 1.720), cediéndole las acciones contra terceros adquiridas en el curso de su intervención. Y si destinó a usos propios cantidades afectas a la gestión parece que, por aplicación analógica del art. 1.724, debe abonar el interés legal.

D. Vinculación frente a tercero. Frente a tercero, el gestor es responsable siempre que haya contratado en nombre propio (aunque la gestión sea ratificada), y habiéndolo hecho en nombre ajeno, cuando las obligaciones no queden atribuidas al *dominus*, conforme a los arts. 1.892 y 1.893: no en el caso contrario, como señala la S. 9 febrero 1957.

619. Obligaciones del «dominus».

A. Reembolso. La principal deuda del dueño frente al gestor es el reembolso de expensas y gastos e indemnización de perjuicios, a que se refiere el art. 1.893, que deberá interpretarse a la luz del 1.729. La obligación de abono de expensas cesa en la gestión emprendida como mero acto de liberalidad (S. 2 febrero 1954).

B. Honorarios. ¿Tiene derecho el gestor al cobro de honorarios? El Proyecto de 1851 (art. 1.894) lo negaba de modo expreso, sin duda en correlación con su concepción del mandato como contrato esencialmente gratuito; mas, suprimida esa expresa negativa en la regulación actual, y en paralelo con la vigente normativa del mandato como contrato naturalmente gratuito, pero en el que puede pactarse retribución, parece que el gestor devengará honorarios cuando la gestión se refiera a servicios comprendidos en su profesión, y ello aunque la gestión no sea expresamente ratificada.

La solución opuesta, esto es, la que mantiene que la gestión, en la mente del legislador, es siempre gratuita, presenta un doble inconveniente. De una parte, elimina un valioso estímulo al profesional para emprender una gestión útil. De otra, establece una distinción, injustificada entre dos casos prácticamente semejantes: el del profesional que acude llamado por el gestor, y el de quien siendo profesional gestiona él mismo. Parece más conforme con la lógica, y socialmente más útil pues, la aplicación del art. 1.711, por analogía.

C. Vinculación frente a terceros. En cuanto a los contratos celebrados por el gestor con terceros, el dueño será responsable de las obligaciones contraídas en su interés (art. 1.893) y, por tanto, si el gestor se ha obligado personalmente tiene éste derecho a que aquél cumpla las obligaciones que él ha contraído dentro de los límites de la gestión (cfr. art. 1.727). Si se ha obligado como tal gestor, la ratificación del dueño o su aprovechamiento de la gestión lo liberan de toda responsabilidad. Conforme a la S. 9 febrero 1957, del art. 1.893 no se deduce que los terceros contratantes con el gestor puedan exigir a éste responsabilidad alguna (sin duda, cuando contrató en nombre del dueño).

620. Gestiones especiales.

En el art. 1.894 regula el Cc. dos casos en los cuales las reglas de la gestión de negocios ofrecen particularidades.

A. Alimentos. Según el art. 1.894-1º, *cuando sin conocimiento del obligado a prestar alimentos, los diese un extraño, éste tendrá derecho a reclamarlos de aquél, a no constar que los dió por oficio de piedad y sin ánimo de reclamarlos.*

El precepto proviene de diversos textos de las Partidas (5, 12, 35 a 37) relativos a los alimentos, y en los cuales se exige la protesta de querer recuperar su importe precisamente contra los bienes del alimentado. Parece innecesario, pues sin él la regulación sería la misma. Hay aquí, por lo demás, una antinomia con el art. 1.158, que debe resolverse, evidentemente, en favor del segundo: aun en el caso de prohibición del obligado, nos hallamos en uno de los casos de excepción en que vale la gestión *prohibente domino* (al menos, siempre sería posible la aplicación del art. 1.158-3º).

B. Gestión funeraria. Conforme al art. 1.894,2º, *los gastos funerarios proporcionados a la calidad de la persona y a los usos de la localidad deberán ser satisfechos, aunque el difunto no hubiere dejado bienes, por aquellos que en vida habrían tenido la obligación de alimentarle.* La *gestio funeraria* obedece en Roma, es decir, en un contexto en el que el enterramiento es una incumbencia privada pero del mayor interés público, al designio del legislador de propiciar el dar tierra a los muertos permitiendo a quien lo haga la recuperación de lo gastado. Para ALBALADEJO, el art. 1.894-2º tendría una inclusión adecuada al tratar del derecho de alimentos.

INDICACIÓN BIBLIOGRÁFICA. Además de los comentarios de NÚÑEZ LAGOS citados en el § anterior: GARCÍA VALDECASAS, *La gestión de negocios ajenos,* RDP, 1957, pág. 619; LACRUZ BERDEJO, *La gestión de negocios sin mandato*, RCDI, 1975, pág. 245; LOPEZ BELTRÁN DE HEREDIA, *Gestión ventajosa y ratificación*, en "Estudios Homenaje a Lacruz", I, Barcelona, 1992, pág. 497 ss; PASQUAU LIAÑO, *Gestión de negocios ajenos,* Madrid, 1986; ROCA SASTRE y PUIG BRUTAU, *La gestión de negocios ajenos*, en «Estudios», I, pág. 449; SÁNCHEZ JORDÁN, *La gestión de negocios ajenos*, Madrid, 2000.

§ 120. EL PAGO DE LO INDEBIDO

621. Concepto y antecedentes.

El Código entiende que hay un *cuasicontrato* cuando alguien cobra algo que no le debe el *solvens,* y éste paga creyendo estar obligado a ello; cuasicontrato en virtud del cual el *accipiens* queda obligado a restituir, al *solvens* en cuestión, lo que indebidamente recibió.

A. Historia. El Derecho romano clásico, en diversas hipótesis en las que alguien recibía alguna cosa sin una causa que justificase la entrega, concedía al *tradens* una acción, llamada *condictio,* para recuperar lo dado por él. Se trata de supuestos en los cuales se había verificado una adquisición de propiedad con arreglo al Derecho estricto, pero social y moralmente no legitimada. Una de estas *condictiones* era la *condictio indebiti,* que podía ejercitar quien había pagado algo indebidamente, para readquirir la cosa o cantidad que pagó.

El Derecho postclásico, al permitir la recuperación, mediante la *condictio,* de valores que habían pasado al patrimonio del *accipiens* sin mediar entrega de cosas, hubiera debido alejar al supuesto de pago de lo indebido de la idea del contrato de préstamo, mas no ocurre así: pasa a considerarlo como generador de una obligación *quasi ex mutui datione,* es decir, como una categoría semejante en su estructura al mutuo, cosa cada vez más inexacta.

El Derecho español conservó, en las Partidas, los rasgos esenciales de la regulación romana, recibidos luego en el Cc. con escasas modificaciones y adiciones.

B. Código civil. A la materia dedica el Cc. los arts. 1.895 y ss., bajo el epígrafe «del cobro de lo indebido». Dice *cobro,* y no *pago,* para adaptar la terminología a la definición de los cuasicontratos dada por el art. 1.887, como hechos lícitos y voluntarios de los que resulta obligado su *autor:* en el caso de la *solutio indebiti* el obligado no es el *solvens,* sino el *accipiens,* o sea el autor del *cobro,* y no el del *pago.* Aun así, la idea de cuasicontrato no se adapta bien a la estructura e intención de la *solutio indebiti.* Y todavía en el supuesto de mala fe el cobro no es un acto lícito, y por tanto no entra en la definición del art. 1.887.

Conforme al art. 1.895 Cc., *cuando se recibe alguna cosa que no había derecho a cobrar, y que por error ha sido indebidamente entregada, surge la obligación de restituirla.* De restituir, por tanto, toda la cosa recibida, y no hasta el límite en que el *accipiens* se ha enriquecido con ella, pues la *condictio indebiti* del Código no es, en sentido técnico, una acción de enriquecimiento, sino, como en Derecho romano, una acción recuperatoria de lo pagado sin justa causa.

Superando la tesis del cuasicontrato concibe el BGB a la *condictio indebiti* como un medio de corregir el enriquecimiento injusto que el pago indebido aporta al patrimonio del *accipiens.*

C. Pago de lo indebido y transmisión de la propiedad. Naturaleza jurídica de la acción. La recuperación de lo pagado indebidamente, cuando el pago consistió en la entrega de una cosa, supone, según la doctrina tradicional y la jurisprudencia, la retransmisión de la propiedad de lo indebidamente pagado, propiedad que habría adquirido el *accipiens* en el momento de cobrar, como si el pago la transmitiese siempre. Se llega a esta conclusión a causa de la naturaleza personal de la *condictio indebiti,* la cual parece presuponer el cobro eficaz del seudocrédito.

Pero en el Derecho español la transmisión de la propiedad requiere *justa causa* (arts. 609 y 1.095 Cc.), y por tanto, la entrega de la cosa no debida, al carecer de ella, en principio no transmite el dominio. Sólo *ex post* puede ocurrir tal adquisición, no a consecuencia del negocio de cumplimiento, sino por particulares circunstancias de hecho que dan lugar a las que comúnmente se denominan *atribuciones patrimoniales impropias,* no dependientes de un negocio jurídico.

La conservación inicial de la propiedad de la cosa indebidamente pagada, por el dueño, cuando el pago consiste en un *dare,* no se opone a que la *condictio indebiti* sea siempre una acción personal, y no real: lo que se reclama mediante ella no es el dominio de la cosa, por su dueño, sino la mera restitución por quien la entregó.

622. Presupuestos de la acción de repetición.

Tres requisitos son necesarios —dicen las Ss. 26 diciembre 1995 y 14 junio 2007— para el éxito de la acción de repetición derivada del cobro de lo indebido: primero, pago efectivo; segundo, falta de causa; y tercero, error por parte de quien hizo el pago. En términos semejantes, muchas otras.

A. El «indebitum». La repetición supone que alguien paga o da en pago, con intención de cumplir una obligación, siendo indiferente que ésta provenga de un contrato, de un hecho ilícito, de una norma de Derecho de familia, un testamento, etc.; supone asimismo que el pago es indebido (es la "falta de causa" de las SS. 21 noviembre 1957 y 26 diciembre 1996).

La doctrina distingue dos clases de *indebitum:* el objetivo y el subjetivo.

a) Es objetivo *(indebitum ex re)* cuando lo que ha sido pagado no se debía, ni a aquel que cobró, ni tampoco a tercera persona: la deuda es inexistente, o nula, o dependiente de una condición no cumplida, etc. (cfr. Ss. 21 noviembre 1957 y 21 mayo 1980).

b) La falta subjetiva de deuda *(indebitum ex persona)* supone que se paga una deuda realmente existente, pero a uno que no es acreedor, o por quien no es verdadero deudor (cfr. S. 14 junio 2007).

En el primer caso, el pago hecho a un no acreedor libera al deudor cuando se paga a quien se encuentra en posesión del crédito (art. 1.164), o a un mandatario del acreedor no sabiendo que el mandato ha sido revocado (art. 1.734); en el segundo caso, para que el pago por el no deudor dé lugar a la repetición, es preciso que no opere la extinción de la deuda del verdadero deudor, o sea que quien paga crea en su condición de deudor y no pague por otro.

B. El error. El Derecho histórico español, de acuerdo con el romano, exigía como requisito de la *condictio indebiti* el error del *solvens* sobre la existencia de la deuda, y lo mismo hace el Cc., confirmado por numerosas decisiones jurisprudenciales (cfr. S. 10 junio 1995): es necesario que el pago se haya hecho por equivocación, y no por mera liberalidad o cualquier otro concepto.

Es necesario, no sólo que no exista la deuda, sino que el pago tenga el valor de no realización de la causa *solvendi,* lo cual sólo puede ocurrir si existe error. De donde el error es aquí, no un requisito independiente, sino una cualificación del *dare* o *facere* como *solvendi causa* (ANDREOLI).

C. Pago de lo indebido sin error. Cuando alguien paga lo que no debe, pero sin error, en principio, a pesar de esta ausencia del requisito del error exigido por el art. 1.895, en cuanto se prueben la entrega y el *indebitum* (y no demostrada por el *accipiens* la presencia de otra *justa causa* que le autorice a conservar lo recibido: cfr. arts. 1.901 y 609) hay obligación de restituir el lucro injustificado (cfr. S. 22 junio 2007, que alude a una *conditio sine causa generalis*).

Para que hubiera donación sería preciso que el *accipiens* demostrase la intencion suya y del *tradens* de celebrar dicho contrato, pues la donación no se presume, según se deduce de los arts. 618 y 1.289, o bien de la necesidad de que la atribución gratuita sea aceptada por el donatario, y aún más del propio art. 1.901 que obliga a la prueba positiva del ánimo liberal. No habiendo donación, en todo caso hay que restituir lo cobrado indebidamente sin error de quien pagó, si bien no en virtud del art. 1.895 (que sólo regula el pago indebido por *error),* sino de una acción general de enriquecimiento cuyo régimen es diferente y más desventajoso para el *solvens.*

623. La repetición.

A. Sujetos. Legitimado activamente para la *condictio* lo está el *solvens* (S. 20 octubre 1993); y ello hasta el punto de que, como dice la S. 1 marzo 1936, la restitución ha de hacerse al mismo que entregó la cosa o cantidad dada en pago, aunque ésta pertenezca a otra persona distinta, sin que ni aun sea bastante a eximir de dicha obligación la devolución hecha al verdadero y legítimo dueño (también Ss. 7 julio 1950 y 21 noviembre 1957). Ello no es obstáculo a la acción reivindicatoria de dicho dueño, en su caso.

La acción se da contra aquel que ha recibido el pago, sea directa o indirectamente; si se hace el pago al representante, la acción se dará contra el representado.

B. Objeto. En cuanto al objeto de la restitución, la ley distingue entre el *accipiens indebiti* de buena fe y de mala. Esta supone aquí, probablemente, consciencia de dañar el derecho de otro, y no entra en ella la mera culpa del *accipiens,* compensada además en este caso por el comportamiento de la parte lesionada, que es quien ha iniciado la atribución patrimonial indebida, y a causa de ello se estima también culpable. La mala fe no requiere acto alguno del *accipiens* y puede existir cuando el desplazamiento patrimonial ocurre mediante hecho al que éste no coopera (arg. art. 369: el 1.902 habla de «acción u omisión»).

a) *«Accipiens» de buena fe.* Conforme al art. 1.897, *el que de buena fe hubiera aceptado un pago indebido de cosa cierta y determinada sólo responderá de las desmejoras o pérdidas de ésta y de sus accesiones, en cuanto por ellas se hubiere enriquecido. Si la hubiere enajenado, restituirá el precio o cederá la acción para hacerlo efectivo.* Y según el 1.898, *en cuanto al abono de mejoras y gastos hechos por el que indebidamente recibió la cosa, se estará a lo dispuesto en el título 5º del libro segundo*, es decir, a los preceptos sobre cese de la posesión. Las cosas determinadas, pues, se restituyen en el estado en que se hallen, y los riesgos son de cuenta del *solvens*. En cuanto a los frutos, se deben aplicar las normas de la posesión.

La idea del Cc. de dejar indemne el patrimonio del *accipiens* parece concretarse al evento de pago de cosa específica. Aunque el art. 1.897 nada dice de las genéricas, es opinión común que ha de restituirse una cantidad igual a la ingresada (cfr., con todo, arts. 1.163 y 1.304) o, tratándose de cosas fungibles (distintas del dinero), el valor que tuvieran en el momento de pasar a ser propiedad de quien cobra indebidamente.

b) *«Accipiens» de mala fe.* A tenor del art. 1.896, *el que acepta un pago indebido, si hubiera procedido de mala fe, deberá abonar el interés legal cuando se trate de capitales, o los frutos percibidos o debidos percibir cuando la cosa recibida los produjere. Además responderá de los menoscabos que la cosa haya sufrido por cualquier causa, y de los perjuicios que se irrogaren al que la entregó, hasta que la recobre. No se prestará el caso fortuito cuando hubiere podido afectar del mismo modo a las cosas hallándose en poder del que las entregó.* Como se ve, la *condictio indebiti,* en el caso de mala fe, se destaca del campo de la pretensión de enriquecimiento injusto, para entrar de lleno en el del resarcimiento de daños y perjuicios. Aprecia mala fe la S. 30 junio 1976 cuando se demuestra la retención, por el accipiens, de lo que sabía que era indebido. Y la S. 30 marzo 1994 aplica por analogía el art. 1896 a un cobro indebido (de comisión por un banco) «de forma por lo menos negligente».

C. Exención de la obligación de restituir. El art. 1.899 declara *exento de la obligación de restituir al que, creyendo de buena fe que se hacía el pago por cuenta de un crédito legítimo y subsistente, hubiese inutilizado el título, o dejado prescribir la acción, o abandonado las prendas o cancelado las garantías de su derecho. El que pagó indebidamente sólo podrá dirigirse contra el verdadero deudor o los fiadores respecto de los cuales la acción estuviera viva.*

Conforme a sus precedentes en el Código de Napoleón, el precepto presupone un acreedor verdadero, es decir, un crédito legítimo y subsistente; un verdadero deudor que no es conocido como tal por el acreedor; y un pagador que aparece como deudor, y así lo cree el *accipiens,* pero que en realidad no es él quien debe: en suma, un supuesto de *indebitum ex persona a parte debitoris*. El falso deudor pagó a un verdadero acreedor: éste, viendo satisfecho su crédito, y creyéndose pagado por el verdadero deudor, realiza hechos u observa conducta pasiva que convierten al crédito en cuestión, en realidad no pagado, y, por tanto, en principio, subsistente, en un crédito de cobro difícil o acaso lo hacen desaparecer. En tal caso, no habiendo obrado el *accipiens* negligentemente, no debe ser perjudicado por las consecuencias del pago indebido desfavorables para su verdadero crédito, y de ahí que tal pago llegue a producir, aun indebido, la satisfacción del *accipiens* igual que si hubiera pagado el verdadero deudor (S. 28 diciembre 1999).

624. El pago de lo indebido y los terceros.

Aun cuando el pago indebido, *per se,* no transmite la propiedad de la cosa pagada, y, por tanto *el accipiens,* a su vez, tampoco está legitimado para comunicarla a terceros (quedando a salvo las adquisiciones del tercero de buena fe protegidas por el Cc. o la Lh.), empero, excepcionalmente y con independencia de los preceptos ahora citados, la enajenación a título oneroso, por el *accipiens indebiti,* del objeto pagado, comunica al tercer adquirente, siendo ambos de buena fe (y siendo el *solvens* dueño de la cosa), el dominio del mismo. Así resulta del hecho de haber sido regulada en el art. 1.897, in *fine* la responsabilidad del *accipiens* para el caso de que la cosa no se halle en su poder *(si la hubiese enajenado, restituirá el precio o cederá la acción para hacerlo efectivo).*

625. La carga de la prueba.

En cuanto a la prueba de los diversos presupuestos de la *condictio indebiti,* previene el art. 1.900 que *la prueba del pago incumbe al que pretende haberlo hecho. También corre a su cargo la del error con que lo realizó, a menos que el demandado negare haber recibido la cosa que se le reclama. En este caso, justificada por el demandante la entrega, queda relevado de toda otra prueba. Esto no limita el derecho del demandado para acreditar que le era debido lo que se supone que recibió* (S. 30 septiembre 1987). Con todo, conforme al art. 1.901, *se presume que hubo error en el pago cuando se entregó cosa que nunca se debió o que ya estaba pagada, pero aquel a quien se pida la devolución puede probar que la entrega se hizo a título de liberalidad o por otra causa justa.*

El art. 1.900 habla de pago. El demandante, pues, debe probar haber realizado una atribución patrimonial que ha calificado, al realizarla, como *solvendi causa*, y que ha producido al menos un desplazamiento de la posesión; debe asimismo demostrar el *indebitum*, la falta de causa de la prestación cumplida.

GULLÓN distingue, a propósito de la prueba, los dos casos que menciona el Cc.:

1º Entrega de cosa que nunca se debió. El *solvens* queda obligado a probar esta entrega, el hecho positivo del pago propiamente, y ha de manifestar, además, aquella circunstancia para que opere la presunción. La falta de relación obligatoria entre el que da y el que recibe es un hecho negativo, no susceptible de prueba directa por su misma índole. De ahí que se traslada la carga de la prueba del hecho positivo contrario (que existía tal relación) al *accipiens,* si quiere destruir la presunción.

2º Extinción de una relación obligatoria entre *solvens y accipiens* por el pago. Aquí el *solvens* ha de probar el hecho positivo de ese pago, de donde resultará la presunción del error con que llevó a cabo el segundo. Aunque el art. 1.900, inciso 1º, habla de *cosa ya pagada,* cabe comprender también otras situaciones jurídicas que extinguen la deuda (confusión, condonación, novación); hay para ello una razón de analogía.

Según el art. 1.900, normalmente debería probar el error quien lo afirma, pero el art. 1.901 aporta una excepción que para algunos prácticamente deroga la regla. Pues, en efecto, entendiendo a la letra el art. 1.901 viene a decir que se presume el error siempre que el pago es indebido, con lo cual desaparece la exigencia impuesta por el art. 1.900 para recuperar lo indebidamente pagado «por error» en todos aquellos supuestos en los que no pueda demostrarse que el *solvens* sabía que el pago era indebido.

En mi opinión, la concordia de ambos textos debe partir de que el legislador, con ellos, intentó aproximar la regulación del Cc. a la de los restantes códigos latinos, tal como la entendía la doctrina de su tiempo, refiriendo entonces la exigencia de prueba del art. 1.900 a los casos de *indebitum ex persona debitoris,* y la presunción del 1.901 a los restantes.

Se comprende que cuando alguien paga a un verdadero acreedor sea urgente la demostración de que pagó ignorante de no ser él el verdadero deudor, puesto que en otro caso no hay un pago indebido, sino un pago válido por cuenta de otro conforme a los arts. 1.158 y 1.159: cumplir la obligación de otro sabiendo que se trata de una deuda ajena, no puede interpretarse de otra manera, a menos que intervengan vicios de la voluntad distintos del error. Presumir éste y, obligar al verdadero acreedor a suministrarla prueba de que quien pagó no lo hizo erróneamente, sino con conciencia de que pagaba por cuenta de otro, va contra *quod plerumque accidit,* y permitiría un demasiado fácil arrepentimiento del *solvens.*

En cambio cuando, o el *accipiens* debe restituir o —no siendo acreedor— ha de apreciarse la existencia de donación, la presunción de error se impone para evitar una presunción de liberalidad. Por ejemplo, la S. 21 mayo 1980 presume el error de quien paga una letra por importe superior al de la deuda (no la donación).

Indicación Bibliográfica. Obra extensa de conjunto, el comentario de Nuñez, Lagos cit. en §§ anteriores; Ballarin Hernández, *El cobro de lo indebido. Perfiles institucionales y eficacia traslativa.* Madrid, 1985; Lacruz, *Pago de lo indebido y transmisión de la propiedad,* en «Temis», 2, 1957, pág. 11; *El pago de lo indebido,* en «Homenaje a Roca Sastre», II, pág. 501; Moisset de Espanés, *Acción de repetición de lo pagado por error y sus efectos respecto a tercero,* en «Estudios de Castro», II, 1976, pág. 393; Moscati, *Pago indebido subjetivo y mecánica de la relación obligatoria,* RCDI., 1980, pág. 1357; de los Mozos, *Pago o cobro de lo indebido,* RDP, 1988, pg. 651 y ss.; Núñez Lagos, *Pago de lo indebido sin error,* RGLJ, 1946, I, pág. 129; Roca Sastre, *Pago de lo indebido,* en «Estudios», I, pág. 476; Vila Ribas, *El pago de lo indebido y la transmisión de la propiedad por tradición en el sistema del Código civil español,* Barcelona, 1989.

§ 121. EL SUPUESTO GENÉRICO DE ENRIQUECIMIENTO SIN CAUSA

626. Conceptos generales.

A. Antecedentes. En el § anterior aludía a las *condictiones* del Derecho romano, acciones que, en relación a diversos supuestos concretos en los cuales se había verificado una adquisición de propiedad con arreglo al Derecho estricto, pero social y moralmente no justificada, permitían reclamar la devolución de lo entregado o su equivalente.

Aunque la acción, procesalmente, era un instituto único (la *condictio),* materialmente se distinguían diversas hipótesis típicas, con nombres diversos, según cuál fuera el motivo de la falta de *iusta causa* de la atribución cuya restitución se reclama (no ser justa la causa; no haber llegado a existir cuando se esperaba, o no existir en absoluto; haberse agotado el fundamento que justificaba la retención de la cosa; etc.): entre ellas, la de la *condictio indebiti.*

Es discutible si, en época tardía, llegó a existir, a modo de generalización de las concretas *condictiones,* una *condictio sine causa generalis* destinada a la reclamación de cualquier incremento patrimonial sin causa, y precisamente en la medida en que el incremento se produjo (no la devolución del objeto o importe concretos), es decir, del enriquecimiento propiamente dicho. En cualquier caso, con independencia de ella, una máxima de Pomponio que recogió JUSTINIANO (C. 50, 17, 206: *iure naturae aequum est neminem cum alterius detrimento et iniuria fieri locupletiorem),* sin pensar probablemente en darle consecuencias directas, sirvió asimismo a los glosadores para construir la teoría del enriquecimiento injusto, que contemplan como una reacción del Derecho natural, del *ius bonum et aequum,* contra la solución rigurosa y técnica.

El sistema romano de las *condictiones* pasó a las Partidas (5, 14, 28 a 54), que enunciaron la norma de principio según la cual «ninguno non deue enriquescerse tortizeramente con daño de otri» (7, 34, 17), si bien en ellas la acción general de enriquecimiento tiene escaso desarrollo y no encontró eco en la doctrina. Pero el principio general recogido en las Partidas es inadecuado, dice ALVAREZ CAPEROCHIPI, por su generalidad, para una aplicación concreta y, desde luego, no se relaciona en absoluto con la técnica de los cuasicontratos, ni con la de las diversas *condictiones.*

B. La obra de la jurisprudencia. En nuestro ordenamiento, se recibe, por obra de la jurisprudencia, y en calidad de principio general del Derecho, la regla prohibitiva de enriquecerse injustamente a costa de otro, y la acción correspondiente: la *condictio sine causa generalis*. Es decir: lo que configura la Sala 1ª del T. S. no es un conjunto de acciones particulares en defensa de concretos derechos subjetivos (la propiedad, el crédito), sino una acción genérica destinada a corregir los desplazamientos patrimoniales carentes de causa, y precisamente sobre la base de esa falta de causa en el *accipiens*, con independencia de los singulares derechos subjetivos del *tradens*, y sólo en la medida del empobrecimiento de éste. Cfr. Ss. 3 enero 2006 y 4 junio y 22 febrero 2007.

El T. S. entendió que una tal acción venía impuesta en nuestro ordenamiento, no por los textos, pero sí por los *principios generales del Derecho.* Así, dice la S. 12 enero 1943, con la que se inicia la etapa de concreción y clarificación de una doctrina jurisprudencial ya muy antigua entonces, que «a pesar de las múltiples manifestaciones que el C.c. contiene en punto al enriquecimiento ilícito, no hay norma legal ni consuetudinaria que, en forma sistemática, general o específica, gobierne la acción de enriquecimiento ilícito, y así pasa a primer plano de fuente jurídica el principio de que a nadie le es lícito enriquecerse a costa de otro, reconocido unánimemente como derivación del Derecho natural por la legislación romana, por la tradicional española, por la doctrina científica y por la jurisprudencia», que desde el primer momento, y en un crecido número de decisiones, «lo invocó para atender a múltiples situaciones en que la equidad exigía su aplicación» (cfr. también S. 22 diciembre 1962).

Esta acción —añade— «tiene en nuestro ordenamiento jurídico, según dicha S., el principio de enriquecimiento injusto no sólo la significación de un principio general aplicable como fuente de carácter subsidiario, sino, muy acusadamente, de una institución jurídica recogida en una serie abundante de preceptos legales, siquiera sea en forma inconexa, sin verdadera y propia sistematización generalizadora, por lo cual no basta invocar el principio de que se trata a modo de una regla general y abstracta, sino que es preciso demostrar y justificar en cada caso la procedencia concreta de la acción de enriquecimiento en relación con las particularidades que representa el respectivo desplazamiento patrimonial y con los elementos y requisitos que ha de reunir la acción para ser un saludable postulado de equidad y justicia, y no un motivo de grave perturbación y trastorno en la seguridad de las relaciones jurídicas». Véase ahora, con expresiones actualizadas, las Ss. 12 julio 2000 y 6 octubre 2006.

ALVAREZ CAPEROCHIPI, que examina la línea evolutiva de esta creación jurisprudencial, seguramente la más importante y acabada de la Sala 1ª, distingue entre la jurisprudencia anterior y la posterior a la guerra civil. Las Ss. anteriores —dice— no delimitan una acción concreta, sino sólo un principio ético y también jurídico; invocado a veces por vía de a mayor abundamiento o de *obiter dicta*, sin que falte alguna sentencia que recoja lo que hoy se denomina acción de enriquecimiento. La palabra «causa» o «sin causa» no aparece en ninguna sentencia anterior a la guerra civil. Señala el autor como decisiva en la evolución posterior la influencia de la obra de NÚÑEZ LAGOS «El enriquecimiento sin causa en el Derecho español» (1934). En efecto, esa influencia es notoria en la sentencia de 1943 ahora transcrita y las posteriores, que se ciñen a la terminología y la doctrina del autor citado en tema de requisitos y caracteres de la acción.

C. Posible fundamento legal. Sin embargo, si bien la ley no determina exactamente las condiciones de ejercicio y el contenido de la acción, resulta exagerado negar a la acción fundamento legal directo en una norma de principio, es decir, ya para el Derecho anterior a 1889, en las Partidas; ya, para el Derecho vigente, en el art. 1.901 Cc. y en algún modo en el 10.9.3.

En mi opinión, en aquel precepto encuentra la acción general de enriquecimiento, por inducción directa, una sólida base. Cierto que, aparentemente, el art. 1.901 se limita a sentar una presunción de error, una vez demostrado el *indebitum*, pese a la cual el *accipiens* podrá retener si, por su parte, prueba la existencia de «otra justa causa» de la atribución. Pero el texto tiene una significación ulterior ineludible. Por de pronto, está pensado para una situación distinta del simple pago de lo indebido por error, porque si hubiera error, la reclamación sería siempre posible al amparo del art. 1.895. La reclamación fundada en el 1.901 no presupone el error del *solvens*: es posible sin él, y a ella sólo cabe oponer una razón para no restituir (*justa causa*), que, paralelamente, tuviera presente el *solvens* al hacer la entrega, según se desprende del tenor del precepto.

O sea, que la *causa retinendi* no es, en el art. 1.901, una mera excepción objetiva, que valdría por sí misma y sin necesidad de reiterarla en un nuevo precepto; ni tampoco una razón moral que exime, por sí, de restituir: sino una causa subjetiva, esto es, un *quid* realmente existente, creado o tenido en cuenta por el *solvens* al hacer la atribución, y que justifica ésta: primero en la mente de aquél, y luego, por mandato del legislador, en el orden jurídico objetivo.

En un planteamiento así, el precepto queda dividido en dos partes: la primera, en relación inmediata con el pago de lo indebido, estableciendo la presunción de error; y la segunda, autónoma y ajena a aquel instituto, relativa a la firmeza de determinados desplazamientos patrimoniales. Ambas parten de un mismo supuesto, pero tal supuesto desempeña en cada una un papel distinto: a) Se presume el error cuando se paga lo que nunca se debió o está ya pagado. Aquí, la inexistencia actual de deuda es causa eficiente de la presunción; y b) Cuando uno entrega a otro lo que no debe, el *accipiens* puede retenerlo si demuestra que la atribución se hizo en vista de una justa causa realmente existente. A la inversa, si falta esa *causa retinendi* cualquier entrega indebida (aunque no sea en concepto de pago) produce la obligación de restituir el *tradens,* fundada en una regla prohibitiva del injusto enriquecimiento implícita en el art. 1.901. Pues decir que cuando se entregó cosa que nunca se debió, el *accipiens* únicamente puede negar la restitución probando que la entrega se hizo por donación u otra causa justa, equivale a establecer la necesidad de justa causa en toda atribución o prestación, y a dejar claro asimismo el derecho de quien pide la devolución en cualquier caso de falta de causa, obrase o no con plena conciencia de entregar lo que no debía.

En suma: del art. 1.901 se deduce que cualquier prestación hecha sin causa alguna que la justifique, es decir, absolutamente indebida, puede ser reclamada por quien la realizó, por cuanto lo prestado sólo puede conservarse por el *accipiens* mediando liberalidad u otra justa causa. Hay base en tal precepto para construir una *condictio sine causa generalis;* una acción genérica de enriquecimiento, de ámbito y eficacia distintos a la típica *condictio indebiti*, y en la cual —contrariamente a ésta— ni el error es presupuesto de la acción, ni, para enervarla, se preocupa el art. 1.901 del *indebitum* ni del error.

A su vez el art. 10º-9, trata en su párrafo último del ordenamiento aplicable en caso de conflicto de leyes «en el enriquecimiento sin causa», ley que será aquélla «en virtud de la cual se produjo la transferencia del valor patrimonial en favor del enriquecido». El texto de la reforma de 1973-74 lleva implícito el reconocimiento de la institución en su versión jurisprudencial (S. 21 diciembre 1984).

En la jurisprudencia más reciente (SS. 17 febrero 1994, 8 junio 1995 y 7 febrero 1997 y allí citadas), la base o fundamento de la acción de enriquecimiento sin causa es "la atribución patrimonial sin causa"; siendo la noción "sin causa" de la atribución la primordial, definitiva y básica para corregir atribuciones patrimoniales antijurídicas con base en el presupuesto de una situación objetivamente injusta" (S. 17 febrero 1994).

627. Naturaleza.

Lo característico y diferencial de la acción general de enriquecimiento es su motivación: la *falta de causa* para que el *accipiens* pueda retener lo recibido por obra de un desplazamiento patrimonial que empobrece a otro; y, correlativamente, la falta de una norma específica que permita exigir la restitución. En efecto, cuando existe esa norma específica, la reclamación del empobrecido tiene un contenido fijo y concreto y nombre propio: por ejemplo, en la *condictio indebiti,* comprende lo pagado (todo lo pagado), o también los daños ocasionados por el cobro de mala fe; mientras que la reclamación en virtud de la acción de enriquecimiento atiende a las más diversas situaciones y es de contenido relativo, al depender su volumen de los dos encontrados parámetros del enriquecimiento y el empobrecimiento.

No es elemento diferencial de la acción de enriquecimiento el que trate de evitar un lucro injusto, lo cual conviene a multitud de acciones (casi todas las de Derecho patrimonial), ni tampoco, exclusivamente, que tenga como límite de su contenido el enriquecimiento del demandado, a semejanza de las obligaciones o los créditos del incapaz (pago recibido por él, art. 1.163; restitución por nulidad del contrato, art. 1.304; mandato, art.1.716; depósito, art. 1.765). Lo que distingue a la actual acción de enriquecimiento es su fundamento, no en un derecho subjetivo individualizado y nominado (reclamación del precio de la venta, del alquiler, etc.), sino en el hecho del desplazamiento de un valor que estaba ubicado en el propio patrimonio: que pasa al del demandado y cuya presencia en éste carece de causa.

Se hace aquí patente el doble fundamento de la *condictio.* Uno, subjetivo y espiritualista, la implanta en el campo de la equidad y de los deberes morales: es el último recurso cuando hay una injusticia flagrante en que una persona se enriquezca a costa del empobrecimiento de otra (Ripert). Otro, objetivo y materialista, se queda en la mecánica de los cambios patrimoniales acordando el derecho al reintegro si frente a un patrimonio empobrecido falta causa para retener el enriquecido; cada uno debe restituir la ventaja que le ha proporcionado otro sin causa. El primero, constituye el motivo del legislador; el segundo, representa el supuesto del nacimiento del derecho.

A. Carácter personal. La acción de enriquecimiento es siempre personal, dirigida a la recuperación de un valor situado sin causa en poder de un concreto sujeto y del que, igualmente sin causa, fue privado otro sujeto: es la identidad del valor reclamado y la falta de causa la que pone en relación personal a ambos, creando en el uno la obligación de restituir y en el otro la exigencia.

No obstante, en el concepto de valor pueden entrar también las cosas concretas: mediando falta de causa coincidente en el prestar y el retener, la acción puede dirigirse igualmente a la restitución de una cosa individualizada o a la entrega de un equivalente pecuniario. Esto segundo será lo más frecuente; mientras no se haya perdido la propiedad de una cosa, lo normal será reivindicarla de quien la posea, y sólo cuando pierda su individualidad o pase por título oneroso a manos de un tercero de buena fe, habrá de recurrirse a la *condictio*. Pero no cabe excluir que el legitimado para reivindicar prefiera, en ciertos casos, intentar la acción personal de enriquecimiento (que no es subsidiaria), ya para recuperar una cosa concreta, todavía en poder de quien le despojó de ella o a quien se la transmitió indebidamente, y que entonces se enriquece con su posesión; ya para pedir al adquirente inmediato el importe de la cosa vendida a un tercero de mala fe o donada a él, en lugar de intentar la recuperación contra dicho tercero. Lo fundamental es demostrar la presencia, en el patrimonio del demandado, de una cosa o un valor: la ausencia de *causa retinendi*, y la procedencia del patrimonio del demandante, que se empobrece con su pérdida.

B. Acción de enriquecimiento y acción de daños. Por supuesto, la calificación del enriquecimiento como *injusto* no arguye necesariamente la comisión de un acto ilícito por el enriquecido: no se requiere culpa suya para que exista lucro indebido, y, en cambio, la culpa da lugar a una indemnización que se mide ateniéndose tan sólo al daño experimentado por la víctima al margen por completo de que haya proporcionado o no ventajas al responsable; mientras la nivelación del enriquecimiento no puede superar el aumento patrimonial experimentado por el *accipiens*.

Sobre la distinción entre la acción de enriquecimiento y la de daños dice la S. 5 octubre 1985 que ésta, «sobre requerir... la ilicitud de la conducta del agente del daño (contrariamente al enriquecimiento para el que basta el desplazamiento patrimonial indebido que puede producirse con ignorancia y hasta con buena fe), por otra parte supone siempre en el demandado un incremento patrimonial que no es indispensable en el supuesto de la aquiliana rigiéndose la indemnización por diferentes patrones, pues, si la acción de enriquecimiento tiene por ámbito el efectivamente obtenido por el deudor sin que pueda excederlo, hay también otro límite infranqueable igualmente que es el constituido por el correlativo empobrecimiento del actor». Recuerda asimismo la S. la diferencia de plazos de prescripción. Cfr. también SS. 30 septiembre 1993 y 16 marzo 1995, que señalan la no necesidad de negligencia, mala fe o acto ilícito, y la suficiencia de la ganancia indebida, compatible con la buena fe; y la de 19 de febrero 1999, que la acción de enriquecimiento sin causa no es ninguna sanción civil que se imponga como consecuencia de una conducta culposa.

C. Acción de enriquecimiento e interpretación de la ley. Finalmente, la regla prohibitiva del enriquecimiento sin causa no sólo se manifiesta a través de la acción recuperatoria, sino también como un principio a tener en cuenta en la aplicación del Derecho. En este sentido dice la S. 24 octubre 1983 que cuando de la ambigüedad del tenor de las cláusulas de un contrato pudiera derivarse, a través de una interpretación meramente literal, un enriquecimiento sin causa, deberán aplicarse aquellas normas legales, reguladoras de la actividad hermenéutica, adecuadas para evitarlo, no presumiéndose los actos de liberalidad ni la renuncia de derechos.

628. Presupuestos de la acción de enriquecimiento.

Dado el carácter general de esta acción, que no se dirige a la tutela de un derecho subjetivo concreto, reviste en ella especial trascendencia la fijación de sus requisitos o presupuestos.

Subraya la S. 12 enero 1943 (y repiten otras: la de 23 marzo 1966 por ejemplo) cómo «en todo caso, no basta invocar el principio de que se trata a modo de una regla general y abstracta, sino que es preciso demostrar y justificar en cada caso la procedencia concreta de la acción de enriquecimiento en relación con las particularidades que representa el respectivo desplazamiento patrimonial y con los elementos y requisitos que ha de reunir la acción para ser un saludable postulado de equidad y justicia, y no un motivo de grave perturbación y trastorno en la seguridad de las relaciones jurídicas».

Según la jurisprudencia más reciente, desde la S. 26 enero 1956, para que proceda la *condictio* se requiere «la adquisición de una ventaja patrimonial por parte del demandado, que puede producirse, tanto por un aumento del patrimonio *(lucrum emergens)* como por una no disminución del mismo *(dammun cessans);* un correlativo empobrecimiento del actor, como consecuencia de la ventaja obtenida por el demandado; existiendo una conexión perfecta de enriquecimiento y empobrecimiento por virtud del traspaso directo del patrimonio del actor al del demandado, y una falta de causa o justificación, lo que es compatible con la buena fe. No enriqueciéndose torticeramente el que adquiere una utilidad en virtud de un contrato legal que no ha sido invalidado o en virtud de un legítimo derecho que se ejercita sin abuso, o en virtud de una sentencia que lo estima procedente en Derecho. Hasta hoy, son ya muchas las decisiones de la Sala 1ª que repiten esto en una u otra forma (entre las recientes, las Ss. 16 marzo y 13 octubre 1995, 12 sept. 2005, 9 febrero, 21 marzo y 6 octubre 2006).

Veamos los indicados requisitos con más detenimiento.

A. El enriquecimiento. Supone el ingreso en el patrimonio de algo que aumenta su valor, como la adquisición de una cosa o un derecho real o de crédito, o la liberación de una obligación o gravamen, o no disminución del patrimonio (*damnum cesans*). Igualmente la adquisición de la posesión: si alguno se apodera de cosa ajena, o la recibe indebidamente, no adquiere la propiedad, pero sí (inmediatamente o en breve plazo) la posesión, y el dueño de la cosa puede dirigirse contra él mediante la *condictio*, si le resulta más ventajosa que la *reivindicatio*. El desplazamiento patrimonial debe ser directo e indebido, que conexione inequívocamente dos patrimonios, el enriquecido y el empobrecido, pero nunca a través de terceras personas extrañas a ese desequilibrio económico (SS. 5 enero y 22 octubre 1991).

B. El empobrecimiento. Pero la restitución no tiene lugar, sino en cuanto el enriquecimiento se ha obtenido a costa de otro. No es necesario que sea a costa exactamente del patrimonio de otro: basta, como dicen, para el BGB., Enneccerus y Lehmann, que la obtención de la ventaja por parte de uno haya costado algo a otro, esto es, tiene que causarle una desventaja o ser causada por una tal desventaja.

Subraya —entre tantas otras— la S.5 octubre 1985 que es requisito de la *condictio* «el correlativo empobrecimiento del actor, de suerte que aun cuando el demandado se haya enriquecido sin causa no podrá aquél reclamar sino hasta el límite de su propio empobrecimiento» (también S. 19 abril 1990). Supone empobrecimiento, no sólo la salida de bienes del propio patrimonio, sino también la pérdida de ingresos: así se deduce de la S. 24 octubre 1951; y para la S. 11 diciembre 1992 lo hay también en el caso de «no retribución por el trabajo implicado en el cuidado de las relaciones sociales del demandado y en la atención doméstica del mismo» (se trataba de un caso de ruptura de la convivencia *more uxorio*).

La indemnización alcanza al punto de concurrencia del empobrecimiento y el enriquecimiento, y no al exceso del uno sobre el otro.

C. Relación de causalidad entre enriquecimiento y empobrecimiento. No basta que el demandado se enriquezca y el actor se empobrezca: además, el empobrecimiento ha de ser precisamente causa del enriquecimiento. Ha de tratarse de enriquecimiento y empobrecimiento correlativos, conexos, pero no es indispensable que el enriquecimiento se opere mediante entrega de una cosa por el empobrecido al enriquecido (cfr. S. 19 mayo 1993): así, la ventaja aportada al patrimonio enriquecido puede también ser debida a la intervención del actor pagando la deuda del demandado, o a trabajos hechos sobre el inmueble del demandado por el actor que lo ocupa sin vínculo contractual, o a actos unilaterales del demandado, apoderándose de la cosa del actor, o consumiéndola, o arrendándola sin derecho para ello (por ejemplo, un comodatario); o a servicios prestados al demandado, que habitualmente suelen pagarse en dinero, etc. Lo único preciso es que el valor del empobrecimiento sea recognoscible en el patrimonio al que ha sido transportado.

D. Falta de causa. La *condictio* —dice, con cita de otras muchas, la S. 17 enero 1985— exige, para su éxito, «la falta de *causa* en el desplazamiento patrimonial y consiguiente ventaja adquirida». Por «causa» debe entenderse aquí lo mismo que en el art. 1.901 cuando habla de «liberalidad u otra justa causa»; por tanto falta la causa cuando el enriquecido no puede alegar ninguna razón válida en Derecho que le exima de restituir.

El concepto de «justa causa» para retener lo atribuido debe aproximarse al de la causa de las obligaciones contractuales del art. 1.274, extendiéndolo a toda atribución patrimonial mediante las contrapuestas nociones de liberalidad y equivalencia: "entendiendo por justa causa —dicen las Ss. 28 marzo 1990 y 21 marzo 2006— aquella situación jurídica que autoriza, de conformidad con el ordenamiento jurídico, al beneficiario de la atribución para recibir ésta y conservarla, bien porque exista un negocio jurídico válido y eficaz entre ellos, bien porque exista una expresa disposición legal que autoriza dicha consecuencia". El T. S. aprecia la existencia de justa causa y niega la acción de enriquecimiento, cuando la atribución se ha verificado por sentencia judicial (S. 10 junio 1955); cuando se hace uso de un derecho (S. 24 abril 1976 y otras) sin abuso (S. 19 abril 1965); y, en particular, cuando la atribución se halla fundada en preceptos legales concretos, pues «cuando el legislador, por razones de interés social, tolera consecuencias en casos concretos que pueden lesionar la equidad, los beneficiados indirectamente por ellas no se enriquecen injustamente» (por ejemplo, Ss. 27 marzo 1953 y 23 marzo 1966). Otras Ss. hablan de «inexistencia de precepto legal que excluya la aplicación del principio de enriquecimiento» (S. 8 enero 1980, p.e.).

La justa causa puede asimismo proceder de la costumbre (S. 27 marzo 1958).

629. Contenido y prescripción.

A. En los supuestos de buena fe del enriquecido (o de mala fe de ambos), el enriquecimiento del demandado sólo puede reclamarse en cuanto coincide con el empobrecimiento del demandante. La condena no puede sobrepasar la menos elevada de ambas sumas, porque el empobrecido no puede exigir más que la reconstitución de su patrimonio, y al patrimonio enriquecido no se le puede imponer más que ser reconducido a su nivel inicial. El enriquecimiento deberá persistir en el día que se interpone la demanda, de modo que sólo cabrá reclamar el valor (debido al empobrecido) que sea recognoscible entonces en el patrimonio al que ha sido transportado, en cualquier forma que este reconocimiento pueda tener lugar (cfr. S. 25 noviembre 1985).

B. Si el enriquecido es de mala fe, podría discutirse la aplicabilidad o no, por analogía, del art. 1.896. Por la negativa cabe alegar que nos hallamos ahora en un terreno ajeno a la responsabilidad por acto ilícito; mientras en dicho precepto se mezclan, junto a decisiones nacidas de la regla prohibitiva del enriquecimiento injusto, otras procedentes de la que veda causar daño a otro mediando culpa. Mas, probablemente, cuando la situación de intereses sea idéntica a la del art. 1.896, valdrá la invocación analógica de tal precepto, con independencia de la idea de enriquecimiento. No así cuando se trate de una situación de intereses distinta; en particular, no valdrá en el supuesto de pago indebido sin error, en el cual, al faltar el error (u otro vicio equivalente), no puede decirse que el supuesto *solvens* sea de buena fe.

C. Si el enriquecido ha dispuesto gratuitamente de la cosa y la adquisición del tercero, por alguna razón (retransmisión ulterior, por ejemplo), ha quedado inatacable, la acción de restitución se dirigirá contra el transmitente por el valor que los bienes tenían al tiempo de la enajenación. En definitiva, parecen aplicables a este supuesto los arts. 1.897 y 1.898 y concordantes.

D. La S. 8 abril 1976 entiende que la obligación de reponer el enriquecimiento, cuando recae sobre una pluralidad de deudores, es solidaria, extendiendo en este punto el criterio que habían sentado para el cobro de lo indebido las Ss. 23 diciembre 1903 y 20 mayo 1959, «ya porque no cabe pacto alguno en obligaciones que no tienen su fuente en la convención, ya también porque la naturaleza del enriquecimiento sin causa impone la necesidad del total reintegro al empobrecido».

E. La acción de enriquecimiento, como personal sin plazo señalado en la ley ni deducible de los principios generales del Derecho, estará sometida en cuanto a su prescripción, al de quince años del art. 1.964.

630. El problema de la subsidiariedad.

La acción de enriquecimiento, autónoma y derivada de un precepto legal (art. 1.901) o un principio general del Derecho, cubre, como se ve, un campo muy amplio, en el cual coincide en parte con otras acciones: por ejemplo, y según he explicado ya, si alguien incorpora a su patrimonio una cosa ajena y se enriquece con su posesión, el dueño tiene la acción reivindicatoria, pero también, si fue él quien entregó la cosa o de su orden, la acción de enriquecimiento.

Algunos piensan que esta última acción sólo nace a falta de cualquier otra, porque es *subsidiaria,* y así lo repite frecuentemente el T. S. pero en Ss. en las cuales tal carácter subsidiario no es la *ratio decidendi.*

El problema de si la acción de enriquecimiento nace sólo a falta de toda otra se plantea fundamentalmente cuando esas otras acciones han prescrito o no pueden prosperar a falta de prueba, etc., y la *condictio sine causa* sigue viva. Cabe entender, entonces, que si el empobrecido tenía cualquier diversa acción para hacer valer su derecho, nunca pudo tener acceso a la de enriquecimiento, la cual sería subsidiaria, no ya en el sentido de no poder ejercitarse habiendo viva otra, sino de que nunca llega a nacer, tesis de AUBRY y RAU, que ha tenido eco muy amplio en la doctrina y domina en la jurisprudencia francesa. En el Derecho español se inclinan por la subsidiariedad de la acción (sin trazar netamente las fronteras de la misma) NÚÑEZ LAGOS, FERRANDIS VILELLA y HERNÁNDEZ GIL.

En cambio, cuando se plantea más urgentemente el tema de la subsidiariedad, por existir diversas pretensiones, el T. S. afirma la posible concurrencia de acciones diferentes, y así, la S. 12 abril 1955 señala cómo el hecho de la intrusión minera pudiera ser determinante del ejercicio de diferentes acciones (la interdictal, la reivindicatoria y la declarativa de culpa), caso en el cual «se estaría en presencia de concurrencia de acciones que no tienen orden preestablecido de precedencia» —en el caso el problema estribaba en que había prescrito la acción de daños, mientras persistía la de enriquecimiento, a la que dio lugar el T. S. haciendo notar, de paso, «que muy nutrida doctrina científica repudia la tesis de que la *condictio* funciona siempre como norma subsidiaria del Derecho»—. Siguieron la misma vía, entre otras, las Ss. 10 marzo 1956 y 27 marzo 1958. Tesis que LACRUZ consideró acertada ("la *conditio sine causa* es, muchas veces, una acción *dependiente*, pero ello no comporta su incompatibilidad con cualquier otra más o menos coincidente o paralela"). Sin embargo, sentencias más recientes (las de 19 febrero 1999, 28 febrero 2003, 30 noviembre 2005, 8 mayo 2006, entre otras) optan por la subsidiariedad en el sentido de que cuando la ley concede acciones específicas en un supuesto regulado por ella para evitar el enriquecimiento son tales acciones las que se deben ejercitar, y ni su fracaso ni su falta de ejercicio legitiman para el de la acción de enriquecimiento.

Se ha de admitir la acción de enriquecimiento, en tanto su ejercicio no suponga, con otro nombre, el de otra acción distinta, negada o prescrita. Así, no cabría superar mediante la acción de enriquecimiento, por ejemplo, el plazo de prescripción de la acción reivindicatoria de bienes muebles, porque al limitar la pretensión más fuerte, implícitamente se aprecia la voluntad del legislador opuesta a que siga viva la más débil, estando ambas fundadas en una misma idea de evitar el enriquecimiento.

631. La acción «in rem verso».

Se da a veces el caso de que el desplazamiento que injustamente enriquece a un patrimonio y empobrece a otro, se haya verificado a través de un sujeto intermedio.

La necesaria relación entre empobrecimiento y enriquecimiento no exige necesariamente, observa Puig Brutau, que el efecto se produzca como resultado de una prestación directa del empobrecido al enriquecido. Lo decisivo no es la relación directa entre ambos, sino la existencia de un vínculo del conexión suficiente entre el patrimonio que ha sufrido la pérdida y el que ha experimentado el beneficio. La inmediatividad del desplazamiento no significa necesariamente que el desplazamiento patrimonial se produzca directamente entre el perjudicado y el beneficiado, sino que ha de ser un mismo hecho o circunstancia el que dé lugar a la pérdida o ganancia.

La tradición a este respecto es antigua. Ya en el Derecho romano, la acción, llamada *in rem verso,* tendía en sus origenes a garantizar al tercer o que contrataba con un hijo de familia o un esclavo (incapaces, por tanto) una pretensión contra el padre o el *dominus* dirigida a recuperar el aumento sin causa que el patrimonio del éstos hubiera experimentado a consecuencia de los contratos concluidos por las personas bajo su dependencia. En la jurisprudencia francesa la reclamación al tercero injustamente enriquecido por el empobrecido, se considera admisible y es frecuente.

Para el Derecho del Cc., la doctrina admite la acción de enriquecimiento, tanto en favor de quien paga deuda ajena y en contra del deudor enriquecido, como en el caso —que plantea Núñez Lagos— de atribución por el intermediario a un sujeto, de la cual resulta un enriquecimiento para otro, como si el intermediario compra a Juan en nombre propio, pero realmente por cuenta de su mandante Pedro, quien adquiere luego los bienes comprados o el importe de ellos al ser nuevamente vendidos; mientras Juan no puede cobrar el precio del intermediario insolvente. A este caso y cualquier otro semejante se debe aplicar el criterio de la S. 26 noviembre 1926, la cual, en relación al art. 1.158, afirma que «para reclamar un pago hecho en nombre de un tercero, nuestro Código civil admite la acción de *in rem verso,* dándole mayor amplitud que los Códigos extranjeros».

Lo importante no es la relación directa entre enriquecido y empobrecido, sino la existencia de un vínculo de conexión suficiente entre empobrecimiento y enriquecimiento. Cuando exista, opinan Pérez González y Alguer con amplio criterio, que la acción in *rem verso* «funciona en nuestro Derecho frente a todos los casos de atribución indirecta, incluso para aquellos que pudieran considerarse como dudosos en cuanto a si hay atribución directa o indirecta, siempre que en el supuesto se den todos los requisitos del enriquecimiento injusto»; y que «los casos no previstos expresamente en la Ley serán gobernados por iguales reglas, ya por analogía o ya, principalmente, por la necesidad de hacer efectiva la rectificación patrimonial del equilibrio operado por el enriquecimiento injusto». El argumento es, en principio, convincente; los supuestos en que el Código se refiere a atribuciones patrimoniales más o menos indirectas, o en las que median tres personas, son muy numerosos (aparte el art. 1.185, cita NÚÑEZ LAGOS los 365, 645-2º, 1.085, 1.163-2º, 1.894, 1.688, 1.689-2º, 1.717-2º y 1.842 del Cc., además de 287, 586, 588 y 12 del Ccom.).

Mas sobre la base remota de estos preceptos y la próxima del principio prohibitivo del lucro sin causa, será preciso analizar en cada supuesto concreto si la relación de causalidad se estima suficiente para autorizar la acción del empobrecido contra el tercero, enriquecido a través del patrimonio de una persona intermedia o varias, y esta cuestión apenas ha sido abordada por la doctrina. Cfr. Ss. 12 julio 2000 y 6 octubre 2006.

INDICACIÓN BIBLIOGRÁFICA. Obra general todavía útil, en su tiempo de gran repercusión en la doctrina y, sobre todo, la jurisprudencia, es la de NÚÑEZ LAGOS, *El enriquecimiento sin causa en el Derecho español,* Madrid, 1934, publicada nuevamente en los comentarios de Mucius SCAEVOLA, tomo XXX, vol. 2º, Madrid, 1961; ALVAREZ CAPEROCHIPI, *El enriquecimiento sin causa en el Derecho civil español,* en RGLJ., 1974, pág. 415 y 495; y *El enriquecimiento sin causa en la jurisprudencia del Tribunal Supremo,* en RDP., 1977, pág. 845 (exposición de conjunto, con el título de *El enriquecimiento sin causa,* Santiago de Compostela, 1979); BASOZABAL ARRUE, *Enriquecimiento injustificado por intromisión en derecho ajeno*, Madrid, 1998; DÍEZ-PICAZO y DE LA CÁMARA, *Dos estudios sobre el enriquecimiento sin causa,* Real Academia de Legislación y Jurisprudencia, Madrid 1988; LACRUZ BERDEJO, *Notas sobre el enriquecimiento sin causa,* en RCDI, 1969, pág. 569.

Sección Cuarta

LA RESPONSABILIDAD POR DELITO O CUASIDELITO

I. EL PLANTEAMIENTO DEL CÓDIGO

§ 122. EVOLUCIÓN DE LA NORMATIVA Y LAS IDEAS

632. Del Derecho romano a la codificación.

Cuando uno mismo, sin intervención (actual o instrumental) de otro, causa daño a sus propias pertenencias o a su persona, a nadie puede reclamar la reparación. El problema surge cuando un sujeto sufre un daño —en sus pertenencias, en su cuerpo o en sus sentimientos— que ha sido causado por otro. ¿Debe reparar el causante, y en qué medida, el daño causado?

A. Derecho romano. En los sistemas jurídicos primitivos es corriente que el perjuicio producido en la persona o bienes del miembro de una tribu o familia por la acción directa de persona perteneciente a otra distinta, dé lugar, cualquiera que sea su causa, a la *inimicitia* entre el autor del daño y el perjudicado, que se arregla prestando un resarcimiento, adecuado al perjuicio concreto o según un estandard fijado por la costumbre o la ley. Es como una reacción instintiva, mecánica, contra el mal sufrido, sin consideración a los factores que pudieron determinar la conducta del causante del mismo, y confunde la idea de pena con la de reparación; la responsabilidad penal con la civil.

El Derecho romano, a partir de las Doce Tablas, es decir, en unos tiempos en los que el poder estatal no tenía capacidad para asumir muchas competencias, distinguió dos suertes del infracciones, conforme a su mayor o menor incidencia en el orden público. Las más graves, los *crimina,* suponían un atentado contra el Estado, que se reprimía por la autoridad en nombre del pueblo y se castigaba con penas corporales o multas en favor del erario. Mientras las otras infracciones, los *delicta,* no movilizaban al poder público sino a instancia de la parte ofendida: en esta clase entraban el hurto, las lesiones infringidas a la persona y el daño en las cosas. Este último, el *damnum iniuria datum,* fue tipificado por la *lex Aquilia* (acaso del año 286 a. C.) como causa o fuente de un derecho del perjudicado a la reparación con una fórmula muy general.

La reparación la fijó dicha ley en el valor máximo de la cosa en los treinta días siguientes *(quanti ea res erit in diebus triginta proximis),* entendiendo luego la jurisprudencia que este máximo abarcaba, no sólo la pérdida del valor positivo (daño «emergente»), sino también toda pérdida negativa (lucro «cesante»), es decir, toda ganancia que se hubiera dejado de obtener por aquel suceso (por ejemplo, la herencia perdida por haber muerto el esclavo instituido heredero).

La interpretación desarrolló sucesivamente acciones *in factum* que extendían el ámbito de la ley a los daños indirectos o sufridos por titulares distintos del *dominus* (poseedor de buena fe, usufructuario, etc.); y el pretor, en su Edicto, se ocupó de otros hechos dañosos típicos (también los ediles en el suyo), formándose un sistema abigarrado de infracciones concretas al lado de la regla aquiliana de responsabilidad general por el daño en las cosas.

El sistema de la Instituta de JUSTINIANO (4, 5) identifica los actos ilícitos civiles con los que llama *cuasidelitos,* describiendo bajo tal epígrafe unas pocas figuras concretas de hechos ilícitos dolosos y culposos, al margen de cualquier prohibición general.

B. Derecho común. En él, el problema de la responsabilidad por daños no es de los mejor tratados, acaso porque, en unas comunidades humanas predominantemente reducidas y donde todos se conocen y mantienen relaciones sociales, cuando la causación del daño no constituye delito es más problemático reclamar la reparación a un responsable con quien hay que convivir habitualmente: se supone asimismo que el sentimiento religioso llevaría a considerar el daño como una prueba impuesta por la Providencia a quien lo sufre.

No obstante, en la medida en que aborda el tema, la doctrina es muy severa en cuanto al grado de diligencia exigible al causante del daño para exonerarse de responsabilidad, conforme a la regla *in lege Aquilia et levissima culpa venit (D.* 9, 2, 44, gr.: la regla no es genuina).

Define BARTOLO la *culpa levissima* como *deviatio incircunspecta ab ea diligentia quam habent hominis diligentissimi eiusdem conditionis et professionis.* La regla persiste hasta la codificación, y así podemos leer en DOMAT que «todas las pérdidas y los daños que pueden ocurrir por el hecho de cualquiera, sea por imprudencia, ligereza, ignorancia de lo que se debe conocer, u otras culpas semejantes, por ligeras que puedan ser, deben ser reparadas por aquél cuya imprudencia u otra culpa ha dado lugar a ella».

El sistema del Cc. de 1889 ha de reconducirse a la doctrina de POTHIER, que distinguió entre delitos y cuasidelitos en razón de su voluntariedad o no: para él es delito «el hecho mediante el cual una persona con dolo o malicia causa cualquier daño o injuria a otro», y el cuasidelito es un delito no malicioso, sino cometido por imprudencia inexcusable. Este mismo autor caracterizó y estableció los requisitos de esta responsabilidad, que han llegado al nuestra doctrina y jurisprudencia reciente.

C. Derecho anglosajón. La culpa arguye siempre, en el concepto del Derecho común, un reproche moral: un juicio desfavorable sobre la conducta del causante del daño: el individuo sólo puede ser hecho responsable si la acción perjudicial dimana de una voluntad que, al menos, no ha sido lo bastante cuidadosa con las consecuencias de sus actos.

El Derecho anglosajón de la Edad media no aceptaba estas limitaciones, y, al contrario, yendo más lejos de la *culpa levissima,* corrientemente imponía la responsabilidad al causante del daño sin contemplación a la responsabilidad moral de su actuar. No era tal responsabilidad *absoluta,* pero sí *estricta,* dice FLEMING. Sólo al final de la Edad moderna por influencia de la escuela del Derecho Natural y el liberalismo, se va imponiendo el principio de responsabilidad por culpa, con sus connotaciones morales. PROSSER observa que esta fundamentación de la responsabilidad, generalizada en el siglo XIX en el momento de auge de la revolución industrial, era favorable a las nuevas empresas que, al ser el perjudicado quien habría de probar que ellas habían incurrido en culpa por los daños que causasen, más fácilmente podrían liberarse de los costes de los accidentes en un momento en que no habían acumulado suficiente capital para hacerles frente. «El empresario trabaja a veces con máquinas toscas e imperfectas y operarios poco hábiles. Era ya bastante costoso construir la fábrica y adquirir la maquinaria: las medidas de seguridad, los expedientes de protección, los altos salarios, tendrían que esperar los días de la ganancia» (GREEN).

Para Alemania, y todavía en la edición de su obra de Pandectas del año 1892, acusa DERNBURG un fenómeno paralelo: la vuelta de la práctica judicial a las genuinas fuentes romanas, de criterio más restringido, frente a la regla del Derecho común de responsabilidad general del causante del daño; porque —dice— «una acción de daños extracontractuales tan amplia pareció excesivamente vaga y peligrosa para el tráfico».

633. El Código civil.

La norma de principio en tema de responsabilidad por daños vienen enunciada por nuestro Código civil así: *El que por acción u omisión causa daño a otro, interviniendo culpa o negligencia, está obligado a reparar el daño causado* (art. 1.902). Se enuncia, pues, en forma de regla general y sin concretarse en determinados tipos de infracción, la obligación de reparar el daño causado, lo que presupone la existencia de una norma genérica que nos prohíbe dañar a otro con nuestra conducta activa o pasiva. Excepcionalmente, la exigencia de culpa como presupuesto de la indemnización se atenúa, e incluso llega a desaparecer, en alguno de los supuestos de los arts. 1.903 y siguientes.

El origen del precepto está en el Código de Napoleón, art. 1.382 («cualquier hecho del hombre que causa daño a otro, obliga a reparar a aquél por cuya culpa ha ocurrido») y art. 1.383 («cada uno es responsable del daño que ha causado no sólo por su hecho, sino también por su negligencia o su imprudencia»).

Nuestro art. 1.902 no tiene antecedentes en el Derecho castellano, en el cual las Partidas (7, 15, 1 y ss.) se limitan a reproducir la casuística romana, y los autores de manuales y tratados de los siglos XVIII y XIX o bien resumen los cuasidelitos de la Instituta (ASSO y DE MANUEL, SALA), o relacionan la materia con el Código penal, como GARCÍA GOYENA y AGUIRRE, para quienes «la doctrina de las culpas como fuente de las obligaciones es hoy poco útil»: (también, por ejemplo, MORATÓ, ELÍAS y FERRATER y DON BENITO GUTIÉRREZ).

En el Proyecto de 1851 el precepto ofrece un texto próximo al actual: «todo el que ejecuta un hecho en que interviene algún género de culpa o negligencia, aunque no constituya delito o falta está obligado a la reparación del perjuicio ocasionado a tercero» (art. 1.900). Se supone, pues, que si el hecho es doloso, constituye siempre delito.

La responsabilidad *ex* art. 1.902 se denomina habitualmente «culpa extracontractual», con escaso acierto, pues de una parte comprende la culpa y el dolo, es decir, el daño causado más o menos intencionadamente que no constituya delito o no sea punible en el caso; y, de otra, no abarca cualquier incumplimiento de una obligación no contractual, sino sólo de las impuestas por normas genéricas que no suponen deuda antecedente.

634. La evolución hacia la responsabilidad objetiva.

A. Situación de partida. El sistema del Cc., de responsabilidad por culpa y no por caso fortuito, se ajustaba poco más o menos al estado de la técnica y a la mentalidad de su época, en la cual los daños se producían más comúnmente por el empleo de medios e instrumentos dominables con facilidad por el hombre y contra cuya acción podía precaver su persona y bienes la presunta víctima. Acaso el planteamiento correspondía más a la situación del comienzo de siglo, pero su identificación con la mentalidad contemporánea la demuestra el rigor con que los tribunales interpretaron luego la existencia de que el perjudicado demuestre la culpa del causante del daño; llegando a exigir que el demandante la «justifique públicamente» en el caso de accidente ocurrido en un paso a nivel (S. 15 febrero 1924); o negando indemnización a la víctima de un accidente de tráfico porque la negligencia del conductor del vehículo resultaba sólo de declaraciones testificales y actuaciones en un sumario, que no fueron reproducidas en el pleito civil, sino aportadas a él en virtud de certificación, por lo que no podía considerarse que la culpa del demandado se hubiese probado debidamente (S. 29 diciembre 1939).

Mas tampoco desaparece del todo la ancestral idea de la responsabilidad por mera causación del daño, ni de los Códigos, ni de las zonas y costumbres campesinas de diversos países, y relativamente a los daños causados por la caza, los ganados, etc. La persistencia de la responsabilidad objetiva se corresponde con la realidad de que un espíritu positivo, ante un daño causado, fácilmente se siente inclinado a preguntarse, no sólo si la actuación del causante fue diligente y moralmente irreprochable, animada de las mejores intenciones y rodeada de cautelas; sino si en una apreciación social de las cosas, el daño deben soportarlo y repararlo el perjudicado, o el dañador, o un tercero.

B. La revolución industrial. Estas reflexiones cobran urgencia cuando las posibilidades de causar perjuicio aumentan geométricamente, al señorear el hombre y encauzar a su servicio fuerzas de la naturaleza cada vez más poderosas y peligrosas. El régimen tradicional de la responsabilidad por culpa, correspondiente a una época en que los daños que podía causar la actividad humana eran limitados, en consonancia con lo exiguo de las fuerzas materiales que tal actividad ponía en juego, queda superado a raíz del desarrollo de la gran industria y la captura de fuerzas de la naturaleza que el hombre no puede dominar completamente: que escapan, por su inmensidad, a un exacto y puntual señorío. Y cuando las fuerzas se rebelan contra su dueño y éste más bien se convierte en esclavo de ellas, los límites de la responsabilidad no pueden ser ya, para ese esclavo, los de su libertad.

Observa Barcellona cómo «el ingente potencial de energía recogido en la industria proporciona sólo una pálida idea del riesgo vinculado al proceso tecnológico: la difusión de materias inflamables entre el público, el sistema de transporte y producción, la mayor parte de los factores conexos a la actividad productiva, implican constantemente un notable peligro de daño, potenciado de manera decisiva por el fenómeno de la masificación urbana».

El criterio del legislador, o el del juez, sobre quién ha de soportar el daño causado por (o atribuible a) una persona, se torna, entonces, plural. No excluye siempre el análisis de la negligencia con la que acaso obró el autor del perjuicio, pero tampoco erige la presencia de ésta en único criterio de atribución de la responsabilidad. También si la causación del daño fue inevitable en el caso, pese al cuidado sumo del causante, puede ser éste hecho responsable de las consecuencias económicas del evento dañoso por razones de equidad.

En particular, tanto el legislador como el juez, cuando la actividad desarrollada por una persona o empresa representa una fuente de provechos para ella y un riesgo adicional y extraño para los circunstantes (personas o bienes), pueden llegar a poner el resarcimiento de los perjuicios a cargo de quien materialmente dio lugar a ellos, como una especie de contrapartida de la utilidad proporcionada por la actividad peligrosa *(ubi emolumentum, ibi onus),* aunque tal daño se haya producido sin poder evitarlo y pese a haber adoptado las precauciones técnicas indicadas: dígase lo mismo de quien, sin provecho, emplea instrumentos que ponen en peligro, por su propia naturaleza, la persona y bienes del prójimo (responsabilidad llamada *objetiva* o *por riesgo).*

La evolución hacia la responsabilidad objetiva ha sido en algunos paises obra principal de la legislación, y entonces constreñida a unos ámbitos concretos de la actividad humana. En otros, es creación, sobre todo, de la jurisprudencia, la cual realiza, en torno a una casuística más diversa y general, planteamientos más genéricos e inconcretos. Suele citarse como ejemplo de aproximación jurisprudencial a la nueva orientación del régimen del daño la interpretación, realmente atrevida y ajena a la voluntad del legislador (pero fuente de soluciones equitativas), que los tribunales franceses dieron al art. 1.384 del Código de Napoleón, según el cual cada uno es responsable «no solamente de su propio hecho, sino también del hecho de las personas de las que debe responder, o de las cosas que tiene bajo su guarda». El precepto era una recopilación programática de los que le siguen inmediatamente, relativos a la responsabilidad por hecho ajeno, de los animales y de las cosas; pero el Tribunal francés de casación, a fin de ampliar el ámbito de la responsabilidad entendió, ya en 1896, que la caldera de un remolcador que había hecho explosión y ocasionado diversos perjuicios estaba *custodiada* por el propietario del remolcador, y éste debía responder ante las víctimas o sus causahabientes. Más, tarde extendió el principio de responsabilidad objetiva por hecho de las cosas sucesivamente a las inmuebles, a las cosas que obedecen directamente a la mano del dueño o movidas por una fuerza exterior, y al hecho de los animales. En todos estos casos se entendía existente una «presunción de culpa» del supuesto *guardián,* pero en 1930 las Cámaras reunidas del Tribunal de casación modificaron el vocabulario empleado y hablaron de *presunción de responsabilidad:* término más exacto, porque el llamado «guardián de la cosa», que debe responder, no era considerado irresponsable aun cuando probase la ausencia de culpa suya.

*C. El análisis económico del Derecho y la responsabilidad extracontractual.*La evolución no sólo ha sido determinada por el desarrollo de la técnica, fuente de una continua multiplicación de accidentes cuya causa, a veces, no parece imputable a ninguna acción humana; sino también por el fenómeno social del ascenso de las clases no capitalistas, las más amenazadas por el accidente: para quien vive de su trabajo y para su familia, el accidente corporal significa la ruina, y es indispensable organizar la reparación del daño con arreglo a unos criterios más justos que el de la culpa. No se trata, pues, como en los ordenamientos jurídicos primitivos, de una atribución indiscriminada y fatal del daño a su causante inocente, sino de un cálculo de quién es razonable y equitativo que lo soporte, de acuerdo con los principios de solidaridad social que proclaman los textos constitucionales y que obligan a fijar la atención fundamentalmente en el perjudicado y en la seguridad de su resarcimiento (Rodotá).

Frente a este planteamiento se sitúa el puramente económico de Calabresi, para quien la imposición, a la empresa, del resarcimiento de todos los accidentes causados por su actividad, realiza una distribución óptima de los costes, que sólo existe si el precio de cada bien refleja todos los gastos que se han realizado para producirlo, entre los cuales se halla el de la reparación. El importe se distribuye luego, a través del pago del precio, entre la masa de los consumidores. Con esa perspectiva, el análisis económico del Derecho (de Daños) se fija no tanto en el daño (producido y a resarcir), sino en la distribución de cotos que una actividad arriesgada comporta en un número amplio de personas.

Para Trimarchi, la responsabilidad general de la empresa por el daño causado por ella, aun sin culpa, cumple una función de selección natural. El Derecho —razona— «no considera ilícito el ejercicio de actividades arriesgadas o la falta de adopción de las medidas necesarias, si la probabilidad del daño es suficientemente escasa, habida cuenta de la utilidad social de la actividad en cuestión. Así se explica cómo se consienten actividades, cuales la explotación de minas, de centrales eléctricas, de gasómetros, fábricas de producción de gas, sustancias químicas peligrosas o explosivas, el tráfico ferroviario, aéreo y automovilístico, y otras muchas, no obstante que, en conjunto, ocasionen cada año gran número de accidentes». Estos accidentes no representan «un daño ocasional y esporádico», sino «la manifestación de un riesgo constante, calculable y perteneciente a una actividad programada, sobre la cual se puede operar económicamente. Cuando una actividad presenta un mínimo de continuidad y de organización, el riesgo inherente a cada acto particular se multiplica, a causa de la repetición, y asume dimensiones tales que puede ser calculado, mientras correlativamente, se multiplica su utilidad social, así que se justifica en línea de máxima la licitud del acto».

D. La responsabilidad y el seguro. Finalmente, el desarrollo de una organización más flexible y positiva de la responsabilidad ha sido fomentado y, a la vez, encauzado, por el de una técnica económica: la del seguro. El seguro supone un reparto de riesgos entre quienes crean esos mismos riesgos: entre todos ellos, mediante las primas pagadas al asegurador, satisfacen los siniestros causados por alguno, consiguiendo evitar, mediante un sacrificio común soportable, acaso la ruina del causante del daño o, lo que sería peor para la víctima, su insolvencia. El seguro era indispensable para que el individuo pudiera hacer frente a las crecidas responsabilidades nacidas del desarrollo de la técnica, e incluso para que las posibles víctimas no hayan de esperar de la buena voluntad del causante en potencia del daño, que éste se procure por anticipado los medios de indemnizarlo. El legislador, al par que ha ido imponiendo en supuestos cualificados la responsabilidad sin prueba de la culpa del responsable, suele establecer los medios para hacerla efectiva obligando al creador del riesgo a contratar un seguro presumiblemente suficiente, y hasta previendo a veces garantías subsidiarias de la mano pública.

En conclusión. La evolución hacia la responsabilidad objetiva ha creado en la sociedad opulenta de los países occidentales un estado de espíritu notoriamente opuesto a aquel ambiente medieval, de la resignación ante la desgracia, aun debida a cierta negligencia de alguien: ahora, cualquier perjudicado se siente con derecho a pedir el resarcimiento del daño sufrido por él y, no encontrando un sujeto culpable, a que sea el colectivo quien peche con su infortunio personal. Frente a esto, plantean no pocos autores la perspectiva y el temor de que una responsabilidad socializada haga perder el fundamento de índole moral, que sirve de base a la responsabilidad por culpa y vacíe el estímulo a la diligencia y al control vigilante con que obra el individuo gracias al principio de la culpa. Hay además, estadísticas fiables en ese sentido: descenso del umbral de diligencia, aumento de la siniestralidad en la circulación viaria, cuando todos los riesgos están cubiertos por un seguro.

635. La evolución en España. Legislación y jurisprudencia.

A. En España, la evolución se inició por el legislador en tema de accidentes de trabajo, en el cual, en efecto, el crecimiento del número de obreros industriales y el mayor riesgo que comportaban las nuevas técnicas y máquinas hacían especialmente desventajosa la situación del trabajador, quien, con arreglo a la jurisprudencia, había de probar la culpa de su patrón cuando ocurría un accidente, acaso debido al riesgo habitual inherente a la máquina, al manejo de sustancias peligrosas, etc. Si a esto se añade la necesidad inmediata de recursos del obrero accidentado, la lentitud y carestía del proceso y la posible insolvencia del patrono responsable, queda claro que la culpa, como criterio único para fundamentar la responsabilidad del patrono, no satisface las exigencias de justicia y equidad en una sociedad industrial; y así lo entendió el legislador, que reguló los accidentes de trabajo —según veremos en su lugar— desde otros puntos de vista.

El paso siguiente hacia la responsabilidad objetiva lo da la Administración. Frente a la posición inhibicionista del Cc., la Ley de Expropiación Forzosa (1954) y la Ley de Régimen Jurídico de la Administración del Estado (1957), diseñan la responsabilidad de aquélla «al margen de todo funcionamiento irregular... fundamentada en la idea común de lesión que causa un perjuicio que no es antijurídico por la manera de producirse, sino porque el titular del bien o derecho lesionado no tiene el deber de soportarlo» (S. cont. 27 enero 1971). Para que nazca el deber de indemnizar del la Administración basta «el nexo causal entre el daño producido y el funcionamiento del servicio público» salvo que el daño se deba a fuerza mayor (S. cont. 5 febrero 1980, entre tantas otras).

El art. 106.2 Const. confirmó y elevó el rango de esta normativa, desarrollado por la Ley 30/1992, de 26 noviembre (LRJAP); y el art. 121 Const. alude a la indemnización de errores judiciales, que desarrolló luego la LOPJ. de 1985 (art. 292-297).

La legislación ulterior introduce los principios de la responsabilidad por riesgo en lo que atañe a los automóviles, zona de la vida de relación en la que la aplicación indiferenciada del principio de culpabilidad era igualmente injusta. Ahora, la ley y los tribunales han invertido los términos (cfr. S. 6 mayo 1983). La idea del riesgo creado inspira luego la normativa sobre energía nuclear, navegación aérea y caza (*infra*, § 135).

B. Pero la ley, ha regulado sólo unos concretos ámbitos en la causación de perjuicios, y en los restantes ha sido la jurisprudencia la que, tímidamente desde los años cuarenta, y con alguna mayor firmeza después, ha propiciada la evolución. En estos últimos lustros son numerosas las sentencias que aluden a un cambio jurisprudencial de orientación en materia de responsabilidad que, sin acoger «el principio de la denominada responsabilidad objetiva, basada únicamente en la existencia del daño», registran cómo «el sistema subjetivista viene evolucionando en la doctrina y en la jurisprudencia».

Las decisiones del T. S. ponen de relieve, por lo general, el tratamiento ambivalente del problema. Es decir, de una parte, cómo el ejercicio de una actividad lucrativa peligrosa obliga a responder de los daños que por su causa sufran las personas y las cosas (p. ej., S. 14 junio 1984); siendo preciso atemperar el principio de la responsabilidad por culpa «a impulsos de los imperativos que surgen de la realidad presente... de los avances de la técnica y consiguiente creación de riesgos» (S. 16 mayo 1983), a cuyo efecto se habrá de interpretar el art. 1.902 Cc. a la luz de los principios del art. 3.1. Mientras, de otra parte, recuerda también el T.S. cómo «en manera alguna cabe prescindir de que el principio de la responsabilidad por culpa sigue siendo básico en nuestro ordenamiento positivo» (S. 18 mayo 1984); cómo «no cabe eliminar el carácter culpabilista de la disciplina del Cc.» (S. 10 febrero 1984), que libera de indemnizar cuando el tribunal reconoce «la irreprochabilidad de la conducta del demandado» (S. 8 mayo 1984).

La evolución jurisprudencial se traduce, entonces, en estas dos soluciones (que serán estudiadas con detenimiento al tratar de la culpa):

a) *Inversión o atenuación de la carga de la prueba.* Diversas sentencias hablan, a partir de la de 10 julio 1943, y más decididamente la de 30 junio 1959, de «cargar al autor del atropello con la obligación de desvirtuar la presunción de culpa»; de «invertir la carga de la prueba para obligar al autor de los daños a acreditar que obró en el ejercicio de sus actos lícitos con toda al prudencia y diligencia precisas para evitarlos»; o bien de que «entre los riesgos que la vida moderna crea o a que da origen, se suaviza la rigurosa exigencia de una prueba completa o plena de los hechos, frente a la peligrosidad de éstos», como dice la S. 5 abril 1963. La propia sentencia habla, en el caso, de «la dificultad de la prueba que coloca en situación de inferioridad al demandante, contradiciendo los principios de equidad que deben presidir la realización de la justicia». En la actualidad, la inversión de la carga de la prueba es un principio jurisprudencial aceptado sin contradicción (SS. 30 junio 1993 y 12 julio 1994, entre muchas).

Dos motivos llevan a desviar hacia el causante del daño la carga probatoria: de un lado, la idea de que quien causa daño en el ejercicio de una actividad que supone riesgo para las personas y cosas se presume culpable (SS. 11 octubre 1991 y 12 julio 1994): *responsabilidad por riesgo cualificado* (cfr. Ss. 9 junio 1993 y 29 mayo 1999); y, de otro, la consideración de equidad de que, en cualquier caso, el perjudicado se presume inocente del daño y no se pueden poner condiciones exorbitantes a su derecho a la reparación.

b) *Elevación del nivel de diligencia exigible.* La S. 30 junio 1959 acentúa la necesidad de una diligencia específica en ciertas actuaciones lícitas «con la obligación de asegurarse de su alcance y consecuencias para evitar perjuicio a tercero»; ya la de 23 febrero 1950 había hecho notar que un acto lícito puede ser culposo «si no se realiza con la prudencia que las circunstancias del caso exigen»; y —sigue la de 1959— «la S. 25 marzo 1954 dice que, cuando las garantías adoptadas conforme a las disposiciones legales para preparar y evitar los daños previsibles y evitables no han ofrecido resultado positivo, se revela la insuficiencia de las mismas y que faltaba algo para prevenir y no se hallaba completa la diligencia; consecuencia todo ello de la aplicación a la responsabilidad extracontractual regulada en los arts. 1.902 y ss. Cc. de la teoría de la culpa contractual prevista en el 1.104 del mismo cuerpo legal». (Cfr. SS. 21 enero y 8 octubre 1996, 10 marzo y 7 abril 1997 y 7 mayo y 5 septiembre 2007). Es decir, que el nivel de diligencia consistente en ajustar la propia actuación o instalación a lo reglamentado no es suficiente: ha de ponerse toda la precisa para evitar el accidente, con arreglo a la diligencia exquisita que cada uno debe practicar en su relación con los demás.

636. Nuevos aspectos de la responsabilidad.

La evolución de la legislación y/o la jurisprudencia conduce a que ciertas actividades en cuyo ejercicio difícilmente se apreciaba en otros tiempos la posibilidad de culpa extracontractual, se hayan constituido ahora en objeto frecuente de las demandas de resarcimiento, al sensibilizarse la opinión o crecer las posibilidades de daño y la consiguiente necesidad de tutela.

A. La responsabilidad profesional. Los profesionales, y en particular los que ejercen profesión liberal, han tenido siempre frente al cliente que con ellos contrata, una obligación de diligencia, que se hacía efectiva en la práctica en mayor o menor medida según las profesiones: muy escasa o nula, hasta época reciente, por ejemplo, en los abogados o los médicos (cfr. Ss. 16 marzo 1966 y 27 enero 1973).

Mas, aparte la consideración del fallo profesional, en su caso, como un incumplimiento de contrato, hoy se tiende a contemplar en él, presciendo de la posible vinculación entre las partes, su faceta de acto ilícito. El hecho es más patente en la profesión médica, que desarrolla su actividad en un contexto de cierta derogación o modalización del Derecho común en lo que concierne a la integridad física. Véase, a título de ejemplo, Ss. 18 febrero, 7 abril 1997, 8 mayo 2003 y 19 julio 2007.

La propia ilicitud del acto profesional se ha hecho ahora más fácil y probable al invertirse la carga de la prueba de la culpa y a la vez, colocarse en una escala superior al nivel de diligencia exigible a quien presta sus servicios.

B. Responsabilidad del fabricante. La producción en masa ha hecho patente el problema de la responsabilidad del empresario frente al consumidor final de su mercancía. Pothier limitaba esta responsabilidad al círculo de quienes contratan inmediatamente con el productor, sin que pudieran reclamar a éste los adquirentes del objeto elaborado (los que lo compraron al comerciante intermediario), y lo mismo sucedía en el sistema de la *Common Law* en virtud del principio de la *privity of contract:* del efecto relativo del contrato que recoge entre nosotros el art. 1.257 Cc. Hoy, en cambio, la legislación y la jurisprudencia universal admiten la responsabilidad directa del fabricante frente al consumidor final: se entiende que el defecto de la cosa adquirida por éste hace presumir la culpa de quien la produjo, o bien que el fabricante está obligado, objetivamente, a resarcir el daño, causado al consumidor, salvo si demuestra que tal daño se debe al mal empleo de la cosa o es obra de los intermediarios.

En Inglaterra, señala el punto de inflexión una sentencia de la Cámara de los Lores, del año 1932, en el caso (*Donoghue* v. *Stevenson*) de un consumidor que en una botella (opaca) de cerveza comprada por un amigo en el comercio local encontró los restos descompuestos de un caracol, sufriendo un trauma grave. En fórmula de lord Atkin «el fabricante que vende sus productos en la forma que se supone han de llegar al último consumidor sin examen intermedio y con la consciencia de que la falta de una precaución razonable en la preparación o envasado de aquéllos puede dañar la integridad física o los bienes del adquirente, es responsable de tales daños frente a éste». La máxima ha sido aplicada desde entonces por los jueces ingleses en infinitos casos: ropa interior que produce enfermedad de la piel, lámpara eléctrica que explota, piedra en un bollo, etc.

En este punto, la Directiva 85/374 CEE., de 25 julio 1985, sobre responsabilidad civil por los daños ocasionados por productos defectuosos, intentó aproximar las legislaciones nacionales de los Estados miembros; y la Ley 22/1994, de 6 julio, de responsabilidad civil por los daños causados por productos defectuosos, adaptó la normativa española a aquella Directiva; ahora sustituida por el Texto refundido de la Ley General para la Defensa de los Consumidores y Usuarios (R.D. Legisl. 1/2007, de 16 de noviembre). De ella nos ocupamos en el § 135, a que me remito.

En España la S. de 14 noviembre 1984 (con cita de las de 26 marzo 1982 y 20 marzo y 20 octubre 1983) acepta que «la responsabilidad civil del fabricante por los daños causados a los usuarios o consumidores de los productos que elaboró, habrá de basarse bien en la negligente fabricación, con lanzamiento al tráfico comercial de una sustancia defectuosa, ora en faltas cometidas respecto de la necesaria instrucción o información, es decir, en el olvido de las indicaciones precisas para su utilización; doble aspecto que también aparece recogido en el art. 1 del Convenio de La Haya de 21 octubre 1972 y asimismo tiene eco en la jurisprudencia, que en unas hipótesis contempla el quebranto causado por incorrecta fabricación o defectuoso envase del preparado (...) y en otras el ocasionado por la falta de instrucciones para la utilización de la sustancia de alto poder tóxico». «La responsabilidad del fabricante en ambos supuestos —añade—, que normalmente habrá de discurrir por cauce extracontractual, descansa en la inexcusable presencia de un acto culposo o negligente, es decir, de un comportamiento del que se deriva responsabilidad por defectos de fabricación o por incumplimiento del deber de orientar al usuario». Véase también Ss. 15 marzo 1989, 26 enero 1990, 23 junio 1993, 4 octubre, 22 noviembre y 11 diciembre 1996.

C. La protección de los intereses difusos. La acción del individuo carece de interés pecuniario propio cuando el daño infligido por un agente, en particular una industria, es mínimo para cada adquirente o usuario. Pero el daño puede ser importante en relación al colectivo, y así ocurre, no sólo con el que causan las mercancías defectuosas que se venden (o los servicios que se prestan) a un público masivo, sino con multitud de aspectos de la convivencia, y en particular los que se refieren al medio ambiente: problemas de polución del agua o del aire, por ejemplo. Hay aquí, de por medio, unos intereses generales que la doctrina llama *difusos* porque atañen a muchos o a todos: los de los consumidores, por supuesto, a la tutela de la propia integridad física, a la calidad de los productos o a la variedad del mensaje publicitario, etc.; pero también los del ciudadano al buen empleo del territorio o la conservación de la naturaleza o los monumentos. Intereses cuya defensa por el individuo no ha tenido en cuenta la disciplina tradicional de la responsabilidad, pensada para resolver conflictos entre particulares propietarios o entre vendedor y comprador, faltando un instrumento de defensa —distinto de la Administración— frente a los actos que lesionan el interés general.

Roca Juan apunta a la «legitimación individualizada de cada persona para defender su *propio medio ambiente»,* que se fundaría en el art. 24 Const., al conceder éste protección judicial a los «intereses legítimos del ciudadano», mientras el art. 45 tutela el derecho a disfrutar de un medio ambiente adecuado, de donde el particular podría, tanto exigir una reparación, como que cese la causación del daño, y ello en vía civil. Véase ley 28/1972, de 22 diciembre, de protección del ambiente atmosférico, y ley 20/1986, de 14 mayo, de residuos tóxicos.

En Norteamérica se ha desarrollado el instrumento de las *class actions,* que ejercita un grupo más o menos reducido para defender los intereses de un amplio colectivo, arrogándose la representación de éste: defensa, ya proponiendo una acción inhibitoria dirigida a hacer cesar las actividades lesivas a fin de evitar la repetición de los eventos dañosos, o bien ejercitando la acción de resarcimiento. En Derecho español este tipo de acciones y legitimación están previstas en el art. 7.3 LOPJ., y en los 11, 15 y 221 Lec., para consumidores y usuarios (a que enseguida me refiero).

D. Las acciones del resarcimiento del consumidor en el Derecho español. Las *class actions* encuentran ahora una posibilidad de ejercicio en España en la

L. 19 julio 1984, de defensa del consumidor (precedida y causada por el art. 51 Const.) a través de las asociaciones de consumidores. Esta ley queda desplazada, en los casos de los daños por productos defectuosos, por el Texto refundido de la Ley General para la Defensa de los Consumidores y Usuarios (R.D. Legisl. 1/2007, de 16 de noviembre).

Establece la ley el derecho «de los consumidores y usuarios», ya a la protección contra los riesgos que puedan afectar a su salud y seguridad y a sus legítimos intereses económicos, ya a «la indemnización o reparación de los daños y perjuicios sufridos» (art. 8); así como la prohibición de que los productos impliquen riesgo para el adquirente, salvo los usual y reglamentariamente admitidos (y éstos deben ser puestos en conocimiento de aquél). De donde se deduce, por de pronto, la posibilidad de cada consumidor o usuario de accionar él solo, frente al productor de bienes o servicios, por el daño individualmente sufrido: así lo confirma el art. 128, con arreglo al cual "todo perjudicado tiene derecho a ser indemnizado [...] por los daños o perjuicios causados por los bienes o servicios"; salvo que aquellos daños y perjuicios estén causados por su culpa exclusiva o por la de las personas de las que debán responder civilmente (cfr. S. 11 diciembre 1996). Los empresarios, es decir, quienes producen, importan, suministran o facilitan productos o servicios, responden de los daños y perjuicios causados por éstos, frente al consumidor o usuario (art. 135), a menos que conste o se acredite que se han cumplido debidamente las exigencias y requisitos reglamentariamente establecidos y los demás cuidados y diligencias que exige la naturaleza del producto, servicio o actividad (cfr. arts. 140 y 147). La responsabilidad no es, pues, objetiva, pero sí que hay aquí una exigencia de diligencia máxima, y una presunción de culpa del productor (véase SS. 25 junio y 19 septiembre 1996). La S. 19 diciembre 1994 califica de responsabilidad objetiva la de los supuestos del art. 28 (bienes y servicios con garantía de niveles determinados de pureza, eficacia o seguridad).

Mas el instrumento específico de la acción de la ley son las asociaciones de consumidores y usuarios (concepto y fines, en art. 23), que podrán «representar a sus asociados y ejercer las correspondientes acciones, en defensa de los mismos, de la asociación o de *los intereses generales, colectivos o difusos, de los consumidores y usuarios»;* y disfrutarán del beneficio de justicia gratuita (art. 37). De donde están legitimadas, en su labor de tutela de los intereses generales del consumo, frente a cualquier empresario, accionando, ya para salvaguardar la salud y seguridad de los consumidores puesta en riesgo por un fabricado, ya para pretender que la calidad, peso, precio, etc., correspondan con lo prometido. Por su lado, la Lec. concede idéntica legitimación a esas asociaciones (art. 11 y 15), y la sentencia condenatoria favorecerá también a personas que no estén individualmente determinadas, estableciendo los datos, caracteres y requisitos necesarios para poder exigir el pago (art. 221 y 222).

INDICACIÓN BIBLIOGRÁFICA. De las obras generales, cabe destacar particularmente las de ALPA y BESSONE, SAVATIER y FLEMING. Literatura española: DÍEZ PICAZO, *La responsabilidad civil, hoy,* ADC., 1979, pág, 726; BONET CORREA, *La responsabilidad objetiva,* RDN., XVIII, 1960, pág, 209.

Sobre responsabilidad profesional: SOTOMAYOR GIPPINI, *Introducción a la responsabilidad civil profesional,* en «Conferencias sobre el seguro de responsabilidad civil», Universidad de Deusto, Bilbao, 1979; SANTOS BRIZ, *La responsabilidad civil de los médicos en el Derecho español,* RDP., 1984, pág. 643; ATAZ LÓPEZ, *Los médicos y la responsabilidad civil,* Madrid, 1985; ROCA TRIAS, *Naturaleza de la relación entre el arquitecto y los clientes,* RDP., 1976, pág. 783.

Responsabilidad del fabricante: ROJO FERNÁNDEZ-RÍOS, *La responsabilidad civil del fabricante,* Bolonia, 1974; y en «Conferencias ... », Bilbao, 1979; SANTOS BRIZ, *La responsabilidad del fabricante frente a terceros en Derecho moderno,* en «Estudios Castán», Pamplona, 1969, II, pág. 497; RICO PÉREZ, *La responsabilidad civil del productor en Derecho español,* en RDP., 1978, pág. 269; DE ANGEL YAGÜEZ, *La responsabilidad civil por explotaciones industriales,* en «Conferencias ...», Bilbao, 1979.

Persona y medio ambiente: ROCA JUAN, *Sobre el deber general de respeto a la persona,* Murcia, 1985; DE ANGEL YAGÜEZ, *La protección de la personalidad en el Derecho privado,* RDN., 1974, págs. 7 y 68; ROGEL VIDE, *Bienes de la personalidad, derechos fundamentales y libertades públicas,* Bolonia, 1985.

BIBLIOGRAFÍA GENERAL. Entre las obras francesas, las de SAVATIER y RODIÈRE, aparte la de MAZEAUD, *Traité... de la responsabilité civile,* 3 vol., París, 1970-1980; las italianas de DE CUPIS, *Il danno. Teoria generale della responsabilitá civile,* Milán, 1979 (trad. esp. de la ed. 1966-70, Barcelona, 1975), y ALPA y BESSONE, *La responsabilitá civile*, 2 vols., Milán, 1981; del área anglonorteamericana, FLEMING, *The Law of Torts,* Sydney, 1983; HEUSTON y CHAMBERS, *Salmond on the Law of Torts,* 18ª ed., Londres, 1981, y PROSSER, *Handbook of the law of Torts,* 4ª ed., St. Paul, Minn. 1971; y de la doctrina alemana el libro que fundó ESSER, *Schuldrecht:* en la versión actual, la *Allgemeiner Teil* a cargo de SCHIMIDT (Heidelberg, vol. II, 1977), y la *Besonderer Teil*, a cargo de WEYERS (Heidelberg, 1984).

De la literatura española, SANTOS BRIZ, coment. a los arts. 1.902 y ss. Cc. en los de EDERSA, t. XXIV, Madrid, 1984; FERNÁNDEZ MARTIN-GRANIZO, *Los daños y la responsabilidad objetiva en el Derecho español,* Pamplona, 1972; DE ANGEL YAGÜEZ, *Tratado de responsabilidad civil*, Madrid,1993; ROGEL VIDE, *La responsabilidad civil extracontractual en Derecho español*, Madrid, 1977; YZQUIERDO TOLSADA, *Responsabilidad civil contractual y extracontractual*, Madrid, 1993, y *Sistema de responsabilidad civil contractual y extracontractual* Madrid (Dykinson), 2001; ROCA TRIAS, E., *Derecho de daños,* 4ª ed., Valencia, 2003; DÍEZ PICAZO, *Derecho de daños*, Madrid, 1999; y las generales de Derecho de obligaciones (en particular, GULLÓN BALLESTEROS, *Contratos en especial. Responsabilidad extracontractual,* Madrid, 1978; y DÍEZ PICAZO, *Fundamentos,* T. V, *La responsabilidad extracontractual*, Thomson-Civitas, Cizur Menor, 2001); REGLERO CAMPOS (coord.), *Tratado de responsabilidad civil*, Pamplona, 2002.

Capítulo aparte merece una obra inédita de F. PANTALEÓN PRIETO, *Del concepto de daño. Hacia una teoría general del Derecho de daños,* memoria doctoral, Universidad

Autónoma de Madrid, 1981; después, coment. art. 1.902, en "Comentario del Código civil", Ministerio Justicia, Madrid, 1991.

§ 123. RESPONSABILIDAD PENAL Y CIVIL. RESPONSABILIDAD CIVIL POR DELITO

637. El sistema dual español. Principios y crítica.

A. La distinción entre delito penal e ilícito civil. La infracción de la vieja regla *alterum non laedere* puede producir consecuencias en dos diferentes ámbitos.

De una parte, puede ocurrir que la conducta dañosa del agente se halle *tipificada* como delito o falta por las leyes penales. Se trata de hechos que por su gravedad y trascendencia social afectan no sólo al interés de los particulares, sino también del orden público: la comisión de alguno de ellos provoca una reacción del ordenamiento jurídico que lo sancionará con una concreta pena impuesta al sujeto a quien se impute. Tal *responsabilidad criminal* constituye una relación de Derecho público que excede generalmente del campo de la libre disposición de los particulares.

De otra parte, el daño causado obliga a repararlo: tanto si se causa mediante un delito o falta como a través de una conducta no delictiva. Cualquiera que sea su fuente, la obligación de reparar es de carácter económico, de contenido fundamentalmente pecuniario; pertenece a la esfera del Derecho privado, dando origen a una relación entre el agente y la víctima cuya efectividad permanece abandonada a la iniciativa de ésta; y puede obedecer no sólo a un hecho concreto tipificado como delito o falta, sino también a cualquier violación de la norma general que impone a todo miembro de la comunidad jurídica la obligación de no dañar a otro —porque la obligación de reparación del daño producido no deriva tanto del delito *per se* cuanto de los hechos que lo constituyen (S. 30 diciembre 1992).

Hoy, tras las reformas de 1967 y 1995 del Cpen., la distinción es menos neta, porque también constituye delito cualquier hecho dañoso imprudente de los que obligan a indemnizar, de modo que ambos conceptos —daño ilícito y delito— parecen identificarse. Pero queda en pie el distinto principio de que parten ambas exigencias de responsabilidad: la civil, de la culpa (en su caso, del riesgo), dependiendo de la presencia del daño, de modo que no existe sin él; mientras la sanción penal castiga una conducta torcida, cause o no perjuicios, y no suele llegar al nivel de la culpa levísima.

B. La dualidad de regímenes. Nuestro ordenamiento establece un doble sistema de responsabilidad, según se trate de hechos dañosos que constituyen delito o falta, o de los no tipificados en el Cpen.

a) Al primer caso atiende, exclusivamente, el art. 1.092 Cc., con arreglo al cual *las obligaciones civiles que nazcan de los delitos o faltas se regirán por las disposiciones del Código penal.* Es decir, que aquí, mediando delito, el Cc. parece inhibirse con este reenvío al Derecho público sancionador. Planteamiento que encuentra su réplica en el campo del Derecho penal, en el art. 116 Cpen., según el cual «toda persona criminalmente responsable de un delito o falta lo es también civilmente si del hecho se derivaren daños o perjuicios» (véase también art. 109.1: «la ejecución de un hecho descrito por la Ley como delito o falta obliga a reparar, en los términos previstos en las leyes, los daños y perjuicios por él causados»), y en el 100 Lecrim., a cuyo tenor «de todo delito o falta (...) puede nacer (...) acción civil para la restitución de la cosa, la reparación del daño y la indemnización de perjuicios causados por el hecho punible». Estos textos anuncian la intención del legislador penal de hacerse cargo de la disciplina de la responsabilidad civil por delito y de confiar el examen de la misma a los tribunales penales, y así lo hace en los preceptos siguientes.

b) A su vez, el art. 1.093 Cc. dispone que *las* [obligaciones] *que se deriven de actos u omisiones en que intervenga culpa o negligencia no penadas por la ley, quedarán sometidas a las disposiciones del capítulo 2º del título XVI de este libro;* es decir, a una disciplina que el legislador considera específica del daño no punible, como si el daño, al proceder de un delito o falta, mudase su naturaleza.

c) Mas la evidente diferencia entre el acto ilícito penal y el civil no se extiende a la cuestión de la indemnización de los daños causados por uno u otro, que obedece a unos mismos principios y, por tanto, debería gobernarse por unas mismas reglas. La culpa civil no constituye una fuente de responsabilidad distinta y aislada de la penal. La diferencia entre ambas, muy clara en el ámbito de la *sanción,* no se extiende al de la *reparación,* en el cual la identidad es —teóricamente— total. En él podrá acaso discutirse sobre si el examen de la responsabilidad civil derivada de delito ha de encomendarse al tribunal penal o al civil; pero aun la competencia de los tribunales penales en modo alguno reclama o recomienda un distinto régimen para ambos tipos de responsabilidad civil —por delito o por acto ilícito no delictivo— que, en esencia, es siempre la misma, puramente civil (véase Ss. Sala 2ª 20 octubre 1981 y 8 octubre 1984).

A juicio de PANTALEÓN, ambos regímenes de la responsabilidad tienen un mismo fundamento, naturaleza y función, «siendo, sencillamente, la condena penal, un requisito de *competencia,* que habilita al juzgador de este orden, por razones de economía procesal, para pronunciarse sobre cuestiones indemnizatorias, de carácter exquisitamente civil». «No existen —puntualiza— dos acciones, una de responsabilidad *derivada de delito* y otra extracontractual o aquiliana, de diferente fundamento y naturaleza. No existe concurso de acciones, sino concurso de normas reguladoras de una única acción. Es impropio hablar de responsabilidad civil *derivada de delito:* no es el delito el fundamento de la responsabilidad civil, sino el daño causado al perjudicado, atribuible al sujeto causante del mismo por concurrir un adecuado criterio de imputación (culpa o negligencia *civiles,* creación del riesgo, etc.). El hecho de que el sujeto declarado responsable civil sea a su vez responsable criminal de un delito o falta no debe confundirnos: no es el delito o falta el criterio de imputación de responsabilidad, sino la culpa llamada civil. El Ordenamiento, por razones de economía procesal y en base al hecho de que toda *culpa criminal* es culpa *civil*, habilita simplemente al Juez penal, en los casos de sentencia condenatoria, a pronunciarse sobre cuestiones indemnizatorias puramente civiles». Cfr. Ss. 8 junio 2006 y 7 febrero 2007.

638. Consecuencias de la dualidad de sistemas. La competencia.

La regulación sustantiva de la responsabilidad civil por delito penal se examina a continuación junto a la responsabilidad *ex* art. 1.902 Cc.; aquí me limito a apuntar los problemas que plantea la coexistencia de las dos normativas (delimitación de los casos en que es aplicable cada una), y las dos jurisdicciones (cuándo es competente cada una; ejercicio de la acción; influencia, en su caso, de los pronunciamientos de la jurisdicción penal).

Veamos el primer extremo.

A. Conocimiento de la responsabilidad delictual por el tribunal penal. En principio, para conocer de la responsabilidad civil por delito es competente el tribunal penal. Así lo presume el art. 112 Lecrim.: «ejercitada sólo la acción penal, se entenderá utilizada también la civil, a no ser que el dañado o perjudicado lo renunciase o la reservase expresamente para ejercitarla después de terminado el juicio criminal si a ello hubiere lugar». A su vez, el art. 109.2 Cpen. dice que «el perjudicado podrá optar, en todo caso, por exigir la responsabilidad civil ante la Jurisdicción civil».

El tribunal penal, entonces, o bien, a la vez que sanciona el delito, determinará definitivamente y sin recurso a otra jurisdicción el contenido de la responsabilídad civil derivada del mismo (arts. 111, 112 y 114 Lecrim., y S. 12 junio 1993), o bien, al dejar el acto sin sanción, abrirá la posibilidad de examen de la reparacion del daño ante los tribunales civiles (cfr. SS. 6 marzo 1992, 13 noviembre 1993 y 26 mayo 1994; también S. Sala 2ª 8 junio 1982).

Aun siendo absolutoria la sentencia, el tribunal penal puede seguir conociendo de la responsabilidad cuando aquélla obedece a la concurrencia de alguna causa de inimputabilidad: enajenación mental, minoría de edad (penal), sordomudez, estado de necesidad y miedo insuperable (art. 118 Cpen.): supuestos, no de falta de delito, sino de falta de imputabilidad, que eximen al autor de la infracción criminal de consecuencias punitivas, persistiendo las civiles. El autor es absuelto del delito, pero sobre su responsabilidad civil, por la cual sí es imputable, decidirá la propia sentencia que declare la absolución imponiendo la indemnización procedente.

B. Conocimiento por el tribunal civil. Los tribunales de este orden conocen el tema del resarcimiento de los daños causados por el hecho ilícito delictivo, sea cuando el perjudicado se ha reservado la acción civil para ejercitarla ante ellos, sea en los casos en que, por diversas causas, no se llegue a una sentencia penal de condena (con la excepción del citado art. 118 Cpen.).

a) *Reserva.* Conforme al art. 112 Lecrim., habiendo reserva expresa ante la jurisdicción penal por parte del perjudicado, la acción civil se sustancia en vía civil. «Pero —dice el art. 111 Lecrim.— mientras estuviese pendiente la acción penal no se ejercitará la civil con separación hasta que aquélla haya sido resuelta en sentencia firme»: a ella se equipara el sobreseimiento definitivo o provisional (S. 6 mayo 1963 y otras). Equivale a reserva expresa iniciar la acción civil *ex* art. 1.902 en reclamación de daños causados por un hecho que resulta ser delictivo. Si, entonces, se incoa el proceso penal, por haber pasado el juez civil el tanto de culpa a los tribunales competentes, la acción civil se suspende hasta que el proceso termine (art. 114 Lecrim.).

b) *Extinción o suspensión de la acción penal.* Son los supuestos de sobreseimiento libre (art. 637 Lecrim.), amnistía, indulto (véase S. Sala 2ª 21 enero 1981), muerte del presunto responsable criminal, prescripción de delito o falta, o bien sobreseimiento provisional (art. 641 Lecrim.) e igualmente el caso de paralización del procedimiento penal por rebeldía del procesado (art. 843 y ss. Lecrim.) o demencia del mismo posterior a la comisión del delito (art. 383 Lecrim.). Conforme al art. 115, «la acción penal se extingue por la muerte del culpable; pero en este caso subsiste la civil contra sus herederos y causahabientes, que sólo podrá ejercitarse ante la jurisdicción y por la vía de lo civil». Esta es la regla general en los casos ahora enumerados.

Lo singular de estos supuestos es que, al cambiar la normativa aplicable, su acaecimiento modifica *ex post* y por causas meramente fortuitas el alcance de la responsabilidad. Cfr. S. 4 mayo 1983 (relativa a un menor de edad, mayor de 16 años, autor de un accidente al conducir un vehículo propiedad de su padre, resultando muerto su acompañante).

639. La dualidad de regímenes normativos ante la dualidad de jurisdicciones.

Una visión simplista concluiría que cada tribunal, civil o penal, aplica, al juzgar sobre la responsabilidad por daños, el Código que corresponde a su especificidad. Lo cual no es siempre exacto, pues si bien los tribunales de lo penal aplican, ordinariamente, al examinar la cuestión (secundaria) de la responsabilidad civil, las reglas del Cpen. y los criterios de la jurisprudencia de la Sala 2ª, y los civiles la regulación de los arts. 1.902 y ss. Cc. interpretados por la Sala 1ª del Tribunal Supremo, sin embargo esta orientación tiene muy abundantes excepciones, y aun se propugna la unidad e indistinguibilidad de las normas civiles y penales del Derecho de daños.

Tal es, en particular, la opinión del profesor PANTALEON, quien, partiendo de que ambos regímenes de la responsabilidad tienen el mismo fundamento —el daño, que ha de ser atribuido al responsable mediante un adecuado criterio de imputación— e idéntica finalidad, concluye que «el ordenamiento, por razones de economía procesal y en base al hecho de que toda *culpa criminal es culpa civil,* habilita simplemente al Juez penal, en los casos de sentencia condenatoria (o, excepcionalmente, en los supuestos del actual art. 118 Cpen.), a pronunciarse sobre cuestiones resarcitorias puramente civiles. La doble regulación establecida en los Códigos Civil y Penal, que se explica por razones históricas (la codificación penal precedió a la civil), no es prueba de la existencia de dos acciones de distinta naturaleza. No estamos ante un concurso de acciones *(Anspruchskonkurrenz),* sino ante un concurso de normas fundamentadoras y reguladoras de una única pretensión *(Anspruchsnormenkonkurrenz);* y por tanto, el Juez, penal o civil, que decide sobre dicha única acción de responsabilidad aquiliana puede escoger libremente *(iura novit curia)* la norma del Código Civil o Penal en que mejor pueda apoyarse la pretensión indemnizatoria del demandante».

La cuestión del Derecho aplicable tiene fuerte repercusión práctica: ante todo, el distinto plazo de la acción de responsabilidad según el Cpen. (quince años, plazo ordinario de las acciones crediticias civiles) —cfr. S. 19 octubre 1990— y el Cc. (un año, plazo del art. 1.968-2º Cc.); pero también, como hemos visto, la distinta disciplina de la responsabilidad de los padres.

A. Aplicación del Cc. por el tribunal penal. Los tribunales penales aplican siempre las normas del Cpen. cuando condenan a indemnizar. Mas no se olvide la supletoriedad general del Cc. que proclama el artículo 4.3, y que permite aclarar y completar con él las posibles lagunas del Cpen. Conde Pumpido añade, en favor la aplicabilidad del Cc., que los delitos y faltas son un subgrupo de los actos ilícitos, por lo que les son aplicables las normas civiles que se refieren a ellos en general, sean o no típicos.

B. Aplicación del Cpen. por los tribunales civiles. Ocurre así cuando el demandante haga efectiva ante tales tribunales la acción civil que se ha reservado en juicio criminal (e incluso cuando se reanude el juicio civil suspendido por la formación de causa criminal sobre el mismo hecho) si la causa ha terminado con sentencia condenatoria.

La aplicabilidad del Cpen. en estos casos es algo aceptado sin discusión, salvo la aislada S. 30 junio 1977, que mantuvo la doctrina contraria, acaso por considerarla más equitativa. Pero aun entonces el Cc. puede aplicarse como Derecho supletorio (art. 4.3). Fuera de estos casos, la doctrina y la jurisprudencia dominantes consideran indiscutible que los tribunales civiles han de aplicar exclusivamente el Derecho civil.

«Un hecho —dice De Angel Yagüez— sólo es delito o falta cuando el tribunal competente (de la jurisdicción penal) lo califica como tal». En otro caso, «el juez civil, antes de decidir qué ley va a aplicar (si la civil o la penal), tendría que hacer una calificación impropia de su jurisdicción, pues se vería obligado a manejar los conceptos y criterios penales para llegar a la conclusión de que tal hecho es delito o falta aunque paradójicamente no haya habido un tribunal penal que así lo haya establecido». A ello cabría oponer, empero —sugiere PANTALEÓN— que el juez civil declararía la existencia del delito a los solos efectos de la responsabilidad civil: además, no se ve por qué la muerte del delincuente, el indulto, etc., hayan de acortar el plazo de prescripción de la responsabilidad delictual. La cuestión no es tan clara como podría parecer, y así en favor de esta segunda tesis se pronunciaron —frente a una gran mayoría de decisiones en sentido opuesto— las Ss. 29 enero 1919 (rebeldía), 4 julio 1970 (fallecimiento del procesado) y 2 julio 1979 (ídem): ulteriormente la S. 7 julio 1983, con cita de las de 1 julio 1981 y 8 octubre 1982, califica de *sugestiva* la doctrina según la cual, en los casos de sobreseimiento libre del proceso penal por indulto anticipado, la fuente de la obligación de indemnizar sigue siendo el delito (art. 1.092 Cc.)., y la prescripción la de quince años. Pese a lo cual en un supuesto de fallecimiento del agente del daño y sobreseimiento de las diligencias penales la S. 13 julio 1984 sigue aceptándo la prescripción anual de la acción de la víctima.

640. Influencia de la sentencia penal sobre las acciones civiles.

A. Sentencia condenatoria. La jurisprudencia declara unánimemente que, siendo condenatoria, la sentencia penal resuelve del modo definitivo los problemas civiles derivados de los daños causados por delito o falta (si no se hizo reserva de la acción de resarcimiento), y no se puede volver sobre ella.

«La sentencia penal —dice la S. 2 enero 1978— al propio tiempo que resuelve sobre los hechos delictivos, lo tiene que hacer sobre las responsabilidades civiles consecuencia de los mismos, con fuerza de cosa juzgada material que veda toda posibilidad, a la jurisdicción civil, de conocer o revisar lo resuelto por dicha sentencia: sin que le sea lícito, y así lo tiene declarado reiterada doctrina de esta Sala, suplir, completar o rectificar deficiencias, omisiones, o incluso olvidos que pudieran apreciarse como cometidos en la sentencia penal, por tratarse de jurisdicción de otro orden, quedando en consecuencia definitivamente resueltas todas las responsabilidades civiles que deriven o traigan causa del delito o falta». En el mismo sentido, S. 12 julio 1993.

En cualquier caso, vincula al tribunal civil el resultado de hechos probados de la sentencia penal en cuanto al acaecimiento del hecho, pero en modo alguno en cuanto a su interpretación (véase S. 7 febrero 1980). La sentencia penal condenatoria, si hay reserva expresa de acciones civiles, sólo vincula al tribunal civil en cuanto describe la actividad y su resultado calificados como infracción penal, y establece su antijuridicidad y la culpabilidad del condenado (Ss. 10 octubre 1985, 2 noviembre 1987 y 9 octubre 1989). Cuando no hubo expresa reserva de acciones civiles y la sentencia penal es condenatoria se produce el «efecto consuntivo» de las pretensiones civiles, y los tribunales civiles no podrán volver a pronunciarse sobre el mismo asunto (Ss. 17 diciembre 1985, 2 noviembre 1987 y 18 octubre 1988), por el principio *non bis in idem* (en realidad, cosa juzgada) —SS. 9 febrero y 20 abril 1988: «siempre que no se vuelva sobre hechos ya establecidos en la sentencia penal»—.

Respecto de terceras pesonas, como el coautor del hecho que no fue juzgado o condenado, o bien el padre, o el empresario, etc. —y lo mismo cabe decir, cuando hay reserva de acciones, en relación al propio condenado— la S. condenatoria penal sólo vincula al juez «en cuanto que describe la actividad calificada de delito, así como la antijuridicidad del hecho y la culpabilidad del reo y la puntualización en cuanto al resultado físico o natural, y no como dato cuantificado que pueda afectar al tercero contra quien no se establece pronunciamiento alguno de condena» (S. 27 marzo 1982).

B. Sentencia absolutoria. En este supuesto la víctima del daño, según hemos visto, puede accionar libremente (con la sola limitación de lo previsto en el art. 116 Lecrim.) ante la jurisdicción civil, si bien sobre la base de los preceptos del Cc. y no los del Cpen.

La jurisprudencia explica, también en estos casos, cómo el resultado de hechos probados de la S. penal sólo vincula en cuanto a la existencia del hecho, y no prejuzga «si el hecho tiene otras valoraciones jurídicas cuya calificación y efectos han de ser apreciados por los tribunales de otro orden» (SS. 13 noviembre 1993 y 26 mayo 1994): esto es, que la absolución no exime de responsabilidad civil si el tribunal civil aprecia la existencia de negligencia de este orden, aunque falte culpa penal. Puede, así, el tribunal civil, no sólo «valorar y encuadrar el hecho específico en el ámbito de la culpa extracontractual, sino también apreciar conjuntamente las pruebas obrantes en el juicio y sentar sus propias deducciones en orden a la realidad fáctica» (S. 30 mayo 1983; ver también 4 diciembre 1984 y 6 marzo 1992). Según la S. 9 junio 1989, «la sentencia absolutoria dictada en la jurisdicción penal, salvo la única excepción de que se haya declarado la inexistencia del hecho enjuiciado, no vincula a los tribunales de la jurisdicción civil ni prejuzga la valoración de los hechos que pudieran hacer éstos». En el mismo sentido, Ss. 19 octubre 1989, 5 mayo 1997 y 14 abril 1998.

INDICACIÓN BIBLIOGRÁFICA. GÓMEZ ORBANEJA, *La acción civil del delito,* RDP., 1949, pág. 193; MONTÉS PENADÉS, coment. art. 109 ss. Cpen., en "Comentarios al Código Penal de 1995", Valencia, 1996. Y el comentario de F. PANTALEÓN a las Ss. 28 enero 1983 (CCJC, 1, pág. 103) y 13 julio 1984 (idem, 6, pág. 1953); YZQUIERDO TOLSADA, *Aspectos civiles del nuevo Código Penal (Responsabilidad,...),* Madrid (Dykinson), 1997.

II. RÉGIMEN DE LA RESPONSABILIDAD POR HECHO PROPIO

§ 124. PRESUPUESTOS DE LA RESPONSABILIDAD. EL HECHO IMPUTADO

641. Clases de presupuestos.

La jurisprudencia (entre otras, SS. 5 mayo 1988, 3 marzo 1991 y 8 octubre 1996), de acuerdo con la doctrina, viene exigiendo, para que nazca la obligación de resarcir,

a) De una parte, «la existencia de acción u omisión determinante del evento dañoso», y contraria a derecho: *antijurídica.*

b) Además el propio *daño,* sin el cual no puede haber resarcimiento. Este requisito y el anterior son de carácter fáctico, lo cual es importante a efectos del recurso del casación.

c) Ulteriormente, el requisito de la *culpa o negligencia* atribuible al agente, «entendida la culpa con la amplitud que requieren las circunstancias» (S. de 1984 cit.), pero siendo todavía hoy un principio generalmente aceptado que (salvo en los supuestos de responsabilidad por riesgo) no está obligado al resarcimiento aquel a cuya conducta nada se le puede reprochar.

d) Por último, la relación de causalidad entre el daño y el hecho que lo ocasiona, imputable éste al agente.

Sucesivamente vamos a estudiar en este § y los siguientes tales requisitos.

642. Acción u omisión.

A. En general. El art. 1.902 habla del daño causado por *acción* o por *omisión,* y los 1.089 y 1.093 de «actos u omisiones». Suponen estos preceptos, pues, cierta conducta, cierto comportamiento *del hombre:* atribuible al ser humano. La S. 7 junio 2002 habla de «acción u omisión imputable al agente».

a) El hecho positivo es la fuente más frecuente del daño. Cualquier hecho dañoso entra en la *cláusula general* del art. 1.902: lo mismo un obrar material que uno intelectual materializado en la palabra o en la escritura. Hay acción, también, cuando la operación humana es remota, como si el operario acciona la palanca de un conmutador que pone en movimiento, acaso a gran distancia, las máquinas o fuerzas que causan el daño. La acción humana frecuentemente va acompañada, en la causación del daño, de muchas otras circunstancias.

Mientras, demostrada la acción, se presume la culpa del agente, en cambio la producción de un resultado dañoso no hace presumir necesariamente que se deba a una determinada causa. Como dice DE ANGEL YAGÜEZ, con cita de la S. 13 mayo 1974, «una cosa es que, probada la acción del agente, se presuma su culpa, y otra bien distinta que todo resultado dañoso de alguna manera relacionado con el desarrollo de una actividad se presuma fruto de ésta y no de otra causa diferente».

b) Según los citados preceptos el daño puede también resultar de un hecho negativo: una *omisión*. Esta, a su vez, puede ocurrir de dos maneras.

Una, omitiendo una conducta a desarrollar dentro de una actividad previa: el automovilista que, casi de noche, no ha encendido todavía los faros (contra lo preceptuado por el Código de la circulación), o que no reduce la velocidad cuando se inicia una nevada; el guardabarrera que se olvida de bajarla al paso del tren: en el fondo, toda negligencia tiene un aspecto de abstención.

Otra, la abstención pura y simple: la que no se relaciona con ninguna actividad previa del agente del daño. Se le reprocha su simple pasividad: haber permitido que se produzca un acontecimiento que no ha contribuido a originar. ¿Es posible contraer responsabilidad por una tal omisión? Algunos lo afirman sólo cuando hay intención de causar el daño. Mas si partimos de que el hombre debe conducirse en la vida de relación con diligencia, procediendo como un *bonus pater familias,* la respuesta más bien debe ser afirmativa: contrae responsabilidad quien no actúa para evitar el daño cuando el hombre medio actuaría; cuando la gente considera obligado el socorro, y el no prestarlo representa una infracción al deber de solidaridad y buena fe. El ejemplo del Derecho penal, que admite los delitos por omisión (art. 11 Cpen.), en particular el de omisión de socorro (arts. 195-196), parece decisivo en favor de este punto de vista. En la jurisprudencia, véase S. 21 junio 1991.

B. Imputabilidad. Según una opinión generalmente aceptada, en tema de responsabilidad por culpa los hechos u omisiones dañosos, para ser imputables al agente, han de ser voluntarios, es decir, realizados con consciencia y libertad.

a) Actos involuntarios. Sin embargo, el art. 1.902 no exige una específica voluntad dirigida a la realización del acto dañoso, y yo pienso que si alguien causa daños mediante un hecho suyo involuntario pero que de algún modo pudo o debió evitar, subsiste la obligación de resarcir, pues ha perjudicado a otro interviniendo negligencia (art. 1.902), y limitar el concepto de «acción» a las voluntarias (y lo mismo, por tanto, el de «omisión»), aparte añadir al precepto una especificación no contenida en él, se separa del criterio seguido en los restantes preceptos sobre responsabilidad (art. 1.903 y ss.), en los que no se atiende, para exonerar de ella, a la voluntariedad del hecho, sino a la diligencia puesta para evitar el daño (y no va a ser el agente del daño de mejor condición que sus animales).

b) Incapaces. Su régimen jurídico es hoy un tanto complejo.

a') En cuanto a los menores, la LO. 5/2000, de 12 enero, de responsabilidad penal de los menores, distingue, respecto de los menores (de edad penal, 18 años) que cometan delito o falta: *a los menores de 14 años* se les aplica lo establecido en la legislación civil sobre protección de menores y demás disposiciones vigentes (art. 3), de lo que resultará difícil que puedan ser responsables civiles directos (en bienes propios) —ni siquiera en el caso y momento en que tengan conciencia y juicio suficiente para entender la gravedad del acto y sus consecuencias—, sin perjuicio de la responsabilidad civil de sus padres o guardadores *ex* art. 1903 Cc.; y *los mayores de 14 años* (y menores de 18): "responderán solidariamente [con ellos] de los daños y perjuicios causados sus padres, tutores, acogedores y guardadores legales o de hecho, por este orden"; es decir, que sí son responsables civiles.

b') Por lo que respecta a los *mayores de edad inimputables*, el art. 118 Cpen. en relación con el 20 establece que su exención de responsabilidad penal no les exime de la civil, y concreta: por los afectos de anomalía o alteración psíquica que les impida comprender la ilicitud del hecho, y por los que tengan gravemente alterada la conciencia de la realidad, responderán también civilmente (es decir, en forma subsidiaria) quienes los tengan bajo su potestad o guarda si ha mediado culpa o negligencia por parte de éstos; y los irresponsables penalmente por intoxicación alcohólica o de drogas, estupefacientes y similados, y los demás inimputables, responderán de forma directa (para los incapacitados sometidos a la patria potestad o tutela, véase art. 120-1º Cpen).

c) Personas jurídicas. Voluntad, sólo puede tener el ser humano (según parece suponer el art. 1.902), mas se entiende que los órganos de las personas jurídicas, actuando en cuanto tales órganos, *quieren* por ellas y comprometen su responsabilidad: así se deduce del art. 38-1º («pueden contraer obligaciones»), precepto que no excluye ninguna de las fuentes englobadas en el 1.089 (Ss. 5 enero 1977 y 29 abril 1988). No se trata, pues, de un supuesto de aplicación del art. 1.903-4º, porque los órganos de las personas jurídicas no son dependientes, sino directores, y tampoco cabe equiparar la persona jurídica con un «establecimiento o empresa» (S. 3 julio 1968, aplicando el art. 1.902 a una compañía de ferrocarriles por los daños causados por un tren). Véase también SS. 22 junio 1992 y 10 abril 1994, que han aplicado directamente el art. 1902 a las personas jurídicas cualquiera que sea la persona singular a través de la cual actúen, dice la última de ellas).

En cuanto a personas jurídicas concretas, cfr. para las asociaciones art. 15.4 L.O. 1/2002, y art. 17 de la Ley 50/2002, para las fundaciones; respecto de las sociedades de capital, arts. 238 y ss. LSC'2010, y S. 14 noviembre 2002.

643. Antijuridicidad.

El acto dañoso, para que produzca obligación de indemnizar, ha de ser antijurídico, esto es, contrario a derecho. En otro caso, el agente que causa el daño está ejercitando un derecho suyo y sus actos no pueden ser objeto de reproche por el ordenamiento. En la jurisprudencia, véase Ss. 16 marzo 1983 y 17 marzo 1984.

La doctrina civilista española es muy parca al tratar de la antijuridicidad. Excepcionalmente PANTALEÓN se ocupa del asunto, distinguiendo,

a) Una concepción (objetiva) centrada en el desvalor del resultado en sentido propio: la antijuridicidad consistirá en la violación de la norma jurídica primaria que protege el derecho subjetivo o bien jurídico lesionados. En apoyo del carácter objetivo de la antijuridicidad IHERING pone el ejemplo del poseedor de buena fe de una cosa ajena, a título de dueño.

b) Otra, centrada en el desvalor del resultado en sentido impropio: existencia de un deber jurídico absoluto de *alterum non laedere:* la antijuridicidad resulta de la mera causación del daño, a no ser que concurra una causa de justificación.

c) Una tercera concepción (subjetiva) que partiría del desvalor de la conducta en sí (como en el Derecho penal): la conducta sería *antijurídica* por ser dolosa o negligente; en términos generales, «por ser materialización de una voluntad rebelde a las exigencias de la norma primaria de determinación».

d) El autor (como, en Italia, RODOTÁ, BUSNELLI, CARBONE y TUCCI) niega la pertenencia de los supuestos de hecho de responsabilidad civil al campo del ilícito; y, por tanto, que los mismos exijan para su integración un momento de antijuridiciidad: de violación de una norma primaria presupuesta. A su juicio, el presupuesto para que surja la acción en responsabilidad no es la lesión del derecho subjetivo, sino la simple causación del daño. Función de la responsabilidad extracontractual es, simplemente, distribuir entre dañante y dañado, con arreglo a criterios que se estiman socialmente justos, los efectos perjudiciales del evento dañoso. Tesis que asume también ROCA TRIAS.

Para DÍEZ PICAZO, esta antijuridicidad "entraña, desde luego, un juicio de desvalor del resultado", que sólo es posible realizarlo —añade— en la medida en que se entienda que el juicio sobre la culpabilidad queda embebido en el juicio de la calificación de antijuridicidad.

La jurisprudencia suele atenerse a las concepciones objetivas: así (entre muchas) dice la S. 18 mayo 1984 que el acto dañoso ha de ser imputable a título de negligencia al agente, y además, revestir «la nota de antijuridicidad consiguiente a la vulneración de una norma, aun la más genérica (*alterum non laedere*) protectora del bien quebrantado», rechazando esta S. la demanda en responsabilidad contra la arrendadora de un inmueble, por incendio del mismo, cuando la instalación eléctrica a la que se pretende atribuir el origen del fuego (sin probarlo) se hallaba en perfectas condiciones.

Que no es exigible, para que haya antijuridicidad, la infracción de una concreta norma legal o reglamentaria, lo proclama la constante jurisprudencia que aprecia culpa del causante del daño, aun cumpliendo las medidas de seguridad ordenadas, si hubo cualquier mínima negligencia. «La antijuridicidad —dice la S. 17 marzo 1981— no se elimina al presuponer un acto conforme a las normas, sino que se integra por faltar al mandato general de diligencia al actuar frente a bienes jurídicamente protegidos», pudiendo ser antijurídicos «actos lícitos no realizados con la prudencia que las circunstancias del caso requerían». Cfr. también S. 15 noviembre 1979.

Mientras en el ámbito penal el requisito de la antijuridicidad se destaca netamente de los restantes presupuestos de la infracción, pues toda conducta que configura un delito o falta es antijurídica, cause o no daño, y sea o no imputable el agente; en cambio en el ámbito civil la llamada «responsabilidad extracontractual», con la consiguiente obligación de reparar, nace de un número ilimitado de conductas atípicas que vulneran una regla tan general como la que ordena *alterum no laedere:* conductas que, además de ser ilícitas, para producir la obligación de resarcimiento, han de causar daño efectivo. Nos hallamos ante un ámbito de posibles actuaciones y posibles perjuicios casi infinito y en continuo devenir: a falta de tipicidad, todo daño irrogado a una persona en sus sentimientos, en su cuerpo o en sus bienes jurídicos (aunque no constituyan propio derecho subjetivo), ha de ser reparado mientras el agente no proceda en el ejercicio regular y no abusivo de un derecho (y todavía con la debida diligencia) o medie una causa de justificación.

Estas causas de justificación no difieren mucho, en el Derecho civil, de las del Derecho penal. Elimina la antijuridicidad el obrar en defensa, legítima y proporcionada a la agresión, de uno mismo o de otro; la autorización de la ley en relación con una orden de la autoridad legítima, o permitiendo proceder al agente mismo, como en el caso del art. 612-1º Cc. (véanse también 522, 592, 1.600, 1.730 y 1.780); así como el estado de necesidad, que autoriza para causar intencionadamente un mal a fin de evitar otro más considerable (el automovilista choca deliberadamente contra un coche estacionado a fin de evitar el atropello de un peatón). En este último caso suele entenderse (aunque el Cc. calla al respecto) que la superioridad del bien salvado sobre el perdido justifica la conducta del agente, si bien el propietario favorecido, en principio, habrá de responder ante el damnificado: según el art. 118.1-3ª Cpen., en proporción al perjuicio que se les haya evitado, si fuere estimable.

¿Es causa de justificación el miedo del que ocasiona el daño? El apartado 6º del art. 20 Cpen. exime de responsabilidad criminal al «que obra impulsado por miedo insuperable»; estableciendo a este propósito el art. 118.1 del mismo Código, en su regla 4ª, que «en el caso del número 6º responderán principalmente los que hubiesen causado el miedo, y en defecto de ellos, los que hayan ejecutado el hecho». Criterio análogo debe aplicarse en materia civil.

Indicación Bibliográfica. Quiñonero Cervantes, *El dolo omisivo,* RDP., 1979, pág. 345; Briguglio, *El estado de necesidad en el Derecho civil,* trad. y notas de García Amigo, Madrid, 1971; Quintano Ripollés, *Antijuridicidad civil y penal en el evento jurídico del daño,* RDP., 1949, pág. 863; Conde Pumpido, *Los problemas de la responsabilidad civil por los hechos ilícitos de los incapaces,* en «Estudios Castán»; Pamplona, 1969, II, pág. 73; Diaz Alabart, *La responsabilidad por los actos ilícitos dañosos de los sometidos a patria potestad y tutela,* ADC., 1987, pág. 795 ss; López Sánchez, *La responsabilidad civil del menor,* Madrid, 2001.

§ 125. CULPA Y DOLO

644. Distinciones. Delito y cuasidelito: intencionalidad y negligencia.

No obstante la evolución jurisprudencial en el sentido de objetivizar la responsabilidad extracontractual –dice la S. 8 abril 1992– "el principio de responsabilidad por culpa es básico en nuestro ordenamiento positivo, acogido en el art. 1.902 Cc., de tal suerte que se exige, por punto general, la necesidad ineludible se que el hecho pueda ser reprochado culpabilísticamente al eventual responsable" (en el mismo sentido, las de 5 octubre 1994, 19 junio y 27 septiembre 1995, 13 junio 1996 y 10 marzo 1997). La S. 29 junio 2001 destaca que del "discutible elemento de la culpabilidad" del art. 1.902 lo que más ha evolucionado ha sido su prueba, que se tiende a estimar inmersa en la acción u omisión.

La responsabilidad civil ha de fundarse, pues, en una infracción de las reglas de conducta por el agente del daño: según el grado de intencionalidad de tal infracción, la doctrina distingue tradicionalmente entre actuación *dolosa,* de una parte, y *culposa,* o sea *negligente,* de otra. Distinción que se concreta en la intención con que se realiza el acto dañoso: el dolo presupone la de conseguir el efecto perjudicial, y la culpa no. Si un novio celoso dispara sobre su rival, o un cazador inexperto sobre un compañero, ambos han querido tirar, pero el uno, además, matar, y el otro no. En los dos casos hay –se dice– voluntariedad, pero en el primero comprendiendo al resultado, y no en el segundo.

La jurisprudencia reciente, acorde con la doctrina, tiene otra idea de los conceptos dolo/culpa. La tendencia jurisprudencial a objetivar moderadamente la responsabilidad –ha dicho la S. de 5 septiembre 2007– "encuentra un claro límite en el concepto de culpa como comportamiento no ajustado a los cánones éticos, comportamiento que contiene un elemento de falta de previsión, de falta de diligencia o de pericia. Esta concepción de la culpa no se deduce de un juicio de reprobabilidad subjetiva del comportamiento ni, por tanto, de la actitud psicológica del agente con sus dotes de inteligencia y prudencia, sino de la relación entre el comportamiento dañoso y el requerido por cl ordenamiento en las mismas circunstancias concretas, a fin de evitar la lesión de intereses ajenos, en lo que se ha denominado concepto normativo de la culpa que, de este modo, interviene como criterio de imputación en su doble papel en la secuencia jurídica de la causalidad y en la resarcibilidad de ciertos daños, esto es, para determinar si una cierta persona ha de ser responsable y para fijar la extensión de los daños resarcibles" (y cita las de 12 diciembre 2005 y 9 junio 2006).

El Cc. que, como hemos visto *supra,* núm 101 y ss., acepta en sede del incumplimiento de las obligaciones la distinción entre dolo y culpa, al regular la responsabilidad extracontractual emplea una terminología confusa. El art. 1.089 establece la obligación de reparar el daño causado por los *actos y omisiones ilícitos o en que intervenga cualquier género de culpa o negligencia,* y puesto en relación con los 1.092 y 1.093 parece equiparar los *actos y omisiones ilícitos* a los *delitos o faltas* a que se refiere el art. 1.092; y los *actos y omisiones... en que intervenga cualquier género de culpa o negligencia,* con los *actos u omisiones en que intervenga culpa o negligencia... no penados por la ley* del art. 1.093, que son también los contemplados en el 1.902.

Sin embargo, no todo acto ilícito se halla tipificado como delito o falta en las leyes penales, y tampoco el carácter intencional de la infracción sirve para separar lo ilícito penal de lo civil, sino el acto doloso (punible o no) del culposo (igualmente punible o no). Y estas últimas antítesis, es decir, entre lo ilícito penal y lo civil de una parte, y el dolo y la culpa de otra, son las significativas a los efectos de la responsabilidad.

Literalmente el Cc., que separa mucho en cuanto a sus consecuencias el incumplimiento doloso y el culposo de las obligaciones (cfr. art. 1.106), ni siquiera menciona al dolo en tema de la responsabilidad llamada extracontractual: lo mismo los arts. 1.089 y 1.093 que el 1.902 hablan de «culpa o negligencia». Determinante de tal modo de expresarse es, sin duda, el art. 1.902, único con antecedentes en el Código de Napoleón (art. 1.382, ya citado) y el Proyecto isabelino (art. 1.900, a cuyo tenor «todo el que ejecuta un hecho en que interviene algún género de culpa o negligencia, aunque no constituya delito o falta, está obligado a la reparación del perjuicio ocasionado a tercero»). Dígase lo mismo de los arts. 1.089 y 1.092, 1.093 y 1.902 del Cc., que deben interpretarse con arreglo a este antecedente isabelino del art. 1.902.

645. El dolo.

El dolo supone la voluntad de realizar un acto antijurídico con conocimiento de su ilegalidad; sabiendo que puede ser dañoso a los demas; pero sin necesidad de que el agente haya previsto o podido prever todos y cada uno de sus posibles efectos.

Según algunas sentencias modernas no es precisa la intención de dañar: basta la voluntad de infringir el deber; la mala fe; la conciencia de que se realiza un acto ilícito. Con todo, en relación al daño, el dolo presupone el conocimiento de su producción, al menos probable, como consecuencia de la acción querida (dolo eventual, frontero a la culpa con previsión).

Por falta de intención no constituye dolo la llamada «culpa lata», y por eso puede pactarse su exoneración, y no la del dolo (art. 1.102 Cc.). Pero en el aspecto del *quantum* de la reparación acaso rige aquí, como en materia contractual (la cuestión es controvertida) la máxima *culpa lata dolo aequiparatur*: una negligencia extrema debería acarrear para el agente las consecuencias del dolo (aplicación del 2º párrafo del art. 1.106 Cc.). Al menos, en tal caso debería presumirse el dolo del agente.

Si falta el desconocimiento de que el evento dañoso es injusto, no hay dolo. Mas en tales casos puede haber culpa. El dolo convierte ordinariamente la acción que con tal voluntad se realiza en delictiva: el daño causado dolosamente a las personas o a las cosas ajenas (en algún supuesto, a las propias) está tipificado siempre como infracción —y, consiguientemente, castigado— en el Cpen.

646. La culpa. Grado de diligencia exigible.

Como vimos al estudiar la responsabilidad contractual, supone la culpa un actuar negligente, descuidado, imprevisor, que causa el daño sin quererlo el agente. La define, por ejemplo, la S. 9 abril 1963, como «la omisión de la diligencia exigible en el tráfico, mediante cuyo empleo podía haberse evitado un resultado no querido». Y para la S. 25 septiembre 1996, consiste «no sólo en la omisión de normas inexcusables o aconsejadas por la más vulgar experiencia (imprudencia temeraria con posible sanción penal), sino también en no prever lo que pudo y debió ser previsto para evitar que los riesgos potenciales se conviertan en accidente real» (en términos próximos, la S. 18 marzo 1997). Para la S. 20 julio 2006, la negligencia es un concepto jurídico indeterminado en cuya apreciación confluyen juicios de valor, jurídicos y lógicos, y máximas de experiencia, comunes o generales.

Las reclamaciones civiles en responsabilidad subjetiva se fundan casi siempre en la culpa del agente: muy raras veces en el dolo. En efecto, actos que sean a la vez dolosos, dañosos y no punibles, los hay en número muy limitado; en cambio, son infinitos los eventos culposos, que no constituyen delito o falta de imprudencia (cfr. art. 12 Cpen) o, más exactamente, que no son juzgados como tales.

A. Clases. Doctrina y jurisprudencia (S. 9 abril 1963) dividen la conducta culposa en *consciente* e *inconsciente*: la primera —dice la S. citada— «se da cuando, aun reconociendo que la propia conducta puede conducir a cierto resultado dañoso, el agente tiene, sin embargo, la esperanza de que en las circunstancias dadas no se ha de producir», mientras en la *culpa inconsciente* no reconoce el agente la posibilidad del resultado, que hubiera podido evitar mediante la diligencia exigible en el tráfico.

No hay culpa consciente cuando el hecho se prevé por el agente en su mera materialidad; es decir, creyendo, con error excusable, que no es injustamente dañoso.

B. Previsibilidad. Para que haya culpa es preciso que el resultado dañoso «haya sido previsto como posible, o que haya tenido que ser previsto; verosimilitud del resultado que no puede ser tan pequeña que incluso a la persona que obre conforme a sus deberes no le hubiera hecho desistir de la acción» (S. 1.963 citada; recuérdese la también citada de 25 septiembre 1996).

«Para determinar si el acto es negligente —dice lord Scrutton en el caso *Polemis* (año 1921)— es relevante considerar si una persona razonable podía prever y prevería que el acto había de causar daño». Entre nosotros, son muchas las Ss. que mencionan la *previsi-*

bilidad como componente del elemento culposo. Es un requisito —dice la S. 11 mayo 1983— «esencial para generar culpa extracontractual, y es preciso porque la exigencia de prever hay que considerarla en la actividad normal del hombre medio con relación a las circunstancias, desde el momento que no puede estimarse previsible lo que no se manifiesta con constancia de poderlo ser». Previsibilidad o «imprevisibilidad del daño —prosigue—, que obviamente habrá de tener carácter relativo, y referirse a la previsión normal de un diligente padre de familia, sin que quepa exigir una previsión que exceda de las facultades normales del hombre medio». Véase también Ss. 29 febrero 1984 y 11 julio 1990.

C. Diligencia exigible. Consistiendo la culpa en una falta del cuidado, precaución y diligencia exigibles, ¿en qué medida han de estar presentes éstos en cada conducta? Quiero decir: ¿qué tipo de cautelas ha de proponerse como metro o testigo de la conducta del causante del daño, a fin de determinar si ésta fue, en sí, correcta?

a) Historia. En Roma, si se atiende a la versión justinianea (D. 9, 2, 44, pr.: interpolado), la obligación de reparar nacía de la *culpa levissima*, de la más pequeña falta de diligencia (*in lege Aquilia et levissima culpa venit*), pero la doctrina ha hecho notar, a partir de DONELLO, que las Basílicas, traduciendo este fragmento en griego, hablaban de *culpa levis* (60, 3, 44), y que sólo este paso en todo el Digesto menciona la culpa levísima. En la práctica del Derecho común la responsabilidad nacía sólo a partir de la culpa leve, y tal fue la doctrina de los autores castellanos y luego la de los primeros expositores del Cc. Es más: en algunos puntos concretos, tradicionalmente, el art. 1.902 ha venido aplicándose por los tribunales sólo en los casos de culpa lata (por ejemplo, condena en costas al litigante que abusa de su derecho al proceso).

b) El art. 1.104 Cc. Entrado ya el siglo, la medida de la culpa se hace cada vez más severa, recurriendo la jurisprudencia a los parámetros del art. 1.104, si bien apenas alude a su párrafo 2º y pone el acento en el 1º: en la «omisión de aquella diligencia que exige la naturaleza de la obligación y corresponde a las circunstancias de las personas, de tiempo y de lugar» (S. 29 mayo 1972 y allí citadas y S. 7 diciembre 1987).

La S. 18 septiembre 1984 identifica este grado de diligencia con «la racional y ordinaria cautela que debe acompañar a todos los actos de los que puedan derivarse daños», puntualizando la S. 9 abril 1963 que habrá de determinarse, en principio, «según la clase de actividad de que se trate y la que puede y debe esperarse de persona normalmente razonable y sensata perteneciente a la esfera técnica del caso; por ejemplo, en una operación médica, la diligencia que normalmente suele poner un facultativo; y al conducir un vehículo de motor, el orden y presencia de ánimo, de un conductor corriente». La de 8 febrero 1991 sitúa la diligencia exigible "en la que correspondería al buen padre de familia" (en idéntico sentido, SS. 25 febrero 1992, 10 marzo 1993 y 24 diciembre 1994).

Otras Ss. subrayan la necesidad de tener en cuenta el medio en que la actividad dañosa se desarrolla. Hay que atender, dice la S. 23 marzo 1982 (entre otras) no sólo a la diligencia exigible según las circunstancias de personas, tiempo y lugar, sino además al sector del tráfico o de la vida social en que la conducta se proyecte, y determinar si el agente obró con el cuidado, atención o perseverancia exigibles y con la reflexión necesaria con vistas a evitar el perjuicio de bienes ajenos jurídicamente protegidos, contemplando no sólo el aspecto individual de la conducta humana, sino también su sentido social, determinado por la función de esta conducta en la vida en común (en idénticos términos, la S. 25 enero 1985: véase también S. 14 junio 1984).

c) La «culpa levissima». La evolución de la jurisprudencia hacia una consideración cada vez mayor de los intereses del perjudicado se pone en evidencia en la acentuación que hace del «rigor de la diligencia requerida según las circunstancias del caso», de manera que «ha de ser extremada la prudencia precisa para evitar el daño», pues así lo impone la pauta hermenéutica señalada en el art. 3.1 Cc. (S. 9 marzo 1984). Mientras las Ss. 16 y 27 mayo 1983 y 4 octubre 1982 hablan del «cuidado exigible hasta alcanzar el *agotamiento de la diligencia*». Véase también la S. 5 febrero 2003, sobre culpa profesional (notario).

Antes, la S. 9 junio 1969 estableció que «las acciones u omisiones... se han de apreciar, a efectos de fijar la culpa, dentro del obligado espíritu de justicia, con el saludable rigor que impone la seguridad de las personas y las cosas, tan necesaria».

En realidad, en términos legales, cabe mantener que el Cc. aceptó la medida de la *culpa levissima,* por cuanto, de una parte, así se deduce del tenor literal del art. 1.089 al hablar del *«cualquier género* de culpa o negligencia»; y, de otra, la aplicación analógica del art. 1.104 tampoco es clara, trasladado desde un supuesto de personas que contratan libremente entre sí y —hasta cierto punto— se eligen, a otro de quien recibe daño de un sujeto cualquiera; lo cual explica la severidad de la regla de la *lex aquilia,* y aconseja su relativo mantenimiento en el Derecho español: puestos a elegir entre el daño a cargo de quien lo recibe sin culpa alguna, u obligar a resarcirlo a quien lo causa, siquiera su conducta sólo sea un tanto negligente, resulta más justo lo segundo.

d) La medida de la diligencia y los reglamentos. Al menos, la jurisprudencia está de acuerdo, a través de varias docenas de decisiones, en que, para estar exento el agente de culpa o negligencia, «la diligencia obligada no abarca sólo las precauciones y cuidados ordenados en cada caso por los reglamentos, sino también toda la prudencia precisa para evitar el daño».

No es bastante —dice la S. 12 febrero 1981, entre tantas otras— para dejar de apreciar la existencia de culpa, «acreditar por el causante del daño que ha actuado con sujeción a las disposiciones reglamentarias afectantes al caso, porque cuando las garantías adoptadas conforme a las disposiciones legales para prever y evitar los daños previsibles y evitables no han ofrecido resultado positivo, revelan su insuficiencia y que falta algo por prevenir, estando por tanto incompleta la diligencia» (en términos casi idénticos, SS. 24 diciembre 1992 y 9 febrero y 9 octubre 1996). El acaecimiento lesivo «está proclamando por su misma existencia que las precauciones exigidas por los reglamentos no eran suficientes para prevenirlo» (S. 22 noviembre 1983). «Es errónea —S. 8 noviembre 1977— la tesis de que no incurre en responsabilidad derivada de culpa o negligencia quien se halla respaldado por una legalidad y su actuación es conforme con el Derecho establecido, porque tal tesis permitiría amparar actos u omisiones productores de un daño previsible, que, por serlo, el art. 1.902 considera... generadores de una responsabilidad, para cuya existencia no es necesaria la previa ilicitud».

La serie de decisiones jurisprudenciales se inicia acaso con la S. 29 junio 1932, y luego otras sobre accidentes de ferrocarril, de entre las cuales las más modernas, como las Ss. 3 diciembre 1983 y 11 enero 1979, razonan la responsabilidad de la empresa ferroviaria por razón del riesgo «al crear y mantener para propio beneficio el servicio ferroviario en tales condiciones de peligrosidad», incurriendo en responsabilidad aquiliana «por la sencilla razón de que quien crea un riesgo ha de responder de sus consecuencias». En el caso de la S. de 1983, por ejemplo, el resultado dañoso se produjo pese a las señalizaciones existentes (colocadas en aspa, en postes, con la indicación «ojo al tren» y debajo una placa donde se expresa «atención al tren») que fueron notoriamente insuficientes para evitarlo. Cfr. también S. 4 noviembre 1999.

Luego, se han producido diversas Ss. en tema de inmisión de residuos de las fábricas o de polvos procedentes de obras, que causan perjuicio en las cosechas y las fincas; desde la de 23 diciembre 1952, a la de 17 marzo 1981 (importante por su exposición doctrinal) y 27 octubre 1982 (emisión de polvo desde unas obras, que arruinó las plantaciones de tomates). Cfr. S. 24 septiembre 2002, sobre apreciación de la culpa en actividades de riesgo (no exonera el cumplimiento de las medidas reglamentarias).

Las resoluciones relativas a accidentes ocasionados por conductores eléctricos son acaso las más numerosas. En el de la S. 5 abril 1963, por ejemplo, la caída de un cable de alta tensión que mata a un niño debió evitarse, según el T. S., mediante medidas superiores a las reglamentarias (que ya se habían adoptado con aprobación oficial, y no evitaron el daño), como la instalación de cables fiadores de acero. Punto de vista que reitera —entre otras— la S. 2 febrero 1976, en un supuesto en el cual la sociedad demandada tenía instalados sus cables de alta tensión en el lugar del suceso, ajustándose a los requisitos exigidos por el art. 25 del Regl. de 28 noviembre 1968; y el accidente sobrevino al lanzar el fallecido una sirga metálica por encima del camión en el que estaba colocando su mercancía, debajo de dichos cables, con los que tropezó, dando lugar a que se produjera una descarga eléctrica. La S. 22 noviembre 1983 alude al «censurable proceder de la empresa recurrente al tener sin protección una torreta conductora en una zona muy frecuentada y de acceso harto fácil para los niños», y a la actual aceptación, en casos como éstos, de la teoría del riesgo «a no ser que el suceso tenga su causa en la culpa exclusiva y manifiesta del perjudicado, sin actuación culposa concurrente de la otra parte (Ss. 27 mayo y 4 octubre 1982)».

647. Prueba de la culpa.

Mientras la culpa del que incumple un contrato se presume, siendo el incumplidor quien debe demostrar su inocencia, es decir, que su incumplimiento se refiere a caso fortuito o fuerza mayor; en cambio, tratándose de responsabilidad por acto ilícito, y partiendo de la idea de que el causante del daño extracontractual no es un *obligado,* frente a un concreto acreedor, parece, a la vista del art. 217 Lec. (según el cual al acreedor incumbe la prueba de que lo es), que será al perjudicado que reclama el resarcimiento a quien corresponda demostrar, no sólo el daño y su autoría, sino asimismo la culpa o negligencia del agente.

A. La posición del T. S. El T.S. aceptó en los primeros tiempos de vigencia del Cc. esta solución, que pudo mantenerse algún tiempo sin graves injusticias porque los Tribunales aplicaban a la investigación de la culpabilidad la prueba de presunciones. Pero cuando la materia deviene mucho más frecuente y, correlativamente, la causación del daño ocurre tantas veces en el ejercicio de una actividad arriesgada, el viejo remedio no basta y la jurisprudencia comienza a admitir, como prueba, la simple verosimilitud o probabilidad de la culpa, para acabar presumiendo ésta mientras el agente no demuestre su diligencia; «estableciendo la presunción de que ha existido conducta culposa en tanto no se demuestre cumplidamente lo contrario por el agente, sobre quien pesa la prueba de la causa de exoneración» (Ss. 9 marzo 1984, 13 mayo 1985 y allí citadas).

Señala R. DE ANGEL, como precursora, la S. 26 febrero 1935, según la cual «la responsabilidad extracontractual sólo puede enervarse demostrando la concurrencia de caso fortuito, culpa del perjudicado o diligencia de un buen padre de familia». Sin embargo, en los años siguientes persiste el T. S. en la exigencia de que el demandante pruebe la culpa del demandado, incluso cuando se trata de la rotura de los frenos de un vehículo (S. 30 enero 1951). La doctrina de la inversión de la carga de la prueba de la culpa, aunque aludida en algunas Ss. de mediados de siglo (23 diciembre 1952, 24 marzo 1953), que más bien acentúan el grado de diligencia exigible, no se consagra definitivamente hasta la de 30 junio 1959; en los años 60 se generaliza (Ss. 5 octubre 1979, 10 mayo 1982, 6 junio 1984, 9 junio 1989) y se transforma en un principio permanente.

B. Argumentos. La doctrina de la inversión de la carga de la prueba de la culpa tiene en su favor, en mi opinión, dos razones concluyentes. Una, que el causante de un daño es un *obligado* (a respetar la integridad de la persona y el patrimonio ajenos), de modo que, infringiendo su deber, cosa que resulta *ex re ipsa* del hecho del daño causado, es él quien tiene que justificar el incumplimiento (en materia de responsabilidad civil no opera la presunción de inocencia: S.TC. 13 diciembre 1993 y SS. TS. 25 marzo 1991 y 27 noviembre 1995). Y otra, que si el art. 1.903 obliga a responder por actos ajenos, es decir, a personas distintas del agente, presumiéndolas culpables *in vigilando o in eligendo* a partir de la mera realización del hecho dañoso, con mayor razón se habrá de presumir la culpa de quien responde por actos propios.

La posición jurisprudencial fue mantenida con particular vigor por ALBALADEJO, «desde un punto de vista estrictamente jurídico, por analogía con lo dispuesto para el caso de culpa contractual; y desde un punto de vista extrajurídico, simplemente por sentido común». «El hecho de que no hayan podido determinarse con exactitud las causas de un siniestro o un accidente —comenta, a su vez, DÍEZ PICAZO— no impide por sí solo la indemnización. En definitiva, no pesa sobre el autor la carga de establecer cuál ha sido el hecho causante del accidente y la participación culposa del demandado en el inismo. Es el demandado quien debe probar su propia diligencia, y esta diligencia ha de ser examinada en los actos situados en la zona próxima o inmediata al accidente mismo y también en el orden más lejano de la naturaleza, adecuación y conservación de instalaciones, máquinas o artefactos, especialmente cuando éstos son normalmente peligrosos».

PANTALEÓN mantiene, en cambio, la aplicación tradicional de la regla del artículo 1.214 Cc. (derogado: hoy, 217 Lec.) al 1.902. Para él, la inversión de la carga de la prueba «es una directiva de *política del Derecho,* contraria al *sentido común,* pero fundada en un claro juicio de valor (...) distinto al del legislador español en 1889». Las presunciones de culpa del demandado del art. 1.903 demuestran, para el autor, «que se parte de la regla general de no presumirle culpable». Se trata de un demandado que tiene el poder de controlar las conductas del autor inmediato, respondiendo, entonces, por actos propios, al no haber impedido la causación del daño.

INDICACIÓN BIBLIOGRÁFICA. COSSÍO, *El dolo en el Derecho civil,* Madrid, 1955; QUIÑONERO CERVANTES, *El dolo omisivo,* en RDP., 1959, pág. 345; DÍEZ-PICAZO, *La culpa en la responsabilidad civil extracontractual*, ADC., 2001-3, p. 1009; GARCÍA-RIPOLL MONTEJANO, *Ilicitud, culpa y estado de necesidad*, Madrid (Dykinson), 2006.

§ 126. PRESUPUESTOS DE LA OBLIGACIÓN DE REPARAR EL DAÑO

648. Concepto y límites.

Desde el punto de vista civil, la obligación de indemnizar sólo nace cuando la acción u omisión producen *daño.* Es éste, pues, un elemento común a la nacida de contrato y a la delictual o cuasidelictual, por lo que valdrá aquí todo lo explicado en el § 27 sobre apreciación del daño resarcible y ulterior cálculo de la reparación (cfr. S. 24 marzo 1952).

A. Daño e infracción. En particular, la creación de un riesgo no constituye, por sí sola, un acto jurídicamente ilícito; ni siquiera hay ilicitud moral en él, mientras una regla genérica o específica no prohíba o castigue la conducta correspondiente. Estando prohibida (por ejemplo, un auto circula por su izquierda, sin causar daños), cabrá una sanción penal, o administrativa, o meramente una acción destinada a impedir tal conducta (entrar en una finca no cercada contra la voluntad del dueño y pasearse por ella es ilícito, pero no está sancionado en parte alguna); mas no pudiendo demostrar el titular del derecho o bien jurídico un efectivo perjuicio de cualquier clase, no se da, por su propio concepto, acción de reparación.

La S. 12 febrero 1979, considera que, en términos generales (y con alguna excepción), es improcedente la indemnización civil en los casos de delito de cheque en descubierto, por no existir perjuicios reales derivados de tal delito, ya que presupone un crédito anterior insatisfecho, que si bien no se cobra por este medio de pago, sigue intacto entre acreedor y librador.

De donde hemos de distinguir entre aquellos actos que causan simple *lesión de derechos*, a cuyo remedio se acude con acciones dirigidas a prohibir la perturbación y *reintegrar* al titular, y aquellos que ocasionan *daños,* que dan lugar a acciones *de reparación*, y son los que se contemplan en este capítulo. Las acciones *reintegradoras,* fundadas en la infracción de un derecho subjetivo, y destinadas a corregirla, nacen por la simple invasión de la esfera jurídica ajena (así, el que ejercita una acción reivindicatoria o negatoria de servidumbre, no necesita demostrar el dolo o la culpa de quien se opone a su derecho de dominio); mientras que para que surja la acción de daños es preciso, en principio, que éstos se causen adrede o por negligencia (cfr. S. TC. 24 febrero 1997).

B. Concepto y clases. El daño lo define LARENZ como «el menoscabo que, a consecuencia de un acaecimiento o evento determinado, sufre una persona, ya en sus bienes vitales naturales, ya en su propiedad o en su patrimonio». Para la S. 2 abril 1997, consiste «en la diferencia que existe entre la actual situación del patrimonio que recibió el agravio y la que tendría de no haberse realizado el hecho dañoso, bien por disminución efectiva del activo, bien por la ganancia perdida o frustrada, pero siempre comprendiendo en su plenitud las consecuencias del acto lesivo».

En la doctrina alemana se oponen dos distintas concepciones del daño: una corriente que inicia MOMMSEN, lo define como «la disminución patrimonial dada por la diferencia entre el valor actual del patrimonio y aquél que dicho patrimonio habría tenido de no haberse verificado el hecho dañoso» (teoría de la diferencia): definición que ha tenido enorme boga en Alemania, pero que no tiene en cuenta la indemnizabilidad del daño moral, ni tampoco se concilia con el sistema de reparación en especie. Mientras otra orientación se atiene a un concepto real-concreto del daño, al que se define como «perjuicio específico sufrido por la víctima en su persona o en su patrimonio en forma de pérdida o menoscabo de determinados bienes» (WALSMANN); pérdida o menoscabo que se calculará en relación con el bien singular y conforme a las reglas ordinarias del tráfico.

El daño se suele dividir en *material* y *moral*: el uno causado al patrimonio, a los bienes que lo integran; y el otro sin contenido económico, sufrimiento o dolor infligido a una persona. Mas esta división deja de lado aquellos perjuicios que, sufridos por una persona en su ánimo, tienen relevancia económica, aunque no afectan al patrimonio en sí (la incapacidad física que disminuye los ingresos procedentes del trabajo, por ejemplo).

Como en tema de responsabilidad contractual, el daño material o corporal comprende aquí dos aspectos: la pérdida sufrida y la ganancia dejada de obtener: los conceptos tradicionales de daño emergente y lucro cesante a que se refiere el art. 1.106 Cc. en materia de contratos. Allí se ha estudiado este punto: véase § 27.

C. Certeza del daño. La jurisprudencia requiere que el daño sea *cierto,* es decir, que exista palpablemente el menoscabo, y que pueda valorarse con una razonable seguridad (cfr. S. 5 octubre 1992). Ello sucede habitualmente con la reparación de los daños materiales, y ofrece mucha mayor dificultad en cuanto al *lucro cesante.*

La pérdida de una oportunidad de ganancia plantea el problema de la sustitución de un *alea* por un *certum.* Se ve en tal pérdida un daño incierto: no precisamente eventual (pues el daño eventual puede llegar a producirse, y aquélla, en su caso, se ha producido ya), sino imposible de demostrar con certeza sobre todo en su importe (caballo de carreras, que por culpa del tercero no puede participar: ¿cómo saber si habría ganado?). Sobre esta base los tribunales se muestran muy remisos para acordar la indemnización. Y sin embargo la eventualidad de una ganancia es un valor patrimonial y tiene en las apuestas y el cálculo de probabilidades una expresión matemática: al menos, la eventualidad vale lo que darían por ella en el mercado, en el caso de que no se hubiera perjudicado.

Mayor acogida tienen en los tribunales los *efectos futuros* probables de un *daño actual.* Si una persona queda, por causa de un accidente, con su capacidad disminuida para el trabajo habitual, o acaso inútil, la pérdida puede cifrarse en la cantidad que deje de ganar durante el tiempo probable de su vida activa, todo lo cual es susceptible de evaluación, y así se hace, calculando los ingresos posibles en función de la esperanza de vida (en un accidente mortal: S. 19 mayo 1969). La intervención del *alea* del fallecimiento prematuro del perjudicado se elude cuando el resarcimiento consiste en una renta vitalicia.

D. El perjuicio al derecho de crédito por parte de un tercero. La doctrina acepta, en general, que también da lugar a reparación en favor del acreedor, el acto del tercero no deudor que perjudica un derecho de crédito. Es, por ejemplo, el caso de quien hiere al actor dramático que estaba contratado para unas representaciones, o destruye la cosa que el vendedor había de entregar. El actor o el vendedor pueden reclamar daños y perjuicios a quien hiere o destruye, pero ¿pueden hacerlo también el empresario o el comprador, puesto que resultan asimismos perjudicados?

En la jurisprudencia, hay un supuesto frecuente de reclamación por el acreedor al tercero: el del pariente con derecho a alimentos legales, que se dirige contra quien causó la muerte del deudor de aquéllos y le dejó sin alimentante. La solución positiva de la doctrina se funda en que el art. 1.902 no distingue entre derechos reales y de crédito (DE CASTRO). En contra aduce ROCA-SASTRE MUNCUNILL, que la relación de crédito media sólo con el deudor, quedando limitada cualquier reclamación suya a terceros a la acción subrogatoria del art. 1.186, que se ejercita en lugar del deudor y usando sus derechos. Pero las acciones que atribuye este precepto al acreedor son aquellas específicas del propio deudor por la pérdida de la cosa de su propiedad: no la posible acción aquiliana personal del acreedor frente a los terceros que perjudicaron su crédito, causándole daños distintos de la pérdida de la cosa y acaso muy superiores.

649. El daño a la persona. Daño físico y daño moral.

El daño causado directamente a la persona, es siempre indemnizable, incluso cuando no representa una pérdida económica, pues aun sin ella se causa un perjuicio injusto, que muchas veces no tienen otra vía de satisfacción que una compensación pecuniaria. Y son indemnizables tanto los daños físicos o corporales como los morales (cfr. SS. 1 octubre 1994 y 14 diciembre 1996, entre muchas, y arts. 110-3º y 113 Cpen.).

A. El daño corporal. Se entiende por tal el que se causa al ser humano en su organismo, y también en su mente. Como en el caso de la S. 31 octubre 1973, que concede resarcimiento al daño consistente en la neurosis de angustia que una persona sufrió a consecuencia de ser atropellada por un camión que le tuvo aprisionado el pie derecho.

Con mayor frecuencia que en cualquier otro ámbito de la responsabilidad, las lesiones corporales no permiten conocer, en el momento de su causación, toda la trascendencia del daño, por lo que su evaluación suele retrasarse al momento de quedar curadas o estabilizarse el defecto sobrevenido (en el terreno penal, el tiempo que tarda en curar el herido da la medida de la gravedad de la infracción). Las consecuencias ulteriores de una lesión se pueden reclamar desde que aparecen, aunque los daños originarios estuvieran ya resarcidos: cfr. S. 8 febrero 1983 y allí citadas.

Las lesiones de cualquier clase suelen entrañar un perjuicio patrimonial para el lesionado, cuya evaluación constará de diversos componentes, desde los gastos de curación hasta las ganancias dejadas de obtener durante el período de curación, o las consecuencias patrimoniales de la disminución física (S. 17 marzo 1998). Pero también acarrean dolor físico, indemnizable asimismo, y, a tales efectos, muy parecido al dolor moral.

El perjudicado tiene el deber de contribuir razonablemente a que los daños se reduzcan al mínimo posible. Para que le sea exigible someterse a una operación quirúrgica, será preciso que ésta sea muy fácil y no revista peligro, ofreciendo una segura perspectiva de curación o mejoría (SS. 23 marzo 1959 y 7 junio 1978, ambas Sala 6ª).

B. El daño moral. Las lesiones y ofensas comportan un dolor moral o físico que constituye un perjuicio diferente del puramente patrimonial (que también pueden conllevar: por ejemplo, la denigración de un comerciante puede hacerle perder la clientela), y cuya reparación debe ser distinta.

a) *La cuestión de la indemnizabilidad.* El problema de si el dolor puede ser indemnizado se planteó, sobre todo, en el terreno de los daños morales. La orientación más antigua era negativa, alegando que el honor, la reputación de las personas, los sentimientos y los afectos, son bienes espirituales de tan alto sentido que no toleran la comparación con algo tan material como el dinero: que son, no simplemente preciosos, sino invaluables. Sin embargo, ya se ha razonado al tratar de la patrimonialidad de la prestación que no se trata de «comprar» el honor o los sentimientos de la persona, sino de proporcionarle una sensación placentera en medida más o menos equivalente al sufrimiento que le proporcionó la ofensa. Cfr. S. 9 diciembre 2003.

Adicionalmente, se justifica la indemnización por daños morales como un factor de disuasión para que éstos no se causen. En rigor, no hay ninguna razón para que el daño moral no sea compensado igual que el pecuniario, y de hecho la enmienda pecuniaria de las lesiones corporales y la muerte violenta prestada por el agresor o su familia, constituye el más antiguo objeto de la obligación, según hemos visto *supra*, § 2. Por lo demás, donde el art. 1.902 no distingue (no precisa que el daño haya de ser patrimonial), tampoco debemos distinguir; y menos en presencia de un perjuicio efectivo, cuya enmienda inadecuada y aproximativa es preferible a la falta de toda reparación, quedando indemne el ofensor. Para ALBALADEJO, la obligación de compensar el daño moral causado constituiría un principio general del derecho.

b) *Evolución de la jurisprudencia.* La indemnización del daño afectivo causado por la muerte se aceptó pronto, por la jurisprudencia penal, en favor de herederos y familiares. En la legislación, a partir del año 1928 el anterior art. 104 Cpen. (el actual 113), con fórmula muy amplia y general, incluyen, entre los resarcibles los daños *morales* causados no sólo al agraviado, sino a sus familiares o a terceros. Por su parte, la jurisprudencia civil, que había negado inicialmente la indemnización por daños morales, la aceptó definitivamente en una famosa sentencia de 1912, a propósito de la publicación, en un periódico, «El Liberal», de la falsa noticia de la fuga de una señorita de la «buena sociedad» murciana con un sacerdote: el perjuicio era también, indirectamente, patrimonial. A partir de esa sentencia, el T. S. ha venido confirmando y ampliando su posición en muchas otras, proferidas en pleitos sobre daños al honor, reputación o créditos (el mercantil, también); y más tarde en eventos de daños causados a la persona. Por *daño moral* entienden tales sentencias «los perjuicios que, sin afectar a las cosas materiales, se refieren al patrimonio espiritual; a los bienes inmateriales de la salud, el honor, la libertad y análogos, que son los más estimados y por ello más sensibles, más frágiles y más cuidadosamente guardados».

Tras la decisión de 1912, cita Ricardo DE ANGEL sentencias que obligan a indemnizar por el menoscabo causado en la fama y reputación profesional de un médico injustificadamente expulsado de una corporación profesional (14 diciembre 1917); por los daños morales inferidos a través de la prensa (7 noviembre 1919); por el retrato peyorativo de una persona en una novela (12 marzo 1928); por lesiones al «honor mercantil» (31 marzo 1930 y 25 julio 1945, en la primera de las cuales es una persona jurídica quien sufre la afrenta), por ofensa al honor personal (7 febrero y 4 junio 1962), por daño al honor conyugal (9 junio 1969), por el dolor moral que ocasiona la pérdida de la facultad sexual a consecuencia de un choque de vehículos (9 diciembre 1949), y por la dificultad que para contraer matrimonio hallará la mujer cuyo primer matrimonio es declarado nulo (21 enero 1957), etc. Entre las ulteriores cabe señalar la S. 11 mayo 1977, concediendo resarcimiento por perjuicios morales a la persona cuya fotografía se publicó en una revista de difusión científica con detalles de la enfermedad incurable que padecía, cuestión que ella ignoraba; y la de 23 mayo 1984, que considera resarcible el daño síquico que supone, para quienes habitaban una vivienda que hubo de ser demolida por defectos de construcción, la pérdida de la misma. Antes, la S. 23 mayo 1975 había concedido indemnización a un compositor musical frente a quienes hicieron una versión pop de una pieza suya considerando el sufrimiento de aquél «al ver transportada su obra al ritmo pop, contrario a sus convicciones artísticas».

«Bienes morales —dice la S. 28 febrero 1959— que al no ser evaluables dinerariamente, para resarcimiento del mal sufrido... imposible de lograr íntegramente, deben, sin embargo, ser indemnizados discrecionalmente, como compensación a los sufrimientos del perjudicado». A su vez, la S. 25 junio 1984 proporciona una versión más dinámica del daño moral «representado por el impacto o sufrimiento psíquico o espiritual que en la persona pueden producir ciertas conductas, actividades o incluso resultados, tanto si implican una agresión directa o indirecta a bienes materiales, como si el ataque afecta al acervo extrapatrimonial o de la personalidad (ofensas a la fama, honor, honestidad, muerte de persona allegada, destrucción de objetos muy estimados por su propietario, etc.)».

Tras la L.0. 5 mayo 1982, de protección del honor, la intimidad y la imagen, que hace referencia explícita al daño moral (art. 9.3), han recaído numerosas sentencias sobre su indemnizabilidad (S. 28 octubre 1986) y criterios de valoración (S. 22 abril 1992, que opta por el subjetivo y la personalidad del afectado); otras atienden a las circunstancias del caso (Ss. 23 febrero y 24 abril 1989). La S. 27 marzo 1998 (que cita, entre otras, la de 26 junio 1996) dice que el art. 9.3 de esa ley establece la presunción de que existen los perjuicios una vez acreditada la intromisión ilegítima, pero la cuantificación indemnizatoria no está sometida a censura casacional por ser facultad del tribunal de instancia (SS. 11 diciembre 1989, 4 julio y 16 diciembre 1991), y que al establecer unas pautas valorativas del daño moral —circunstancias del caso, gravedad de la lesión producida, difusión o audiencia del medio, beneficio que haya obtenido el causante de la lesión como consecuencia de la misma—, sí puede atacarse en casación el no haberlas tenido en cuenta la Sala sentenciadora o cuando lo hubieran sido de manera totalmente arbitraria, inadecuada o irracional (SS. 27 octubre 1989, 15 julio 1995), como también si el importe resulta excesivo (S. 18 mayo 1994) y más bien extralimitado. Las Ss. 20 septiembre 2003, 18 marzo y 5 mayo 2004 (con cita de otras) incluyen el prestigio profesional en el núcleo protegido del derecho al honor.

c) *Naturaleza y determinación.* La indemnización pecuniaria, como dice Gullón, no reviste el carácter de compensación por las consecuencias patrimoniales indirectas que pueden derivarse del daño moral (por ejemplo, por la lesión al honor o reputación de un comerciante), sino que es reparación satisfactoria del propio dolor causado. La cantidad fijada será, en principio, la precisa para proporcionar la adecuada sensación agradable, no a aquella persona concreta que sufrió el daño, sino a un sujeto medio; pero acaso situando hipotéticamenie a ese sujeto en las circunstancias del perjudicado.

La determinación de la cuantía del resarcimiento corresponde libremente al juzgador de instancia, quien la realiza atendiendo a las circunstancias de cada caso (S. 18 julio 1996 y allí citadas). Mas la determinación del *quantum* indemnizatorio dejado al arbitrio judicial no debe ser entendida como discrecional; el criterio que debe presidir la decisión judicial a ese respecto es el de la prudencia y de lo razonable (S. Sala 2ª 10 junio 1987). De ahí que la propia Sala 2ª T.S. tenga establecido que si bien la cuantificación de la indemnizacion es cuestión de hecho y, en principio, no censurable en casación, puede ser excepcionalmente revisada por el T S. cuando el tribunal de instancia no haya respetado el criterio de la prudencia y racionalidad en la determinación de la indemnización (S. Sala 2ª 21 abril 1989, entre otras).

d) *Persona jurídica.* Parece indudable que la persona jurídica tiene también derecho a su reputación, y que, por tanto, puede ser sujeto pasivo de un daño moral, aunque la ofensa no pueda dolerle en la misma forma que a una persona física.

A este respecto, tras la posición restrictiva de la S. T.C. 107/1988, de 8 junio, mostró luego mayor apertura y actitud protectora la S. 129/1988, de 21 julio, y definitivamente las SS. 139/1995, de 26 septiembre, y 183/1995, de 11 diciembre ("el significado del derecho al honor ni puede ni debe excluir de su ámbito de protección a las personas jurídicas"). También ha evolucionado el T. S. en idéntico sentido, y si sus SS. 24 octubre 1988 y 9 febrero 1989 acusaban la influencia de la S. T.C. 107/88, la S. TS. 5 octubre 1989 distingue entre las personas jurídicas de substrato personalista y las de substrato patrimonial, con mayor preocupación protectora del honor en el primer caso.

Una persona jurídica no puede sufrir daños corporales. En cuanto a los morales, se le han negado, por ejemplo, en el Derecho inglés, durante mucho tiempo. Mas hoy reconoce la doctrina (Heuston, en Salmond, ed. 1981) que no sólo las sociedades, sino incluso también *a non trading corporation ... is entitled to have its reputation as well as its property protected.*

650. En particular, el daño producido por la muerte.

A. Los herederos. Según el derogado art. 105-2 Cpen. —norma que no recoge el Cpen. de 1995— «la acción para repetir la restitución, reparación e indemnización de los perjuicios se transmite igualmente a los herederos del perjudicado». Sin embargo, el T. S. rechazó las peticiones de indemnización que dirigen los herederos, en cuanto tales, frente al causante del accidente mortal, considerando que, sobrevenida la muerte en un instante, no llegó a tener la víctima ni siquiera un momento el derecho a ser indemnizado (por su propia muerte): por tanto, que nada ingresó en su patrimonio ni forma parte de su herencia. Tesis esa que asumen y explicitan las Ss. 19 junio 2003 y 2 febrero y 4 octubre 2006.

a) Podemos ver descrita la evolución de la jurisprudencia civil en la S. 17 febrero 1956. Ulteriormente, la Sala 1ª resuelve de plano la controversia en favor de los parientes afirmando (S. 7 diciembre 1968, entre otras), «que los daños que con la muerte de una persona se causan tienen como sujeto pasivo a los más próximos parientes del difunto y no forman parte del caudal hereditario de la víctima, no necesitando aquéllos, por tanto, invocar su cualidad de herederos de la misma», y en la propia línea, la de 9 junio 1969, declara que la indemnización por accidente que causa la muerte de una persona, no puede estimarse como un derecho incorporado al patrimonio de la misma.

b) La Sala 2ª ha seguido esta misma orientación (cfr. Ss. 18 enero 1980 y 25 junio 1983). El argumento en favor del heredero que se deduce del (entonces vigente) art. 105-2 Cpen. lo salva la S. 16 enero 1975 explicando que tal precepto «consagra la transmisión de la acción ya adquirida por el perjudicado, extinto, para obtener la restitución, reparación e indemnización por razón del delito, que se transmite a los herederos, los cuales pueden repetir, precisándose en este supuesto acreditarse la adquisición del derecho por el titular ya fallecido y su condición de herederos del mismo con independencia del daño de afección y del desamparo en que quedarán». Más recientemente, la Sala 2ª, en S. 15 abril 1988 asigna la indemnización a los herederos por el perjuicio producido por la muerte y no *iure successionis;* y la S. 12 mayo 1990 entiende que adquieren derecho a la indemnización por causa de la muerte los perjudicados y no los herederos por esta sola calidad, por considerar que tal derecho no se transmite *mortis causa*.

La doctrina del T. S. parece discutible. Alegar que el heredero no ha sufrido la privación de la vida, y que el difunto deja de existir cuando se produce tal privación, es un sofisma. Hay ofensa a la persona, con el daño supremo de la muerte (acortamiento de la existencia); hay (por definición) acto culposo, del que nace la responsabilidad eventual, que se actualiza por la presencia del perjuicio; éste debe ser resarcido, y el heredero es el titular por excelencia del resarcimiento debido al causante, como lo es del daño que proceda de agresión contra la personalidad pretérita del mismo (injuria o calumnia).

Pantaleón sugiere, en la línea de la jurisprudencia, argumentos de mayor enjundia: la muerte sucede en un instante de razón y ello aunque sea a consecuencia de una larga enfermedad o como resultado de una agresión muy antigua, de donde no cabe separar, como especie *a se,* el accidente que mata sin dilación. Además, la muerte, aun siendo *un mal* (para los místicos, un bien: «ven, muerte, tan escondida»), *no es un daño:* el vivo no sufre la muerte (pues está vivo), y el muerto no puede sufrirla. A su vez, el *pretium doloris* sería personalísimo porque lo es el dolor, de modo que sólo en la propia persona del perjudicado cabe enmendarlo: quedarían a salvo aquellos casos en los que aquél ha manifestado su voluntad de recibir la indemnización pecuniaria. (En la misma línea argumental cabría preguntar cómo el heredero puede convertir el hecho que le ha abierto la vía a la sucesión, y sin el cual no heredará, en fundamento de su pretensión reparatoria).

La cuestión es, sin duda, de Derecho positivo, y por tanto habrá de resolverse aplicando la normativa sobre composición del caudal relicto y teniendo en cuenta la estimación que hace la ley de la vida y la integridad personal como bienes jurídicos y las reglas sobre defensa, por el heredero, de la esfera privada del causante.

Hoy, al prescindir el Cpen. de 1995 de la norma que señalaba expresamente la transmisibilidad de las acciones de responsabilidad civil a los herederos del perjudicado (transmisión que sigue ocurriendo *mortis causa* cuando el derecho al resarcimiento corresponda a la víctima) puede entenderse apoyada por el legislador la doctrina de la Sala 1ª a favor del derecho propio de los familiares y allegados a la indemnización por los daños por ellos sufridos a consecuencia de la muerte de su pariente o allegado. Este planteamiento permite —decíamos en el t. I-2, § 21— soluciones flexibles caso por caso, pero genera también notable inseguridad y algunas contradicciones. Con todo, parece hoy más acorde con la conciencia social.

B. Los perjudicados. Según el art. 113 Cpen., «la indemnización de perjuicios materiales y morales comprenderá no sólo los que se hubieren causado al agraviado, sino también los que se hubieren irrogado a sus familiares o a terceros». No era preciso un precepto paralelo en el Cc., pues cada perjudicado puede reclamar individualmente por los daños que él mismo ha sufrido aunque no sea la víctima directa del acto ilícito: es ésta una consecuencia evidente del art. 1.902, que no tenía necesidad de particularizar el legislador. No cabe discutir, por tanto, y en ello acierta la jurisprudencia, que con base en el art. 1.902 puede reclamar indemnización por la muerte de una persona, sin ser heredero suyo, cualquiera que demuestre la existencia de un daño cierto, procedente de la acción dañosa con inmediación suficiente, y producido por la interrupción de una relación de las que socialmente legitiman para el resarcimiento de los perjuicios materiales y anímicos: el daño material de aquél a quien el difunto mantenía a su costa (no parece indispensable que tenga derecho de alimentos: sí, que la situación sea estable), o, por otra parte, el daño moral del dolor ocasionado por la pérdida de una persona querida.

Tales perjuicios pueden ir juntos, como en el supuesto de la S. Sala 2ª 17 mayo 1976: «tratándose de hijos menores de la víctima fallecida la indemnización abarca, no sólo el dolor moral sufrido, sino el perjuicio material ocasionado por la pérdida de la madre que ejercía de hecho la patria potestad de aquéllos y directamente se cuidaba de sus atenciones, acción educativa, guarda y guía de los mismos».

En la práctica los demandantes suelen ser herederos forzosos del difunto (que no han de demostrar esta calidad, pero sí el parentesco), y la indemnización se concede a veces sin demostración de los perjuicios concretos sufridos, al arbitrio del tribunal, y como una compensación del dolor de la pérdida; dolor que la proximidad de parentesco hace presumir.

En el sistema jurisprudencial la esposa tiene preferencia, en principio, sobre los hijos (S. 24 noviembre 1970 y otras). Estos, para ser acreedores a indemnización, no es preciso que sean menores o dependan de su padre (S. Sala 2ª 7 febrero 1981: «los perjuicios, al menos morales, a ellos irrogados, son evidentes»); ni que convivan con el fallecido (S. Sala 2ª 20 octubre 1986). El derecho a la indemnización pasa, a falta de descendientes, a los ascendientes (S. 2 julio 1979), los hermanos (S. 24 noviembre 1970), a la convivente *more uxorio* (SS. Sala 2ª 19 mayo 1969 y 2 octubre 1994).

Si el dolor es indemnizable cuando concurre una relación de afecto con validez social, cualquier persona que mantenga tal relación con el difunto debería poder demandar, mientras subsista el nexo causal entre la conducta del agente y el daño sufrido por el reclamante y probado por él, y por tanto también personas sin parentesco, cuando median esos vínculos de afecto o sufren perjuicio material: la novia, por ejemplo, acaso con mayor derecho que los padres (cfr. S. cont. 12 marzo 1975), o bien la persona que convivía con el muerto como hijo sin haber sido adoptado regularmente. Incluso la S. 13 febrero 1941 (Sala 6ª) y la de 19 mayo 1966 (Sala 2ª) acuerdan indemnización en favor de la compañera estable en casos en los que redunda en favor de los hijos comunes con el difunto: hoy, la solución positiva es mucho más clara.

INDICACIÓN BIBLIOGRÁFICA. BUSNELLI, *La lesione del credito da parte dei terzi,* Milán, 1964; ROCA-SASTRE MUNCUNILL, *El perjuicio del derecho de crédito por parte de tercero*, RJC., 1962, pág. 571; ALVAREZ VIGARAY, *La responsabilidad por daño moral,* ADC., 1966, pág. 81; GARCÍA SERRANO, *El daño moral en la jurisprudencia civil,* ADC., 1972, pág. 792; DE CASTRO, *La indemnización por causa de muerte,* ADC., 1956, pág. 449; PANTALEÓN, *Diálogo sobre indemnización por causa de muerte,* ADC., 1987, pág. 1.567; GARCÍA LOPEZ, R., *Responsabilidad civil por daño moral*, Barcelona, 1990; VICENTE DOMINGO, E., *Los daños corporales: tipología y valoración*, Barcelona, 1994. En materia de responsabilidad civil por demanda injustificada, el coment. S. 17 marzo 1984 por J. GIL RODRÍGUEZ, CCJC, 5, pág. 1509.

§ 127. PRESUPUESTOS DE LA RESPONSABILIDAD. NEXO CAUSAL

651. Planteamiento.

Entre la conducta del agente y el daño ha de existir una relación de causalidad. Es éste un requisito racional, explicado en el art. 1.902 por el verbo *causar*, y en el 1.903 por *derivar*: también el art. 109 Cpen. habla de daños y perjuicios *causados*, y el 113, *causado* (ver igualmente art. 100 Lecrim). La víctima del daño, pues, habrá de demostrar tal relación, mientras que el agente podrá defenderse probando cómo no existe.

En una primera aproximación, decir que una conducta ha causado un daño significa que ha desempeñado un papel eficiente, generador, en su producción.

Pero, ¿cuándo la conducta tiene entidad causal suficiente como para responsabilizar al sujeto de los daños sobrevenidos?

En efecto, las concausas y circunstancias que conducen a determinadas situaciones son plurales y de muy diversa entidad. Un peatón es arrollado por un automóvil, que le produce heridas menos graves. El accidente ocurrió en un día de lluvia, a causa del empujón de un transeúnte que le hizo resbalar y caer en la calzada, donde se demoró al levantarse por buscar y recoger las gafas que se le habían caído. Estaba en el lugar del accidente a esa hora porque el tren que lo transportó a la ciudad había llegado con retraso. Y, llegado al hospital, fallece allí, al no ser atendido enseguida como requería su dolencia cardíaca, y a la vez por falta de un medicamento cuya provisión no se repuso a tiempo. El accidentado se encaminaba a firmar un documento a falta del cual su consocio sufre una grave pérdida. ¿Quién es causante de estos eventos dañosos?

El interrogante es de difícil y discutida respuesta. Con razón dice FLEMING que «ningún otro tema en el Derecho de daños ha ocasionado tanta controversia y confusión».

Como ha puesto de relieve PANTALEÓN, bajo esa pregunta se proponen en realidad dos cuestiones distintas.

a) De una parte, la relación de causalidad en sentido propio, es decir, el que tiene en la lógica y las ciencias de la naturaleza. Causa, entonces, es el conjunto de condiciones empíricas antecedentes que proporcionan la explicación, conforme con las leyes de la experiencia científica, de que el resultado haya sucedido. A este concepto de causa corresponde la teoría de la equivalencia de las condiciones, y su dilucidación es cuestión de mero hecho, no mezclada con razonamientos o valoraciones jurídicas.

b) Pero el Ordenamiento no hace responder al sujeto de cualquier consecuencia dañosa de su conducta, por alejada o inesperada que sea. El problema de determinar cuáles de los eventos dañosos causalmente ligados a la conducta del responsable pueden ser puestos a su cargo y cuáles no es una «cuestión de Derecho» (como *quaestiones iuris* la califican las SS. 19 de octubre 1992 y 23 septiembre 1996), que debe responderse con los criterios explícitos o implícitos en cada Ordenamiento jurídico. A esto se llama en ocasiones «causalidad jurídica», pero más precisamente «imputación objetiva» *(objektive Zurechnung* en la doctrina alemana).

652. Teorías.

Los juristas antiguos se plantearon pocas cuestiones en orden a la relación de causalidad, aplicando, por lo común, la regla segun la cual «el que es causa de la causa, es causa del mal causado». La formulación de teorías sobre la causalidad es obra del siglo

XIX; fundamentalmente, de la doctrina alemana y la jurisprudencia inglesa, y sin tener siempre en cuenta la distinción apuntada entre causalidad e imputación objetiva.

a) *Teorías individualizadoras.* Son las más antiguas, de escaso relieve en el Derecho civil: distinguen, para el delito, entre la *causa eficiente* —la condición más eficaz, la fuerza o el ser humano capaces de producir por sí un determinado evento—; la *condición* —aquello que permite a la causa actuar, bien secundándola, bien removiendo los obstáculos que se oponen a tal movimiento—, y la *ocasión,* que es la coincidencia o combinación de circunstancias más o menos favorables al juego de la acción. Los dos primeros términos sirven para identificar, respectivamente, al autor del daño y a quien se limita a contribuir con una condición a la producción del resultado (cómplice).

b) *Teoría de la equivalencia de las condiciones.* En 1860 el criminalista VON BURI niega la diferencia entre *causa* y *condición*, entre condiciones esenciales y no esenciales, para la producción del resultado, por cuanto el Derecho penal —dice— ha de manejar el mismo concepto de causa que las ciencias naturales. Es causa, según él, toda condición que, suprimida mentalmente, daría lugar a que no se produjese el resultado (teoría de la *conditio sine qua non).* Bajo la fórmula de la «condición ajustada a las leyes de la experiencia científica», es aceptada en lo esencial por importante sector de la doctrina alemana e inglesa, referida, obviamente, al problema de la relación de causalidad en sentido propio (no al de la imputación objetiva).

c) *Teoría de la causalidad adecuada.* Esta teoría supone que el daño debe ser reconducido a aquellos antecedentes apropiados para producirlo según el curso natural de las cosas: adecuada es la causa que, *normalmente,* lleva consigo siempre un daño de la especie considerada, por oposición a las causas que no comportan el daño sino por consecuencia de circunstancias extraordinarias. El criterio de la adecuación —dice PANTALEÓN— significa «que no cabe imputar objetivamente un concreto evento dañoso a la conducta causante del mismo, cuando la producción de dicho evento habría sido descartada, como extraordinariamente improbable, por un observador experimentado que, contando además, en su caso, con los especiales conocimientos del dañante, hubiese considerado la cuestión *ex ante,* en el momento en que dañante se dispuso a realizar la conducta que desembocó en el evento dañoso de cuya imputación se trata».

d) *El Derecho inglés.* Sobre la máxima de BACON *in iure non remota causa sed proxima spectatur* se funda la práctica anglosajona de la *proximate cause,* con la cual se pretende, prescindiendo de la proximidad temporal o espacial, excluir aquellas consecuencias que aparecen muy alejadas del hecho dañoso *(too remote),* de modo que no pueden ser incluidas en el ámbito de responsabilidad e imputabilidad del autor del daño (no se hallan *within the risk).* Ulteriormente, la jurisprudencia hace de la determinación de la *causa próxima* una cuestión de sentido común (que no puede ser sometida a normas vinculantes) y, de política jurídica: esta es la solución a que llegan hoy los tribunales (también, en su caso, nuestro T. S.).

653. Criterio de la jurisprudencia.

Los tribunales, y así el T.S., en la práctica, hacen de la determinación del nexo causal una cuestión de *flair*: según dice la S. 21 enero 1933 (seguida de otras muchas), al juzgador le basta, para orientarse «en la resolución de los problemas concretos... encaminar su actuación hacia la valoración de las condiciones o circunstancias que el buen sentido señala en cada caso como índices de responsabilidad dentro del infinito encadenamiento de causas y efectos» (palabras repetidas luego en otras muchas Ss., como las de 19 diciembre 1992, 12 noviembre 1993, 3 marzo y 30 diciembre 1995). «Hay que partir —dice la S. 21 enero 1957— de la singularidad de cada caso y del juego combinado de cuantos factores pueden ligar la ilicitud de la conducta con el resultado producido».

En general los tribunales, sean cuales fueren sus consideraciones teóricas, se atienen a una apreciación razonable y empírica de las cosas; a criterios de sentido común, para señalar quién debe ser considerado, a efectos de la obligación de indemnizar, como causante del daño. Aceptan, así, la relación de causalidad cuya concatenación conserva la proximidad al caso, y rechazan las demasiado lejanas y extraordinarias.

Bastantes sentencias, con todo, parecen inspirarse en el criterio de la causalidad adecuada —del que la S. 1 abril 1997 dice que «exige, para apreciar la culpa del agente, que el resultado sea una consecuencia natural, adecuada y suficiente de la determinación de la voluntad» (en idénticos términos, S. 9 febrero 1999)—, o dicen ser éste el preferible (Ss. 13 julio 1987, 11 marzo y 12 diciembre 1988 —casos del incendio del hotel «Corona de Aragón»—, 28 octubre 1991, 19 junio 2006 y 28 febrero y 18 mayo 2007). Otras sentencias, menos, muestran alguna aproximación a la tesis de la equivalencia de las condiciones (así, la de 28 febrero 1975); y las Ss. 8 mayo y 25 octubre 2001 apreciaron responsabilidad y negligencia por omisión del deber de seguridad a que estaba obligado el demandado.

654. Certeza del nexo.

En principio, parece que las garantías de la persona exigen que la relación de causalidad entre el daño y el agente, *sea cierta:* que aquél pueda atribuirse a éste con plena seguridad (SS. 2 y 29 mayo 1995, 2 abril 1996, 20 julio 2006, entre muchas). Si esa seguridad no existe, en la duda habría que absolver, como un eco de la presunción constitucional de inocencia.

a) Sin embargo, la exigencia de certeza se difumina en las agresiones procedentes del miembro anónimo de un grupo, es decir, cuando el daño no se puede atribuir individualmente a un sujeto concreto de entre quienes lo integran. En un caso de esta naturaleza la S. 8 febrero 1983 condena a cuantos niños formaban parte del grupo dedicado a juegos peligrosos: todos pudieron ser causantes del daño, sin que se sepa exactamente quién lo fue.

En efecto, hay que prescindir de una exigencia demasiado estricta de nexo causal cuando media un *riesgo* creado conjuntamente por los componentes del grupo: como si la conexión del daño se estableciera entonces con el riesgo mismo, siendo responsable, cada uno de los que lo crearon, del anonimato de sus compañeros. Sí es exigible, para ello, que entre los componentes del grupo haya una vinculación: la del juego en común, el coro, el equipo, etc., que fomente o determine la acción conjunta en cuyo desarrollo se produce el hecho atípico que daña a tercero. Pero si el grupo es accidental y desvinculado (la cola para renovar el D.N.I., los turistas de agencia del viaje colectivo), de modo que la acción es puramente individual en cada uno de los componentes y la de cada uno no fomenta la conducta dañosa del otro, no parece que pueda imponerse a nadie la reparación por actos de un miembro desconocido del propio grupo, a menos, que lo ordene la ley, como ocurre con la caza.

b) Muy distinto del supuesto anterior es el de «la actuación conjunta con unidad de propósito o finalidad común en la ejecución del delito de daños» que «convierte en responsables solidarios a todos los coautores, sin que sea necesario puntualizar cuáles fueron los actos materiales que para el logro del fin perseguido colectivamente hubiera buscado cada uno de ellos, atendida la existencia de la unidad de pensamiento y propósito» (en el caso, el no participar uno activamente en los destrozos ulteriores por haber sido retenido, no excluye su responsabilidad solidaria: S. crim. 20 febrero 1981).

c) Puede también acaecer que varias personas concurran a ocasionar el mismo daño operando independientemente una de otra. Por ejemplo, varias fábricas descargan en la atmósfera sustancias nocivas que, conjuntamente y por su acumulación, provocan daños en los cultivos.

d) En cuanto a la carga de la prueba de la relación de causalidad, si bien no se ha llegado a una regla general de inversión, que no sería posible, sí se emplea por los tribunales, con generosidad, la prueba de presunciones en contra de quien estuvo en situación de causar el daño o tenía una obligación de diligencia, no siendo suficiente las simples conjeturas (SS. 13 agosto 1993, 25 marzo 1995 y 1 abril 1997).

655. Daño y causalidad.

A) Nadie discute que el nexo causal se establezca entre la acción ofensiva y el perjuicio directamente producido: el mazazo en la cabeza dado por el agresor y la fractura de cráneo de la víctima, por ejemplo. Pero el nexo se hace más problemático conforme, alargándose la serie causal, se ajenan y multiplican los acontecimientos y circunstancias antecedentes, con la consiguiente dificultad de distinguir, de entre el elenco de condiciones que condujeron al hecho dañoso, las que se pueden considerar causativas del mismo.

La concatenación de causas se acepta en la S. 10 febrero 1959 (civil) «cuando los hechos sucesivos están tan íntimamente ligados entre sí que cada uno de ellos sea consecuencia tan lógica y natural del anterior que sin su concurrencia no se hubiera producido racionalmente».

Son numerosas las sentencias que sientan la necesidad de que del hecho culposo o negligente «sea responsable por actos directos *o mediatos* el agente a quien se imputa», contentándose, para el supuesto de los actos mediatos, con que «haya entre aquél y éste la debida conexión o congruencia de causa a efecto».

Cuando la serie causal se inaugura con una acción dolosa, por muy alejada que se halle ésta del hecho dañoso y por muchos que sean los eventos intermedios, se considerará causa del mismo.

B) La doctrina y jurisprudencia recientes ponen el acento no sólo en la secuencia fáctica del nexo causal sino en una causalidad jurídica o *imputación objetiva*, como presupuesto previo al de imputación subjetiva: se trata de un juicio de valoración mediante el cual debe determinarse si el resultado dañoso producido es objetivamente atribuible a una persona como consecuencia de su conducta en función de sus obligaciones y de la previsibilidad del resultado dañoso con arreglo a las reglas de la experiencia, entre otros criterios de imputabilidad admitidos (Ss. de 21 octubre 2005, 5 enero, 9 marzo y 10 junio 2006). Otras sentencias centran el problema en determinar "cuáles de los eventos dañosos causalmente ligados a la conducta del responsable pueden ser puestos a su cargo, y cuáles no": "es lo que se denomina imputación objetiva, en la que se parte necesariamente de la determinación del nexo causal entre la conducta del agente y el daño [cita de varias sentencias] y se valora en cada caso la virtualidad del acto y la presencia o concurrencia de determinados elementos o circunstancias que justificarían o descartarían la imputación de los daños" (S. de 17 abril 2007). Para la de 2 marzo 2006 "la imputación objetiva consiste en establecer, de acuerdo con criterios de la experiencia y en base a los principios que rigen el sistema, qué daños es justo poner a cargo del agente, descartando de este modo algunos que podrían ser conectados al hecho dañoso".

C) Si el hecho que dio lugar a los daños se realiza con infracción de disposiciones reglamentarias, pero guardando en sí la diligencia debida, se habrá de examinar la influencia de la infracción sobre el resultado.

Pueden servir de ejemplo los dos supuestos siguientes, en los que el T. S. declaró no haber lugar a imposición de responsabilidad:

a') Varias personas viajan en la caja de un camión (contra las reglas del Código de la circulación) al que se le rompen fortuitamente los frenos (S. 30 enero 1951); el camión se despeña y los viajeros mueren. En este caso, está claro que la rotura de los frenos no se debió específicamente al hecho de viajar personas en la caja (probablemente el peso hubiera sido muy superior transportando mercancías): pero cabría mantener la responsabilidad del conductor al permitir viajeros que, permaneciendo al descubierto, en un lugar inapropiado, corren mayor riesgo que en un autobús, siendo ése el riesgo que trató de prevenir la norma.

b' Un empresario tiene a sus obreros trabajando en domingo, contra las reglas laborales, en una fábrica cercana a un polvorín que estalla, matando a varios de ellos (S. 22 febrero 1946). Aquí sí es claro que ni el trabajo en domingo es causa de la explosión del polvorín, ni la infracción del patrono tiene la menor relación con el accidente, que pudo suceder en cualquier otro día de la semana.

En general, de acuerdo con el criterio del «fin de protección de la norma fundamentadora de responsabilidad» (cfr. S. 17 mayo 2007), no pueden ser objetivamente imputados aquellos eventos dañosos que caigan fuera del ámbito o finalidad de protección de la norma sobre que pretende fundamentarse la responsabilidad del demandado.

INDICACIÓN BIBLIOGRÁFICA. TRIMARCHI, *Causalitá e danno,* Milán, 1967; FORCHIELLI, *Il rapporto de causalitá nell'illecito civile,* Padua, 1960; COSSÍO, *La causalidad en la responsabilidad civil,* en ADC., 1966, pág. 527; fundamental, PANTALEÓN, Fernando, *Causalidad e imputación objetiva: criterios de imputación,* Centenario del Código Civil, II, Madrid, 1990, págs. 1.561 ss.

§ 128. INTERFERENCIAS EN LA RELACIÓN DE CAUSALIDAD

656. En general.

En el daño causado por la conducta de un sujeto se pueden interferir, determinando o coadyuvando a su causación, elementos extraños, de modo que tal daño no se pueda atribuir exclusivamente a la acción del mismo, porque, por sí sola, no era proporcionada a causarlo. Estos elementos extraños pueden ser el *caso fortuito* o *fuerza mayor,* el *hecho de un tercero,* o la *acción de la víctima.*

Adelantemos que cualquiera de estos acontecimientos exonera de responsabilidad al agente por interferencia en el nexo causal cuando se demuestre ser imprevisible e irresistible, o inevitable (cfr. S. 17 noviembre 1989). A esta conclusión se llega a partir del texto del art. 1.902 pero también, sin duda, del 1.905 *in fine.*

657. El caso fortuito y la fuerza mayor.

Cuando en la concatenación de causas entre el hecho inicial y el daño se interfieren otros hechos no atribuibles al agente primero y sin intervención de los cuales el resultado dañoso no hubiera tenido lugar, el agente primero puede quedar exento de responder si no pudo prever la ocurrencia de la causa extraña en el momento de actuar él (no, como en los contratos, en el momento de contratar), o si la irresistibilidad era un riesgo que no debía asumir.

El Cc. no contiene, para la culpa extracontractual, una regla semejante a la del art. 1.105, pero, aparte del carácter general de la regla (está en el tít. 1° del libro IV), se deduce en alguna parte de la interpretación *a contrario* del art. 1.902: quien obra con diligencia no incurre en responsabilidad. Digo que *en alguna parte* porque el caso fortuito, en cuanto interferencia en la relación de causalidad, es algo distinto de la *no culpa*: ya porque, frente al concepto negativo de ésta, tiene un concepto positivo de acontecimiento imprevisible o inevitable que se introduce en la historia y desvía su curso, ya porque, a veces, el caso exime de responder en el supuesto de conducta negligente, que no hubiera causado por sí sola el perjuicio.

El Cc. únicamente alude de modo genérico a la exoneración por fuerza mayor en tema de responsabilidad contractual, sin duda porque en la extracontractual se presupone —en el pensamiento del legislador— la diligencia del agente, y no es éste quien ha de probar la causa de exoneración, sino el perjudicado la falta de diligencia, en cuya prueba va implícita la de la ausencia de caso fortuito. Incluso cuando la ley presupone (art. 1.903) la culpa de alguna persona (padres, empresarios, etc.), a ésta le basta con demostrar su propia diligencia, y no el caso: por ende, es la presunción de responsabilidad, apenas existente en el texto del Cc. (los casos de los arts. 1.903 y ss. son más bien raros), pero extendida por la jurisprudencia, la que hace entrar en juego la prueba de la fuerza mayor como causa de exoneración: causa que no opera en los supuestos de responsabilidad objetiva, y en otros opera con restricciones, como en el del art. 1.905 Cc. o el 1º Ley vehículos motor (fuerza extraña a la conducción o funcionamiento del vehículo).

A. Concepto y caracteres. El Cc. no se ocupa del caso (o fuerza) *in genere* en la disciplina del cuasidelito, aunque en dos preceptos concretos, los arts. 1.905 y 1.908-3º, hace intervenir, como causa de exoneración, a la que denomina «fuerza mayor». Habrá de estarse al concepto que se deduce del art. 1.105. No parece necesario establecer aquí la diferencia entre *caso* y *fuerza mayor,* supuesto que donde la ley no distingue ambos tienen en general iguales efectos: de la distinción nos ocuparemos a propósito del art. 1.905, donde tiene eficacia, así como en tema de responsabilidad por riesgo (§ 135). En lo sucesivo cuando hable del *caso,* sin distinguir, se entiende que comprende la fuerza mayor, y viceversa.

Según la jurisprudencia el caso, para exonerar al agente, debe ser imprevisible o, en todo caso, irresistible: en el sentido de haber puesto el agente toda la diligencia exigible, no sólo en su conducta ordinaria, sino también para prever y evitar la interferencia.

La S. 9 noviembre 1949 habla de la intervención de «aquellos sucesos totalmente insólitos y extraordinarios que, aunque no imposibles físicamente y, por tanto, previsibles en teoría, no son los que puede calcular una conducta prudente atenta a las eventualidades que el curso de la vida permite esperar»: sucesos que, por tanto, en aquella situación concreta son inevitables. No se trata, pues, de la previsibilidad general y abstracta: un acontecimiento es imprevisible siempre que no haya ninguna razón particular para pensar que se producirá.

No constituye caso fortuito el hecho de tirar un petardo un niño a una niña, que perdió la visión de un ojo (S. 4 mayo 1984): ni el que el cirujano, en el curso de una operacion quirúrgica, dejo caer una pinzas con violencia sobre la bandeja del instrumental para cambiarlas por otras, de modo que saltaron a los ojos de un colaborador dejándole ciego del derecho (hay, al contrario, falta de diligencia en el cirujano que no previó situaciones de tensión en su cometido) (S. 20 marzo 1984); ni en el hecho de tirar una piedra un muchacho de doce años, dejando tuerto a otro (S. 10 junio 1983). Es previsible la rotura de ramas por vendaval asimismo previsible (ráfagas de 74 km./h: S. 28 marzo 1994), pero no un viento extraordinario de 148 km./h que provoca la caída de cable de alta tensión, cuando el Reglamento de líneas de alta tensión considera extraordinario un viento de 120 km./h. (S. 17 mayo 1983).

B. Caso y «no culpa». En principio, la *irresistibilidad* o la *imprevisibilidad* suponen la presencia de una dificultad que no puede ser superada con la diligencia que debe aplicarse en el caso concreto. Mas si la dificultad es tal que superarla cuesta un esfuerzo mayor del debido, a falta de la obligación de observar una diligencia de ese grado, no habrá infracción.

C. Responsabilidad objetiva. En los sectores de actividad influidos por el principio del riesgo, el problema del nexo cobra especial relieve, pues aquí no existe, frente a la atribución de responsabilidad, la barrera de la no-culpa: el demandado sólo puede defenderse negando la realidad del daño o demostrando ser ajeno (él y su empresa) a la causación del mismo.

Aun en estos supuestos, la ley suele excluir ciertos eventos que son ajenos al riesgo creado: que se producirían también sin él. Así, el art. 1º de la ley de uso y circulación de vehículos de motor, si bien no considera caso fortuito los defectos del vehículo ni la rotura o fallo de alguna de sus piezas o mecanismo (vgr. rotura de frenos, S. 21 noviembre 1989) sí admite la virtualidad exoneratoria (cuando actúan de modo exclusivo) de la culpa de la víctima o la fuerza mayor extraña a la conducción y funcionamiento del vehículo (vgr. caballo desbocado con el que colisiona, S. 8 febrero 1992); lo mismo, en cuanto al accidente laboral, la fuerza mayor extraña al trabajo.

D. Concurrencia de caso y culpa. Cuando el daño ha sido causado en una concreta parte por la intervención del caso fortuito y en otra por la del agente, la reparación no presenta problema. Este comienza cuando una parte del daño o todo él se deben simultánea e individualmente al caso fortuito y la negligencia del agente, sea si cada uno es igualmente suficiente, por sí solo, para producirlo; sea si es precisa para ello la concurrencia de ambas causas. La doctrina dominante opta, en estas hipótesis, por un reparto o minoración del resarcimiento.

En el supuesto de tener cada uno de ambos elementos simultáneamente concurrentes virtualidad para causar todo el daño, cabría pensar que el agente humano sea condenado a indemnizar el daño íntegro (o toda la parte del daño concausada por él), pues su conducta es condición suficiente de la producción de todo el daño, pero resulta también defendible la tesis opuesta: si la fuerza mayor por sí sola lo hubiera producido (en todo o en parte), la negligencia, cuya concurrencia no agrava un perjuicio que obedece a otra causa, acaso no obliga a reparar. Cabe, por último, y ésta es la opinión de Cossío y Rogel, atenerse al orden temporal: cuando son distintos e identificables los momentos de aparición de caso y causa, la producida en segundo lugar será irrelevante.

En el supuesto más habitual de concurrencia de caso y negligencia que producen el daño conjuntamente (interviene cada uno en la causación de todo el daño, pero por sí solo no lo hubiera causado), piensa la doctrina dominante que no es justo ni exonerar de todo el daño al agente, ni ponerlo todo a su cargo: debe resarcir en proporción a la entidad de la causa del daño puesta por él. Solución que parece deducirse de una apreciación razonable de los intereses en presencia, aunque no, como pretenden algunos, del art. 1.103, pues la moderación a que se refiere tal precepto (posible, desde luego, en tema de culpa extracontractual), tiene como fundamento las circunstancias personales del agente y su conducta; no acontecimientos exteriores, como el caso fortuito.

Cuando la concurrencia del caso o la culpa agravan los daños causados por culpa o caso antecedentes, se ha de atribuir el daño originario a la causa primera, y el aumento —la diferencia entre aquél y el daño total— a la causa ulterior: a menos que la agravación del daño sea previsible por el agente inicial.

658. Pluralidad de responsables.

El hecho dañoso puede ser resultado de una acción colectiva, respondiendo entonces solidariamente los coautores. Pero puede obedecer a una pluralidad de acciones y omisiones negligentes, distintas entre sí y procedentes de distintos sujetos que obran con independencia.

A. El hecho de tercero. Cuando con la conducta del agente concurre a la causación del daño el hecho culposo de un tercero (no de una persona a cargo del agente, o siendo el hecho del tercero provocado por él, o de otro modo a él imputable) hay dos sujetos que pueden ser hechos responsables. Nótese que no se trata de coautoría, es decir, participación en un mismo hecho, sino de dos autores diferentes: de dos acciones distintas determinantes de un único resultado. Si el daño causado por la interferencia de las dos acciones era imprevisible para cada uno de los agentes, en un sistema de responsabilidad por culpa ninguno habrá de resarcir. Si era previsible para ambos, y habiendo negligencia suya, parece que se impone la distribución del resarcimiento: según la S. 24 mayo 1968 (Sala 2ª), en proporción a la participación de cada uno en la causación del daño; si bien respondiendo los dos como cocausantes solidariamente.

Según la S. crim. 25 mayo 1976, «existiendo dos causas concurrentes en la producción de unos mismos resultados, de tal forma que cada una en su papel de factor, potencia y vitaliza la otra en su eficacia de modo y manera que sin la existencia de ambas no hubiera surgido el evento punible, la responsabilidad de los corresponsables aun siendo solidaria ha de ser distribuida en cuotas por el juzgador». Cfr. también S. 2 febrero 1976. Si la intervención del tercero produce daños nuevos y distintos, hábrán de ser satisfechos por el mismo tercero, aun cuando el agente inicial sea culpable de los daños primitivos (S. 9 junio 1969, Sala 2ª).

B. Acción conjunta. El Código penal. El Cpen. regula los supuestos de pluralidad de responsables pensando en la acción de varios en grupo, y, ulteriormente, en la cooperación en distintos grados al acto dañoso: no en la doble causación de un mismo resultado. Objeto de la preocupación del legislador penal es la realidad de la reparación, y por tanto la solvencia de los agentes; además, una vez impuesta la responsabilidad solidaria, el reparto interno de la responsabilidad.

Según el art.116.1, «[...] Si son dos o más los responsables civilmente de un delito o falta los Tribunales señalarán la cuota de que deba responder cada uno». Para ello es preciso que haya varios procesados contra quienes se declare responsabilidad criminal, y por tanto civil, y no uno solo. Tratándose de o más responsables de un mismo delito, cuando el título de imputación sea el mismo e idéntico el grado de participación, frente a una línea jurisprudencial más exigente (y justa) que estima necesaria la determinación de las cuotas, por las repercusiones que el pago de un partícipe puede producir en las obligaciones de los demás y la posibilidad de acciones de repetición, otra más flexible entiende que si en la sentencia no se hace distribución de cuotas ha de entenderse que todas son proporcionalmente iguales (Ss. Sala 2ª 22 mayo 1984, 25 mayo 1990).

Criterios en tema de resarcimiento y para el señalamiento de cuotas son —dice la S. crim. 24 feb. 1976—, estos dos: el de atender al «beneficio obtenido por cada uno», y el de tener en cuenta «la eficacia causal de la conducta de cada partícipe respecto al perjuicio producido» (vid. S. 14 noviembre 1991).

El art. 116.1 (antiguo 106) es de aplicación a todos los casos en que haya varias personas civil y criminalmente responsables, y no una sola, siendo indiferente que no exista una tercera perjudicada, sino que los dos responsables criminalmente del mismo delito, sean perjudicados recíprocamente (S. 10 octubre 1953).

A su vez, el art. 116.2 Cpen. dice: «Los autores y los cómplices, cada uno dentro de su respectiva clase, serán responsables solidariamente entre sí por sus cuotas, y subsidiariamente por las correspondientes a los demás responsables». [Es decir, los cómplices responden solidariamente entre sí y subsidiariamente por los autores]. «La responsabilidad subsidiaria —continúa— se hará efectiva: primero, en los bienes de los autores, y después en los de los cómplices.- Tanto en los casos en que se haga efectiva la responsabilidad solidaria como la subsidiaria, quedará a salvo la repetición de lo que hubiere pagado contra los demás por las cuotas correspondientes a cada uno».

Según la jurisprudencia más moderna, el receptador no es deudor solidario con los autores del hecho delictivo (Ss. 12 abril y 28 diciembre 1984, 8 y 27 mayo 1991, entre otras), no pudiendo ser condenado a resarcir sino por la cantidad en que se lucró.

C. La tesis jurisprudencial de la solidaridad. A primera vista, del texto del art. 1.137 y del carácter de principio general de la norma que contiene, se desprendería que la regla de mancomunidad debe aplicarse a todas las deudas, sea cual sea su origen, y por tanto también a las nacidas de culpa extracontractual. Tal es la tesis de Albaladejo y Cristóbal Montes, fundándose en que no hay ninguna razón válida para vulnerar esta regla: cuando sean varios los causantes del daño, la responsabilidad por la indemnización deberá repartirse por cuotas entre ellos, en proporción a la participación de cada uno, y por igual si la participación es más o menos homogénea.

Sin embargo, la jurisprudencia, a partir de la mitad del siglo, se inclina decididamente por la solidaridad: cada partícipe responderá por la totalidad del daño frente al agraviado, sin perjuicio del reparto que se pueda realizar en la relación interna, y que —por cierto— muy pocas sentencias hacen, con el consiguiente gravamen del implicado a quien se reclama el total de la deuda.

«Este T.S. admite —dice la S. 20 febrero 1989— lo que se llama solidaridad impropia o por necesidad de salvaguardar el interés social en los casos de responsabilidad extracontractual entre sujetos responsables de ilícito culposo, con pluralidad de agentes y concurrencia causal única cuando no es posible individualizar comportamientos ni responsabilidades (SS.....), lo que permite dirigirse contra cualquiera de los obligados [...]». En idéntico sentido, SS. 18 y 19 diciembre 1995, 19 julio 1996, 20 y 31 enero 1997 y 16 marzo 2007.

Posiblemente, el único caso en el que cabe defender la responsabilidad de todos por el todo es aquel en el que la causación ha sido igualmente total para cada uno, de modo que cada agente podía haber causado el daño completo.

Sea cualquiera la construcción dogmática y jurisprudencial, lo cierto es que cuando uno es potencial causante de todo el daño, no es equitativo que se pueda excusar de pagar todo con el pretexto de que hay otros que también han participado, sirviendo la afluencia de nuevos agentes de excusa para dejar de pagar el que, de ser el único, hubiera indemnizado por el todo. Mientras, fuera de este caso, el criterio jurisprudencial de la solidaridad no tiene apoyo en los textos ni parece ventajoso imponerlo.

659. Compensación de culpas.

A. Planteamiento y soluciones. Hay casos en los cuales, al lado de la conducta negligente del causante, hay también culpa —coculpabilidad— en el proceder de la víctima, que no hubiera sufrido el daño, a pesar del riesgo en que le puso el acto del agente, si ella misma no hubiera sido imprudente. P. ej.: chocan dos conductores, que conducían, ambos, con igual temeridad, sufriendo daños uno de ellos (caso frecuente en la jurisprudencia penal). O bien: un muchacho penetra en una fábrica de productos pirotécnicos que tiene una cerca rota y carece de vigilancia, estando abierta la puerta del almacén, de donde coge un artefacto que estalla, causándole lesiones (caso de la S. 27 junio 1983). El conductor no previó que el niño de corta edad que marchaba por la carretera podía lanzarse a cruzarla inopinadamente (caso de la S. 15 noviembre 1982). El borracho cayó, en la oscuridad, al foso mal protegido de una obra (S. 22 abril 1980).

La doctrina ha contemplado en estos casos la presencia de la que llama «compensación de culpas», y que, en materia de causalidad, obedece a la colaboración de la víctima de la causación del daño y consiguiente interferencia suya en la serie causal. Cfr. S. 24 noviembre 1989.

«Técnicamente —dice la S. 15 diciembre 1984—, más que compensación, porque las culpas no se compensan, lo que hay en realidad o se opera es una concurrencia en la producción del resultado dañoso» (en parecidos términos, SS. 1 julio y 19 diciembre 1995).

Ante esta suerte de interferencia se pueden proponer muy distintas soluciones.

a) El Derecho romano negaba toda acción en reparación a la víctima del daño que había participado culpablemente en su producción, aun concurriendo otras causas. Tal fue, asimismo, el sistema inglés de la *contributory negligence* hasta el año 1945 (salvo en los accidentes marítimos, en los cuales una vieja ley del almirantazgo ordenaba dividir por igual la pérdida).

b) No apreciación de la interferencia de otro agente cuando la culpa de la víctima es igual o mayor (esto sería la propia compensación). Un buen número de sentencias lo propone como hipótesis cuando concede la indemnización a la víctima precisamente porque su culpa no fue tan grande como la del agente.

c) La S. 23 enero 1970 plantea tres hipótesis, «atendiendo las posibles entidades de las respectivas culpas intervinientes»: «en primer lugar, absorción de la culpa de la víctima por la del agente, dada la magnitud de ésta; en segundo término, lo contrario, o sea absorción de la culpa del agente por la de la víctima por igual motivo; y, finalmente, por considerar que ambas son similares o equivalentes, moderación o reducción de la indemnización reclamada».

B. El Derecho civil. En relación a nuestro ordenamiento, doctrina y jurisprudencia, en casos de coculpabilidad, se inclinan por el reparto equitativo de las consecuencias del daño cáusado, atendiendo a la conducta respectiva de los partícipes en el mismo. El Tribunal Supremo lo deduce del art. 1.103 Cc.: la presencia de culpa no exclusiva de la víctima es una de las posibles causas de moderación de la responsabilidad.

La Ley de responsabilidad civil por los daños causados por productos defectuosos (6 julio 1994),siguiendo la Directiva europea en la materia dedica a la «culpa del perjudicado» un artículo, el 9, del siguiente tenor: «La responsabilidad del fabricante o importador podrá reducirse o suprimirse en función de las circunstancias del caso, si el daño causado fuera debido conjuntamente, a un defecto del producto y a culpa del perjudicado o de una persona de la que éste deba responder civilmente».

La jurisprudencia civil admite esa atenuación, sobre la base de no ser la facultad concedida por el art. 1.103 Cc. privativa de las obligaciones contractuales (S. 14 octubre

1957): se considera facultados a los tribunales, por tanto, para moderar la responsabilidad del agente reducir en proporción al resarcimiento a su cargo; repartiendo el daño, con el perjudicado, y atribuyéndolo en grado diverso al damnificado o al agente, según la gravedad de la culpa de cada uno: a veces, apreciando el nivel de conexión que guardan las acciones culpables con el resultado dañoso.

«Es reiterada doctrina de esta Sala —dice la S. 17 mayo 1994— la de que cuando concurren la culpa del agente y la del perjudicado o víctima, los tribunales deben moderar la responsabilidad del primero y reducir en proporción su deber de indemnización, repartiendo el daño con el del perjudicado (SS. 7 diciembre 1987, 1 febrero 1989, 26 marzo 1990, 7 junio 1991 y 24 diciembre 1992, por citar algunas), concurrencia de culpa que es incluso apreciable por los juzgadores de la instancia aunque no lo pida el demandado». En parecidos términos la S. 30 abril 2007. También optan por "minorar las indemnizaciones" las Ss. 14 junio 1996 y 15 marzo 1999.

En los casos citados al inicio de este epígrafe el T. S. aprecia, al lado de la culpa del agente principal, culpa concurrente del menor que sustrajo el cohete o se lanzó a la carretera, o del borracho que se cayó al foso, lo que le lleva a reducir las indemnizaciones al 60 ó 50 % de la valoración íntegra del daño. Son muy numerosas las Ss. de este tipo en los últimos años: p.e., 28 mayo, 5 julio, 27 septiembre y 22 noviembre 1993.

La moderación de la responsabilidad puede tener lugar, incluso, cuando la víctima, cuya imprudencia concurrió con la del agente, no sería imputable: un niño, por ejemplo (SS. 1 febrero 1989, 31 enero y 5 junio 1997).

En definitiva, para distribuir el daño, lo mismo entre el agente y un tercero que entre aquél y el perjudicado, se ha de tener en cuenta la entidad relativa de ambas culpas. No parece que quepa el reparto si el hecho de la víctima es doloso: peatón que, para suicidarse, se arroja al paso de un automóvil que circulaba a velocidad excesiva, sujeto que pone voluntariamente fin a su vida interponiéndose en el recorrido del tren aprovechando un paso antirreglamentario en la vía férrea: S. 5 febrero 1990.

C. Ámbito penal. Una parte de la jurisprudencia criminal, influida por esta irrelevancia de la coculpabilidad de la víctima para la sanción penal, ha extendido la idea de que no hay compensación de culpas al aspecto de la indemnización: la S. 22 enero 1969, por ejemplo, la rechaza sobre la base de que conforme al (derogado) art. 19 Cpen. (actual 116.1) todo responsable criminalmente de un delito o falta responderá también civilmente de los daños y perjuicios causados. No obstante, es mucho más corriente la opuesta doctrina del reparto equitativo, por el tribunal de instancia, de las consecuencias dañosas del hecho punible (por ejemplo, Ss. 18 y 26 octubre 1972), e incluso entre agentes con distinto grado de culpabilidad: imprudencia temeraria del causante principal del daño, y simple la víctima, como en el caso de la S. penal 17 junio 1975.

La S. crim. 27 octubre 1978 presenta como «doctrina firmemente asentada» la de que «si bien no cabe, en lo penal la compensación de culpas, a la manera del instituto privado de la compensación de obligaciones, es lícito y obligado valorar las conductas concurrentes de todos los protagonistas del hecho, incluida la de la propia víctima, desplazando así el tema desde el plano de la culpabilidad al de la causalidad que le es más propio». Siendo en el estricto campo de la responsabilidad civil *ex delicto* —prosigue— donde «juega con mayor motivo la valoración causal de las conductas concurrentes de autor y perjudicado para decidir el alcance de la medida indemnizatoria con base en la compensación como modo de extinguir total o parcialmente las obligaciones a que autoriza el art. 117 del Cpen. con su reenvío al art. 1.156 del Cc.». De suerte que la concurrencia de la culpa del perjudicado «deberá ser tenida en cuenta para fijar el *quantum* indemnizatorio», si bien con la matización de que «si el daño alcanzó a terceros en un todo ajenos a la causación del resultado, respecto a ellos no puede operar compensación alguna». En el caso, el conductor del vehículo, culpable también del accidente, había muerto, lo que no fue obstáculo para que se moderase la responsabilidad del otro cocausante del daño, único procesado.

La jurisprudencia autoriza la compensación de culpas y su traducción económica, aun sin instancia de parte (S. 18 octubre 1982 y allí citadas).

D. Daños recíprocos. Especial interés ofrece, en tema de culpabilidad, el supuesto de daños recíprocos. La jurisprudencia penal se ha ocupado de numerosos casos de colisión de vehículos con culpa de ambos conductores y daños mutuos. El criterio predominante es el de hacer soportar a cada uno los daños propios (así, la S. crim. 20 mayo 1976, con cita de otras, en un caso de colisión de automóviles), si bien a veces ha exigido para ello que el hecho dañoso constituya una sola y la misma infracción, o que los diversos delitos de imprudencia sean concausa de un resultado común.

660. Culpa suficiente de la víctima.

Está fuera de discusión que la culpa de la víctima exonera al agente cuando es única causa del hecho dañoso, rompiendo el nexo causal (entre otras muchas, Ss. civil 13 febrero 1997 y 28 febrero 2008; S. Sala 2ª 22 septiembre 1967; art. 1º Ley vehículos motor). Cuando hay inversión o atenuación de la carga de la prueba de la culpa, el agente, para demostrar que el daño provino únicamente de la conducta del lesionado, habrá de dejar en claro la diligencia con que procedió él, tal que ni con ella pudo prever y evitar el accidente. La culpa de la víctima —dice la S. 27 mayo 1982— exonera al agente cuando es único fundamento del resultado, rompiendo el nexo causativo. Cfr. también Ss. 15 julio 2000 y 24 enero 2003.

En el caso de la S. 27 enero 1983 el conductor de un ciclomotor invade la calzada, cuando el trazado de ésta le permitía ver que en dirección contraria se aproximaba otro vehículo, cuyo conductor se desvió más a su derecha y acabó por detenerse con el fin de evitar la colisión, que a pesar de todo se produjo. Hay diversas Ss. solutorias de la reclamación del peatón que es atropellado por su falta absoluta de atención mientras el conductor del vehículo guardó la diligencia. Cfr.S. 25 mayo 1985; también, y entre tantas otras, S. 31 mayo 1983. En el caso de la S. 14 octubre 1981, un balandro con mástil de 7,85 metros navegando en zona no navegable y advertido, choca con un cable de alta tensión.

Dice la S. 11 febrero 1993 que «cuando en la producción del daño concurren varias causas, debe acompasarse la cuantía de la responsabilidad al grado y naturaleza de la culpabilidad (S. 7 octubre 1988), de manera que si no se produce culpa exclusiva de la víctima y es compartida por el culpable debe distribuirse proporcionalmente al *quantum* (SS. 1 febrero, 12 julio y 23 septiembre 1989) siendo la moderación de responsabilidad prevenida en el art. 1.103 Cc. facultad discrecional del juzgador, no revisable en casación, dependiente de las circunstancias del caso». En términos semejantes, las SS. 4 noviembre 1992, 23 febrero 1996 y 17 octubre 2001.

INDICACIÓN BIBLIOGRÁFICA. Vid. la bibliografía sobre solidaridad en las obligaciones procedentes de acto ilícito citada en el § 6. Fundamentales los comentarios de F. PANTALEÓN PRIETO a las Ss. 8 febrero 1983 (CCJC, 2, pág. 405), 2 febrero 1984 (idem, 4, pág. 1.315) y 19 junio 1984 (idem, 6, pág. 1.869); MORENO FLOREZ, *Concurrencia de culpas o concurrencia de causas),* Actualidad Civil, 1986. págs. 2.293 ss.; RODRÍGUEZ MARIN, *Culpa de la víctima* y *responsabilidad sin culpa*, RDP., 1992, págs. 113 ss.

§ 129. LA REPARACIÓN DEL DAÑO

661. La imputación del daño resarcible.

En este punto el legislador y los tribunales vienen utilizando dos criterios.

A. Criterio (objetivo) de la proximidad o alejamiento del daño. En la jurisprudencia angloamericana se tiene en cuenta, como ya hemos visto, con preferencia, la relación de *proximidad* entre el daño y el acontecimiento: si la relación entre ambos es lo bastante inmediata o la cadena suficientemente continua.

Por ejemplo: supongamos que Enrique marcha en taxi al aeropuerto, sufriendo el vehículo en el trayecto un accidente por exceso de velocidad, que hace perder a Enrique el avión, habiendo de tomar otro posterior. En el viaje, este otro avión se estrella. ¿Se puede llamar al taxista para responder de la muerte de Enrique?

Una duda de este género se planteó en el caso *Palsgraf* (Nueva York, 1928). En el momento en que un tren arrancaba, dos viajeros llegaron al andén y, con ayuda de sendos empleados, trataron de tomar el tren en marcha. Uno de los viajeros empujó involuntariamente un pequeño paquete que el otro llevaba bajo el brazo y que contenía fuegos de artificio: al caer el paquete se produjo una pequeña explosión, moviendo el brazo de una balanza que se hallaba a 25 pies, el cual a su vez hirió a una señora, demandante en el pleito. Bajo ponencia del juez CARDOZO se absolvió a la sociedad ferroviaria alegando que, aunque el empleado había incurrido en culpa frente al portador del paquete, no la había cometido en relación con la señora lesionada, que se hallaba lejos de su radio de acción: no podía adivinar el empleado que la caída del paquete pudiera causar el daño.

Este criterio se refleja luego en el caso inglés *Bourhill* v. *Young* (1943): un motociclista, en maniobra de imprudente adelantamiento, fue a colisionar contra un automóvil que circulaba en dirección contraria, falleciendo en el acto. Una pescatera de Glasgow embarazada, abortó al oír el ruido del choque y viendo luego un charco de sangre que había dejado el muerto. Su demanda fue desestimada por falta de previsibilidad del daño, y por hallarse ella «fuera del área de impacto». Decisiones ulteriores han modalizado esta doctrina concediendo indemnización por el shock sufrido, a la vista de un daño infligido a un pariente, por quien personalmente se hallaba a salvo.

En la jurisprudencia inglesa, suele rechazarse la demanda cuando no es bastante próxima o continua la cadena de causas que conecta el acto del demandado con el daño resultante: insuficiente para generar responsabilidad. Los daños, en tal caso, se dice, son *too remote.* Y este mismo criterio es, en sustancia, el de nuestro T.S. y la doctrina. Ricardo de Angel habla de que se responde del daño «*normalmente* atribuible al acto culposo».

B. Criterio (subjetivo) de la diligencia. Mientras el criterio anterior pone a la serie causal límites externos y objetivos, deducidos del sentido común, otra dirección señala en la causalidad la existencia de datos subjetivos del agente que se deben tener en cuenta.

En el ejemplo del taxista y el viajero, parece claro que el taxista, si fue simplemente negligente en la conducción, no responde de la muerte de Enrique y sí responde si estaba de acuerdo con los saboteadores del segundo avión: tal acuerdo le constituye en causa relevante. Pero, ¿qué decir si el accidente del taxi fue intencionado, mas el taxista no conocía el atentado que se preparaba y obró así por otros motivos?

En nuestra doctrina, la controversia sobre la influencia de la culpa o dolo del agente sobre el monto de la indemnización se centra en la aplicabilidad o no, a la fijación de ésta, de los criterios del art. 1.107 Cc.

a) Según Castán, «la obligación de reparar comprende tanto el *damnum emergens* como el *lucrum cessans,* sin que pueda establecerse distinción ninguna en orden a la naturaleza subjetiva (dolosa o meramente culposa) de la falta». Del mismo parecer es Albaladejo, quien, basándose en que la obligación constitutiva de responsabilidad civil es de «reparación», entiende que «hay que tener en cuenta exclusivamente el daño causado, y no si lo ha sido por culpa o dolo».

b) Cossío, en cambio, seguido por de Castro y Gullón, considera aplicable a la determinación del resarcimiento del daño causado por actos ilícitos la distinción del art. 1.107 Cc. entre incumplimiento culposo y doloso, de modo que el agente «responde de los daños previstos y previsibles en el momento de causarse el hecho ilícito (cuando hay culpa o negligencia), o bien de los que conocidamente se derivan de ese hecho ilícito (cuando hay dolo)».

De esta tesis es cuestionable fundar en el art. 1.107, como índice de la culpa o no culpa, el factor de la *previsibilidad* del daño, porque el art. 1.107 se refiere en este extremo a los contratos («al tiempo de constituirse la obligación»).

Puede valer el precepto, en cambio, en cuanto a su exigencia de que los daños sean «consecuencia necesaria» del acto ilícito.

c) Ricardo de Angel, que considera «razonable la aplicación analógica del art. 1.107 a los casos de responsabilidad extracontractual» estima, sin embargo, acertada la tesis de que la obligación de reparar el daño causado es indivisible, puesto que no trata de castigar al agente sino de resarcir a la víctima.

Pero en el análisis de la serie causal sí se tiene en cuenta la actitud anímica del agente: «creemos —dice el autor— que la *relación de causalidad* sí es afectada o influida por la gravedad de la culpa concurrente: se responde *de más consecuencias* cuando media dolo que cuando el acto es meramente negligente».

Para Pantaleón la diferencia entre el caso de culpa y el de dolo será, en tema de actos ilícitos, la medida entre la apreciación de los daños que son *consecuencia necesaria* del acto ilícito (caso de la culpa), y todos los que *conocidamente derivan* del mismo (dolo), comprendiendo también los daños no previsibles en el momento del hecho dañoso, siempre que se vinculen a él en una relación de adecuada causalidad.

C. Conclusión. La moderación de la responsabilidad. Considero, por mi parte (Lacruz), exactos los planteamientos de R. de Angel y Pantaleón. En principio, la indemnización debe ser íntegra: de todo el daño causado, pero sólo de aquellos daños que el análisis causal ha declarado indemnizables.

Con este mismo criterio ha de contemplarse la aplicabilidad, por analogía, de la facultad moderadora que concede al juez el art. 1.103, facultad cuya existencia en tema de culpa extracontractual niega la S. 5 diciembre 1983 («dado que viene referido —el artículo— a la responsabilidad por negligencia exigible en el cumplimiento de las obligaciones») y afirman Ss. como 3 diciembre 1979 y 20 abril 1993 (además de las muy numerosas que, discutiblemente, fundamentan en esta norma legal la llamada «compensación de culpas»).

662. Las causas de reserva y problemas afines.

A. Planteamiento. En su estudio sobre el concepto del daño aborda Pantaleón un problema casi inédito para la doctrina española, a saber, el de la influencia de las *causas hipotéticas* de aquél en la atribución de la obligación de resarcir y en su cuantía.

a) El caso es éste: Juan rompe el cristal de la ventana de Pedro al lanzar descuidadamente una piedra; instantes después una violenta explosión destruye todos los cristales de la manzana. O bien: Juan sustrae el coche de Pedro del garaje, y días después lo destroza contra un árbol; sin embargo, nada más salir del garaje, éste se incendia y queda totalmente destruido sin poderse salvar nada de él. Otra hipótesis: Juan dispara contra Pedro y le mata instantáneamente, media hora después de que Enrique había administrado a Pedro un veneno lento para el que no se concede antídoto.

b) Distinto es el caso de la concurrencia de dolo o culpa del agente con la «predisposición al daño» de la cosa: Juan prende fuego al almacén de Pedro, que se habría desmoronado luego con toda seguridad porque estaba ruinoso; o mata al caballo, que hubiera muerto poco después porque estaba enfermo incurable (predisposición interna); o bien incendia la cosecha de Pedro minutos antes de que llegue la plaga de langosta o descargue la tormenta de granizo (predisposición externa).

c) Es, finalmente, problemático, en punto a si procede o no la indemnización y en qué cuantía, el supuesto de «la conducta alternativa conforme a Derecho»: aquél en el cual, de haber obrado lícitamente el sujeto, el resultado dañoso se habría producido igual. Se importan unos pinceles turcos de pelo de cabra que no se desinfectan, en contravención de las normas sanitarias, y producen carbunco, del que mueren varias personas. Pero los pinceles, aun desinfectados, hubieran producido la misma enfermedad.

Los casos *sub b*) y *c*) no son de causa hipotética del daño, pero el conflicto de intereses es similar: un perjudicado que lo hubiera sido igualmente por el curso alternativo de los acontecimientos, y entonces (del producirse la otra hipótesis) no hubiera podido reclamar o hubiera reclamado a otro.

B. Soluciones. En la doctrina es frecuente la tendencia a eximir al agente: para Schmidt, «la imputación puede ser excluida si el agente demuestra que, observando él una conducta conforme a derecho, el daño hubiera sobrevenido también al afectado», y según Trimarchi, la exención de responsabilidad se deduce de la consideración de que el patrimonio del demandante habría sufrido la misma disminución sin el hecho del demandado.

Pantaleón, en relación a nuestro ordenamiento, se inclina por negar relevancia a las «causas de reserva», por cuanto no aparece en el Cc. un precepto general que establezca su virtualidad exoneratoria, habiéndose de estar, por tanto, a la responsabilidad del agente.

Tal precepto se había incluido en el Proyecto de 1851: era el art. 1.160, que, aun constituido en mora el deudor, extinguía la obligación de dar (salvo un evento muy concreto), «siempre que pruebe que la cosa se hubiera perdido igualmente en poder del acreedor, si se hubiere hecho su entrega». Sin que sea invocable, a fin de mantener la virtualidad de las causas hipotéticas, el criterio del actual art. 1.896, porque en él «ha de ser el mismo caso fortuito que ha destruido la cosa en poder del deudor, el que la hubiera también destruido en poder del acreedor».

Sin embargo, y en una apreciación objetiva del equilibrio de causas que coincidiría con la equidad, más parece que cuando son dos los causantes hipotéticos del daño deberían compartir el resarcimiento; que si la cosa o persona estaba predispuesta, el importe a prestar por el agente debe estimarse en el «valor residual» del bien que ha sufrido la ofensa; y que la inevitabilidad del acaecimiento incluso observando una conducta conforme a Derecho, habrá de tenerse en cuenta para moderar aquel importe, soluciones preferibles a las que se puedan extraer de la mecánica legal cuando sus conclusiones en esta materia difícilmente pudieron ser pensadas, y menos aprobadas, por el legislador.

663. Agravación y nuevos daños.

A veces el daño no se produce de modo instantáneo sino paulatino. Otras, surgen daños nuevos y distintos cuando se trata de remediar el primeramente producido, como en el caso de la S. crim. 26 abril 1977: el rápido desescombro para sacar a las víctimas de un derrumbamiento origina la desaparición, entre los materiales removidos, de joyas y objetos valiosos que el T. S. ordena incluir en la indemnización. Y en ocasiones se agravan los daños anteriores: el herido a quien se creía convaleciente fallece en pocas horas por efecto retardado de las lesiones.

Todos estos daños son resarcibles, y se puede reclamar su enmienda desde que aparecen claramente: el plazo de prescripción no comienza hasta ese momento.

Una agravación del perjuicio ulterior a la sentencia de condena da lugar a una nueva acción de responsabilidad, a la cual no se podrá oponer la excepción de cosa juzgada, por tratarse de un perjuicio nuevo (cfr. S. 19 febrero 1973). No obstante la Sala 1ª rehúsa entrar a conocer nuevos perjuicios que pudieron preverse en una causa penal anterior, en cuyo proceso —dice la S. 27 enero 1965, entre otras— el interesado «pudo y debió reclamar el resarcimiento de los daños y perjuicios que todavía eran inconcretos, pero ya se preveían, o por lo menos reservarse el ejercicio de las acciones que pudieran corresponderse para el supuesto de que las lesiones sufridas por la víctima del accidente le produjeran una incapacidad permanente». En el nuevo litigio únicamente pueden discutirse los daños producidos tras la sentencia penal (Ss. 9 febrero y 20 abril 1988).

Los perjuicios futuros (los que son actualmente eventuales o dudosos), según la jurisprudencia sólo pueden reclamarse en el futuro. Así resulta de la S. 30 octubre 1956, en un caso en el que un niño, al disparar una escopeta de aire comprimido, había herido a otro en el ojo izquierdo, con pérdida de visión. El T. S. concede indemnización para subvenir a la intervención quirúrgica que posiblemente salve el ojo, decidiendo que «resulta prematura la pretendida indemnización fundada en el hecho futuro e incierto de que, operada la catarata, se producirá la pérdida total de la visión». Prematura, pues, cuando se ignora si el daño llegará a existir; pero si llega, podrá la víctima formular nueva demanda en solicitud de indemnización por él (vid. S. 8 febrero 1983).

El perjudicado tiene el deber de cooperar a la evitación de daños ulteriores y el remedio de los existentes en la medida de la buena fe. A este propósito, tratándose de daños a la persona, basta que el lesionado observe una conducta conducente a facilitar su curación, aunque rehúse someterse a una operación quirúrgica peligrosa que pueda restituirle la capacidad física perdida (S. 23 marzo 1959, Sala 6ª). La S. crim. 19 enero 1981 insiste en que «a nadie se le puede imponer tal obligación, con los hipotéticos riesgos que puede suponer en muchos casos».

664. El crédito a la indemnización (qué perjuicios se han de valorar).

El crédito surge en el momento en que se causa el daño (aunque la conducta negligente o dolosa sea anterior).

La reparación se extiende a la totalidad del daño causado: el art. 110 Cpen. incluye en este concepto, como partidas diferentes, «la restitución», «la reparación del daño causado» y «la indemnización de perjuicios materiales y morales». Y para el art. 1.106 Cc. el resarcimiento comprende el *daño emergente* y el *lucro cesante,* conceptos ya estudiados (incumplimiento de los contratos).

A. En cuanto al *daño emergente*, cabe añadir ahora que según el derogado art. 103 Cpen. su reparación pecuniaria se hará —decía— «valorándose la entidad del daño por regulación del tribunal, atendido el precio de la cosa siempre que le fuere posible, el de afección del agraviado»; *precio de afección* que constituye el resarcimiento de un presunto perjuicio moral, y que acaso puede reclamarse también en el ilícito civil cuando se pueda presumir algún especial afecto a la cosa. Aunque en el Cpen. de 1995 no hay una norma equivalente (su homólogo 112 tiene redacción distinta), puede seguir vigente en la práctica aquella norma por razonable.

B. Por lo que se refiere al lucro cesante, ya se ha expuesto cómo la jurisprudencia parece superar su anterior posición extraordinariamente restrictiva, aunque manteniendo siempre criterios prudentes y considerando en general que se trata de cuestión de hecho no revisable, en principio, en casación.

Observa PANTALEÓN que el daño consistente en la privación de ganancias no nace de modo necesario en el momento del hecho dañoso, y sí, precisamente, en el momento en que el lucro habría sido obtenido.

665. ¿«*Compensatio lucri cum damno*»?

Se pregunta la doctrina si, sobreviniendo un lucro al perjudicado a causa del hecho dañoso y en inmediata relación de causalidad con él, éste habría de computarse en la reparación, disminuyéndola.

En principio debe aceptarse la minoración del resarcimiento cuando el agente, por obra suya, ha proporcionado al perjudicado una ventaja concomitante y debida a la misma acción que causó el daño, para lo cual se habrá de entender que no hay *daño causado* sino en lo que éste supere a la ventaja proporcionada.

«El perjudicado —dice la S. 15 diciembre 1981— no podrá recibir más que el equivalente del daño efectivo, y, en su caso, de haber obtenido con el evento alguna ventaja, ésta habrá de tenerse en cuenta al cuantificarse aquel resarcimiento (*compensatio lucri cum damno*); siempre, por supuesto, que exista relación entre el daño y la ventaja (...) lo que, en definitiva, no es sino reflejo del siempre vigente principio de la prohibición del injusto enriquecimiento». En el caso el accidente culposo obligó al derribo del inmueble y venta del solar... en la cual obtuvieron los dueños pingües beneficios.

No se compensarán con el daño los lucros que ha obtenido el perjudicado merced a un seguro o negocio semejante, beneficios que se reciben o que han sido constituidos aleatoriamente por título oneroso y no podrían servir para liberar al responsable. La S. 27 noviembre 1965 declaró la compatibilidad entre la indemnización proveniente al automovilista que colisiona, del seguro de daños propios, y la del causante del accidente o su aseguradora de daños a terceros, rechazando que en el caso haya enriquecido sin causa. En el de la S. 14 diciembre 1966 el causante de los perjuicios no se exonera de la obligación de indemnizar por la presencia del seguro, porque «ni puede evadirse del cumplimiento de tal deber a pretexto de un contrato que lo es ajeno... ni el texto literal del art. 1.903 contiene excepción alguna». Cfr. también S. 9 mayo 1977.

En Sala 2ª denegó la *compensatio* la S. 16 octubre 1965 porque la obligación de indemnizar el causante del daño es efectiva «sin perjuicio de los contratos que el perjudicado pueda tener con entidades ajenas al procedimiento y a las que satisface la prima correspondiente que, en ningún caso, puede beneficiar al autor del delito, pues la opuesta nos llevaría al absurdo de que las cantidades que abonaba la víctima para su seguridad servirían para evitar el desembolso económico del delincuente». La admitieron, en cambio, las Ss. 27 noviembre 1965 y 5 mayo 1968, por entender que el perjuicio ha sido ya reparado y no se puede reclamar. Y vuelven a negar la *compensatio* las SS. 2 noviembre 1968, 18 noviembre 1970 y otras.

Cuando se trate de percepciones de salarios como consecuencia de inactividad laboral, la indemnización se calcula exclusivamente sobre lo que el perjudicado haya dejado realmente de percibir, y por tanto con exclusión de lo que ya le hubiere sido abonado por la Seguridad Social (S. 31 mayo 1985).

666. La valoración de los perjuicios (cómo y cuándo valorarlos).

Supone la reducción del daño a unidades monetarias. Es ésta una operación necesaria, de la que no podría eximirse el juzgador alegando su dificultad, y menos, en vista de ella (es decir, por lo aleatorio y complicado de evaluar los daños), absolver al demandado (S. 26 mayo 1976).

La S. crim. 28 septiembre 1981 (entre otras) señala cómo el Cpen. concede «a los Tribunales plena libertad para graduar el importe de los daños y perjuicios, sin que la fijación del *quantum* pueda ser discutida en casación»; libertad sólo limitada por las cuantías que fijen las acusaciones cuando ejercitan la acción civil. En el proceso civil la valoración es también una «cuestión de hecho».

A. Daños materiales. Se trata de «restaurar el estado de las cosas a la situación anterior al evento dañoso» (S. 15 diciembre 1981 y allí cits.); y a tal efecto, al evaluar el daño material el juez compara la apreciación actual del objeto si no hubiera sobrevenido el hecho lesivo (valor hipotético de la cosa, si estuviera sana), con la situación producida por el daño (regularmente, la diferencia entre el precio anterior y el actual de la cosa misma que sufrió el perjuicio).

Cuenta, pues, el valor que tenía la cosa en el momento mismo del daño (S. 25 marzo 1980). Según la S. 31 mayo 1983 la pérdida de un documento de crédito ha de resarcirse por el nominal, aunque en rigor, el tomador no tuviera seguridad absoluta de cobrarlo y todavía podía intentar el cobro de la deuda mediante la acción crediticia ordinaria.

Cuando la lesión infligida a un funcionario del Estado impide a éste la concurrencia al trabajo, la Administración viene reclamando al causante del daño, en calidad de resarcimiento, el importe de los haberes devengados en tal situación, reclamación que considera fundada la Sala 2ª (S. 20 septiembre 1982 y allí citadas; luego, Ss. 22 marzo 1988, 12 junio 1989 y 10 mayo 1990), pero que no admite la Sala 1ª, ya por falta de una previa declaración de existencia del daño para la Hacienda pública que venía obligada en todo caso a pagar los haberes y no demostró el menoscabo del servicio, ya porque «el simple hecho de la lesión del funcionario no justifica que el Estado haya tenido que poner medios especiales o contraprestaciones complementarias, y por tanto no justifica el perjuicio estatal» (Ss. 14 abril 1981, 25 junio 1983 y 29 noviembre 1986).

B. Daño a la persona. Se trata de valorar, a la vez, una pérdida patrimonial relacionada con el accidente y un menoscabo moral de difícil cuantificación.

La S. crim. 7 noviembre 1979 propone, en cuanto a lesiones, los siguientes factores determinantes de la indemnización: «*a)* gastos hospitalarios, quirúrgicos o médico farmacéuticos; b) imposibilidad de dedicarse el ofendido al trabajo u ocupación habituales durante los días necesarios para su curación; c) *pecunia doloris* o sufrimientos o padecimientos —tanto físicos como morales— experimentados por el mencionado ofendido como consecuencia de las lesiones, heridas o fracturas sufridas, y que son perfectamente resarcibles o enjugables mediante la fijación alzada de una suma calculada conforme a libérrimo, aunque racional y prudente criterio; y d*)* secuelas resultantes, tales como gran invalidez, imposibilidad, total o parcial, temporal o permanente, para el trabajo, pérdida de miembros u órganos, imposibilidad de valerse de los mismos, deformidades, prótesis y otros».

En cuanto al daño causado por la muerte, la indemnización a los perjudicados se cuantifica en la jurisprudencia penal —dice la S. 20 abril 1982— teniendo en cuenta estos tres factores: *a)* gastos funerarios; *b*) desamparo en que haya quedado el pariente o parientes presuntamente perjudicados que dependía económicamente del fallecido y *c*) *pecunia doloris* o daño moral, compensación del «doloroso vacío» producido por la pérdida sufrida. Se habrán de valorar —dice la S. cont. 18 febrero 1980— las circunstancias de toda índole concurrentes: edad, sexo, situación familiar, personal y económica; la renta de trabajo, obligaciones que corren a cargo de la familia superviviente, ete. En el caso de la muerte de un hijo valora la S. cont. 3 diciembre 1982 los perjuicios para los padres teniendo en cuenta el importe de los ingresos normales del difunto, la ayuda que con cargo a ellos prestaba a sus padres, la edad de unos y otros, el índice previsible de desvaloración de la moneda, etc. Siendo «irreductible a los métodos matemáticos el daño moral».

Se ha observado que «el problema de la valoración del daño personal en España está muy lejos de lo que puede considerarse una situación satisfactoria», criticándose que la materia «se encuentra dominada por la falta de armonía, por la inseguridad y en no pocos casos por la sorpresa»; pues «los Tribunales carecen de criterios conducentes a un mínimo de uniformidad o coincidencia» (R. De Angel). La doctrina española no ha comenzado a ocuparse de este grave problema, con implicaciones sociales y económicas de gran alcance, hasta muy recientemente, con fuerte retraso respecto de otros países.

La cuantificación del daño será siempre discutible y objeto, en definitiva, de valoración judicial. Un instrumento tendente a reducir la inseguridad y propiciar la igualdad de trato de supuestos similares es la utilización de tablas o baremos de indemnización (no nuevas en cuanto a indemnizaciones en la Seguridad Social). Su conocimiento y habitual aplicación tiene también la deseable consecuencia de aumentar el número de las transacciones, evitando gastos, reduciendo los litigios y acelerando el cobro de las indemnizaciones. La O. (M. de Economía y Hacienda) 5 marzo 1991 publicó un sistema para la valoración de daños personales en el seguro de responsabilidad civil ocasionados por medio de vehículos de motor; luego con rango legal (Ley 30/1995, con un anexo, "Sistema para la valoración de los daños y perjuicios causados a las personas en accidentes de circulación"). Los tribunales son reacios a su aplicación: S. 26 marzo 1996, que argumenta precisamente sobre el derecho a la vida constitucionalmente garantizado para negar la aplicación del baremo alegado, cuya cuantía le pareció insatisfactoria; en el mismo sentido, SS. 4 mayo y 19 junio 1996. Otros la aplican directamente.

Planteadas varias cuestiones de inconstitucionalidad contra esa Ley 30/1995, de 8 noviembre, y su sistema de baremos, la STC. 181/2000, de 29 junio, ha declarado que, con carácter general, no es inconstitucional ese sistema de valoración de daños, pero sí lo es el de indemnizaciones tasadas aplicables a supuestos de daños a las personas dimanantes de incapacidad temporal que tengan su causa exclusiva en una culpa relevante imputable al causante del daño y, en su caso, judicialmente declarado.

C. Momento procesal de la valoración. En los litigios sobre responsabilidad civil la sentencia evaluará los daños con la extensión y valoración que tienen precisamente en el momento de la prueba practicada en el proceso dentro del cual se profiere: en todo caso, no en el momento de la causación de tales daños, lo cual, en época de inestabilidad monetaria, es la solución más equitativa.

La S. 14 octubre 1989 (con otras muchas, como S. 30 octubre 1956) dice que «la fijación de la cuantía de los daños producidos se hará atendiendo al momento de la reclamación»; mientras que la S. 31 mayo 1985 (con antecedentes en S. 29 junio 1978) llega algo más lejos, partiendo siempre de tratarse de deuda de valor, al considerar que la cuantía de la indemnización ha de determinarse con referencia a la fecha en la que se liquida su importe, en su caso en el período de ejecución de sentencia.

En el período de prueba del juicio en que se reclama el resarcimiento parece que se ha de demostrar la realidad de los daños (S. 7 junio 1952: que éstos existen en mayor o menor medida). En cambio, su cuantificación y valoración se pueden dejar para ulterior momento procesal. La S. 26 mayo 1976 entiende con gran laxitud, en favor de la víctima, la posibilidad de dejar la determinación de los daños para el período de ejecución de sentencia. Cfr. también SS. 17 marzo 1992,19 octubre 1994 y 20 mayo 1996.

D. Expresión monetaria del resarcimiento. Hasta el instante de valorar los daños, la responsabilidad carece de expresión monetaria y es una deuda de valor, según acepta la S. 20 enero 1976 (Sala 2ª), aprobando que la Sala de instancia incrementase, en el caso, la cuantía de las indemnizaciones en un veinte por ciento. «Las deudas indemnizatorias conducentes a la reparación de daños y perjuicios —dice la S. 19 octubre 1996— tienen el carácter de deuda de valor, por lo que su cuantía ha de determinarse con referencia, no a la fecha en que se produjo la causa originadora del perjuicio, sino a aquélla en que se liquide el importe, en ejecución de sentencia, si bien no podrá exceder, por el principio de congruencia, de la que el demandante haya fijado en el suplico de la demanda (Ss., entre muchas, de 26 octubre 1987, 15 junio 1990, 23 mayo 1991 y 4 febrero 1992)».

667. Formas de resarcimiento.

A. El resarcimiento en forma específica. La forma más adecuada de reparar el daño es, sin duda, la de reponer al perjudicado en una situación igual a la que existía antes de la causación del perjuicio (resarcimiento en forma específica). Pero eso sólo puede ocurrir cuando el *statu quo ante* sea reiterable (componer una avería o deterioro; suministrar un objeto idéntico al destruido), e incluso entonces parece que no cabría obligar al culpable a la reposición o reparación si éstas resultan excesivamente onerosas en relación con el daño causado (reparación o reposición muy costosas de un objeto de escaso valor, pero que ya no se fabrica, ni sus piezas de repuesto).

El derecho preferente a la reparación *in natura*, taxativamente establecido por el art. 111.1 Cpen. («deberá restituirse, siempre que sea posible, el mismo bien, con el abono de los deterioros y menoscabos que el Juez o Tribunal determinen»), puede deducirse para los supuestos de cuasidelito de la expresión «reparar el daño causado» en el art. 1.902, lo cual se consigue más exactamente reponiendo las cosas a su estado primitivo si ello es posible. Tanto el lesionado como el agente tienen derecho, entonces, a optar por la reparación específica. «La restitución —continúa aquel precepto— tendrá lugar aunque el bien se halle en poder de tercero y éste lo haya adquirido legalmente y de buena fe, dejando a salvo su derecho de repetición contra quien corresponda y, en su caso, el de ser indemnizado por el responsable civil del delito o falta». Se exceptúa el caso en que el tercero haya adquirido el bien con los requisitos legales de irreivindicabilidad (art. 111.2 Cpen.).

En su caso, los tribunales habrán de condenar al agente, además, a eliminar la causa productora del daño, ya que, como dicen diversas sentencias, no se puede permitir que se siga produciendo en el futuro: de otro modo, sería incongruente que se ordenase la reparación mediante indemnización de los efectos de un acto que se sigue tolerando (ésta ya no es una acción de resarcimiento).

Fuera de la esfera patrimonial, el resarcimiento en forma específica puede consistir en actos como la publicación de una rectificación o desmentido en los medios de comunicación social, la retirada de la circulación del impreso injurioso o denigrante (S. 4 junio 1962: impresos que desacreditan el producto fabricado por los competidores), etc. —cfr. art. 9.2 LO. 5 mayo 1982—. En el terreno económico la forma más frecuente es la reparación: la del automóvil siniestrado, por ejemplo.

B. El resarcimiento pecuniario. No siendo viable la reposición al *statu quo ante,* procede realizarla mediante un equivalente pecuniario, ya consista en un capital entregado de una vez, o en una renta, lo cual ocurre especialmente cuando se repara, a consecuencia de un accidente corporal, el perjuicio resultante de la incapacidad para el trabajo.

El resarcimiento en forma de renta es la solución más lógica en los casos en que el perjuicio consiste en la pérdida, por la víctima, de una parte de su capacidad adquisitiva. Sin embargo los Tribunales españoles son muy reacios a esta forma de resarcimiento (vid. Ss. 2 febrero 1980, y crim. 28 abril 1989).

668. Acciones de reembolso.

A. En general. El que soporta las consecuencias económicas de un daño causado a otro, por haber contribuido a remediarlo, tiene derecho a ser reintegrado de lo que gastó en el remedio.

Tratándose de daños causados por delito penal, el que los pagó puede comparecer ante la jurisdicción penal o la civil haciendo valer su condición de «tercero perjudicado», al amparo del art. 113 Cpen. que obliga al condenado a indemnizar los daños que irrogó «no sólo... al agraviado» «sino también ... a terceros». La S. civil 6 abril 1984 considera, así, como *tercero perjudicado* a la Residencia sanitaria que prestó asistencia médica a la víctima del delito de lesiones, y por tanto con derecho a ser reembolsada de los gastos, añadiendo que estas indemnizaciones se otorgan cuando se ejercita la acción civil derivada del delito sin necesidad de que las personas a las que se conceden sean necesariamente parte en el proceso, pues se trata de terceros perjudicados directamente por la infracción penal, que tienen el ejercicio de su pretensión a la indemnización comprendida en la acción civil que se ejercita conjuntamente con la penal».

B. El seguro de daños. Algunos preceptos legales (art. 44 Ley 29 diciembre 1962; art. 6º D. 21 marzo 1968; art. 780 Ccom., y anteriormente 407 y 437) reconocieron para casos concretos el derecho del asegurador de daños propios a reclamar del responsable las cantidades que dicho asegurador pagó a la víctima asegurada, y además, en la póliza, suele pactarse esta subrogación en los derechos del perjudicado-asegurado. Aun no pactada, cabía fundarla en el enriquecimiento sin causa (S. 29 noviembre 1982). A partir de la L. Seguro, la cuestión está resuelta en su art. 43-1º, a cuyo tenor «el asegurador, una vez pagada la indemnización, podrá ejercitar los derechos y las acciones que por razón del siniestro correspondieran al asegurado frente a las personas responsables del mismo, hasta el límite de la indemnización». Cfr. S. crim. 30 septiembre 1977.

INDICACIÓN BIBLIOGRÁFICA. FISCHER, *Los daños civiles y su reparación,* trad. y notas de Wenceslao ROCES, Madrid, 1928; BADENES GASSET, *Obligación de resarcir el daño causado: ¿con referencia a qué fecha debe el Juez evaluarlo?,* RIDC., enero-junio, 1955, pág. 179; GUILARTE GUTIÉRREZ, *La superación del empobrecimiento de la víctima como medida indemnnizatoria frente a la responsabilidad extracontractual*, RDP, 1991, págs. 1.021 ss.; PANTALEÓN, coment. art. 1.902. en "Comentario del Código civil", Ministerio de Justicia, II, 1990: YZQUIÉRDO TOLSADA, Comentario del art. 1.107 Cc.. en "Homenaje Lacruz", I, 1992, págs. 843 ss.

Sobre valoración del daño a la persona. DE ANGEL YAGÜEZ, *La reparación de daños personales en el Derecho español con referencia al Derecho comparado,* RES, enero-marzo 1989, págs. 47 ss. (luego en su «Tratado», págs. 697 ss.) y *Algunas previsiones sobre el futuro de la responsabilidad civil (con especial atención a la reparación del daño),* Madrid, 1995; MCINTOSH y HOLMES, *Indemnizaciones por lesiones personales en los países de la C.E.E.,* 1992; NUEDA GARCÍA, *La valoración del daño corporal. Jurisprudencia,* La Ley, 1992, pág. 1.006; PÉREZ PINEDA, *Manual de valoración y baremación del daño corporal,* Granada, 1991; RUIZ VADILLO, en R.D.Cir., 1989, pág. 291 y 1991, pág. 255; VICENTE DOMINGO, E., *Los daños corporales: tipología y valoración,* Barcelona, 1994.

§ 130. LA PREVENCIÓN DE LA RESPONSABILIDAD

669. Convenciones de irresponsabilidad.

El futuro responsable ha podido de antemano, sea convenir con la eventual víctima la exención de su hipotética obligación de resarcir; sea con una compañía de seguros el problemático resarcimiento por ésta en lugar suyo.

De las convenciones que limitan el deber de resarcimiento o liberan de él, el legislador sólo se ocupa en tema de culpa contractual, y aun entonces sólo permite pactar sobre el grado de diligencia, y no sobre el dolo.

Estas convenciones pueden ser útiles cuando el cumplimiento de los deberes generales de diligencia de cualquier sujeto toma un aspecto concreto en relación con su proximidad: un industrial pacta con sus vecinos la exención del deber de reparar la inmisión de humos o ruidos, o con un propietario la tolerancia de los daños causados en los sembrados de éste por la caza de la dehesa de aquél.

Alegando que fomentan el descuido y la imprudencia, niegan algunos la viabilidad de las convenciones de exoneración como contrarias a la moral y al orden público (art. 1.255): consideran inviable un pacto por el que alguien exonere a otro anticipadamente de la responsabilidad extracontractual culposa en que pudiera incurrir frente a él, a consecuencia de unos hechos, ya generales, ya concretos o determinados. Mas si es posible la exoneración de la culpa contractual, es decir, de las consecuencias de la violación del deber de diligencia del deudor, no se ve por qué no sea admisible atenuar tal deber de diligencia frente a las cosas ajenas: sólo en relación con la integridad de la persona parece inmoral disminuirlo, pues se trata de un extremo fuera de la disponibilidad incluso del propio interesado.

670. El seguro de responsabilidad civil.

A. Concepto. Según el art. 73 L. Contr. Seguro, «por el seguro de responsabilidad civil el asegurador se obliga, dentro de los límites establecidos en la Ley y en el contrato, a cubrir el riesgo del nacimiento a cargo del asegurado de la obligación de indemnizar a un tercero los daños y perjuicios causados por un hecho previsto en el contrato de cuyas consecuencias sea civilmente responsable el asegurado, conforme a derecho».

Observemos que la obligación del asegurador no es simplemente la de indemnizar, sino la de «cubrir el riesgo» de que el asegurado tenga que hacerlo (tenga que pagar el resarcimiento), evento que lleva consigo la asistencia jurídica a aquél (véase art. 74), sin la cual la reclamación judicial de la víctima supondría una pérdida (gastos de defensa en el proceso).

El seguro de responsabilidad que se practica en el tráfico no cubre el riego de todos los daños a tercero que pueda causar el asegurado en el desarrollo de todas sus actividades, sino el de los de una actividad concreta: la conducción de vehículos de motor (seguro obligatorio); la caza (ídem) u otras: actividades deportivas; el ejercicio de una profesión, etc.; incluso los que pueden producirse en el curso de un acontecimiento (cfr. S. 30 abril 1984).

Por razón del riesgo cualificado que crean ciertas actividades, nuestro Ordenamiento (como otros) exige, para la realización de éstas y para prevenir y dejar cubierto aquel riesgo, el concertar previamente un contrato de seguro, llamado por ello *obligatorio.* (Cfr. art. 75 LS.). A ese seguro se refieren ciertas leyes especiales, que establecen regímenes propios de responsabilidad (Ley sobre Uso y Circulación de Vehículos de motor, Ley de Caza, Ley sobre riesgos nucleares, etc.).

Al lado de ese seguro obligatorio, y compatible con él, está el seguro voluntario, que concierta el interesado para trasladar al asegurador los riesgos y la responsabilidad derivada de la actividad correspondiente de aquél. En el caso de concurrencia de ambos seguros sobre idéntica actividad y siniestro, pueden surgir dos pretensiones distintas a favor del asegurado (cfr. S. 12 mayo 1992).

B. Crítica. Se alega que el seguro es una fuente de irresponsabilidad: que el asegurado, por el hecho de estar cubierta su eventual obligación de indemnizar, es menos cuidadoso en su conducta frente a los demás. Mas la función intimidatoria de la responsabilidad es algo que hoy queda, sobre todo, para el Derecho penal. A lo que ahora atiende el seguro de responsabilidad es, más que a salvar de la ruina al agente, a garantizar la indemnidad de los perjudicados, cuyas pretensiones, sin esa cobertura, y dada la inmensidad y frecuencia de los daños que el actual estado de la técnica permite causar quedarían en muchos casos insatisfechas. En realidad, el seguro es un mecanismo de distribución (a veces, socialización) del riesgo.

C. Duración de la cobertura. La cobertura del seguro de responsabilidad dura mientras se está al corriente del pago de la prima, y comprende los siniestros producidos en el mismo tiempo, entendiendo por *siniestro* el hecho del que debe responder el asegurado, es decir, la causación del daño por él (cfr. art. 73 LS).

D. Acción directa contra el asegurador. Desde los años 60 admitieron los tribunales la demanda dirigida, simultáneamente contra el asegurado y el asegurador, y a partir de las SS. 18 febrero 1967 y 14 octubre 1969 llega a establecer el T. S. la obligación solidaria entre ambos para el pago del resarcimiento: por interpretación de la voluntad de las partes, dice. Sobre solidaridad entre asegurador y asegurado, cfr. SS. 28 marzo 1983, 30 mayo 1985 y 7 mayo 1993.

La doctrina jurisprudencial se ha hecho ley, finalmente, en el art. 76 LS., en forma de concesión, al perjudicado, de una acción directa contra el asegurador. «El perjudicado o sus herederos —dice— tendrán acción directa contra el asegurador para exigirle el cumplimiento de la obligación de indemnizar, sin perjuicio del derecho del asegurador a repetir contra el asegurado, en el caso de que sea debido a conducta dolosa de éste, el daño o perjuicio causado a tercero. La acción directa es inmune a las excepciones que puedan corresponder al asegurador contra el asegurado. El asegurador puede, no obstante, oponer la culpa exclusiva del perjudicado y las excepciones personales que tenga contra éste. A los efectos del ejercicio de la acción directa, el asegurado estará obligado a manifestar al tercero perjudicado o a sus herederos la existencia del contrato de seguro y su contenido».

El especial régimen de responsabilidad del asegurador y de excepciones del art. 76 LS. comporta que aquél no pueda esgrimir, para exonerarse frente a tercero, el incumplimiento por parte del asegurado de sus obligaciones contractuales. cfr. S. 15 noviembre 1991 (sobre incumplimiento de la obligación de comunicar al asegurador la venta del vehículo asegurado). Todo ello sin perjuicio de la repercusión de aquel incumplimiento en las relaciones internas asegurador-asegurado.

En términos semejantes al art. 76. LS., el art. 117 Cpen. establece que "los aseguradores que hubieren asumido el riesgo de las responsabiliddes pecuniarias derivadas del uso o explotación de cualquier bien, empresa, industria o actividad, cuado, como consecuencia de un hecho previsto en este Código, se produzca el evento que determine el riesgo asegurado, serán responsables civiles directos hasta el límite de indemnización legalmente establecida o convencionalmente pactada, sin perjuicio del derecho de repetición contra quien corresponda".

Pantaleón, de acuerdo con su idea de que el seguro es «un criterio autónomo de imputación de responsabilidad», un medio de redistribución del daño en atención a la víctima y prescindiendo de la culpa del agente, interpreta la «inmunidad a las excepciones» que propone el precepto en el sentido de que la compañía aseguradora, contra la que ejercita el perjudicado acción directa, debe prestar el resarcimiento incluso en aquellos casos en los que el agente asegurado es inculpable o/y concurre culpa de la víctima: sin que pueda oponer «excepciones» al demandante como la falta de pago de la prima o la ausencia de culpa. Mas pienso (LACRUZ) que éstas no son *excepciones* en el sentido del precepto; que el sistema español sigue obedeciendo, con todas las atenuaciones introducidas por el factor del riesgo, a la idea de culpa; que la intención del legislador no está en absoluto clara en los antecedentes, y menos en orden a una modificación tan drástica del sistema tradicional; y que el seguro se ha pensado siempre como una cobertura de aquello por lo que tenía que pagar el causante, sin que el legislador intentase subvertir las bases del instituto hasta el punto de olvidar que es un contrato, y que el tercero no puede ejercitar otros derechos que los del asegurado; o bien que las compañías de seguros son entidades mercantiles, y su finalidad, el lucro. Cfr. S.27 enero 1983.

La Sala 2ª TS. tiene dicho que la acción directa del perjudicado contra la aseguradora cabe también en el proceso penal, por razones de economía procesal, siempre que no redunde en perjuicio o indefensión de los legítimos intereses de ésta (S. 7 mayo 1987; véase también la de 3 julio 1981).

INDICACIÓN BIBLIOGRÁFICA. SANTOS BRIZ, *La reforma del seguro del automóvil...*, RDP., 1983, pág. 995; BIURRUM MURILLO, *El seguro de responsabilidad civil,* en «Conferencias sobre el seguro de responsabilidad civil», Universidad Deusto, Bilbao, 1979; *Comentarios a la Ley del Contrato de seguro seguro*, (dir., EVELIO VERDERA), Madrid, 1982: contiene trabajos de OLIVENCIA, M. ANGELES CALZADA (*El siniestro en el seguro de responsabilidad civil*), PANTALEÓN (*Notas sobre la nueva ley),* SOTOMAYOR (*La dirección jurídica del asegurado);* CARRO DEL CASTILLO (*La acción directa del perjudicado*): págs. 865 a 977. Comentarios de F. PANTALEÓN, en CCJC, a las Ss. 27 enero 1983 (1, pág. 93), 25 junio 1983 (3, pág. 789); 8 julio 1983 (3, pág. 837). También REGLERO CAMPOS, *Accidentes de circulación: responsabilidad civil y seguro,* Madrid, 1990; YAÑEZ DE ANDRÉS, *Responsabilidad civil y seguros. Ambito y limitaciones*, Pamplona, 1992.

§ 131. LA ACCIÓN DE RESPONSABILIDAD

671. Cesión y extinción.

A. Salvo cuando comporta apreciación de un interés moral, la acción en responsabilidad no está vinculada a la persona, y puede ser cedida libremente *inter vivos.*

B. El crédito de la víctima a la reparación del daño que ha sufrido, y la acción correspondiente para hacerla efectiva, se extinguen por convenio entre las partes. Sólo en el caso de aparición ulterior de daños imprevistos a la hora del convenio cabría la reclamación ulterior: cuestión, en todo caso, discutible, por mor del régimen legal de la transacción (forma habitual de llegar al convenio) y su ineficacia por error, y requerida de examen in concreto (novedad de los daños, imprevisibilidad en el momento de la transacción, etc.).

C. El crédito a la reparación, y la acción correspondiente, se extinguen por renuncia de su titular. «La renuncia —dice el art. 107 Lecrim.—, no perjudicará más que al renunciante»: véase, además, arts. 106 a 117 Lecrim., regulando la renuncia a la acción civil derivada de la infracción penal.

Los arts. 110 y 112 Lecrim. exigen que la renuncia sea expresa y terminante. En la jurisprudencia penal son frecuentes las sentencias que no tienen en cuenta las renuncias verificadas con escasa reflexión, inducidas por ofertas insignificantes aprovechando los momentos de dolor moral. Mas si se demuestra que la renuncia se emitió libre de error, ha de mantenerse a menos que se hayan alterado extraordinariamente las circunstancias tenidas en cuenta al renunciar.

En la jurisprudencia penal hay muchas decisiones en ambos sentidos. Así, mientras la S. 7 enero 1982 mantiene el reconocimiento de haber sido indemnizados, otorgados por los padres del hijo muerto en accidente, la de 1 diciembre 1981 anula la renuncia en vista de la absoluta ignorancia del importe real que tenía que percibir la perjudicada, y, a mayor abundamiento, la presencia de un hijo póstumo.

D. De hecho, casi todas las renuncias que aparecen como unilaterales tienen como causa un convenio, que se celebra entre el causante del daño o su compañía de seguros con el perjudicado, a cambio de una cantidad. Hay, en estos casos, pues, una *transacción* (art. 1.813 Cc.), lo cual frecuentemente plantea el problema de la irrevocabilidad de este contrato frente a la agravación ulterior de los daños, no esperada por el renunciante. Ante este problema R. de Angel propone «considerar que en el convenio se halla implícita una descripción de los daños determinantes de la indemnización, y que esa descripción coincide con la representación que de la extensión e intensidad de aquéllos (de los daños) pudieron tener razonablemente las partes, habida cuenta de los signos externos o indicios manifiestos en el momento de transigir». Añadiendo que «sería admisible la reclamación por parte de la víctima —a pesar de la transacción acordada— cuando sobrevienen daños nuevos, o cuando los conocidos adquieren una intensidad tal que permite comprender que son *nuevos* en la representación presunta de las partes al transigir». Así, en el caso de la S. 6 noviembre 1965 fue la renuncia anulada por resultar muy difícil de curar (tardó 680 días) una lesión que en el primer momento el renunciante creía sin importancia.

E. En cuanto a la renuncia a las indemnizaciones debidas a menores o incapacitados, se ha de distinguir entre la pura y simple, que representa el equivalente de un acto de disposición gratuito y no puede ser realizada por los padres o los tutores (S. Sala 2ª 20 marzo 1954); y la renuncia mediante percepción de una cantidad, que requerirá en los padres el cumplimiento de las formalidades a que se refiere el art. 1.810 Cc. en relación con el 166 (autorización del juez del domicilio con audiencia del Ministerio fiscal) y en el tutor la autorización judicial (art. 271-3º). A falta de autorización judicial, la renuncia es nula (S. 12 mayo 1978 y otras), «debiendo los tribunales de lo penal desconocer la informal transacción y decretar la oportuna responsabilidad civil a instancia del Ministerio fiscal o incluso de oficio» (S. crim. 22 junio 1979).

672. Prescripción.

A. El doble plazo. Hay una profunda diferencia entre la acción civil por cuasidelito y la acción civil ejercitable ante la jurisdicción penal (excepcionalmente, ante la civil) por delito. En todo caso, la jurisprudencia ha hecho una interpretación restrictiva de la prescripcion de estas acciones (sobre todo, en cuanto al cómputo de los plazos), de forma que no perjudique a la víctima, particularmente cuando se trata de las llamadas «prescripciones cortas» (véase Ss. 17 marzo y 6 noviembre 1987); sin embargo, ha usado de mayor rigor en los casos que denotan manipulación o abuso del perjudicado (cfr. S. 20 octubre 1987).

a) En cuanto a la primera, salvo plazo específico señalado para daños concretos (energía nuclear, accidente aéreo), la acción por culpa aquiliana, según el art. 1.968-2º, prescribe en el plazo de un año a partir del momento en que el agraviado tuvo conocimiento del daño: lo mismo la del art. 1.902 que la de cualquiera de los siguientes (SS. 11 febrero 1977 y 1 abril 1993). La prueba del conocimiento del agraviado incumbe al demandado (S. 20 octubre 1993).

b) En cuanto a la acción civil nacida de delito, doctrina y jurisprudencia dedujeron del derogado art. 117 Cpen. que, a falta de una regla especial que determine su plazo de prescripción, la única solución posible es aplicar el plazo general de quince años de las acciones personales (art. 1.964 Cc.), lo cual, representa, por cierto, una enorme e injustificada diferencia frente a la prescripción anual del cuasidelito.

Cabría pensar, con todo —y según acepta la jurisprudencia francesa—, que el plazo de prescripción de la acción de resarcimiento no se extenderá nunca más allá del de la del delito (cfr. art. 131 Cpen. de 1995). Sobre prescripción de estas acciones, cfr. SS. 13 marzo 1934 (seguida por muchas más) y 19 octubre 1990.

B. Comienzo del cómputo del plazo. Según PANTALEÓN:

a) Comienza el cómputo desde que el perjudicado tuvo conocimiento del daño a él inferido («desde que lo supo el agraviado»).

b) Pero, si se ha seguido procedimiento ante los Tribunales penales por el hecho mismo causante del daño cuya indemnización se reclama luego en la vía civil, el plazo de prescripción no comienza a correr más que *a partir del día de que gane firmeza la resolución que ponga término, definitiva o provisionalmente, a la causa criminal*. Como excepción, si se trata de daños derivados de accidente de tráfico, la iniciación del cómputo del plazo prescriptivo ha de ser referida a la fecha de notificación del auto ejecutivo previsto en el art. 10, D. 21 marzo 1968 o, caso de haberse seguido, haciendo uso del mismo, procedimiento ejecutivo contra el asegurador obligatorio, desde la fecha de firmeza de la resolución definitiva en él recaída.

La S. 14 junio 1982 coloca el comienzo del plazo en el momento en que «formalmente se le notifica la resolución al interesado.... pues en tanto no ocurre ello no se le puede cargar a la cuenta de la inactividad de éste —fundamento subjetivo de la prescripción— el desconocimiento de una circunstancia determinante de su derecho, cuya constancia no depende de él, sino de un deber judicial». Modaliza, así, el art. 1.968-2º, el principio de 1.969 de la *actio nata* mediante la introducción de un «factor cognoscitivo que... constituye una peculiaridad propia de esas acciones».

c) Tratándose de daños derivados de lesiones, el cómputo del plazo de prescripción no se inicia hasta el momento en que se conozcan de modo cierto los quebrantos ocasionados por aquéllas a los fines de lograr la pertinente indemnización, que habrá de ser referido a la fecha en que el lesionado obtenga el alta médica definitiva. Cfr. SS. 20 marzo 1978 y 8 julio 1983.

d) En el supuesto de los llamados «daños continuados», se ha de distinguir. Si el daño cuya indemnización se reclama tiene, de acuerdo con las concepciones del tráfico, sustantividad y autonomía propias, el plazo de prescripción comienza a computarse desde que el perjudicado tuvo conocimiento del mismo, aunque la fuente que lo produjo siga manifestando su eficacia dañosa con posterioridad. Si, por el contrario, el daño o daños cuya indemnización se reclama, también con arreglo a las concepciones del tráfico, se integran sin sustantividad propia en un proceso perjudicial progresivo de carácter unitario, el cómputo del plazo de prescripción por culpa extracontractual —dice la S. 29 noviembre 1982 (con cita de otras, desde 1913)— «es el de la producción del definitivo resultado, pues lo contrario supondría apoyarse en el supuesto arbitrario de la discontinuidad de los elementos integrantes del daño causado, cuando no es posible fraccionar en etapas o hechos diferentes la serie continuada que originó el daño, o sea que se consagra la teoría de la realización, lo que hace que el inicio del cómputo arranque del momento en que el total resultado dañoso fue cuantitativamente conocido por el perjudicado». Véase también Ss. 10 marzo 1989 y 27 junio 1990.

C. Interrupción. Conviene destacar la amplitud con que se contempla la interrupción extrajudicial, lo que hace que la judicial pueda tener también el valor de aquélla (cfr. art. 1973 Cc.). Lo importante es que la reclamación haya procedido del titular de la pretensión de cuya prescripción se trate o de su representante legal o voluntario, aunque lo sea por mandato verbal; que se haya hecho frente al sujeto pasivo de dicha pretensión, o a su representante legal o voluntario; que haya versado precisamente sobre la pretensión reclamada, y que la voluntad del acreedor de reclamar sea clara e inequívoca: habiéndola, valen las gestiones del letrado del acreedor (S. 10 marzo 1983) y en virtud de la «solidaridad», las reclamaciones a la compañía de seguros (S. 2 febrero 1984 y allí cits.); el acto de conciliación, aun no seguido de juicio (Ss. 29 septiembre 1983 y 8 julio 1987); la demanda de pobreza si se expresa en ella con claridad la índole de la reclamación; la reclamación por carta certificada o telegrama (S. 22 septiembre 1984), etc.

Interrumpe nuevamente la prescripción la reapertura del sumario antes de transcurrir el año.

INDICACION BIBLIOGRÁFICA. CANO TELLO, *Patria potestad y renuncia a la indemnización*, en ADC., 1967, pág. 425; y los comentarios de PANTALEÓN en CCJC a las Ss. 10 marzo 1983 (2, pág. 447), 7 julio 1983 (3, pág. 825), 28 mayo 1984 (5, pág. 1.707) y 13 julio 1984 (6, pág. 1.953).

III. RESPONSABILIDAD POR HECHO NO PROPIO

§ 132. RESPONSABILIDAD POR HECHO AJENO

673. Principios.

La responsabilidad criminal, sancionada con penas, presupone siempre un hecho propio: sólo en sistemas jurídicos y civilizaciones muy rudimentarios puede ser alguien castigado por un suceso en el que no ha tomado parte. En cambio la obligación civil de indemnizar el daño causado por acción u omisión delictiva o no, impuesta por textos penales o civiles, sí puede recaer en persona distinta del causante del daño.

El caso está previsto, para el hecho dañoso no delictivo, en el art. 1.903 Cc., a cuyo tenor *la obligación que impone el artículo anterior es exigible, no sólo por los actos u omisiones propios, sino por los de aquellas personas de quienes se debe responder;* siguiendo luego una enumeración, de responsables por hecho ajeno: el padre o madre que responden por el hecho dañoso de su hijo menor; el tutor por el del pupilo; el empresario por sus dependientes y empleados; los titulares de centros docentes por los alumnos no universitarios que tienen a su cargo y cuidado. La S. 1 junio 1994 dijo que esa enumeración no es cerrada o exhaustiva.

A su vez el Cpen., para los casos de delito o falta, pone la responsabilidad civil de los inimputables a cargo de quienes los tengan *bajo su potestad o guarda legal*, y la de los empleados, a cargo de los patronos o empresarios (art. 118).

La enumeración que hace el art. 1.903 Cc., de las personas de quienes se debe responder, muy concreta y precisa, hace suponer que, en principio, no se admita aquí la extensión por analogía, como tampoco la de la regulación del Cpen., aunque se trata de normas civiles y no les alcanza la prohibición de analogía del Cpen.. Si bien el guardador de una persona distinta de las mencionadas en el art. 1.903 puede incurrir en responsabilidad cuando el daño causado por ella se deba a una falta propia de la diligencia que debió observar en la custodia que le incumbía y se trata entonces de culpa propia, como causante del daño conforme al art. 1.101 o al 1.902 Cc.:

La doctrina, hasta época reciente, vino entendiendo que los citados preceptos configuran una responsabilidad por *hecho ajeno,* fundada en una culpa del padre, tutor, maestro o patrono, que no tuvieron diligencia bastante, dando lugar a la culpa *in vigilando, in eligendo o in educando.* En cambio, cierta jurisprudencia reciente (SS. 22 enero 1991, 30 junio 1995 y 10 noviembre 2006) justifica esa responsabilidad por hecho ajeno en el riesgo creado por el responsable, en alguna forma culpable del daño para tercero (cfr. art. 120-5º Cpen.).

Ahora bien: si fue diligente y vigiló, no incurre en esa responsabilidad. El art. 120-1º Cpen., para los padres o tutores, no presume la culpa; no así para los demás supuestos del art. 120 Cpen. ni en el art 1.903 Cc. para los en él contemplados.

A. Objetivación de la responsabilidad. Por su propio modo de ser, la responsabilidad llamada *por hecho ajeno* partía de una presunción de culpa de la persona a quien incumbe la vigilancia o la elección, pues su deber de resarcimiento existía siempre a menos que demostrase su diligencia. Mas, a partir de los años 70, la jurisprudencia habla de una presunción «de responsabilidad sin culpa», o de una «objetivación de la responsabilidad» (Ss. 22 septiembre 1984, 17 junio 1980, 15 febrero 1975). Esta evolución lleva —como cita DE ANGEL— a la jurisprudencia francesa a utilizar el recurso de acudir a la doctrina «del guardián de la cosa» (construida para la responsabilidad derivada de daños causados por animales y cosas) para responsabilizar a los padres por los daños causados por un niño que se sirve de palos, flechas y otros instrumentos de juego.

Todo ello hace que la posibilidad de exoneración prevista en el último párrafo del artículo no pase de ser más teórica que real: *la responsabilidad de que trata este artículo cesará cuando las personas en él mencionadas prueben que emplearon toda la diligencia de un buen padre de familia para prevenir el daño.* Son los especiales nexos de dependencia familiar, laboral o educativa los que permitirían fundar la responsabilidad sobre las especiales categorías de culpa *in vigilando, in educando o in eligendo.* Culpa que se presume salvo prueba en contrario. Sin embargo, a la hora de encontrar el auténtico fundamento de la responsabilidad, la tendencia objetivadora actual da la razón a quienes entienden que son los especiales poderes y deberes inherentes a la patria potestad y a la tutela (para el caso de padres y tutores), la teoría del riesgo empresarial (para los empresarios) o ambas cosas (para los centros de enseñanza) los que explican que la única prueba liberatoria posible sea la de que el daño se ha producido por una causa extraña. «Una conclusión —indica ROGEL, en referencia a la responsabilidad de los padres— se desprende clara: sólo cuando los daños no han sido causados por el menor, no responde el padre o tutor; en todos los demás casos, responde siempre. No es ya que se presuma la culpa; de facto, en ocasiones se prescinde de ella para establecer la responsabilidad».

B. Responsabilidad directa. Recientemente se atenúa el elemento de la alienidad del hecho origen de la responsabilidad, calificándose ahora ésta de directa (Ss. 20 diciembre 1996 y 13 mayo 2005), no ya porque puede exigirse sin intermediario al guardador, patrono, etc., sino porque procede directamente de actos suyos: «por razón del incumplimiento de deberes que imponen las relaciones de convivencia social». Esta culpa se considera «de naturaleza autónoma, distinta e independiente de la atribuida por el art. 1.902 al autor material por razón o en base a haber dañado in operando» (S. 26 junio 1984 y otras muchas).

C. Ampliación del círculo de responsables. Frente a una interpretación estricta de la condición de empleado, la jurisprudencia ha contemplado de modo muy liberal la relación personal entre causante de un daño y persona relacionada con él a quien se puede hacer responsable a costa de la compañía aseguradora.

674. Responsabilidad de padres y tutores.

A. En general. Según el art. 1.903-2 Cc., *los padres son responsables de los daños causados por los hijos que se encuentren bajo su guarda. Añade el art. 1.903-3º que los tutores lo son de los perjuicios causados por los menores o incapacitados que están bajo su autoridad y habitan en su compañía.*

A su vez el art. 120 Cpen. establece que *son también responsables civilmente, en defecto de los que lo sean criminalmente: 1º Los padres o tutores, por los daños y perjuicios causados por los delitos o faltas cometidos por los mayores de dieciocho años sujetos a su patria potestad o tutela, siempre que haya por su parte culpa o negligencia.*

Entre este precepto y el art. 1.903 Cc. hay diferencias que se pueden observar comparándolos, y que carecen de razón de ser, como ya se ha advertido.

En general, la jurisprudencia es muy severa en su interpretacion (cfr. Ss. 16 mayo 2000 y 10 noviembre 2006): en particular, no reconoce como causa de exoneración la ausencia obligada del padre o tutor o la práctica inevitabilidad del hecho.

Prácticamente, la responsabilidad es objetiva: ya la S. 29 diciembre 1962 aclaró que el art. 1903-2 no servía al padre para exonerarse la alegación de haber dejado solo al menor porque tenía que trabajar para atender al sustento de la familia, «porque esto ocurre actualmente a todos los padres»; en el caso de incendio provocado al arrojar el menor una colilla, no le valió al padre demostrar que había prohibido fumar a su hijo (S. 14 abril 1977); y en el de dispararse una escopeta por descuido tampoco exoneró al tutor probar que tenía vedado al pupilo ir de caza (S. 15 febrero 1975). Más recientemente, pueden verse las Ss. de 12 abril 1984, 20 mayo 1993 (predica de modo expreso el carácter objetivo de la responsabilidad de los padres) o 10 noviembre 2006. Y la S. 24 mayo 1996 estimó que no empleó la diligencia suficiente un padre que guardaba la pistola en el portafolios del coche y un único cargador en la rueda de repuesto del mismo, donde la descubrió un menor, que la cogía a escondidas utilizando las llaves del coche con la que disparó y produjo muertes (el T.S. casó la sentencia de instancia, y condenó al padre a indemnizar).

B. Sujetos. La responsabilidad por daños causados por el menor o el pupilo alcanza a cualquier guardador legal: titular de la patria potestad (progenitor matrimonial o extramatrimonial, adoptante) o en función análoga conferida con arreglo a la ley (tutela). (Por lo que respecta a la responsabilidad civil *ex delicto* de los menores y de los mayores inimputables, recuérdese lo dicho en § 124, núm. 642-B).

En cuanto a los padres, exige el art. 1.903 para imponerles la responsabilidad que «los hijos se encuentran *bajo su guarda*». La obligación comprende a ambos progenitores, siempre que ambos tengan «la guarda» del menor, expresión que habrá de interpretarse con amplitud, pues de lo contrario resultaría que el progenitor que presta más directamente sus cuidados y compañía al menor, el que se sacrifica más, resultaría el más responsable.

No es necesaria la convivencia para que exista responsabilidad de los padres, aunque sí para que se dé la del tutor, cosa que se deduce con facilidad comparando el tenor del art. 1.903-2º («se encuentran bajo su guarda») con el del párrafo 3º («habitan en su *compañía»)*. Por esta razón, no dispensa de responsabilidad el hecho de habitar separadamente de los hijos, y ni siquiera el encontrarse separados los cónyuges. La S. 11 octubre 1990 (daños en accidente de circulación causado por un menor de edad de padres separados, bajo la custodia de la madre y el hecho ocurrido en los días que pasaba con el padre en régimen de visita) declaró responsable civil al padre porque «no se puede ignorar el carácter flexible del concepto *bajo su guarda*, que admite situaciones transitorias derivadas del derecho de visita».

En principio, no hay obstáculo para considerar la responsabilidad de los progenitores-cónyuges como solidaria, idea que, de hecho, se manejó en momentos del *iter* parlamentario del precepto en la reforma de 1981. Si existe régimen de gananciales, estamos ante una responsabilidad consorcial, sobre la base de los artículos 1.362-1º, 1.366 y 1.367 Cc. Para los demás regímenes económico-matrimoniales habrá de estarse a lo dispuesto en los arts. 1.318 y 1.319 Cc.

C. Extinción. La emancipación pone fin a la presunción de culpa del guardador: así se deduce del art. 323 Cc., pues aun habiendo convivencia ésta no es forzosa, ni concede al custodio derecho alguno a retener al menor o vigilar sus actividades. El mismo criterio se habrá de aplicar al supuesto de *vida independiente*, teniendo en cuenta también si, en la práctica, el progenitor tenía o no medios para impedirla (en su caso: si el propio progenitor era culpable de esa falta de medios). Dígase lo mismo del tutor.

675. Responsabilidad del empresario.

En relación al ilícito civil el art. 1.903-4 considera responsables a los *dueños o directores de un establecimiento o empresa respecto de los perjuicios causados por sus dependientes, en el servicio de los ramos en que los tuvieran empleados, o con ocasion de sus funciones*.

Por su parte el art. 120 Cpen. establece que *son también responsables civilmente, en defecto de los que lo sean criminalmente: [...] 3º Las personas naturales o jurídicas, en los casos de delitos o faltas cometidos en los establecimientos de los que sean titulares, cuando por parte de los que los dirijan o administren, o de sus dependientes o empleados, se hayan infringido los reglamentos de policía o las disposiciones de la autoridad que estén relacionados con el hecho punible cometido, de modo que éste no se hubiera producido sin dicha infracción.- 4º Las personas naturales o jurídicas dedicadas a cualquier género de industria o comercio, por los delitos o faltas que hayan cometido sus empleados o dependientes, representantes o gestores en el desempeño de sus obligaciones o servicios.- 5º Las personas naturales o jurídicas titulares de vehículos susceptibles de crear riesgos para terceros, por los delitos o faltas cometidos en la utilización de aquéllos por sus dependientes o representantes o personas autorizadas.*

A. Fundamento de la responsabilidad. El tenor del derogado art. 21 Cpen. (homólogo del actual 120-3º) permitió a doctrina y jurisprudencia mantener que, a diferencia de lo que ocurre con el art. 1.903 Cc, no cabía la exoneración del empresario por medio de la demostración de su propia diligencia. El modelo del precepto del Código penal es, según tal parecer, el propio de la responsabilidad vicaria, de modo que aquí es indiferente que haya o no culpa por parte del empresario: éste, responde por el hecho de tener unos subordinados que actúan por y para él, y si al cometer el delito el responsable actuaba en beneficio de su principal es lógico que asuma las consecuencias desfavorables del acto realizado en su favor, de igual manera que se aprovecharía de las beneficiosas (*cuius commoda, eius est periculum).* Por todas, pueden verse las Ss. Sala 2ª de 23 noviembre 1967 y 15 de noviembre de 1978.

Sin embargo, la tendencia objetivadora de la jurisprudencia civil es tan decidida que no parece haber en la actualidad diferencias de fundamento. Constituye ya una auténtica fórmula de estilo de la jurisprudencia civil la que puede leerse, por ejemplo, en la S. 22 de diciembre de 1986: «cuando las garantías adoptadas conforme a las disposiciones legales para prever y evitar los daños previsibles y evitables no han ofrecido resultado positivo, revela ello la insuficiencia de las mismas y que faltaba algo por prevenir».

De lo dispuesto en el art. 1.903-4º Cc., a la luz de esa jurisprudencia, y del art. 120.3º a 5º Cpen, se puede concluir que, en ese régimen dual de responsabilidad, la del empresario es directa en caso de mera culpa civil (cfr. S. 6 junio 1997), y subsidiaria cuando derive de ilícito tipificado penalmente. Por más que en este caso la responsabilidad y esa norma sean civiles, veo muy difícil imponer en este segundo caso al empresario una condena indemnizatoria *ex delicto* con responsabilidad directa que preconiza la jurisprudencia citada: su criterio quedaría limitado al ámbito del art. 1903-4º Cc. y a la jurisdicción civil.

B. Requisitos de la responsabilidad.

a) *Exigencia de conducta culpable del causante directo del daño.* Para que la responsabilidad recaiga sobre el patrono, se precisa que tal responsabilidad exista en el dependiente, esto es, que haya una inicial declaración de culpa *in operando* del trabajador. Así, Ss. 9 julio 1984, 18 mayo y 21 junio 2006.

Ultimamente se aprecia una cierta relajación de este requisito, al aludirse a veces a la responsabilidad del empresario, no ya por el hecho del dependiente, sino por el hecho propio (así, la S. 23 enero 1986, para un caso en el que no se encontraban en adecuadas condiciones las instalaciones manejadas por el trabajador).

b) *La relación de dependencia* entre el causante del daño y el «empresario» a quien la ley hace responsable del mismo. La jurisprudencia de todos los tiempos insiste, aunque esto a veces sea un mero recurso verbal, en la necesidad de esta relación, «que ha de darse de manera más o menos intensa, pero real, siempre y en todo caso» (S. 9 diciembre 1983; cfr. también Ss. 18 mayo 2006 y 10 octubre 2007). Paulatinamente, tal relación de dependencia ha venido minimizándose, al concebirse de una manera tan amplia que acaba por disolverse la noción de empresario, y, correlativamente, la de empleado.

La doctrina actual del T. S. acaba por incluir entre los supuestos de «dependencia» todos aquellos en los que «el sujeto activo del delito, con dependencia o sin ella, en beneficio propio o de su principal, actúa con la aquiescencia y beneplácito de éste, en su nombre y por su orden, aunque no por su cuenta»: en último extremo, sirviéndose de cosas del dueño con su aprobación, «La *dependencia* —define actualmente la S. 11 diciembre 1984—, viene siendo entendida de forma progresiva como la mera amistad, la liberalidad del *dominus,* la aquiescencia, el beneplácito o la autorización de éste». Señaladamente, el préstamo gratuito de un vehículo de motor está dando lugar a no pocos pronunciamientos que terminan declarando responsable al dueño del mismo: Ss. (Sala 2ª) 28 octubre 1982, 10 abril 1985 y 4 diciembre 1989. Entre las de la Sala 1ª, es muy conocida la de 23 febrero de 1976. Véase también la de 23 septiembre 1988.

Por supuesto, es «dependiente» cualquier persona que realiza un trabajo por encargo de otra: el esposo de la farmacéutica que atiende las ventas (S. crim. 23 junio 1981); el obrero de una empresa que auxilia momentáneamente a otro en una construcción, pero sigue dependiendo de su empresa y hace responsable también a ésta de su impericia (S. 30 septiembre 1977); el empleado del comprador que se pone al servicio de la empresa vendedora al conducir el tractor en las pruebas anteriores a venta con aquiescencia de ésta, haciéndole responder por él (S. crim. 18 mayo 1981); el comisionista, aunque no esté sometido a horario fijo, si actúa al servicio de la empresa (en el caso de la S. crim. 8 noviembre 1982, entrega de productos de aquélla a los clientes: contrariamente, según veremos, pero es excepcional, la S. 22 febrero 1969). En una posición extrema la S. 28 febrero 1983 incluye entre los «dependientes» a la Junta de Obras del Puerto y a la Organización de trabajadores portuarios por actos de un obrero que contrató otra empresa.

Estudio individualizado merece la copiosa jurisprudencia en materia de contratas, y concretamente sobre la posición del dueño de la obra por la culpa del contratista o subcontratistas. En principio, el T.S. exime a aquél de responsabilidad: la culpa de los dependientes del contratista, o el propio contratista, acaba en éste. Cfr. Ss. 2 noviembre 1983, 14 octubre 2004 y 26 septiembre 2007.

c) *El «desempeño de obligaciones o servicios».* En principio, se define como «el desarrollo de la actividad convenida y ordenada en la esfera de las funciones que el actuante desempeña para el comitente y no fuera de ellas». Pero esta definición no vale para la jurisprudencia, según la cual la responsabilidad del «empresario» nace «partiendo, incluso, del *ejercicio anormal* de las tareas realizadas por el sujeto activo, con tal que no se extravase el ámbito de su actuación» (S. crim. 18 octubre 1984). Es decir, que «las llamadas extralimitaciones en el empleo o servicio encomendado, no están excluidas de la esfera del [derogado] art. 22 Cpen., con tal que se actúe en provecho y por cuenta del principal, y la que el principio de creación del riesgo impone al empresario o comitente la obligación de asumir el perjuicio indemnizable ocasionado a tercero, por derivación de la actuación del obrero, dependiente o encargado, aunque éste incida en irregularidad o torpeza» (S. crim. 28 octubre 1984). Exoneran, tan sólo, las extralimitaciones excluyentes (Ss. 22 junio 1989 y 26 junio 1990).

La jurisprudencia antigua se inspiró, para atribuir la responsabilidad al patrono, en un concepto estricto de la esfera de actuación del dependiente. Ulteriormente se amplía esta esfera: se reconoce, en particular, que hay «desempeño de servicios» cuando el dependiente realiza actividades accesorias relacionadas en algún modo con la principal (S. Sala 2ª 27 septiembre 1967). No es preciso que del hecho realizado en beneficio del patrono resulte provecho alguno. Hasta llegar a la amplitud de criterio que revelan sentencias como la de 26 noviembre 1984 (Sala 2ª), la cual, con cita de otras, señala, como último estadio de «una interpretación que ha tenido muy en cuenta la evolución de las realidades sociales (art. 3.1 Cc.)».

d) *La acción directa contra el dependiente y la responsabilidad del patrono por hecho ajeno.* El art. 1.903 no elimina, ello es indiscutible, la vigencia del 1.902, y por tanto los dependientes se obligan personalmente por los hechos ilícitos que cometen ellos (interviniendo culpa suya, por tanto), aunque sea al servicio del empresario y cumpliendo órdenes del mismo. Así se desprende también del art. 1.904, pues no tendría sentido que el causante del daño fuera responsable ante el patrono en vía de regreso y no lo fuera ante el perjudicado en vía principal.

El art. 1.903 se destina a reforzar la solvencia del autor del daño, pero no a exonerarle cuando deba responder conforme a la regla general del 1902.

La acción contra el patrono es directa en el sentido de que no hace falta demandar al dependiente, antes o a la vez, pero no se refiere a daños distintos ni pretende fundarse en una culpa principal del demandado (cfr. Ss. 20 diciembre 1996, 8 mayo 1999 y 13 mayo 2005). Al contrario, sólo los actos culposos del dependiente pueden dar lugar a resarcimiento, es decir, las infracciones suyas del art. 1.902, demostradas por el demandante en cuanto tales —salvo los supuestos de responsabilidad objetiva, en los cuales responde únicamente el patrono beneficiario del riesgo—; también al patrono le bastará demostrar la falta de culpa del dependiente, y podrá lucrarse de la prueba hecha por él.

676. Responsabilidad de los centros de enseñanza no superior.

Según el párrafo 5º del art. 1.903, *las personas o entidades que sean titulares de un centro docente de enseñanza no superior responderán por los daños y perjuicios que causen sus alumnos menores de edad durante los periodos de tiempo en que los mismos se hallen bajo el control o vigilancia del profesorado del centro, desarrollando actividades escolares, extraescolares y complementarias.*

Con anterioridad a la reforma operada por Ley 1/91 de 7 enero, el texto del precepto era el siguiente: *«son, por último, responsables los maestros o directores de artes y oficios respecto a los perjuicios causados por sus alumnos o aprendices, mientras permanezcan bajo su custodia».* Se trataba de una responsabilidad basada en la función de vigilancia de los discípulos, acentuada en la persona del docente concreto. Con arreglo al nuevo texto, la responsabilidad no sólo abarca a los daños producidos en las actividades escolares, ni se limita a lo que suceda en las dependencias del centro (S. 17 marzo 1994, sobre daños ocurridos en colonia de verano). Y alguna sentencia, como la de 20 mayo 1993, aún sigue pensando en la culpa *in vigilando*.

Son ahora *requisitos* de esta responsabilidad:

a) Que el autor del hecho dañoso sea menor de edad. ¿*Quid* para el menor emancipado? No excluido por el precepto, parece preferible darlo por incluido. Algo que no ha tenido en cuenta el legislador es el hecho de que no son pocos los mayores de dieciocho años que diariamente acuden a centros de enseñanza no superior. Una interpretación finalista del art. 1.903-5 permitiría defender la responsabilidad del Centro, que no parece fundada sobre la circunstancia de la menor edad del escolar (*contra*, ROCA TRÍAS).

b) Que el daño se produzca en el curso de una actividad escolar (docente o complementaria) o extraescolar; incluso fuera del recinto físico del centro (por ejemplo, con ocasión de visita a un museo organizada por el centro como una de sus actividades), siempre que competa al mismo el control de los alumnos (S. 29 diciembre 1998).

Si el daño es resultado exclusivo de la acción de un profesor determinado, puede ser exigida la responsabilidad al Centro, pero le cabe a éste la exoneración si demuestra su ausencia de culpa (así, en la S. 21 noviembre 1990, rigiendo el texto hoy derogado, se absuelve a la directora de una guardería en la que un niño había herido a otro en un ojo con un tenedor), si bien tal posibilidad chocará también, en la práctica, con la acusada tendencia objetivadora de la jurisprudencia. Cabe también exigir responsabilidad directa al profesor causante del daño (S. 29 mayo 1993, que aplicó el art. 1.902).

677. El derecho de repetición.

A. Según el art. 1.904, *el que pagó el daño por sus dependientes puede repetir de éstos lo que hubiese satisfecho.* Se plantean dudas acerca de si esta acción de regreso se encuentra exclusivamente pensada para los empresarios, o también para los restantes supuestos, admitiéndose generalmente lo primero.

Ciertamente, si el *tenor literal* del precepto basa la responsabilidad en la culpa, no es muy lógico que a quien ha sido culpable se le permita acto seguido abrir la vía de regreso contra el autor material del daño. Mas, nótese que, en relación con el agente directo del daño, el patrono no tenía, en principio, obligación de elegirle bien o de vigilarle, y que el daño lo ha causado entero el dependiente: sólo la elección tan manifiestamente contraria a la capacidad del dependiente que hiciera presumir la probabilidad del daño, representaría un perjuicio para el dependiente mismo, que presumiblemente no hubiera asumido el cargo si hubiera tenido pleno conocimiento de sus riesgos.

Para E. Roca, el precepto se explica partiendo de que la responsabilidad del empresario es vicaria, en garantía de los hechos de los empleados, y no por culpa, «porque si el empresario responde por culpa propia —dice—, mal puede reclamar a otro quien paga algo a lo que está obligado»; por tanto, el empresario asume la obligación como consecuencia de su propia actividad empresarial. Desde esa perspectiva, propone como solución el considerar que el empresario paga la indemnización supliendo la insolvencia del empleado causante del daño, con lo que se facilita a la víctima la reclamación; sólo luego, es posible repetir contra el empleado causante del daño toda la indemnización pagada; mas si hubo culpa del empresario, éste sólo podrá reclamar al empleado que le devuelva la parte correspondiente al daño causado, no la totalidad de la indemnización. Véase al respecto S. 30 diciembre 1981.

B. La Ley 1/1991, de 7 de enero, añadió un segundo párrafo al precepto, con arreglo al cual *cuando se trate de Centros docentes de enseñanza no superior, sus titulares podrán exigir de los profesores las cantidades satisfechas, si hubiesen incurrido en dolo o culpa grave en el ejercicio de sus funciones que fuesen causa del daño.* La especialidad del supuesto consiste en la necesidad, para que prospere la acción de reembolso, de que haya mediado dolo o culpa grave en el empleado. Diferencia de trato que no tiene mucha explicación, como no sea la que consiste en entender, como hace De Angel, que la función del docente, a diferencia de la que tienen otros empleados, no está directamente encaminada al beneficio económico del Centro. Resulta obvio, en cualquier caso, que esta particularidad es consecuencia de las negociaciones que, con anterioridad a la Ley 1/91, se mantuvieron entre el Gobierno y los Sindicatos (Díaz Alabart).

Indicación Bibliografica. Entre las obras generales, De Angel Yagüez, *Tratado de responsabilidad civil,* Madrid, 1993; Cavanillas Múgica, *La evolución de la responsabilidad civil en la jurisprudencia,* Pamplona, 1987; Rogel Vide, *La responsabilidad civil extracontractual en el Derecho español,* Madrid, 1977; Yzquierdo Tolsada, *La responsabilidad civil del profesional liberal. Teoría general,* Madrid, 1989; y *El perturbador artículo 1092 del Código civil: cien años de errores,* Centenario del Código civil (Asociación Profesores Derecho civil), Madrid, 1990, págs. 2.112.

Sobre la responsabilidad de padres y tutores, Carbajo González, *La responsabilidad de los padres por los hechos de los hijos,* AC., 1992, pág. 729. Díaz Alabart, *La responsabilidad por los actos ilícitos dañosos de los sometidos a patria potestad o tutela,* ADC, 1987, pág. 795. Gómez Calle, *La responsabilidad civil de los padres,* Madrid, 1992; López Beltrán De Heredia, *La responsabilidad civil de los padres por los hechos de sus hijos,* Madrid, 1988. Yzquierdo Tolsada, *Responsabilidad civil y guarda legal,* «Documentación Jurídica», 1984, pág. 75; Navarro Michel, M., *La responsabilidad civil de los padres por los hechos de sus hijos*, Barcelona, 1998.

Sobre responsabilidad del empresario, Miquel González, *Observaciones en torno a la responsabilidad extracontractual por el hecho de un contratante independiente,* ADC, 1983, pág. 1.501. Rubio García-Mina, *La responsabilidad civil del empresario,* Madrid, 1971; Barcelo Domenech, J., *Responsabilidad civil del empresario por actividades de sus dependientes*, Madrid, 1995; Zelaya Etchegaray, *Responsabilidad civil del empresario por los daños causados por sus dependientes*, Pamplona, 1995; Roca Trias, *La acción de repetición prevista en el art. 1904 Cc.,* ADC., 1998, p. 7 y ss.

Sobre la responsabilidad de los centros de enseñanza, Caballero Lozano, *Daños causados por los alumnos y responsabilidad civil,* RDP., 1991, pág. 907; Díaz Alabart, *Un apunte histórico para la determinación de la responsabilidad de los maestros en el artículo 1.903 del Código civil,* Centenario del Código civil (Asociación de Profesores de Derecho civil), Madrid, 1990, pág. 691; y *Notas a la responsabilidad de los profesores en la nueva Ley de siete de enero de mil novecientos noventa y uno,* en Rev. Jur. de Castilla-La Mancha, 1991, pág. 439; Gómez Calle, *Responsabilidad civil extracontractual: reforma de los Códigos civil y penal en materia de responsabilidad civil del profesorado: Ley 1/1991 de 7 de enero,* ADC., 1991, pág. 269; Signes Pascual, *La responsabilidad de los educadores según el art. 1903 Cc., tras su reforma por Ley de 7 de enero de 1991,* La Ley, nº 2.936, 1992, pág. 1; Moreno Martínez, *Responsabilidad de los centros docentes y profesorado por daños causados por sus alumnos*, Madrid, 1996.

§ 133. DAÑOS CAUSADOS POR LOS ANIMALES Y LAS COSAS

678. Daños de animales, en general.

Según el art. 1.905 Cc., precepto de origen muy remoto (la *actio de pauperie,* en las XII Tablas, es uno de sus antecedentes), *el poseedor de un animal o el que se sirve de él, es responsable de los perjuicios que causare, aunque se le escape o extravíe. Sólo cesará esta responsabilidad en el caso de que el daño proviniera de fuerza mayor* [no de caso fortuito] *o de culpa del que lo hubiese sufrido* (incluso de un animal que provocó a otro). Como se ve, la responsabilidad procede aquí, en principio, de la mera causación del daño (de responsabilidad objetiva hablan las Ss. 10 julio 1995, 21 noviembre 1998 y 29 mayo 2003): sólo cesa ésta cuando el perjuicio no nace del riesgo inherente a la tenencia o utilización del animal, interviniendo una causa ajena a la actividad del poseedor o usuario.

La S. 15 marzo 1982 subraya que el art. 1.905 «bien claramente proclama la responsabilidad con alcance objetivo del dueño de los animales, sin más causa de exoneración que la fuerza mayor o la culpa de la víctima, y, por tanto, sin consideración a su personal participación en los hechos, lo que obliga a estimarlo responsable por el solo hecho de poseer o servirse del ganado, cualquiera que sea la persona que lo conduzca en el instante de producirse los hechos dañosos e, incluso, aunque, en ese momento, nadie lo maneje». Incidentalmente confirman la condición objetiva de la responsabilidad en este precepto las Ss. 12 abril 1984, 30 septiembre 1983 y 26 enero 1972.

Por *poseedor* del animal ha de entenderse el que tiene su gobierno y a quien incumbe su vigilancia: no el dueño en cuanto tal (S. 23 abril 1982). Así se deduce de la otra alternativa: «o el que se sirve de él». Para la S. 12 abril 2000, basta la utilización del animal (en aquel caso, mastines para la custodia de la finca) en provecho propio para que surja la obligación de resarcir.

Piensa GULLÓN que la aplicación del art. 1.905 no alcanza a quien, teniendo un animal ajeno, no se sirve de él, sino que la tenencia responde a otra finalidad (tener la mula para herrarla, por ejemplo). La S. 24 nov. 2004 ha dicho que no es aplicable cuando media una relación jurídica en cuya virtud el tercero se sirve del animal (en aquel caso, clases de equitación). Sin embargo, incumbe a tal poseedor una obligación de custodia.

No parece pensado el art. 1.905 para los daños causados por un cadáver de animal, sino en los del animal como ser vivo que obra de modo activo (así, caballo que se desboca o que propina una coz). En sentido contrario, la S. 10 febrero 1959. Cfr. también Ss. 30 abril 1984, 27 mayo 1985 y 18 julio 1991.

En caso de copropiedad de los animales causantes del daño, la responsabilidad civil de los propietarios es solidaria, salvo que se pueda identificar a los animales productores del daño y sus respectivos titulares, en cuyo caso responderán éstos de los daños causados por sus animales (cfr. S. 28 abril 1983). En caso de concurrencia de culpas en la producción del daño, "la jurisprudencia ha declarado que debe compensarse la cuantía económica de las responsabilidades que se produce al liquidar las consecuencias del evento dañoso" (S. 12 julio 2007, que cita otras).

No contradice aquel régimen de responsabilidad objetiva la Ley 50/1999, de 23 diciembre, sobre Régimen jurídico de la tenencia de animales potencialmente peligrosos, de naturaleza administrativa, que exige al propietario de esos animales obtener una licencia para su tenencia, y acreditar haber formalizado un seguro de responsabilidad civil por daños a tercero causados por el animal.

679. En especial, daños causados por la caza.

Según el art. 1.906, *el propietario de una heredad de caza* (es decir, destinada habitualmente a la caza) *responderá del daño causado por ésta en las fincas vecinas* [en plantaciones o edificios, o en los bienes almacenados en ellos, etc.], *cuando no haya hecho lo necesario para impedir su multiplicación o cuando haya dificultado la acción de los dueños de dichas fincas para perseguirla.* El deber de indemnizar nace de la pasividad o actitud obstativa del dueño —o titular del derecho de caza— que habitualmente implican negligencia o incumplimiento voluntario de una carga de vecindad, aunque no necesariamente (Ss. 17 mayo 1983 y 6 febrero 1987).

La responsabilidad que impone este precepto es por culpa. En cambio es responsabilidad objetiva la que configura el art. 33 de la Ley de caza de 4 abril 1970, según el cual serán responsables de los daños originados por las piezas de caza procedentes de los terrenos acotados, los titulares de sus aprovechamientos cinegéticos (S. 30 octubre 2000). Las Ss. 22 diciembre 2006 y 23 julio 2007 hacen depender la responsabilidad de la procedencia del animal y la relacionan con el aprovechamiento que genera, como generador del riesgo creado. Esta clase de responsabilidad es aplicable con preferencia a la del art. 1.906, precepto que la S. 27 mayo 1985 dice está derogado por la ley de caza.

680. Daños por las cosas inanimadas.

A. Sobre ruina de construcciones. Art. 1907: *El propietario de un edificio es responsable de los daños que resulten de la ruina de todo o parte de él, si ésta sobreviniere por falta de las reparaciones necesarias.* Recuérdese que, según el art. 389, cuando un edificio amenaza ruina, el dueño está «obligado a su demolición o a ejecutar las obras necesarias para evitar su caída». Cfr. Ss. 29 octubre 1999 y 24 mayo 2004.

Si atendemos al tenor del precepto, parece bastar, para desencadenar la responsabilidad del dueño, con que las reparaciones omitidas fueran indispensables, aunque el dueño (el usufructuario, si se trata de reparaciones ordinarias) no sea culpable de la omisión: la falta de reparaciones es un estado objetivo fácil de comprobar (que se presume de facto a partir de la vetustez o debilidad de la pared, como en el caso de la S. 22 octubre 1929), mientras que en la negligencia se halla implicada una apreciación moral de la conducta humana. Se trataría, en suma, de un supuesto de responsabilidad objetiva. Sin embargo, la S. 5 julio 1977 apunta a la necesidad de culpa: «todo lo leve que se quiera, pero suficiente para atraer la responsabilidad».

Edificio en el supuesto del art. 1.907 Cc. es precisamente una construcción: también un muro (art. 389), un quiosco. Ruina supone la caída de tal construcción todo o parte.

El precepto es inaplicable cuando la ruina no se produjo por falta de reparaciones sino por los defectos de la construcción (S. 29 marzo 1983). En tal caso, la responsabilidad decenal *ex* art. 1.591 y de la Ley de Ordenación de la edificación (contrato de obra) se amplía, para arquitectos o/y constructores, respecto de los terceros perjudicados. En efecto, establece el art. 1.909 que *si el daño de que tratan los artículos anteriores resultase por defecto de la construcción, el tercero que lo sufre sólo podrá repetir contra el arquitecto, o, en su caso, contra el constructor, dentro del tiempo legal.* Este precepto entra en juego cuando el daño ocasionado por la ruina afecta a un tercero, es decir, no al que encargó la construcción o a los que de él adquieren.

Evidentemente, y a pesar de lo que se deduzca del tenor literal del precepto, no se está dando a entender que la víctima «sólo podrá repetir dentro del tiempo legal». Ese tiempo legal no es el que la víctima tiene para reclamar el resarcimiento, pues no hace falta ninguna norma para deducir que también estas reclamaciones se encuentran sometidas a prescripción. La interpretación sistemática de los arts. 1.591 y 1.909 permite decir que si la ruina tiene lugar dentro del periodo de diez años desde que concluyó la construcción, la víctima puede dirigirse contra los técnicos de la edificación, disponiendo del plazo de prescripción correspondiente (un año, art. 1.968-2º).

Dice la S. 17 febrero 1982 que «lo que el art. 1909 hace es remitir al tercero (responsabilidad extracontractal) al tiempo legal previsto en el art. 1591 respecto de la reclamación o repetición que aquél puede hacer también al arquitecto y al constructor, dicho en términos generales y sin prejuzgar a los problemas que la relación entre ambos preceptos puede provocar en torno a la prescripción de las acciones ejercitables». Y la S. 15 marzo 1993, que «el art. 1909 Cc. concede al tercero perjudicado [por los hechos que enumera en 1908] la facultad («podrá», dice el artículo) de dirigir también su acción contra el técnico correspondiente, pero no le impone la obligación de hacerlo, ...».

Una vez transcurrido el plazo de garantía decenal, volvería a ser de aplicación el art. 1.907, de modo que respondería el dueño por falta de reparaciones necesarias (García Cantero). Para Cadarso, no es que pasados los diez años la responsabilidad sea del dueño *ex* art. 1.907, sino que podrá seguir siéndolo de los técnicos, pero sin que ahora pese sobre ellos la presunción de que la ruina se debe a vicios del suelo o de la dirección: habrá de ser la víctima quien pruebe tal extremo. (Sobre el art. 1.909, pueden verse las Ss. 29 mayo 1989 y 24 enero 1990).

B. Sobre explosiones e inmisiones. En el Cc. hay un precepto de nueva planta, no tomado de otras legislaciones, que disciplina principalmente los daños procedentes de las actividades industriales de su tiempo. Es el art. 1.908, redactado para atender a unos supuestos concretos pero del cual reclama una parte de la doctrina la conveniente generalización a todo el riesgo industrial y, en general, a las actividades peligrosas. En concreto, la solución de las agresiones medioambientales debe encontrar, por el momento, acomodo en este precepto, complementado por la tutela preventiva que ofrecen las normas sobre relaciones de vecindad (en particular, arts. 389, 391, 590 y 591).

Dice así: *Igualmente responderán los propietarios de los daños causados:*

1º *Por la explosión de máquinas que no hubiesen sido cuidadas con la debida diligencia, y la inflamación de sustancias explosivas que no estuviesen colocadas en lugar seguro y adecuado.* El supuesto es de responsabilidad por culpa: véanse arts. 389 y 391. La S. 14 octubre 1972 hace responsable a la fábrica de cervezas que instala en un hostal —dejándolo allí en préstamo de uso— un aparato de presión, que explota y causa daños: pero la responsabilidad obedece a omisión del deber de atender debidamente al artefacto.

2º *Por los humos excesivos, que sean nocivos a las personas o a las propiedades.* Es de suponer que se trata de humos causados por el propietario o con su anuencia o tolerancia, y entonces no se requiere otra culpa.

La inmisión de humos, polvo y gases procedentes de una fábrica, que causa daño en las cosechas, se contempla en las Ss. 30 octubre 1963 y 12 diciembre 1980. Esta última indica que el precepto prescinde «de toda idea de culpa, por tratarse de responsabilidad con nota de objetiva» (últimamente, también la de 24 mayo 1993). Ambas Ss. condenan, no sólo al resarcimiento de los daños, sino a poner término a las causas productoras de los mismos, por medio de la adopción de las precauciones que impidan la persistencia de un daño que ha sido causado ya. Como indica Roca Juan, ello deja en pie el tema de la adopción de medidas que eviten la de otro modo inevitable producción (y no reproducción) de los efectos dañosos. Es decir, el tema de la acción civil, para impedir la instalación de la fábrica u ordenar la adopción previa de las medidas.

A tal efecto, está resultando sumamente útil en los últimos tiempos el recurso a la acción negatoria, dando por sentado que ésta no sólo pretende la reacción contra inmisiones de carácter jurídico en forma de gravamen (señaladamente, servidumbres), sino también contra perturbaciones meramente físicas. Véanse Ss. 20 de mayo de 1969, 26 de octubre de 1981, 26 de marzo y 17 de septiembre de 1987.

3º *Por la caída de árboles colocados en sitios de tránsito, cuando no sea ocasionado por fuerza mayor.* Véase art. 390; mas el 1.908 no comprende sólo los árboles que amenacen caerse, sino cualquiera que caiga en *sitio de tránsito*: incluso sin negligencia del dueño (una enfermedad debilita la raíz aparentemente vigorosa), mientras no intervenga fuerza mayor.

4º *Por las emanaciones de cloacas o depósitos de materias infectantes, construidos sin las precauciones adecuadas al lugar en que estuviesen.* (Cfr. art. 590 y R. 30 noviembre 1961). La adopción de precauciones normalmente vendrá impuesta por normas administrativas, y la necesaria observancia de tales normas y, en general, de las reglas de vecindad que atañen a la salubridad e higiene, no es renunciable.

C. Cosas que se arrojan o se caen. Según el art. 1.910, *el cabeza de familia que habita una casa o parte de ella, es responsable de los daños causados por las cosas que se arrojaren o cayeren de la misma.* Recoge este precepto la antigua *actio de effusis vel deiectis,* de carácter igualmente objetivo.

La S. 12 abril 1984, además de destacar el carácter objetivo de la responsabilidad, indica que las expresiones *se arrojaren o cayeren* empleadas en el art. 1.910 no constituyen *numerus clausus.* Se trataba de filtraciones de agua, procedentes de un grifo que quedó abierto descuidadamente en el piso superior, y que causaron graves daños en un almacén de muebles. La de 5 julio 1989 aplica el precepto al caso del inquilino que deja una ventana abierta, de modo que una corriente de aire provocó la rotura del cristal, que alcanzó a una niña y le produjo la muerte.

Indicación Bibliográfica. Batlle Vázquez, *Los daños causados por filtración o caída de aguas y el art. 1.910 del Código civil,* en «Anales de la Universidad de Murcia», curso 1962-63, XXI-1, pág. 5; Roca Trias, *Naturaleza de la relación entre el arquitecto y los clientes. Responsabilidad extrancontractual de los arquitectos,* en RDP., 1976, pág. 786. Gómez Calero, *Un nuevo supuesto de responsabilidad objetiva,* en RGD, número 3, de 1971; Pantaleón, coment. S. 12 abril 1984, CCJC, 5, pág. 1.601.

Sobre la aplicación del art. 1.908 a los daños al medio ambiente, Cabanillas, *La responsabilidad por daños a personas y a cosas a consecuencia de la alteración del medio ambiente y su aseguramiento,* en «Revista Española de Seguros», nº 55, pág. 7; e *Indemnización del daño producido por vertidos y agentes tóxicos,* Madrid, 1991; Moreno Trujillo, *La protección jurídico-privada del medio ambiente y la responsabilidad por su deterioro,* Barcelona, 1991; *La protección del medio ambiente en la jurisprudencia civil,* AC, 1990, pág. 525; Roca Juan, *Sobre el deber general de respeto a la persona (derecho civil y medio ambiente),* en ADC, 1986, pág. 736; Albiez Dohrmann, *La protección del medio ambiente o el derecho a contaminar (comentario a la sentencia del Tribunal Federal alemán de 10 de diciembre de 1987),* en ADC, 1990, pág. 1.215; Gallego Domínguez, *Responsabilidad civil extracontractual por daños causados por animales,* Barcelona, 1997.

IV. REGULACIÓN ESPECÍFICA DE CIERTOS CASOS DE RESPONSABILIDAD

§ 134. RESPONSABILIDAD CIVIL DE LA ADMINISTRACIÓN

681. Antecedentes y legislación vigente.

Hasta la reforma introducida en el art. 1.903 Cc. por la Ley 1/91, de 7 de enero, su párrafo 3º disponía que *el Estado es responsable en este concepto cuando obre por mediación de un agente especial; pero no cuando el daño hubiese sido causado por el fucionario a quien propiamente corresponda la gestión practicada, en cuyo caso será aplicable lo dispuesto en el artículo anterior.*

La norma dio pie a la jurisprudencia para entender que la Administración sólo era responsable cuando obraba por mediación de un «agente especial», en cuanto órgano ajeno a la Administración; los daños causados, en cambio, por sus propios órganos y funcionarios obrando en el ejercicio de sus cargos no le eran imputables, siendo responsables de ellos el funcionario o el titular del órgano. No de otra manera entendieron así la remisión a «lo dispuesto en el artículo anterior» las Ss. 18 mayo 1904, 8 julio 1911 y 18 febrero 1914. Según este punto de vista se desembocaba en la casi plena irresponsabilidad de la mano pública.

A esta interpretación opuso García De Enterría otra mucho más ajustada, según la cual el Estado es responsable *en este concepto* (es decir, por hecho de otro), cuando obra por medio de una persona ajena a la Administración, mientras que cuando lo hace por medio del «funcionario a quien propiamente corresponda la gestión practicada», es la propia Administración la que actúa, y responde según lo dispuesto en el *artículo anterior* (1.902, esto es, por el hecho propio). Así, la S. 10 enero 1892.

La tesis de la irresponsabilidad queda yugulada brusca y radicalmente por la legislación en el año 1954 (Ley 16 diciembre, de expropiación forzosa): la Administración pasa de la más absoluta irresponsabilidad a la plena responsabilidad civil y administrativa, no sólo por culpa, sino acentuadamente objetiva.

Los textos de la ley de 1954 fueron después reasumidos por otra más general y *ad hoc*: la Ley de Régimen Jurídico de la Administración del Estado de 26 de julio de 1957, que estableció en el art. 40 la responsabilidad de la Administración por *toda lesión sufrida por los particulares en cualquiera de sus bienes o derechos.* Se exceptúa únicamente el caso de fuerza mayor, lo que confirma el carácter objetivo de la responsabilidad: basta con que el daño se haya producido en el ejercicio, normal o anormal, de las funciones encomendadas (cfr., entre otras muchas, las Ss. 12 marzo 1975, 12 febrero 1987, 25 octubre 1989, 16 mayo 1990, 30 julio 1991, 27 marzo 1992).

A. El régimen vigente. La Constitución de 1978 eleva a valor fundamental del Ordenamiento jurídico esta tutela en su art. 106-2, con arreglo al cual «los particulares, en los términos establecidos por la Ley, tendrán derecho a ser indemnizados por toda lesión que sufran en cualquiera de sus bienes y derechos, salvo en los casos de fuerza mayor, siempre que la lesión sea consecuencia del funcionamiento de los servicios públicos».

Junto a la normativa constitucional, el régimen vigente se encuentra actualmente en la Ley 30/92, de 26 de noviembre, de Régimen Jurídico de las Administraciones Públicas y Procedimiento Administrativo Común, modificada parcialmente por Ley 4/1999, de 13 enero, y Reglamento de los Procedimientos en materia de responsabilidad de las Administraciones Públicas (RD. 26 marzo 1993). De tal legalidad resultan los siguientes caracteres de la responsabilidad de las Administraciones públicas (Roca Trías): es un sistema de responsabilidad general y unitario, se trata de responsabilidad directa, es totalmente objetiva, y da derecho a una reparación integral.

El art. 139.1 de la Ley establece que «los particulares tendrán derecho a ser indemnizados por las Administraciones Públicas correspondientes, de *toda lesión* que sufran en cualquiera de sus bienes y derechos, salvo en los casos de fuerza mayor, siempre que la lesión sea consecuencia del funcionamiento normal o anormal de los servicios públicos». Para el ámbito local, el art. 54 de la Ley de Bases del Régimen Local de 2 de abril de 1985, con expresa remisión a «los términos establecidos en la legislación general sobre responsabilidad administrativa».

El carácter objetivo de la responsabilidad y la irrelevancia de la licitud o ilicitud del acto es una constante en la jurisprudencia. Cfr. Ss. 27 mayo 1987 y 12 diciembre 1992.

La responsabilidad de la Administración afecta, pues, a los actos y daños derivados del funcionamiento normal o anormal de la misma, pero siempre dentro de la actividad de gestión pública que le es propia. Quedan incluidos los actos legislativos de naturaleza no expropiatoria. Mas no responde en los casos de fuerza mayor (art. 139.1) ni del daño que deba ser soportado por los ciudadanos de acuerdo con la Ley, o que derive de hechos o circunstancias que no se hubiesen podido prever o evitar según el estado de los conocimientos de la ciencia o de la técnica en el momento de su producción (art. 141.1).

B. El daño. Dispone el art. 139.2 que «el daño alegado habrá de ser efectivo, evaluable económicamente e individualizado con relación a una persona o grupo de personas», como ya se exigía con anterioridad (así, la S. de 2 febrero 1982, para los daños causados a una empresa consignataria de mercancías por la negativa a trabajar de los encargados de las grúas del puerto; 19 septiembre 1981, para el caso de daños inferidos a los titulares de un proyecto de reparcelación ya aprobado y luego modificado por la Administración; 6 julio 1981, en una errónea información urbanística; 7 febrero 1981, para la declaración de nulidad de un acto administrativo; 18 marzo y 5 julio 1983, y 25 octubre 1989, para el supuesto de disparos de fuerzas del orden que alcanzan a los delincuentes o a sus rehenes).

C. La indemnización. Se parte para su cálculo de los criterios de las legislaciones expropiatoria y fiscal, y «demás normas aplicables, ponderándose, en su caso, las valoraciones predominantes en el mercado» (art. 141.2), y calculándose la cuantía con referencia al día de producción de la lesión, actualizable a la fecha en que termine el procedimiento de responsabilidad (deuda de valor), con los intereses de demora. Cabe la compensación en especie (art. 141.4) y los pagos periódicos, «cuando resulte más adecuado para lograr la reparación debida y convenga al interés público, siempre que exista acuerdo con el interesado». Cfr. art. 2.2 del Regl. 1993. Los arts. 142 y 143 de la ley se refieren al procedimiento (administrativo).

D. La prescripción. El derecho a reclamar prescribe al año de producirse el hecho o el acto que motive la indemnización o de manifestarse su efecto lesivo, y si se trata de daños de carácter físico o psíquico a las personas, el plazo comenzará a contar desde la curación o la determinación del alcance de las secuelas (art. 142.5, y doctrina general de la prescripción, en responsabilidad civil; para la responsabilidad por el funcionamiento de la Administración de Justicia, cfr. art. 293.2 LOPJ).

682. El problema de la competencia.

En el régimen anterior, la cuestión de la jurisdicción competente se intentó resolver por medio de la implantación de un sistema dual: si el daño había sido causado en las relaciones de carácter privado de la Administración la jurisdicción civil era la competente (art. 41 LRJAE.); mas si el litigio se derivaba a partir de un daño causado por el funcionamiento de los servicios públicos la competencia recaía sobre la jurisdicción contencioso-administrativa (art 40 de la misma Ley). El sistema fue muy criticado, en especial por sus dificultades de aplicación en los casos en que se reclamaba conjuntamente de varios demandados respecto de cada uno de los cuales eran competentes jurisdicciones diferentes. Así, una reclamación deducida contra el IRYDA (Administración institucional) y una empresa contratista de obra pública (S. 15 octubre 1976), contra particular y Administración (S . 28 mayo 1984), o contra Alcalde y Ayuntamiento (S. 18 abril 1977). O, muy especialmente, cuando se trataba de reclamar responsabilidad al INSALUD y demás implicados en un accidente sanitario (Ss. 20 abril y 29 octubre 1992). Incluso algunas resoluciones declaran la competencia de la jurisdicción social (cfr.. S. de 24 abril 1990, Sala 4ª).

La Ley 29/1998, de 13 julio, reguladora de la Jurisdicción contencioso-administrativa, establece que los juzgados y tribunales de ese orden tendrán competencia para conocer las cuestiones relativas a «la responsabilidad patrimonial de las Administraciones públicas, cualquiera que sea la naturaleza de la actividad o el tipo de relación de que se derive, no pudiendo ser demandadas aquéllas por este motivo ante las órdenes jurisdiccionales civil o social» (art. 2; cfr. art. 9.4 LOPJ y Ss. 20 abril y 30 mayo 2007). Sobre cuestiones de Derecho transitorio (jurisdicción civil para hechos ocurridos antes de la entrada en vigor de esa ley), cfr. SS. 6 mayo y 31 diciembre 1999 y 7 marzo 2000).

683. Responsabilidad por actos legislativos y judiciales.

A. Actos legislativos. Dispone el art. 139.3 que «las Administraciones Públicas indemnizarán a los particulares por la aplicación de actos legislativos de naturaleza no expropiatoria de derechos y que éstos no tengan el deber jurídico de soportar», si bien con la condición de que tal previsión se contenga en los propios actos legislativos (cfr. art. 9.3 CE.).

Tal condición, junto con la que hace referencia a la naturaleza no expropiatoria del acto, lleva a distinguir:

a) Si se trata de Leyes de carácter expropiatorio en las que se excluye expresamente la indemnización que ha de corresponder al ciudadano, la norma es flagrantemente inconstitucional. Si en cambio, hay una simple omisión de tan elemental derecho, entrará en juego la normativa general de la LEF.

b) Si se trata de actos legislativos de naturaleza no expropiatoria, el art. 139 se remite al acto legislativo concreto. Por encima de cualquier ejemplo destaca la enorme polémica suscitada por la Ley de Medidas para la Reforma de la Función Pública, de 2 de agosto de 1984, que adelantaba la edad de jubilación forzosa de los funcionarios, y que ha dado lugar a copiosa jurisprudencia: Ss. T.C. 29 julio 1986, 11 junio 1987 y 19 abril 1988, y SS. T.S. 15 julio, 25 septiembre y 17 noviembre 1987, y 1 diciembre 1992.

B) Actos judiciales. En cuanto a la Administración de Justicia, señala el art. 121 C.E. que «los daños causados por error judicial, así como los que sean consecuencia del funcionamiento anormal de la Administración de Justicia, darán derecho a una indemnización a cargo del Estado, conforme a la ley». Materia regulada por la LOPJ, arts. 292 y ss., que permiten distinguir las siguientes *causas* y régimen de responsabilidad de la Administración de Justicia:

a) *Por funcionamiento anormal* (art 292.1 LOPJ). La idea de anormal se deduce del standard de "normalidad", y ésta hay que relacionarla con el derecho a la tutela judicial efectiva y a un proceso sin dilaciones indebidas y con todas las garantías (art. 24.1 Const.). Ese "funcionamiento anormal" puede producirse por conducta negligente o dolosa del Juez o por defectos de organización o estructurales (insuficiencia de medios personales o materiales) de la Administración de Justicia. Cfr. STC 7/2002, de 14 enero; y STS. 7 octubre 2003.

b) *Por daños causados por dolo o culpa grave de los Jueces y Magistrados* (cfr. S. 6 febrero 1998). El Estado responde frente al perjudicado, sin perjuicio del derecho de repetición que le asiste contra aquéllos por los cauces del proceso declarativo que corresponda ante el tribunal competente (art. 296 LOPJ).

c) *Por error judicial.* El art. 24.1 Const. sólo concede derecho a una resolución judicial motivada y razonable; no garantiza el acierto judicial. La mera revocación o anulación de las resoluciones judiciales no presupone por sí sola derecho a indemnización (art. 292.3; S. 19 febrero 1994), ni supone error judicial. Para que haya éste es necesario que sea procesalmente irreparable la resolución presuntamente errónea (S. 8 noviembre 1991), y que una resolución judicial (dictada por la Sala del T.S. correspondiente: art. 293.1) así lo declare. Una vez declarado el error judicial, el así perjudicado solicitará indemnización directamente al Ministerio de Justicia (art. 293.2). La S. 5 octubre 1987 señala que el error, «que puede ser fáctico o jurídico», «debe ser palmario, patente, manifiesto, indudable e incontestable de un modo objetivo y no tan sólo a ojos de quienes fueron parte o se sientan perjudicados». Cfr. SS. 9 octubre 2001 y 9 noviembre 2002, y Sala 3ª ("del art. 61") 6 nov. 2003; también STC 39/1995.

d) *Prisión preventiva indebida.* Tienen derecho a indemnización quienes, después de haber sufrido prisión preventiva, sean absueltos por inexistencia del hecho imputado o por esta misma causa haya sido dictado auto de sobreseimiento libre, siempre que se les haya irrogado perjuicios (art. 294.1); cfr. S. 20 enero 2001 (que hace una interpretación amplia de este artículo). La indemnización se fijará en función del tiempo de privación de libertad y de las consecuencias personales y familiares que se hayan producido. La S. TC. 22 junio 1992 equiparó la prisión preventiva seguida de absolución a aquella que excede (en ese caso, en 824 días) de la condena impuesta. El procesamiento excesivamente prolongado en el tiempo seguido de absolución es calificado de funcionamiento anormal de la Justicia.

Distinto de cuanto antecede es la *responsabilidad directa de Jueces y Magistrados*, quienes responden civilmente por los daños y perjuicios que causaren cuando, en el desempeño de sus funciones, incurrieren en dolo o culpa (art. 411 LOPJ). Esa responsabilidad podrá exigirse a instancia de parte perjudicada o de sus causahabientes en el juicio que corresponda, sólo una vez firme la resolución que ponga fin al proceso en que se suponga producido el agravio (art. 412 y 413).

684. Responsabilidad del funcionario.

Una novedad, ciertamente censurable, de la nueva regulación es la que consiste en la cobertura por la Administración de la responsabilidad de los funcionarios. Con arreglo al sistema de la LEF (art. 135 REF.) y de la LRJAE. (art. 42), la responsabilidad directa de la Administración no implicaba la exoneración total de los mismos, sino que Administración y funcionario aparecían, para mayor garantía de la víctima, como responsables solidarios (la Administración, objetivamente, y los funcionarios, sólo por dolo o culpa grave). Lo normal era que la responsabilidad fuese exigida directamente a la Administración, que luego podía proceder en vía de regreso contra el funcionario (cosa que en la práctica se hacía bastante poco).

Sin embargo, LRJPAC, 30/1992, ha eliminado la posibilidad de opción al establecer de manera imperativa el art. 145.1 que «para hacer efectiva la responsabilidad patrimonial ... los particulares exigirán directamente a la Administración Pública correspondiente las indemnizaciones por daños y perjuicios causados por las autoridades y personal a su servicio». Queda en pie la vía de regreso, en la que la Administración que haya indemnizado exigirá *de oficio* a sus autoridades y funcionarios lo satisfecho (apartado 2º). En la propia norma se señala los criterios para la exigencia de dicha responsabilidad (resultado dañoso, intencionalidad o no, etc.)

Se entiende que en caso de delito la responsabilidad es del funcionario, y sólo subsidiariamente responderá la Administración, salvo que pudiera entenderse que en este aspecto las leyes administrativas desplazan al propio Código penal (así, Dictamen del Consejo de Estado de 11 abril 1962). El art. 146 LRJPAC. se remite a la «legislación correspondiente».

INDICACIÓN BIBLIOGRAFICA. DÍAZ ALABART, *La responsabilidad estatal por los actos de bandas armadas y terroristas,* ADC., 1990, pág. 429 y ss.; GARCÍA DE ENTERRIA, *Potestad expropiatoria y garantía patrimonial en la nueva Ley de Expropiación Forzosa,* ADC., 1955, esp. pág. 1.104; GARRIDO FALLA, *Constitucionalización de la responsabilidad patrimonial del Estado;* y MARTÍN REBOLLO, *Nuevos planteamientos en materia de responsabilidad de las Administraciones públicas,* ambos en "Estudios sobre la Constitución Española. Homenaje Prof. García de Enterría». t. III, Madrid, 1991, pág. 2827 y 2781., respectivamente; GONZÁLEZ PÉREZ, *Responsabilidad patrimonial de las Administraciones públicas,* Madrid, 1996.

Sobre las cuestiones de competencia PANTALEON, *Responsabilidad civil. Conflictos de jurisdicción*, Madrid, 1981; SERRANO ALONSO, *Sobre la jurisdicción competente para conocer de la responsabilidad civil por daños personales causados a beneficiarios de la Seguridad Social*, «Actualidad y Derecho». n.34 de 1992.

En particular, para la responsabilidad por actos legislativos, es fundamental el trabajo de SANTAMARÍA PASTOR, *La teoría del la responsabilidad del Estado legislador,* en RAP.(n., 68). Sobre errores judiciales, ÁLMAGRO NOSETE, *Responsabilidad judicial,* Córdoba, 1984; ATIENZA NAVARRO, *La responsabilidad civil del juez,* Valencia , 1997; DÍAZ DELGADO, *La responsabilidad patrinionial del Estado por dilaciones indebidas en el funcionamiento de la Administración de Justicia,* Valencia, 1987; Ignacio DÍEZ-PICAZO

GIMENEZ, *Poder Judicial y responsabilidad,* Madrid, 1990; FERNANDEZ HIERRO, *Responsabilidad civil judicial,* Pamplona, 1987.

§ 135. OTROS REGÍMENES ESPECIALES DE RESPONSABILIDAD

685. Productos defectuosos.

A. Evolución legislativa. El art. 51.1 CE. establece que «los poderes públicos garantizarán la defensa de los consumidores y usuarios, protegiendo, mediante procedimientos eficaces, la seguridad, la salud y los legítimos intereses económicos de los mismos». La falta de desarrollo legislativo del mismo propició que una tragedia, la intoxicación por el aceite de colza desnaturalizado, se convirtiera de modo inmediato en bandera política. El Parlamento vasco aprobó un Estatuto del Consumidor de 18 noviembre 1981, declarado inconstitucional por STC. de 30 septiembre 1982. El proyecto de Ley de 25 septiembre 1981 fue criticado por su carácter regresivo en relación con los de por sí insuficientes Códigos civil y de comercio y encontró frente a él un Proyecto alternativo, serio y riguroso, presentado por el Grupo Socialista en forma de enmienda a la totalidad. Sin embargo, la disolución anticipada de las Cortes (agosto de 1982) impidió que culminara el proceso legislativo; y la llegada del Partido Socialista al poder no supuso la presentación ante el Congreso de dicho Proyecto. Sin duda los muchos intereses económicos en juego que se hallan detrás del Derecho del consumo, y con mayor relieve si cabe, en materia de responsabilidad por productos defectuosos, impedían proponer la ambiciosa regulación sometida a las Cámaras desde la oposición.

B. Ley de Consumidores y Usuarios. Resultado de todo ello fue la Ley 26/1984, de 19 de julio, General para la Defensa de Consumidores y Usuarios, que dedicó su Capítulo VIII (arts. 25 a 31) a tratar de *Garantías y responsabilidades.* Fué criticada la presencia de dos regímenes: uno, general que establecía un sistema de responsabilidad subjetiva con presunción de culpa, y otro, especial de responsabilidad objetiva, en el que el fabricante sólo podía exonerarse probando la culpa exclusiva de la víctima o de personas de las que el perjudicado deba responder civilmente.

La doctrina se esforzó en hallar las relaciones entre ambos regímenes, y entre el derecho común de la responsabilidad civil y el régimen de la Ley, y vió la necesidad de supresión de una normativa tan confusa y críptica como es la de la Ley de Consumidores y Usuarios.

La conveniencia se convirtió en obligación con la aprobación de la *Directiva 85/374/CEE., de 25 de julio, relativa a la aproximación de las disposiciones legales, reglamentarias y administrativas de los Estados miembros en materia de responsabilidad civil por los daños ocasionados por productos defectuosos.* El art. 19 exigía a los Estados miembros la modificación de su Derecho interno, en un plazo máximo de tres años a partir del día de la notificación de la Directiva, para dar cumplida respuesta al intento de aproximación de las legislaciones europeas, en aras de la libre circulación de mercancías dentro del mercado común (párrafo 1º del Preámbulo), al menos en lo que se refiere a los bienes muebles producidos industrialmente (párrafo 3º).

Aunque con excesivo retraso, la normativa española fue adaptada a la Directiva comunitaria por medio de la *Ley 22/1994, de 6 de julio, de Responsabilidad civil por los daños causados por productos defectuosos*, que establecía la inaplicación, para este tipo de daños, de los arts. 25 a 28 de la Ley 26/1984, con otras modificaciones. Ambas leyes han quedado derogadas por el R.D. Legisl. 1/2007, de 16 de noviembre, que ha aprobado el *Texto refundido de la Ley General para la Defensa de los Consumidores y Usuarios*, que rige ahora esta materia: su libro III, sobre "Responsabilidad civil por bienes o servicios defectuosos" (arts. 128 y ss.), sobre todo su tit. II (arts. 135 y ss.).

Esta presidida esta regulación y responsabilidad por los "principios generales" que informan la Ley (los del art. 51.1 y 2 de la Constitución) y los derechos básicos de los consumidores y usuarios: protección contra los riesgos que puedan afectar a su salud o seguridad, de sus legítimos intereses económicos y sociales, la indemnización de daños y reparación de perjuicios, la información correcta sobre los bienes y servicios, la protección de sus derechos mediante procedimientos eficaces, así como la irrenunciabilidad de los derechos reconocidos al consumidor. Por otra parte, quedan en pie los derechos que el perjudicado pueda tener como consecuencia de la responsabilidad contractual o extracontractual del fabricante, importador o cualquier otra persona (art. 128), así como los derivados de cualquier convención por la que se pacte un régimen más beneficioso para la víctima (no así si se trata de pactos limitativos o exoneradores de la responsabilidad, cfr. art. 130).

a) *Ambito objetivo: conceptos de «producto» y «producto defectuoso».* Por *producto* se entiende «todo bien mueble, aun cuando se encuentre unido o incorporado a otro bien mueble o inmueble, así como el gas y la electricidad» (art. 136). Se maneja, pues, el sentido del art. 335 Cc., y se excluyen los bienes inmuebles.

Se considera *producto defectuoso* (art. 137) a aquel que no ofrece «la seguridad que cabría legítimamente esperar: el legislador usa aquí la técnica americana *(«unreasonably dangerous»),* distinta de la que se basa en la impropiedad para el consumo, más propia del concepto de vicio oculto (concepto propio de las relaciones contractuales). Para determinar el nivel de seguridad se tendrán en cuenta «todas las circunstancias, y en especial, su presentación, el uso razonablemente previsible del mismo y el momento de su puesta en circulación», así como «la seguridad normalmente ofrecida por los demás ejemplares de la misma serie». Por tanto, habrán de ser tomados en consideración los prospectos de indicaciones, la publicidad del producto, el uso previsible por parte de los consumidores, etc. Precisa el apart. 3 que «un producto no podrá ser considerado defectuoso por el solo hecho de que tal producto se ponga posteriormente en circulación de forma más perfeccionada». Cfr. S. 30 abril 2008.

b) *Ámbito subjetivo: concepto legal de "productor"*. El concepto de productor comprende (art. 4.1) tres categorías de sujetos: el fabricante de un producto terminado, el de cualquier elemento integrado en un producto terminado (fabricante parcial, dentro de cuya noción hay que incluir, por tratarse de actividad de producción y no de servicios, al que encaja o combina productos fabricados por otros), el productor de materias primas. El importador que introduce un producto en la Unión Europea se equipara al fabricante. Si el productor no puede ser identificado, será considerado como tal el proveedor del producto, a menos que, dentro del plazo de tres meses, indique el perjudicado la identidad del productor o de quien le hubiera suministrado a él dicho producto; la misma regla se aplica al producto importado.

De ser varias las personas responsables, lo serán solidariamente (art. 132).

c) *La prueba*. El perjudicado ha de probar el defecto, el daño y la relación causal entre ambos (art. 139 y S. 21 marzo 2006). No se hace mención alguna a la culpa. El sistema de responsabilidad objetiva se completa ofreciendo al demandado un elenco de causas de exoneración (art. 140), según se trate de productor total, importador o fabricante parcial. Este último no responderá si demuestra que el defecto es imputable a la concepción del producto al que ha sido incorporada o a las instrucciones dadas por el fabricante del producto (apartado 2).

En cuanto a productores totales e importadores, son causas de exoneración: a) no haber puesto en circulación el producto; b) la prueba de que el defecto no existía en el momento en que fue puesto en circulación, dadas las circunstancias del caso (p.e.: el defecto de conservación por parte del intermediario); c) no haber sido fabricado el producto para su comercialización, sino para fines no económicos (así, el caso del fabricante privado, que regala parte de su producción a sus parientes o amigos, no respondería con arreglo a la Ley 22/94, aunque podría hacerlo según el régimen común del art. 1.902 Cc; d) haberse debido el defecto a las normas imperativas (no meramente dispositivas) existentes.

d) *Los riesgos del desarrollo*. Particular atención merece la letra e) del art. 140: no hay responsabilidad si se prueba que «el estado de los conocimientos científicos y técnicos existentes en el momento de la puesta en circulación no permitía apreciar la existencia del defecto». No responde el fabricante de tales «riesgos del desarrollo» *(«Entwicklungsgefahren»)*, pero sí se encuentra obligado a advertir al público, si el avance de la ciencia o de la técnica pone en evidencia el defecto, acerca de la existencia del mismo.

Como es éste uno de los escasos aspectos en que la Directiva comunitaria permite a los Estados miembros separarse de las previsiones comunitarias (art.

15.1.b), de modo que pueda establecerse que el fabricante sea responsable incluso si se demostrara que el estado de los conocimientos científicos y técnicos existentes cuando el producto fue puesto en circulación no permitía detectar la existencia del defecto, la Ley ha aprovechado la posibilidad y ha introducido una especialidad: la causa de exoneración por riesgos del desarrollo no puede ser invocada por los fabricantes de medicamentos, alimentos o productos alimentarios.

e) *Daños resarcibles.* El art. 142 establece el ámbito de los daños resarcibles *al amparo de esta Ley,* dejando claro que los daños no incluidos podrán ser resarcidos conforme a la legislación civil general (arts. 1.902 y ss. Cc., acciones edilicias *ex* art. 1.486 Cc., eventuales regímenes de garantía convencional, etc.). Quedan comprendidos: la muerte, las lesiones corporales y los daños materiales causados en cosas distintas del propio producto defectuoso. Es indiferente la relación de la víctima con el producto (consumidor, usuario, tercero *bystander).*

En los casos de muerte o lesiones causadas por productos idénticos que presenten el mismo defecto, se establece un límite total de responsabilidad de 63.106.270 €; y tratándose de daños materiales, de la cuantía de la indemnización se deducirá una franquicia de 390,66 € (art. 141).

La responsabilidad del productor podrá reducirse o suprimirse en función de las circunstancias del caso, si el daño causado fuera debido conjuntamente a un defecto del producto y a culpa del perjudicado o de una persona de la que éste deba responder civilmente (art. 145).

f) *Ámbito temporal. Prescripción.* En cumplimiento de la Directiva comunitaria (arts. 10 y 11), la Ley establece dos tipos de plazos. Por una parte, el de prescripción: la acción ha de entablarse dentro de los tres años, a contar de la manifestación del daño, y siempre que se conociera al responsable (art. 143). Esta precisión en el *dies a quo* es encomiable, dado que es muy posible que se tarde en averiguar la identidad del fabricante o del importador. Si han transcurrido tres años desde la manifestación del daño, habrá de ser el demandante quien pruebe que no conocía la identidad del responsable.

En caso de responsabilidad plural, la acción del que haya satisfecho la indemnización contra el resto de los responsables prescribe por el transcurso de un año, a contar desde el pago de la misma.

Además, se establece un plazo de diez años de duración de la responsabilidad, a contar de la fecha de la inmisión del producto en el mercado, a menos que, durante ese período, se hubiese iniciado la correspondiente reclamación judicial (art. 144); si durante ese tiempo tiene lugar el daño, comenzará a correr la prescripción de tres años conforme al artículo anterior. Pasados los diez años, los daños que se produzcan por causa del producto «antiguo» podrán, en su caso, ser resarcidos, pero con arreglo a la normativa común.

686. Automóviles.

Según el art. 1 del Real Decreto Legislativo 4/2004, de 29 octubre, Texto refundido de la Ley sobre responsabilidad civil y seguro en la circulación de vehículos de motor, «el conductor de un vehículo de motor que con motivo de la circulación cause daños corporales o materiales, estará obligado a repararlos conforme a lo establecido en la presente Ley». Ese R.D.L. ha derogado el Tít. I del Texto Refundido de la Ley de 24 de diciembre de 1962, sobre Uso y Circulación de Vehículos de Motor, aprobado por D. 632/1968, de 21 marzo, y legislación complementaria.

El art. 1.1 del R.D.Legisl. 4/2004 dispone que «el conductor de vehículos de motor es responsable, en virtud del riesgo creado por la conducción del mismo, de los daños causados a las personas o en los bienes con motivo de la circulación». Y el inciso último de dicho apartado concreta que el propietario no conductor responderá de esos daños ocasionados por el conductor «cuando esté vinculado con éste por alguna de las relaciones que regulan los artículos 1903 Cc. y 120.5 Cpenal. Esta responsabilidad cesará cuando el mencionado propietario pruebe que empleó toda la diligencia de un buen padre de familia para prevenir el daño».

A. Responsabilidad objetiva. El carácter objetivo de la responsabilidad se pone de manifiesto en el mismo art. 1.1.: «en el caso de daños a las personas, de esta responsabilidad sólo quedará exonerado cuando pruebe que los daños fueron debidos únicamente a la conducta o la negligencia del perjudicado o a fuerza mayor extraña a la conducción o al funcionamiento del vehículo; no se considerarán casos de fuerza mayor los defectos del vehículo ni la rotura o fallo de sus piezas o mecanismos». Podrá así exonerar un derrumbamiento de piedras que provoca la brusca maniobra del conductor, que acaba provocando daños, pero no la fortuita rotura de los frenos o de la barra de la dirección. Para los daños materiales, el apartado 3º remite a las disposiciones generales reguladoras de la responsabilidad (arts. 1.902 y ss. Cc. y 109 y ss. Cpen.).

Si concurrieren la negligencia del conductor y la del perjudicado –dice el art. 1.1-4º– se procederá a la equitativa moderación de la responsabilidad y al repartimiento de la cuantía de la indemnización, atendida la entidad respectiva de las culpas concurrentes.

B. El concepto de vehículo. Aunque la noción de vehículo que utiliza el Reglamento de la Circulación es amplia, el concepto de vehículo de motor es más reducido. Conforme al vigente Reglamento del seguro de suscripción obligatoria de 30 de diciembre de 1986, se comprenden «los ciclomotores y todo vehículo terrestre automóvil que esté accionado por una fuerza mecánica, así como sus remolques, incluso no acoplados, con exclusión de los ferrocarriles y tranvías que circulen por vías que les sean propias».

Se considera en circulación el vehículo aunque transite por vías privadas o se encuentre estacionado (art. 4 del Reglamento del Seguro). La S. 9 abril de 1963 indica que la responsabilidad deriva del uso o explotación del vehículo, lo que no exige que en el momento de causar el daño se halle en movimiento. En esa línea, la S. 25 enero 1984.

C. El seguro. La ley obliga al propietario de todo vehículo de motor a suscribir un contrato de seguro que cubra la responsabilidad, hasta la cuantía que por todos los conceptos reglamentariamente se fije (art. 2 RDL. 8/2004). Se prohibe (art. 3) la circulación de vehículos no asegurados. El seguro asume exclusivamente la reparación de los daños causados a persona distinta del tomador, el propietario del vehículo identificado en la póliza, el asegurado o el conductor. Tampoco quedan cubiertos los daños materiales que sufra el vehículo, ni las cosas transportadas propiedad de tales personas, sus cónyuges o familiares hasta el tercer grado que vivan a sus expensas (art. 5.1).

El perjudicado tiene acción directa contra el asegurador (art. 7) o contra el Consorcio de Compensación de Seguros (cuando sea a éste a quien corresponda, según el art. 11), sin que quepa oponer al perjudicado las excepciones que pudiera tener el asegurador contra el asegurado, el tomador o un tercero. El plazo de prescripción de la acción es de un año.

D. Aspectos procesales.

a) *El procedimiento penal.* La responsabilidad civil derivada de infracción penal puede obtenerse a través del proceso penal abreviado de la Ley Orgánica 7/1988 de 28 de diciembre, o del juicio de faltas. Es perturbador que en simples juicios de faltas se ventilen cantidades astronómicas, pues ello provoca la existencia de condenas penales que en realidad eran absoluciones camufladas, y que no tienen otro objeto que el de no provocar que la víctima tenga que acudir al largo y costoso procedimiento declarativo ordinario. De un juicio de faltas acaba siendo el aspecto civil el auténtico protagonista.

Concluido el procedimiento penal con sentencia condenatoria, si el perjudicado no ha hecho renuncia o reserva expresa para un procedimiento civil posterior, dictará el propio juez penal la sentencia civil (art. 112 LECr.)

b) *La acción ejecutiva.* Si el proceso penal concluye con absolución o sobreseimiento, el juez penal habrá de dictar auto, que constituye título ejecutivo frente a la compañía aseguradora. El auto no produce excepción de cosa juzgada respecto a las restantes acciones civiles que quepa ejercitar, ni vincula, en relación con las mismas, en cuanto a la realidad de los perjuicios causados. La prescripción de la acción ordinaria se interrumpe mientras dure el juicio ejecutivo.

687. Navegación aérea.

La ley de navegación aérea de 21 julio 1960 regula —entre otras materias— los accidentes producidos en el curso del «transporte nacional» en aeronaves, mientras la convención de Varsovia (texto modificado por el protocolo de La Haya de 28 septiembre 1955) contiene la normativa aplicable al «transporte internacional», es decir, el que se realiza con aterrizaje en más de un país.

Afecta a esta materia, de otro lado, el Reglamento de la UE 2027/1997, de 9 octubre, sobre responsabilidad de las compañías aéreas en caso de accidente, cuyo art. 1 alude a las obligaciones de éstas y su responsabilidad en caso de accidente por los daños sufridos en caso de muerte o lesiones corporales de los pasajeros. Establece un sistema de responsabilidad objetiva de las compañías aéreas hasta cierta cantidad, y su obligación de concertar un seguro de responsabilidad hasta ese límite.

Advirtamos, ante todo, que si bien la doctrina y la jurisprudencia están de acuerdo en el carácter contractual de la responsabilidad del porteador (en cuanto al transporte aéreo, QUINTANA CARLÓ y S. 3 mayo 1968), con todo, cuando la responsabilidad deriva de accidente en el que se causan daños tanto a los pasajeros como a terceros, como es tan corriente, se mezclan ambas clases de responsabilidades, por lo cual, y teniendo en cuenta también que el carácter objetivo aproxima los regímenes de una y otra, parece preferible concentrar el estudio de la materia en una sola sede.

A. Responsabilidad objetiva. En cuanto al régimen de la aludida ley de 1960, hasta los límites que ella fija (por aparato, por víctima y por objeto), el sistema de responsabilidad es claramente objetivo: el art. 120 Ley afirma que «la razón de indemnizar tiene su base objetiva en el accidente o daño y procederá (...) en cualquier supuesto, incluso en el de accidente fortuito y aun cuando el transportista, operario o sus empleados justifiquen que obraron con la debida diligencia». Si los daños exceden de las cantidades legales, la víctima sólo podrá obtener el plus si ha existido dolo o culpa grave (art. 119). Y si son varios los perjudicados y la suma global de las indemnizaciones debidas excediese de la cantidad máxima de que responde la aeronave, se reducirá proporcionalmente la que cada uno haya de recibir (art. 119). Las indemnizaciones debidas por daños a las personas gozaran de preferencia para el cobro con respecto a cualquier otra exigible por el siniestro, si el responsable no alcanza a cubrirlas todas (art. 119, *in fine).*

Se comprueba, pues, que la severidad de trato del art. 120 tiene su compensacion en las aludidas limitaciones. Cfr. Ss. 22 septiembre 2005 y 28 mayo 2007.

B. Los responsables. La Ley de 1960 no regula toda la responsabilidad que pueda nacer de la utilización de la aeronave, sino sólo la de transportistas y porteadores (S. 3 mayo 1968). Así, en la S. 10 junio 1988 se declara responsable a un Real Aero Club, en aplicación de las normas comunes sobre responsabilidad.

C. La prescripción especial de seis meses (art. 124) no es aplicable, naturalmente, a cualquier accidente aéreo, sino sólo a los que encajan en el ámbito de la navegación aérea. Será aplicable el régimen común del Cc. (un año, art. 1.968-2) a los daños causados por el lanzamiento desde la aeronave de productos insecticidas en campo distinto del que se proponía fumigar, o a los producidos en el ámbito de una competición deportiva. Cfr. Ss. 3 mayo 1968, 14 enero 1976 y 17 julio 1987.

D. Correspondiendo a la objetivación de la responsabilidad, la ley establece la obligatoriedad de los seguros de pasajeros y de daños causados a terceros (art. 127).

688. Daños nucleares.

Esta materia, regulada antes por la ley de 29 abril 1964 y Reglamento de 1967, lo está ahora por la Ley 12/2011, de 27 mayo, "sobre responsabilidad civil por daños nucleares o producidos por materiales radiactivos", que pretende adecuar aquella legalidad a las enmiendas introducidas a los Convenios de París y Bruselas sobre responsabilidad civil en materia de energía nuclear, cuyos protocolos habían sido ratificados por España en 2005. Esa Ley, tras unas disposiciones comunes (objeto, ámbito, definiciones), regula las dos cuestiones a que alude su título:

A) *Responsabilidad civil derivada de daños nucleares.* Establece la responsabilidad objetiva del explotador de una instalación nuclear, independientemente de la existencia de dolo o culpa, y limitada en su cuantía hasta el límite que señala la propia ley (que va de 700 a 1.200 millones de euros, según casos). Si los daños son causados conjuntamente por un accidente nuclear y por otro de distinta naturaleza, responderá el explotador también del causado por este último. Si la responsabilidad recae sobre varios explotadores, responden estos solidariamente. La responsabilidad del explotador se ve reducida en su cuantía en algunos casos (art. 4). La ley señala la exclusión de ciertos supuestos y daños que cita; exclusión de responsabilidad en caso de accidente nuclear debido a actos de conflicto armado, hostilidades, guerra o insurrección, y exoneración total o parcial de responsabilidad en caso de acción u omisión dolosa o culposa del perjudicado (art. 6). Establece una prelación en el pago de indemnizaciones (primero por muerte o daños físicos a las personas, luego las de restauración del medio ambiente degradado, y demás daños a los bienes: art. 11); y las garantías que deberá prestar el explotador para hacer frente a la responsabilidad civil (art. 12), salvo que sea un organismo de titularidad pública (art. 13). Alude también a la acción y procedimiento de reclamación de responsabilidad (en lo que se remite a la LEC'2000), concede al perjudicado acción directa frente al asegurador, y señala plazos de garantía (de 30 y 10 años, según casos) y de prescripción de la acción de reclamación (tres años).

B) *Responsabilidad civil por daños producidos en accidente que involucren materiales radiactivos que no sean sustancias nucleares.* Esta responsabilidad es también objetiva y limitada en su cuantía a lo que señala la ley (art. 16). Establécense excepciones casuísticas, además de en los supuestos de conflicto armado y asimilados y acción u omisión dolosa o culposa del perjudicado (art. 17); y se regula las garantías que prestar por los explotadores (art. 21), las reclamaciones por daños a las personas, a los bienes y pérdidas económicas (art. 22) y la responsabilidad por daños al medio ambiente (art. 23).

689. Ley de caza.

Además del ya estudiado art. 1.906 Cc. (daños causados por los animales objeto de caza), interesa la regulación de la Ley de caza, de 4 abril 1970 (Reglamento de 26 marzo 1971). Con arreglo al art. 33.5 de la Ley 4 abril 1970, a todo cazador estará obligado a indemnizar los daños que causare con motivo del ejercicio de la caza, excepto cuando el hecho fuera debido únicamente a culpa o negligencia del perjudicado o a fuerza mayor. En la caza con armas, si no consta el autor del daño causado a las personas, responderán solidariamente todos los miembros de la partida de caza. No son casos de fuerza mayor los fallos técnicos (defectos, roturas) de los instrumentos venatorios (la Ley habla de armas y municiones, pero acaso aquí en este sentido amplio de cosa que sirve para cazar): cfr. art. 35.6. Una aplicación de la responsabilidad solidaria de los cazadores se halla en la S. 8 julio 1988.

La Ley obliga a todo cazador con armas (en sentido estricto) a concertar un contrato de seguro que cubra hasta un límite fijado reglamentariamente la obligación de indemnizar los daños a las personas (art. 52). Aclara la S. crim. 3 marzo 1980 que el seguro obligatorio no garantiza los daños sobrevenidos en el camino, según se deduce de la 0. 20 julio 1971: el seguro cuida sólo de los daños causados con ocasión de la caza, y en tanto se esté practicando el ejercicio de la misma.

INDICACIÓN BIBLIOGRAFICA. ALFARO AGUILA-REAL, *Protección de los consumidores y derecho de los contratos*, ADC, 1994, pág. 305. BONASSI BENUCCI, *La responsabilidad en el Derecho aéreo,* Madrid, 1963. BONET RAMÓN y BONET BONET, *Responsabilidad civil nuclear,* en "Estudios Castán", VI, Pamplona, 1969, pág. 51. CASADO IGLESIAS, *La responsabilidad por daños a terceros en la navegación aérea,* Salamanca, 1965. CAVANILLAS MÚGICA, *Responsabilidad civil y protección del consumidor,* Palma de Mallorca, 1985. GOMEZ CALERO, *Responsabilidad civil por productos defectuosos*, Madrid, 1996. GÓMEZ DE LIAÑO, *La responsabilidad en el uso de vehículos a motor. Aspectos procesales,* Oviedo, 1990. LOIS CABALLÉ, *La responsabilidad del fabricante por los defectos de sus productos*, Madrid, 1996. MARTINEZ PEREDA, *Sanciones y responsabilidades en materia de caza,* Madrid 1972. PARRA LUCÁN, *Daños por productos y protección del consumidor,* Barcelona, 1990. QUITANA CARLÓ, *La responsabilidad del transportista aéreo por daños a los pasajeros,* Salamanca, 1977. REGLERO CAMPOS, *Accidentes de circulación: responsabilidad civil y seguro*, Madrid, 1990. ROJO Y FERNÁNDEZ-RÍO, *La responsabilidad civil del fabricante,* Bolonia, 1974. SOLE FELIÚ, *El concepto de defecto del producto en la responsabilidad civil del fabricante*, Valencia, 1997; SOTO NIETO, *Responsabilidad civil derivada del accidente automovilístico (seguro de suscripción obligatoria),* Madrid, 1989.